DVISBVRGI·VRBIS·ANTIQVISS.
SDẼ·AD·VIVṼ·EFFIGIES; ITA·V.T·NIHIL·DESIT
...tem collustrat utranq;
...inferiora uidet.
SALTVS TEVTOBVRGENSIS
Nos tegis alarũ magne
Vna sed illius
ô Iouis Armiger umbra
constat in Arce salus
Beneuolo lectori S.
Rhenus

Kleine Geschichte der Stadt Duisburg

Ludger Heid / Hans-Georg Kraume /
Karl W. Lerch / Joseph Milz / Hartmut Pietsch /
Gernot Tromnau / Klaus-Dieter Vinschen

KLEINE GESCHICHTE DER STADT DUISBURG

1983
Walter Braun Verlag Duisburg

ISBN 3-87096-170-8

Gesamtherstellung: gst-werbeagentur Günter Stoschek, Duisburg

Inhaltsverzeichnis

Zur Ur- und Frühgeschichte (bis ca. 800)

Das Mittelalter (ca. 800 – 1550)

Erster Weltkrieg und Weimarer Republik (1914 – 1933)

Die Zeit des Nationalsozialismus (1933 – 1945)

In Duisburg hat man zu allen Zeiten von der eigenen Geschichte erzählt und geschrieben.

Zunächst waren es, beginnend mit Johann Wassenberch, chronikalische Aufzeichnungen, die nur einen bestimmten Zeitraum erfaßten, zumeist den des Berichtenden selbst. Abgesehen von einer sehr frühen Darstellung des Rektors der Duisburger Stadtschule, Johannes Tybius, ging erstmals um 1740 Johann Withof über diesen engen Rahmen mit seiner „Duisburger Chronik" hinaus.

Im Jahre 1880 erschien eine „Geschichte der Stadt Duisburg am Rhein", verfaßt von August Christian Borheck, Professor der damaligen Universität.

Eine auch heute noch unentbehrliche Darstellung, erarbeitet nach historischen Quellen und Dokumenten, wurde erst 1894 mit der „Geschichte der Stadt Duisburg bis zur endgültigen Vereinigung mit dem Hause Hohenzollern 1666" von Heinrich Averdunk vorgelegt. Drei Jahrzehnte später schrieb Walter Ring seine „Geschichte der Stadt Duisburg", für die er die umfangreichen Vorarbeiten Averdunks nutzen konnte. Sie reichte von den Anfängen der Stadt bis 1925. Eine zweite Auflage des Werkes, die im Jahr 1949 erschien, zeichnete das Schicksal der Stadt bis 1945 nach.

In den folgenden Jahren und Jahrzehnten wurde eine Fülle neuer historischer Daten, Fakten und Quellen bekannt und veröffentlicht, so daß eine neue und ausführliche Bearbeitung der Stadtgeschichte geboten schien. Günter von Roden, der damalige Direktor des Stadtarchivs, übernahm diese Aufgabe, und 1969 erschien der erste Band der „Geschichte der Stadt Duisburg – Das alte Duisburg von den Anfängen bis 1905", der bisher fünf Auflagen erreichte. 1974 folgte der zweite Band „Die Ortsteile von den Anfängen – Die Gesamtstadt seit 1905", von dem zur Zeit die zweite Auflage vorliegt. Damit gab es eine umfangreiche, über 1.200 Seiten umfassende und detaillierte Geschichte unserer Stadt, die bis zum Jahr 1972 reichte.

Daneben wurden seit 1957 zahlreiche Spezialthemen, wie beispielsweise die Geschichte der Universität, in den „Duisburger Forschungen" und ihren „Beiheften" behandelt, von denen bis 1983 zweiunddreißig Bände und fünfzehn Beihefte mit einem Gesamtumfang von nahezu 12.500 Seiten erschienen sind. Im Kreis vergleichbarer Städte kann Duisburg mit dieser Bilanz stadtgeschichtlicher Forschungsarbeit einen guten Platz für sich beanspruchen. Dennoch wurde immer wieder der Wunsch nach einer im Vergleich zu der großen Stadtgeschichte nicht so umfangreichen Darstellung der Geschichte unserer Stadt geäußert, die dazu die wichtigen Entwicklungen des letzten Jahrzehnts, vor allem die kommunale Neuordnung des Jahres 1975, berücksichtigen müßte.

Sie sollte wissenschaftlich fundiert sein, aber die geschichtliche Entwicklung Duisburgs von den Anfängen bis zum heutigen Tag in knapper Form verständlich und gut lesbar darstellen.

Bei der Planung für diese „Kleine" Stadtgeschichte erhob sich die Frage, ob wieder ein Autor den gesamten Zeitraum behandeln sollte, oder ob sich mehrere Bearbeiter dies teilen sollten. Der zweite Weg wurde schließlich bevorzugt: Sieben Autoren schreiben jeweils über die Epoche, die sie aus ihrer bisherigen historischen Arbeit besonders eingehend kennen und für die sie damit die besten Voraussetzungen mitbringen. So wird die gesamte Zeit der Stadtgeschichte aus verschiedenen Blickpunkten gesehen und kritisch betrachtet, und der Prozeß der historischen Entwicklung in den Jahrhunderten gewinnt an Interesse und Lebendigkeit.

Kleine Unterschiede in der Aufbereitung und gelegentliche Überschneidungen wurden dabei in Kauf genommen.

Die ausführliche Bebilderung soll den Text unterstützen und in vielen Fällen das, was nur kurz und gerafft geschrieben werden konnte, optisch erläutern und vertiefen.

Bei der Planung und Vorbereitung haben viele geholfen; ihnen allen sei hier, ohne daß Namen genannt werden, gedankt.

Die Autoren und der Verlag freuen sich, daß sie einer breiteren Öffentlichkeit und insbesondere den Bürgern unserer Stadt, die „Kleine Geschichte der Stadt Duisburg" zur 1100-Jahrfeier vorlegen können.

Duisburg, im September 1983

Gernot Tromnau

Zur Ur- und Frühgeschichte (bis ca. 800)

I Einleitung

Seit ur- und frühgeschichtlicher Zeit ist das heutige Stadtgebiet Duisburgs besiedelt gewesen. Dies belegen zahlreiche Bodenfunde, die im Niederrheinischen Museum der Stadt Duisburg aufbewahrt werden. Die umfangreichen Ausgrabungen des Museums in den letzten Jahren zeigen in aller Deutlichkeit, daß selbst im dichtbebauten Innenstadtbereich immer wieder neue vorgeschichtliche und historische Funde und Befunde geborgen und dokumentiert werden können, die für die früheste Geschichte Duisburgs von außerordentlicher Wichtigkeit sind.

Oft sind es nur unscheinbare Fragmente von kulturellen Hinterlassenschaften, die bei den Ausgrabungen zu Tage kommen und von den Wissenschaftlern registriert, magaziniert und ausgewertet werden. Den Archäologen geht es nämlich nicht um eine Schatzsuche, um die Bergung von schönen Funden, die in den Museen ausgestellt werden können, sondern in erster Linie um die Erforschung des Menschen, der damals diese Dinge schuf, und um die Erhellung seines Denkens und Handelns.

Leider ist es aber eine Tatsache, daß täglich unwiederbringliche Kulturgüter durch die umfangreichen, tief in den Boden eindringenden Baumaßnahmen verloren gehen. Diese Spuren der Vergangenheit zu sichern – und sei es nur in Form einer Dokumentation der Befunde – ist eine wesentliche Aufgabe der Archäologie. Generationen von Forschern werden die so gewonnenen Informationen mit viel Geduld und in oft jahre- oder jahrzehntelanger „Puzzle-Arbeit" zu einem Bild zusammenfügen und die wahrscheinlich nie zu schließenden Lücken durch Rekonstruktionen zu füllen.

Dieses Bemühen gilt der Aufhellung unserer Vorzeit. Es ist aus der Erkenntnis zu verstehen, daß wir unsere Gegenwart nur in Verbindung mit der Vergangenheit begreifen können. Letztlich sind wir ja alle Glieder einer sehr langen Kette, die in unvorstellbar ferner Zeit ihren Anfang nahm und möglicherweise in eine ebenso lange Zukunft reichen wird. Wenn es uns durch die Beschäftigung mit der Vergangenheit gelingt, wenigstens ein Gefühl für die Zeiträume der Geschichte zu entwickeln, dann wird es uns auch leichter fallen, unsere gegenwärtige Situation als veränderlich und veränderbar zu verstehen.

In dem vorliegenden Beitrag zur Ur- und Frühgeschichte wird versucht, anhand neuester Ausgrabungen und Untersuchungsergebnisse die früheste Geschichte Duisburgs darzustellen. Das kann an dieser Stelle nur in einzelnen Bildern geschehen. Diese sind zeitlich geordnet und geben exemplarisch einen chronologischen Überblick zur ältesten Geschichte Duisburgs.

II Urgeschichte

Vor 10.000 Jahren und in den davor liegenden Jahrhunderttausenden waren die Menschen Wildbeuter. Sie kannten keine Vorratswirtschaft; Ackerbau und Viehzucht waren ihnen unbekannt. Diese Jäger und Sammler produzierten nicht ihre Nahrung, sondern sie beuteten die natürlichen Nahrungsquellen aus, wo immer sie diese antrafen. Einige Gruppen, z. B. Mammutjäger oder späteiszeitliche Rentierjäger, hatten sich auf eine Tierart spezialisiert und paßten sich dem Lebensrhythmus ihrer Jagdbeute an.

Wildbeuter bestreiten ihren Lebensunterhalt durch Jagd, Fischfang und das Sammeln von Kleingetier und pflanzlicher Kost. In erstaunlich hohem Maße stellen sie sich auf die jeweiligen landschaftlichen und klimatischen Gegebenheiten ein. Da sich diese herumschweifenden Jäger und Sammler ständig frei bewegen müssen, ist das persönliche Eigentum auf das Notwendigste beschränkt. Vermutlich gab es schon während der älteren und mittleren Steinzeit eine Arbeitsteilung zwischen den Geschlechtern. Männer betrieben Jagd und Fischfang, und die Frauen sammelten Pilze, Beeren und Früchte.

Bis vor wenigen Jahren gab es noch Wildbeuter, die auf einer Wirtschaftsstufe standen, die jener der älteren Steinzeit entsprach. Sie wurden aber von anderen Völkern in siedlungsfeindliche Gebiete abgedrängt, wie z. B. die Buschmänner in die Kalahari Südafrikas oder die Eskimo in die Eiswüsten und Tundren Kanadas.

1. Der Neandertaler in Duisburg?

Seit die von Johann Carl Fuhlrott im Jahre 1856 im Neandertal bei Düsseldorf entdeckten Knochen allgemein als die Überreste des Altmenschen anerkannt werden, wissen wir, daß der Neandertaler vor etwa 70.000 bis 35.000 Jahren insbesondere in Europa und dem Vorderen Orient lebte. Steinwerkzeuge – wie Faustkeile, Spitzen und Schaber – z. B. aus dem Stadtgebiet Bottrops und von der namengebenden Fundstelle, dem Neandertal, weisen auf Siedlungsplätze dieses Menschen der letzten Eiszeit in unserer unmittelbaren Umgebung hin.

Unlängst wurde unter den im Niederrheinischen Museum der Stadt Duisburg aufbewahrten Knochen eiszeitlicher Tiere eine Mammutrippe entdeckt, die ganz offensichtlich Spuren menschlicher Bearbeitung trägt. Wie die Fundangaben belegen, wurde sie während eines Ausfluges von Schülern einer Rheinhausener Schule in der Nähe der alten Fähranlegestelle am Rheinufer aufgelesen und später dem Niederrheinischen Museum übergeben.

Die Mammutrippe ist an einem Ende zu einer Spitze angeschärft. Auch die Auskerbungen an den Längsseiten müssen auf menschliche Bearbeitung zurückgeführt werden. Vermutlich handelt es sich bei dem 55,5cm langen Knochengerät um eine Stoßwaffe oder Lanzenspitze.

Die besten Parallelen zu der bearbeiteten Mammutrippe aus Duisburg sind aus dem Neandertalerlager von Salzgitter-Lebenstedt bekannt geworden. Dort wurden über 10 solcher angespitzten Dickhäuterrippen von 60–70cm Länge ausgegraben. Die Fundschicht konnte mit Hilfe naturwissenschaftlicher Methoden auf etwa 55.000 Jahre datiert werden. Da das Mammut im Rheinland aber vereinzelt noch vor ca. 12.000 Jahren vor-

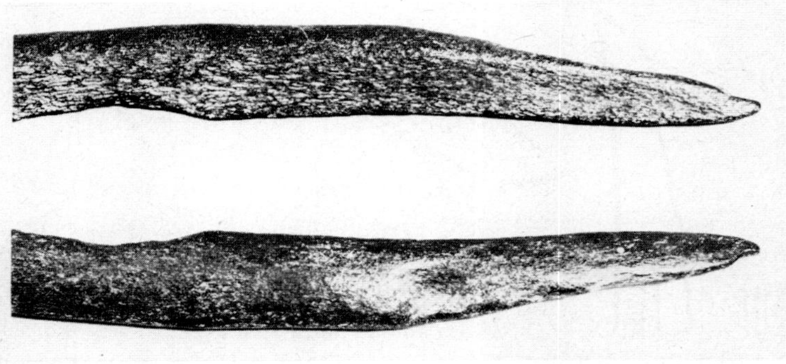

Spitze einer bearbeiteten Mammutrippe aus Rheinhausen. M. 1:2

kam, kann für die als Einzelstück geborgene Mammutrippe aus den Rheinkiesen bei Rheinhausen nicht eindeutig auf ein so hohes Alter geschlossen werden.

2. Rentierjäger auf dem Kaiserberg

Im November 1978 fand K. Hofius aus Duisburg-Meiderich in einer Baugrube am Fuße des Duisburger Kaiserbergs vorgeschichtliche Scherben, die Anlaß für eine größere Ausgrabung durch das Niederrheinische Museum waren. Bei diesen Untersuchungen wurde auch ein späteiszeitliches Jagdlager entdeckt. Leider beeinträchtigten großflächige und tiefreichende Störungen sowie das Wurzelwerk des hohen Baumbestandes an der Fundstelle erheblich die archäologischen Arbeiten. Dennoch konnten wichtige Funde geborgen und interessante Beobachtungen dokumentiert werden, die für die früheste Besiedlung Duisburgs äußerst wertvoll sind.

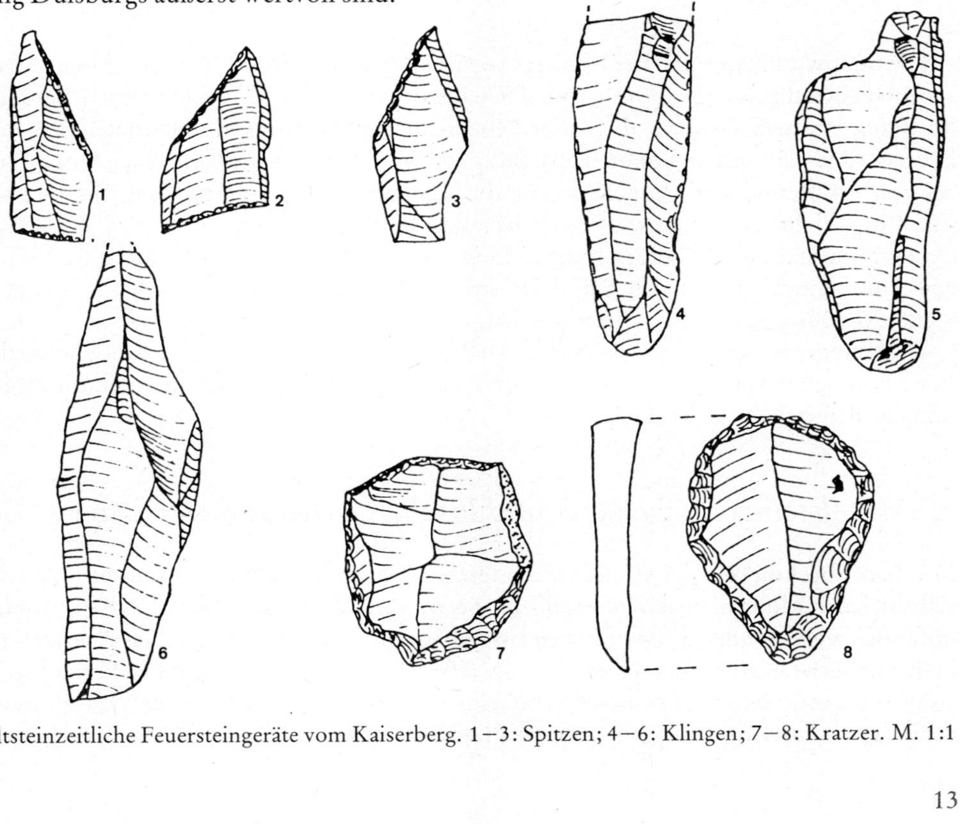

Altsteinzeitliche Feuersteingeräte vom Kaiserberg. 1–3: Spitzen; 4–6: Klingen; 7–8: Kratzer. M. 1:1

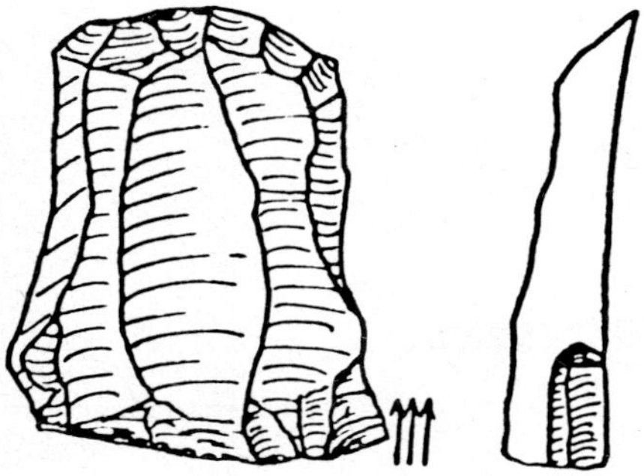

9

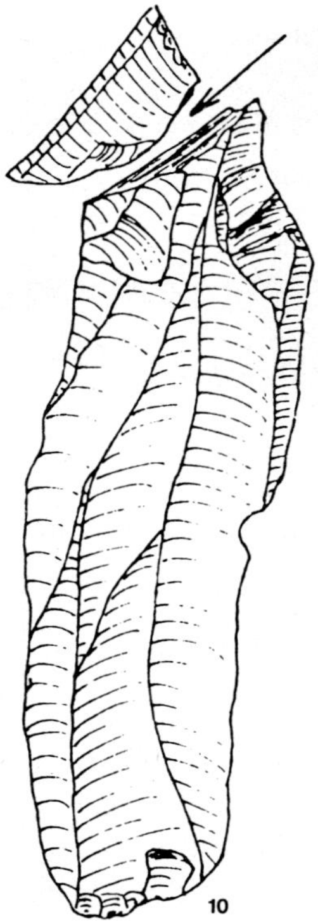

10

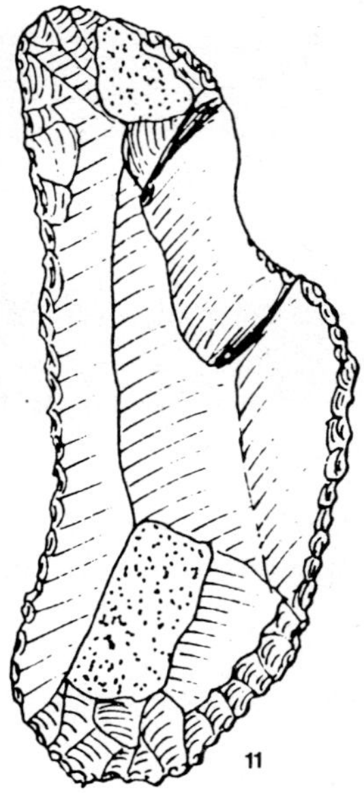

11

Altsteinzeitliche Feuersteingeräte vom Kaiserberg. 9: Stichel-Kratzer; 10: Stichel; 11: Säge. M. 1:1

Die Steinwerkzeuge der Rentierjäger lagen unter einer 1,50–1,70m mächtigen Flugsandschicht auf einer etwa 30m² großen Fläche. Eine deutliche Konzentration befand sich im Bereich zweier Gruben, die außer Feuersteinabsplissen nur Holzkohleteilchen enthielten. Eine der Gruben konnte vollständig freigelegt werden. Sie hatte einen Durchmesser von 1,40m und war, ausgehend von der späteiszeitlichen Fundschicht, bis zu 80cm tief. Ein Teil der Feuersteinwerkzeuge ist auf S. 13/14 abgebildet.

Der Fundplatz auf dem Kaiserberg in Duisburg gehört in die Spätphase der letzten Eiszeit und kann aufgrund von Parallelen im nordwesteuropäischen Flachland auf etwa 9.000–8.000 Jahre v. Chr. datiert werden.

Die topographische Lage auf der hier steil aufragenden Hochterrasse ermöglichte den späteiszeitlichen Wildbeutern einen ausgezeichneten Überblick über die Rheinniederung und das Ruhrtal.

3. *Mittelsteinzeitliche Jäger und Fischer in den Ehinger Dünen*

Mit dem Abschmelzen der Gletscher der letzten Eiszeit – der Weichseleiszeit – änderte sich auch das Klima in unserer Gegend. Vor etwa 10.000 Jahren wandelte sich die Tundra unter den ansteigenden Temperaturen langsam in eine Waldlandschaft. Das Rentier wich in den kälteren Norden aus. In den Mischwäldern mit Ulme, Eiche und Linde war Standwild – insbesondere der Rothirsch – beheimatet. Bald paßte sich auch der Mensch diesen veränderten Lebensbedingungen an. Mit Lanzen, Speeren, Pfeil und Bogen jagte er den

Rothirsch, den Elch und das Wildschwein; mit Stellnetzen aus Weidengeflecht, Harpunen und Angeln stellte er von Flößen oder Einbäumen aus den Fischen nach. Als Jagdgehilfe diente ihm damals schon der Hund, der als das älteste Haustier des Menschen gilt.

Eine der wichtigsten Erfindungen während der mittleren Steinzeit (8.000–4.000 v. Chr.) war das Steinbeil, das für den Bau von Hütten und Booten vorzüglich geeignet ist. Die aus Feuerstein gefertigte Beilklinge wurde in ein Stück Wurzelholz oder Geweih eingepaßt. Dieses „Zwischenfutter" konnte leicht mit Hilfe von Steinwerkzeugen zur Aufnahme eines Stieles durchbohrt werden. Mit den Feuersteinschabern wurden Felle von Fett und Hautresten befreit, Holzschäfte geglättet oder Knochen- und Geweihgeräte hergestellt. Sandsteinplatten mit ebenen Flächen wurden vermutlich als Schleifplatten z. B. zur Bearbeitung von Knochenspitzen benutzt. Die winzigen bearbeiteten Steinsplitter dienten – wie anhaftendes Birkenpech beweist – z. T. als Pfeilspitzen. Möglicherweise waren andere auch als Widerhaken in Knochen- oder Holzspitzen eingekittet. Solche Feuersteingeräte wurden bei Straßenbauarbeiten auch im Dünengebiet der Ehinger Berge gefunden. Sie geben Hinweise darauf, daß während der mittleren Steinzeit, als sich langsam ein Wandel zur Seßhaftigkeit des Menschen und zu einer produzierenden Wirtschaftsweise vollzog, Jäger, Fischer und Sammler in unmittelbarer Nähe des Rheinufers siedelten. Vermutlich spielten der Fischreichtum des Rheins sowie die sandige trockene Oberfläche des Dünengebietes für die Wahl des Wohnplatzes eine ausschlaggebende Rolle.

4. Werkzeuge jungsteinzeitlicher Bauern im Stadtgebiet

Der Übergang von der aneignenden Wirtschaftsform alt- und mittelsteinzeitlicher Wildbeuter zur produzierenden Vorratswirtschaft durch Ackerbau und Viehzucht vollzog sich in unserer Gegend nicht schlagartig. Es war vermutlich ein langer Entwicklungsprozeß, der vom Vorderen Orient ausging und dann ganz Mitteleuropa erfaßte. Diese sogenannte neolithische Revolution ermöglichte durch die Produktion von Überschüssen die Seßhaftigkeit jungsteinzeitlicher Bauern (Jungsteinzeit: etwa 4.000 bis 1.800 v. Chr.). Die neue Wirtschaftsweise führte in stärkerem Maße als in vorangegangenen Zeiten zur Eigentumsbildung. Dies veranlaßte die Bauern und Hirten zum Bau von stabilen Häusern, Booten (Einbäumen) und sogar zu aufwendigen Befestigungswerken, um das erworbene Eigentum besser vor Feinden schützen zu können.

Geschliffene und polierte Steinbeile, Meißel und sorgfältig durchbohrte Äxte geben Hinweise auf eine solide Holzbearbeitung. Geschmackvoll verzierte Tongefäße zeugen von großer Erfahrung bei der Herstellung der Töpferware und beim Brand im Töpferofen. Möglicherweise wurden solche Tätigkeiten bereits von Spezialisten ausgeübt, die damit ihren Lebensunterhalt bestritten.

Im Duisburger Raum wurden zahlreiche jungsteinzeitliche Steinwerkzeuge gefunden. Besonders bemerkenswert sind Beile aus Nephrit, Feuerstein und Felsgestein. Sie könnten aus steinzeitlichen Gräbern stammen oder bei der Rodung von Wäldern zur Gewinnung von Ackerflächen verloren gegangen sein. Sehr wahrscheinlich geben auch einige Steinwerkzeuge Hinweise auf ehemalige Siedlungen wie der Fund eines durch Feuereinwirkung stark beschädigten Feuersteinbeiles und einiger unscheinbarer Tongefäßscherben, die aus einer Baugrube in der Römerstraße in Asberg stammen.

Jungsteinzeitliche Geräte aus dem Stadtgebiet. 1: Spitze eines Feuersteindolches (Biegerhof); 2: Beil aus Nephrit (Hamborn); 3: Beil aus Felsgestein (Buchholz); 4: Beil aus Feuerstein (Serm); 5: Beil aus Felsgestein (Ehingen). M. etwa 1:2

5. Ein 4000 Jahre alter Pflug aus Rheinhausen

Es ist nur außerordentlich günstigen Umständen zu verdanken, daß vorgeschichtliche Gegenstände aus organischen Materialien der Nachwelt erhalten bleiben. Ein solcher Glücksfall liegt bei einem bearbeiteten Stück eines Eichenstammes vor, das sich als Teil eines der ältesten erhaltenen Pflüge Europas erwies. Das Fragment wurde im Jahre 1956 bei Auskiesungsarbeiten im Asterlagener Baggerloch in Rheinhausen geborgen und in die damaligen Städtischen Sammlungen Rheinhausen eingeliefert. Untersuchungen im Institut für Ur- und Frühgeschichte der Universität Köln nach der Radiocarbonmethode und der

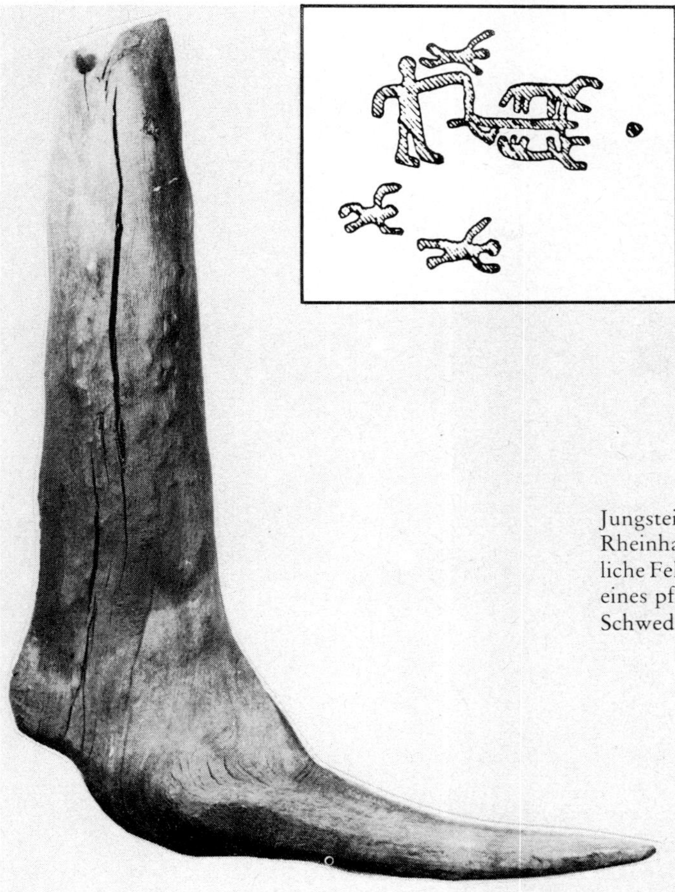

Jungsteinzeitlicher Holzpflug aus Rheinhausen. Daneben die bronzezeitliche Felszeichnung mit der Wiedergabe eines pflügenden Bauers aus Bohuslän, Schweden. Ohne Maßstab

Datierung anhand der Baumringchronologie, der sogenannten Dendrochronologie, ergaben übereinstimmend ein Alter des Fundes von fast 4.000 Jahren. Damit gehört das 88cm hohe und mit einem etwa 50cm langen Haken versehene Ackerbaugerät der letzten Phase der jüngeren Steinzeit an.

Von bronzezeitlichen Felszeichnungen aus der Provinz Bohuslän an der schwedischen Westküste und von Pflugspuren unter bronzezeitlichen Grabhügeln Westeuropas wissen wir, daß damals der Hakenpflug, der sogenannte Ard, im Gebrauch war, mit dem der Boden lediglich aufgerissen wurde. Das Fragment des jungsteinzeitlichen Pfluges von Rheinhausen ist ebenfalls ein solcher Ard. Nicht erhalten sind der ehemals waagerecht an dem aufrecht stehenden Eichenstamm angebrachte Holm mit dem Joch für zwei Zugtiere und eine Vorrichtung zum Führen des Pfluges.

6. Der Hortfund von Wedau

Am gesamten Niederrhein sind Funde aus der älteren Bronzezeit (1.800 – 1.200 v. Chr.) selten. Das trifft besonders für die Metallgegenstände zu.

Grabfund der jüngeren Bronzezeit aus Ehingen. M. 1:2

Hortfund bestehend aus Bronzebeilen und Bronzearmringen von Wedau. Die bronzene Lanzenspitze gehört nicht zum Hortfund. M. ca. 1:3

Möglicherweise kann dies darauf zurückzuführen sein, daß große Teile der bäuerlichen Bevölkerung noch lange Zeit in der gewohnten steinzeitlichen Lebensweise verharrten und weiterhin Geräte aus organischem Material und Stein benutzten. Auch ist die Keramik dieser Epoche recht kümmerlich und somit nur ungenau zeitlich einzuordnen. Erst aus der jüngeren Bronzezeit (1.200 – 800 v. Chr.) weisen zahlreiche Grabfunde auf eine größere Bevölkerungsdichte im Duisburger Raum hin. Es handelt sich um Urnengräber in Grabhügeln. Außer dem Leichenbrand in den Urnen und gelegentlich kleinen Beigefäßen befanden sich aber nur sehr selten gut erhaltene Metallbeigaben in den Gräbern.

Allerdings wurden in dieser Zeit in Flüssen und Seen kunstvoll verzierte Bronzegefäße, Schmuckgarnituren, Waffen und andere Geräte versenkt oder in der Nähe mächtiger Findlinge vergraben. Hinter jedem dieser Depotfunde steht die Frage: Handelt es sich um einen Schatz – bzw. Verwahrfund oder um einen Weihefund?

Während Weihefunde aus religiösen Gründen als Opfergaben niedergelegt worden sind, stellen Verwahrfunde in Notzeiten versteckte Schätze dar, die aus irgendwelchen Gründen nicht wieder gehoben werden konnten. Der in Duisburg-Wedau geborgene Hortfund bestand aus 4 bronzenen Armspiralen und 2 Bronzebeilen. Leider ist er im Zweiten Weltkrieg verloren gegangen.

7. Ein riesiges Grabhügelfeld in Wedau

Aus der Übergangsphase von der Bronze- zur Eisenzeit (800 – 400 v. Chr.) sind uns ausgedehnte Hügelgräberfelder südlich und nördlich der Ruhr bekannt.

Restaurierter Grabhügel an der Monning

Einer der größten Friedhöfe ist das Gräberfeld von Wedau. Es dürfte tausende von Bestattungen umfaßt haben und somit zu den größten Nekropolen seiner Zeit zählen. Die Hügelgruppen erstreckten sich vom Fuß des Kaiserbergs bis zum alten Friedhof an der Düsseldorfer Landstraße. Besonders dicht lagen die niedrigen Grabhügel im Bereich des heutigen Bertasees. Im Osten wurde das Gräberfeld durch den erheblichen Geländeanstieg des Stadtwaldes etwa im Zuge der Lotharstraße begrenzt, und im Westen reichte es weit in den heutigen Stadtteil Neudorf hinein. Der allergrößte Teil der Nekropole wurde bereits in der zweiten Hälfte des vorigen Jahrhunderts ausgegraben. Nur noch wenige

Grabhügel sind erhalten geblieben wie eine kleine Gruppe in der Monning an der Stadtgrenze zu Mülheim und hinter den städtischen Kliniken am Kalkweg. Darüber hinaus sind weitere Hügelgräber nur noch im Baerler Busch vorhanden.

8. Siedlungsspuren der vorrömischen Eisenzeit auf dem Kaiserberg

Um 800 v. Chr. wurde das Eisen auch am Niederrhein als ein neuer Werkstoff bekannt. Im Gegenzatz zur Bronze konnte es aus dem in den Niederungen vorkommenden Raseneisenstein gewonnen werden. Das geschah in kleinen Ofenanlagen, die grubenförmig in dem Untergrund eingetieft waren und oberirdisch einen etwa 1m hohen kegelstumpfförmigen Lehmmantel besaßen. Solche Öfen wurden schichtweise mit Holzkohle und Raseneisenerz gefüllt. Windkanäle sorgten für die zum Schmelzen notwendige Temperatur im Inneren der Anlage. Häufig findet man auf solchen Verhüttungsplätzen noch Schlacken, die beim Schmelzprozeß als Abfall anfielen.

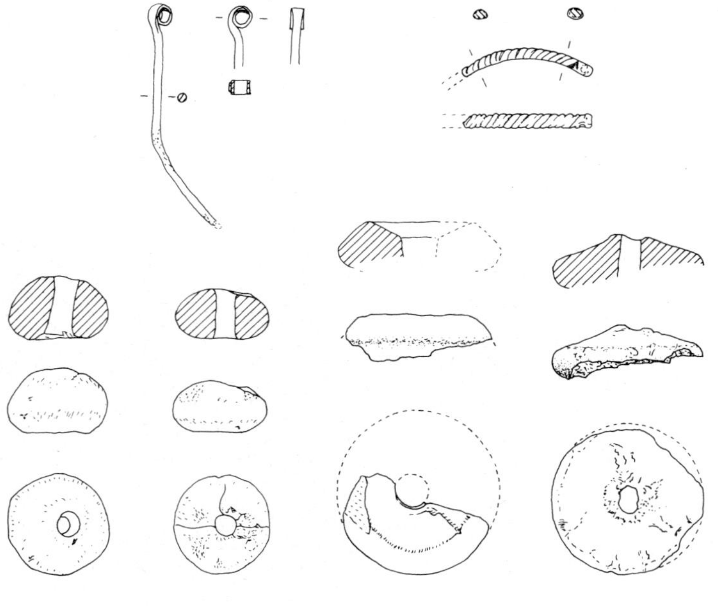

Metallfunde und Spinnwirtel aus der eisenzeitlichen Siedlung vom Kaiserberg. M. 1:2

Im Jahre 1979 konnten Mitarbeiter des Niederrheinischen Museums in einer Grube, die beim Abbruch des Jugendheimes „Haus Duissernberg" entstanden war, Siedlungsspuren aus der vorrömischen Eisenzeit aufdecken. Dabei wurden insbesondere zahlreiche Scherben von Tongefäßen geborgen. Spinnwirtel und Fragmente von Webegewichten aus Ton weisen auf die Herstellung von Wollstoffen hin. Da Funde von Metallgegenständen in Siedlungen der vorrömischen Eisenzeit (800 v. Chr. – bis zur Zeitenwende) sehr selten sind, verdienen eine Rollenkopfnadel und das Bruchstück eines Armringes – beide aus Bronze gefertigt – besondere Beachtung.

Leider ließen sich die Bodenspuren einzelner vergangener Pfosten nicht zu Hausgrundrissen rekonstruieren. Die aufgefundenen Brocken von Hüttenlehm mit Abdrücken dünner Hölzer weisen aber eindeutig auf ehemalige Gebäude hin und sind mit großer Wahrscheinlichkeit Reste von lehmverputzten Hauswänden. Wir können aufgrund der ausgegrabenen Befunde sagen, daß am Fuße des Kaiserbergs eine größere Siedlung vorhanden war. Nach der Keramik läßt sie sich dem 5. – 4. Jahrhundert v. Chr. zurechnen. Möglicherweise steht sie mit entsprechenden Grabhügelgruppen des Gräberfeldes von Wedau in einem Zusammenhang.

III Römische Kaiserzeit

Von der Zeitenwende bis zum 4. Jahrhundert war der Rhein ein wichtiger Bestandteil der Grenzlinie zwischen dem Römischen Weltreich und dem freien Germanien. Linksrheinisch sicherten römische Militärlager z. B. in Xanten, Neuss, Bonn und Köln die Grenze am Niederrhein. Auf dem heutigen Duisburger Stadtgebiet lagen zwei kleine Kastelle: Asciburgium und Werthausen.

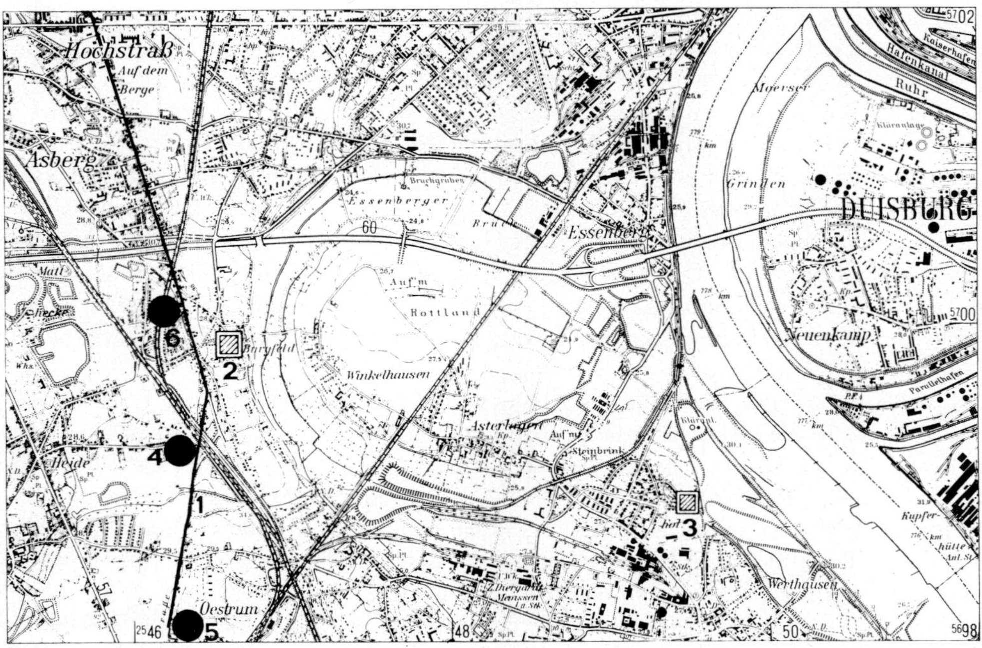

Asciburgium in Duisburg-Rheinhausen/Moers-Asberg. 1: Römerstraße; 2: Auxiliarkastell Asciburgium; 3: Kastell Werthausen; 4–5: Südliches Gräberfeld; 6: Nördliches Gräberfeld

Vorderseite der verzierten Bronzescheibe aus Asciburgium. Ohne Maßstab

1. *Die römische Militärsiedlung Asciburgium*

Seit mehr als zwanzig Jahren wurden im Bereich der römischen Militärsiedlung von Asciburgium vom Niederrheinischen Museum der Stadt Duisburg systematische Ausgrabungen durchgeführt, die 1980 zu einem vorläufigen Abschluß kamen. Die bisher erzielten Grabungsergebnisse im Kastellbereich, in dem dazugehörigen Lagerdorf und den Gräberfeldern geben uns einen verhältnismäßig guten Einblick in diese kleine Grenzsiedlung des römischen Limes.

Bestimmend für die Lage Asciburgiums war die Ruhrmündung, die der Siedlung rechtsrheinisch gegenüberliegt. Das Kastell und Teile des Lagerdorfes (Vicus) erstreckten sich längs eines schiffbaren Altarms des Rheins. In unmittelbarer Nähe verlief die Limesstraße, an der größere Gräberfelder lagen.

Die Aussgrabungen haben ergeben, daß die Umwehrung des Kastells aus Holz und Erde innerhalb eines Jahrhunderts mehrfach errichtet wurde und zwar erstmals während der Germanen-Feldzüge des Drusus (12 – 9 v. Chr.) bis in die Frühzeit des Kaisers Vespasian. Vermutlich wurde die mehr als 2 ha große, annähernd rechteckige Anlage in den Jahren 83 – 85 n. Chr. aufgegeben und eingeebnet.

Zahlreiche Funde wie Münzen, Tongefäßscherben, Handwerkszeug, Bronzebeschläge und Schmuckstücke wurden aus dem Bereich des ehemaligen Kommandantenhauses und anderer Gebäudekomplexe geborgen. Sie geben Einblick in das tägliche Leben dieser Siedlung und darüber hinaus auch wichtige Hinweise für die Datierung der einzelnen Befunde und Gegenstände. Die jüngste Münze, die im Kastell Asciburgium gefunden wurde, ist ein frühes As Domitians aus dem Jahre 80/81 n. Chr. Sie paßt zeitlich gut zu den keramischen Funden, die ebenfalls für die Aufgabe des Lagers im letzten Viertel des 1. Jahrhunderts n. Chr. sprechen.

Das Lagerdorf lag unmittelbar südlich des Kastells. Bei den Ausgrabungen wurden die Spuren einer Straße aufgedeckt, die ehemals von langgestreckten Fachwerkhäusern eingefaßt war. Die schmalen Giebel der Bauten waren zur Straße ausgerichtet. Zwei Töpferöfen am Rande dieser Straße dienten zur Herstellung einfacher Gebrauchskeramik. Anhand von Funden wissen wir, daß das Lagerdorf ebenso wie das Kastell in der Zeit des Augustus angelegt worden ist. Es bestand aber länger als die Wehranlage. Vermutlich wurde es erst gegen Ende des 2. Jahrhunderts n. Chr. aufgegeben.

Zum Kastell und dem Lagerdorf gehörten Gräberfelder, die im Bereich der Limesstraße entdeckt wurden. Stets handelt es sich um Brandbestattungen. Zahlreiche Gräber enthielten Beigaben wie Bronzefibeln, Tonlampen, Krüge, Schüsseln, Reibschalen oder sogar Glasgefäße.

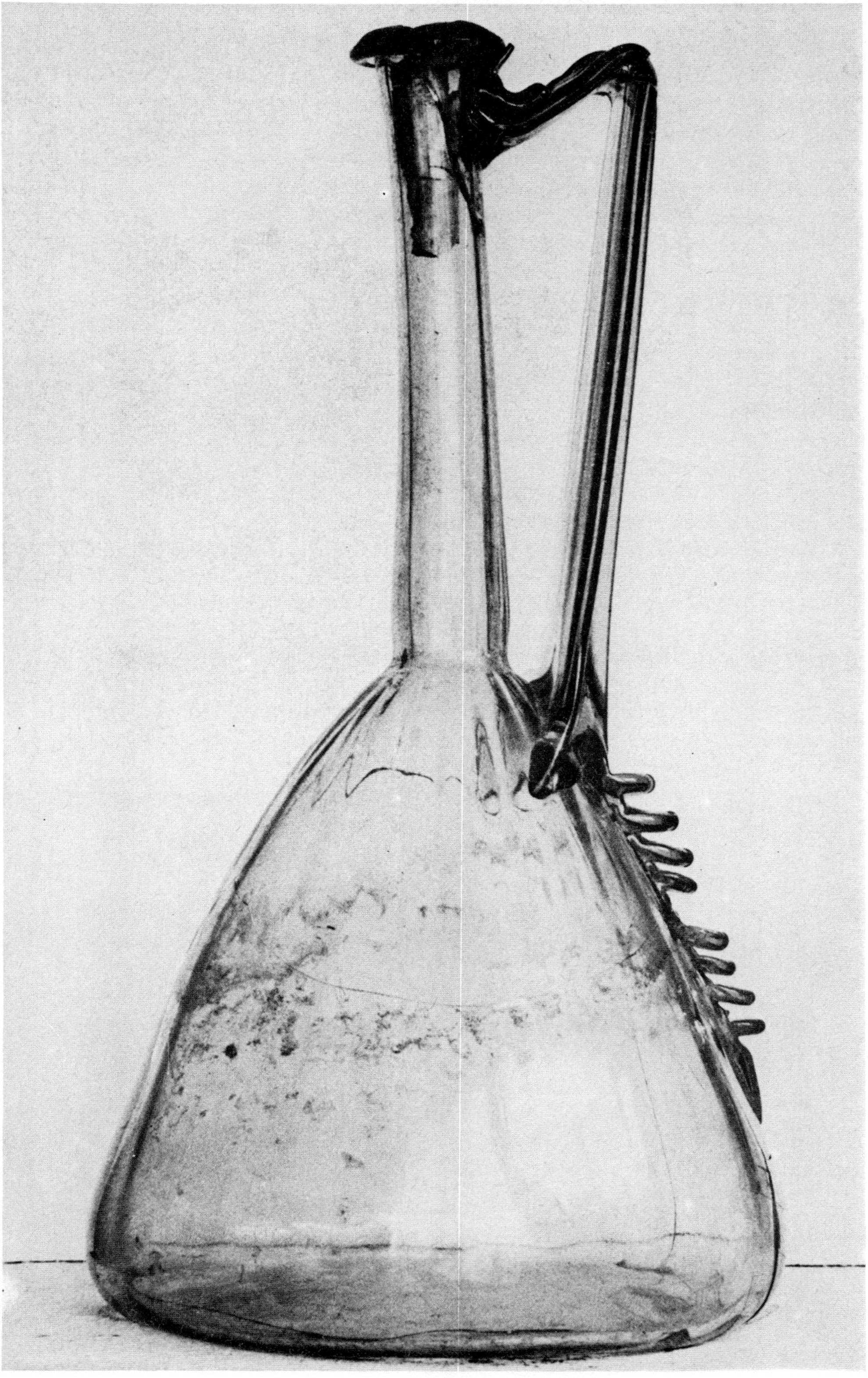

Glasgefäß aus einem Brandgrab von Asciburgium. Ohne Maßstab

Rekonstruktion der Wehranlage aus dem letzten Viertel des 4. Jahrhunderts von Asberg

Ausgrabung im Gräberfeld von Asciburgium. Die Beigaben eines Brandgrabes werden freigelegt

Aus den schriftlichen Quellen ist bekannt, daß Kaiser Valentinian I. (364–375 n. Chr.) ein letztes Mal versuchte, die Grenze des römischen Reiches am Rhein gegen die anstürmenden germanischen Völkerschaften zu sichern. Eine dieser Anlagen wurde in der Südostecke des Kastellbereichs von Asciburgium aufgedeckt. Bei Ausgrabungen des Niederrheinischen Museums wurden die Fundamentreste eines quadratischen Gebäudes von 18m Seitenlänge und einer etwa 3m mächtigen Mauerstärke freigelegt. Vier quadratische Pfeiler im Innern des Gebäudes trugen ursprünglich die oberen Stockwerke. Das turmartige Bauwerk war von einem 9m breiten und 3,5m tiefen Spitzgraben umgeben, hinter dem eine etwa 1m breite Mauer lag. Lediglich Münzen und Gefäßscherben datieren die kleine Wehranlage in das letzte Viertel des 4. Jahrhunderts n. Chr. und somit in die Zeit des Kaisers Valentinian.

2. *Römische Anker aus dem Rhein*

Seit der Besetzung Britanniens und Teilen der heutigen Niederlande durch römische Truppen spielte der Rhein als Handels- und Nachschubweg eine wichtige Rolle. Umschlagplatz war wie auch in späteren Zeiten das Rheinmündungsgebiet. Wir können nach den Ausgrabungsbefunden davon ausgehen, daß im Bereich des Kastells Asciburgium und auch in unmittelbarer Nähe anderer Wehranlagen Uferbefestigungen mit Anlegestellen für Schiffe vorhanden waren.

Römischer Anker aus einer Kiesgrube in Werthausen. Ohne Maßstab

Daß römische Schiffe gelegentlich ihre Anker verloren, beweisen zahlreiche Baggerfunde aus dem Rhein. So wurde zusammen mit einer großen Anzahl römischer Gefäßscherben um die Jahrhundertwende im Ruhrorter Parallelhafen aus 4m Tiefe ein vier Zentner schwerer eiserner Anker geborgen, der die gleichen Merkmale wie die Anker aus römischen Schiffsfunden trägt. Solche Anker wurden von den Römern vom 1. bis zum 4. Jahrhundert n. Chr. benutzt und wurden z. B. im Hafen des römischen Xanten und dem Bereich des Kastells Werthausen, in einer Kiesgrube, gefunden. Im Jahre 1969 wurde aus dem Rhein bei Homberg der bleierne Ankerstock eines zusammengesetzten hölzernen Ankers ausgebaggert, der durch seine Inschrift auf die 5. Legion hinweist. Da diese Legion bis 69/70 n. Chr. in Xanten stationiert war, läßt sich der Bleiankerstock sicher ins 1. Jahrhundert n. Chr. datieren.

3. *Der Schatzfund von Großenbaum*

In Großenbaum wurde im Jahre 1937 auf dem Grundstück Großenbaumer Allee 139 ein Schatz, bestehend aus 11 römischen Goldmünzen und einem kleinen hufeisenförmig gebogenen Golddraht, geborgen. Bei allen 11 Münzen handelt es sich um sogenannte Solidi von größtenteils stempelfrischer Erhaltung. Die Solidi von Großenbaum wurden innerhalb von ca. 16 Jahren geprägt, spätestens im Jahre 353 n. Chr. Die äußerst gute Erhaltung

Schatzfund aus der Mitte des 4. Jahrhunderts von Großenbaum. Ohne Maßstab

der jüngsten Stücke läßt auf eine nur geringe Umlaufzeit schließen. Ob das Vergraben des Münzschatzes mit dem Frankeneinbruch der Jahre 353–355 n. Chr. oder den Vergeltungsfeldzügen Julians gegen die rechtsrheinischen Germanen nach 355 n. Chr. in einem Zusammenhang stand bzw. es der versteckte Sold oder das Beutegut eines fränkischen Kriegers war, läßt sich heute nicht mehr eindeutig klären. Mit sehr großer Wahrscheinlichkeit war aber der Goldschatz schon ein überaus wertvoller Besitz, als man ihn vergrub.

4. *Germanische Brandgräber auf dem Kaiserberg*

Während der Ausgrabungen des Niederrheinischen Museums auf dem Kaiserberg wurden im Jahre 1979 wiederholt einzelne verbrannte Knochenstückchen gefunden, die auf zerstörte Urnengräber schließen lassen. An einer Stelle häuften sich in einem Umkreis von etwa 90cm Leichenbrandreste, Brandspuren und durch Feuereinwirkung verbrannte Scherben einer römischen Bilderschüssel. In einer Tiefe von ca. 1m unter der heutigen Oberfläche konnte ein gut erhaltenes germanisches Brandschüttungsgrab freigelegt werden. Die schwarze Urne war mit drei Gruppen aus jeweils drei kleineren Dellen verziert und enthielt neben Leichenbrand die Reste einer verschmolzenen Bronzefibel. Weitere Scherben der bereits erwähnten Bilderschüssel lagen zusammen mit den Überresten des Scheiterhaufens in der Grabgrube. Das Grab kann anhand der Funde ins ausgehende 2. Jahrhundert bzw. 3. Jahrhundert n. Chr. datiert werden.

Im Stadtgebiet wurden vor allem in Ehingen und Huckingen ähnliche Gräber entdeckt. Sie weisen auf germanische Siedlungen am rechten Rheinufer in unmittelbarer Nähe der römischen Grenze hin. Da es mit Ausnahme des Bataver-Aufstandes im Jahre 69/70 n.

Freilegung eines germanischen Brandgrabes auf dem Kaiserberg

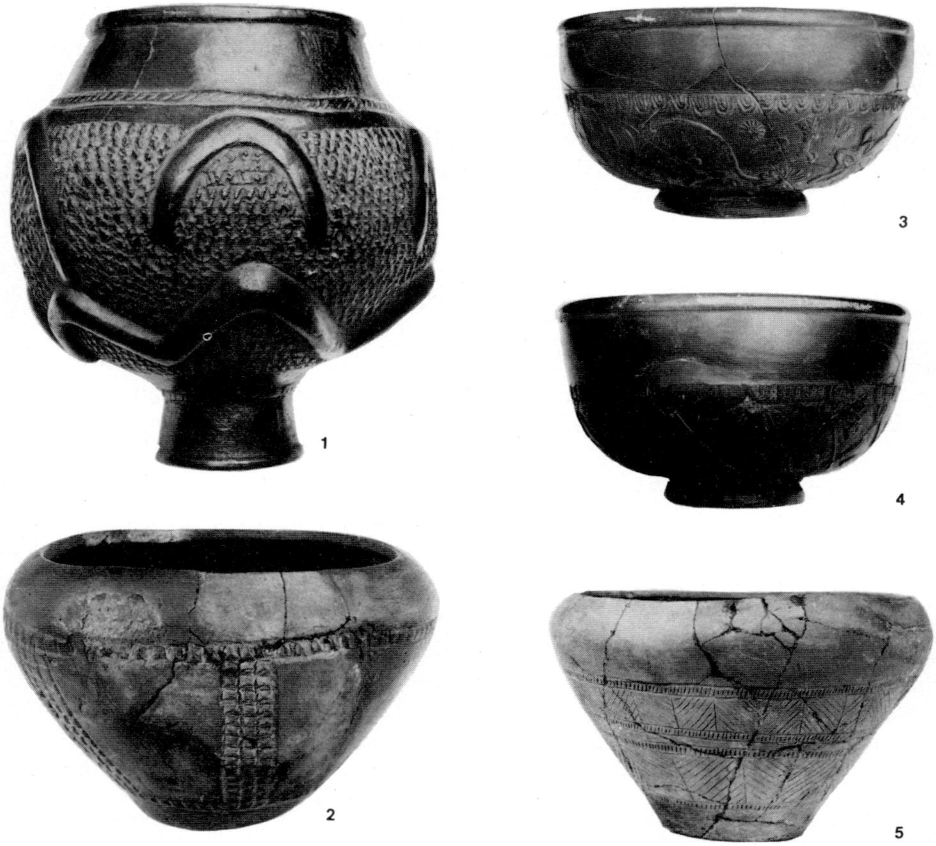

Funde aus Brandgräbern der römischen Kaiserzeit. 1: Huckingen; 2–5: Ehingen. Ohne Maßstab

Chr. am Niederrhein bis zur Mitte des 3. Jahrhunderts n. Chr. friedlich war, können wir für diese Zeit mit regen Handelsbeziehungen zwischen Römern und Germanen rechnen. So kamen auch römische Güter wie Keramik, Münzen, Glas und Metallgeräte ins germanisch besiedelte rechtsrheinische Gebiet. Besonders beliebt waren die Bilderschüsseln, sogenannte Terra-Sigillata-Gefäße, die auch als Beigaben den Toten mit ins Grab gegeben wurden.

IV Frühmittelalter

Seit dem Ende der Römerherrschaft wurde das heutige Stadtgebiet Duisburgs von den Franken besiedelt, die nun auf beiden Seiten des Niederrheins seßhaft wurden. Der sogenannte Hellweg, ein Heerweg vom Rhein nach Osten, nahm an der Ruhrmündung seinen Anfang. Dadurch spielte Duisburg zu dieser Zeit für die militärischen Interessen der Franken eine beachtliche Rolle. Dies wird vermutlich auch durch einen fränkischen Königshof auf dem Burgplatz in der Nähe des heutigen Rathauses und den zahlreichen Gräberfeldern im Stadtgebiet deutlich.

1. Fränkische Gräberfelder im Stadtgebiet

Die frühgeschichtliche Zeit, in der nun Bodenfunde und verstärkt schriftliche Quellen gleichermaßen die Geschichtsschreibung ermöglichen, ist im Stadtgebiet durch zahlreiche fränkische Gräberfelder gut belegt. Auf den bisher entdeckten 15 Friedhöfen konnte nachgewiesen werden, daß die Toten in der Regel in Reihen und in nach Osten ausgerichteten Holzsärgen bestattet wurden. Die Leichenverbrennung fand nur noch sehr selten statt. Wahrscheinlich hatten die hier beigesetzten Franken bereits den christlichen Glauben angenommen.

Fränkische Gräberfelder im Stadtgebiet Duisburgs. 1: Hoch-Emmerich; 2: Bergheim; 3: Friemersheim; 4: Oestrum-Burgfeld; 5: Oestrum-Pickert; 6: Serm-Holtumer Höfe; 7: Ehingen; 8: Huckingen; 9: Duissern; 10: Duisburg-Kantpark; 11: Meiderich; 12: Beek; 13: Beeck; 14: Alsum; 15: Walsum

Den Männern wurden als Beigaben Waffen, Reiterausrüstungen, Trink- und Eßgeräte mitgegeben, den Frauen besonders Schmuck wie Fibeln und Perlenketten. Fast nie fehlen Tongefäße. Solche Funde datieren die Gräber zumeist in die Zeit vom 5. bis zum 8. Jahrhundert n. Chr. Reich ausgestattete Gräber geben auch Hinweise auf die gehobene Sozialstellung einiger hier bestatteter Franken. Die große Zahl von fränkischen Gräberfel-

Silbertauschierter Beschlag von einem Pferdegeschirr aus dem Kantpark. M. 3:1

dern zeugt jedenfalls von der großen Bedeutung Duisburgs in dieser frühen Zeit. Vermutlich stehen die Friedhöfe mit dem bereits erwähnten fränkischen Königshof auf dem heutigen Burgplatz in einem Zusammenhang.

Zu den Gräberfeldern müssen einst Siedlungen oder Gehöfte gehört haben, die Vorläufer noch heute bestehender Ortschaften sind. Es gehen z.B. auf Duisburger Gebiet die Ortsnamen Ehingen, Mündelheim und Huckingen auf fränkischen Ursprung zurück und dürften somit fränkische Siedlungen sein. Leider sind uns aber Siedlungsfunde aus dieser Zeit im Stadtgebiet bisher nicht bekannt geworden. Das mag an der ständigen späteren Überbauung dieser Plätze liegen. Wir wissen deshalb auch nicht, ob sie bereits schon Mitte des 3. Jahrhunderts n. Chr. angelegt wurden, als der Name der Franken erstmals schriftlich erwähnt und für germanische Stammesgruppen am rechten Niederrhein gebraucht wird.

Trinkglas, Tongefäß, Perlenkette und Gewandspangen aus Duisburg und vom Niederrhein

2. *Eine Töpferwerkstatt auf dem Averdunkgelände in der Innenstadt*

Im Mai 1977 wurden dem Niederrheinischen Museum der Stadt Duisburg zahlreiche mittelalterliche Scherben übergeben, die zwei Schüler beim Spielen am Rande des ehemaligen Parkplatzes auf dem Averdunkgelände in der Innenstadt Duisburgs aufgelesen hatten. Eine bald darauf eingeleitete kleine Probegrabung führte zu dem Ergebnis, daß hier ein bisher nicht bekannter mittelalterlicher Töpfereibetrieb lag.

Bei den anschließenden mehrjährigen Ausgrabungen wurden Reste zweier Töpferöfen und eines mächtigen Scherbenhügels mit Fehlbränden freigelegt. Besonders bemerkenswert ist ein ovaler Ofen von etwa 3m Länge und 1,8m Breite. Er wurde seiner guten Erhaltung wegen im Original geborgen und soll später im Bereich des neuen Gebäudekomplexes auf dem ehemaligen Averdunkgelände an geeigneter Stelle aufgestellt werden. Die Innenwandung des Brennraumes sowie der stark eingetiefte Feuerungsraum waren sorgfältig mit mehreren Lehm- bzw. Tonschichten verstrichen. Auf dem Boden fanden sich drei in Längsrichtung verlaufende kräftige Rippen aus verziegeltem Ton, die zur Feuerung hin steil abfallen. Offensichtlich dienten die Zwischenräume der Rippen als Züge. Der Ofen war mit Fehlbränden und Fragmenten der eingestürzten Kuppel gefüllt. Eine über 1m tiefe, ca. 3m lange und 2,5m breite Arbeitsgrube vor dem Feuerungsraum ent-

Ausgrabung eines frühmittelalterlichen Töpferofens auf dem Averdunkgelände in der Innenstadt

hielt ebenfalls Töpfereiabfälle. Im südlichen Bereich dieser Grube lag wahrscheinlich auch der Zugang zur gesamten Ofenanlage.

Die hier gefertigte schwarzgraue Keramik ist größtenteils mit Rollstempeleindrücken, Riefen und Wellen verziert und wurde auf der Drehscheibe hergestellt. Sie wirkt einheitlich und läßt darauf schließen, daß der Töpfereibetrieb auf dem Averdunkgelände nur eine begrenzte Zeit in Tätigkeit war. Es kommen Gefäße mit linsenförmigen Böden, Henkeln und Ausgußtülle vor. Auffallend dicke und flache Scherben stammen augenscheinlich von großen Vorratsgefäßen. Die Brenntemperatur lag bei etwa 900°C.

Nach der Keramik kann die Ofenanlage dem späten 9. Jahrhundert bzw. dem beginnenden 10. Jahrhundert n. Chr. zugeordnet werden. Es gelang somit der Nachweis, daß zur Wikingerzeit – vor etwa 1.000 Jahren – weit außerhalb der auf dem Burgplatz gelegenen befestigten Siedlung ein Töpfer wirkte. Wie Funde von verschiedenen Stellen des Niederrheingebietes zeigen, konnte dieser Handwerksbetrieb vermutlich seine Erzeugnisse auch außerhalb Duisburgs absetzen.

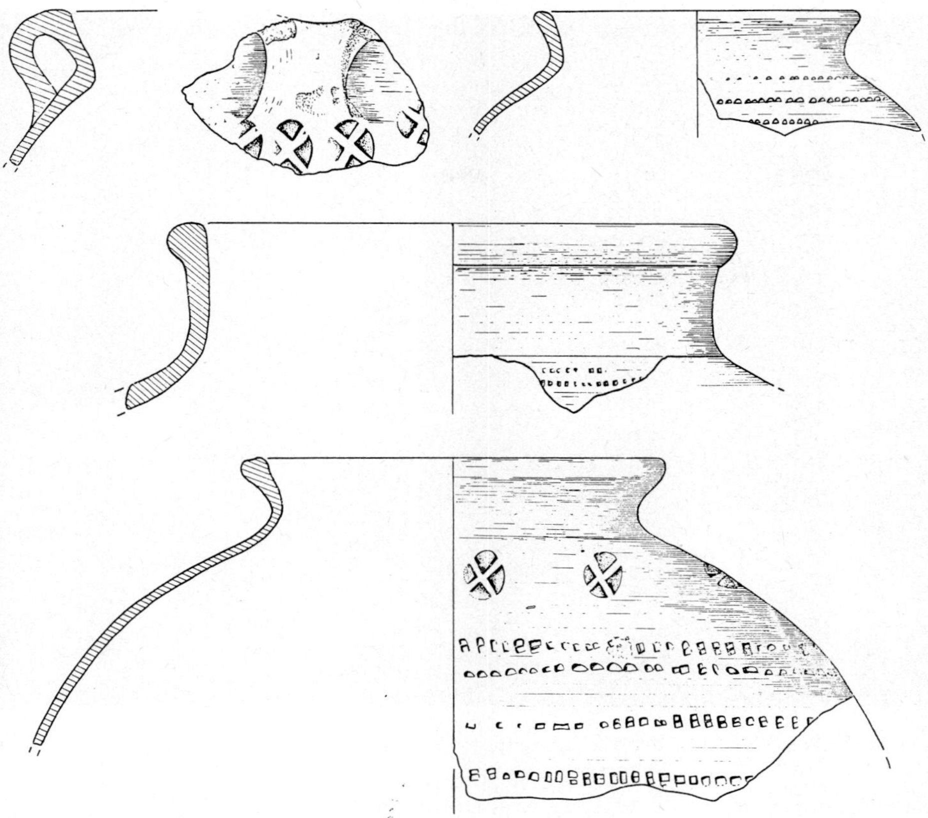

Verzierte Gefäßscherben aus dem mittelalterlichen Töpfereibetrieb auf dem Averdunkgelände in der Innenstadt Duisburgs. M. 1:3

3. *Wikingerzeitliche Funde vom Alten Markt*

Im Zuge der Verlegung von Versorgungsleitungen für den U-Bahnbau im Bereich des Rathauses wurden am Alten Markt im Jahre 1980 Siedlungsschichten des mittelalterlichen Duisburgs angeschnitten. Bei den durch das Niederrheinische Museum durchgeführten Ausgrabungen konnte der bisher älteste Siedlungshorizont erfaßt werden. Anhand des geborgenen Scherbenmaterials wird er in das 9./10. Jahrhundert n. Chr. datiert. Diese spätkarolingische Schicht lag in einzelnen Gruben fast 4m unter der heutigen Oberfläche. Unter den Gefäßresten kommen solche von sogenannter Badorfer und Pingsdorfer Machart, die teilweise mit Rollstempeldekor oder Bemalung verziert waren, sowie Scherben von Reliefbandamphoren vor. Die schwarzgraue stempelverzierte Keramik ähnelt der aus den Töpferöfen vom Averdunkgelände. Brocken von Hüttenlehm mit Abdrücken von Hölzern stammen eindeutig von Wohnbauten. Ein Stück trug noch Reste eines weißen Kalkanstriches. Zahlreiche Tierknochen, Hölzer von Bauten, Eisenschlacken und andere Kleinfunde belegen eine größere wikingerzeitliche Siedlung im Bereich des ehema-

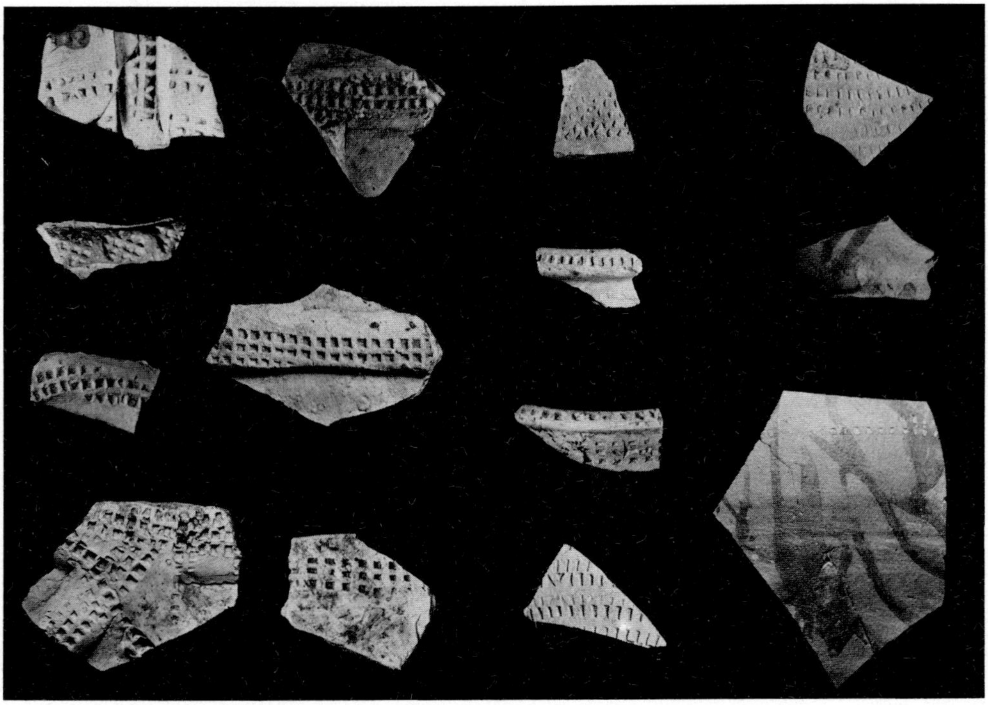

Verzierte Gefäßscherben aus der wikingerzeitlichen Fundschicht vom Alten Markt. Ohne Maßstab

ligen Rheinufers unterhalb des Burgberges, die zum ältesten Kern Duisburgs gezählt werden kann. Am Alten Markt hat wahrscheinlich auch die für das Ende des 9. Jahrhunderts bezeugte Niederlassung friesischer Kaufleute gelegen, die damals den Fernhandel kontrollierten. Mit einem Hafen am Rhein, dem offenen Markt im Hafenbereich, dem befestigten Burgberg mit einer Kirche und dem Königshof, der späteren Königspfalz, zählte Duisburg in dieser Zeit zu den wichtigsten Handelsplätzen des Rheinlandes. Dies dürfte auch der Grund für den Wikingerüberfall im Jahre 883 n. Chr. gewesen sein. Die Wikinger überwinterten hier und konnten erst im Frühjahr des darauf folgenden Jahres wieder vertrieben werden. Vorher setzten sie aber ihr Lager in Brand.

4. Der Einbaum aus dem Schwafheimer Meer in Rumeln-Kaldenhausen

Es ist freiwilligen Helfern des Niederrheinischen Museums zu verdanken, daß ein bei Aushubarbeiten am Rande des Schwafheimer Meeres in Rumeln-Kaldenhausen erfaßter Einbaum in seiner Bedeutung erkannt und noch rechtzeitig durch Mitarbeiter des Museums der Deutschen Binnenschiffahrt Duisburg-Ruhrort sichergestellt werden konnte. Die Länge des aus einem kräftigen Eichenstamm gefertigten Einbaums beträgt etwa 3m; die größte Breite mißt 0,75m und die erhaltene Höhe 0,40m. Im Querschnitt zeigt das Boot eine deutliche Kastenform mit flachem Boden und senkrechten Bordwänden. Vorder- und Hinterende sind stumpf gestaltet und zum Boden hin abgeschrägt. Wie mehrere Ausbesserungen belegen, war der Einbaum längere Zeit benutzt worden. Leider fehlen eindeutige Begleitfunde, so daß eine Datierung noch offen ist. Sie soll am Eichenholz des Bootes mit Hilfe naturwissenschaftlicher Methoden durchgeführt werden. Da der Einbaum aber etwa 1,20m tief im Torf gelegen hat, dürfte er ein beträchtliches Alter haben. Möglicherweise ist er vor über 1.000 Jahren unbrauchbar geworden und in einem ehemals offenen Gewässer versunken.

Einbaum aus dem Schwafheimer Meer in Rumeln-Kaldenhausen während der Freilegung

Ausgrabungen im Bereich des mittelalterlichen Marktes (1982)

Joseph Milz

Das Mittelalter (ca. 800 – 1550)

I Allgemeine historische und topographische Entwicklung der Stadt Duisburg

Die Besiedlung des Stadtgebietes in den Jahrhunderten, aus denen noch keine schriftlichen Nachrichten erhalten geblieben sind, wurde am Beispiel einzelner Funde im vorhergehenden Abschnitt geschildert. Direkter Ausgangspunkt für die Entwicklung der Stadt Duisburg waren aber nicht die im heutigen Stadtgebiet verstreuten vor- und frühgeschichtlichen oder fränkischen Siedlungen, sondern die Anlage eines Königshofes, einer „*curtis*", auf der hochwasserfreien Geländeerhebung des heutigen Burgplatzes bzw. Salvatorkirchhofes. Auch diese Gründung wird in keiner Schriftquelle erwähnt, es läßt sich nur mit einiger Wahrscheinlichkeit vermuten, daß sie um 740 oder wenig früher erfolgte, als Karl Martell vom Niederrhein/Ruhrmündungsgebiet aus seine Feldzüge gegen die vom merowingischen Königtum noch unabhängigen Sachsen führte.

Die Königshöfe waren Zentren großer Ländereien, deren Erträgnisse oft unmittelbar der königlichen Hofhaltung dienten. Auf seinen Reisen durch sein Herrschaftsgebiet konnte der König hier Station machen. Er fand Unterkunft und Verpflegung für sich und sein Gefolge.

Zu einer solchen Hofanlage gehörte immer auch eine kleine Kirche; da der Anlage zweifellos auch eine militärische Aufgabe zugedacht war, war sie wohl auch schon mit den Mitteln der damaligen Zeit, d.h. mit Graben, Wall und Palisadenzaun befestigt, anders wäre die zweite Silbe des damals entstehenden Namens Duis – *burg* nur schwer zu erklären.

Die erste schriftliche Erwähnung Duisburgs gehört in das 9. Jahrhundert, ohne daß Einigkeit über die genaue Datierung erzielt werden könnte. Die Meldung besagt, daß gewisse Einkünfte aus den Ländereien in *Diusburg* zum Reichsgut in Friemersheim gehörten.

Ob und wie die wechselvollen Geschicke des Frankenreiches im 9. Jahrhundert mit den verschiedenen Reichsteilungen und der zeitweiligen erneuten Zusammenfassung unter Karl III. (876–887) sich auf den Königshof Duisburg ausgewirkt haben, ist nicht bekannt. Der damals das Frankenreich bedrohenden Gefahr aus dem Norden, den immer wieder ins Land einfallenden Scharen der später allgemein als Normannen bezeichneten Wikinger, entging allerdings auch Duisburg nicht, ja, es wurde sogar für ein halbes Jahr zum Mittelpunkt des Geschehens.

Regino, Abt des Klosters Prüm und später von St. Martin in Trier (†915), berichtet in seiner in lateinischer Sprache verfaßten Chronik zum Jahre 883/884:

> Eodem anno Nortmanni, qui in Chinheim ex Denimarca venerant, adsentiente Godefriedo Rhenum navigio ascendunt et Diusburh oppido occupato munitionem in eodem loco more solito construunt et in eo tota hieme resident. Contra quos Heinricus dux castra posuit et nullatenus predas agere permisit. Redeunte vernali temperie castris exustis maritimis locis se recipiunt.
>
> In diesem Jahr fuhren die Normannen, die aus Dänemark ins Kenemerland gekommen waren, mit Zustimmung Godefrieds zu Schiff den Rhein hinauf und nachdem sie das oppidum Diusburch besetzt hatten, errichteten sie in diesem Ort eine Befestigung in der ihnen gewohnten Weise und verblieben dort den ganzen Winter. Gegen sie errichtete der Herzog Heinrich ein Heerlager und ließ sie so keine Beutezüge unternehmen. Als die Frühlingszeit wiederkam, verbrannten sie ihr Lager und zogen sich in die Küstengebiete zurück.

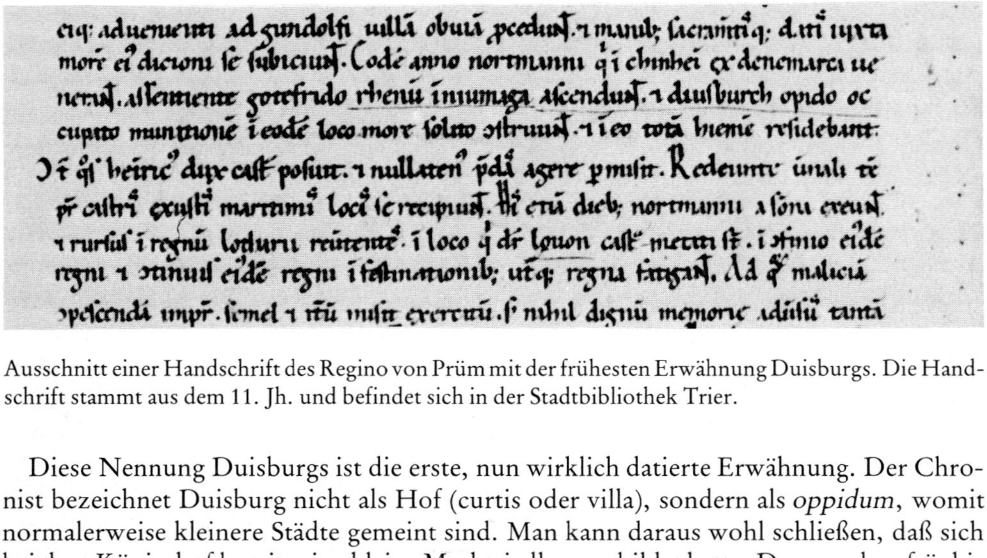

Ausschnitt einer Handschrift des Regino von Prüm mit der frühesten Erwähnung Duisburgs. Die Handschrift stammt aus dem 11. Jh. und befindet sich in der Stadtbibliothek Trier.

Diese Nennung Duisburgs ist die erste, nun wirklich datierte Erwähnung. Der Chronist bezeichnet Duisburg nicht als Hof (curtis oder villa), sondern als *oppidum*, womit normalerweise kleinere Städte gemeint sind. Man kann daraus wohl schließen, daß sich bei dem Königshof bereits eine kleine Marktsiedlung gebildet hatte. Das von dem fränkischen Herzog Heinrich, der zusammen mit dem Erzbischof Liutbert von Mainz die Normannen bekämpfte, angelegte Heerlager gilt als Keimzelle der Burg Broich bei Mülheim.

Vielleicht als Belohnung für den Einsatz des Erzbischofs Liutbert gegen die Normannen übertrug Kaiser Karl III. den Königshof Duisburg und andere Höfe im Rheingebiet der Abtei Herrieden, denn diese überließ er wiederum dem Erzbischof zur persönlichen Nutzung. Dieses Zwischenspiel dauerte zwar nicht lange, denn König Arnulf (887 – 899) zog diese Güter 888 wieder an sich, hatte aber möglicherweise für Duisburg doch größere Bedeutung. Die Abtei Herrieden war nämlich dem göttlichen Salvator, Christus dem Erlöser, geweiht, und es ist sehr wahrscheinlich, daß das Duisburger Salvatorpatrozinium auf den Einfluß Herriedens in diesen Jahren zurückgeht.

Arnulf übertrug dann die Kirche in Duisburg mit Einkünften und großem Grundbesitz der Abtei Prüm in der Eifel. Bereits 893 listete die Abtei in einem Verzeichnis diese Abgaben an Geld und Naturalien auf. Interessant ist dabei besonders die Erwähnung von Friesen (fresones), die am Martinstag und zu Ostern ihre Abgaben leisten. Die Friesen sind die Fernhandelsleute dieser Zeit. Wir sehen also aus diesem Hinweis, daß kurz nach dem Normannensturm sich wieder Kaufleute bei dem Königshof niedergelassen hatten. Wo ihr *Wik*, wie eine solche Niederlassung meist bezeichnet wird, gelegen hat, ist noch nicht völlig gesichert. Das Gebiet des heutigen Alten Marktes wäre ein denkbarer Platz gewesen. Markt hat hier, wie Ausgrabungen gezeigt haben, in dieser Zeit schon stattgefunden, es gibt aber auch Hinweise, die auf eine Wohnsiedlung im Bereich Niederstraße/Oberstraße deuten.

Die Abtei Prüm blieb bis ins 13. Jahrhundert im Besitz des Patronats über die Salvatorkirche, d.h. sie stellte den Pfarrer und bezog Einkünfte aus Duisburg, der Königshof aber erhielt noch mehrmals einen neuen Herren. So wurde er von König Heinrich II. (1002 – 1024) zusammen mit Kaiserswerth dem lothringischen Pfalzgrafen Ezzo übergeben. König Heinrich III. nahm ihn bei seinen Bemühungen, das Machtstreben dieser Familie, der Ezzonen, zu unterdrücken, wieder an das Reich zurück. Heinrich IV. (1056 – 1106) schließlich übergab den Königshof mitsamt einem großen Forst, der durch die Wasserläufe Rhein, Ruhr und Düssel begrenzt wurde und sich im Osten bis Werden erstreckte, im Jahre 1065 seinem Lehrer, dem Erzbischof Adalbert von Bremen. Die Münzen, die in dieser Zeit in Duisburg geschlagen wurden, zeigen hinter dem Kopf des Königs den Krummstab des Bischofs. Wie lange Duisburg bei Bremen verblieb, ist unbekannt, der heute noch zu Duisburg gehörende Wald aber ist sicher ein Rest des damals umschriebenen großen Forstes.

In Duisburg aber waren in diesen fast 200 Jahren seit dem Normannensturm große Veränderungen vor sich gegangen. Im Verlauf des 10. Jahrhunderts war der Königshof zur Pfalz ausgebaut worden, d.h. zu einem repräsentativen Gebäudekomplex, wo der König öfter seinen Aufenthalt nehmen und wo er auch größere Versammlungen anberaumen konnte. Auch hierüber gibt es keine schriftliche Überlieferung, doch ergibt sich die Notwendigkeit aus der Zahl der Königsbesuche in Duisburg, besonders zur Zeit der Herrscher aus dem sächsischen Hause. Zwischen 922 und 1016 sind 18 Königsaufenthalte urkundlich bezeugt, weitere lassen sich aus dem Reiseweg der Könige, die damals noch über keine Residenz verfügten, sondern ihre Amtsgeschäfte im Umherreisen ausübten, ermitteln. 929 fand hier eine Reichssynode, d.h. eine Versammlung der Bischöfe des Reiches, statt, 1002 traf der Erzbischof von Köln hier auf Heinrich II. und wählte ihn zusammen mit dem Bischof von Lüttich zum König. Archäologisch wurden Mauerreste der Pfalz beim Bau des heutigen Rathauses um 1900 und wieder bei Grabungen im Jahre 1980 aufgedeckt. Aus diesen Befunden läßt sich eine Abfolge von großen Hallenbauten rekonstruieren, an die die noch sehr bescheidene Pfalzkapelle, die Vorläuferin der heutigen Salvatorkirche, angebaut war.

Die Gebäude, die fast die Ausdehnung des heutigen Rathauses hatten, lagen nahe an der Terrassenkante, die damals zwischen dem Burgplatzgelände und dem Alten Markt einen Höhenunterschied von etwa 6 – 7m ausmachte. Den auch heute noch vorhandenen Höhenunterschied merkt man deutlich an den Treppenstufen im Rathausbogen und am starken Gefälle der um 1900 tiefergelegten Salvatorstraße. Vom nahe vorbeifließenden Rhein her müssen diese Bauten auf der Anhöhe in einer sonst noch weitgehend unbesiedelten Landschaft einen imponierenden Anblick geboten haben. Zur Landseite hin sicherten ein bogenförmig gezogener Graben und damit gewiß auch ein Wall das Gelände. Selbst in den heutigen Stadtplänen ist dieser älteste Kern Duisburgs, das Gebiet um Rathaus, Burgplatz und Salvatorkirche, noch deutlich zu erkennen. (s. Abb. Seite 47)

Eine Pfalz war – auch wenn der König nicht anwesend war – nicht menschenleer, sie mußte schließlich erhalten und verwaltet werden. Diese Aufgaben wurden von *Ministerialen* wahrgenommen, königlichen Dienstleuten, die zwar dem Stand der Hörigen entstammten, aber durch ihre besonderen „Ämter" weit über die anderen abhängigen Leute emporgehoben waren. Hierzu zählten z. B. die in der königlichen Münze Beschäftigten und die Zöllner.

Eine solche Anlage war aber auch ein Kristallisationspunkt für eine Siedlung. Hatte schon der Königshof die friesischen Kaufleute angelockt, so tat dies die Pfalz in verstärktem Maße, denn wo die Großen des Reiches zusammenkamen, war auch Bedarf für Luxusgüter, für kostbare Stoffe, Pelze, Gewürze, Schmuck und Wein. Die Duisburger Kaufleute werden denn auch im sogenannten Koblenzer Zolltarif erwähnt, einer gegen Ende des 11. Jahrhunderts aufgeschriebenen Liste der Abgaben, die die Kaufleute beim Passieren des Koblenzer Rheinzolls zu entrichten hatten. Von den Duisburgern wurden eine Tafel Wachs und Wein im Werte eines Denars gefordert. Das Wachs weist auf Handelsverbindungen, die über die Ostsee und die Insel Gotland in den Norden Rußlands führten, von wo Honig, Wachs und Felle importiert wurden. Dort gemachte Funde von in Duisburg geprägten Münzen aus dieser Zeit bestätigen die Existenz dieser Verbindungen.

Handwerker hatte es schon auf dem Königshof gegeben, denn die Höfe waren weitgehend autark und sorgten für ihren Bedarf selbst, mit der Ausbildung eines Marktes aber wurden neue Absatzchancen geboten, die weiteren Handwerkern ein Auskommen gaben. Eine besondere Rolle scheint die Leineweberei gespielt zu haben. Die Leineweber hatten nämlich einen eigenen Gerichtsstand vor dem Verwalter des Königshofes, auch der Name des Flachsmarktes deutet in diese Richtung.

Die Bedingungen für eine Ansiedlung waren wohl günstig. Der Grund und Boden war ganz überwiegend Reichsgut. Er wurde, wie es auch sonst bei Städten und stadtähnlichen Siedlungen üblich war, in einzelnen Parzellen gegen einen geringen Zins von einigen Pfennigen zur Bebauung ausgegeben. Mit der Zahlung dieses *„Reichszinses"*, wie er in Duisburg hieß, erkannte man das Obereigentum des Königs an dem Grundstück an, ohne dadurch aber in irgendeine persönliche Abhängigkeit zu geraten. Andere in Duisburg begüterte Grundherren, wie z. B. das Stift Essen, gaben ihren Grundbesitz zu gleichen Bedingungen aus.

Die Siedlung dehnte sich aus. Sie wird zu Beginn des 12. Jahrhunderts den Bereich des Alten Marktes, ein Stück der Beekstraße etwa bis zur Höhe des Kalkhofes, die frühere Holz- und Münzgasse, den Anfang der Kuhstraße und Ober- und Niederstraße umfaßt haben. Die Pfalzkapelle war zu klein geworden, eine neue, größere Kirche wurde noch im 11. Jahrhundert an ihrer Stelle errichtet, was auch Umbauten in der Pfalzanlage mit sich gebracht haben muß.

Vielleicht stammt die im Jahre 1980 neben dem Rathaus teilweise wiederaufgedeckte Mauer, die offenbar eine äußere Begrenzungsmauer war, aus dieser Zeit. Die damals in Duisburg geprägten Münzen zeigen auf der Rückseite oft mauerumwehrte Bauten, sicher keine photographisch getreuen Abbildungen, aber doch eine verkürzte und zeichenhaft reduzierte Darstellung dessen, was damals der Mittelpunkt Duisburgs war.

Ein solcher Ort, Stadt möchte man noch nicht sagen, stellte bereits ein gewisses Machtpotential dar, hier wurden auch schon politische Entscheidungen getroffen, die nicht ohne Auswirkungen blieben.

Bei den großen Auseinandersetzungen, die Heinrich V. (1106 – 1125) mit den Fürsten des Reiches hatte und die erst auf dem Reichstag zu Würzburg 1121 mit der Folge des Wormser Konkordates von 1122 beigelegt wurden, stand Duisburg treu an der Seite des

In Duisburg geprägte Münzen der Salierzeit (Heinrich III. und Heinrich IV. 1039 – 1106)

Königs, obwohl es dafür wirtschaftliche Nachteile hinnehmen mußte. Adalbert, der Erzbischof von Mainz, einer der Hauptgegner Heinrichs V., erhöhte wider alles Recht den Duisburger Kaufleuten den Zoll in Mainz, eine Maßnahme, die erst 1155 auf Druck Friedrich Barbarossas rückgängig gemacht wurde.

Aber die Belohnung für Duisburg blieb nicht aus. Duisburg erhielt eine Stadtmauer! Zwar ist keine Urkunde darüber erhalten, aber die geschilderte Situation läßt keinen Zweifel daran, daß es Heinrich V. war, der auf diese Weise die Entwicklung Duisburgs zur Stadt entscheidend förderte.

Die Anlage einer Stadtbefestigung war aber auch eine schwere Belastung, die oft von den Bewohnern des Ortes selbst nicht allein getragen werden konnte. Eine nur abschriftlich überlieferte und schwer lesbare Inschrift berichtet darüber, daß Kaiser Heinrich (V). den Hofesleuten von Hösel (bei Düsseldorf) für ihre Mithilfe bei der Befestigung Duisburgs mit Wall und Mauer ihre Zollfreiheit in Duisburg bestätigte. Dieser Rechtsakt wurde wahrscheinlich am 7. Mai 1125 vollzogen, als Heinrich V. zwei Wochen vor seinem Tode in Duisburg weilte.

Diese Mauer, angelegt etwa in den Jahren 1120–1125, ist bis auf einzelne Fundamentreste nicht mehr erhalten. Ihr Verlauf ist nur mit komplizierten wissenschaftlichen Überlegungen zu rekonstruieren. Sie umschloß den bislang besiedelten Bereich, wie er oben geschildert wurde. Wahrscheinlich noch vor der Mauer lagen die Wirtschaftsgebäude des Reichshofes und einige andere große Höfe, auch der noch sumpfige Bereich des Öderichs, die heutige Altstadt, wurde noch nicht in die Befestigung einbezogen.

Auch dieser Mauerring dürfte bereits vier Tore gehabt haben. Stapeltor und Kuhtor hießen möglicherweise auch damals schon so. Zwei weitere Tore, die später völlig verschwanden, kennen wir dem Namen nach und können ihre Lage vermuten. Das Fischtor wird im Bereich des Alten Marktes gelegen haben, wo die Straße (Schwanenstraße) zum Rhein hinführte und wo die Fischstände an Markttagen ihren Platz hatten.

Wo der Mauerverlauf die Beekstraße kreuzte, dürfte das in den Quellen oft genannte Lifken-Tor (Liebfrauen-Tor) zu suchen sein. Es konnte erst so genannt werden, als nach 1146 die Johanniter wenige hundert Meter entfernt auf einem kleinen Hügel eine Niederlassung und die Marienkirche errichteten, die man eben durch dieses Tor erreichte.

Das Material für den Mauerbau lieferte der Steinbruch im Duisburger Wald. Es war wohl diese sehr intensive Nutzung des Steinbruches, die zu einem Streit zwischen den Einwohnern Duisburgs und dem Verwalter des königlichen Forstes, dem *magister forestis*, Herzog Walram von Limburg, der wahrscheinlich auch königlicher Amtsträger in Duisburg selbst war, führte. Der Streit wurde 1129 vor dem Gericht des Königs in Duisburg entschieden und festgestellt, daß der Grund des Waldes zu der königlichen *villa* Duisburg gehöre, und die Duisburger Bürger (*cives*) nach ihrem Belieben entsprechend ihrem Bedarf Steine brechen könnten.

Die hierüber ausgestellte Königsurkunde ist die älteste, die sich im Archiv der Stadt erhalten hat. Es ist beileibe keine Stadtgründungsurkunde, aber sie enthält einige wichtige Hinweise auf die Entwicklung Duisburgs zur Stadt. Zwar wird Duisburg noch nicht als Stadt (*oppidum*, *civitas*) bezeichnet, sondern als *villa*, ein Begriff, der uns sehr bekannt vorkommt, der aber doch nur schwer zu fassen ist und wohl am besten neutral mit „Ort" übersetzt wird, die Bewohner des Ortes aber hießen schon *cives*, also Bürger. Da sie als Gruppe, als Prozeßpartei, vor Gericht auftreten, müssen sie auch schon in irgendeiner Form eines Zusammenschlusses, zumindest als Gerichtsgemeinde, organisiert sein.

Die Urkunde zeigt uns Duisburg zu einem Zeitpunkt, als es schon sehr nahe daran war, auch im Verständnis der Zeit eine Stadt zu sein.

Duisburg wuchs weiter, die Mauern wurden eng, der von ihnen umschlossene Raum mußte besser genutzt werden. Die Häuser rückten näher an die Pfalzgebäude heran. Deren Befestigung war nach dem Mauerbau nicht mehr erforderlich, so wurden der Graben verfüllt, der Wall abgetragen und – sicher mit Einwilligung des königlichen Vogtes oder Schultheißen – im Halbrund der Befestigung und vor der Pfalz zum Markt hin Häuser gebaut.

Diese Häuser und Grundstücke „auf der Burg", die jetzt in private Nutzung übergegangen waren, mußten, wie die früher vergebenen Grundstücke, 2 Denare „*Reichszins*" zahlen, dazu aber eine Abgabe von 2 Hühnern jährlich. Eine Abgabe, die sich bis ins 19. Jahrhundert erhalten hat.

Diese Veränderungen im innersten Stadtkern waren aus der Situation heraus und ohne die spezielle Erlaubnis des Königs vorgenommen worden, doch genehmigte König Konrad III. 1145 nachträglich dieses Vorgehen mit der Begründung, daß auf diese Weise mehr Quartiermöglichkeiten bei königlichen Hoftagen geschaffen werden sollten. Zu dieser offenbar vorgesehenen Intensivierung der Verbindung zwischen Stadt und Königtum kam es dann aber doch nicht mehr. Gründe hierfür finden sich in der langsam einsetzenden Ausrichtung der Interessen der deutschen Könige auf den Süden des Reiches, aber sicher auch in dem von Friedrich Barbarossa begonnenen Ausbau der Pfalz in Kaiserswerth. Mit diesem Prachtbau und dem benachbarten bedeutenden Stift konnte die alte, von Bürgerhäusern umringte Duisburger Pfalz nicht mehr konkurrieren.

Der Entwicklung der Stadt tat dies aber zunächst keinen Abbruch.

Außerhalb der Mauern ließen sich – es wurde schon kurz erwähnt – die Johanniter nieder. Es war die erste Niederlassung dieses im Heiligen Land, in Jerusalem, entstandenen Ritterordens auf deutschem Boden. Die Johanniter bauten ein Hospital und eine Kirche und befestigten diesen Komplex mit einer Mauer, die zudem noch auf einer Seite durch den vorbeifließenden Dickelsbach geschützt wurde.

Am Fuße der Befestigung scheint sich eine kleine Siedlung, vermutlich von Handwerkern, gebildet zu haben, denn der hier befindliche Baugrund wurde in auffällig kleine Einzelgrundstücke aufgeteilt, was noch in den Grundrißplänen des 19. Jahrhunderts sehr deutlich zu erkennen ist.

In ihrem wirtschaftlichen Wachstum erhielt die Stadt (wie auch Aachen) zunächst noch Unterstützung durch Kaiser Friedrich I. (Barbarossa), der mit seiner Politik diese Reichsstädte gegen das übermächtige Köln zu stärken versuchte und sie deshalb mit Privilegien zur Förderung des Handels bedachte (vgl. Kap. III).

Dennoch stand bei den nach dem Tode Barbarossas ausbrechenden Thronkämpfen Duisburg, wie das übrige Niederrheingebiet, nicht auf der Seite der Staufer, sondern unterstützte die Gegenseite. Im Falle Duisburgs mag man einen Grund darin sehen, daß Philipp von Schwaben im Jahre 1204 die Stadt für 1800 Mark Silber (1 Mark sind etwa 240 Gramm) an den Herzog von Brabant verpfändete, an den sie jährlich 250 Mark zahlen sollte.

Der Welfe Otto IV. dagegen spricht in seinem Privileg von 1213 von Diensten, die die Stadt ihm geleistet habe, und bestätigte ihr dafür u. a. das Recht, daß keiner ihrer Bürger einen Mitbürger vor ein auswärtiges Gericht zitieren darf.

Es muß in diesen ohnehin bewegten Zeiten, also um das Jahr 1200 gewesen sein, als ein Naturereignis eintrat, dessen Bedeutung für das Schicksal der Stadt damals noch niemand abschätzen konnte.

In der Folge eines starken Hochwassers oder eines gefährlichen Eisganges suchte sich der noch unreguliert in vielen Windungen, Armen und Nebenarmen dahinfließende Rheinstrom ein neues Bett und wich dabei um mehrere Kilometer von Duisburg, an dessen Markt und Mauern er bis dahin vorbeigeflossen war, zurück. Unmittelbare Folgen werden sich aus diesem damals nicht ungewöhnlichen Ereignis – wurden doch auch schon ganze Dörfer auf diese Weise hinweggespült – für die Stadt nicht ergeben haben, so daß es in den uns vorliegenden Quellen unerwähnt bleibt.

In ihnen tritt uns vielmehr zunächst Wilhelm von Holland, der Gegenkönig Friedrichs II. entgegen, der im ganzen Niederrheingebiet jubelnd begrüßt wurde. Auch Duisburg schloß sich ihm an und erhielt zum Dank in mehreren Privilegien die Bestätigung seiner alten Rechte, insbesondere das Recht, sein Schöffenkollegium durch Selbstwahl zu ergänzen. 1250 aber verpfändete Wilhelm von Holland die Stadt ebenfalls, und zwar an seinen Vetter, Herzog Walram von Limburg.

Die Verpfändung ist auch ein Hinweis darauf, daß Duisburg als Pfalz endgültig in dieser Zeit vom Königtum aufgegeben wurde; man verzichtete sogar auf die Gebäude und überließ sie den Rittern des Deutschen Ordens, die zunächst hier ihre Niederlassung einrichteten. Als diese 1283 durch einen Brand vernichtet wurde, ließen sie sich in der Kuhstraße nieder. Die Pfalz wurde nicht wieder aufgebaut.

Die Duisburger empfanden die Verpfändung an Walram von Limburg offenbar nicht als besonders schmerzlich, denn es spricht alles dafür, daß dieser, wie mehrere seiner Vorfahren, auch schon vorher als königlicher Vogt, also als Vertreter der Zentralgewalt, in Duisburg amtierte und somit wohlbekannt war.

Ein Verlust städtischer Rechte trat denn auch nicht ein. Die Stadt konnte weiterhin selbständig handeln, so schloß sie sich 1255 dem rheinischen Städtebund zur Erhaltung des Landfriedens an. Die eigene Verwaltung und die Selbstverwaltungsorgane wurden ausgebaut (vgl. Kap. II). 1277 schenkte Walram der Stadt den Ostenbusch, ein heute nicht mehr identifizierbares Gelände, und im Jahr darauf die durch die Verlagerung des Rheinstroms entstandenen Neulande, das Gebiet von Neuenkamp. Walram war es wohl auch, der die Minoriten nach Duisburg holte, zumindest begünstigte er ihre Niederlassung, indem er ihnen die übliche Grundabgabe, den schon erwähnten *Reichszins*, erließ und ihnen das von ihnen bebaute Grundstück schenkte, ja, er hinterließ ihnen sein eigenes Haus – worunter sicher eine burgähnliche Anlage zu verstehen ist – zur Nutzung.

Duisburg um das Jahr 1000

Duisburg um das Jahr 1200

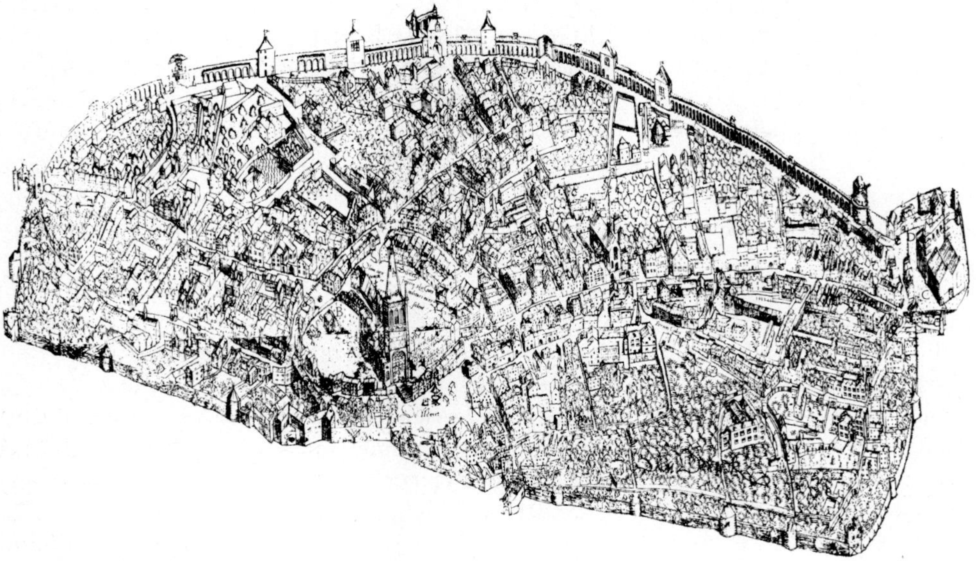

Duisburg im Jahre 1566

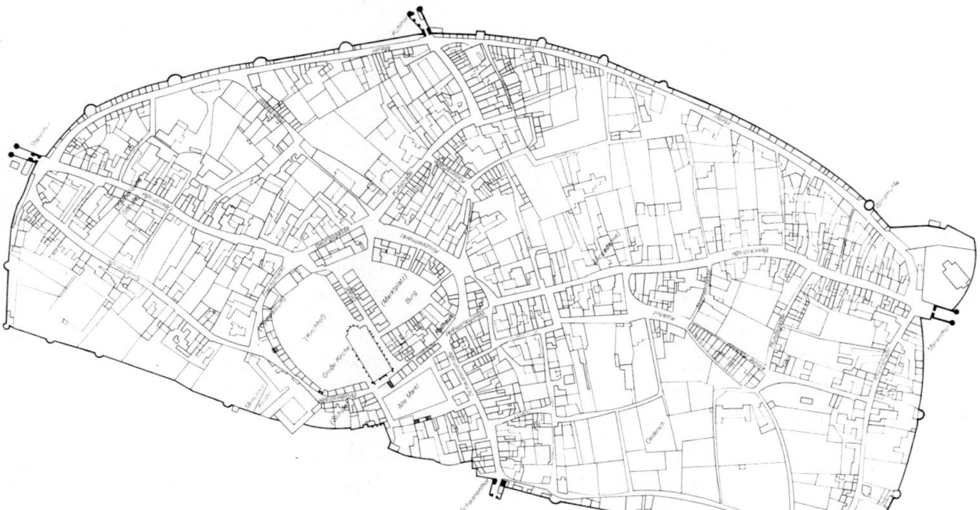

Duisburg im Jahre 1824

Nach dem Tode Walrams 1279 trat sein Schwiegersohn Reynald von Geldern zunächst sein Erbe an, konnte sich aber nicht halten, da seine Ehefrau, die ihm ja das Erbe zugebracht hatte, bald verstarb und nunmehr der nächste männliche Verwandte Walrams, sein Neffe, Graf Adolf von Berg, das Limburger Erbe beanspruchte. Da er wußte, daß er nicht stark genug war, seine Ansprüche durchzusetzen, trat er sie an Herzog Johann von Brabant ab, der über die notwendigen Machtmittel verfügte. Das aber rief den Kölner Erzbischof Siegfried von Westerburg auf den Plan, der eine Vormachtstellung des Brabanters verhindern wollte. In die Auseinandersetzung wurde der ganze Niederrhein hineingezogen.

Sie gipfelte in der blutigen Schlacht von Worringen 1288, in der der Erzbischof – nicht zuletzt durch das Eingreifen der Kölner Bürger, die sich gegen ihren Herrn erhoben – völlig geschlagen wurde und in die Gefangenschaft des Grafen von Berg geriet.

Von den Siegern wurde Duisburg als Teil der Beute betrachtet, die es zu verteilen galt. Da griff König Rudolf von Habsburg ein und machte die fast schon vergessenen Rechte des Reiches wieder geltend. Die sicher wieder aufflammende Hoffnung der Duisburger auf die alte Reichsstadtherrlichkeit aber war trügerisch. Längst hatte sich das Schwergewicht königlicher Interessen in den Süden des Reiches verlagert und weiter entfernte Besitzungen und Rechte wurden nur noch dazu benutzt, die Ansprüche der immer mächtiger werdenden Territorialherren zu befriedigen und sie an die Krone zu binden.

Zwar bestätigte und erweiterte König Rudolf in einer wichtigen Urkunde vom 18. Februar 1290 noch einmal die Rechte der Stadt, aber als er wenig später seine Nichte Margarete von Kiburg mit dem Grafen Dietrich VIII. von Kleve verlobte, setzte er diesem für die zugesagten 2000 Mark Mitgift der Margarete die Stadt Duisburg zum Pfand. Diese Verpfändung vom 5. Juli 1290 wurde zwar noch mehrfach modifiziert, aber nie mehr aufgehoben. Duisburgs unmittelbare Bindung an das Reich, das sich in der Gestalt des Königs manifestierte, war damit zu Ende. Das Bewußtsein aber, einmal Reichsstadt gewesen zu sein, blieb noch lange lebendig. Es fand seinen Ausdruck in den auch weiter von allen deutschen Kaisern und Königen eingeholten Bestätigungen der erworbenen Rechte, im Stadtwappen mit dem Reichsadler und in dem bei allen Huldigungen neuen Stadtherren gegenüber verteidigten Vorbehalt der Rechte des Reiches, der erst unter brandenburgischer Herrschaft verschwand.

Der Einschnitt, den die Verpfändung an Kleve für die Geschichte Duisburg bedeutet, fällt zeitlich wohl in etwa mit einem anderen Ereignis zusammen, das die topographische Entwicklung Duisburg zu einem gewissen Abschluß brachte, der Anlage einer neuen Stadtmauer.

Die Mauer von 1125 war längst zu klein geworden. Außerhalb lagen von alters her einige große Höfe, auch die aus dem Pfalzbereich hinausverlegten Wirtschaftsgebäude des Reichshofes. Die ummauerte Niederlassung der Johanniter wurde schon erwähnt. Auch die zu ihr führende Straße (die Beekstraße) wird inzwischen bebaut gewesen sein. Außerhalb der Mauern waren im Bereich des heutigen Alten Marktes ebenfalls Gebäude entstanden, darunter ein sehr repräsentativer Bau mit großen romanischen Fenstern. So lagen am Anfang des 13. Jahrhunderts bereits beachtliche Siedlungskomplexe außerhalb der Mauern. Man mußte also daran denken, eine neue, weiter ausgreifende Stadtmauer zu errichten, die nunmehr alles bebaute Gebiet einschloß und auch noch einen Teil des zur Bebauung wenig geeigneten feuchten Vorgeländes, den später so genannten Öderich, mit umfaßte.

Es ist sehr schwer, einen genauen Zeitpunkt für diesen Mauerbau anzugeben, für den ja sicher einige Jahrzehnte benötigt wurden. Verschiedene komplizierte Überlegungen führen dazu, ihn in das Ende des 13. Jahrhunderts zu datieren. Es wäre gut denkbar, daß der

Die Duisburger Königspfalz um das Jahr 1000

Graf von Kleve den Bau in der Absicht begünstigte, sich hier, an der Grenze zum bergischen Gebiet, einen festen Vorposten zu schaffen. In diese Zeit paßt auch die Verwendung des noch relativ neuen Baumaterials, des Backsteins, der besonders zur Fundamentierung und zur Anlage der Wehrgangsarkaden herangezogen wurde.

Wie der Mauerring aussah, zeigt am besten der Corputius-Plan von 1566. Er läßt uns 21 Türme und Halbtürme und vier Tore erkennen (Stapeltor, Kuhtor, Marientor und Schwanentor). Von dieser Mauer, die – soweit wir heute wissen – die dritte Befestigungsanlage in Duisburg war, sind heute noch etwa 30% erhalten, wenn auch nicht überall zugänglich. Der Schäferturm, der Turmrest am Schwanentor und der restaurierte Mauerzug an der Obermauerstraße sind wohl die bekanntesten dieser Überreste.

Das Gebiet, das die Mauer nunmehr umfaßte, war für die Stadt bis ins 19. Jahrhundert hinein ausreichend groß.

Als Befestigungsanlage wurde die Mauer nicht ernstlich erprobt, da Duisburg nie belagert wurde. Bei einem handstreichartigen Überfall – wie dem des Erzbischofs von Köln im Jahre 1445 – konnte sie Schutz gewähren. Sie hätte aber selbst mittelalterlichen Belagerungsmaschinen bei einer Stärke von unter einem Meter schwerlich standgehalten. Mit dem Aufkommen der Feuerwaffen wurden aber auch massivere Stadtmauern als Schutz fragwürdig. Jetzt benötigte man große Wallanlagen. Ein Stadtplan aus dem 17. Jahrhundert zeigt Duisburg als eine derartig befestigte Stadt. Sie existierte allerdings nur in der Vorstellung des Zeichners. Ausgeführt wurden diese Anlagen nie. Duisburg verließ sich auf diplomatisches Geschick und Bestechungsgelder, wenn feindliche Truppen mit Belagerung drohten. Man muß sagen, daß es auf diese Weise vergleichsweise gut durch die kriegerischen Jahrhunderte gekommen ist.

Endgültig leid war man die Mauern und Tore und die damit verbundenen Unterhaltungskosten an der Wende zum 19. Jahrhundert. 1815 wurde das Schwanentor als erster Torbau abgebrochen, 1833 verschwand als letztes das Kuhtor.

Doch wir sind dem geschichtlichen Ablauf weit vorausgeeilt.

Durch die Verpfändung von 1290 wurde Duisburg noch stärker, als dies bisher schon der Fall war, in die Auseinandersetzungen der niederrheinischen Territorien einbezogen, konnte aber dabei wenigstens zunächst noch eine gewisse Selbständigkeit bewahren.

1312 kam die Stadt als Heiratsgut der Agnes von Kleve an Graf Adolf von Berg. Nach dessen Tod (1348) ist zunächst die Witwe noch die Herrin, wie wir aus der in diesem Jahr einsetzenden Serie der Stadtrechnungen wissen, reiten häufig Boten von Duisburg zur domina, der Herrin, nach Kaiserswerth. Nachdem diese und ihr Bruder Johann verstorben waren, traten Adolf und Engelbert von der Mark als Erben des Grafen von Kleve in ihre Rechte ein. Engelbert, der 1372 von Johann von Moers dessen Recht erwarb, auf dem Homberger Werth eine Zollstätte zu errichten und damit den Grundstein zur Entwicklung Ruhrorts legte (vgl. Kap. VI, 2), setzte sich als Herr durch. 1375 feierte seine Tochter ihre Hochzeit in Duisburg. Auf dem Burgplatz wurde bei dieser Gelegenheit ein Turnier veranstaltet.

Engelberts Neffe, Adolf II., vereinigte die Länder Kleve und Mark. 1404 wurde ihm in Duisburg gehuldigt. 1417 erreichte er die Erhebung in den Herzogstand. Adolfs Bruder Gerhard beanspruchte jedoch ebenfalls Anteil an der ererbten Herrschaft und verbündete sich zur Durchsetzung dieser Ansprüche mit Köln. Duisburg schlug sich trotz der Adolf geleisteten Huldigung auf Gerhards Seite. Es kam zu langdauernden Fehden, bis endlich 1430 eine Einigung erzielt wurde. Duisburg wurde tatsächlich Gerhard zugesprochen, jedoch unter der Oberhoheit Herzog Adolfs.

Für Duisburg war es das letztemal, daß die Stadt selbständig Politik gemacht hatte, der Territorialstaat setzte sich nunmehr endgültig gegenüber den Sonderinteressen einzelner

Orte oder Angehöriger der Dynastenfamilien durch.

Die nächste größere Auseinandersetzung, in die Duisburg mit hineingezogen wurde, war die sogenannte „Soester Fehde" (1444–1449), in der es – wie bei vielen anderen Kämpfen der Zeit – um die Vorherrschaft am Niederrhein ging. Hier drohte dem Herzog von Kleve die Gefahr, vom Erzbischof von Köln, dessen Einfluß zu dieser Zeit in den Bistümern Paderborn, Münster, Osnabrück und Utrecht außerordentlich stark war, endgültig eingekreist zu werden. Herzog Adolf suchte einen Verbündeten in der alten kölnischen Stadt Soest, die eine Einschränkung ihrer städtischen Freiheiten durch den Erzbischof fürchtete.

Die Stadt Duisburg konnte sich dem Eintritt in diese Fehde nicht entziehen. Erzbischof Dietrich von Moers versuchte daraufhin, sich in der Nacht auf den Gregoriustag (11./12. März) des Jahres 1445 im Handstreich der Stadt zu bemächtigen.

Die Wächter auf dem Mühlenturm bei der Marienkirche bemerkten jedoch das Herankommen der Feinde und riefen durch ihr Alarmgeschrei und Glockengeläut die Bürger zu den Waffen. Sie kamen offenbar noch rechtzeitig, gerade als die Kölner bereits im Begriff waren, die Mauern zu ersteigen. Es wird nur ein kurzes Gefecht gegeben haben, dann zog sich das kölnische Heer zurück – die Sturmleitern blieben im Stadtgraben liegen. Da der Überraschungseffekt mißlungen war, blieb den Kölnern nur der Rückzug, denn sie waren offenbar nicht dafür gerüstet, die Stadt lange zu belagern.

Als der Erzbischof über die hölzerne Brücke flüchtete, die den Dickelsbach überspannte, soll er ausgerufen haben „verloren, verloren!", wonach die Brücke ihren 1544 zuerst überlieferten Namen „Verlorencostbrugge" erhalten haben soll.

Verlorencost heißt soviel wie unnütze Kosten. Der Volksmund machte aus „Verlorencostbrugge" im Laufe der Zeit „Verlörkesbrücke".

Die Erinnerung an diesen siegreich abgewehrten Angriff beging man jährlich mit einer Gedenkprozession und spendete den Armen einen Hering und einen Wecken. Später erhielten stattdessen die Kinder kleine Brezeln, die man Kreckelinge nannte, der Gedenktag wurde der Kreckelentag.

1461 starb Gerhard von der Mark, und Herzog Adolfs Sohn, Johann I. von Kleve, vereinigte die beiden Territorien. Er war verbündet mit Karl dem Kühnen von Burgund, was dazu führte, daß Duisburg wieder in eine Unzahl kleinerer und größerer Fehden hineingezogen wurde. Meist ging es dabei um die Herrschaft über Geldern. Dabei kamen die Duisburger auch mit ihrem eigenen Herzog, dem sie über 80 Bewaffnete für seine Kriegszüge stellten, in Schwierigkeiten. Als die Geldrischen von (Krefeld-)Krakau aus 1508 in Wanheim brandschatzten und Herzog Johann II. (1481–1521) die Duisburger nicht aus der eigenen Beute entschädigte, zogen diese auf eigene Faust los, entnahmen der klevischen Zollkasse zu Orsoy 200 Goldgulden und raubten 167 Stück Vieh der Krefelder. Daraufhin sperrte der Herzog die Duisburger Schiffahrt, bis 100 Gulden zurückgezahlt waren.

In diesen Jahren, von 1505 bis 1512, war Maximilian I., zunächst noch als König, dann als Kaiser, insgesamt viermal in Duisburg. Die Stadtrechnungen verzeichnen die nicht gerade niedrigen Kosten für die Ehrengaben und die Verpflegung des Kaisers und seiner zahlreichen Begleitung.

Für die Entwicklung der niederrheinischen Territorien war die Eheschließung wichtig, die Herzog Johann II. zwischen seinem Sohn Johann und der Erbtochter Maria von Jülich-Berg erreichen konnte. Als Johann III. vereinigte dieser die Herzogtümer und Grafschaften Kleve, Mark, Jülich, Berg und Ravensberg. Als sein Sohn Wilhelm 1537 von den geldrischen Landständen zum Nachfolger des kinderlosen Herzogs Karl, des letzten Egmont, gewählt wurde und zu diesem Herzogtum 1539 auch die eigenen Erblande übernahm, drohte diese Kräftekonstellation übermächtig zu werden und rief das Eingreifen des Kaisers hervor. Herzog Wilhelm unterlag und mußte im Frieden von Venlo 1543 auf Geldern und Zütphen verzichten. Er blieb dennoch Wilhelm der Reiche, wie er schon zu seinen Lebzeiten genannt wurde.

II Verfassung und Verwaltung

1. *Die Entwicklung der Selbstverwaltung*

Haben wir bisher mehr die äußeren Umstände und Gegebenheiten betrachtet, unter denen sich die Stadt von ihren ersten Anfängen an bis zur beginnenden Neuzeit entwickelte, und die äußere Form, in der sie dies tat, nachzuzeichnen versucht, so sind dies natürlich nur zwei Aspekte einer sehr viel komplizierteren Entwicklung. Mindestens ebenso wichtig ist die Frage, wie die Menschen in dieser sich entwickelnden Stadt lebten und auf welche Weise sie ihr Zusammenleben ordneten und organisierten.

Bei den zum karolingischen Königshof gehörenden Leuten kann man davon ausgehen, daß es zum größten Teil abhängige, persönlich unfreie Bauern waren, die man in ihrem Stand deshalb aber doch nicht etwa mit den Sklaven der Antike vergleichen darf. Es kommen Handwerker hinzu und Leute, die sich durch besondere Dienste am Herrenhof oder später an der Pfalz als Dienstleute (*Ministerialen*) aus der breiten Masse der Abhängigen heraushoben. Herausgehoben waren aber auch die Personen, die bei dem Gericht des Hofes, das für alle dort auftretenden Streitfälle, aber auch für die „öffentliche" Gerichtsbarkeit zuständig war, als Urteilsfinder mitwirkten.

Bereits im 9. Jahrhundert treffen wir in den friesischen Kaufleuten eine zweite, völlig anders geartete Personengruppe in Duisburg an. Persönlich frei, aufgrund ihres Berufes weitgereist und weltkundig, dabei wohlhabend, aber deshalb auch stets gefährdet, bilden sie das bewegliche Element. Die historische Forschung sieht mit Recht in der Gruppe der Kaufleute die maßgebliche, treibende Kraft einer Entwicklung, die eine solche Siedlung mit nach Herkunft, Tätigkeit und Rechtsstatus völlig unterschiedlichen Bevölkerungsgruppen, aber mit einer Bedeutung, die besonders durch die Marktfunktion über den engsten Raum hinausstrahlte, zu einer Stadt werden ließ, deren Bewohner als Bürger nach einem einheitlichen Recht lebten.

Diese Entwicklung ist aus Mangel an überkommenen Nachrichten im Einzelfall kaum einmal faßbar. Man darf jedoch davon ausgehen, daß z. B. gemeinschaftliche Aufgaben, wie etwa der Bau einer Befestigungsanlage, diese Entwicklung entscheidend vorantrieben. So wird es auch in Duisburg gewesen sein, denn wir sahen schon (vgl. S. 42), daß 1129 die *Cives*, die Bürger, bereits als geschlossene, irgendwie organisierte Gruppe auftreten konnten. Wir wissen nicht, ob sie zu dieser Zeit schon eigene Vertretungsorgane hatten. Ganz sicher wählten sie aus ihrem Kreis bestimmte Vertreter, wenn es nötig war, im Sinne der Stadt irgendwo vorstellig zu werden, so geschah dies 1155 in Mainz, als der dortige Erzbischof als Stadtherr die Zölle zu Gunsten der Duisburger Kaufleute wieder auf den alten Stand herabsetzte. Dort waren 7 Duisburger Bürger als Abgesandte und Vertreter ihrer Stadt beteiligt.

Innerhalb der Stadt lagen die Verwaltung und das Gerichtswesen, die beide noch nicht getrennt waren, bei dem königlichen *villicus* oder Richter und 12 Schöffen, die aus dem Kreise der Bürger stammten. Dennoch waren sie nicht eigentlich Vertreter der Bürger, denn sie waren dem Stadtherrn vereidigt und mußten von ihm im Amt bestätigt werden. Allerdings erhielten sie bereits 1248 das Recht, ihr Kollegium beim Tode eines Mitgliedes durch Selbstwahl zu ergänzen. Der Gewählte mußte aber immer noch dem Vertreter des Königs präsentiert und von diesem bestätigt werden. Dies wurde allerdings im mittelalterlichen Sinne bereits als besondere Freiheit angesehen und zwar mit Recht, wenn man bedenkt, daß der König durch seinen Vertreter die Schöffen ja auch unmittelbar hätte bestimmen können. Dem wachsenden Selbstbewußtsein der Bürger aber genügte diese Form der Vertretung nicht auf die Dauer. Bereits im Jahre 1234 werden in einer Urkunde zwei *magistri civium*, zwei „Bürgermeister" genannt, über deren tatsächliche Funktion wir nichts aussagen können. Es gab aber schon seit längerem in verschiedenen Städten – ausgehend von der Entwicklung in Oberitalien – ein besonderes Gremium von Bürgern, die nicht eigens dem Stadtherrn vereidigt waren, sondern gewisse Geschäfte der Stadt sozusagen in eigener Machtvollkommenheit ausführten. In Anlehnung an die Bezeichnung der höchsten Beamten des römischen Reiches nannten sie sich *consules*, zu Deutsch Ratsherren oder Ratsleute. Solche consules werden in Duisburg zuerst in einer Urkunde von 1274 genannt, und es ist auch sehr wahrscheinlich, daß diese Nennung nicht nur in der Zufälligkeit der Überlieferung bedingt ist, sondern daß sich tatsächlich um diese Zeit in Duisburg ein Ratskollegium bildete. Erst ein Jahr später, 1275, werden Bürgermeister erwähnt, die nun wirklich die Vorsteher des Rates und der Bürgerschaft sind. Von dann an gibt es auch, wenn auch für die ersten Jahrhunderte noch lückenhaft, Bürgermeisterlisten. Die Bürgermeister, es waren immer zwei, wurden aus dem Rat gewählt. Sie waren die Vorsitzenden des Rates und führten die Geschäfte der Stadt. Städtische Urkunden werden von nun an im Namen von Bürgermeister, Schöffen, Rat und der ganzen Gemeinde oder allen Bürgern ausgestellt. Rat und Bürgermeister ordnen viele Angelegenheiten der Stadt selbst durch den Erlaß sogenannter *Kören*, vergleichbar mit dem heutigen Ortsrecht. Diese Kören hatten zunächst eine begrenzte Geltungsdauer von vier Jahren. Sie wurden den Bürgern zur allgemeinen Kenntnisnahme jährlich vorgelesen und dazu – oder besser danach – wurde die Glocke geläutet als äußeres Zeichen für die Vollziehung dieses Aktes, von der die Rechtsgültigkeit einer solchen Bestimmung abhing. Interessanterweise setzen die ältesten erhaltenen Kören Strafen fest für diejenigen, die zum Bürgermeister oder in den Rat gewählt worden waren, ihr Amt aber nicht antreten wollten. Man sieht daraus, daß diese Ämter damals nicht ganz so begehrt waren, wie man meinen könnte. In der Tat forderten sie von ihren Inhabern Opfer. Die Bürgermeister sollten in der Stadt anwesend sein; da sie im Regelfalle dem reichen Kaufmannsstand angehörten, und der Kaufmann damals noch viel reisen mußte, bedeutet die Wahl zum Bürgermeister eine spürbare Beeinträchtigung der Geschäfte. Einen entsprechenden materiellen Ausgleich dafür gab es nicht. Die Ratsherren oder Bürgermeister durften lediglich einige Schweine jährlich mehr im Duisburger Wald mästen als der Normalbürger, und sie bekamen für jede Sitzung oder für jedes sonstige Amtsgeschäft ein gutes Maß Wein, um sich für die gehabte Mühe entschädigen zu können. Auch im Laufe der Zeit eingeführte Präsenzgelder waren vergleichsweise bescheiden. In diese Einschätzung der Ämter paßt eine Bestimmung einer Ratswahlordnung aus der Mitte des 15. Jahrhunderts, die besagt, daß jemand, der Bürgermeister gewesen ist, danach drei Jahre lang von diesem Amt frei sein soll.

Trotz der Vorbehalte, die offenbar gegen die Übernahme eines dieser Ämter bestanden, können wir feststellen, daß nur eine begrenzte Anzahl von Familien in diesen Positionen vorkommt. Es waren dies wohl die Familien, die sich überhaupt ein solches Amt leisten konnten. Man pflegt diesen Kreis der ratsfähigen Familien meist als „städtisches Patriziat" zu bezeichnen, auch dort, wo dieser Ausdruck in den Quellen selbst nicht vorkommt.

So gab es in der Zeit von 1346 bis 1400 nur sieben Jahre, in denen nicht wenigstens einer der beiden Bürgermeister den Namen Tack führte. Die von Volden stellten im selben Zeitraum 23mal einen Bürgermeister, die Paulus immerhin noch 10mal und die im 16. Jahrhundert bedeutende Familie Vogel ab 1370 bereits 5mal.

Tagungsort des Rates war das Rathaus, das – 1361 zum erstenmal erwähnt – auf dem Platz der früheren Pfalzgebäude entstanden war. Es lag etwa neben dem heutigen Rathausbogen, war allerdings nicht zum Burgplatz, sondern zum Markt hin, genauer gesagt, zum heute verschwundenen Weinhausmarkt hin, ausgerichtet.

Aus dem Kreis der Ratsleute wurden auch verschiedene andere Ämter besetzt. 1395 wurde zuerst ein Rentmeister auf zwei Jahre gewählt. Ihm oblag die bis dahin von den Bürgermeistern mit erledigte Verwaltung des städtischen Haushaltes und die Rechnungsführung. Er mußte zwangsläufig ein begüterter Mann sein, denn wenn die Einnahmen der Stadt nicht ausreichten, schoß er das Geld vor und mußte oft jahrelang auf die Rückzahlung warten.

Aus dem Rat wurden auch die beiden Marktmeister bestimmt, die die auf dem Markt feilgebotenen Waren überwachen mußten, die Preise festsetzten und Maße und Gewichte überprüften.

Es konnte nicht ausbleiben, daß es auf die Dauer zwischen den besseren Familien, in deren Händen die Macht lag, und den geringer bemittelten Bürgern zu Zwietracht kommen würde, bzw. sich die Normalbürgerschaft durch die Ratsleute nicht ausreichend vertreten fühlte. So kam es – ob aus Einsicht oder auf Druck von unten, ist nicht bekannt – zur Bildung eines neuen Gremiums, der „Sechzehner", die als direkte Vertreter der Bürgerschaft angesehen werden können. Es waren vier Personen aus jedem Stadtviertel, die vor allem in Finanzfragen vom Rat gehört werden mußten. Ab 1530 stellten sie auch die Marktmeister.

Wie die Sechzehner gewählt wurden, wissen wir nicht. Die Wahl der Ratsherren und der Bürgermeister geschah nach verschiedenen, öfters neu gefaßten Regeln, die sehr kompliziert und vielstufig aufgebaut waren. Von heutigen Vorstellungen einer direkten oder auch repräsentativen Demokratie sind sie weit entfernt.

Am Anfang des 16. Jahrhunderts kam es in vielen Städten zum Aufruhr, die weniger wohlhabenden Bürger revoltierten gegen die herrschende Oberschicht. Anlaß waren oft hohe Steuerbelastungen und der gleichzeitig von den städtischen Repräsentanten betriebene hohe Aufwand.

In Köln entzündete sich der Konflikt zwischen Gemeinde und Obrigkeit im Sommer 1512. Im Januar 1513 kam es zum Ausbruch des offenen Kampfes. Die Bürger besetzten die Stadttore, nahmen die Schlüssel an sich und setzten die Bürgermeister und den sogenannten Gewaltmeister – man könnte heute Polizeichef sagen – fest. Sieben Patrizier und drei ihrer Anhänger wurden enthauptet, sieben weitere für immer des Rates verwiesen und mit hohen Geldbußen belegt.

Diese und viele weitere Einzelheiten über die Kölner Ereignisse wurden in Duisburg von dem Johanniterbruder Johann Wassenberch in seiner Chronik notiert, ein Beweis dafür, daß man hier die Kölner Vorgänge genau verfolgte.

Die Unruhe war offenbar auch hier schon spürbar, als Rat und Bürgermeister versuchten, dem Schlimmsten vorzubeugen. Man rief die Bürger zusammen und schlug eine Ergänzungswahl für die Sechzehner vor, von denen eine Anzahl verstorben war. Die Bürgerschaft wählte stattdessen in einem ersten revolutionären Akt 24 Vertreter. Der Rat wich erneut zurück und erklärte sich bereit, möglicherweise begangene Fehler zu korrigieren.

Bei den folgenden Beratungen und Aktionen der Bürgerschaft haben die Gilden, ursprünglich religiös motivierte Bruderschaften, eine wichtige Funktion. In den Gildekammern, ihren Versammlungslokalen, beraten sich die Bürger, die Gildebrüder der Mariengilde und der Antoniusgilde arbeiten jeweils Resolutionen aus, von denen schließlich die der Antoniusgilde als die bessere allgemein anerkannt wird. Die gewählten Vierundzwanzig bemächtigen sich der Stadtschlüssel, der Rat sieht ein, daß er im Moment nichts unternehmen kann, akzeptiert alle Vorschläge der Gemeinde und besiegelt die ihm vorgelegte Resolution.

Die Bürger mochten schon an ihren Sieg glauben, aber Duisburg war keine freie Reichsstadt mehr wie Köln. Der Herzog von Kleve griff ein und zitierte Vertreter beider Gruppen nach Kleve vor sein Gericht. Über die Verhandlungen liegt kein Bericht vor, doch forderte der Herzog die Übersendung des neuen, vom Rat besiegelten Freiheitsbriefes und zog ihn ein, die Steuern wurden wieder wie gewohnt erhoben. Es dauerte noch einige Monate, bis der Herzog das Strafmaß verkündete: 1200 Goldgulden sollte die Stadt zahlen, doch wurde dieser wirklich hohe Betrag dann auf 400 Gulden ermäßigt, die Gildekammern als Zentren der Unruhe wurden geschlossen.

Bürgermeister und Rat konnten die Stadt natürlich nicht allein verwalten, für die praktische Durchsetzung ihrer Beschlüsse benötigten sie städtische Bedienstete; hier liegen die Anfänge der öffentlichen Verwaltung. Die Zahl dieser Bediensteten war äußerst gering. Der wichtigste der städtischen Angestellten war der Stadtschreiber oder Sekretär. Er schrieb die Urkunden, arbeitete die Reinfassung der Stadtrechnung aus, führte Protokoll bei den Gerichts- und Ratssitzungen. Die Stadtboten führten tatsächlich die Botengänge aus, hatten aber auch als Fronboten Polizeifunktion. Sie luden vor Gericht und überwachten die Beachtung der städtischen Vorschriften. Torwächter und Turmwächter sorgten für die Sicherheit der Stadt und für die Erhebung bestimmter Abgaben am Stadttor. Förster und Feldhüter waren bei dem großen Wald- und Flurbesitz der Stadt unentbehrlich, auch auf Nachtwächter konnte man nicht verzichten. Für festliche Ereignisse hatte man einen Stadtspielmann, der nebenbei auch als Bote tätig war. Bisweilen standen auch die Hebamme und ein Physikus (ein Arzt) in städtischen Diensten. Eine Zeitlang leistete sich die Stadt sogar in Nachahmung fürstlicher Gebräuche einen Stadtnarren.

Mit diesen 18 bis 20 Personen ließen sich die Aufgaben, die man damals als öffentliche ansah, auch noch im 16. Jahrhundert bewältigen.

2. *Gerichtswesen*

Eines der Kennzeichen der mittelalterlichen Stadt ist ihr Gerichtswesen. Die Bürger bilden eine eigene Gerichtsgemeinde, das eigene Gericht hebt sie ab von den Bewohnern des umliegenden platten Landes.

In Duisburg lagen für eine solche Entwicklung günstige Voraussetzungen vor, denn man kann davon ausgehen, daß auch die zum Königshof gehörenden Leute und später die Bewohner der Pfalzanlage vom Gericht des Grafen, der für das umliegende Land zuständig war, befreit waren – der Fachausdruck hierfür ist *Immunität* – und einem eigenen Richter unterstanden. Theoretisch war das der König, praktisch sein Stellvertreter, der Vogt, und für weniger schwerwiegende Fälle der Villicus oder Meier, der Verwalter des Königshofes.

Man unterschied zwei Arten von Gerichtsterminen. Dreimal jährlich fand ein Gerichtstag zu festliegenden Terminen statt. Da zu diesen Tagen – die ja bekannt waren – die Leute nicht mehr eigens geladen (aufgeboten) werden mußten, sprach man von den „ungebotenen Dingen" (Ding, Geding = Gericht), da meist der Vogt den Vorsitz führte, auch vom „Vogtgeding". Daneben gab es die in der Praxis wichtigeren „gebotenen Dinge", zu denen aus gegebenem Anlaß die Leute aufgeboten wurden. Auch für diese Gerichtssitzungen bürgerte sich allmählich eine feste Ordnung ein, so daß sie meist in vierzehntägigem Abstand stattfanden.

Die wichtigsten Personen bei einem Gericht waren die Schöffen. Sie – sieben bis zwölf an der Zahl – mußten das Urteil finden, das der vorsitzende Richter nur verkündete. Eröffnung, Verhandlung und Schließung des Gerichtes waren in ihrem Ablauf genau festgelegt, auch bestimmte sprachliche Regeln mußten beachtet werden. Wer das nicht konnte, lief Gefahr, einen Prozeß sehr schnell zu verlieren. Man bediente sich deshalb vor Gericht eines sogenannten „Fürsprechs", der sich in allen Gepflogenheiten auskannte und für, d.h. im Namen des eigentlich Betroffenen sprach – ein Vorläufer des Rechtsanwaltes.

Aus dem Gericht des Königshofes erwuchs das städtische Gericht, durch die Schwerpunktverlagerung vom Königshof auf die städtische Siedlung wurde der *villicus regis*, der königliche Hofesverwalter, zum *judex ac scultetus*, zum Richter und Schultheißen.

Die Existenz eines Schöffenkollegiums, das sich beim Tode eines Mitgliedes durch Zuwahl ergänzt, wurde Duisburg 1248 bestätigt. 1280 erklärte Reinald von Geldern, als Herzog von Limburg für kurze Zeit Stadtherr von Duisburg, der Stadt nur einen Richter setzen zu wollen, der ihr genehm sei.

Der Bereich, für den das Duisburger Gericht zuständig war, ging über den engsten, später ummauerten Bezirk hinaus. Dieser „Bannbezirk" wird schon in der Urkunde von 1129 erwähnt. Er umfaßte außer der Stadt die Feldmark, den Wald, Neuenkamp (nach 1275) und die sogenannten Ratsdörfer Duissern, Wanheim und Angerhausen. Er dürfte in etwa dem Stadtgebiet Duisburgs in den Grenzen bis zum Jahre 1905 entsprochen haben.

Im Laufe der Zeit differenzierte sich das Gerichtswesen. Neben dem Vogtgeding und dem *Schöffengericht* (entspricht dem gebotenen Ding) entstand das von den Bürgermeistern mit dem Schultheißen geleitete *Scharngericht*, wie es nach seinem Tagungsort, der „Scharne" oder Halle auf dem Marktplatz genannt wurde, ein *Notgericht* und ein *Eidgericht*. Für Feldfrevel war das *Stapelgericht* zuständig, das *Holzgericht* für die zahllosen Streitfälle, die bei der Nutzung des Waldes auftraten.

Eigene Bauerngedinge konnten die Ratsdörfer einrichten. Für rein hofrechtliche Fragen hatte der Reichshof immer noch sein Hofesgericht, in dem nicht die Schöffen Urteilfinder waren, sondern sogenannte *Hyen* oder *Hyemanni*, geschworene Hofesleute. Auch auf dem der Äbtissin von Essen gehörenden Welhof gab es ein eigenes Hofesgericht, das auch im 16. Jahrhundert noch gehalten wurde.

Ein eigenes Gerichtshaus, das am Burgplatz lag, wird schon 1314 erwähnt.

Nachdem die Stadt 1421 das Schultheißenamt durch Kauf an sich gebracht hatte, hatte sie die volle Gerichtshoheit, nicht nur über Haut und Haar, sondern auch über Leib und Leben. Mehrfach stellte sie einen Scharfrichter ein, dessen schaurige Gebührenrechnung für Augenausstechen, mit glühenden Zangen zwicken usw. noch erhalten ist. Ein Richtplatz befand sich in der Nähe des Siechenhauses. Auf dem Corputiusplan ist er mit Galgen und drei aufgerichteten Rädern mit den Leibern der Hingerichteten sehr naturalistisch dargestellt.

Die überwiegende Mehrzahl der Prozesse, die vor den städtischen Gerichten abliefen, beschäftigte sich jedoch nicht mit Straftaten, die den Einsatz des Scharfrichters erforderten, sondern mit Alltäglichkeiten wie Scheltworten, Schlägereien, übler Nachrede, Feld- und Waldfrevel oder kleineren Diebereien. Auch nicht ganz normgerechtes sittliches Verhalten fand sein Nachspiel vor den Richtern.

Die verhängten Strafen zielten meist auf das Vermögen des Verurteilten, indem er entweder zur Zahlung bestimmter Summen oder zur Lieferung einer bestimmten Menge von Ziegelsteinen für städtische Bauvorhaben verurteilt wurde, was auf das gleiche herauskam. Diese Vermögensstrafen wurden oft sehr hoch angesetzt, dann aber auf Bitten der Verurteilten hin auf ein erträgliches Maß reduziert. Man wollte also die Demütigung des Verurteilten, wie man auch Strafen kannte, die den Täter weder an Leib und Leben, noch an Hab und Gut, sondern an seiner Ehre treffen sollten, besonders bei Vergehen, die ihrerseits als besonders unehrenhaft galten wie Ehebruch oder Betrug. Eine solche Strafe war das Tragen der „Schandsteine" an einem Markttag oder das Stehen am Pranger (Kax) auf dem Marktplatz.

Bisweilen wurde einem Verurteilten eine ganze Anzahl sehr verschiedener Strafen zur Auswahl angeboten. So wurde einem des Betruges Überführten freigestellt, entweder 100 Goldgulden zu zahlen oder am Sonntag mit dem Totenhemd angetan in Prozession um den Kirchhof zu ziehen oder 1 Jahr und 6 Wochen die Stadt zu verlassen oder einen Monat im Gefängnis auf seine Kosten Wasser und Brot zu essen und sich außerdem noch „groiter Gnaden toe bedancken". Er wählte die Geldbuße, die auf seine Bitten hin stark verringert wurde.

3. *Bürgerrechte und Bürgerpflichten*

Wie das Gerichtswesen war ein besonderes Kennzeichen der mittelalterlichen Stadt das Recht ihrer Bürger, das sie von den meist in stärkerer Abhängigkeit lebenden Bewohnern der umliegenden Dörfer unterschied. Dieses Bürgerrecht, das sich bei den „gewachsenen" Städten wie Duisburg über einen längeren Zeitraum hin in kleinen Schritten entwikkelte und nur bei jüngeren, auf einen Gründungsakt zurückgehenden Städten als Ganzes, oft nach dem Vorbild einer älteren Stadt verliehen wurde, bekam man nicht einfach, indem man in irgendeine Stadt zog, sondern man mußte es durch einen besonderen Akt erwerben. In Duisburg war von diesem Zwang nur der ausgenommen, dessen Vater bereits Bürger war.

Die Stadt war normalerweise daran interessiert, neue Bürger aufzunehmen, sah sich diese aber auch genau an. Hörige, die ihrem Herrn entflohen, um in einer Stadt das Bürgerrecht zu erwerben und auf diese Weise nach dem Rechtssatz „Stadtluft macht frei" die persönliche Freiheit zu erlangen, wurden z.B. in Duisburg nicht aufgenommen. Im 16. Jahrhundert mußte ein Bewerber sogar Bürgen stellen, die bereits Bürger waren. Oft wurde auch ein Herkunftszeugnis gefordert oder – in den Zeiten der Religionswirren – ein Glaubensbekenntnis.

Der Drang in die Städte muß im 12. und 13. Jahrhundert groß gewesen sein. Wir wissen dies u.a. aus Urkunden, die darüber berichten, wie Grundherren die Lage der von ihnen abhängigen Bauern verbessern, z.B. ihre persönliche Unfreiheit abbauen, um die Landflucht zu verringern. Auch das schnelle Wachstum der Städte in dieser Zeit wäre sonst nicht zu erklären.

Dieser Drang zum Bürgerstatus läßt aber später offenbar nach. So beschlossen im Jahre 1378 Bürgermeister und Rat der Stadt Duisburg, daß niemand sein „borgrecht" aufkündigen dürfe, es sei denn mit ihrer Erlaubnis. 1392 wurde verkündet, daß alle Einwohner der Stadt, die keine Bürger seien, binnen eines Monats das Bürgerrecht erwerben sollten, wenn sie in der Stadt wohnen bleiben wollten. Täten sie das nicht, so sollten sie für jeden weiteren Monat drei Gulden Strafe zahlen.

Dieser Beschluß macht sehr deutlich, daß damals keineswegs alle Bewohner der Stadt Bürger waren, aber auch nicht alle das Bürgerrecht erwerben wollten. Was hielt sie davon ab?

Der Gewinn des Bürgerrechtes war mit der Zahlung einer Aufnahmegebühr verbunden, die im Laufe der Zeit manche Änderung und Anpassung an die jeweiligen Bedürfnisse erfuhr. Zunächst bestand die Gebühr in einem tüchtigen Trunk Wein für Bürgermeister und Schreiber. 1532 wurde dem Neubürger auferlegt, einen oder zwei lederne Eimer zur Brandbekämpfung zu liefern oder aber das Geld dafür zu hinterlegen. Dann wurde das Geld für eine Hakenbüchse verlangt, also eine Aufbesserung des städtischen Wehretats. Schließlich forderte man erst acht und dann 16 Taler Aufnahmegebühr, die auf die Hälfte reduziert wurde, wenn ein zuziehender Fremder eines Bürgers Tochter oder Witwe heiratete.

Die im Archiv von 1408 an vorhandenen Listen der Neubürger verzeichnen manche Ausnahme von diesen Regeln; wollte man bestimmte Handwerker in der Stadt ansiedeln, so erließ man den Meistern die Aufnahmegebühr. Andern rechnete man bereits erbrachte Leistungen an, so einem Orgelbauer die Reparatur der Orgel in der Salvatorkirche oder einem Barbier, daß er einem städtischen Bediensteten ein gebrochenes Bein kuriert hatte.

Bereits die Aufnahmegebühr mag den einen oder anderen wenig bemittelten Einwohner der Stadt davon abgehalten haben, das Bürgerrecht zu erwerben. Es kamen aber auch andere Belastungen auf ihn zu, sobald er Bürger geworden war. Als solcher hatte er die Pflicht, die Stadt zu verteidigen und mußte sich persönlich am Wachdienst und bei Schanzarbeiten beteiligen, was nur der Begüterte durch Geldleistungen ablösen konnte. Um Kriegsdienst leisten zu können, mußte der Bürger sich selbst ausrüsten: Panzer, Helm und Spieß, später auch eine Feuerwaffe, mußte jeder vorweisen können. Diese Waffen wurden kontrolliert, sie durften nicht verkauft oder verpfändet werden. Exerziert wurde auf dem Burgplatz. Gelegenheit, die Waffen im Ernstfall zu erproben, gab es bei den zahlreichen Fehden genug; einige solcher Fälle haben wir schon kurz gestreift.

Den Pflichten der Bürger standen natürlich auch Berechtigungen und Vorteile gegenüber. Der Bürger genoß Schutz durch die Stadt, er hatte Teil an ihren Privilegien, d.h. zum Beispiel für den Kaufmann Zollprivilegien an verschiedenen Zollstätten des Reiches und anderer Territorialherren. Der Bürger hatte Anspruch auf den Gerichtsstand am Ort in Duisburg, brauchte sich also nicht vor ein anderes Gericht ziehen zu lassen. Er hatte Anrechte auf die Nutzung des zur Stadt gehörenden Waldes und der Weide, er durfte ein oder zwei Schweine im Wald mästen und dort seinen Holzbedarf decken. Politisch gesehen hatte er aktives und passives Wahlrecht, doch wurde die Möglichkeit, zum Ratsherrn, Bürgermeister oder Rentmeister gewählt zu werden, wie wir schon sahen, eher mit gemischten Gefühlen betrachtet (vgl. S. 51).

4. Hoheitszeichen: Siegel und Wappen

Siegel und Unterschrift sind auch heute noch allgemein vertraute Beglaubigungsmittel, ein Siegel führen zu dürfen, dem öffentlicher Glaube zukommt, ein besonderes Vorrecht.

Diese Einstellung zum oder dieser Gebrauch des Siegels ist unmittelbar aus dem Mittelalter übernommen.

Siegelführer waren zunächst die Kaiser und Könige und geistliche und weltliche Würdenträger. Institutionen wie Klöster folgten ihnen. Im 12. Jahrhundert legten sich auch die großen Städte Siegel zu, und bald wurde die Existenz eines Siegels geradezu zu einem Unterscheidungsmerkmal dafür, ob man es mit einer Stadt oder mit einem Ort minderen Rechtes zu tun hatte.

Das älteste erhaltene Duisburger Stadtsiegel ist an einer Urkunde des Jahres 1234 überliefert. Es muß zwischen 1209 und 1234 entstanden sein, der genaue Zeitpunkt kann nicht angegeben werden.

Die Entwicklung des Duisburger Stadtsiegels (vor 1234 – 1360)

Das Siegelbild zeigt im sonst leeren Siegelrund Christus den Erlöser auf einem Throne sitzend, in der Linken ein Buch haltend und mit erhobener rechter Segens- oder Schwurhand. Die Umschrift lautet: SALVATOR MVNDI PATRONVS IN DVSBVRG, Erlöser der Welt, Patron in Duisburg. Die Duisburger haben sich also als Siegelzeichen das Bild ihres Pfarrpatrons, Christus des Erlösers, gewählt, wie dies bei den ältesten Stadtsiegeln üblich war (Köln und Soest: Petrus; Neuss: Quirinus; Lüttich: Lambertus), während später architektonische Darstellungen (Stadtmauer!) oder die ins Siegel übernommenen Wappen dominieren.

Siegelführer sind in dieser Zeit Schultheiß und Schöffen, die das Gericht bilden und zugleich das Stadtregiment haben. Das bleibt so bis zum Jahre 1274/75, in dem sich die Ratsverfassung mit Bürgermeistern an der Spitze durchsetzt (vgl. Kap. II, 1). Diese übernehmen nunmehr die Siegelführung, wobei es wohl Komplikationen gegeben hat, denn sie waren gezwungen, sich ein neues Siegel schneiden zu lassen, das so aussehen sollte wie das alte, sich aber in Einzelheiten doch unterscheiden läßt (z. B. im Kreuznimbus – Heiligenschein – und im Faltenwurf, auch im Schriftbild). Dieses Siegel läßt sich bis zum Jahre 1316 nachweisen. Ein Jahr später verwendet die Stadt an einer Urkunde, mit der sie den Bacharacher Landfrieden – eine Vereinbarung rheinischer Städte und Herren zur Wahrung des Friedens – unterzeichnet, ein neues, dem gotischen Zeitgeist eher entsprechendes Siegel. Das beibehaltene Siegelbild ist nun reicher und schwungvoller ausgestaltet. Entscheidend aber ist die Änderung der Siegelumschrift. Sie ist zwar heute nur noch bruchstückhaft vorhanden, läßt sich aber mühelos ergänzen und lautet dann: SIGILL(UM) OPPIDANOR(UM DE DU)SBORG – Siegel der Bürger von Duisburg. Man begnügt sich nicht mehr mit dem Hinweis auf den Stadtpatron, die Bürger stellen sich selbst in den Vordergrund: Es ist ihr Siegel, mit dem beglaubigt wird.

Diese Umschrift wird auch beibehalten, als vor 1348 wieder ein neuer, nun noch reicher ausgestalteter Siegelstempel beschafft wird, von dem man sich gleichzeitig auch eine kleinere Ausgabe als sogenanntes Sekretsiegel anfertigen läßt. Dieses Siegel, dessen ältester überlieferter Abdruck aus dem Jahre 1360 stammt und das bis ins 17. Jahrhundert verwendet wurde, dürfte den größten Bekanntheitsgrad unter den Duisburger Siegeln haben. Der silberne Originalstempel des Sekretsiegels, das keineswegs – wie der Name vermuten ließe – nur für Geheimsachen verwendet wurde, befindet sich heute im Stadtarchiv.

Zur größeren Sicherheit vor Mißbrauch und Fälschung verwendete man seit der Mitte des 14. Jahrhunderts oft noch zusätzlich kleine Siegelstempel, die auf die Rückseite des Stadtsiegels gedrückt wurden. Man spricht deshalb von Rücksiegeln oder Gegensiegeln.

Rücksiegel von 1527

Am interessantesten ist das dritte der bekannten Rücksiegel, das 1527 zuerst auftritt. Es zeigt mit der Umschrift – DVSEBORGH – die bisher älteste bekannte Darstellung des Duisburger Wappens.

Das Wappen entstand aus dem mit Farben oder charakteristischen Beschlägen versehenen Schild des mittelalterlichen Ritters oder – allgemeiner gesagt – Bewaffneten, der ansonsten durch die ihn fast völlig einhüllende Rüstung weitgehend unkenntlich war. An den Farben und Figuren des Schildes, die sich an der Helmzier und bei Berittenen im Schmuck des Pferdes wiederholten, erkannte man Freund oder Feind. Als weithin sichtbares und leicht identifizierbares Kennzeichen verselbständigte sich dann das Wappen und wurde, losgelöst vom Schildträger, zum Zeichen einzelner Personen, Familien, Städte und Länder. Die Zeichen konnten willkürlich gewählt sein, entstanden aber auch oft in Bezug auf vorgefundene Gegebenheiten und auf Namen, die sich figürlich wiedergeben ließen.

Das Duisburger Wappen zeigt einen geteilten Schild, in dessen unterer Hälfte sich eine dreitürmige Burg oder Stadtmauer befindet, die obere Hälfte füllt der doppelköpfige Reichsadler. Die Bedeutung ist leicht zu erkennen. Die Mauer ist das wichtigste Merkmal der Stadt überhaupt, versteht man sie als Burg, so ergibt sich zugleich eine Anspielung auf den zweiten Teil des Namens der Stadt. Der Reichsadler verweist auf die Zugehörigkeit Duisburgs zum Reich, auf die die Stadt auch dann noch pochte, als sie durch die Macht der Verhältnisse längst zu einer klevischen Stadt geworden war.

Der Adler wurde verschieden dargestellt. Nur in dem genannten Rücksiegel ist ein ganzer Adler wiedergegeben, bereits der Corputiusplan von 1566, der die älteste farbige Darstellung des Wappens enthält, zeigt einen halben, aus der Teilungslinie wachsenden Adler. In dieser Form hat das Wappen die Jahrhunderte überdauert und ist auch heute noch Hoheitszeichen der Stadt Duisburg.

Neben den beschriebenen großen Stadtsiegeln kommen an städtischen Urkunden aber noch eine Fülle anderer Siegel vor. Da nämlich – wie wir oben sahen – die Führung des Stadtsiegels auf Rat und Bürgermeister überging, mußten sich Schultheiß und Schöffen nach einem anderen Beglaubigungsmittel für die von ihnen ausgestellten Gerichtsurkun-

Schöffenurkunde aus dem Jahre 1335

den umsehen. In vielen, vornehmlich jüngeren Städten wurde in diesem Falle ein besonderes Gerichtssiegel entwickelt. In Duisburg kam es jedoch nicht dazu, da die Schöffenfamilien selbstbewußt genug waren, ihre persönlichen Siegel für diesen Zweck zu verwenden. Dieser Tatsache verdanken wir eine überaus große Zahl überlieferter Siegel, wobei es besonders interessant ist, zu verfolgen, wie sich aus den ursprünglich einfachen Siegeln oft komplizierte Wappenbilder entwickeln oder wie Zeichen gewählt werden, die den eigenen Namen deuten sollen, wie man ihn selbst verstand.

III Wirtschaftliche Entwicklung und Lebensverhältnisse

Die Nachrichten über das wirtschaftliche Leben in Duisburg beginnen mit der Nennung der Friesen am Ende des 9. Jahrhunderts. Die Friesen waren die Fernkaufleute dieser Zeit. Handel wurde über weite Räume, über für die damaligen Verkehrsverhältnisse fast unvorstellbare Entfernungen getrieben. Über solche Strecken lohnte sich nur der Transport von Luxusgütern, Massengüter wie etwa Getreide wären unbezahlbar teuer geworden.

Erst der Transport zu Schiff auf dem Wasser ermöglichte den Handel mit größeren Warenmengen. Auch die Duisburger Kaufleute werden etwa vom 10./11. Jahrhundert ab den größten Teil ihrer Warentransporte auf dem Rhein, der damals noch unmittelbar an Duisburg vorbeifloß, abgewickelt haben. Ihr Auftreten im Koblenzer Zolltarif und bei den Zollverhandlungen in Mainz wurde schon erwähnt.

Große Markttage – also nicht der tägliche Nahrungsmittelmarkt, sondern Jahrmärkte, den heutigen Messen vergleichbar – sind in Duisburg schon für den Beginn des 12. Jahrhunderts nachgewiesen. Im Jahre 1173 versuchte Kaiser Friedrich Barbarossa, Duisburg und Aachen in ihrer wirtschaftlichen Kraft gegenüber dem übermächtigen Köln zu stärken, indem er je zwei große Märkte für flandrische Kaufleute (die überwiegend mit Wolltuchen handelten) in diesen beiden Städten einrichtete. Von dem Duisburger Markt wird ausdrücklich gesagt, daß er zu Schiff zu erreichen sei. In Duisburg sollte außerdem eine neue Münzsorte geprägt werden. Der große Erfolg scheint jedoch ausgeblieben zu sein.

Die um 1200 anzusetzende Verlagerung des Rheins von Duisburg weg (vgl. S. 43) bedeutete für die Stadt keine unmittelbare Katastrophe, da der sich an Duisburg vorbeiziehende Altrheinarm für die doch noch recht kleinen Schiffe dieser Zeit genügend Wasser führte und so Duisburg noch relativ direkt angefahren werden konnte. Noch 1286 heißt es in einer Urkunde des Erzbischofs von Köln, daß die Duisburger Kaufleute „mehr als andere" den Rhein befahren. Im Jahre 1306/07 werden an der Rheinzollstelle in Lobith über 400 Schiffe aus Duisburg registriert.

Für die Stadt war die Existenz einer möglichst zahlreichen und umsatzstarken Händlerschaft von größter Bedeutung. Schließlich bezog sie den überwiegenden Teil ihrer Einnahmen aus der sogenannten Akzise, einer Geldabgabe, die von ankommenden oder abgehenden Waren gezahlt werden mußte. Das Recht, solche Abgaben selbst festzusetzen und zu erheben, war den Duisburgern 1280 ausdrücklich verbrieft worden.

Mit dem Einsetzen der sogenannten Stadtrechnungen, also detaillierter Aufzeichnungen über Einnahmen und Ausgaben der Stadt, im Jahre 1349 erhalten wir genauere Einblicke in das Wirtschaftsleben und seine Veränderungen.

Wir sehen, daß zunächst noch die Einnahmen aus der Weinakzise den bedeutendsten Posten auf der Haben-Seite darstellen.

1353 erbrachte die Weinakzise 2117 Schilde (damals gängige Münzsorte) bei einem Gesamtaufkommen von 2856 Schilden. Die Einnahmen aus dem Weingeschäft deckten also den Haushalt zu 74%! Hinzu kamen noch Einnahmen aus der Wollakzise und der sogenannten Kleinen Akzise (auf Lebensmittel aller Art) sowie Mieteinnahmen aus der Tuchhalle. 1354 kam die Kornakzise hinzu, bis 1376 werden auch Krämerwaren, Fleisch, Bier und Kürschnereiartikel mit einer Akzise belegt.

Aus dem Jahre 1368 ist eine Akziserechnung erhalten, die erkennen läßt, daß 45 Duisburger Familien insgesamt über 7000 Ohm Wein umsetzten (das wären etwa 1,3 Millionen Flaschen – also auch für heutige Begriffe ein respektabler Umsatz!).

Allmählich aber geht der Handel zurück, offenbar beginnt der Altrheinarm zu verlanden, und der Warenstrom fließt mehr und mehr an Duisburg vorbei. 1385 macht die Weinakzise nur noch 40% der Einnahmen aus, die auch in ihrer Gesamthöhe rückläufig sind. Die Stadt borgt sich Geld, kann schließlich die damit verbundenen Rückzahlungen und Zinsen nicht mehr aufbringen und gerät in größte Schwierigkeiten, als die Hauptschuldner, die Kölner Kaufleute, den Erzbischof dazu bewegen können, über die Stadt den Kirchenbann zu verhängen. Die untrennbare Verquickung des kirchlichen und des weltlichen Bereiches im Mittelalter tritt an diesem Punkt besonders kraß hervor. Die Lösung vom Bann muß schließlich beim Papst in Rom betrieben werden, was wiederum erhebliche Summen verschlingt. Im Zusammenhang mit diesen wirtschaftlichen Schwierigkeiten wird wohl auch stehen, daß sich Duisburg Ende des 14. Jahrhunderts um die Wiederaufnahme in die Hanse bemüht und diese 1407 auch erreicht. Die Stadt muß also auch schon früher zu diesem mächtigen Städtebündnis gehört haben, ohne daß wir Näheres darüber wissen. Vielleicht war man auch hier die Beitragszahlungen schuldig geblieben und deshalb ausgeschlossen worden.

Duisburger Kaufleute sind auch weiterhin an den großen Handelsplätzen der damaligen Welt, in Antwerpen, Brüssel, Bergen op Zoom oder London anzutreffen. Sie betrieben ihr Geschäft mit vollem Risiko, läßt sich doch zuweilen feststellen, daß sie ihre Häuser verkauften, um stärker in Geschäfte einsteigen zu können. Haben sie Erfolg, legen sie ihr Geld sofort wieder in Immobilien an. Aber manche, seit langem bekannte Familie verschwindet auch plötzlich, ohne Spuren zu hinterlassen.

Die langsame Umwandlung der Funktionen einer Stadt ist jedoch durch Erfolg oder Mißerfolg einzelner Familien nicht zu beeinflussen. 1481 beträgt die Gesamteinnahme der Stadt nicht einmal mehr 40% dessen, was sie 100 Jahre zuvor zur Verfügung hatte, die Einnahme aus dem Weinhandel macht davon nur noch 17% aus. Duisburg entwickelte sich von einer Kaufmannsstadt, einem Handelszentrum, zu einer Ackerbürger- und Handwerkerstadt. Nur noch wenige Familien betreiben den gewinnbringenden Handel, ihre Namen sind auch heute nicht vergessen – Tack, Tibis, Berck. Die Kaufleute Deryck Tybis und Derik Berck konnten es sich noch 1533 bzw. 1536 leisten, sich in London von Hans Holbein d.J. porträtieren zu lassen.

Kennzeichnend für die Einwohnerschaft einer Stadt sind neben der Kaufmannschaft die Handwerker, die für den Bedarf der Stadt und des Umlandes arbeiten. Sie schließen sich in den einzelnen Berufszweigen zu Zünften zusammen, die unter anderem auch die Aufgabe haben, die Qualität der Erzeugnisse zu überwachen.

Wann in Duisburg die einzelnen Zünfte (hier meist als Amt oder Gilde bezeichnet, deshalb aber nicht mit den religiösen Gilden der Bruderschaften gleichzusetzen) gegründet wurden, ist nicht immer bekannt. Im Jahre 1276 richtete der Rat auf dem Markt besondere Stände für Schuhmacher ein, dabei wird eine bereits bestehende „fraternitas et officium, quod Gylde appellatur", eine „Bruderschaft und ein Amt, das Gilde genannt wird", für die Schuhmacher als bestehend erwähnt.

Bei den Bemühungen um die Förderung des Handwerkes im 15. und 16. Jahrhundert wurden auswärtige Weber angeworben, das Amt der Tuchscherer und Schröder (Zuschneider) neu geordnet und ein neues Wollenamt eingerichtet. Im 16. Jahrhundert erfolgte aus den niederländischen Provinzen eine starke Zuwanderung von Webern und Tuchmachern. Auch die Seidenverarbeitung wurde durch fremde Arbeitskräfte nach Duisburg gebracht und gefördert.

Der Einführung von Zünften bei den Bäckern und Fleischern, also den Berufen, die die Grundnahrungsmittel verarbeiteten, widersetzte sich der Rat das ganze Mittelalter über, es bestand die nicht ganz unbegründete Furcht, daß solche Zünfte zu stark werden könnten.

Versuche, die Wirtschaft auch durch das Graben von Salpeter (zur Pulverherstellung) oder Steinkohle zu fördern, blieben erfolglos.

Der Übersicht halber seien hier einmal die handwerklichen Berufe alphabetisch aufgeführt, die im 14. und 15. Jahrhundert in Duisburg genannt werden. Da diese Zusammenstellung auf zufälligen Erwähnungen beruht, ist sie sicher nicht vollständig, gibt aber doch schon einen Eindruck.

Armbrustmacher
Bäcker, Bartscherer
Dachdecker (u. z. Lei- also Schieferdecker und Strohdecker)
Faßbinder, Fleischer
Gerber, Glaser, Gruyter (Bierbrauer)
Hufschmied
Krämer, Küster
Lederschneider, Leineweber, Lombarde (Geldverleiher)
Maurer, Müller, Musiker
Panzerschmied
Radmacher
Schmied, Schneider, Schröder (Zuschneider), Schuhmacher
Seiler, Steinhauer
Töpfer
Weinhändler, Wollenweber
Zimmermann, Zinngießer

Die naheliegende Frage nach den Einkommensverhältnissen dieser zahlenmäßig im 15. und 16. Jahrhundert sicher überwiegenden Schicht der Duisburger Bürger läßt sich dank der sorgfältig geführten Stadtrechnungen, in die Einnahmen und Ausgaben der Stadt jahrgangsweise eingetragen wurden, wenigstens für die Berufsgruppen beantworten, die bei „öffentlichen" Arbeiten beschäftigt wurden.

Für das willkürlich als Beispiel herausgegriffene Jahr 1525 lassen sich hier folgende Löhne feststellen:

Ein Dachdeckermeister (Leidecker) erhält pro Tag	5 Albus.
Seine Gehilfen	4½ Albus.
Ein Maurermeister	4 Albus.
Ein Hilfsarbeiter	2 Albus.
Ein Waldarbeiter	2 Albus.

Unqualifizierte, aber unangenehme Arbeiten wurden mitunter besser bezahlt, so gab es für den Festhalter der Schweine, die für die Mast im Wald mit Brandzeichen versehen wurden, 3 Albus pro Tag nebst einem kräftigen Umtrunk.

Zu diesen Tagelöhnen kamen aber immer wieder schwer faßbare Zugaben, so bei der Grundsteinlegung eines Hauses, bei der Fertigstellung oder einfach *ex gratia*, aus Gnade. Die Handwerksmeister, die für die Stadt tätig waren, bekamen darüber hinaus jährlich ein Handgeld von einigen Gulden, für das sie dann bereit sein mußten, städtische Aufträge gegen Tagelohn auszuführen.

Der jetzt schon so oft genannte Albus oder Weißpfennig war die in dieser Zeit verbreitetste Münze. Auf den Gulden kamen 24 Albus von wiederum je 12 Pfennigen.

Was aber konnte man mit diesen Tagelöhnen anfangen, wie hoch waren die Lebenshaltungskosten? Auch in diesen Fragen helfen uns die Rechnungen ein wenig weiter. Wir erfahren aus ihnen, daß die Stadt am Gregoriustag 750 Wecken und Heringe spendierte (vgl. S. 49), wobei sie für den Wecken etwas über 1½ und für den Hering etwas weniger als 2 Pfennige anlegen mußte. Da sie die Waren als Großabnehmer sicher etwas billiger bekam, kann man davon ausgehen, daß der „Normalverbraucher" sich eine solche Zwischenmahlzeit für etwa 4 bis 5 Pfennige verschaffen konnte, also bei einem Hilfsarbeiter immerhin schon 1/5 bis 1/6 seines Tagesverdienstes.

Für Fleisch mußte man mehr ausgeben. Das Pfund (467 Gramm) Rindfleisch kostete in dieser Zeit 7 Pfennig. Da man nicht nur ißt, sondern auch trinkt, sind auch die Getränkepreise interessant. Hier steht man allerdings vor der zusätzlichen Schwierigkeit, daß die angegebenen Maßeinheiten nicht mit Sicherheit umgerechnet werden können. Für das immer wieder erwähnte „Quart" (wörtlich: Viertel) gibt es Umrechnungsgrößen, die zwischen 1,14 und 3 Litern schwanken! Einigermaßen wahrscheinlich ist die Angabe von etwa 1,4 bis 1,7 Litern.

Ein solches Quart Wein kostete je nach Qualität zwischen 22 und 28 Pfennig, ein Quart Bier – damals das gängigste Getränk, das oft sogar den Gefangenen im Turm gereicht wurde – etwa 3 Pfennige.

Der Aufwand für Ernährung pro Tag kann mit etwa 1½ Albus angesetzt werden, wenigstens wurde dieser Betrag einem unschuldig Eingekerkerten später pro Tag seiner Haft als Verpflegungsgeld erstattet. Daß man auch teurer leben konnte, bewiesen Rat und Bürgermeister, indem sie bei einer gemeinsamen Mahlzeit (es gab u. a. Karpfen) pro Kopf für rund 7½ Albus speisten.

Zur Nahrungsbeschaffung durch Lohnarbeit kam allerdings auch noch ein bestimmter Selbstversorgungsanteil, denn man darf nicht vergessen, daß es kaum einen Bürger gab, der nicht wenigstens ein oder zwei Schweine hielt, die zur Zeit der Eichel- und Bucheckerernte im Duisburger Wald gemästet wurden. Es wurden aber auch ziemlich viele Rinder gehalten, Geflügel war wohl weitgehend selbstverständlich. Viele Bürger besaßen auch noch ein Stück Land, das sie entweder selbst nutzten oder verpachtet hatten.

Schwieriger noch als in der Ernährungsfrage ist es, in Bezug auf die anderen Faktoren der Lebenshaltung zu einer Aussage zu kommen. Hier kann man nur ganz allgemein Angaben machen.

Wohnraum war verhältnismäßig billig, Kleidung wurde sehr unterschiedlich bewertet; Arbeitskleidung war billig und verschliß sicher schnell, aber gute Bekleidung wurde sogar vererbt. Der Aufwand für Luxusgegenstände hielt sich in einer Handwerker- und Ackerbürgerstadt sicher in Grenzen, aber der Aufwand, der bei Familienfeiern (Hochzeiten, Kindtaufen), bei Beerdigungen, bei Schützenfesten, Fastnachtsessen usw. mit Bewirtungen und Geschenken getrieben wurde, konnte manche Familie in Schulden stürzen, so daß der Rat sich gezwungen sah, einschränkende Vorschriften zu erlassen.

Alles in allem kann man sagen, daß ein gelernter Handwerker wohl sein Auskommen hatte, wenn er auch keine Reichtümer sammeln konnte (obwohl es auch hier Ausnahmen gab, wie ein Schuhmachermeister beweist, der seinen Kindern vier Häuser und verschiedene andere Vermögenswerte hinterließ), ein unqualifizierter Arbeiter es aber ungleich schwerer hatte. Schlimm wurde es in Notzeiten, die durch Kriege oder Mißernten hervorgerufen wurden und die Lebensmittelpreise in kaum vorstellbare Höhen klettern ließen.

In solchen Jahren überprüfte der Rat auch die bei den Bürgern und den Bäckern vorhandenen Kornvorräte und berechnete daraus die noch zu beschaffende Menge, die auswärts gekauft werden mußte. So geschah es auch im Rechnungsjahr 1524/25. Die Teuerung war in diesem Jahr zwar spürbar, aber nicht erschreckend. Der Malter Roggen (0,19cbm) kostete 1 Gulden 16 Albus, fiel aber im Folgejahr wieder auf 1 Gulden 6 Albus. In der Teuerung der Jahre 1543/44 stieg der Roggenpreis auf 3 Gulden, im Jahre 1587 auf über 36 Gulden(!) und man glaubt dem Chronisten, der bemerkte, daß Getreide schwerlich zu erhalten war.

Über die sonstigen Lebensumstände der Bevölkerung ist naturgemäß wenig bekannt, das sind Dinge, die in den uns überkommenen Quellen meist nur am Rande erwähnt werden. Es gibt auch keine Statistiken, aus denen durchschnittliche Familiengrößen ermittelt werden könnten. Aufzeichnungen über Geburt und Tod wurden noch nicht systematisch geführt, Durchschnittsalter oder durchschnittliche Lebenserwartung lassen sich nicht wissenschaftlich exakt ermitteln.

Auffällig oft ist aus Urkunden, die über Erbteilungen oder Güterverkäufe ausgestellt wurden, zu erkennen, daß Männer oder Frauen mehrmals verheiratet waren und Kinder von verschiedenen Ehepartnern hatten. Da es eine Ehescheidung noch nicht gab, setzt das den Tod des einen Ehepartners voraus, besonders bei den Frauen wohl oft den Tod bei der Geburt eines Kindes.

Die Familiengrößen schwankten natürlich, aber eine Kinderzahl von drei und mehr scheint überwogen zu haben. Daneben gab es sicher in jedem bürgerlichen Haushalt einiges Dienstpersonal, Knechte und Mägde, die ihrerseits nur in den seltensten Fällen die Möglichkeit hatten, zu heiraten und eine Familie zu gründen.

Im Regelfall bewohnte eine Familie ein Haus, besaß dieses auch zu Erbrecht. Dies traf oft sogar für öffentlich bekannte und unterstützte Arme zu. Ein kleinerer Anbau eines Hauses (in Duisburg meist als „Affhang" bezeichnet) oder einzelne Räume waren oft für die Großeltern oder ältere Verwandte reserviert. So können wir vielleicht davon ausgehen, daß in einem durchschnittlichen, für heutige Begriffe eher kleinen Haus 8 – 10 Personen lebten. Da es aber viele sehr kleine Häuser gab, deren Bewohner kein Dienstpersonal hatten, schätzt man die Einwohnerzahl Duisburgs in der Mitte des 16. Jahrhunderts bei etwa 500 Häusern auf vielleicht 3000 Personen.

Die Häuser waren meist aus Fachwerk. Steinhäuser – wie das heute noch erhaltene Dreigiebelhaus – oder gar Häuser aus Natursteinen waren die Ausnahme. Die Dächer waren bis in das 16. Jahrhundert hinein oft noch mit Stroh gedeckt, was aber der Feuergefahr wegen verboten wurde. Meist wurden dann gebrannte Dachpfannen verwendet. Die Musterformen hierfür, an die sich die Hersteller halten mußten, wurden im Rathaus verwahrt. Damit war sichergestellt, daß die bei späteren Reparaturen verwendeten Dachpfannen auch richtig paßten. Nicht ganz so wohlhabenden Bürgern gewährte die Stadt oft einen Zuschuß für die Anlage eines festen Daches. Der Ausgabeposten „für verschenkte Pannen" hat für viele Jahre seinen festen Platz in den städtischen Rechnungen. Nur für „öffentliche" Gebäude, für Kirchen und bei Häusern sehr wohlhabender Bürger wird die teure Schieferdeckung verwendet. In der farbigen Ausgabe des Corputiusplanes ist dies deutlich erkennbar, da hier die Dächer der Gebäude in Angleichung an die natürlichen Farben rot oder blau gezeichnet sind.

Der Zustand der Straßen und die sanitären Verhältnisse waren aus unserer Sicht schlechthin katastrophal, aber auch damals war man mit der Situation keineswegs einverstanden.

In den städtischen Kören, den Polizeiverordnungen, wird betont, daß jeder einmal in der Woche die Straße vor seinem Haus „schön"-machen müsse. Vor Gericht wird immer wieder Klage darüber geführt, daß auf Straßen und Plätzen „ungewöhnliche" Misthaufen angelegt worden sind – es gab also auch gewöhnliche! Wenn bei besonderen Gelegenheiten die öffentlichen Plätze, Burgplatz und Marktplatz, schöngemacht wurden, mußten jeweils viele Karren voll Dreck weggefahren werden.

Pflaster des mittelalterlichen Marktes mit der darüber liegenden Schlammschicht und den darin konservierten Fußspuren

Viele Straßen waren noch nicht gepflastert, was die Situation natürlich verschlimmerte. Aber auch wenn eine Straße „gesteinwegt" d. h. gepflastert wurde, wozu man Flußkiesel verwendete, konnte es sein, daß die Anwohner schon wenige Jahre danach wieder über völlige Verschlammung klagten. Kein Wunder, gab es doch auch noch keine Kanalisation, so daß die Abwässer über die Straßen flossen, über die auch täglich das Vieh auf die Weide getrieben wurde. Öfters liest man davon, daß eine „Brücke" an oder über eine Straße ausgebessert wurde, dabei handelte es sich wahrscheinlich um kleine hölzerne oder steinerne Übergänge über die Wasserrinnen. Häufig gab es auch Ärger, wenn eine Abortanlage (ein Privat oder Profaet) zur Straße hin errichtet wurde. Da es nur die Einrichtung des sogenannten Plumpsklos gab, kann man sich den Grund für die Einsprüche vorstellen.

Der Wasserversorgung dienten die Brunnen auf Straßen und Plätzen. Zu ihrer Unterhaltung waren die in der Nähe wohnenden Bürger verpflichtet, wurden dabei aber auch von der Stadt unterstützt. Diese Wasserstellen hatten sicher – wie dies auch heute noch in vielen Ländern beobachtet werden kann – eine über den primären Zweck hinausgehende soziale Funktion als Treffpunkt.

Man darf nun nicht in den Fehler verfallen zu glauben, die geschilderten Zustände seien nur typisch für Duisburg. Sie sind vielmehr absolut normal für diese Zeit. Auch in Weltstädten wie Köln oder Paris sah es nicht anders aus, wenn es dort auch größere und schönere Häuser gab.

IV Minderheiten und Randgruppen

Es sind oft die Minderheiten, die mit Recht großes Interesse auf sich ziehen. Sie sind es aber auch, an denen sich die Phantasie entfaltet, weil die Quellen zu wenig hergeben. Die Geschichte der jüdischen Gruppen ist noch vergleichsweise am besten dokumentiert, aber die Armen, die Siechen, d. h. die Kranken, die wegen ihrer Leiden weitgehend aus der Gesellschaft ausgeschlossen wurden, das fahrende Volk, die Betreiber „unehrlicher Berufe", sie haben keine Chroniken geschrieben und keine Testamente hinterlassen, über sie finden sich nur vereinzelte und meist zusammenhanglose Nachrichten. Dennoch muß versucht werden, wenigstens über die drei zahlenmäßig größten Gruppen etwas zu sagen, die Juden, die Siechen und die Armen.

1. Die Juden

In den Anfängen des städtischen Lebens im Mittelalter gab es ein offenbar weitgehend ungetrübtes Zusammenleben zwischen Christen und Juden. (Die Betonung liegt tatsächlich auf dem Begriff Christen, denn der mittelalterliche Mensch sah nur den Unterschied der Religion, der Begriff der Rasse war noch nicht bekannt!)

Aus dem 11. Jahrhundert haben sich Urkunden für die Judengemeinden in Worms und Speyer erhalten. Aus ihnen geht hervor, daß den Juden eine gewisse Selbstverwaltung unter ihren Gemeindevorstehern („Judenbischof") zugestanden wurde. Sie durften frei Handel treiben, Geld wechseln und sogar christliche Lohndiener beschäftigen. In der Rechtsprechung waren sie den Christen gleichgestellt, vor Gericht galt der Eid eines Juden ebensoviel wie der Eid eines Christen. Oberster Herr der Juden war der Kaiser selbst.

Zu ersten Ausschreitungen gegen Juden und zu wahren Gemetzeln kam es bei den Vorbereitungen zum ersten Kreuzzug 1096, als die fanatisierten Kreuzfahrer beschlossen, zuerst einmal die „Heiden" im eigenen Lande zu bekehren oder zu vernichten. Der in Italien weilende Kaiser Heinrich IV. konnte nichts zum Schutz der Juden tun. Nach seiner Rückkehr 1097 bemühte er sich nach Kräften um eine Wiedergutmachung bei den Überlebenden. Er gestattete sogar – gegen den Widerspruch des Papstes – die Rückkehr der zwangsweise Getauften zu ihrem alten Glauben.

Als es in Verbindung mit dem zweiten Kreuzzug 1140/47 zu erneuten Angriffen auf die Juden kam, bekräftigten die deutschen Kaiser ihren den Juden zugesagten Schutz. Friedrich Barbarossa bezeichnete sie schließlich „als zur kaiserlichen Kammer" gehörend. Der Judenschutz, das „Judenregal", wurde, da es durch die zu leistenden Schutzgebühren zu einer wertvollen Einnahmequelle geworden war, wie andere nutzbare Rechte aber auch verliehen, verschenkt oder verpfändet.

Massenverfolgungen blieben von nun an für 200 Jahre aus, aber es kam immer wieder zu Einzelaktionen gegen Juden.

Diese Hinweise zur allgemeinen Geschichte waren notwendig, um die wenigen Nachrichten, die sich aus dem Mittelalter zur Geschichte der Juden in Duisburg erhalten haben, verstehen zu können.

Ein jüdischer Reisender des 12. Jahrhunderts, Benjamin von Tudela, der allerdings nie in Deutschland war, erwähnt die reichen Judengemeinden in den Städten längs des Rheins, von denen er gehört hat, darunter auch Duisburg. Ende des 12. Jahrhunderts wird ein Jude, Samuel de Duisburch, in Köln erwähnt; aus einer Aufstellung der Reichssteuern aus dem Jahre 1241 wissen wir, daß die Duisburger Judengemeinde 15 Mark (hier als Gewicht von etwa 240 Gramm zu verstehen) Silber zahlen mußte. Von Herzog Walram von Limburg, dem kaiserlichen Vogt in Duisburg, erhielten die Juden und die ebenfalls als Geldverleiher tätigen Lombarden in Duisburg Privilegien, deren Inhalt wir allerdings nicht kennen, sie wurden noch 1280 durch Reinhard von Geldern bestätigt.

Zu einer Katastrophe kam es dann in den Jahren 1348/49. Die Pest breitete sich, von Südfrankreich kommend, nach Deutschland aus. Dem „Schwarzen Tod" sollen in Europa 25 Millionen Menschen, ein Viertel der damaligen Bevölkerung, zum Opfer gefallen sein. Gleichzeitig verbreitete sich das Gerücht, die Juden hätten die Brunnen vergiftet und damit die Pest erzeugt. Obwohl in vielen Städten, wie z. B. in Köln, der Rat die Juden schützen wollte, nützte das gegenüber der entfesselten Volkswut nichts, und auch in Köln wurden am 24. August 1349 die Juden von der wütenden Volksmenge erschlagen. Aus einer Kombination sehr wortkarger Notizen, die sich in den Rechnungen der Städte Wesel und Duisburg dieser Zeit finden, ergibt sich, daß auch in Duisburg wie in Mainz, Worms und Speyer die Juden den Tod im Feuer fanden. Während in anderen Städten sich bereits wenige Jahre später wieder Juden niederlassen dürfen, erhält Duisburg noch im Jahre 1362 ein Privileg, wonach gegen den Willen der Duisburger keine Juden, Lombarden oder Wucherer in der Stadt angesiedelt werden dürfen. Die Formulierung läßt erahnen, daß es nicht nur der Vorwurf der Pestverbreitung war, der zu dem Pogrom geführt hatte, sondern sicher auch das Bestreben, an das Vermögen der Juden zu kommen und die eigenen Schulden auf diese Weise loszuwerden.

Siegel Alarts des Juden, Schultheiß zu Duisburg, 1513

Über 130 Jahre vergingen, bis wieder ein Jude in Duisburg seinen Wohnsitz nahm. 1495 erhielt Alart der Jude das Bürgerrecht, 1502 wurde er Schultheiß. Dieses wichtige Amt bekleidete er viele Jahre. Wir dürfen daraus schließen, daß Alart ein getaufter Jude war und damit nach mittelalterlicher Auffassung eben kein Jude mehr. Er schämte sich jedenfalls seiner Herkunft nicht, denn in sein Wappen setzte er als Zeichen drei Judenhüte. 1504 wurden aus Holten kommende Juden in Duisburg festlich mit Musik empfangen und erhielten Wohnrecht, auch das ist wohl nur damit zu erklären, daß sie nach Duisburg kamen, um sich taufen zu lassen, was auch in zwei Fällen für das Folgejahr gemeldet wird. Noch im 16. Jahrhundert durften sich Juden nämlich nur aufgrund besonderer Verträge und nur auf befristete Zeit in Duisburg aufhalten, wofür sie außerdem noch beträchtliche Gebühren zu entrichten hatten.

2. *Die Siechen*

Pest und Aussatz waren die großen Geißeln der Menschheit im Mittelalter. Während die Pest in verschiedenen Wellen Europa überrollte – sicher werden uns auch andere Epidemien in den Quellen als „Pest" überliefert – war die Lepra bis ins 17. Jahrhundert hinein sozusagen Dauergast.

Pestepidemien sind für das Niederrheingebiet sehr häufig, für Duisburg selbst mit Sicherheit jedoch nur für die Jahre 1348/49, 1467, 1493, 1507, 1548 und dann wieder häufiger in der zweiten Hälfte des 16. Jahrhunderts, zuletzt im Jahre 1666/67 nachweisbar.

Tatsächlich wirksame medizinische Maßnahmen gegen die Pest gab es nicht, wenn auch die Stadt zu Pestzeiten häufig Ärzte besoldete. Am sichersten war es, aus der Stadt auf das weniger dicht bevölkerte Land zu fliehen. Wer es sich leisten konnte, tat dies auch, wie wir der Chronik des Johannes Wassenberch entnehmen können, der von der Pest des Jahres 1467 berichtet, „dat alle die aversten uit gevluwen waeren", daß alle Oberen (Reichen, Vornehmen) geflohen waren. Ansonsten galt die Vorschrift, bei einem Haus, in dem ein Pestkranker lag, sechs Wochen lang Türen und Fenster geschlossen zu halten und zur Warnung einen Strohwisch vor die Tür zu hängen. Wer aus einem solchen Haus herauskam, mußte als Kennzeichen ein weißes Stöckchen in der Hand tragen, damit ihm jeder ausweichen konnte.

Im Gegensatz zu der im Einzelfall rasch verlaufenden Pesterkrankung war die Lepra eine chronische, jahrelang dauernde Erkrankung. Sie verbreitete sich nach den Kreuzzügen zunächst sehr stark. Bald erkannte man, daß als einziges Mittel zum Schutz der Gemeinschaft die totale Absonderung der Betroffenen einige Wirkung versprach. Die medizinische Wissenschaft konnte nach ihrem damaligen Stand keine Hilfsmittel bereitstellen, doch verschwand die Krankheit in vielen Fällen offenbar nach einigen Jahren wieder von selbst.

Als Unterkunft für die Erkrankten wurden überall vor den Städten Leprahäuser errichtet, Siechenhäuser oder Melatenhäuser genannt, für deren Unterhalt milde Stiftungen sorgten. Das Duisburger Melatenhaus wird 1447 zuerst erwähnt. Es lag im „kleinen" Hochfeld in der wenig erfreulichen Nachbarschaft zum Duisburger Richtplatz mit Rad und Galgen. Dies ist sehr deutlich auf dem Corputiusplan zu sehen, aus dem auch hervorgeht, daß zu dieser Zeit sogar zwei Häuser bestanden.

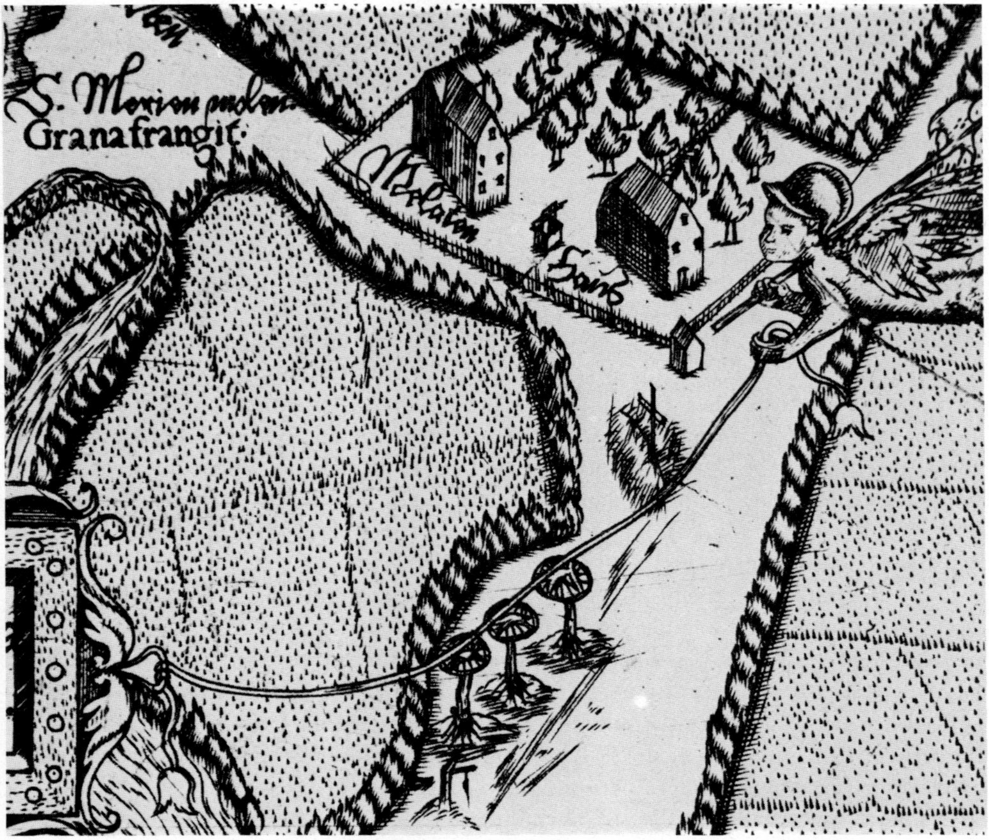

Das Siechenhaus vor der Stadt, Ausschnitte aus dem Plan des Johannes Corputius, 1566

Ein von der Krankheit Befallener durfte nur unter Wahrung bestimmter Vorsichtsmaßregeln das Melatenhaus verlassen. Zur Warnung seiner Mitmenschen mußte er die sogenannte Lazarusklapper mit sich führen. Eine solche Klapper zeigt das Rücksiegel des Kölner Melatenhauses, das auf seiner Vorderseite den armen Lazarus, den Prototyp des Aussätzigen, vor dem Haus des reichen Mannes darstellt.

Die Heilung vom Aussatz mußte von besonders dafür autorisierten Personen festgestellt werden. Dieses Verfahren ist schon in der Bibel beim Bericht über die Heilung der zehn Aussätzigen beschrieben. Damals waren es die Priester, im Mittelalter und für das Rheinland die Ärzte des Kölner Melatenhauses, seit 1477 auch die Professoren der medizinischen Fakultät der Kölner Universität, die über Krankheit oder Gesundheit entschieden.

Für die Untersuchung bestanden genaue Vorschriften. So war festgelegt, daß sie nur an hellen Tagen vorgenommen werden durfte. Der Patient mußte sich nackt von den Fußsohlen bis zum Scheitel von einem Ärztekollegium untersuchen lassen. Die Untersuchenden durften keine Geschenke annehmen, doch hatte der Patient ihnen eine Mahlzeit auszurichten.

In den Duisburger Stadtrechnungen wird öfters vermerkt, wenn einzelne Betroffene aus der Stadtkasse ein Zehrgeld von einigen Gulden erhielten, um nach Köln zur Untersuchung gehen zu können. Auch vom Kölner Melatenhaus ausgestellte Zeugnisse sind erhalten, nicht alle sind positiv für die Betroffenen.

3. *Die Armen*

In den Stadtrechnungen findet man zwar eine Abteilung „Verschenkt und gespendet", doch sind darin nur besondere Spenden verzeichnet, wie z. B. die Herings- und Brotspende am Gregoriustag zur Erinnerung an den Überfall des Kölner Erzbischofs und dessen Abwehr an der Verlörkes-Brücke, eine Gabe an einen durchreisenden Studenten oder Kollektanden, der Gelder für den Wiederaufbau eines abgebrannten Ortes sammelt. Man vermißt aber das, was heute mit Sozialhaushalt bezeichnet würde.

Dies hängt damit zusammen, daß die Fürsorge für Arme und Kranke nicht direkt der öffentlichen Hand oblag, sondern von Kirchen, Orden, kirchlichen Einrichtungen oder Stiftungen wie Hospitälern (in Duisburg das „Gasthaus") wahrgenommen wurde. Erst im Zuge der Reformation, als die Oberaufsicht über die Kirchen und ihre Besitzungen von der weltlichen Obrigkeit übernommen wurde, kam auch dieser Sektor unter Ratsaufsicht. Aus dieser Zeit stammen dann auch die ersten erhaltenen „Armenrechnungen". Verblüffend ist die Höhe der Gesamtbeträge, die rund 60–80% der Höhe des Jahreshaushaltes der Stadt erreicht.

Die Einnahmen kommen z. T. aus Spenden, überwiegend jedoch sind es Erträge aus dem auf Stiftungen beruhenden Vermögen der verschiedenen, für die Armen bestehenden Institutionen, z. B. des Gasthauses, dessen Ländereien verpachtet werden. Ausgaben werden getätigt für die Beerdigung Armer und Fremder; zur kontinuierlichen Unterstützung von armen Bürgern und Fremden, die in Duisburg wohnen, aber auch für besondere Notsituationen, indem z. B. die Behandlungskosten eines Arztes oder auch die Unterhaltskosten für Waisenkinder übernommen werden.

Die in der zweiten Hälfte des 16. Jahrhunderts allen Armen gezahlte wöchentliche Unterstützung schwankte zwischen 3 und 12 Albus (vgl. S.63), der Durchschnitt wird bei 6–8 gelegen haben, weniger als der Tagelohn eines ungelernten Arbeiters. Hinzu kamen Naturalspenden, Feuerholz, Tuch für Bekleidung. Von dem Geld allein hätte man etwa 3 Pfund Rindfleisch kaufen können, es reichte also keineswegs auch nur für das Notwendigste. Der Arme war trotz der Unterstützung auf Almosen angewiesen. Er wird sie erhalten haben, denn die Bemühungen privater Personen um die Armen lassen sich auch sonst nachweisen. So wurden in den Jahren 1555 bis 1579 acht Häuser in Duisburg (am Salvatorkirchhof, am Kalhof und in der Rheinstraße) als Wohnhäuser für Arme gestiftet, wobei meist auch noch bestimmte Renten zu deren Unterhalt ausgesetzt wurden.

V Religiöses und geistiges Leben

1. *Die kirchlichen Verhältnisse*

Die Geschichte des kirchlichen Lebens in Duisburg nimmt ihren Ausgang bei der Kapelle des Königshofes. Es war üblich, daß große Hofesverbände eine eigene Kapelle besaßen, die für die Mitglieder der Hofesfamilie – worunter im weitesten Sinne alle zum Hof Gehörenden verstanden wurden – die Pfarrechte ausübte. Der Hofesherr bestimmte den Geistlichen, der den Gottesdienst versah, und sorgte für seinen Lebensunterhalt, indem er der Kapelle bestimmte Einkünfte zuwies bzw. durch die Erhebung des Zehnten, der der Kapelle und dem mit ihrer Verwaltung Betrauten zustand. Schriftlich erwähnt wird die Kirche in Duisburg zuerst in einem Güterverzeichnis der Abtei Prüm vom Jahre 893. Damals besaß diese Abtei die Nutzung der Kirche, d.h. sie erhielt bestimmte Abgaben und stellte dafür den Geistlichen.

Einige Zeit vorher, bis etwa zum Jahre 887/88, gehörte der Königshof Duisburg dem weit entfernt liegenden Kloster St. Salvator zu Herrieden an der Altmühl. Es ist wahrscheinlich, daß das Duisburger Patrozinium St. Salvator von dort übernommen wurde. Innerhalb des Erzbistums Köln gehörte die Kirche zum Archidiakonat Xanten.

Die kleine Pfalzkapelle reichte schon bald nicht mehr aus und wurde in salischer Zeit, also etwa in der 2. Hälfte des 11. Jahrhunderts, durch einen Neubau ersetzt, von dem nur schwache Spuren wiedergefunden wurden. Der nächste größere Neubau erfolgte wohl in der Mitte des 12. Jahrhunderts, also in staufischer Zeit. Diesmal wurde eine dreischiffige romanische Basilika mit einem Westturm errichtet, die schon fast die Abmessungen der jetzigen Salvatorkirche hatte.

Um eben diese Zeit entstand außerhalb der Mauern der Stadt die Marienkirche, die von den Johannitern errichtet und 1153/54 geweiht wurde. Sie war zunächst nur Kirche dieses Ordens bzw. seiner Niederlassung und wohl auch für das damit verbundene Hospital zuständig. Im Jahre 1187 erhielt auch sie Pfarrechte, d.h. ihr wurde ein eigener, fest umrissener Pfarrbezirk zugewiesen, der naturgemäß aus dem Bereich der bis dahin allein zuständigen Salvatorpfarre abgeteilt werden mußte. Wenn es in der hierüber ausgestellten Urkunde heißt, daß die Gemeinde der Salvatorkirche so groß geworden sei, daß sie geteilt werden müßte, so darf man das nicht allzu wörtlich nehmen. Es ist eine Standardbegründung bei einem solchen Vorgang. Aus dem eigentlichen Text der Urkunde geht hervor, daß der Marienkirche lediglich fünf Häuser innerhalb des Mauerbereiches der Stadt zugewiesen wurden und alle Gebiete zwischen der Stadt und der Marienkirche in Richtung auf den Rhein hin. Fünf Häuser allein hätten wohl schwerlich zur Einrichtung einer Pfarrei gereicht. Man darf also schließen, daß sich bei der Marienkirche bzw. bei der Niederlassung der Johanniter bereits eine kleine Ansiedlung gebildet hatte, etwa im Bereich der späteren Beekstraße und der Rheinstraße. Nun besaß Duisburg zwei Pfarrkirchen, aber noch kein Kloster, wie es eigentlich für jede größere Stadt in dieser Zeit selbstverständlich war. Dies sollte sich jedoch durch private Initiative bald ändern.

Wir müssen uns darüber im klaren sein, daß es für den mittelalterlichen Menschen, wie auch immer wir Heutigen darüber denken mögen, weitgehend eine Selbstverständlichkeit war, einen Teil seines erworbenen Vermögens für geistliche Stiftungen zu verwenden, um so nicht für das diesseitige, sondern auch für das jenseitige Leben zu sorgen. Es wird dies auch der Beweggrund für jenen Duisburger Bürger mit Namen Alexander gewesen sein, auf seinem Eigengut in Duissern im Jahre 1234 eine Kirche und ein Kloster für eine Anzahl Nonnen des Zisterzienserordens zu errichten.

Über die Familienzugehörigkeit dieses Alexander, der seit 1209 in den Duisburger Schöffenlisten vorkommt, hat es verschiedene Ansichten gegeben. Man hat ihn früher gerne der bedeutenden Duisburger Familie Tack zugerechnet. Dies ist jedoch ein Irrtum, denn der Sohn des Klostergründers wird in einer späteren Urkunde mit seinem Familiennamen Kasselmann aufgeführt. Möglicherweise geht der Name darauf zurück, daß die Familie aus dem damals noch zu Moers gehörenden und erst durch die in dieser Zeit erfolgte Rheinverlagerung in unmittelbare Nähe der Stadt gerückten Kaßlerfeld nach Duisburg gekommen ist. Wir erfahren von der Stiftung des Klosters in Duissern durch Alexander Kasselmann zuerst durch eine im November 1234 ausgestellte Urkunde des Erzbischofs Heinrich von Köln, der darin diese Stiftung bestätigt. Die Zahl der Nonnen wurde auf 13 festgesetzt, was eine immerhin beachtliche materielle Grundausstattung voraussetzt, die wohl durch weitere Schenkungen so vermehrt wurde, daß bereits 1237 die Zahl der Nonnen auf 25 erhöht, also fast verdoppelt werden konnte. Einen königlichen Schutzbrief hatte das Kloster schon 1235 von Friedrich II. erhalten. Die geistliche Oberaufsicht über die Nonnen wurde in die Hände des jeweiligen Abtes von Kloster Kamp gelegt, das die älteste (1122 gegründete) Niederlassung der Zisterzienser in Deutschland war. Der Abt bestätigte die von den Klosterfrauen gewählte Äbtissin und stellte den Beichtvater, der auch den Gottesdienst versah.

Das Kloster wurde wenige Jahre nach seiner Gründung für nicht sehr lange Zeit und aus nicht ganz einleuchtenden Gründen an einen anderen Platz in der Nähe des Duissernschen Berges, des späteren Kaiserberges, verlegt. Wahrscheinlich hängt mit dieser Verlegung die Sage vom „Versunkenen Kloster" zusammen. Diese Bezeichnung hat der Volks-

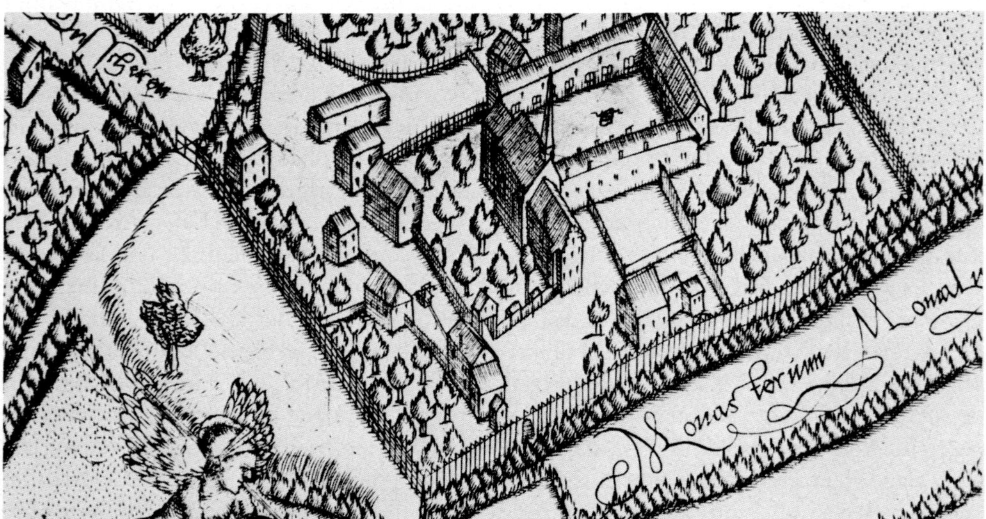

Das Kloster Duissern im Plan des Johannes Corputius, 1566

mund für dieses Gebiet ja bekanntlich bewahrt. Überreste des später völlig abgetragenen Klosters wurden in Duissern an der Ecke der Oranien- und Hansastraße bei Grabungen in den zwanziger Jahren entdeckt. Die einzige bildliche Darstellung des Duisserner Klosters bietet der Corputius-Plan vom Jahre 1566. Er zeigt die im Viereck angeordneten Klostergebäude mit dem Ziehbrunnen im Innenhof und der den Zisterzienserregeln entsprechend schlicht gehaltenen und nur mit einem Dachreiter versehenen Kirche. Zu der Stadt Duisburg bestanden mannigfache Beziehungen. Dies war schon allein durch die Lage in Duissern bedingt, das als Ratsdorf in vielen Bereichen von Duisburg aus mit verwaltet wurde. Durch seine Besitzungen war das Kloster Meistbeerbter des Duisburger Waldes und auf seinem Besitz ruhte die Verpflichtung, einen „Hyen", d. h. einen Geschworenen am Hofesgericht des Reichshofes zu stellen.

Wir sind damit der Entwicklung bereits etwas vorausgeeilt und müssen uns nun wieder der Salvatorkirche zuwenden. Hier kam es in der Mitte des 13. Jahrhunderts zu einem entscheidenden Wechsel. Neben dem Johanniterorden ließ sich jetzt auch der Deutsche Orden, also der zweite große Ritterorden, in Duisburg nieder. Er erwarb von der Abtei Prüm unter gewissen Bedingungen die von dort bis dahin verwalteten Patronatsrechte und übernahm gleichzeitig die Pfalzgebäude, die vom Königtum offenbar nicht mehr benötigt wurden. In diesen Gebäuden richtete man eine Niederlassung ein, die jedoch bereits 1283 durch einen Brand vernichtet wurde. Vielleicht wurde dabei auch die Salvatorkirche in Mitleidenschaft gezogen, womit erklärt wäre, warum hier wieder ein Neubau in Angriff genommen wurde. Von 1316 datiert nämlich eine Urkunde, in der vom Bau der nunmehr gotischen Salvatorkirche die Rede ist. Der damalige Turm mit einem hohen spitzen Helm erreichte die stolze Höhe von 106 Metern und war lange Zeit der höchste Turm in Nordwestdeutschland. Der Bau wurde in verschiedenen Etappen weitergeführt und war erst rund 100 Jahre später einigermaßen abgeschlossen.

Inzwischen war es auch zu einer Klostergründung innerhalb der Stadt gekommen. 1265 erließ der damalige Reichsvogt und Pfandherr in Duisburg, Walram von Limburg, den Minoriten, d. h. den Minderbrüdern vom Orden des hl. Franziskus, die Abgaben des von ihnen bewohnten Grundstücks und schenkte ihnen dieses zu Eigentum. Um diese Zeit befinden sich also bereits Minoriten in Duisburg, ohne daß wir genau sagen könnten, seit wann. 1273 übertrug ihnen Walram im Einverständnis seiner Ehefrau und seinen Kindern sein Haus in Duisburg mit der Einschränkung, daß sie es erst nach seinem Tode nach ihrem Belieben nutzen könnten. Die Bezeichnung „Haus" ist in mittelalterlichen Urkunden ein weiter Begriff. Wenn der königliche Vogt in Duisburg von seinem Haus spricht, kann man davon ausgehen, daß es ein festes Haus war, d. h. ein burgähnliches Gebäude, und in der Tradition des Minoritenklosters ist auch immer die Ansicht bewahrt worden, daß das Kloster in der Burg des Herzogs von Limburg, eben des genannten Walram, errichtet worden sei. Eine gewisse Stütze für diese Vermutung bietet der Corputius-Plan, der das Minoritenkloster als ein ziemlich kompliziertes Gebilde aus verschiedenen Gebäuden zeigt, das in dieser Form ganz sicher keine planmäßige Klosteranlage ist, sondern aus vorhandenen und vielleicht erweiterten und umgebauten Gebäuden besteht. Die Kirche wurde hinzugefügt und dabei beließ man es zunächst. Es zeigte sich auch im Laufe der Zeit, daß die Gebäude für das Kloster eigentlich viel zu groß waren. Wenn besondere Ereignisse in Duisburg stattfanden, z. B. ein klevischer Landtag abgehalten wurde, benutzte man zu den Versammlungen fast regelmäßig das Minoritenkloster, weil es eben über die größten Räumlichkeiten verfügte.

Eine Anzahl kleinerer Klöster oder klosterähnlicher Niederlassungen, die in Duisburg entstanden, sollen nur noch kurz erwähnt werden, so das Katharinenkloster, auch „inger Orden" genannt, auf der Beekstraße, das um 1370 seine Kirche erhielt; das Kloster St. Peterstal, zunächst von den Minoriten eingerichtet und dann 1498 von den Kreuzbrüdern übernommen; und die Beginenniederlassung Elisabethenberg an der Ecke Beekstraße/Beginengasse.

Die Salvatorstatue

Im Jahre 1464 ereignete sich nun etwas, das Duisburg wieder weit über seine Grenzen hinaus bekanntmachen sollte. An der sogenannten „Viktorstracht" in Xanten, bei der die Reliquien des hl. Viktor in feierlicher Prozession durch die Straßen geführt wurden, nahm auch eine Abordnung aus Duisburg mit der hölzernen Salvatorstatue teil. Bei dieser Gelegenheit soll ein Besessener durch die Begegnung mit diesem Bilde geheilt worden sein. Die Salvatorstatue galt seitdem als wundertätig, was zu einem großen Zulauf von Pilgern führte, wenn die Stadt jährlich am Donnerstag nach dem Sonntag Trinitatis das Salvatorfest mit einer Prozession beging. Eine kleine Votivstatuette, wie sie damals offenbar verkauft wurden, wurde im Jahre 1980 bei Ausschachtungsarbeiten auf dem Burgplatz gefunden.

Der Glaube an das unmittelbare Eingreifen der göttlichen Gewalt in die Geschehnisse des menschlichen Lebens wird uns auch sonst bezeugt. Caesarius von Heisterbach berichtet von einer Frau, die in Duisburg Bier braute und ausschenkte. Als sie bei einem Brand vom Feuer bedroht war, stellte sie den Flammen ihre Schankgefäße entgegen und betete um Errettung, weil sie mit diesen Gefäßen nie jemanden betrogen habe – ihr Gebet wurde wundersamerweise erhört.

Als 1499 ein gelegter Brand in der Kuhstraße viele Häuser vernichtete und einige Todesopfer forderte, zog man von beiden Kirchen aus mit den Heiligenbildern und dem Altarssakrament, also der konsekrierten Hostie, an die Brandstelle, um so die Flammen zu bekämpfen.

Mehr über das religiöse Leben der damaligen Menschen zu sagen, ist fast unmöglich, da dieser doch sehr private Bereich sich nicht in dem Maße in den Quellen niedergeschlagen hat, wie die Hauptstaatsaktionen oder auch das finanzielle Gebaren der Stadt. Noch vergleichsweise am besten faßbar sind uns die Bruderschaften oder Gilden. Hierbei handelt es sich um Zusammenschlüsse von Personen, die sich um einen ihnen besonders nahestehenden Heiligen scharen, einen diesem Heiligen geweihten Altar einrichten und dotieren, gemeinsame Gebete verrichten; hierbei spielt besonders das Gebet für die Toten eine große Rolle. Sich bei Todesfällen beizustehen, an den Begräbnissen der Mitglieder teilzunehmen, bei Prozessionen gemeinsam aufzutreten, Almosen auszuteilen und Krankenpflege zu verrichten, gelegentlich wohl aber auch zusammen zu feiern und – unter gewissen Umständen, worüber an anderer Stelle berichtet wurde (vgl. S. 52) – auch einmal politisch aktiv zu werden, macht das Leben in der Gilde aus. Die älteste Bruderschaft war die Gilde Unserer Lieben Frau, die ihren Altar im Konvent der Minoriten hatte. Sie wird im Jahre 1396 als schon lange bestehend erwähnt. Die nächstbedeutende Gilde war die Sakramentsgilde, die um 1410 bestanden haben wird. Des weiteren sind uns die St.-Jost-Gilde, die Salvator-Gilde, Antonius-Gilde, Jakobs-, Johannes-, Annen- und Thomas-Gilde bekannt.

Nicht nur über die Gilden, sondern auch direkt von Privatpersonen wurden zahlreiche Stiftungen an Altäre, an Kirchen, Klöster, zu Gunsten von Armen und Kranken getätigt. Auf solche private und religiös motivierte Initiative geht z. B. auch die Gründung des Hospitals, in Duisburg Gasthaus genannt, zurück.

Daß die gewissermaßen offizielle Kirche, die Geistlichkeit, am Ende des 15. und zu Beginn des 16. Jahrhunderts oft nicht gerade vorbildlich lebte, ist allgemein bekannt. Auch in Duisburg werden oftmals Klagen darüber laut, daß Geistliche ihren Pflichten nicht nachkamen, sondern die ihnen anvertrauten Kirchen oder Altäre lediglich als Einnahmequellen betrachteten. Wenn ein Vikar mit einer Frau vier – wie man zu sagen pflegte „natürliche" – Kinder hatte und mit ihr in einem Haus an der Brüderstraße wohnte, so war man damals vielleicht bereit, dies zu tolerieren, aber als moralisches Vorbild wurde ein solcher Mann auch nicht gerade angesehen. Den verschiedenen Ansätzen zu einer Reform an Haupt und Gliedern im Rahmen der bestehenden Kirche war kein Erfolg beschieden. So erklärt sich die verhältnismäßig rasche Ausbreitung der von Martin Luther in Gang gesetzten Bewegung. Dennoch war die Einführung der Reformation in Duisburg ein Prozeß, der sich über mehrere Jahrzehnte hinzog. Die ersten Anzeichen der Entfremdung gegenüber dem alten Glauben und seinen Symbolen zeigten sich in den vierziger Jahren des 16. Jahrhunderts, als zur Aufbringung einer städtischen Sondersteuer alles wertvolle Kirchengerät eingezogen und verkauft wurde. Erst als die städtische Obrigkeit merkte, daß die Bürgerschaft unruhig wurde, gab man der Salvatorkirche die große Monstranz zurück und überließ auch der Marienkirche und den Orden großzügig je ein Stück ihres Eigentums. Die dann versteigerten Geräte ergaben immer noch den dreifachen Betrag des benötigten Geldes. Ein solcher Vorgang wäre noch 50 Jahre zuvor undenkbar gewesen. Im Jahre 1538 mußten der Ratsherr Sander Tack und seine Frau öffentlich Buße tun, da sie sich den Wiedertäufern angeschlossen hatten. Um diese Zeit wurde auch bereits vorübergehend in Duisburg im evangelischen Sinne gepredigt. 1543 gab der Stadtrat den Pfarrern von Salvator und Marien den Auftrag, gute Prediger anzunehmen. Auch das ist ein Hinweis darauf, daß auf die Predigt jetzt erhöhter Wert gelegt wurde. Der Johanniterkomtur, dem die Marienkirche unterstand, folgte diesem Gebot und stellte einen Prediger an, der in den Folgejahren im evangelischen Sinne predigte, obwohl ansonsten die alten Bräuche beibehalten wurden. Erst am Osterfest des Jahres 1554 wurde in der Marienkirche die erste evangelische Abendmahlsfeier gehalten. Es gab aber durchaus noch Anhänger des alten Glaubens in Duisburg, und wie man damals in der Beurteilung der religiösen Einstellung Andersdenkender wenig zimperlich war, so sind auch recht drastische Äußerungen dieser Alt-Gläubigen gegenüber den Anhängern des neuen Glaubens bekannt, die sie wegen der Teilnahme am Abendmahl unter beiderlei Gestalt, d.h. mit Brot und Wein, als „Suppenesser" verschrien und abfällig von denen sprachen, die zur Marienkirche „zur Suppe" gingen. Der Landesherr, der zwar eine tolerante Haltung einnahm, aber doch die offizielle Einführung des evangelischen Glaubensbekenntnisses nicht dulden wollte, zitierte auf diese Ereignisse hin die städtische Obrigkeit und rügte sie wegen der Einführung der Neuerungen. Man war offenbar entschlossen, auf dem einmal eingeschlagenen Wege fortzuschreiten. So kam es zu der denkwürdigen Ratssitzung vom 11. Februar 1555, in der einige nicht namentlich genannte Ratsmitglieder den Antrag stellten, den „großen Greuel der Abgötterei", nämlich die hölzerne Statue des Salvators, also des Patrons der Stadt, aus der Kirche zu entfernen. Diesem Beschluß stimmten alle Ratsherren bis auf einen, Albert von Redingchoven, zu. Der Beschluß wurde auch ausgeführt, die Statue aus der Kirche entfernt und in eine Nebenkammer, wahrscheinlich im Turm, gebracht. Wenig später tauchte sie in Nievenheim bei Neuss wieder auf, wo sie noch heute verehrt wird. Was zwischen diesen beiden Ereignissen liegt, ist Legende. Ein Bauer, der dem katholischen Glauben treu geblieben war, soll die Statue heimlich an sich genommen haben, um sie nach Köln zu bringen. Von Neuss über Nievenheim nach Köln fahrend, kam er, ohne das zu wollen, dreimal mit seinem Karren wieder zu dem Dorf. Hierin sah er einen Fingerzeig des Himmels und übergab die Salvatorstatue der Nievenheimer Kirche.

Obwohl mit diesem spektakulären Vorgang und mit der Einführung des Katechismus des Urbanus Regius im Unterricht die Einführung der Reformation in Duisburg als abgeschlossen angesehen werden kann, behielt man doch die Meßfeier in der Salvatorkirche bei, fügte jedoch die evangelische Predigt ein und hatte so eine Art Simultan-Gottesdienst, bei dem je nach seiner Einstellung der teilnehmende Gläubige bei dem einen oder dem anderen Teil der gottesdienstlichen Feier die Kirche verließ. Dies blieb so bis zum Jahre 1571, als die Stadt durch Vertrag mit dem Deutschen Orden das Präsentationsrecht für den Geistlichen der Salvatorkirche und das Pfarrerwahlrecht erlangte.

2. *Das Schulwesen*

Über das Duisburger Schulwesen ist in dem hier zu behandelnden Zeitraum nur sehr wenig zu berichten. Die früheste Erwähnung eines Lehrers oder Schulleiters (*rector scolarum*) stammt aus dem Jahre 1280. Sie erfolgt nicht im Zusammenhang mit der Schule, so daß sich kaum Folgerungen aus ihr ziehen lassen. Ähnliche Erwähnungen liegen für die Jahre 1303 und 1320 vor. 1375 wurde Everard von Essen als rector scolarum und als notarius eingestellt. Als Notar war er bei privaten Rechtsgeschäften behilflich, die nicht vor Gericht abgewickelt wurden, aber doch eine höhere Glaubwürdigkeit haben sollten (z. B. Abfassung von Testamenten). Er führte auch die städtischen Rechnungen. Die bei diesen Tätigkeiten erzielten Einnahmen hatte er auch nötig, denn die dem Schulmeister durch Ratsbeschluß 1424 zugesicherten Einkünfte aus der Schule waren nicht sehr üppig. Im Halbjahr sollte jeder Schüler 5 Albus bezahlen. Um auf ein Jahreseinkommen von 50 Gulden zu kommen, was knapp einem Handwerkereinkommen entsprochen hätte, wären immerhin schon 120 Schüler erforderlich gewesen.

Das Schulgebäude selbst wird 1448 zuerst erwähnt, und zwar als „Kinderschole opten Kirchave", Kinderschule am Kirchhof. Hier am Flachsmarkt, mit der Rückseite an oder auf dem Kirchhof lag also die Schule, die nach Wassenberch ein alter hölzerner Bau war und 1512 durch eine „schöne, herrliche, neue, steinerne Schule" ersetzt wurde. Dieser Bau wurde erst durch die Bomben des zweiten Weltkrieges zerstört.

Bei dieser ältesten Duisburger Schule hat es sich sicher um eine sogenannte Lateinschule gehandelt, wie wir sie auch aus anderen Städten dieser Zeit kennen. Latein war die Sprache der Verwaltung. Urkunden und Stadtrechnungen wurden bis 1375 in Latein abgefaßt. Wer die Lateinschule durchlaufen hatte, konnte die Universität besuchen.

Vielleicht war diese Einseitigkeit der Grund dafür, daß wir im 16. Jahrhundert auch schon die Anfänge eines privaten Schulwesens fassen können. 1541 wurde Meister Dirik dem Blinden gestattet, Schüler zu sich zu nehmen. Was für Unterrichtsstoff er ihnen vermittelte, wissen wir nicht.

VI Duisburgs Umfeld – die späteren Ortsteile

Im gesamten hier zu behandelnden Zeitraum war die Umgebung Duisburgs, soweit sie in der modernen Entwicklung in die Stadt einbezogen wurde, mit Ausnahme Ruhrorts rein ländlich geprägt. Es empfiehlt sich deshalb, der Behandlung der einzelnen Siedlungskomplexe, aus denen die modernen Stadtteile erwuchsen, einen kurzen Abriß vorauszuschicken, in dem versucht wird, die im Mittelalter die ländlichen Gebiete überziehenden und formenden Strukturen zu beschreiben.

Auf dem Land – wie auch in der frühen Stadt – waren Verwaltung und Gerichtsbarkeit nicht getrennt. Beherrschender Verwaltungs- und Gerichtsbezirk war seit der Karolingerzeit die Grafschaft, wobei der Graf zunächst Vertreter des Königs und damit eigentlich nur Amtsträger war. Diese „Ämter" und die Besitzungen, die als reale Grundlage für ihre

Durchführung unerläßlich waren, wurden jedoch sehr schnell erblich und führten damit zu einem beträchtlichen Machtzuwachs für eine Anzahl von Familien, die sich auf diese Weise aus dem Kreis der übrigen heraushoben.

Innerhalb seines Bereiches, der kein festumrissenes Territorium, kein Gau mit festen Grenzen war, übte der Graf vor allem die Gerichtshoheit aus. Da er dies in eigener Person an den verschiedenen Gerichtsplätzen schwerlich tun konnte, setzte er hierfür Richter ein.

Vielfach durchbrochen wurde dieses System durch das Institut der sogenannten Immunität. Königsgut, aber auch die Besitzungen der Großen des Reiches besaßen oder beanspruchten Immunität, die auch den Kirchen, Klöstern und Stiften verliehen wurde. Sie besagte im Kern, daß dem Grafen und dem öffentlichen Richter innerhalb der Immunität ihre Rechte entzogen wurden, sie durften diese nicht einmal betreten. Die auch in diesen Bereichen notwendige Gerichtsbarkeit wurde von den weltlichen Großen selbst, bei den Kirchen durch Vögte wahrgenommen, die sie sich im günstigsten Fall selbst wählen konnten. Oft aber wurde bei der Gründung eines Klosters sogleich festgelegt, welche Familie die Vogtei ausüben sollte. Für seine Mühen erhielt der Vogt nicht nur Einkünfte aus den Gerichtsbußen, sondern auch Güter der Klöster oder Einkünfte derselben.

Die Vogteirechte über die ausgedehnten und weitverstreuten Klosterbesitzungen waren von größter Bedeutung für die Ausbildung der mittelalterlichen Territorien.

Erst allmählich und in sehr langwierigen Auseinandersetzungen gelang es einigen Familien, durch Ansammlung immer zahlreicherer Rechte in ihrer Hand ihren Einflußbereich so abzurunden und sich gegenüber weiter bestehenden, aber schwächeren Eigenrechten so durchzusetzen, daß sie schließlich größere Bereiche beherrschten, die spätmittelalterlichen Territorialstaaten.

Die relativ großen Gebiete aber konnten nicht mehr nach den althergebrachten Verfahrensweisen verwaltet werden. So mußte zwangsläufig eine weiter aufgegliederte Verwaltung entwickelt werden, aufgegliedert sowohl in sachlicher wie in territorialer Hinsicht.

Es entstanden die *Ämter* als untergeordnete Verwaltungseinheit der Territorialstaaten. An ihrer Spitze stand für die allgemeine Verwaltung der Amtmann, ein zunehmend auch juristisch vorgebildeter Richter war für die Rechtspflege, ein Kellner oder Rentmeister für die Finanzverwaltung verantwortlich.

Die manchmal noch zahlreichen Immunitätsgerichte, die innerhalb eines Amtes vorhanden waren, wurden in ihren Rechten zurückgedrängt und zur Bedeutungslosigkeit verurteilt.

Für die wirtschaftliche Struktur prägend waren die Großgrundherrschaften und das in ihnen vorherrschende Villikations- oder Fronhofsystem.

Besonders kirchliche Institutionen wie die großen Abteien benötigten für ihr Bestehen, aber auch für die wiederum von ihnen geforderten Dienste wie Beherbergung des Königs und seines Gefolges, Stellung von Bewaffneten zum königlichen Heerbann usw., ausgedehnten Grundbesitz, dessen Verwaltung vielfältige Probleme aufwarf. Bei den weltlichen Großen war das im Prinzip nicht anders, nur daß uns all diese Dinge durch die größere Schreibfreudigkeit im kirchlichen Bereich besser überliefert sind.

Die meist verstreut liegenden Grundbesitzungen hatten ihre Mittelpunkte in den Haupt-, Sal- oder Fronhöfen. Ein solcher Hofesverband wurde meist von einem *villicus* oder Meier verwaltet, deshalb die Bezeichnung Villikation oder Villikationssystem. Das lateinische Wort *curtis* – Hof – bezeichnet normalerweise einen solchen Hofesverband.

Bei der eigentlichen Fronhofverfassung mußten die Inhaber der abhängigen Höfe das Land des Haupthofes mit bearbeiten, sie mußten Frondienste leisten. Meist schon im Verlauf des 12. Jahrhunderts wurden in unserem Bereich die Frondienste durch Naturalabgaben oder Geldzahlungen abgelöst. Der Haupthof wurde vom Fronhof zur Sammelstelle für die Abgaben der Hofesgüter, der Villikus war für die Weiterleitung der Abgaben an den Eigentümer des Hofes, z. B. eine Abtei, verantwortlich.

Die Angehörigen eines Hofesverbandes bildeten eine *familia*. Ihr gesellschaftlicher Status war zunächst der eines Unfreien, der an die Scholle, den von ihm bebauten Boden gebunden war. Wurde der Hof verkauft oder verschenkt, galt das auch für die zugehörigen Leute. Aus dem 12. und 13. Jahrhundert haben wir Belege dafür, daß die Hofesherren gezwungen waren, den Status der von ihnen abhängigen Leute zu bessern, da ihnen diese in die sich bildenden Städte davonliefen. Sehr häufig war jetzt die Regelung, daß der Betroffene jährlich eine gewisse Menge Wachs oder einen entsprechenden geringen Geldbetrag zahlte, ansonsten aber persönlich frei war. Starb er, so war von dem Gut die *Kurmut* oder das *Besthaupt* fällig, d. h. das beste Stück Vieh mußte dem Herrn abgeliefert werden, dann konnte der Sohn das Gut wiederum vom Herrn empfangen.

Immer häufiger wurden ursprünglich in Naturalien zu leistenden Abgaben in Geldzinse umgewandelt. Diese wurden in der Höhe festgeschrieben und damit zwangsläufig bei dem im späteren Mittelalter einsetzenden Geldverfall immer weniger wert.

Dies war ein Grund für eine weitere Auflösung der Hofesverbände, da die Eigentümer jede Möglichkeit nutzen mußten, die Höfe aus den alten Bindungen zu lösen und in Pacht – sei es auf Zeit, auf Lebenszeit oder auch in Erbpacht auszugeben, wobei wieder bessere Erträge zu erzielen waren.

Einziger Zusammenhalt der Höfe blieb oft das Hofesgericht. Früher einmal als Immunitätsgericht für Hoch- und Niedergerichtsfälle zuständig, wurde es allmählich – nicht zuletzt durch die Ausbildung des Territorialstaates und seiner Ämtergliederung – auf seine Hofesangelegenheiten zurückgedrängt. Für den Vorsitzenden im Hofesgericht setzte sich die Bezeichnung Schultheiß – Schulte durch, der oft zum Bestandteil des Hofesnamens wurde.

Neben dem einzelnen Höfen gehörenden Ackerland gab es auch immer genossenschaftlich genutzte Wald- oder Weidegebiete, die *Marken*. Die Weidenutzung ist klar, der Wald diente als Holzlieferant und, wenn es genügend Eicheln und Bucheckern gab, der Schweinemast. Um Raubbau zu vermeiden, mußte die Nutzung streng geregelt und überwacht werden.

Solche Gemarken finden sich rund um Duisburg. Der Duisburger Wald, die Huckinger Mark, die Hamborner Mark, das Schwelgernbruch, der Baerler Busch u. a. m.

Nicht vergessen werden darf auch die kirchliche Organisation, die das Land mit einem Netz von Pfarrbezirken überzog, die ihrerseits wieder in Diakonats- und Archidiakonatsbereiche und schließlich in Bistümer eingegliedert waren. Für die Menschen war vor allem die Pfarrzugehörigkeit wichtig, da sie zum Sakramentenempfang in ihrer Pfarrkirche verpflichtet waren und sich nicht etwa hierfür eine andere ihnen genehme Kirche aussuchen konnten. Zum Unterhalt von Kirche und Pfarrer war auch der Zehnte bestimmt, der allerdings vielfach schon in weltliche Hände gekommen war.

Die Tatsache, daß die einzelnen Kirchen oder auch bestimmte Altäre in den Kirchen durch Stiftungen oft beträchtliche nutzbare Vermögen erhielten, machte den Besitz von Kirchen interessant, da man den dort tatsächlich amtierenden Priester mit einem Bruchteil der Einkünfte abspeisen konnte. Dieses Eigenkirchenrecht wurde durch das kanonische Recht allmählich auf ein Patronatsrecht reduziert, das dem Patronatsherrn theoretisch nur das Recht beließ, einen Geistlichen zum Pfarrer vorzuschlagen, ihn dem zuständigen Archidiakon oder Bischof zu präsentieren, der ihn dann in sein Amt einführte. Die Inkorporation einer Kirche (der wir noch öfter begegnen werden) brachte weitergehende Rechte.

Mercatorbrunnen und Rathaus

Sie war nur bei einer geistlichen Institution möglich. Wurde einem Kloster eine Pfarrkirche inkorporiert, so wurde damit dieses Kloster gleichsam zum Pfarrer und hatte die Nutzung aller Einkünfte der Kirche, mußte dafür aber einen Priester mit der Durchführung der pfarrlichen Aufgaben betrauen und für seinen Unterhalt sorgen. Auch die Reformation führte nicht unvermittelt zur Aufhebung dieser Verhältnisse, verkomplizierte sie aber doch erheblich, da auch ein der neuen Religion anhängender Pfarrer womöglich von einem katholisch verbliebenen Patronatsherrn präsentiert werden mußte.

Überhaupt ist es bei dem knappen zur Verfügung stehenden Raum fast nicht möglich, genauer auf die Durchsetzung der Reformation einzugehen. Präzise Daten können in der Regel nicht genannt werden, da oft selbst die Ernennung eines Pfarrers, der eindeutig der neuen Richtung anhing, noch nicht gleichbedeutend mit der tatsächlichen Einführung der Reformation sein mußte. Sein Nachfolger konnte durchaus wieder stärker katholisch ausgerichtet sein. Auch innere Unsicherheit der Betroffenen selbst wird häufig spürbar, wenn etwa Priester erklären, keine Anhänger der Reformation zu sein, dabei aber doch wesentliche Merkmale derselben wie den Laienkelch oder die Ablehnung der priesterlichen Gewänder schon praktizieren. Mischformen im Gottesdienst, wie bereits für die Stadt Duisburg beschrieben, kommen auch in ländlichen Pfarrgemeinden vor. Endgültig konsolidieren sich die Verhältnisse erst mit dem Beginn der zweiten Hälfte des 16. Jahrhunderts.

In der nun folgenden Behandlung der einzelnen Siedlungen und späteren Ortsteile kann nicht mehr als nur eine jeweils sehr knappe Beschreibung geboten werden. Die Schwierigkeiten sind dennoch vielfältig. Sie beginnen bereits bei der Aufteilung, da die räumliche und verwaltungsmäßige Gliederung im Verlauf der Jahrhunderte ja nicht unverändert blieb und die Begriffe mehrdeutig sind. Mit Beeck z. B. kann der heutige Ortsteil, es kann aber auch das alte Amt Beeck, die Bauerschaft oder der Hofesverband gemeint sein. Auch die Zuordnung der einzelnen Komplexe zueinander hat sich gewandelt. Marxloh beispielsweise, heute in enger Verbindung mit (Alt-)Hamborn, gehörte im Mittelalter zum Kirchspiel und Amt Beeck.

Die hier vorgenommene Gliederung kann also nur ein Kompromiß sein.

1. Duisburgs nächste Umgebung – die Ratsdörfer Duissern, Wanheim und Angerhausen

Duisburg gehörte zu den mittelalterlichen Städten, deren Gebiet nicht auf die Mauern und das unmittelbar davor liegende Gelände beschränkt war, es verfügte vielmehr über ein relativ größeres Gebiet, das etwa dem Stadtgebiet vor der Erweiterung von 1905 entsprach. Man kann hierin wohl den Rest jenes ursprünglich zum Königshof Duisburg gehörenden Land- und Forstbezirkes sehen, dessen Grenzen in einer Urkunde des Jahres 1065 mit den Flüssen Rhein, Ruhr und Düssel angegeben wurden und der nach Osten bis Werden reichte. Wie dieser ausgedehnte Besitz im Verlauf von höchstens 150 Jahren aufgeteilt und verkleinert wurde, ist im Einzelnen nicht bekannt, im Verlauf des 16. Jahrhunderts dürfte sich jedoch erst das bergische Territorium am Eichelskamp (Wanheimerort) bis an den Rhein vorgeschoben und den südlichsten Teil des Duisburger Gebietes abgeschnitten haben.

Ein engerer Bereich, der die eigentliche Feldmark, Ruhraue, Großes und Kleines Hochfeld und den Neuenkamp umfaßte, wurde von der *Landwehr* eingeschlossen, die aus einem Erdwall mit dichtem Heckenbewuchs oder Zäunen bestand. An den sie durchschneidenden Straßen waren Tore oder Schlagbäume angebracht. Als ernsthafte Verteidigungslinien kann man die Landwehren kaum ansehen. Sie sollten wohl eher das Wild – in Duisburg insbesondere die wilden Pferde – von den Äckern fernhalten.

Auf dem Duisburger Territorium lagen schon seit fränkischer Zeit drei Dörfer, Duissern, Wanheim und Angerhausen. Da sie weitgehend von der städtischen Obrigkeit mit verwaltet wurden, bezeichnete man sie von seiten der Stadt als Ratsdörfer.

Am nächsten bei Duisburg lag *Duissern*, ein Straßendorf an der damaligen Straße nach Mülheim, das im Osten unmittelbar bis an die Landwehr reichte. Für das Mittelalter liegen präzise Zahlen nicht vor, um 1750 lebten hier in 17 Höfen und 22 Katen 210 Menschen.

Die Höfe waren zum großen Teil im Besitz kirchlicher Institutionen. Das nach dem Ort benannte Kloster der Zisterzienserinnen (vgl. Kap. V), die Duisburger Johanniter und Franziskaner waren hier begütert.

Durch Landwehr und Wald von Duisburg getrennt und seit dem 16. Jahrhundert von bergischem Gebiet rings umschlossen, lagen die beiden anderen Ratsdörfer *Wanheim* und *Angerhausen* gewissermaßen „im Abseits". Dieser Eindruck wird noch durch die Tatsache vertieft, daß beide Siedlungen, die im Mittelalter eine gemeinsame Bauerschaft bildeten, kirchlich zu Friemersheim gehörten. Daraus darf nicht geschlossen werden, daß sie früher einmal auf der linken Rheinseite lagen, vielleicht aber gehörten sie früher einmal zum Königshof Friemersheim (vgl. S. 99) und wurden, als dieser der Abtei Werden geschenkt wurde, abgetrennt und zum Königshof Duisburg geschlagen. Ein solcher Vorgang ist nicht quellenmäßig belegt, böte aber eine Erklärung für den merkwürdigen Tatbestand.

Genannt werden beide Siedlungen übrigens zuerst in einer Urkunde des Jahres 1052. Wagenheim und Angerohuson lauten hier die Namensformen.

Auch in Wanheim-Angerhausen waren kirchliche Institutionen die größten Grundbesitzer. Die Abtei Werden, das Praemonstratenserinnenstift in Meer bei Büderich, das Stift St. Quirin in Neuss, die Johanniter in Duisburg und andere hatten hier Besitz. In Angerhausen ist der Schönen-Hof von besonderem Interesse. Er gehörte dem Duisburger Hospital und wurde 1571 von Arnold Mercator in einem Güterverzeichnis dieses Institutes zeichnerisch festgehalten. Die Fischereirechte im Rhein bei Wanheim standen dem Stift Kaiserswerth zu.

An eine in der Nähe der Angermündung befindliche Reichszollstätte erinnert heute noch der Straßenname „Am Tollberg".

Die Grenze zu Berg hin machte sich in mancherlei Streitereien bemerkbar. Öfters wurden die Einwohner aufgeboten, bei der Einholung von Grenzweistümern Auskunft über den ihnen bekannten Verlauf der Grenze zu geben. Unmittelbar südlich der Angermündung in den Rhein legte schließlich der Herzog von Jülich-Berg die Feste Angerort zur Grenzsicherung an.

Die Bewohner der Ratsdörfer standen zu Duisburg in einem ganz eigenartigen Verhältnis. Ihre unterschiedliche Rechtsstellung gegenüber den Duisburger Bürgern zeigte sich z.B. beim dreimal im Jahr gehaltenen „Vogtding", einem Gerichtstag, zu dem sich ursprünglich alle Männer versammeln mußten. Die Duisburger Bürger waren dieser lästigen Pflicht enthoben, sie ließen sich durch ihre Stadtdiener vertreten, die Hausgesessenen der Ratsdörfer mußten jedoch noch in Person erscheinen.

An der Spitze der Einzelgemeinden stand ein Bauermeister, den die Eingesessenen – allerdings nur mit Zustimmung des Duisburger Rates – wählen durften. Ein eigenes Gericht, *bourrecht* genannt, war ihnen ebenfalls zugebilligt. Es befand über Flurschäden und kleinere Streitigkeiten. Berufungsinstanz waren Rat und Bürgermeister. Bei schwer-

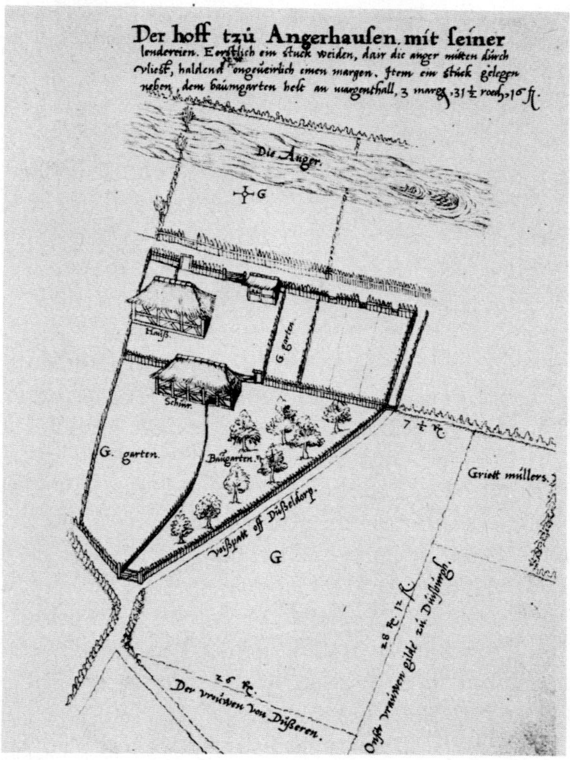

Hof des Duisburger Gasthauses zu Angerhausen. Zeichnung von Arnold Mercator, 1571

wiegenderen Fällen mußten die Bauern vor den städtischen Gerichten ihr Recht suchen.

An der Bewachung der Stadtmauern mußten sie sich nicht beteiligen, jedoch wurden sie immer wieder zu Fuhrdiensten herangezogen, als Belohnung gab es meistens ein Faß Bier.

Faßt man alles zusammen, so kann man nur feststellen, die Bewohner der Ratsdörfer waren Bürger zweiter Klasse.

2. *Ruhrort*

In der Vielzahl der im Laufe der Zeit mit Duisburg zusammengewachsenen Gemeinwesen nimmt Ruhrort eine Sonderstellung ein: Es war neben Duisburg im späten Mittelalter und der beginnenden Neuzeit die einzige Siedlung mit städtischen Einschlag.

Aus Urkunden des Stiftes Xanten wissen wir, daß um 1330 die „insula Hoymberg", also die Homberger Insel oder im damaligen Sprachgebrauch der „Homberger Werth", landwirtschaftlich genutzt wurde. Wie der Name sagt, handelte es sich um eine Insel, die es im damals noch unregulierten Bett des Rheines zahlreich gab (vgl. Kaiserswerth, Volmerswerth, Nonnenwerth). Sie gehörte zum Hoheitsgebiet des Grafen von Moers. Da sie nach Homberg benannt wurde, darf man annehmen, daß der Hauptarm des Rheines zum Zeitpunkt, als dieser Name entstand, nordöstlich an ihr vorbeifloß. Das änderte sich, als sich um 1200 der Rhein von Essenberg aus ziemlich gerade nach Norden ein neues Bett suchte und die nach Duisburg führende Schleife abschnitt. Jetzt strömte die Ruhr am

Homberger Werth vorbei in den Rhein, der ehemalige Rheinarm verlandete. Der damit bereits nicht mehr zutreffende Name „Homberger Werth" blieb aber zunächst noch erhalten.

Im Jahre 1371 gestattete Kaiser Karl IV. (1346–1378) dem Edelherrn Johann von Moers zum Dank und als Entschädigung für ihm geleistete Dienste – die uns nicht näher bekannt sind – auf dem Friemersheimer oder auf dem Homberger Werth einen Wasser- und Landzoll einzurichten. Die Wahlmöglichkeit zwischen diesen beiden Orten wurde jedoch durch eine weitere Urkunde desselben Tages bereits zu Gunsten des Homberger Werths entschieden, denn kraft dieser Urkunde errichtete der Kaiser auf dem Homberger Werth ein Gericht, einen sogenannten Freistuhl, und übertrug ihn ebenfalls Johann von Moers.

Johann nutzte die ihm gebotenen Möglichkeiten jedoch nicht selbst aus, sondern vergab ein Jahr später den Homberger Werth „... unterwärts der Ruhr nach Laar zu" gelegen (beneden der Rure tho Lare tho) mit den Gerichtsrechten und dem Recht, einen Zoll einzurichten, an Graf Engelbert von der Mark, der auch Herr von Kleve und damit von Duisburg war, gegen einen erblichen Zins von 50 alten goldenen Schilden pro Jahr.

Bis es zur Einrichtung des Zolls und das heißt wohl auch, bis es zur Erbauung des „Kasteels" kam, dauerte es aber wohl noch einige Jahre, aber ab 1376 ist in den Duisburger Stadtrechnungen öfters von einer „nova domus", einem Neuen Haus, die Rede, womit das Kastell Ruhrort gemeint sein muß. 1379 drohte ihm bereits der Untergang, denn König Wenzel (1376–1400), der den Rhein und den Handel von der immer größer werdenden Zahl von Zollstätten befreien wollte, erklärte in einer in Frankfurt ausgestellten Urkunde vom 28. Februar dieses Jahres: „Wir kassieren und annulieren den Zoll in Ruhrort am Rhein..." (*cassamus et annullamus ... theoloneum in Rureort super alveo Reni*). Hier kommt zum erstenmal der Name Ruhrort vor. Er bedeutet „Landspitze an der Ruhr" und ist somit nichts anderes als eine Beschreibung der topographischen Situation der Lage des Kastells und der möglicherweise bereits im Entstehen begriffenen Siedlung. Der König konnte die von ihm getroffene Entscheidung gegen den Willen des Grafen von der Mark aber nicht durchsetzen, und Ruhrort konnte sich weiter entwickeln.

Die Bedeutung, die der Ruhrorter Zoll bereits wenige Jahre später hatte, geht aus einer Erbteilung im klevischen Hause hervor, bei der 1392 ein Berechtigter 4000 rheinische Gulden aus dem Zoll haben sollte. Um 1400 wird das „Schloß" zu Ruhrort genannt, es gibt dort einen Burggrafen und Verwalter, der gleichzeitig Richter des Landes Dinslaken ist, einen Pförtner, einen Wächter und zwei Diener. Zwischen 1411 und 1422 wird jedoch aus nicht näher bekannten Gründen der Zoll nach Orsoy verlegt. Auch eine später wieder eingerichtete Zollstelle gilt als „Absplіß" von Orsoy.

Die Siedlung Ruhrort entstand in unmittelbarem Anschluß an das „Kasteel" auf einer Fläche von nur 1,57ha, die bis zum Jahre 1756 nicht überschritten wurde, sie maß etwa 115x120m. „Ruhrort in der Freiheit", nämlich in der Burgfreiheit, wie es schon 1391 bezeichnet wurde, wurde vom Burggrafen als Amtmann mit verwaltet. 1437 begann man mit dem Bau einer Mauer, die der Siedlung ein im damaligen Sinne städtisches Ansehen gab. Die Bezeichnung „Stadt" setzt sich in den Quellen auch allmählich durch, doch erhielt Ruhrort nie ein Stadtrechtsprivileg. Als Herzog Johann III. von Kleve am 23. Februar 1523 den Ruhrortern ihre Privilegien bestätigte, bezeichnete er sie als „Bürger der Freiheit Ruhrort". Die historische Forschung kennt für solche Orte, die keine Dörfer, aber auch noch keine Städte im vollen Rechtssinne sind, den Begriff der „Minderstadt".

Von 1540 an – also von einer Zeit an, als ihre Blüte längst vorbei war – ist Ruhrort in der Hanse nachzuweisen. Seinen Beitragsverpflichtungen nach zählte es hier zu den kleinsten Städten.

Die Bewohner trieben Fischfang, doch gab es auch einen kleinen Hafen – 1392 zuerst erwähnt – und damit auch Handel, begünstigt durch die Zollprivilegien für die Ruhrorter Bürger. Deren Zahl belief sich im strengen Sinne zunächst nur auf 96, nämlich die Besitzer der Hausgrundstücke, die die ursprüngliche Bebauung der Stadt gebildet hatten. Sie hatten auch die Nutzungsrechte an den etwa 150 Morgen Weideland, die zu Ruhrort gehörten.

Von der kirchlichen Organisation her gesehen, gehörten der Homberger Werth und also auch die auf ihm entstandene Siedlung zur Pfarre in Halen (Homberg). Die Ruhrorter mußten also zum Sakramentenempfang und zum Besuch der Gottesdienste den Rhein überqueren, was viele Mißhelligkeiten mit sich brachte. Mehrere Unglücke mit Todesfällen sollen den Anstoß gegeben haben, in Ruhrort selbst eine Kapelle zu errichten. Das Stift Xanten, dem das Patronatsrecht in Halen zustand, bewilligte 1489 die Durchführung von Gottesdiensten in Ruhrort. Herzog Johann von Kleve bestätigte seinerseits als Patronatsherr von Ruhrort 1493 diese Abmachung und schenkte der Kirche ein Grundstück zu einem Pfarrhof. 1549 begann auch in Ruhrort die Reformation sich durchzusetzen. Wahrscheinlich noch 1551 trat der damalige Geistliche Albert Dorsten mit der ganzen Gemeinde feierlich zum evangelischen Glauben über.

3. Meiderich

Unter Meiderich verstehen wir heute im wesentlichen den Raum, der östlich von Ruhrort-Laar von Emscher und Ruhr begrenzt wird. Ursprünglich jedoch war Meiderich nur eine von einer Vielzahl Bauerschaften (wie man einen kleinen bäuerlichen Siedlungskomplex nennt, der noch kein Dorf ist). Zahlreiche Grundherren waren hier begütert, so die Klöster und Stifter Gerresheim, Werden, Essen, St. Gereon in Köln, Saarn, Sterkrade, Xanten und die Johanniter in Walsum.

Meiderich wird zuerst zu Anfang des 10. Jahrhunderts in einem Güterverzeichnis der Abtei Werden erwähnt. Durch die Gründung einer Kirche in dieser Bauerschaft wurde sie aus dem Kreis der anderen hervorgehoben und konnte sich zum Vorort des Gebietes entwickeln. Wann und durch wen die Kirche gegründet wurde, ist nicht bekannt. Frühe Beziehungen scheinen zum Stift Gerresheim bestanden zu haben, wenn auch eine dort später auf das Jahr 873/74 gefälschte Urkunde über eine angebliche Schenkung der Kirche an das Stift keinen realen Hintergrund zu haben scheint. 1217 wird zuerst ein Priester in Meiderich erwähnt, 1311 wird die Kirche dem Stift Gerresheim inkorporiert, d. h. es stellte den Pfarrer und hatte Anspruch auf zwei Drittel des Kornzehnten. Diese Drittelung des Zehnten übertrug man 1332 auf das gesamte, der Kirche zehntpflichtige Gebiet, das man in drei Teile aufspaltete; von jedem Bruchteil sollte ein Drittel des Zehnten erhoben werden. Dem Pfarrer überließ man die Wahl seines Anteils, und er wählte sich den mittleren, um die Kirche gelegenen Teil. So dürfte es sehr wahrscheinlich sein, daß die Aufteilung Meiderichs in Ober-, Mittel- und Untermeiderich auf diese Zehntteilung zurückgeht.

Die Kirche wurde natürlich im Laufe der Zeit mehrfach verändert. 1502 wurde die Chorpartie erneuert und ein Turm hinzugefügt. Die Inschrift über dem Eingang verweist auf dieses Datum. Die alte Glocke, die noch aus dem Mittelalter stammt, hat jetzt wieder nach Meiderich zurückgefunden und wurde neben der Kirche aufgestellt.

Bereits 1546/47 soll die Reformation in Meiderich Einzug gehalten haben, doch ist dieses Datum nicht eindeutig belegbar. In dieser Sache standen die Interessen des katholischen Stiftes Gerresheim denen des damals dem reformierten Glauben zuneigenden

Glocke an der Mittelmeidericher Kirche

Herrn von Meiderich direkt entgegen, so daß Auseinandersetzungen nicht ausbleiben konnten, die sich bis ins 17. Jahrhundert hinzogen.

Als Gerichtsherr wird in Meiderich für das Jahr 1268 ein Gerhard Hagen, Burgmann von Holte, genannt. Es ist anzunehmen, daß er bzw. seine Familie namengebend für Haus Hagen waren, das für Jahrhunderte der Sitz der Herren von Meiderich wurde. Im 14. Jahrhundert übte die bekannte Familie der Stecke die Gerichtshoheit in Meiderich aus. Sie verstand es, ihre Rechte so auszubauen, daß von einer „Herrlichkeit" Meiderich gesprochen werden konnte. Sie beanspruchte auch die hohe Gerichtsbarkeit, die über Leib und Leben entscheiden konnte, und den Mahlzwang, den sie bis 1353 bei der Anlage der „Neuen Mühle" an der Emscher auch durchsetzen konnte. Die Lehnsoberhoheit aber hatte der Graf von Kleve inne.

Die etwa 1400 – 1442 als Herren von Meiderich auftretenden Herren von Götterswick hatten im Oberkirchspiel die hohe oder Halsgerichtsbarkeit, im Niederkirchspiel aber nur die niedere Gerichtsbarkeit. Ausgenommen aus diesen Rechtskreisen war der Hof Lakum, der ein eigenes Gericht unmittelbar beim Landesherrn hatte.

Im Jahre 1442 kaufte der klevische Erbmarschall Goswin Stecke die Herrschaft Meiderich und wurde dafür Lehnsmann des Klevers. Nach seinem Tod wurde Sibylle Stecke, eine Verwandte und Witwe eines Johann von Myrlair zu Mylendonk 1478 mit Meiderich belehnt und brachte so die Herrschaft an die Familie Mylendonk, bei der und deren Erben sie bis 1669 verblieb. Den Wechsel von 1478 zeigt das Meidericher Schöffensiegel, das in jedem Fall den Kirchenpatron, den hl. Georg als Drachentöter zeigt. Ein beigegebenes Wappenschild zeigt 1449 das Wappen der Stecke, 1478 aber das Wappen der Stecke und der Mylendonk.

Siegel der Schöffen von Meiderich vom Jahre 1478

1537 wurden in einem Vertrag zwischen dem Mylendonker und dem Herzog von Kleve die Lehnsverhältnisse noch einmal festgelegt, demnach war die hohe Gerichtsbarkeit beim Herzog, die niedere dagegen beim Herrn von Meiderich.

Verwaltungsmäßig gehörte für den Landesherrn Meiderich zum Land und späteren Amt Dinslaken.

Von den sonstigen zum Gebiet Meiderich gehörenden Bauerschaften wurde bisher nur *Lakum* genannt. Es hatte seinen Ursprung in einem karolingischen Königshof, der gegen Ende des 9. Jahrhunderts von König Arnulf (867–899) an Kloster Corvey geschenkt wurde. Deshalb wurde der Hof später auch oft Vitinkhof genannt, nach dem hl. Vitus, dem Patron Corveys.

Als eine Abspaltung vom Lakumshof soll die Bauerschaft *Vohwinkel* entstanden sein, deren Name 1230 zuerst erwähnt wird. Hundert Jahre später wird *Berg* genannt, der dort liegende Michelshof gehörte den Deutschherren, die sich in Duisburg niedergelassen hatten.

In derselben Quelle wie Berg wird auch *Berchum* genannt, von dessen Höfen besonders der Nattmannshof und das Gatermannsgut erwähnt werden sollen. Eine Vielzahl großer Höfe lag in *Lösort*, das 1594 Loheort genannt wird. Hierher gehörten der Rönsberghof, der der Abtei Werden zugehörte, von dort aber der Abtei Hamborn zu Lehen gegeben wurde, und der durch die mit ihm verbundene Mirakelgeschichte zeitweise sehr bekannte Buschmannshof.

Dümpten wird in einem Güterverzeichnis der Abtei Werden aus dem 10. Jahrhundert Dumiti genannt. Hier lagen u. a. der Kolkerhof – schon teilweise auf Mülheimer Gebiet –, der Ratingshof und der Giesenhof, der als letzter der Meidericher Höfe erst 1966 den landwirtschaftlichen Betrieb aufgab.

Relativ klein war *Borkhofen*, das Anfang des 18. Jahrhunderts 3 Höfe und 9 Katen umfaßte.

Zwischen Meiderich und Duisburg bestanden vielfältige Beziehungen. Die Mylendonker hatten ein großes Stadthaus am Kalkhof in Duisburg. Hier wurde z. B. 1655 das große Festmahl anläßlich der Gründung der Universität ausgerichtet. Grenze zwischen Duisburg und Ruhrorter Gebiet war die Ruhr, die durch ihre Laufänderungen stets für Unruhe sorgte. Um 1575 vermaß und zeichnete Arnold Mercator das strittige Gebiet am „Kiffert". 1581/82 wurde die Grenze wieder neu vermessen und mit Grenzsteinen markiert; einer dieser Grenzsteine steht heute vor dem Niederrheinischen Museum in Duisburg.

Grenzstein aus dem Jahre 1582. Der Stein mit dem Duisburger Wappen markierte die Grenze zwischen Duisburg und Meiderich.

4. Beeck, Beeckerwerth und Laar

Gestützt auf ihre Grundbesitzungen und verschiedene Gerichtsrechte, entwickelten die schon genannten Holtener Burgmannen, die von Stecke, einen bedeutenden Einfluß im Gebiet von Beeck, so daß sie sich schließlich als „Herren von Beeck" bezeichneten. Es gelang ihnen aber nicht, wie in Meiderich eine eigene „Herrlichkeit" zu entwickeln, sondern sie mußten dem wachsenden Druck der Grafen von Kleve, deren Stellung durch die 1290 erlangte Pfandhoheit über Duisburg beträchtlich gestärkt worden war, nachgeben und 1338 die klevische Landeshoheit über Beeck anerkennen, wenngleich sie sie in der Praxis der folgenden Jahre nicht allzusehr beachteten.

Mit der Durchformung der landesherrlichen Verwaltung ging die Entwicklung im 15. Jahrhundert dahin, daß schließlich die Grenzen des Beecker Gerichtsbezirkes mit den Kirchspielgrenzen übereinstimmten. Das Richteramt Beeck wurde dem Drostamt des Landes Dinslaken unterstellt und somit fest in die klevische Landeshoheit eingebunden.

Kern des Beecker Siedlungsgebietes ist sicher der Beecker Oberhof, wie er seit dem 17. Jahrhundert genannt wird. Herzog Otto von Sachsen (880–912) übertrug den Hof, den er möglicherweise von der Abtei Werden erhalten hatte, im Rahmen eines Gütertausches dem Stift Essen, dem er 947 von Otto I. (936–973) bestätigt wurde. Der Hof besaß ein eigenes Gericht, dem der jeweilige Lehnsträger des Hofes als Vogt im Namen der Äbtissin von Essen vorsaß. Dieses Gericht wurde in seiner Zuständigkeit im Lauf der Zeit auf reine

Hofessachen eingeschränkt, der Vorsitzende des Gerichtes nannte sich jetzt Schultheiß/ Schulte. Die Bedeutung des Beecker Hofes wird darin deutlich, daß noch 1615 zu seinem Verband zwei weitere Schultenhöfe und 32 Unterhöfe gehörten.

Auf den Ländereien des Oberhofes richtete das Stift Essen den *Lehnhof* ein, der als Lehen vergeben wurde. Einen ähnlichen Rechtsstatus hatten der *Östrichshof*, der jedoch vom Landesherrn abhängig war, und der *Nienhaushof*, der merkwürdigerweise nach dem Lehnsrecht der Grafschaft Zutphen (Niederlande) vergeben wurde.

Ausgedehnte Besitzrechte im Dorf Beeck hatte das Kölner Stift St. Gereon. Ihm gehörte der *Nattenbergshof*, den es im 14. Jahrhundert an das Duisburger Gasthaus (Hospital) abtrat. Arnold Mercator hat 1571 die Ländereien des Hospitals vermessen und dabei auch eine Zeichnung des Nattenberger Hofes angefertigt. Der größte Teil der Hausstätten in der Bauerschaft *Stockum* war an die Abtei Hamborn zinspflichtig.

Das *Beeckerwerth*, seinem Namen nach früher einmal durch Wasserläufe inselartig von Beeck getrennt, diente vornehmlich als „Allmende", d.h. es war als Weide- und Waldgebiet in genossenschaftlicher Nutzung. Kirchlich gehörte Beeckerwerth zu Halen, was allerdings nur geringe praktische Bedeutung hatte, da dort nur sehr wenige Menschen lebten. Es gab dort nämlich nur zwei Siedlungskomplexe: *Haus Knipp*, von den auch in Halen begüterten Stecke angelegt, jedoch um 1420 vom Herzog an sich gezogen und als landesherrlicher Besitz verwaltet, und der ursprünglich wohl dazugehörende *Hagmachershof*. Durch eine Hochwasserkatastrophe wurde 1571 Haus Knipp hinweggespült.

Zwischen Rhein und alter Emscher und zwischen Ruhrort und Beeck liegt die Bauerschaft *Laar*, die 1280 in einer Urkunde über die Fischereirechte der Abtei Hamborn bei Laar zuerst erwähnt wird. Nachdem diese Urkunde in Verlust geraten ist, stammt die älteste noch vorliegende Urkunde, in der Laar erwähnt wird, aus dem Jahre 1282. Laut die-

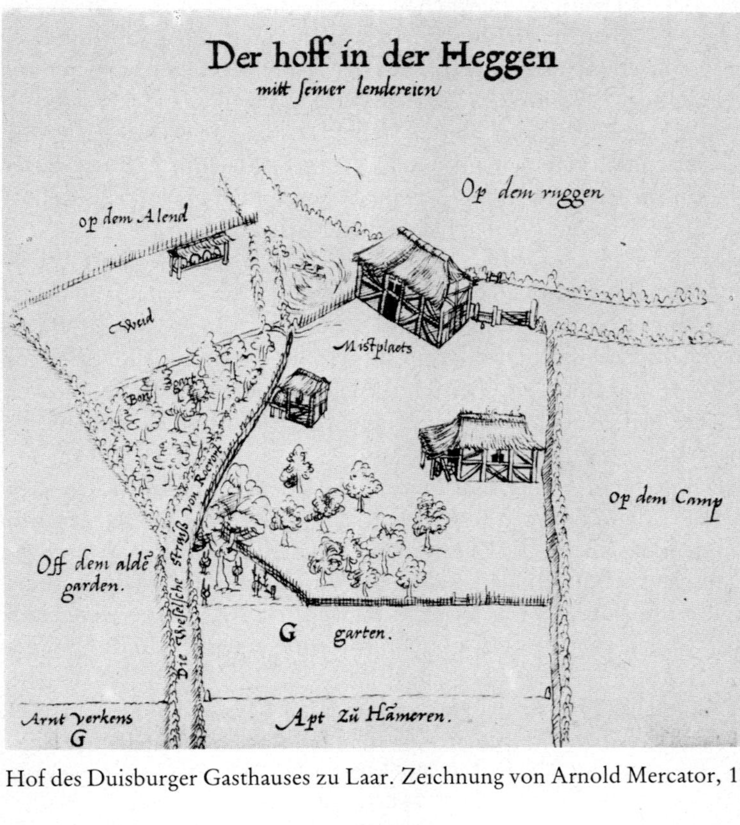

Hof des Duisburger Gasthauses zu Laar. Zeichnung von Arnold Mercator, 1571

ser Urkunde verkauft die Edelfrau Mechild von Holten den Hof genannt Laar in der Pfarre Beeck dem Zisterzienserinnenkloster Sterkrade. Dieser Hof kam später in den Besitz des Duisburger Hospitals und wurde wie der Nattenberger Hof von Arnold Mercator gezeichnet. Ebenso geschah es mit dem *Hof in der Heggen* oder *Heckmannshof*, den der Abt von Hamborn 1330 dem Duisburger Hospital verkauft hatte.

Die Beecker Kirche (St. Laurentius) ist wahrscheinlich aus der Kapelle des Haupthofes hervorgegangen. Urkundlich faßbar wird sie allerdings erst mit der Nennung eines Pfarrers im Jahre 1280. Dem Stift Essen wird sie 1306 inkorporiert, womit der Fürstäbtissin das Recht, den Pfarrer zur Ernennung vorzuschlagen, bestätigt und die Nutzung der Kircheneinkünfte zugebilligt wurde.

Das heutige Kirchengebäude stammt – wenn auch mehrfach umgebaut – wohl aus der Mitte des 15. Jahrhunderts.

Ähnlich wie in Meiderich, war auch in Beeck die Einführung der Reformation ein länger dauernder Prozeß, da die Äbtissin von Essen aufgrund des ihr zweifellos zustehenden Präsentationsrechtes immer wieder katholische Geistliche für die Pfarrstelle vorschlug.

Zum Beecker Kirchspiel, das – wie schon gesagt – mit dem Gerichtsbezirk übereinstimmte, gehörten außer Beeck, Stockum und Laar auch Alsum, Schwelgern, Bruckhausen, Marxloh und ein Teil von Buschhausen.

5. Hamborn

Kernpunkt all dessen, was heute Hamborn heißt, ist zweifellos das Praemonstratenserstift, im Volksmund Abtei genannt. Es wurde natürlich nicht in einem völlig leeren Gebiet errichtet. Sehen wir von vor- und frühgeschichtlichen Besiedelungen hier ab, so stammen die frühesten Erwähnungen in schriftlichen Quellen doch schon aus dem 10. Jahrhundert. In einem um 970 niedergeschriebenen Besitzverhältnis der Abtei Werden erscheinen die Namen *Havenburnen* (Hamborn), *Weitfelde* (Wittfeld) und *Sualongeren* (Schwelgern).

In Hamborn gab es zu dieser Zeit bereits an der Stelle der späteren Abteikirche eine kleinere Kirche, die wahrscheinlich zu einem großen Hofesverband gehörte. Reste dieser Kirche wurden bei Grabungen nachgewiesen. Aus ihr stammt auch eine große Reliefbandamphore, die heute ihren Platz im Niederrheinischen Museum hat.

Um 1136 stiftete Gerhard von Hochstaden, ein Adeliger, der z. B. auch die Burg Wickrath besaß, die auf seinem Grund und Boden errichtete Kirche zu Hamborn mit all ihrem Zubehör zur Einrichtung eines Praemonstratenserstiftes. Diese Stiftung wurde 1139 von Erzbischof Arnold I. von Köln bestätigt. Die hierbei ausgestellte Urkunde, die leider nur in einer Abschrift aus dem 16. Jahrhundert überliefert ist, ist die erste Urkunde, die sich mit Hamborn befaßt. In ihr tauchen auch bereits die Namen *Bruckhuisen* (Bruckhausen), *Suttesforst* (Schmidthorst) und *Urlouchem* (Alsum) auf.

Die Praemonstratenser waren ein damals sehr moderner Orden. Sie nannten sich nach dem 1119 in Prémontré bei Laon in Frankreich von dem hl. Norbert von Xanten gegründeten Reformkloster, in dem das kirchliche Zusammenleben der Chorherren in strenger Form geregelt wurde. Auch das Stift Knechtsteden war von Prémontré aus gegründet worden, und Gerhard von Hochstaden war Vogt, d. h. weltlicher Rechtsvertreter und Schutzherr dieses Stiftes. So lag es nahe, daß er auch für seine eigene Gründung diese Form wählte.

Die Leiter des Stiftes, zunächst Pröpste genannt, nahmen zu Beginn des 13. Jahrhunderts den Abtstitel an, so daß sich in der Folgezeit auch für das Stift Hamborn die Bezeichnung Abtei durchsetzte. Um 1170 wurde die bestehende Kirche für ihre neue Zweckbe-

Kreuzgang der Abtei Hamborn

stimmung als Stiftskirche umgebaut. Aus dieser Zeit stammen noch der Turm und der nördliche Flügel des Kreuzganges. Seine Gestalt als gotische Hallenkirche erhielt das Gotteshaus im 17. Jahrhundert.

Die Pfarrei Hamborn und der Gerichtsbezirk umfaßten den Bereich um die Abteikirche und dazu die Bauerschaften Wittfeld, Schmidthorst und Buschhausen sowie das davon getrennt liegende Fahrn und den großen Hamborner Wald. Nachdem die Reformation, der sich die Abtei nicht anschloß, sich durchgesetzt hatte, gehörten auch die katholisch verbliebenen Einwohner von Beeck und Meiderich zur Hamborner Pfarre.

Zur Stadt Duisburg pflegten die Hamborner Äbte freundschaftliche Beziehungen. Sie hatten ein großes Haus in der Niederstraße, in dem auch öfter offizielle Gäste der Stadt untergebracht wurden (im Jahre 1507 wurde hier König Maximilian I. empfangen). Albert von Haen, der 1553 seine Abtswürde niederlegte, stiftete zwei Jahre später sein Haus in der Brüderstraße, an der Treppe zum Kirchhof gelegen, als Armenhaus für drei alte Frauen.

Der Grundbesitz des Stiftes, der schon bei der Gründung nicht unbeträchtlich war, vermehrte sich im Laufe der Zeit durch Schenkungen und Ankäufe gewaltig. Der Schwerpunkt lag im Gebiet von Hamborn, Beeck und Meiderich, einzelne der an die 100 Höfe und Kotten lagen aber auch in Oberhausen, bei Wesel und in Baerl und Binsheim. Fischerei und Jagdrechte sowie die nicht unerheblichen Zehnteinkünfte kamen hinzu.

Die bedeutendsten Höfe, die zum Hamborner Hofesverband gehörten, waren der Hoffmannshof in Obermarxloh, bereits im Frühmittelalter als Wehranlage ausgebaut, der Hövelmannshof, der Stratmannshof, der Bremmenkampshof und der Overbruckhof, der bereits um 1250 erwähnt wird.

In *Wittfeld*, wo auch die Abtei Werden mit dem später so genannten Rüttgershof begütert war, hatte die Abtei Hamborn den Laakmannshof und den Schultenhof Abteloh; auch die Wittfelder Mühle gehörte der Abtei.

Die Bauerschaft *Schmidthorst* wird, wie wir sahen, mit einer etwas merkwürdigen, offenbar nach Gehör notierten und dabei verschriebenen Namensform, bereits 1139 genannt. Hier gehörten vor allem der Bonmannshof und der Döltgenhof zum ältesten Hamborner Besitz. Auch der Ingerfurth-Hof zählte damals zu Schmidthorst. Seine Aufsitzer waren lange Zeit Richter des Hamborner Hofesgerichtes.

Der Schultenhof zu *Marxloh* gehörte zum Oberhof Beeck und damit zum Stift Essen. Obwohl er erst seit 1421 urkundlich genannt wird, muß ihm aufgrund seiner Bedeutung ein wesentlich höheres Alter zugeschrieben werden. Zur Bauerschaft Marxloh gehörten u.a. die Höfe Großeloh, Warbruck und Kleinemühl.

Zum Kirchspiel Hamborn gehörte die Bauerschaft *Fahrn*. Hier sind der Hof zu Fahrn (Tofahrn), der 1403 an Kloster Sterkrade verkauft wurde, und der Borgardshof zu nennen. Der Mattlerhof, Sitz des Edelherrengeschlechts der Mattelare, war ein Burglehen von Holten und später landesherrliches Domanialgut.

Der Schultenhof *Bruckhausen* war Eigentum der Hamborner Stifterfamilie Hochstaden, die ihn zur Grundausstattung der Abtei verwendete. Bereits 1258 wird der Schultenhof Hasselt urkundlich erwähnt. Mit dem Wissermannshof war auch das Stift Essen in dieser Bauerschaft begütert.

Im inzwischen verschwundenen *Alsum* bestand ebenfalls ein Hofesverband, der als Grundausstattung in den Besitz der Abtei Hamborn kam. Um 1300 befand sich der Haupthof bereits im Besitz der Grafen von Kleve, die um diese Zeit auch die Vogtei über das Stift Hamborn erlangt hatten. In der Folgezeit löste sich der Hofesverband auf. So gelang es im Spätmittelalter auch dem Stift Essen und dem Kloster Sterkrade, in Alsum Fuß zu fassen.

In dem eng mit Alsum verbundenen *Schwelgern* – das Schwelgernbruch war 1348 den Alsumern durch Graf Engelbert von der Mark als Weideland geschenkt worden – entstanden drei Höfe, der Maashof, der Schürmannshof und der Bongerthof.

Hatten sich die späteren Landesherren, die Grafen von Kleve, in Beeck und Meiderich bei der Durchsetzung ihrer Landeshoheit vorwiegend mit den Holtener Burgmannenfamilien auseinanderzusetzen, so war die Situation in Hamborn für sie zunächst keineswegs günstiger.

Die maßgebende Familie war hier offenbar die der Edelherren von Hochstaden-Wickrath. Bei der Gründung der Abtei Hamborn hatte der Erzbischof von Köln als der zuständige Ordinarius darin eingewilligt, daß die Vogtei über das Kloster immer durch einen Inhaber der Burg Wickrath ausgeübt werden sollte. Damit schien der Gründerfamilie der entscheidende Einfluß gesichert zu sein. Dennoch sehen wir um 1300 den Grafen von Kleve im Besitz der Vogtei über Hamborn, ohne daß wir feststellen können, wie der Wechsel vor sich ging. Mit den vogteilichen, und das heißt vor allem mit den Gerichtsrechten über den ausgedehnten Hamborner Besitz aber hatten die Klever alle Voraussetzungen, ihre Macht durchzusetzen, und konnten 1429 das Kirchspiel Hamborn wie Beeck und Meiderich zum Land Dinslaken rechnen. Die Bindung war sogar besonders eng, da der Richter in Dinslaken zugleich auch an der Gerichtsbank in Hamborn (wie in Walsum, Hiesfeld und Eppinghoven) den Vorsitz führte. Dieses öffentliche Gericht, das wohl erst um 1400 eingerichtet wurde, löste allmählich das vogteiliche Gericht über die Hamborner Hofesleute ab.

6. *Walsum*

Der Name Walsum wird uns erst relativ spät, nämlich in einer Urkunde Erzbischof Arnolds I. von Köln aus dem Jahre 1144 überliefert, mit der er Besitzungen des Klosters Fürstenberg in „*Walsheim*" bestätigt. Einzelne Bauerschaften dagegen, wie *Aldenrade* und *Elpe*, werden schon wesentlich früher genannt.

Diese Zufälligkeit der historischen Überlieferung sagt nichts über das tatsächliche Alter und die Bedeutung der einzelnen Siedlungskerne aus. Hier wiegen die Existenz der Kirche im Dorf Walsum und die Benennung der großen Mark als Walsumer Mark schwerer und stellen die Bedeutung Walsums klar heraus.

Walsum ist, wie durch die Aufdeckung des großen fränkischen Friedhofs auch archäologisch nachgewiesen, eine Siedlung aus fränkischer Zeit. Wahrscheinlich um 800 erfolgte die Christianisierung und die Anlage der ersten Kirche, deren Patrone Dionysius und Lambertus wurden.

Über die Besitz- und Rechtsverhältnisse in diesem rein ländlichen Gebiet ist aus dieser frühen Zeit nichts bekannt, sobald uns die Quellen Auskunft hierüber geben, erweisen sie sich als auch für mittelalterliche Gegebenheiten sehr kompliziert.

Weltliche Grundherren waren die Herren von Holten, deren Burgmannen (dabei wieder die bekannten Stecke), die Herren von Hochstaden-Wickrath und nach 1300 überwiegend die Grafen von Kleve, die sich über Vogtei und Gerichtsrechte als Landesherren durchsetzen konnten.

Zahlreicher noch als die weltlichen waren die geistlichen Grundherren. Hier sind zu nennen: Gerresheim, Werden, Xanten, Deutz (jedoch nicht mit dem immer wieder zitierten Hof Elpe, der bei Hagen zu suchen ist), das Kölner Erzstift, Hamborn, Stift Rees, Kloster Fürstenberg, Kloster Hagenbusch b. Xanten, Abtei Sterkrade, Kloster Marienkamp in Dinslaken, die Fraterherren in Wesel, das Karthäuserkloster in Wesel und schließlich die Walsumer Johanniterkommende.

Einzelne Höfe (Wedehaven, Nünninckhaven, Rohm) hatten eigene Hofesgerichte, andere Höfe waren durch Teilungen schließlich von mehreren Herren abhängig, so daß z. B. auf dem Große-Losen-Hof beim Tode des Hofesinhabers sich der Nachfolger von drei Herren „behandigen" lassen mußte, vom klevischen Lehensträger auf Bärenkamp, vom Abt von Hamborn und vom Komtur von Walsum.

Kirche und Kommende

Das Kirchspiel Walsum wird zuerst in einem Xantener Heberegister des Jahres 1250 erwähnt, aus dem Jahre 1269 ist der Name eines Pfarrers überliefert. Jedoch wurde die Kirche vermutlich bereits um 800 eingerichtet, archäologische Nachweise hierfür liegen allerdings nicht vor. Als man 1880 die alte, wohl aus dem 13. Jahrhundert stammende gotische Backsteinkirche abbrach, stieß man auf ältere Fundamente, die der romanischen Bauperiode zugeordnet werden müssen; weitere Nachforschungen wurden aber nicht unternommen.

Wer die Kirche errichtet hat und wer damit nach damaliger Auffassung Kirchherr oder Patron war, ist nicht bekannt. Im 13. Jahrhundert konnte Mechtild, Edelfrau von Holten, über die Kirche verfügen. Im Jahre 1281 schenkte sie diese mit ihrem Zubehör und dem Recht des Patronats den Brüdern des Hospitalordens vom heiligen Johannes in Jerusalem, die wir meist kurz als Johanniter bezeichnen. Die Gräfin machte diese Schenkung, weil ihr Sohn gelobt hatte, ins Heilige Land zu ziehen, dieses Gelübde aber infolge seines frü-

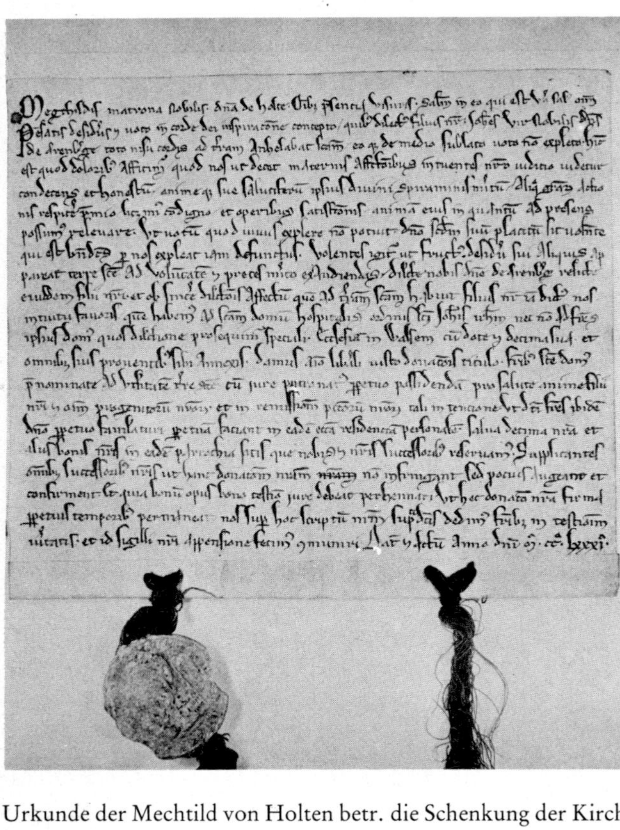

Urkunde der Mechtild von Holten betr. die Schenkung der Kirche in Walsum an die Johanniter

hen Todes nicht erfüllen konnte. Sie machte dabei die Auflage, daß die Brüder an dieser Kirche persönliche Residenzpflicht zu üben hätten. Das bedingte die Einrichtung einer Ordensniederlassung, einer Kommende, die wahrscheinlich von Köln aus erfolgte. 1292 war das Ordenshaus fertig, dessen genauer Standort heute nicht mehr bekannt ist. Noch im 13. Jahrhundert erhielten die Brüder durch weitere Schenkungen Güter in Walsum, Wehofen, Laar und Meiderich.

Anfang des 14. Jahrhunderts erhob Graf Engelbert von der Mark, der die gleichnamige Enkelin Mechtilds von Holten geheiratet hatte, als Besitzer von Holten Ansprüche auf das Patronat der Kirche in Walsum. Obwohl die Rechtslage nach der Schenkungsurkunde von 1281 eigentlich klar war, zog sich der Streit lange hin und endete erst 1319 mit einem Kompromiß, dessen wichtigster Punkt die Einrichtung einer eigenen Pfarrkirche in Holten war, die vom ursprünglichen Walsumer Pfarrbezirk abgetrennt wurde. Im Jahre 1349 erhielten die Johanniter das Patronat der Kirche zu Baerl mit der Kapelle in Binsheim.

Die Blütezeit der Kommende dauerte bis ins 15. Jahrhundert. Von da an ging es – wie bei fast allen Ordensniederlassungen – abwärts. Verwaltungsmäßig äußerte sich das durch die Zusammenfassung verschiedener Kommenden unter einem Komtur, während in den einzelnen Häusern sogenannte Hauskomture eingesetzt wurden.

Die Bemühungen um die Konsolidierung des weit verstreuten und vielfach entfremdeten Besitzes lassen die Aufzeichnungen des Hauskomturs und Pfarrers Stephan Tegeder aus dem 16. Jahrhundert erkennen. Doch die dann erst recht ausbrechenden Kriegswirren ließen alle Mühen vergeblich erscheinen.

Gerichtsverhältnisse und Verwaltungsorganisation

Ähnlich wie bei der Walsumer Kirche erhalten wir auch in Bezug auf Gericht und Verwaltung genauere Einblicke erst vom 13. Jahrhundert an. 1289 kaufte der Graf von Kleve für 30 Mark Silber von Borchard Stecke dessen Gerichtsrechte in Walsum. In dem allmählich sich vollziehenden Ausbau der Territorialstaaten wurden durch die gräfliche bzw. herzogliche Verwaltung die einzelnen Rechte und Gerechtsame in diesem Gebiet, darunter eben auch das Walsumer Gericht, zum sogenannten „Land Dinslaken" zusammengeschlossen. Mit seinen Einkünften diente es zur Ausstattung der nachgeborenen Söhne des klevischen Hauses und als Witwengut. Nach einer Erklärung Herzog Adolfs I. umfaßte das Land Dinslaken im Jahre 1429:

> onse burgh ind stat Dinslaken mit den Kirspelen
> Hystvelt, Walshem, Goiterswic, Spellen, Hungse, Galen,
> Hamborne, Beeck, Starkeroide, Meideric.

Nachdem sich die Gliederung in Ämter in den Territorialstaaten durchgesetzt hat, wird aus dem Land Dinslaken das Richteramt Dinslaken. Der Richter in Dinslaken führt zugleich den Vorsitz an den Gerichtsbänken in Walsum, Hiesfeld, Eppinghoven und Hamborn. Entsprechend der Schöffenordnung von 1415 sollte jede Gerichtsbank sieben Schöffen von ehelicher Geburt haben. Etwa seit dieser Zeit nennen sich die früheren „Gerichtsleute" auch Schöffen und führen ein eigenes, zuerst 1423 nachgewiesenes Schöffensiegel. Es zeigt das Brustbild des Kirchenheiligen Dionysius, der sein abgeschlagenes Haupt in der Hand trägt, über der halben klevischen Wappenfigur. Eben diese Darstellung wählte sich dann auch im Jahre 1928 die Gemeinde Walsum als Wappen.

7. Baerl, Binsheim und Halen

Während *Baerl* und *Binsheim* als in sich geschlossene Siedlungen ihren dörflichen Charakter bis heute bewahren konnten, sucht man den Ortsnamen *Halen* im Duisburger Stadtplan vergebens. Als Ortsteilnamen findet man die Bezeichnungen Niederhalen und Oberhalen fast im freien Feld nördlich und südlich der den Rheinbogen überspannenden Haus-Knipp-Brücke verzeichnet. Dabei war Halen einmal das bedeutendste der drei hier zusammengefaßten Dörfer. Bereits um 900 wird der Name „Halon" in einem Güterverzeichnis der Abtei Werden genannt. Hier lag eine halbe Hufe (d.h. Ackerland von etwa 15 Morgen), die zu dem Königshof Friemersheim gehörte, der der Abtei geschenkt worden war.

Die Halener Kirche, St. Peter, war Pfarrkirche für einen großen Sprengel. Er umfaßte Halen, Hochhalen, Homberg mit dem Homberger Werth (auf dem Ruhrort entstand), die Halener Heide und Kaßlerfeld und schließlich Üttelsheim. Auch der Lohof, Ausgangspunkt des späteren Siedlungskomplexes Lohmannsheide, gehörte zum Kirchspiel.

Ein Pfarrer wird bereits 1280 erwähnt, doch dürften Kirche und Pfarre wesentlich früher eingerichtet worden sein. Das Patronat – also im wesentlichen das Recht, den Pfarrer zu bestimmen – gehörte um 1300 dem Grafen von Kleve, der es 1307 dem Stift Xanten überließ. Nach der Gründung Ruhrorts waren die Bewohner dieser Siedlung zunächst verpflichtet, die Sakramente in Halen zu empfangen. Erst 1489 erreichten die Ruhrorter die Abtrennung ihrer Kirche St. Jakobus maior (d. Ältere) von Halen.

Bereits damals muß der Rhein das Dorf in seiner Existenz bedroht und seine Bewohner zur Abwanderung gezwungen haben, denn um 1500 zählte die Gemeinde nur noch 280 Kommunikanten. Im Jahre 1571 beklagte sich der Graf von Moers darüber, daß die Halener nicht bereit seien, ihre bereits vom Rheinhochwasser stark mitgenommene und einsturzgefährdete Kirche abzubrechen und in Homberg wieder aufzubauen. Sie erhofften sich gerade von dem festen Gebäude einen gewissen Schutz. Die Hoffnung war trügerisch, denn wenige Jahre später versanken Kirche und Dorf in den Fluten.

Binsheim wird kaum wesentlich jünger als Halen sein, wenn es auch als Ort erst später erwähnt wird. Im 11. Jahrhundert tritt aber bereits eine Familie auf, die sich nach diesem Ort de (von) Benesheim oder ähnlich nennt. Diese sehr bedeutende Familie, von der wir annehmen dürfen, daß sie in Binsheim ein „festes Haus" besessen hat, verschwindet in der 2. Hälfte des 13. Jahrhunderts aus dem Ort und siedelt offenbar nach Duisburg über, wo sie im 13. und 14. Jahrhundert eine herausgehobene Stellung einnimmt. Sie zählt zu den ersten Schöffenfamilien, die ein eigenes Siegel haben, stellt Schöffen, Schultheißen und (allerdings nur einmal) Bürgermeister in Duisburg.

Von den bedeutenden Höfen Binsheims, die sich zum Teil ebenfalls bis ins 13. Jahrhundert nachweisen lassen, seien hier nur einige genannt. Abels- oder Matlarshof, Bremannshof, Driesenhof, Giesenhof, Kiesendahlshof und Woymannshof. Der Falkhof und der Hof op der Hardt gehörten dem Herzog von Kleve.

Im Jahre 1295 ist einmal von einem Kirchspiel von Binsheim die Rede. Dabei muß es sich aber um einen Irrtum oder um eine nicht realisierte Wunschvorstellung handeln, denn die Binsheimer Kirche war kirchenrechtlich gesehen nur eine von der Kirche in Baerl abhängige Kapelle. Ein bei Ausgrabungen im Jahre 1880 gefundener und ins 11./12. Jahrhundert datierter Sandsteinsarg weist ihr ein hohes Alter zu. Nachdem sie noch 1595/96 auf der Karte des Johannes Mercator eingezeichnet wurde, verschwindet sie aus der Überlieferung. Alles spricht dafür, daß sie das gleiche Schicksal erlitten hat wie die Halener Kirche, sie wurde vom Rheinhochwasser hinweggespült.

Siegel des Winmar von Bensheim (1321) und des Rutger von Bensheim (1328), Schöffen zu Duisburg

Wie lückenhaft unsere historische Überlieferung gerade für die ländlichen Gebiete ist, wird besonders bei *Baerl* deutlich. Obwohl die ältesten Teile der Baerler Kirche aus der Zeit um 1200 stammen, wir also annehmen dürfen, daß das Kirchdorf wesentlich älter ist, wird uns der Name Baerl doch erst im Jahre 1234 genannt, als die Ritter Konrad und Arnold von Baerl als Zeugen einer vor dem Grafen von Moers vollzogenen Güterschenkung an Kloster Kamp auftreten. Es sind Angehörige des Rittergeschlechts, das bis ins 17. Jahrhundert Haus Baerl als klevisches Lehen besaß. Der Rittersitz Haus Baerl war keine mächtige, schloßartige Wasserburg, sondern ein „festes Haus", nach einer Beschreibung des 18. Jahrhunderts ein Fachwerkbau mit Steinausmauerung und mit Wassergräben befestigt. Heute völlig verschwunden, läßt nur noch die Geländeformation zwischen Paschmannshof und Grafschafter Straße die alten Gräben erahnen. Der Paschmannshof (ingen Pasch), dessen früheste Erwähnung gerade wegen der relativen Häufigkeit dieses Namens nur schwer auszumachen ist, war ein Lehnsgut der Herren von Baerl. Andere Baerler Höfe, die bereits im 14. oder 15. Jahrhundert erwähnt werden, sind der Steinschenhof, der Dahmenhof, der Hoffsche Hof und Hof Lysen.

Die Baerler Kirche, der hl. Lucia (13. Dezember) geweiht, wird 1262 als Pfarrkirche urkundlich erwähnt. Das Patronat gehörte dem Grafen von Kleve, der es als Erblehen weitervergab. 1349 wurden die Patronatsrechte den Johannitern in Walsum übertragen.

Aus der Urkunde geht hervor, daß auch die Kapelle in Binsheim zur Baerler Kirche gehörte. An dieser Kirche gründete der Ritter Vincenz von Baerl zusammen mit dem damaligen Pfarrer im Jahre 1485 die St. Lucienbruderschaft. Es ist immerhin denkbar, daß aus dieser religiösen Bruderschaft die Baerler Schützengilde entstanden ist.

8. Homberg

Homberg wird zusammen mit dem nahegelegenen und später mit ihm verbundenen Dorf Essenberg zuerst im ältesten Güterverzeichnis der Abtei Werden genannt, das am Ende des 9. Jahrhunderts aufgestellt wurde. Es heißt hier noch *Hohonberg*, die Namensform für Essenberg ist damals *Ascmeri* oder *Ecsmeri*; noch bis ins 16. Jahrhundert Eschmer. Neben der Abtei Werden war in Homberg auch das Stift Essen begütert, es ließ seinen Besitz von dem ihm ebenfalls gehörenden Welhof in Duisburg mit verwalten. In Essenberg hatte die Abtei Corbie an der Somme einen Hof, den sie im 13. Jahrhundert an das Stift Xanten verkaufte.

In dieser Zeit begann der Aufstieg der Edelherren von Moers, die bisweilen auch schon als Grafen bezeichnet werden. In Homberg erhielten sie einen Hof der Abtei Werden mit Fischereirechten zu Lehen. Sie kauften aber auch etliche Höfe auf. Aufgrund dieser Rechte und wohl auch als Vögte der Abtei Werden erlangten sie die Gerichtshoheit und Landesherrschaft in dieser Gegend. Das Homberger Schöffengericht wird uns zwar erst 1405 genannt, ist aber sehr viel älter, sonst hätte nämlich die Grenze des Gerichtsbezirks, der auch noch das Kasseler Feld umfaßte, schwerlich die Rheinverlagerung überdauert, die ja um 1200 angesetzt werden muß.

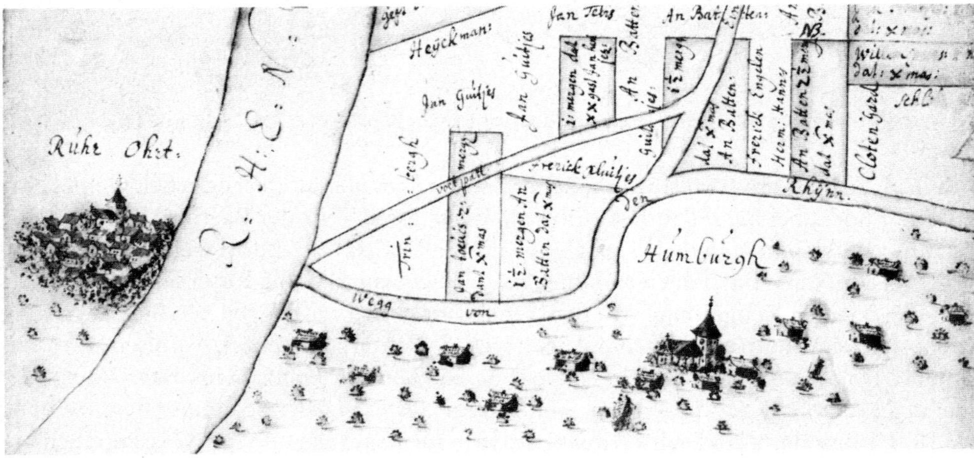

Homberg und Ruhrort in einer Karte von 1704

Die vom Homberger Schöffengericht überlieferten Urkunden betreffen durchweg Güterverkäufe, Fälle der Kriminalgerichtsbarkeit gehörten wohl vor das Moerser Gericht. Der Schultheiß zu Moers hatte auch generell den Vorsitz in allen Schöffengerichten des Landes und so auch in Homberg. Hier wurde auch kein eigenes Schöffensiegel entwikkelt, sondern die Gerichtsurkunden wurden mit dem moersischen Schöffensiegel beglaubigt.

Mit Essenberg zusammen bildet Homberg eine Honschaft, wie im moersischen Lagerbuch von 1538 vermerkt wird, ohne daß uns zugleich mitgeteilt würde, welche Verwaltungsaufgaben denn auf dieser Ebene angesiedelt waren.

In der kirchlichen Organisation gehörten die beiden Orte keineswegs zusammen. Während Homberg zur Pfarre Halen (vgl. S. 96) zählte, wurde Essenberg von Hochemmerich her pfarrlich betreut.

Zu einem nicht genau bekannten Zeitpunkt, aber noch vor dem Jahre 1500, entstand in Homberg ein Nonnenkloster der Tertiarinnen nach der Regel des hl. Franziskus mit einer kleinen, dem hl. Antonius geweihten Kapelle. Als die Kirche in Halen wegen ihrer Bedrohung und Beschädigungen durch den Rhein nicht mehr benutzbar war, löste Graf Adolf von Neuenahr, Nachfolger der Grafen aus dem moersischen Hause, 1572 das Kloster auf und überließ der inzwischen reformierten Gemeinde Halen die Homberger Klosterkapelle zur Benutzung. Die Klosterschwestern durften als Entschädigung für die von ihnen eingebrachten Vermögenswerte Klostergut im Wert von 1033 Talern veräußern. Es ging nicht ohne Streit und Ungerechtigkeiten ab bei dieser Klosterauflösung. So berichtet wenigstens die aus einer bedeutenden Duisburger Familie stammende Elsken Gimmen (Gym), die 62 Jahre in dem Homberger Kloster verbacht hatte und noch 1579 hochbetagt in Duisburg lebte.

9. *Friemersheim und Hochemmerich*

Friemersheim und Hochemmerich werden – wie mehrere Siedlungen im rechtsrheinischen Gebiete der heutigen Stadt Duisburg – zuerst im ältesten Heberegister der Abtei Werden, d.h. am Ende des 9. Jahrhunderts, namentlich erwähnt. Hochemmerich darüber hinaus auch im 893 angelegten Güter- und Einkünfteverzeichnis der Abtei Prüm. *Friemersheim*, *Fremareshem* und *Embrika* oder ähnlich, so lauten die ältesten Namensformen.

Bei dem Besitz, den die Abtei Werden hier hatte, handelt es sich um einen karolingischen Königshof, einen Fiskus von eindrucksvoller Größe. Allein der Haupthof in Friemersheim mit dem Herrenland war rund 600 Morgen groß, zu ihm gehörten dienende Hufen in 19 Wohnorten, ferner die Kirche und ein Herrenhof in Hochemmerich. Der Gesamtkomplex dürfte ca. 4900 Morgen umfaßt haben.

Der Werdener Überlieferung nach, die allerdings nicht urkundlich abgesichert ist, soll dieser Königshof von Karl dem Großen der Abtei geschenkt worden sein. Ein gelehrter Werdener Abt hat im 16. Jahrhundert das Jahr 812 für den Zeitpunkt dieser Schenkung errechnet. Auch die moderne Forschung neigt dazu, diese Überlieferung anzuerkennen.

Wo genau der karolingische Haupthof in Friemersheim gelegen hat, ist immer noch unsicher. Der Werthsche Hof und der Borgsche Hof waren gleichermaßen in der Diskussion und neuerdings wird sein Standort in unmittelbarer Nähe der Kirche gesucht.

Die karolingische Organisationsform mit nur einem Haupthof für den riesigen Güterkomplex wurde von der Abtei nicht lange beibehalten. Mit der Aufteilung des Klostergutes in solches, das dem Abt, und solches, das dem Konvent (vertreten durch den Propst) zu dienen hatte, kam es auch zur Aufteilung dieses Güterkomplexes.

Der Fronhof Asterlagen wurde Konventsgut, unter den Höfen Friemersheim, Borg und Hochemmerich wurde das Abtsgut neu organisiert.

Ebenso alt wie die Hofesverbände in Friemersheim und Hochemmerich dürften die ursprünglich für die Hofesangehörigen eingerichteten Kirchen sein. Die Kirche in Hochemmerich wird als *ecclesia Embrikni* bereits in dem erwähnten Heberegister genannt. Die Friemersheimer Kirche wird zwar nicht direkt angesprochen, aber es ist Kirchland verzeichnet, so daß an der Existenz der Kirche ebenfalls nicht gezweifelt werden kann. Auch die Tatsache, daß sie dem hl. Martin geweiht ist, spricht für ihr hohes Alter. Um 1050 wird ein Priester erwähnt und 1147 erfahren wir die interessante Tatsache, daß auch Wanheim (Wagenheim) zum Pfarrsprengel der Friemersheimer Kirche gehört.

Das hohe Alter der Hochemmericher Petruskirche ist über die schriftlichen Erwähnungen hinaus auch archäologisch nachgewiesen. Überreste einer ursprünglich sehr einfachen Fachwerkkirche, an die dann ein Steinchor angebaut wurde, konnten bei Grabungen nachgewiesen werden. Das heute stehende Kirchengebäude stammt aus dem 15. Jahrhundert. Das Patronat der Kirche, d.h. das Recht der Pfarrerwahl, lag bei Propst und Konvent der Abtei Werden, der die Kirche 1317 inkorporiert, also noch enger angegliedert wurde.

Nicht einfach war auch die weltliche Verwaltung eines so großen Komplexes zu bewerkstelligen. Schon in karolingischer Zeit unterstand das Königsland nicht der Grafschaftsverwaltung, sondern war aus ihr herausgenommen. Das blieb auch so beim Übergang an ein geistliches Institut wie die Abtei Werden, der im Jahre 877 noch besondere Immunitätsrechte verliehen wurden. Der Kern dieser Rechte war, daß kein Graf oder öffentlicher Richter auf Immunitätsland oder in Bezug auf Leute, die zur Immunität gehörten, ohne weiteres tätig werden konnte, sondern daß dieses Recht allein der Abtei bzw. dem Abt zustand. Dieser konnte aber, insbesondere in der Hochgerichtsbarkeit nicht selbst tätig werden, denn es galt, den kanonischen Rechtssatz „ecclesia non sitit sanguinem" (die Kirche trinkt kein Blut) zu beachten. Man mußte also diese Aufgaben weltlichen Herren, den Vögten, anvertrauen, die auch die Macht hatten, etwaige Sanktionen durchzusetzen, und man mußte sie für diese Mühen entlohnen.

Diese Vögte, die eine große Macht ausübten, fühlten sich oft nicht mehr als Vertreter und Beschützer der Klöster, sondern mehr als ihre Herren, so daß Streitereien unausweichlich waren.

Die Werdener Vogteiverhältnisse in Friemersheim sind für die frühe Zeit nicht recht erkennbar. Es ist aber anzunehmen, daß vom 11. Jahrhundert an wie für die anderen Besitzungen der Abtei auch hier die Grafen von Berg zuständig waren. Noch 1297 hat Graf Eberhard von der Mark, ein Nachfahre des inzwischen ausgestorbenen bergischen Grafenhauses, die Vogtei von der Abtei zu Lehen und versprach ihr, unter Mithilfe des Ritters Wilhelm von Friemersheim dafür zu sorgen, daß sie nicht in die Hand des Grafen von Moers komme.

Die Rolle der Ritter von Friemersheim, die bei dieser Abmachung mit eingeschaltet wurden, ist nicht ganz klar. Ursprünglich sind sie Ministerialen der Abtei, d.h. sie gehörten zur höheren Dienstmannschaft, die besonders für Kriegs- und Verwaltungszwecke eingesetzt wurde. In Friemersheim etablierten sie sich spätestens zu Beginn des 13. Jahrhunderts auf dem Werth und errichteten dort eine Burg. Sie waren erbliche Pächter der Höfe Borg und Friemersheim und übten – ob im Auftrag der eigentlichen Vögte oder aus eigener Machtvollkommenheit, bleibt unklar – vogteiliche Rechte aus, die unter Bovo von Friemersheim zu einer eigenen Herrschaft, einer Herrlichkeit, wie man damals sagte, ausgebaut wurden. Die Abtei Werden bestritt die Rechtmäßigkeit dieser Machtausübung und betrachtete den Friemersheimer nach wie vor als ihren Villicus, ihren Hofverwalter.

Die Herrlichkeit dauerte auch nicht allzulange an, denn Bovo von Friemersheim mußte 1366 die Herrschaft mit der Burg, „mit der hohen und niederen Gerichtsbarkeit, mit dem Wildbann und aller geistlichen und weltlichen Herrlichkeit" an Johann von Moers, den Bruder des Grafen Dietrich, für 11800 gute alte goldene Schilde (Münzsorte) verpfänden. Diese Summe waren die Friemersheimer niemals in der Lage zurückzuzahlen, und so erfolgte 1392 der endgültige Verkauf an Graf Friedrich II. von Moers. Die Herrschaft blieb von nun an bei der Grafschaft Moers. Der eigentliche Herr, der Abt von Werden, konnte nicht umhin, diese Transaktion anzuerkennen, indem er den Moerser von nun an mit der Herrlichkeit Friemersheim belehnte, wofür ihm die Lieferung der althergebrachten Pacht- und Zinsabgaben zugesichert wurde.

Dem Abt blieben jedoch seine Rechte als Hofesherr. Er setzte die Schöffen der Hofesgerichte in Friemersheim, Borg und Asterlagen ein, die für den ganzen Bereich der Beziehungen zwischen Herrn und Hintersassen, in Sonderheit für die besitzrechtlichen Angelegenheiten zuständig waren. Unter diesen drei Höfen hatte Borg eine hervorgehobene Stellung. Es war Berufungsinstanz für die beiden anderen Gerichte; wurde auch hier kein befriedigendes Urteil gefunden, so mußte man sich an den Oberhof Barkhoven bei Werden oder eventuell sogar an die Mannkammer des Abtes wenden.

Für Fälle, die nicht vor eines der Hofesgerichte gehörten, war das Friemersheimer Schöffengericht zuständig. Von ihm ist die älteste Urkunde aus dem Jahre 1301 erhalten. 1336 verfügen die Schöffen bereits über ein eigenes Siegel. Damals wurde Gerichtshoheit bereits von den Friemersheimern beansprucht, obwohl nach Ansicht der Abtei der Graf von Kleve aufgrund seiner Herrschaft über Linn Landesherr und damit auch oberster Gerichtsherr in Friemersheim war. Mit dem Übergang der Herrlichkeit Friemersheim an den Grafen von Moers übernahm dieser auch das Gericht.

Auf dem Werth errichteten die Moerser Grafen 1487 ein „Jagdschloß", eigentlich eine viertürmige Burganlage, an der Stelle, an der vorher die Burg der Friemersheimer gestanden hatte. Dem Neubau war keine lange Lebensdauer beschieden, 1534 ließ Graf Adolf von Moers im sogenannten Truchsessischen Krieg, in dem er an der Seite des abgesetzten Kölner Erzbischofs Gebhard Truchseß von Waldburg für die Sache der Reformation kämpfte, das Schloß selbst niederbrennen, damit sich sein Gegner, Kurfürst und Erzbischof Ernst von Bayern, dort nicht festsetzen könne. Erhalten blieb bis heute der sehr schöne, achteckige Südostturm, der inzwischen in die Gebäude des Werthschen Hofes einbezogen ist.

Werth'scher Hof in Friemersheim

10. Rumeln und Kaldenhausen

Zum Hof in Friemersheim und nach dessen Aufteilung (vgl. S. 99) überwiegend zum Borg'schen Hof gehörten auch 20 Hufen in *Rumeln* (Rumolohon), das also mit Hochemmerich und Friemersheim bereits am Ende des 9. Jahrhunderts erwähnt wird. Dieser Besitz der Abtei Werden umfaßte praktisch die ganze damalige Siedlung Rumeln, anders ausgedrückt, die Abtei Werden war der alleinige Grundherr. Aufgrund der Hufenzahl hat man die Einwohnerzahl Rumelns für diese frühe Zeit mit etwa 120 berechnet.

Kaldenhausen ist als Siedlung wahrscheinlich nicht jünger als Rumeln, wird aber in der urkundlichen Überlieferung erst im 12. Jahrhundert erwähnt. In einer Urkunde des Kölner Erzbischofs Philipp von Heinsberg wird unter den Besitzungen der Abtei Hamborn auch eine Hufe in Kaldenhausen (Caldinhusen) genannt. 1196 werden in Caldinhusen Leute erwähnt, die wachszinspflichtig ins Kloster Meer sind. Hier gab es also mehrere Grundherren, doch scheint der Besitz ursprünglich von den Grafen von Ahre zu stammen. Diese waren mit den Hochstaden-Wickrath verwandt, die ja sowohl bei der Gründung Hamborns (vgl. Kap. VI, 5) wie bei der Gründung von Kloster Meer beteiligt waren.

Erzbischof Philipp von Heinsberg, dessen Urkunde wir die früheste Erwähnung Kaldenhausens verdanken, war aber auch darüber hinaus für dieses Gebiet von Bedeutung. Im Zuge seiner Gütererwerbungen, mit denen er das kölnische Territorium abrunden und vergrößern wollte, kaufte er auch für 100 Mark Silber das *allodium* Linn. Dieser Kauf hatte zur Folge, daß später der größte Teil von Kaldenhausen zum Territorium von Kurköln gehörte.

Rumeln dagegen geriet, als die Ritter von Friemersheim die Höfe Borg und Werth in Besitz hatten, unter deren Einfluß, wurde der Herrschaft Friemersheim eingegliedert und kam mit dieser 1366 zur Grafschaft Moers. Da auch noch einige Teile Kaldenhausens zum Rumelner Hofesverband gehörten, verlief diese Grenze zwischen Kurköln und Moers direkt durch Kaldenhausen entlang der heutigen Düsseldorfer Straße, der B57, und wahrscheinlich dem Donkweg.

Die Grenze war zugleich eine Mundartgrenze zwischen dem im Moersischen gesprochenen Niederfränkisch und dessen ripuarischer Spielart im Kölner Großraum. In der Folge der Reformation wurde sie auch noch zur Religionsgrenze zwischen der protestantischen Grafschaft Moers und dem katholischen Kurköln. Doch damit sind wir der Zeit vorausgeeilt. Kirchlich gehörte Kaldenhausen im Mittelalter zur Pfarre Hohenbudberg, deren Patronat zeitweilig beim Preutenhof (Haus Kaldenhausen) war.

Rumeln dagegen war von der Pfarrkirche in Friemersheim abhängig, hatte aber wenigstens eine eigene Kapelle, die 1421 in einem Werdener Urbar zuerst erwähnt wird. Sie war dem hl. Antonius geweiht. 1472 schenkte Graf Vinzenz von Moers diese Kapelle und dazugehörenden Grundbesitz an Nonnen des 3. Ordens des hl. Franziskus zur Einrichtung eines Klosters, das Marienfelde genannt wurde. Der Pfarrer von Friemersheim mußte hierzu seine Einwilligung geben.

Das kleine Kloster – es hatte wenige Besitzungen in Rumeln, Schwafheim, Oestrum und bei Kapellen – trotzte ungeachtet seiner geringen Bedeutung der Reformation und bestand inmitten einer protestantischen Umgebung bis zur Säkularisation fort. Heute zeugen nur noch die in den Archiven bewahrten Urkunden von seiner Geschichte.

Ein Kloster hatte Kaldenhausen nicht aufzuweisen, dafür aber Rittersitze, das bereits erwähnte Haus Kaldenhausen und die auf heute der Stadt Krefeld zugehörigem Gebiet gelegene Wasserburg Dreven. Sie war von Kurköln lehnsabhängig. Die recht eindrucksvollen Überreste dieser Burg wurden erst 1955 gesprengt. Auch Haus Kaldenhausen, nach der besitzenden ritterlichen Familie Preut (Proyt, Prothe) auch Preutenhof genannt, ist inzwischen verschwunden, nur der ehemalige Wassergraben der Befestigung ist teilweise noch im Gelände erkennbar.

11. *Huckingen, Mündelheim, Serm und Rahm*

Die Teile des Duisburger Südens, die schon seit dem frühen Mittelalter zu Duisburg gehörten, nämlich Wanheim und Angerhausen, wurden bereits behandelt. Eine ebenfalls weit ins Mittelalter zurückreichende Geschichte haben die in der Überschrift genannten Orte. Von Duisburg waren sie jedoch bis zum Jahre 1929 durch Grenzen verschiedenster Art getrennt.

Im Mittelalter bildete, nachdem Duisburg 1290 an Kleve verpfändet und allmählich de facto zur klevischen Stadt geworden war, die Südgrenze des Duisburger Gebietes gleichzeitig die Grenze des klevischen Territoriums, das hier mit dem bergischen zusammentraf. Die nunmehr zu behandelnden Orte lagen also nach damaligem Verständnis in einem anderen Land, dem der Grafschaft und seit 1380 dem Herzogtum Berg. Zwar hatte hier im Bereich von Angermund der Erzbischof von Köln noch lehnsherrliche Rechte, die aber keine praktischen Auswirkungen hatten.

Untere Verwaltungseinheit der unter Berücksichtigung der damaligen Verhältnisse doch beachtlich großen Territorien waren – wie wir schon öfter gesehen haben – die Ämter, hier das bergische Amt Angermund. In einer heute im Original nicht mehr vorhandenen Urkunde aus dem Jahre 1229 werden in Verbindung mit dem Stift Kaiserswerth drei Orte genannt: *Huckilheym* (Huckingen), *Kalikheym* (Kalkum) und *Mundelikheym* (Mündelheim). 1243 erscheint bereits die heutige Namensform; damals erhielt das Kloster Saarn einen Hof in Huckingen. Saarn hatte hier mehrere Höfe, darunter den Halfmannshof, der so hieß, weil der Pächter die Hälfte des Ertrages als Pacht abliefern mußte.

Der Steinhof, dessen namensgebender steinerner Wohnturm aus dem 11. Jahrhundert stammt und damit das älteste noch stehende Bauwerk auf Duisburger Boden ist, wird urkundlich erst im 15. Jahrhundert faßbar. Der erste bekannte Besitzer scheint ein Mitglied der Duisburger Familie Tack gewesen zu sein. Dann wurde der Hof dem Lambertusstift in Düsseldorf verkauft, in dessen Besitz er bis ins 19. Jahrhundert blieb.

Auch die Klöster und Stifte Hamborn, Kaiserswerth und Gerresheim waren in Hukkingen begütert. Der bekannteste Huckinger Hof, der (große) Biegerhof, war ein Lehnsgut des Grafen und Herzogs von Berg, das über längere Zeit an die Herren zu Broich vergeben wurde.

Kirchlich war Huckingen von Mündelheim abhängig, besaß aber eine eigene Kapelle, die eine Filialkirche der Mündelheimer Pfarre war. Diese, dem hl. Magnus geweihte Kapelle wird bereits 1289 urkundlich erwähnt. Patronatsherren waren die Herren von Broich. In der Zeit der Reformation neigten diese der neuen Religion zu und sorgten dafür, daß entsprechend gesonnene Prediger eingestellt wurden. Hierüber kam es zu jahrzehntelangen Streitereien, bis sich um die Wende zum 17. Jahrhundert doch wieder die katholische Religion durchsetzte.

Hat Huckingen das älteste Bauwerk aufzuweisen, so wird *Mündelheim* bereits wesentlich früher in den Urkunden genannt. 947 vermachte König Otto I. (836–973) dem Stift Gerresheim im Harz seine Besitzungen in „*Mundulingheim*". Eine Bestätigung dieser Schenkung aus dem Jahre 956 gibt uns die Namensform Mundilincheim. 1072 wird es zusammen mit Rheinheim und Serm genannt und als „villa", Hof oder Hofesverband bezeichnet. Möglicherweise waren die beiden anderen Orte oder Höfe inzwischen als „Ableger" Mündelheims entstanden.

Für die folgenden Jahrhunderte sind kaum Nachrichten zur Mündelheimer Geschichte überliefert. Vier größere Höfe sind bekannt; Der Ellerhof und der Schrappenberger Hof, beide landesherrliche Besitzungen, die ihre Abgaben an die landesherrliche Finanzverwaltung (Kammer) zu leisten hatten. Den Kreuzherrenhof erwarben 1471 die Düsseldor-

Der Steinhof in Huckingen neben einem Pfeiler der Hochbahn

fer Kreuzherren, durch die er zu seinem Namen kam, während der Klosterhof der Kölner Deutschordenskommende gehörte.

Die Mündelheimer Kirche, eine noch erhaltene dreischiffige spätromanische Pfeilerbasilika, stammt aus dem frühen 13. Jahrhundert, der Turm ist sogar noch älter, gehört also zu einem Vorgängerbau. Die Kirche ist dem hl. Dionysius geweiht, 1221 wird sie zum erstenmal genannt. Das Patronatsrecht hatte vor 1308 der Graf von Berg, der es dann jedoch dem Lambertusstift in Düsseldorf schenkte. Zwei Jahre später wurde dem Stift die Kirche

Die Kirche in Mündelheim

sogar inkorporiert. Die Einkünfte der Kirche waren so gut – 1552 gehörten ihr 75 Morgen Land –, daß der Pfarrer den der Kirche zustehenden Zehnten für seinen Lebensunterhalt nicht benötigte, sondern dieser dem Stift selbst überlassen werden konnte. Die Reformation ließ Mündelheim offenbar unberührt.

Als Teil von Mündelheim galt *Ehingen*, wo es zwei Höfe gab. Den Hof Eringen schenkte 1221 Erzbischof Engelbert I. von Köln, Graf von Berg, dem Kloster Gräfrath, das ihn 1452 an Eberhard von Overheid verkaufte, wonach er auch Overheider Hof genannt wurde.

Die frühe Nennung *Serms* im Jahre 1072 wurde schon erwähnt. Im 17. Jahrhundert zählt das Rentbuch der Kellnerei Angermund in der Honschaft Serm fünf Höfe auf. Von diesen war der frühere Eickhof (ten Eicken), dann nach einem Pächter Brockerhoff genannte, der landesherrliche Hof. Die Pächter dieses Hofes waren zugleich Bauermeister von Serm, Vorsitzer der Sermer Bauernbank (des dortigen Gerichtes) und Schöffen beim bergischen Hauptgericht Kreuzberg. Der Kesselshof wird bereits im Jahre 1313 genannt. Damals kam er in den Besitz eines Engelbert vom Bodellenberge, eines Vorfahren der Familie Bottlenberg genannt Kessel, die dem Hof und dem Gut Kesselsberg ihren Namen gab.

Kirchlich gehörte Serm wie auch Rheinheim zur Pfarre Mündelheim.

Rheinheim wird 1072 villa, noch im 17. Jahrhundert Honschaft genannt und hatte damals noch acht Bauernhöfe. Anfang des 13. Jahrhunderts hat das Stift Gerresheim zwei Höfe in Rheinheim, zu denen insgesamt 30 abhängige Bauernhöfe (Katstellen) gehörten, die z. T. auf der linken Rheinseite lagen. Der Äbtissinnenhof hatte ein eigenes Gericht mit einem Hofesschultheißen. Eine ritterbürtige Familie de Rinheym (von Rheinheim) verwaltete anscheinend in den ersten Jahrhunderten diesen Hof.

Wahrscheinlich war es die Gefährdung durch die immer wieder auftretenden Hochwasserfluten des Rheins, die die Rheinheimer Höfe im Laufe der Jahrhunderte bis auf einen verschwinden ließ.

In *Holtum* lassen sich bereits im 14. Jahrhundert zwei Höfe nachweisen, die im Besitz der Duisburger Familie Pauli (Pauwels) waren. Zumindest eines dieser Güter, der Walberg-Hof, wird an die Duisburger Johanniter verkauft, die sich 1426 in seinem Besitz befinden.

Großenbaum war ein Teil des Huckinger Gemarkenwaldes, genauer der Grindsmark. „An dem großen Baum", nämlich dem Schlagbaum einer bergischen Zollstelle, wird 1532 ein Wohnhaus erwähnt, das einem Jan Meypels und seiner Frau Bede gehörte. Das war der Anfang der späteren Siedlung.

In einer ähnlichen Verbindung wie die Einwohner der Duisburger Ratsdörfer zu ihrer Stadt standen die Einwohner von *Rahm* zu Angermund, das sich als Stadt zwar nicht mit Duisburg vergleichen konnte, aber als „Freiheit" und Sitz der landesherrlichen Kellnerei, der Finanzverwaltung, eine Vorortstellung gegenüber den umliegenden Dörfern und Weilern wahrnahm. Die Bewohner der Honschaft Rahm werden von der Angermunder Verwaltung als „auswendige Bürger" angesehen, die am Angermunder Gericht ihr Recht suchen mußten.

Kirchlich allerdings gehörten die Rahmer wie auch Angermund, wo es nur eine Kapelle auf dem Schloß gab, zu Kalkum und mußten an den dortigen Pfarrer ihren Zehnten abführen.

Anfang des 18. Jahrhunderts werden in Rahm 61 meist sehr kleine bäuerliche Besitzungen gezählt. Von ihnen gehörte der Brengershof dem Stift Kaiserswerth. 1418 entstand in Rahm auf Veranlassung des Herzogs von Berg eine Ölmühle, die durch den Rahmer Bach betrieben wurde und mit ihren Erträgen die Einkünfte des Angermunder Schlosses verbessern sollte.

Von den festen Häusern und Rittersitzen im Duisburger Süden wurde Haus *Angerort* als bergische Grenzfeste schon erwähnt. Weiter angeraufwärts, wo damals der Rahmer Bach in die Anger floß, liegt das Gut *Remberg*, früher ein Adelssitz, von dessen Befestigung noch die Gräben sichtbar sind. Das weiter südwestlich gelegene Haus *Böckum* ist auch heute noch als Wasserburg erkennbar. Erhalten ist noch die ehemalige Vorburg mit der Toreinfahrt des 17. Jahrhunderts.

Hart an der Duisburger Stadtgrenze liegt *Kesselsberg*, das zumindest seit dem 14. Jahrhundert von der bereits erwähnten Familie Bottlenberg bewohnt wurde. 1418 siegelt „Reynart van Boedelbergh gen. Kessel up dem Bergh" bei einer Urkunde mit. Die Aufsitzer des Gutes, das möglicherweise ursprünglich landesherrlicher Besitz war, gehörten zur ältesten Schicht der bergischen Ritterschaft.

Turm der mittelalterlichen Stadtmauer beim Schwanentor

Karl W. Lerch

Die frühe Neuzeit (ca. 1550 – 1830)

I Land und Leute

1. Die Landschaft als natürlicher Lebensraum

Zu Beginn der Neuzeit bis in die Zeit der Industrialisierung bot die Landschaft im Duisburger Raum einen wesentlich anderen Anblick als heute. In der damals noch natürlichen, von menschlichen Eingriffen weitgehend verschonten Landschaft war die Höhe des Bodens im Verhältnis zu den Wasserläufen das entscheidende Kriterium der Landschaftsgliederung. Lediglich auf der rechten Rheinseite erstreckte sich vom alten Ruhrufer bei Duissern an in südlicher Richtung längs des Rheines eine trockene, immer von Überschwemmungen freie Hochfläche. Sie reichte weit über das Hochfeld hinaus nach Süden bis zum Angerbach. Dieser Teil der alten Niederterrasse des Rheins, auf dem sich rund um den hochgelegenen Burgplatz im Mittelalter die Stadt Duisburg entwickelt hatte, war von Ackerland mit leichtem, sandigem Boden oder Heideflächen bedeckt, größtenteils aber von einem lockeren Mischwald aus Eichen und Buchen. Wie die Karte der Grafschaft Moers von Johann Mercator (geb. etwa 1562) aus dem Jahre 1591 erkennen läßt, zog sich dieser Wald noch im 16. Jahrhundert als geschlossene Fläche vom Schnabelhuck bis an den Rhein hin. Auch Johannes Corputius, der den ersten Duisburger Stadtplan zeichnete, berichtet 1566, daß der Wald die Stadt „mehr als zur Hälfte" umgebe, an einzelnen Stellen sei er „kaum mehr als vier oder fünf Wurfgeschoßweiten" von ihr entfernt. Wild wie Dachse, Füchse, Hasen, Kaninchen, Hirsche, Wildschweine und Wildkatzen bevölkere ihn in großer Zahl, auch ganze Herden wilder Pferde. Außerdem nennt er Garten- und Heilkräuter, die in großen Mengen im Walde wachsen.

Nach dem Dreißigjährigen Krieg ließ der Rat wegen der kriegsbedingten Schulden der Stadt den Wald auf dem Hochfeld abholzen, 1745 geschah das gleiche auf bergischem Gebiet mit dem Eichenbestand im Dreieck zwischen Sittardsberg und Eichelskamp westlich der Düsseldorfer Landstraße. 1770 wurde auf der Heide jenseits der Duisburger Landwehr von Friedrich II. die Kolonie Neudorf angelegt. Weitere umfangreiche Waldgebiete wurden dann im 19. Jahrhundert gerodet, um mehr Ackerland zu gewinnen oder Platz für neue Ansiedlungen zu schaffen. So gab es in der Buchholzer Mark seit dem 15. Jahrhundert nur einen einzigen Bauernhof, bis dann um 1820 der Wald niedergelegt wurde, Wanheimerort entstand nach der Rodung von 1842. Großenbaum, Wedau und Bissingheim folgten noch später. Wie sehr diese Eingriffe in die natürliche Landschaft den Lebensraum der Menschen veränderten, geht daraus hervor, daß um 1800 im Duisburger Stadtgebiet der Wald noch 2.100 Hektar Boden bedeckte, bis heute dagegen nur noch 1.400 Hektar übrigblieben. Während um 1800 auf einen Einwohner der Stadt 5.230qm Wald entfielen, waren es 1972 nur noch 30qm.

Ansicht von Ruhrort im Jahr 1587.

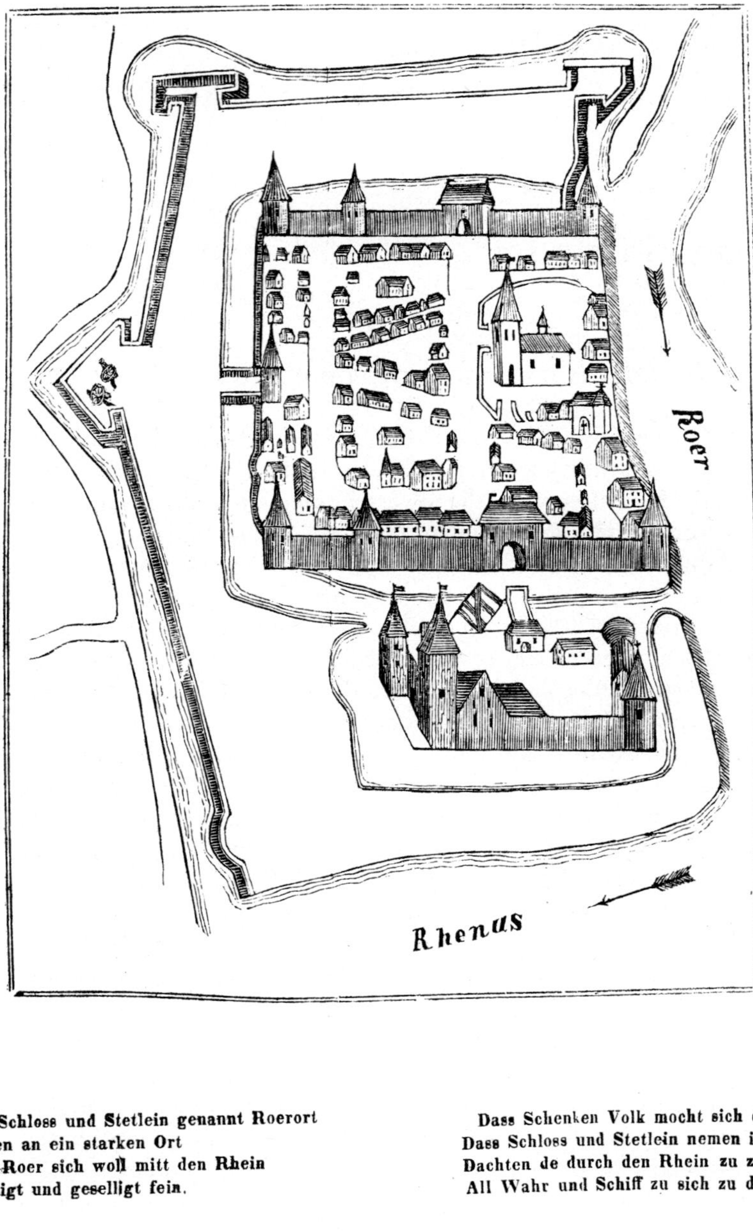

Ein Schloss und Stetlein genannt Roerort
Gelegen an ein starken Ort
Do de Roer sich woll mitt den Rhein
Vereinigt und geselligt fein.

Dass Schenken Volk mocht sich dahin
Dass Schloss und Stetlein nemen in
Dachten de durch den Rhein zu zwingen
All Wahr und Schiff zu sich zu dwingen.

Diss und gleich vill mehr ander bossen
Den Fürsten von Jülich sehr verdrossen
Belegert er das Ort alsbaldt
Durch seine und der Spanier Gewalt.

Zeihendt do von der fremde Gest
Geben dem Fürst sein Stat und Vest.
Anno December 1587.

Der weitaus größere Teil des heutigen Duisburger Stadtgebietes liegt jedoch um einige Meter tiefer als die Niederterrasse im Überschwemmungsgebiet von Rhein und Ruhr und bestand daher aus hochwassergefährdeten Feuchtgebieten. Im Süden gehörte nur der Bereich von der Anger bis Ehingen noch zur Niederterrasse; westlich des Rheins gab es vor dem Bau wirksamer Deiche nur wenige dauernd hochwassergeschützte Erhebungen, nämlich das Gebiet von Baerl, den Bereich von Homberg und Hochheide und schließlich Bergheim und Friemersheim. Im Norden waren trocken gelegen der Siedlungskern von Meiderich und die östlich daran sich anschließende Lipper Heide, Beeck und der Ostakker, Bruckhausen und Marxloh, sowie schließlich Hamborn, Schmidthorst und Neumühl. Alt-Walsum lag dagegen im Überschwemmungsgebiet. Die kleinen höher gelegenen Flächen wiesen Ähnlichkeit mit der Duisburger Hochfläche auf, da sie ebenfalls sandige Waldgebiete oder Heide bildeten. Johann Mercator zeigt in seiner Karte als charakteristische Beispiele dafür das Waldgebiet der Hees bei Baerl und den Homberger Busch, östlich des Rheins können neben der erwähnten Lipper Heide das Hamborner Holz und die Wittfelder Heide als Beispiele angeführt werden. Mit der Bezeichnung „die Gat" meint Mercator dagegen wohl eher ein inzwischen versumpftes Rheinbett zwischen Halen und Üttelsheim. Zu diesen Flußbetten zählen im Süden der Ungelsheimer Graben und ein Teil des Unterlaufes der Anger, im Westen das Essenberger Bruch, im Norden das Schwelgernbruch bei Alsum und ein altes, sich oberhalb von Ruhrort in nördlicher Richtung nach Alsum erstreckendes Tal, das die Emscher für ihren Unterlauf nutzte. Weitere Moor- und Sumpfgebiete im Norden waren das Schweinsbruch bei Bruckhausen und das Wittbruch zwischen Beeckbach und Röttgersbach.

Das Landschaftsbild in der Ruhrniederung und den Überschwemmungsgebieten der Rheinaue müssen wir uns wohl sehr ähnlich dem einer Marsch vorstellen. Die häufigen Hochwasser mit ihren starken Strömungen, dem Treibgut und winterlichen Eisgang ließen außer Weiden einen Baumwuchs kaum zu. Der Boden war infolge der Ablagerungen teils sandig, zum Teil aber auch schwer und feucht, so daß eigentlich nur Gras auf ihm wuchs. Saure Wiesen und von Überschwemmungen zurückgebliebene Tümpel und Kolke waren weithin anzutreffen.

Besonders im Duisburger Norden wurde die Landschaft von ungebändigten Bächen und Flüssen geprägt, die wie die Emscher in vielen Windungen und Schleifen durch sumpfige Niederungen flossen und mit ihren regelmäßigen Hochwässern Felder und Weiden überschwemmten. Das beeindruckendste Beispiel hierfür ist die fast amphibisch anmutende Ruhraue zwischen Duisburg und Meiderich. Noch um 1560 floß die Ruhr weit nördlich nahe an Meiderich und Lakum vorbei. In einem scharfen Bogen wandte sie sich dann südwärts dem Kaßlerfeld zu und floß von da ab nach Nordwesten, bis sie bei Ruhrort den Rhein erreichte. In seiner um 1580 entstandenen Karte des Ruhrmündungsgebietes zeigt Arnold Mercator (1536 – 1587) dann, daß der Fluß sich inzwischen in zwei Arme aufgespalten hatte. Während der nördliche Hauptarm Meiderich verlassen hatte, aber noch immer unmittelbar an Lakum vorbeifloß, trennte sich in einiger Entfernung vor Lakum ein Nebenarm von ihm ab, der sich nach Süden auf Duisburg zu bewegte und kurz vor der Mündung des Dickelsbaches in ein altes Bett des Rheines eintrat. Von hier ab bildeten die zwei Arme der Ruhr mit den Altwassern des Rheins ein weitverzweigtes System von Inseln und Halbinseln, die als das „Netwerk" bezeichnet wurden. Eine der hier gelegenen Feldfluren war als der „Kiffert" bekannt. Das Gelände der Ruhraue wurde regelmäßig von den Hochwassern des Rheines und der Ruhr überschwemmt und häufig verändert zurückgelassen, so daß die Fluren ständig neu vermessen werden mußten. Auf der Karte der Grafschaft Moers von Johann Mercator ist dann bereits deutlich zu erkennen, daß in den 80er Jahren der südliche Nebenarm der Ruhr, wahrscheinlich nach einer sol-

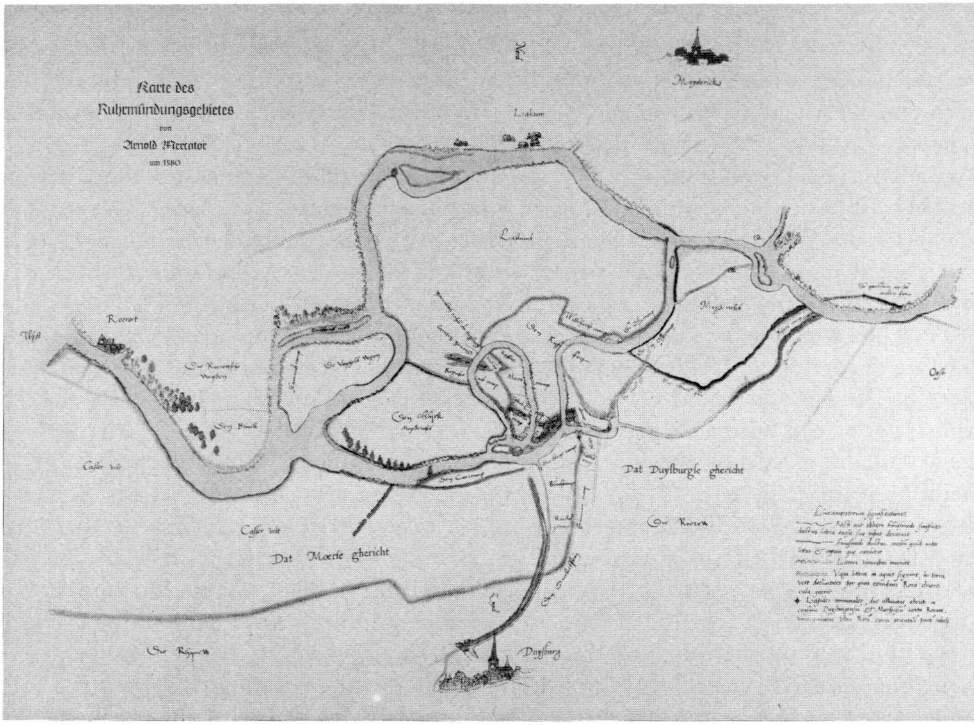

Karte des Ruhrmündungsgebietes, um 1580, von Arnold Mercator

chen Überschwemmung, zum Hauptarm geworden war. Zu Beginn des 18. Jahrhunderts war die Ruhrverlagerung so weit fortgeschritten, daß der nördliche Flußlauf zu einem bachartigen Rinnsal verkümmerte, während die nun südlich nahe bei Duisburg verlaufende Ruhr ein breites Wirrwarr von Inseln, Sandbänken und Nebenästen bildete. Mit der Kanalisierung der Ruhr und dem Bau der Hafenbecken seit dem 19. Jahrhundert verschwand diese für Menschen und Vieh gefährliche, aber sicher auch anziehende Flußlandschaft.

2. Die Bauern auf dem Wege zum freien Eigentum

Die Menschen, die im Duisburger Raum lebten und arbeiteten, wurden durch die natürlichen Gegebenheiten ihres Siedlungsraumes vor eine Reihe von Problemen gestellt, die sie überwinden mußten. Für die in den Niederungsgebieten Wohnenden war der Schutz vor dem Wasser eine besondere Notwendigkeit, nicht nur, weil Überschwemmungen das Leben von Menschen und Tieren gefährdeten, sondern auch, weil sie die Felder und Weiden fortrissen oder mit Sand und Kies bedeckten und so auf lange Zeit oder gar auf Dauer unbrauchbar machen konnten. Andererseits konnten sie „durch den zurückgebliebenen Schlamm noch wohl gar gebeßert" werden, wie uns der Schulmeister von Hochemmerich nach dem Hochwasser von 1784 berichtet. Aufgrund der Bodenbeschaffenheit ergaben sich klare Unterschiede bei der landwirtschaftlichen Nutzung der Hochfläche und des Niederungsgebietes. Auf den höher gelegenen Böden herrschte der Ackerbau, das heißt die Erzeugung von Getreide und Gemüse, bei weitem vor; noch 1909 wurde im Bezirk

Huckingen der Boden zu 43,2% als Ackerland und nur zu 5,3% als Wiese und Weide benutzt. Daneben war der Wald für die Landwirtschaft von großer Bedeutung. In den Auelandschaften und Bruchgebieten dagegen bestand der größere Teil des Bodens aus Grünland, welches vor allem der Viehhaltung diente.

Da auf den Hochflächen Wald und Heide, in den Niederungen die Feuchtgebiete den Siedlungsraum beschränkten, war die Bevölkerungszahl im ländlichen Raum zu Beginn der Neuzeit sehr gering und wuchs auch nur sehr langsam. So wies zum Beispiel noch im Jahre 1798 die gesamte Bürgermeisterei Friemersheim erst 1.248 Einwohner auf, Hochemmerich 1.038. Das heute nicht mehr bestehende Dort Alsum umfaßte 1727 36 Wohnhäuser, darunter größere Güter und kleine Kotten; in Mündelheim lebten im Jahre 1801 in 93 Familien insgesamt 546 Personen. Verschiedentlich wurde durch das Erbrecht der Besitz unter die Kinder aufgeteilt (Realteilung), wodurch zwar die Zahl der Hofstellen zunahm, aber kaum die Bevölkerung. Durch die Erbteilung nahm natürlich die Betriebsgröße der einzelnen Höfe ab. Ein Vergleich der Ratsdörfer Wanheim und Angerhausen macht die Besitzzerstückelung deutlich. In Wanheim bestanden um 1750 bereits 45 Wohnhäuser für 347 Einwohner; durch weitere Erbteilungen im Laufe des 18. Jahrhunderts entwickelten sich die Anwesen zu Kleinsthöfen, die Katen oder Kotten genannt wurden. In Angerhausen dagegen, wie auch im Norden und Westen des Duisburger Raumes, galt das Anerbenrecht, nach dem die Höfe ungeteilt an eines der Kinder, entweder den ältesten oder den jüngsten Sohn, weitergegeben wurden. Daher bestanden in Angerhausen um 1750 lediglich acht große Höfe. Im Falle einer Erbschaft wurde jedoch nicht der Hof an sich, sondern lediglich ein Anrecht auf seine Nutzung weitervererbt, da der Boden ja grundsätzlich einem Grundherrn gehörte, der den Bauern das Land gegen Abgaben und Dienstleistungen zur Bearbeitung überließ. Die Formen und Bedingungen, unter denen dies geschah, waren im einzelnen sehr unterschiedlich, jedoch war am Niederrhein die Lage der Bauern insgesamt weit besser als etwa in den östlich der Elbe gelegenen Gebieten Preußens, wo sich die Grundherrschaft zur Gutsherrschaft entwickelt hatte und die gutsuntertänigen Bauern fast wie Leibeigene behandelt wurden.

Zu den größten Grundherren im Duisburger Raum gehörten das Hamborner Prämonstratenserstift und die Reichsstifte Essen und Werden sowie die adligen Herren von Meiderich. Der Grundbesitz der Abtei Hamborn lag hauptsächlich nördlich der Ruhr; über den eigentlichen Hamborner Bereich hinaus gehörten auch Höfe in Beeck, Meiderich, Binsheim und Baerl dazu. Insgesamt umfaßte er 72 Höfe und größere Kotten. Die Einkünfte, welche die Abtei davon bezog, bestanden zum einen in den Pachtzahlungen der Bauern, zum anderen in Abgaben an die Hamborner Pfarrkirche, die ebenfalls im Besitz der Abtei war. Dieser „Kirchenzehnte" bestand aus dem „Garbenzehnten", also einem Zehntel der Getreideernte, und dem „blutigen Zehnten", einer Abgabe von lebenden Tieren. Andernorts, z.B. in Rahm, wurde von der Pfarrkirche auch der sogenannte „Rottzehnte" erhoben, eine Abgabe auf alles gerodete Land oder unter den Pflug genommene Weideland. Ähnlich waren die Verhältnisse beim Grundbesitz des Stiftes Essen, der vom Oberhof Beeck aus verwaltet wurde. Wie auch bei der Hamborner Abtei bildeten alle zum Grundbesitz des Stiftes Essen gehörenden Bauernhöfe einen Hofesverband mit eigener Gerichtsbarkeit, die zunächst der jeweilige Inhaber des Oberhofes als Schulte ausübte. Der Essener Grundbesitz umfaßte neben dem Oberhof zwei weitere Schultenhöfe sowie 32 Unterhöfe. Im Meidericher Raum gehörten den Herren von Quadt-Wickrath, die seit 1669 auf Haus Hagen residierten, um 1730 rund 450 holländische Morgen Land, darunter 13 Höfe in Dümpten. Der Rest der insgesamt 2.123 Morgen des Kirchspiels gehörte zum größten Teil verschiedenen Stiften und Klöstern oder war im Besitz des Herzogs von Kleve.

Daß am Niederrhein die Lage der Bauern trotz ihrer Abhängigkeit von den Grundherren besser war als in den meisten anderen Teilen Deutschlands, hatte verschiedene Ursachen. Zum einen liegt es sicherlich daran, daß die Abgaben an die Grundherren seit dem Spätmittelalter zum größten Teil aus festen Geldbeträgen bestanden, kaum noch in Anteilen an der Ernte. Dies war zunächst von den Grundherren betrieben worden, die an regelmäßigen Geldeinkünften mehr als an Naturalien interessiert waren; da diese einmal festgelegten Zahlungen jedoch häufig unverändert blieben und durch die fortschreitende Geldentwertung leichter aufzubringen waren, belasteten sie die Bauern nicht mehr so stark. Dazu kam noch, daß das ganze 16. Jahrhundert hindurch bis in die Zeit des Dreißigjährigen Krieges die Preise für landwirtschaftliche Erzeugnisse schneller stiegen als die Geldentwertung, die Einkünfte der Bauern also wuchsen.

Vielleicht noch wichtiger war jedoch die Rechtsform, in der die Übertragung der Höfe an die Bauern erfolgte. In der ursprünglichen Form der Grundherrschaft wurde die Landübertragung sofort aufgehoben, wenn der Bauer oder der Grundherr starben; in beiden Fällen fiel das Land an den Grundherrn oder seine Erben zurück und der Bauer oder dessen Erben hatten keinerlei Rechtsanspruch darauf, den Hof weiter bewirtschaften zu können. Ein Rest dieser Rechtsverhältnisse ist noch in der sogenannten „Kurmede" zu erkennen, einer Abgabe an den Grundherrn beim Tode des Bauern oder seiner Frau, die beispielsweise vom Gatermannshof in Alsum gezahlt werden mußte. Mit dem Beginn der Neuzeit setzte sich jedoch in immer stärkerem Maße eine Form der Landvergabe durch, die man als Erbpacht bezeichnen könnte. Besonders das Hamborner Stift scheint häufig diese moderne Rechtsform gewählt zu haben, die dem Bauern und seiner Familie ein verhältnismäßig gesichertes Besitzrecht, wenn auch noch kein Eigentumsrecht gewährte. Ein Beispiel hierfür bietet der Kolkerhof in der Ruhraue auf der Grenze zwischen Duisburg, Meiderich und Mülheim. Wie die meisten Güter, die zum Grundbesitz der Abtei gehörten, galt er als sogenanntes „Leibgewinnsgut". Der Hof wurde nämlich seit 1583 auf Lebenszeit einem Pächter übertragen oder „in Gewinn gegeben", wobei gleichzeitig diesem das Recht auf Erbfolge in der Familie vertraglich zugesichert wurde. In der Regel wurden bei der Besitzübertragung, der sogenannten „Behandigung", Mann und Frau gleichzeitig als Pächter in die Urkunde eingetragen, so daß auch nach dem Tode des Mannes die Witwe den Hof weiterführen konnte. Es war auch möglich, das Erbrecht der Kinder auf diese Weise zu sichern, selbst wenn das Ehepaar bei der Behandigung noch keine Kinder hatte. Bei jeder Behandigung, auch wenn die zugesicherte Erbfolge eintrat, mußte jedoch eine Abgabe, der sogenannte „Vorgewinn" entrichtet werden, dessen Höhe mindestens dem Wert der Pachteinnahmen eines Jahres entsprach. Als jährlich zu entrichtende Abgaben verlangte das Stift einerseits einen festen Geldbetrag, andererseits aber auch Korn-Abgaben, die wohl für die Versorgung der Ordensmitglieder bestimmt waren. Auch hierfür wurden normalerweise bestimmte Mengen festgesetzt; daß vom Kolkerhof die „dritte Garbe", also ein Drittel der Getreideernte, verlangt wurde, ist eine Ausnahme. Außerdem mußte der Hof der Abtei zu bestimmten Terminen einige Schweine, Hühner, Eier, Weißbrot, gelegentlich auch einen Hammel oder ein Lamm, sowie verschiedene andere Naturalien liefern. Zwei- bis viermal im Jahr war der Bauer zu Fuhrdiensten mit eigenem Pferd und Wagen verpflichtet. Der Steinschenhof in Baerl, dessen Eigentümer die Grafen von Moers waren, wurde zu Beginn des 17. Jahrhunderts unter sehr ähnlichen Bedingungen verpachtet, auch die Abgaben gleichen denen des Kolkerhofes, nur daß bei den Getreidelieferungen feste Mengen vereinbart waren. Bei beiden Höfen wurde im Falle von Mißernten, Unwettern oder Hochwasser die Pacht in der Regel herabgesetzt.

Schlechter als im klevischen Norden und Westen scheinen dagegen die Pachtbedingungen für die Bauern im bergischen Süden Duisburgs gewesen zu sein. So galt der Pächter des dem Kloster Saarn gehörenden Halfmannshofes in Huckingen als „Halfwinner", das heißt als Bauer, der die Hälfte seiner Ernte an den Grundherrn abgeben muß. Ein Verzeichnis der Abgaben dieses Hofes aus dem 18. Jahrhundert zeigt jedoch, daß die Pacht in Wirklichkeit nicht so hoch war, sondern nur festgesetzte Mengen verlangt wurden. Der Hof wurde jedoch nur für jeweils 12 Jahre vergeben und mußte dann gegen die übliche Abgabe neu verpachtet werden. Auch die vier sogenannten „freien" Höfe in Mündelheim, die nur den halben Zehnten zahlten, wurden alle 12 Jahre neu in Pacht gegeben, wobei jedesmal ein „Gewinngeld" von 50 Reichstalern fällig war.

Umso erstaunlicher ist es, daß schon recht früh zunächst einzelne, dann immer mehr Höfe im Norden und Westen zum freien Eigentum ihrer bisherigen Pächter werden. Der Heintgeshof in Vohwinkel, dem ertragreichsten Boden in Meiderich, war bereits zu Beginn des 17. Jahrhunderts erbliches Eigentum; der Eigentümer pachtete zusätzliches Land von den Herren zu Meiderich, dem Hamborner Stift und der Meidericher Pfarrkirche. Der Pächter des Klennenhofes in Dümpten kaufte 1732 zunächst die eine, 1744 dann die andere Hälfte seines Hofes; ebenso erwarb der Pächter des Beekmannshofes diesen 1787 von den Herren zu Meiderich. Bereits 1734 waren im Meidericher Kirchspiel rund 500 holländische Morgen Land im Eigentum von Bauern, also mehr als der Grundbesitz der Herren von Meiderich. Ähnliches geschah in Baerl, wo 1777 der Freiherr von Driesch den letzten stark verschuldeten Rest des Besitzes der früheren Herren von Baerl an die größeren Bauern verkaufte.

Preis- und Lohnentwicklung in Deutschland, 1501/25 - 1601/25
(25 Jahresdurchschnitte in Silberäquivalenten der Münzsummen; 1501/25 = 100)

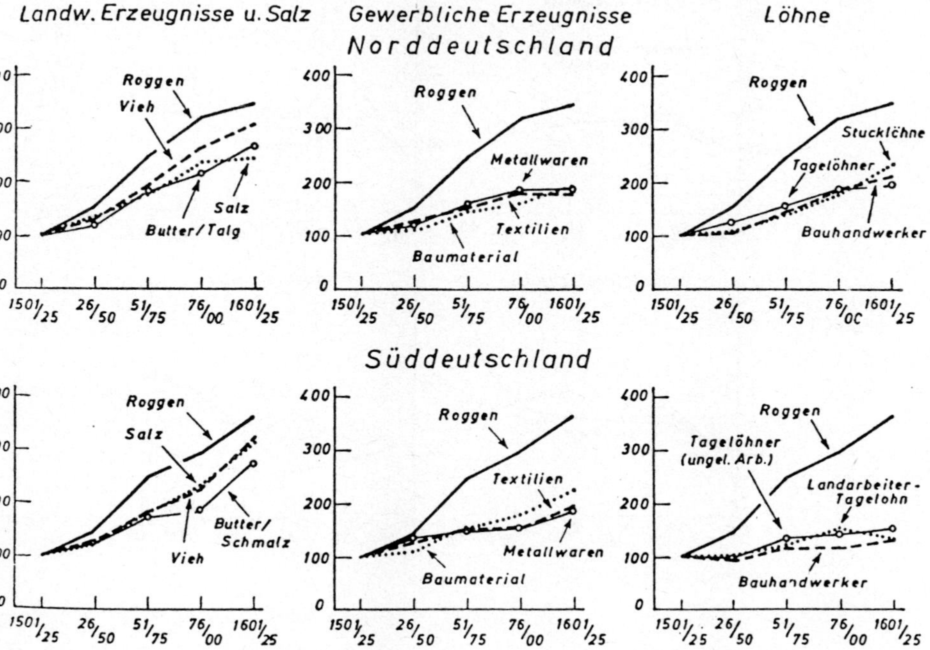

Getreidepreise in Mitteleuropa 1626 – 1750

(25 jährige Durchschnitte, Gramm Silber je 100 Kilogramm)

1626 – 1650 = 100

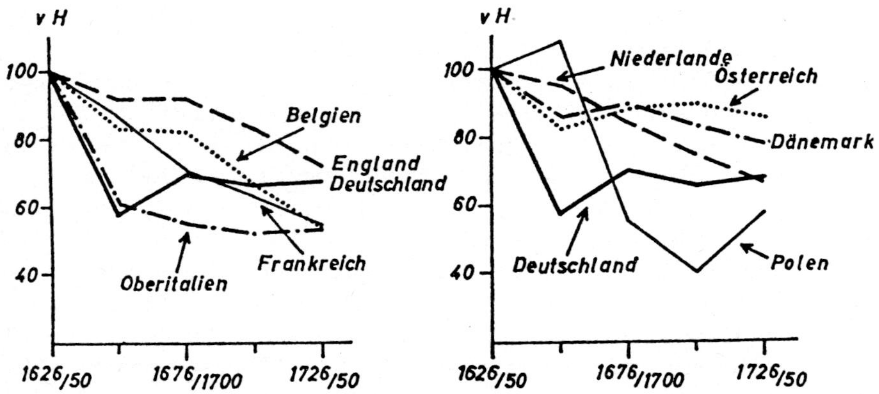

Preis- und Lohnentwicklung in Deutschland 1751/60 – 1801/10

(Silberäquivalente der Münzsummen, 1751/60 = 100)

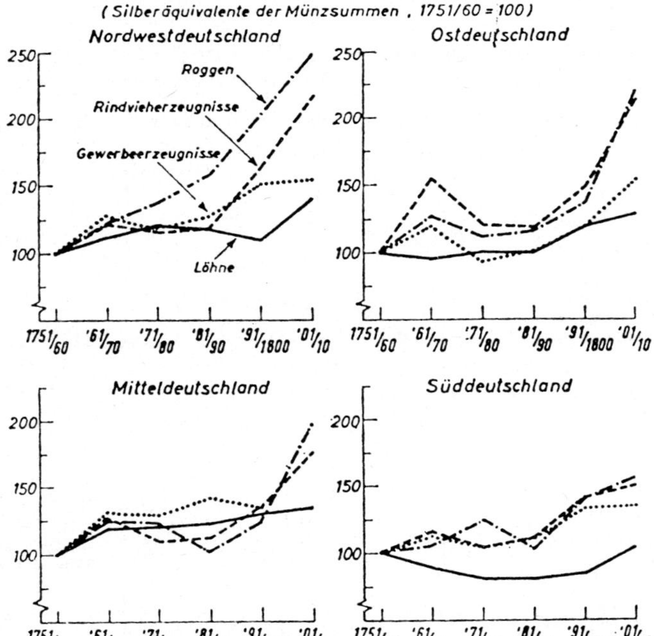

Gerade das letztgenannte Beispiel mag bezeichnend sein für die Umstände, durch welche die Bauern das Eigentum an ihren Höfen erwarben. Auch in Meiderich könnte in schlechter Wirtschaft und Verschwendung adliger Grundherren die Ursache für den Landverkauf an die Bauern gelegen haben. Doch reicht diese Erklärung nicht aus, da die Bauern ja immerhin noch ein beträchtliches Kapital für den Erwerb ihrer Höfe aufbringen mußten. Eine Statistik der Getreidepreise in Mitteleuropa zeigt, daß seit dem Dreißigjährigen Krieg die Getreidepreise in Deutschland stark absanken und bis in die Mitte des 18. Jahrhunderts unter dem Vorkriegsniveau blieben. Erst danach, als sich die Bevölkerungsverluste wieder ausgeglichen hatten und ein allgemeiner Wirtschaftsaufschwung einsetzte, stiegen auch die Preise für landwirtschaftliche Erzeugnisse wieder bis zum Ende des Jahrhunderts stark an. Hinzu kam noch, daß die Bauern durch eine erhebliche Verbesserung der Anbaumethoden die Menge ihrer Erträge steigern konnten, also schon bei niedrigen Preisen gute Einkünfte verzeichneten. Der Niederrhein gehörte schon früh zu jenen Gebieten Deutschlands, in denen die intensivsten Formen der Bodennutzung betrieben wurden. Im 18. Jahrhundert setzte sich dann weithin die verbesserte Dreifelderwirtschaft durch, bei der nicht mehr ein Teil des Bodens zur Erholung einfach brach lag, sondern nun mit Futterpflanzen, vor allem mit Klee, besät wurde. Dadurch konnte das Vieh besser ernährt und der Viehbestand erhöht werden; gleichzeitig wurde mit dem so gewonnenen Dünger der Ernteertrag der Äcker gesteigert. Wir können also wohl davon ausgehen, daß zumindest die größeren Bauern des Duisburger Raumes im 18. Jahrhundert über einen gewissen Wohlstand, ein verhältnismäßig sicheres Besitzverhältnis und ein entsprechendes Selbstbewußtsein verfügten.

Dieses Selbstbewußtsein stützte sich auch darauf, daß die Bauern bei der Regelung ihrer alltäglichen gemeinsamen Angelegenheiten in der Regel weitgehend selbständig waren. Die häufig verstreut liegenden Einzelhöfe waren zu Bauerschaften oder „Honschaften" zusammengefaßt, die in den sogenannten „Bauernbänken" ihre eigenen Gerichte hatten. Unter Vorsitz eines gewählten Bauermeisters suchten sie Streitigkeiten um Flurschäden, Weiderechte oder die Nutzung des Gemeindelandes, der Allmende, einvernehmlich zu regeln. Wer verurteilt wurde und das Urteil annahm, zahlte eine oder mehrere Kannen Bier oder Wein, die dann gemeinsam geleert wurden. Selbst im grundherrlichen Hofesgericht des Hofesverbandes der Hamborner Abtei hatten die Bauern ein Mitspracherecht bei Auseinandersetzungen um die Pacht oder die Vergabe von Höfen. Sogar eine im engeren Sinne politische Mitwirkung war ihnen möglich. Im Herzogtum Kleve wurde jährlich in den Kreisen ein „Erbentag" abgehalten, in den einzelnen Pfarrbezirken „Kirchspieltage", auf denen die Bauern zusammen mit dem örtlichen Adel und den Beamten die vom Landtag bewilligten Steuern auf die einzelnen Orte und Bauerschaften verteilten und Steuern für lokale Zwecke, zum Beispiel den Wege- und Deichbau, bewilligten.

Gemeinsame Angelegenheit war auch die Nutzung des Duisburger Waldes, der für alle Berechtigten von großer wirtschaftlicher Bedeutung war. Der der Stadt Duisburg gehörende Teil des Waldes war einer begrenzten Zahl von Bürgern, den sogenannten Walderben, zur gemeinsamen Nutzung überlassen; im bergischen Gebiet galt der Wald als Allmende, deren Nutzung in Genossenschaftsanteilen, den sogenannten Marken, erfolgte. Da aber auch hier nur die „Beerbten", also Inhaber eines Pachtgutes oder eines freien Eigentums, Nutzungsrechte an den Marken erhielten, war der Unterschied nicht so groß. In beiden Gebieten gestattete man jedoch in der Regel der ärmeren Bevölkerung, Leseholz und Laub zu sammeln und Rasenplaggen zu stechen, in guten Eicheljahren wurde ihr auch erlaubt, die Schweine zur Mast in den Wald zu treiben, dies allerdings nur gegen ein Entgelt.

Eine Besonderheit des Duisburger Waldes stellt das Wildpferdegestüt dar, das der Herzog von Berg als Inhaber des Forstmeisteramtes unterhielt. Er besaß das Recht, wilde Pferde zu halten und einzufangen. Zu diesem Zweck wurden im Walde lange Seile gespannt, an die man große Tücher hängte, die sogenannten „Lappen". Die Seile bildeten einen in Richtung auf die Pferde offenen spitzen Winkel, einen Trichter, an dessen Ende sich der Durchlaß zum Gatter befand. Die Pferde wurden nun unter lautem Geschrei in den Trichter getrieben und sollten dann, von den Tüchern erschreckt, an den Seilen entlang in das Gatter laufen; es kam aber auch häufig vor, daß die Tiere „durch die Lappen" gingen.

Zu jedem bäuerlichen Betrieb gehörten bis weit in die Neuzeit hinein eine Reihe von handwerklichen Nebenbeschäftigungen wie zum Beispiel Spinnen und Weben des selbst angebauten Flachses oder der Wolle eigener Schafe, mit denen der Alltagsbedarf des Hofes gedeckt wurde. Daneben gab es im ländlichen Raum aber auch einige Ansätze zu gewerblich-frühindustrieller Produktion, die zum Teil in Zusammenhang mit der Landwirtschaft standen. Hierzu zählen die Mühlen, die sich besonders an der Emscher konzentrierten. Zwischen der „neuen Mühle" in Neumühl und Stockum bei Beeck zählte man zeitweilig 10 Wassermühlen. Die der Abtei Hamborn gehörende, inzwischen restaurierte „neue Mühle", später „Morians Mühle" genannt, war ebenso wie die aus dem 17. Jahrhundert stammende Sandmühle an der Anger in Huckingen eine Getreidemühle, für die ein Mahlzwang bestand. Im weiten Umkreis waren die Bauern verpflichtet, ihr Korn

Alte Papiermühle an der Emscher

hier mahlen zu lassen. Dies galt auch für die heute noch bestehende Lohheider Windmühle in Baerl. Die Müller durften hier für ihre Arbeit ein Sechzehntel des Mehles behalten; da es zunächst noch keine Mehlwaagen gab, kamen sie – sicher oft zu Recht – in den Verdacht, die Bauern zu betrügen. Die Wittfelder Mühle an der Emscher war ursprünglich ebenfalls eine Kornmühle, wurde dann aber zu einer Sägemühle umgebaut. Die seit dem 15. Jahrhundert bestehende Ölmühle in Rahm stand ebenfalls noch in enger Beziehung zur Landwirtschaft, was sich mit Einschränkungen auch über die in Rönsberg an der Emscher erbaute Walkmühle der Abtei Hamborn sagen läßt. In ihr wurde Wolle zu Filz verarbeitet. Der gewerblichen Produktion sind dagegen zuzurechnen die Papiermühle, welche die Abtei 1764 auf Beecker Gebiet errichtete, sowie die 1650 in Betrieb genommene Kupfermühle des Freiherrn von Sparr an der Emscher in Meiderich. Diese Anlage bestand aus einigen Schmelzöfen und einem Hammerwerk und verarbeitete Galmeierze aus der Grafschaft Mark. Wie lange sie in Betrieb war, ist nicht bekannt.

Da für die Arbeit in der Kupfermühle überwiegend Fachkräfte benötigt wurden, wird die Landbevölkerung wenig damit in Berührung gekommen sein. Anders verhielt es sich wohl mit der Erzgewinnung in den Hamborner Bruchgebieten. Bereits 1618 vergab der Herzog von Kleve eine Konzession für den Abbau von Raseneisenerzen im Hamborner Raum, welche in den sumpfigen Niederungen häufig gleich unter der Grasnarbe zu finden waren. Die Erze wurden in einem Mühlheimer Schmelz- und Hammerwerk verarbeitet. Auch hierüber gibt es zunächst keine weiteren Nachrichten, am Ende des 18. Jahrhunderts betrieb man in Hamborn jedoch wieder Raseneisengewinnung für die Sterkrader Hütte. Bemerkenswert ist auch die in der Gegend von Rahm in der Drucht an der Grenze zu Lintorf seit 1404 belegte Kalkbrennerei. Der Kalk wurde zu einem großen Teil über den Kalkweg nach Duisburg geliefert.

Durch die Flußläufe boten sich der Landbevölkerung weitere Erwerbsquellen. Die Bewohner von Lakum konnten noch um 1580 in der Ruhr fischen und sich mit kleinen Fahrzeugen an der Schiffahrt beteiligen. Wie die Meidericher stellten sie Pferde, mit denen die Kähne ruhraufwärts gezogen wurden. Nach der Ruhrverlagerung am Ende des 16. Jahrhunderts fiel jedoch dieser Verdienst fort. Für Meiderich ist am Ende des 18. Jahrhunderts sogar der Schiffsbau belegt, doch wird es sich dabei wohl nur um kleinere Boote gehandelt haben.

3. *Die Städte in wirtschaftlicher Stagnation*

Im heutigen Duisburger Stadtgebiet hatten sich zwei städtische Siedlungen entwickelt: die alte Reichsstadt Duisburg und die „Freiheit" Ruhrort. Ruhrort blieb bis weit in das 18. Jahrhundert hinein eine verhältnismäßig unscheinbare Siedlung. Auf der Ansicht Ruhrorts, die Wenzel Hollar (1607–1677) im Jahre 1632 zeichnete, steht daher auch das etwas

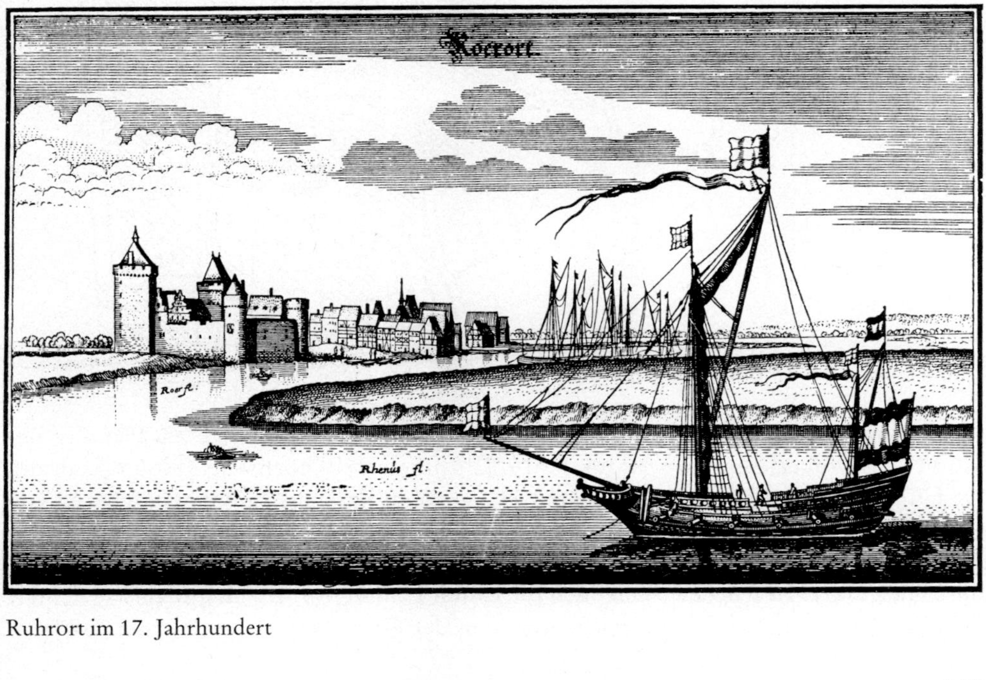

Ruhrort im 17. Jahrhundert

verfallene Schloß, die ehemalige Zollstätte, ganz eindeutig im Vordergrund, das ja auch andere Rheinreisende weit mehr beeindruckte als die Stadt daneben. Die Radierung verdeutlicht Ruhrorts gefährdete Lage an der Mündung der Ruhr in den Rhein. Wegen seiner erkennbar geringen Höhenlage war Ruhrort niemals hochwasserfrei. Der Rhein und vor allem die schnellfließende Ruhr richteten häufig Schaden an; 1652 wurde das Schulhaus fortgespült, 1656 stürzte der bis dahin noch erhalten gebliebene Turm des Kastells ein. Die anderen Teile des Schlosses waren bereits in den Jahren 1636 bis 1640 abgerissen worden, weil es sich als unhaltbar erwiesen hatte.

Zu Beginn des 18. Jahrhunderts hatte man die Ruhr umgeleitet, da sie große Teile des Stadtgebietes abzutragen drohte, nach 1770 mußte man sie wieder verlegen, als sie dabei war, sich in einiger Entfernung von Ruhrort einen neuen Durchbruch zum Rhein zu schaffen. Erst um die Jahrhundertwende, in den Jahren 1796 bis 1802, wurde der sogenannte Kettelbrinksche Damm angelegt, der eine einigermaßen sichere Landverbindung zur hochwasserfreien Niederterrasse in Richtung auf Meiderich ermöglichte. Bis dahin war Ruhrort häufig durch das Hochwasser völlig abgeschnitten. Die Umgebung der Stadt, die Ruhrorter Feldmark, bestand aus Wiesen und Weiden, auf denen die Einwohner ihr Vieh hielten. Die Landwirtschaft war jedoch nur ein Nebenerwerb.

Ruhrort behielt bis weit in das 18. Jahrhundert hinein ein mittelalterliches Aussehen. Hinter einem Wassergraben und einer niedrigen Mauer mit fünf Toren, die sich nur auf der Landseite um die Stadt herumzog und notdürftig unterhalten wurde, erhoben sich besonders zur Ruhr hin in verwinkelter Bauweise kleine Fachwerkhäuser und zwischen ihnen Schuppen und Scheunen. Nur im Norden der Stadt war die Bebauung regelmäßiger und weiträumiger. Im nördlich gelegenen Weidetor befand sich seit 1663 über dem Durchgang die Ratsstube. Das von der Mauer und der Ruhr begrenzte Stadtgebiet von

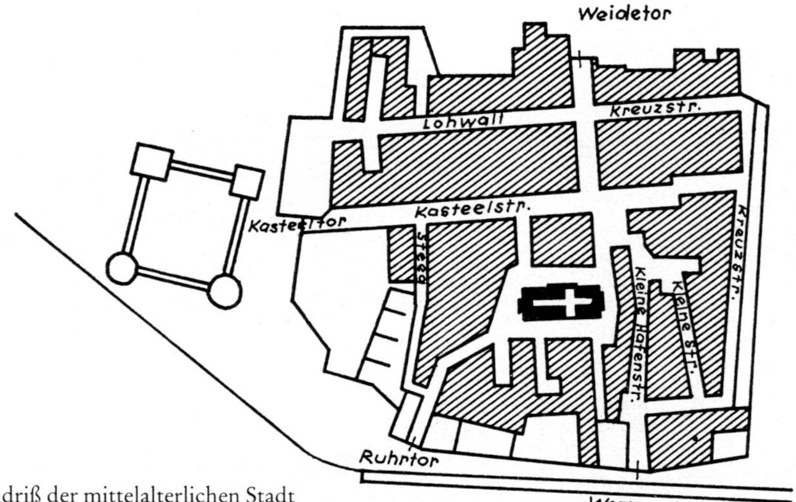

Ruhrort, Grundriß der mittelalterlichen Stadt

115x120m war vom 16. bis in die Mitte des 18. Jahrhunderts mit etwa 100 Häusern bebaut. Die Bevölkerungszahl wird für das 16. Jahrhundert auf höchstens 480, am Ende des 17. Jahrhunderts auf etwa 500 geschätzt. Die erste regelmäßige Einwohnerzählung von 1722 ergab eine Zahl von 532 Einwohnern. Danach fiel rund ein Zehntel der Bevölkerung einer Pockenepedemie zum Opfer, andererseits stieg aber auch die Zahl der Zuwanderer allmählich an. 1756 wurden schließlich die ersten Häuser vor der Stadtmauer errichtet, darunter das heute noch bestehende Stammhaus der Firma Haniel in der Hafenstraße.

Stammhaus der Firma Haniel in Ruhrort

Die Einwohner Ruhrorts fanden ihren Lebensunterhalt von Anfang an durch das Wasser. Sie waren zunächst Fischer und auch Handwerker und unterhielten wie die Bewohner Lakums eine bescheidene Schiffahrt. Schon 1563 wird erstmals von der Verladung märkischer Kohle aus dem Raum Witten und Hagen in Ruhrort berichtet, daneben werden bald auch landwirtschaftliche Erzeugnisse aus der Grafschaft Mark, Salz aus Unna sowie Textilien und Eisenwaren aus dem Bergischen Land in Ruhrort in Rheinschiffe umgeschlagen. Bereits 1665 ist die Schiffergilde mit 81 Mitgliedern als einzige Zunft in der Stadt belegt, der alle angehören mußten, die mit der Schiffahrt zu tun hatten, also auch Handwerker wie die Schiffsbauer oder die kleinen Kaufleute. 1712 wurde vor dem Kasteeltor, an der Stelle der späteren Schifferbörse, die erste Helling für den Schiffsbau angelegt. Da die Ruhrkähne und Rheinschiffe bisher immer in der offenen Ruhr vor der Stadt ankern mußten und dabei gefährlichen Strömungen ausgesetzt waren, ließ der Magistrat 1715 in dem wenige Jahre zuvor abgeschlossenen Ruhrarm ein 20m breites und 250m langes Becken als Hafen ausheben. Dieses mußte jedoch ständig vor der Versandung geschützt werden, und schließlich war trotz aller Mühen die Einfahrt für Rheinschiffe bald kaum mehr passierbar.

Trotz der offensichtlichen Zunahme der Schiffahrt kann man nicht davon sprechen, daß Ruhrort bereits einen bedeutenden Wirtschaftsaufschwung erlebt hätte. Dies zeigt sich auch in der Einschätzung der Finanzkraft der Stadt durch die Obrigkeit. Unter den 24 Städten des Herzogtums Kleve nahm Ruhrort mit seinen Steuerzahlungen einen der letzten Plätze ein. Von je 1.000 Talern, die von den klevischen Städten aufzubringen waren, sollte Ruhrort im Jahre 1697 lediglich 10 zahlen, Duisburg immerhin 48, während Wesel mit 240 Talern Steuerleistung als die wohlhabendste der Städte galt. Auch die neue Steuermatrikel von 1769 ließ den Ruhrorter Anteil unverändert niedrig. Die Ruhrorter machten für die unbefriedigende Wirtschaftslage ihrer Stadt eine Regierungsmaßnahme verantwortlich, nämlich die Aufhebung der Zollprivilegien der klevischen Städte im Jahre 1699. Bis dahin brauchten die klevischen Schiffer an den Zollstellen ihres Landesherren für Transitwaren keine Zölle zu zahlen, was ihnen natürlich einen Wettbewerbsvorteil gegenüber „ausländischen" Schiffern verschafft hatte. In einem Bericht der Klever Kammer aus dem Jahre 1724 heißt es daher auch, daß sich inzwischen der Warenverkehr nach dem bergischen Mülheim „besonders von Duisburg wie auch anderen benachbarten Städten hingezogen hat, wo die Lasten nicht so hoch und es wohlfeiler zu leben ist".

Es wäre jedoch zu einfach, allein in diesem Verlust von im Grunde ungerechtfertigten Privilegien die entscheidende Ursache zu sehen. Daß Ruhrort sich nur so mühsam entwickelte, lag sicherlich nicht zuletzt an seinen schlechten Verkehrsverbindungen. Ruhrort war zwar zu Schiff über Rhein und Ruhr gut zu erreichen, doch der Wert der Ruhr als Wasserstraße war gering. Zum anderen fehlten aber die Landverbindungen. Die Fähre nach Duisburg konnte schon bei nur wenig erhöhten Wasserständen nicht mehr benutzt werden, weil dann die Zufahrtswege bereits überflutet waren, die Fähre auf das andere Rheinufer nach Homberg war für Fuhrwerke zu klein. Der Weg über Meiderich zur wichtigen Straßenverbindung an der Aakerfähre schließlich führte in umständlichen Krümmungen an den Altwassern und Flußarmen der Ruhrniederung entlang.

Die Situation Duisburgs war in dieser Hinsicht sehr ähnlich. Noch 1800 benötigte ein Fuhrmann einen ganzen Tag, um mit dem Wagen von Duisburg nach Meiderich zu gelangen, und auch die Fährverbindungen über den Rhein waren sehr unbeständig. Besonders Ruhrort war so durch seine Lage von den großen Post- und Landstraßen der damaligen Zeit abgeschnitten und daher vom Durchgangsverkehr isoliert. Folglich war es nicht wirklich in den Handel einbezogen, sondern blieb eine reine Umschlagstelle oder Verladestation für den Handel auswärtiger Kaufleute.

Über das Aussehen der Stadt Duisburg in der zweiten Hälfte des 16. Jahrhunderts sind wir bestens unterrichtet durch den sogenannten Corputius-Plan, der 1566 gedruckt wurde. Johannes Corputius (1542–1611) aus Breda hielt sich zwischen 1562 und 1566 in Duisburg auf. Sein in den Einzelheiten sehr genauer Plan, auf dem Corputius, wie er selbst sagt, „auch nicht die kleinste Hütte übergangen" hat, zeigt die Stadt in einer Ansicht schräg von oben. Sie bietet das Bild eines ruhigen und friedlichen, mit seinen Mauern und Türmen mittelalterlich wirkenden Städtchens. Fast genau in der Mitte des Planes hebt sich deutlich in den Straßenzügen der älteste Kern Duisburgs als wirtschaftliches und politisches Zentrum der Stadt ab. Zu ihm gehören die Salvatorkirche und ihr Friedhof, der Burgplatz und das an seinen Abhang gebaute Rathaus; der Markt schließt sich gleich daran an.

Das im Plan abgebildete, bis 1798 benutzte Rathaus der Stadt stand abgewendet vom Burgplatz an der Stelle, an der 1955 der Erweiterungsbau des neuen Rathauses von 1902 errichtet wurde. Es war 17m breit und umfaßte zwei Gebäude. Im Erdgeschoß befand sich der städtische Weinkeller, nach dem die Straße Weinhausmarkt ihren Namen erhielt. In diesem Ratskeller fanden Versammlungen und private Feiern statt, in Kriegszeiten diente er als Wachlokal. Darüber lag im ersten Stock die Ratsstube, im zweiten waren zwei Archivräume untergebracht. In dem daneben liegenden Gebäudeteil befand sich in der ersten Etage ein über zwei Stockwerke reichender Festsaal mit großen Fenstern und Wandmalereien.

Das Rathaus war verbunden mit dem am Burgplatz stehenden Gerichtshaus, das noch bis 1836 das Duisburger Stadt- und Landgericht beherbergte, in seiner Nähe befand sich am Burgplatz der Gefangenenturm. Der Richtplatz mit Galgen und Rädern lag außerhalb der Stadt in der rechten oberen Ecke des Planes in der Nähe des Siechenhauses. Der überdachte „Kaks" oder Pranger, an dem leichtere Übeltäter dem Spott der Bürgerschaft ausgesetzt wurden, stand auf dem alten Markt mitten unter den Markttischen. Auf dem Burgplatz selbst fanden noch im 16. Jahrhundert die Waffenübungen der Bürgerwehr statt, erst 1719 wurde dort ein Wochenmarkt eingerichtet.

Als wichtigster und größter Markt des frühneuzeitlichen Duisburg diente der heutige „Alte Markt" unterhalb von Salvatorkirche und Rathaus. Corputius hat auf ihm einige Markttische eingezeichnet. An den Namen ist zu erkennen, daß neben diesem Platz auch einige der Straßen, welche den ältesten Stadtkern umschlossen, als Märkte dienten, etwa der Flachsmarkt, Knüppelmarkt, Weinhausmarkt und die Pfeffergasse. Auf das Kloster der Minoriten zwischen Salvatorkirche und Stadtmauer weist die heute ebenfalls noch bestehende Brüderstraße hin.

Obwohl die städtische Schule sich in einem Gebäude am Flachsmarkt befand, in dem bis 1828 das Duisburger Gymnasium untergebracht war, bezeichnet Corputius ein Doppelhaus an der rechten Seite des Marktes als „Collegium", vermutlich, weil es zu seiner Zeit eine höhere Schule beherbergte.

Dieses Gebäude war ursprünglich die Fleischhalle oder Scharn, in der unter Aufsicht des Rates der Fleischverkauf an die Bürger erfolgte. Im Jahre 1507 wurde dieses Haus geteilt und die rechte Hälfte zunächst für den Tuchhandel, ab 1559 für die Schule genutzt. Die linke Hälfte blieb Fleischhalle und beherbergte außerdem das Scharngericht, ein Gericht für Bagatellsachen. Auch die Stadtwaage befand sich in diesem Gebäudekomplex.

Die Salvatorkirche unterscheidet sich mit ihrem heutigen stumpfen Turm erheblich von dem Anblick, den sie im 16. Jahrhundert bot. Der von Corputius abgebildete spitze Helm war dem dreistöckigen Turm nach dem Brand von 1467 im Jahre 1513 aufgesetzt worden. Nach dem dieser 106m hohe Turm 1613 durch einen Blitzschlag wiederum niederbrannte, bekam er 1694 eine barocke Haube, die bis 1902 erhalten blieb. Danach setzte man dem Turm das heute den Abschluß bildende achteckige vierte Stockwerk auf, das allerdings zusätzlich mit einem spitzen Helm versehen wurde und so eine Höhe von 96m erreichte. Der Helm wurde 1943 durch Bomben zerstört und nicht wieder errichtet, da der Turm nach Ansicht der Denkmalspfleger in seiner heutigen Gestalt am besten den Eindruck westlicher Gotik wie vor 1467 vermittelt.

Obwohl der Wiederaufbau nach den Zerstörungen des Zweiten Weltkrieges durch die Rücksichtnahme auf wachsenden Verkehr und bessere Wohnverhältnisse größere Eingriffe mit sich brachte, sind die meisten von Corputius dargestellten Straßenzüge kaum verändert heute noch in der Altstadt erkennbar und tragen größtenteils noch ihre alten Namen. Als Hauptstraße des damaligen Duisburg zeichnet sich die Beekstraße ab, die bis ins ausgehende Mittelalter auch als die vornehmste Straße galt. Sie führt in leichtem Bogen vom Rathaus nach rechts zum Marientor und zur Brücke über den Dickelsbach, nach dem sie ihren Namen hat (Bach = Beeke). An ihr wird die charakteristische Bauweise der damaligen Zeit mit ihren dicht aneinandergebauten schmalen Häusern besonders klar erkennbar, die mit dem Giebel zur Straße stehen. Zwischen den Häusern mußte jedoch ein schmaler Durchlaß, der sogenannte Dröppelgang, zum Abfluß des von den Dächern rinnenden Regenwassers freibleiben. Ab 1573 durften die Dächer nicht mehr mit Stroh gedeckt werden. Etwa in der Mitte der Beekstraße erhebt sich etwas zurückgesetzt von der Straße auf der linken Seite ein großes Gebäude mit einem hohen spitzen Turm. Es handelt sich hierbei um das Katharinenkloster. Da es 1637 nur noch von 4 Ordensfrauen bewohnt

Duisburgs Drei-Türme-Silhouette bis 1943

Salvatorkirche und Rathausturm, 1983

war, wurde es aufgehoben und seine Gebäude der 1655 gegründeten Universität zur Verfügung gestellt. Ein kurzes Stück weiter die Beekstraße hinunter in Richtung zum Marientor steht auf der linken Seite das Frauenkloster Elisabethenberg. Gleich den anderen drei Stadttoren bildete das Marientor am Ende der Beekstraße eine Doppeltoranlage mit Zugbrücke und einem hohen Turm, wie sie heute noch im Klever Tor zu Xanten erhalten ist. An der Brücke über den Dickelsbach begannen die Wege nach Köln und über den Rhein nach Moers. Neben dem Marientor erhebt sich die Marienkirche, die zweite Pfarrkirche der Stadt, die ursprünglich außerhalb der Mauern lag. 1789 wurde sie wegen Baufälligkeit geschlossen und 1802 teilweise durch einen Neubau ersetzt.

Unterhalb der Beekstraße ist der Kalkhof oder Kalkmarkt erkennbar. Auf diesem Platz wurden Baumaterialien gelagert und verkauft, er könnte aber auch der Marktplatz aus der mittelalterlichen Blütezeit der Stadt sein, als sie noch in größerem Umfang am Rheinhandel beteiligt war. Zu dieser Zeit war der Platz vermutlich noch nicht so stark überbaut und damit größer.

Als Corputius seinen Plan zeichnete, war die Beekstraße bereits von der Oberstraße als bevorzugtem Wohngebiet der angesehensten Bürger abgelöst worden. Sie führte vom Salvatorkirchhof nach links zum Stapeltor und war im 18. Jahrhundert die Hauptverkehrsader Duisburgs. Durch das Stapeltor gelangte man über Duissern nach Mülheim und über die Aakerfähre zur Straße nach den Niederlanden und nach Westfalen. An der Oberstraße hatte auch der Kartograph Gerhard Mercator 1558 ein Grundstück mit Haus und Garten gekauft, und zwar das zweite auf der rechten Seite mit der freistehenden Toreinfahrt. Fast parallel zur Oberstraße verläuft unterhalb von dieser die Niederstraße mit zwei nennenswerten Gebäuden. Das erste ist das alte Beginenkloster ungefähr auf halber Länge der Straße auf der linken Seite, das jedoch 1565 aufgelöst wurde. Hier entstand 1587 das Waisenhaus der Stadt. Das zweite Gebäude ist das „Dreigiebelhaus" (bei Corputius hat

Portal des Waisenhauses in der Niederstraße

„Dreigiebelhaus"

es freilich erst einen Giebel), das als einziges der Häuser aus dem alten Duisburg noch erhalten geblieben ist. 1608 ließen sich die Stiftsdamen des Duisserner Zisterzienserinnenklosters in diesem Haus nieder, nachdem sie 1582 von Duissern nach Duisburg übergesiedelt waren.

Eine weit ältere soziale Einrichtung als das Waisenhaus war das sogenannte Gasthaus, ein Hospital für arme und kranke Bürger, aber auch für notleidende Fremde. Es liegt auf dem Plan rechts oberhalb des Burgplatzes im Winkel zwischen Knüppelmarkt und Holzgasse und ist an seinem spitzen Turm zu erkennen. Daneben unterhielt die Stadt noch bis Ende des 17. Jahrhunderts das sogenannte Melaten- oder Siechenhaus für Aussätzige, das außerhalb der Stadt neben dem Richtplatz lag. Dieses Haus fiel 1720 zusammen.

Das Schwanentor, rechts unterhalb von Burgplatz und Markt, führte früher zum direkt an der Stadt vorbeifließenden Rhein und verweist mit seinem Namen noch auf den „Schwall" des Rheinwassers (ursprünglich Schwalentor). Von hier aus führten Wege auf die Viehweiden des Kaßler Feldes und nach Ruhrort. Dem Schwanentor genau gegenüber lag auf der anderen Seite der Stadt das Kuhtor. Es trägt seinen Namen, weil durch dieses Tor die Kühe der Duisburger Bürger über den Buchenbaum hinaus bis in das Gelände der Wedau getrieben wurden. Außerdem begann vor diesem Tor der Weg nach Essen und über den Kalkweg nach Angermund. Die ganze Stadt war noch von der mittelalterlichen Befestigung umschlossen, die aus einer bis zu 10m hohen Mauer und einem doppelten Wassergraben mit Wall dazwischen bestand.

Aus dem Corputius-Plan lassen sich weitere Informationen über Erwerb und Versorgung der Duisburger Bevölkerung gewinnen. So ist neben der Marienkirche der Mühlenturm mit seiner vierflügeligen Windmühle eingezeichnet, wie sie gewöhnlich auf den Mauern niederrheinischer Städte anzutreffen war. Sie brannte 1868 ab. Nicht weit entfernt davon befindet sich auf einem kleinen Platz vor der Stadtmauer zwischen Kuhtor und Mühlenturm eine weitere Mühle, die aber nicht durch den Wind, sondern von Pferden angetrieben wurde, die sogenannte Roßmühle. Der kleine Platz, die Bleeck genannt, bildet heute einen Teil des Friedrich-Wilhelm-Platzes. Zu erwähnen ist noch der zwischen Koblenzer Turm und Stapeltor gelegene Krautturm, d.h. Pulverturm, in dem Schießpulver hergestellt wurde.

Eine Reihe weiterer Mühlen lassen sich in der näheren Umgebung der Stadt erkennen. Vor dem Kuhtor liegen am Wege nach Essen zwei Windmühlen, die dem Duisburger Bürger Pauels gehörende Grafenmühle und dahinter die Marienmühle, welche zur Marienkirche gehörte. Auf der rechten Seite des Planes, entlang dem Lauf des Dickelsbaches, finden wir drei Wassermühlen. Die oberste Mühle auf der Höhe des Siechenhauses wurde ebenfalls Marienmühle genannt und mahlte Getreide. Sie wurde in späterer Zeit als Böningers Mühle bekannt. Die mittlere, unterhalb des Richtplatzes gelegene Mühle hieß Sgravenmühle nach einer Duisburger Bürgerfamilie. In ihr wurde Öl gewonnen. Ein Stück unterhalb dieser Mühle hat Corputius die „Verlorencostbrügge" eingezeichnet (vgl. S. 49). Die dritte Wassermühle schließlich lag unterhalb des Marientores vor der Stadtmauer. Diese der Stadt gehörende und von ihr verpachtete Mühle war ein vielseitiger Betrieb. Sie wurde genutzt als Walkmühle, als Lohmühle, in der Häute gegerbt wurden, und schließlich als Schleifmühle für Steine, Glas und vor allem Metallwaren. Unterhalb der Stadtmühle folgte der Dickelsbach dem ehemaligen Rheinlauf und war eingedeicht, daher auch sein Name (Diek = Deich). Rechts von der Mühle ist im ehemaligen Rheinbett eine Ziegelei mit Brennofen und Trockengestellen erkennbar. Mit ihren Erzeugnissen wurden wohl vor allem Schäden an den Duisburger Häusern und der Stadtmauer beseitigt. Folgen wir dem Lauf des Dickelsbaches weiter, so erkennen wir zwischen Schwanentor und Koblenzer Turm unmittelbar vor der Stadtmauer auf dem Wall zwischen den beiden Wassergräben lange Bahnen weißer Leinentücher. Dieser Bereich, der Spik genannt, wurde seit dem 16. Jahrhundert von den Duisburger Leinenwebern als Bleiche benutzt, auf der sie ihre Tücher ausbreiteten, damit diese durch Sonne und Luft weiß gebleicht wurden.

Unterhalb des Schwanentors befand sich unmittelbar an der Straße nach Ruhrort ein Schiffsanlegeplatz oder Hafen, der, wie Corputius zeigt, über den Dickelsbach und den südlichen Arm der Ruhr eine Verbindung zum Rhein besaß. Im 16. Jahrhundert konnte dieses umständliche und immer mehr versandende Fahrwasser nur noch von kleinen Schiffen benutzt werden, so daß der Duisburger Rheinhandel längst fast zum Erliegen gekommen war. Auch der Versuch von 25 Duisburger Kaufleuten, von einer 1556 eingerichteten Verladestelle an der Ruhrmündung bei Kaßlerfeld aus den Handelsverkehr mit den Niederlanden aufzunehmen, kam nicht richtig in Gang.

Auffällig an Corputius' Darstellung der Stadt Duisburg ist vor allem die verhältnismäßig spärliche Bebauung. Der größere Teil des Bodens innerhalb der Stadtmauern besteht aus Grünflächen, die als Gartenland genutzt werden. Nur im Bereich des sogenannten Öderich, der Unterstadt rechts vom Stadtkern beiderseits der Unterstraße, gibt es eine natürliche Erklärung dafür, da hier der Boden feucht war und häufig vom Hochwasser überschwemmt wurde. Der einzige größere Baukomplex in diesem Gebiet ist das Kloster der Kreuzherren im Peterstal, die sich der Krankenpflege und Seelsorge widmeten. Ansonsten weisen die vielen Baulücken auf den Stillstand und sogar Rückgang in der wirtschaftlichen Entwicklung der Stadt seit der Rheinverlagerung im Mittelalter hin. Auch die etwa 450 Häuser der Stadt, in denen wohl um die 3.000 Menschen wohnten, vermitteln insgesamt den Eindruck eines nur bescheidenen Wohlstands. Nicht mehr Handel und für den Handel produzierendes Gewerbe stehen jetzt im Vordergrund, sondern eher die Landwirtschaft. Die fast unbewohnte, rein landwirtschaftliche Umgebung Duisburgs wird von den Bürgern als Ackerland und Viehweide genutzt. So sieht sich der Rat beispielsweise 1554 gezwungen, in einem Bittschreiben an Herzog Wilhelm den Reichen (1539–1592) diesen als Landesherrn zu beschwören, den Bürgern nicht auch noch die Nutzung des Weidelandes auf dem Kiffert zu verwehren, da ja die Bevölkerung angesichts des Rückganges von Handel und Gewerbe ihr Auskommen „mehrenteils mit Erziehung der Beesten", d.h. mit Viehzucht, finde.

Duisburg ist in der Mitte des 16. Jahrhunderts zu einer mittelgroßen Ackerbürgerstadt geworden, in der wie in vielen anderen Städten Kühe und Schweine über die Straßen getrieben werden und vor den Häusern Misthaufen liegen. Ruhe und Beschaulichkeit liegen über dem Bild dieser Stadt, die im Laufe von mehr als dreihundert Jahren aus dem Fernhandel weitgehend ausgeschieden war, vor deren Mauern seit fast 120 Jahren kein Feind mehr gestanden hatte und in der auch die Reformation wenig stürmisch verlaufen und in einem Ausgleich zwischen Katholiken und Protestanten zu einem vorläufigen Abschluß gelangt war.

II Herrschaft und Verwaltung

1. Landesherrschaft und grundherrliche Gerichtsbarkeit

Wie in anderer Hinsicht unterschied sich das Gebiet der heutigen Großstadt Duisburg auch im Hinblick auf die politischen Grenzen und die auf ihnen beruhende Verwaltungseinteilung grundlegend von den gegenwärtigen Verhältnissen. Bis zur französischen Eroberung des Rheinlandes am Ende des 18. Jahrhunderts gehörte das heutige Duisburger Stadtgebiet zu vier verschiedenen Territorien, das heißt nach Selbständigkeit strebenden Staaten, im lockeren Verband des Heiligen Römischen Reiches Deutscher Nation. Der rechtsrheinische Norden einschließlich der alten Stadt Duisburg und ihrer Feldmark sowie des Gebietes von Wanheim und Angerhausen bildete einen Teil des Herzogtums Kleve, der Süden unterhalb der alten Duisburger Stadtgrenze gehörte zum Herzogtum Berg. Beide Herzogtümer waren zwar seit 1521 unter einem Herrscherhaus vereinigt, behielten aber ihre eigenständige lokale Verwaltungsorganisation unverändert bei. Nach dem Tode des letzten Herzogs aus dem alten Hause Jülich-Berg (1609) fielen 1614 durch den Xantener Vertrag das Herzogtum Kleve und die Grafschaft Mark an die in Brandenburg-Preußen regierenden Hohenzollern, die Herzogtümer Jülich und Berg an das Haus Pfalz-Neuburg. Nach langen Auseinandersetzungen wurde die zunächst provisorische Teilung der Herzogtümer 1666 durch einen Erbvergleich als endgültig bestätigt. Das linksrheinische Stadtgebiet mit Binsheim, Baerl, Homberg, Essenberg, Hochemmerich, Friemersheim und anderen Siedlungen, die später die Stadt Rheinhausen bildeten, sowie das rechtsrheinische Kaßlerfeld gehörten zur Grafschaft Moers, die 1702 durch Erbschaft an

Karte der Grafschaft Moers aus dem 17. Jahrhundert

die Hohenzollern und damit an das Herzogtum Kleve fiel. Kaldenhausen schließlich stand zum größten Teil bis 1794 unter der Landesherrschaft des Erzbischofs und Kurfürsten von Köln.

Die Verwaltung im bergischen Gebiet war relativ einfach organisiert und änderte sich nur wenig. Bis 1806 bestand hier der Amtsbezirk des Amtes Angermund, dem die Bauerschaften Mündelheim, Serm, Ehingen, Huckingen und Rheinheim untergeordnet waren. Die allgemeine Verwaltung und auch die Rechtsprechung leitete ein Amtmann des Herzogs, dem für die Finanzverwaltung ein Rentmeister oder Kellner zur Seite stand. Als Appellationsgericht für das Amt Angermund war das bergische Hauptgericht Kreuzberg bei Kaiserswerth zuständig.

Weitaus komplizierter und unübersichtlicher waren jedoch die Verhältnisse im klevischen Teil des heutigen Stadtgebietes, da hier unterschiedliche Gewalten und Institutionen an der Verwaltung und Rechtsprechung beteiligt waren. Zu nennen ist hier zunächst die Stadt Duisburg mit ihrer weitgehenden Selbstverwaltung. Die Stadt übte zugleich die Verwaltungs- und Rechtsaufsicht in den Ratsdörfern Duissern, Wanheim und Angerhausen aus, deren „Burdinge" (= Bauerngerichte) nur mit Genehmigung des Rates und unter seiner Aufsicht zusammentreten konnten. Ruhrort erfreute sich als Freiheit ebenfalls einer weitgehenden Selbstverwaltung, bei der Bürgermeister, Rat und Schöffen die Feld-, Bau- und Gewerbeaufsicht innehatten und auch die städtischen Finanzen selbständig leiten konnten. Der Amtmann auf dem Schloß des Landesherrn war dagegen zuständig für die Rechtspflege in bürgerlichen und Strafsachen.

Den flächenmäßig größten Verwaltungsbezirk nördlich der Ruhr stellte das Amt Beeck dar, zu dem nach einer Übersicht aus dem Jahre 1789 auf heutigem Duisburger Gebiet die Bauerschaften Beeck mit Beeckerwerth, Laar und Stockum, Alsum mit Schwelgern, Bruckhausen, Marxloh und die Hälfte der Bauerschaft Buschhausen gehörten. Seit der zweiten Hälfte des 15. Jahrhunderts gab es hier ein landesherrliches Gericht für die niedere Gerichtsbarkeit, dessen Amtsbereich sich mit den Grenzen des Kirchspiels Beeck deckte. 1612 wird bestätigt, daß dieses Beecker Richteramt dem Drostenamt Dinslaken, einer richterlichen und verwaltungsmäßigen Mittelinstanz, untergeordnet war. Ihm unterstanden ebenso die Gerichte in Walsum, Hamborn und Meiderich. Neben dem Gericht des Landesherrn, das seit 1613 die Bezeichnung Landgericht Beeck trug, gab es innerhalb des Amtes Beeck noch eine weitere Gerichtsbarkeit, die mit dem Oberhof verbunden war. Dieser bildete den Verwaltungsmittelpunkt für den umfangreichen Grundbesitz des Reichsstiftes Essen im Duisburger Norden. Von einem Beamten des Stiftes wurde hier über die zum Hofesverband gehörenden Menschen Gericht gehalten. Streitigkeiten zwischen der landesherrlichen Gerichtsbarkeit des Herzogs von Kleve und der grundherrlichen des Essener Stiftes konnten natürlich nicht ausbleiben. So verlangte 1619 das Beecker Landgericht vergeblich die Auslieferung eines Mannes, dem auf dem Oberhof Asyl gewährt worden war. Das Beecker Hofesgericht verlor zwar zunehmend an Bedeutung, bestand aber noch bis zur Aufhebung des Reichsstiftes Essen im Jahre 1803. Ähnliche Verhältnisse bestanden im Kirchspiel und Amt Hamborn. Hier war das Prämonstratenserstift ebenfalls im Besitz des früheren Oberhofes; da die Herzöge von Kleve jedoch seit dem Mittelalter auch weltliche Vögte der Abtei waren, gelang es ihnen, das Hofesgericht in ihre landesherrliche Gerichtsbarkeit einzugliedern und als Konkurrenz auszuschalten.

Anders verhielt es sich dagegen in Meiderich, wo es den Herren von Mylendonk auf Haus Hagen 1537 in einem Vertrag mit dem Herzog gelungen war, ihre eigene Gerichtsbarkeit gegen die des Landesherren größtenteils zu behaupten. Als Inhaber der Herrschaft Meiderich besaßen sie weiterhin die niedere Gerichtsbarkeit, während die hohe

Oberhof Beeck

oder Blutgerichtsbarkeit, die sich auf Verbrechen gegen das Eigentum sowie Leib und Leben erstreckte, dem Herzog vorbehalten blieb. Sie konnten sogar ihre Gerichtsbarkeit auf die Hofesleute des alten Hofesverbandes Lakum ausdehnen, nur die Hofstätte selbst sollte ihre eigene Gerichtsbarkeit behalten. Während hier der adlige Grundherr seine Herrschaft über Land und Leute gegenüber dem Landesherrn verteidigen kann, finden wir linksrheinisch genau die gegensätzliche Entwicklung in der Herrschaft Friemersheim, die bereits 1392 an die Grafen von Moers fiel.

Die Vielfältigkeit der Herrschaftsverhältnisse und Verwaltungsformen, wie sie sich hier in einem begrenzten Raum an nur wenigen Beispielen darstellen ließ, stellt keineswegs eine Duisburger Besonderheit dar. Sie entspricht vielmehr der für die frühe Neuzeit charakteristischen Auseinandersetzung zwischen der landesherrlichen Gewalt der Fürsten und der grundherrlichen von Adel und Kirche. Während diese ihre jahrhundertealten, auf den privaten Grundbesitz sich stützenden Herrschaftsrechte verteidigen, sind die Fürsten bestrebt, eine von ihnen geleitete allgemeine Staatsverwaltung und Herrschaft über das Land aufzubauen und so die noch unklare Vorstellung vom Staate als einer öffentlich-rechtlichen Einrichtung durchzusetzen. „Das Mittelalter war die Zeit der Sonderrechte, der Zurückdrängung der Obrigkeit, der Autonomie; der Territorialstaat der Neuzeit suchte demgegenüber dem gemeinen Recht, der Obrigkeit Geltung zu verschaffen, alle autonomen Gewalten sich unterzuordnen" (F. Hartung). Der Kampf um die Verfügungsgewalt über die Gerichte steht im Mittelpunkt dieser Auseinandersetzung; die Gerichtshoheit sollte das sichtbarste Merkmal der fürstlichen Oberhoheit werden, welche in ihrem Territorium keine andere Gewalt neben sich duldete. Daß die Fürsten dann jedoch die mit dem Aufbau einer wirksamen und durchgreifenden Staatsverwaltung gegebenen Möglichkeiten zu häufig nutzten, um die finanziellen und militärischen Mittel zur Befriedigung ihres politischen Ehrgeizes zu gewinnen, sollte sich bald als die Kehrseite der Medaille erweisen.

2. Brandenburgische Souveränität und ständische Mitregierung

Ebenso wie gegen die grundherrliche Eigengerichtsbarkeit von Adel und Kirche wandten sich vor allem nach dem Übergang des Landes an die Hohenzollern die Herzöge von Kleve auch gegen die Mitwirkung der Städte an Regierung und Verwaltung des Landes. Die Vertreter von sieben klevischen Städten, darunter Duisburg, bildeten zusammen mit acht Städten aus der Grafschaft Mark die erste Kammer der klevisch-märkischen Landstände. Jene Adligen, welche ein Gut im Werte von mindestens 6.000 Talern besaßen und acht adlige Vorfahren anführen konnten, bildeten die zweite. Durch ihre wirtschaftliche und finanzielle Bedeutung überwog der Einfluß der Städte auf den jährlichen Landtagen jedoch den des Adels. Das wesentliche Recht der Landstände war die Bewilligung der Steuern, die sie auch größtenteils selbst umlegten und einzogen. Durch dieses Recht versuchten namentlich die Städte, Einfluß auf die Politik ihres Landesherren zu nehmen, indem sie ihm zum Beispiel die für einen Krieg erforderlichen Mittel verweigerten. Kurfürst Friedrich Wilhelm I. von Brandenburg (1640 – 1688) ließ jedoch 1651, als er einen Angriff gegen Pfalz-Neuburg unternahm, die vom Landtag verweigerten Kontributionen durch seine Truppen im eigenen Land gewaltsam eintreiben. Als die Städte daraufhin – gegen den Willen der Stadt Duisburg – einen Protest an den Kaiser richteten, ließ Friedrich Wilhelm die Gesandtschaft bei ihrer Rückkehr verhaften. Duisburg fand sich wie die Mehrheit des Adels auch jetzt noch nicht zu einer Beschwerde beim Kaiser bereit, doch auch der Kurfürst gab nach dem kläglichen Ausgang seiner Militäraktion nach. Seine Position war damals weder im Herzogtum Kleve noch in seinen Stammlanden gefestigt. In zwei Landtagsabschieden von 1649 und 1653 erkannte der Kurfürst daher die Privilegien der klevischen Stände an, darunter das Recht, sich selbständig zu versammeln und Verhandlungen mit auswärtigen Mächten zu führen sowie die Finanzverwaltung zu überwachen; ohne Einwilligung des Landtages durfte der Kurfürst keine Truppen ins Land bringen und keine Steuern erheben, alle Beamten mußten aus dem Lande stammen und einen Eid auf die Rechte der Stände ablegen. Besonders wichtig war, daß den Ständen zugestanden wurde, die Zahlung bereits bewilligter Steuern zu verweigern, wenn ihre Rechte verletzt wurden.

Friedrich Wilhelm war jedoch weder 1649 noch 1653 gesonnen, seine Zugeständnisse auch einzuhalten, weil, wie sein Statthalter Johann Moritz von Nassau 1660 den in Duisburg versammelten Ständen erklärte, „darin verschiedene Punkte begriffen (waren), welche I.(hro) Ch.(urfürstlichen) D.(urchlaucht) landesfürstlichen Hoheit und Respekt zumal nachtheilig und abbrüchig sind, wodurch zwischen Deroselben als Landesherrn und den Ständen gleichsam *consortium regiminis* oder *condominium* (Teilhabe an der Regierung oder Mitregierung) eingeführt und eine stets währende Diffidenz, schädliches Misstrauen und Uneinigkeit erweckt werde". Diese Mitregierung der Stände in allen ihren Ländern abzubauen, um allein und ungehindert regieren zu können, betrachteten die brandenburgischen Herrscher als Voraussetzung für den Aufbau des absolutistischen preußischen Staates.

Bereits 1654 kam es so zum nächsten Konflikt, als der Kurfürst von den Ständen einen Beitrag zu den Rüstungskosten für seine Teilnahme am heraufziehenden schwedisch-polnischen Kriege (1655 – 1660) verlangte. Wieder weigerten sich die Stände, und wieder holte sich Friedrich Wilhelm das Geld mit Gewalt. Nach dem Friedensschluß von Oliva (1660), der dem Kurfürsten die von den europäischen Mächten anerkannte volle Souveränität über das Herzogtum Preußen einbrachte, stabilisierte sich seine Stellung im Innern wie nach außen. Er legte daher den klevisch-märkischen Ständen im Oktober 1660 in Duisburg eine Vereinbarung vor, in der er die wichtigsten seiner früheren Zugeständnisse widerrief. Als die Stände sich weigerten, sie bedingungslos zu akzeptieren, erklärte ihnen Moritz von Nassau, „daß die löblichen Stände bei sich selbst ermessen werden, den Landen zuträglicher zu sein, sich darin unterthänigst zu fügen, dann (=als) mit I.(hro) Ch.(urfürstlichen) D.(urchlaucht) in Uneinigkeit und Weiterung zu gerathen"; er drohte, daß der Kurfürst bei der unfreundlichen Stimmung im Lande zu seiner Sicherheit „nicht anders als mit einer grossen Anzahl Kriegsvolk anhero in diese Lande kommen (werde), was für grosse Beschwerniss und Landesverderb dasselbe nun mit sich bringen (würde), ist leider allzuviel bekannt". So unter Druck gesetzt, gab die Mehrheit der Ständevertreter nach und nahm den Landtagsabschied an.

Damit hatte Friedrich Wilhelm auch gegenüber den Ständen von Kleve und der Grafschaft Mark seine Souveränität weitgehend durchgesetzt, wenn auch den Ständen noch einige ihrer Rechte blieben, nämlich das Recht zur freien Versammlung und das Steuerbewilligungsrecht; die Beamten mußten zwar weiterhin aus dem Lande stammen, brauchten aber keinen Eid mehr auf die ständischen Rechte abzulegen. Ebenso durften die Stände sich gegen eine Verletzung ihrer Rechte nicht mehr durch Steuerverweigerung wehren und auch keine auswärtigen Beziehungen mehr unterhalten. Zudem war der Kurfürst nun berechtigt, völlig ungehindert Truppen ins Land zu legen; damit konnte er seiner Herrschaft dauerhaften Nachdruck verleihen und die Mitwirkung der Stände ausschalten.

3. *Preußischer Absolutismus und städtische Selbstverwaltung*

Der nächste Schlag der inzwischen (seit 1701) zu Königen in Preußen gewordenen Klever Landesherren richtete sich direkt gegen die Städte. Die Stadt Duisburg erhob noch im 17. Jahrhundert Anspruch auf die Reichsfreiheit, die sie im Mittelalter besessen hatte. Als Kurfürst Friedrich Wilhelm 1666 nach der Unterzeichnung des Erbteilungsvertrages mit Pfalz-Neuburg in Kleve die Huldigung der Stände entgegennahm, war kein Vertreter der Stadt Duisburg dabei anwesend. Vermutlich wollte sich die Stadt dem Kurfürsten zunächst nur unterwerfen, wenn dieser die bisher übliche Einschränkung „behaltlichen dem hilligen Ryke sins Rechten", das heißt „vorbehaltlich der Rechte des Heiligen (Römischen) Reiches", anerkannte. Erst im folgenden Jahre kamen zwei Kommissare des Landesherrn nach Duisburg, um die Huldigung entgegenzunehmen. Möglicherweise lag der Grund für diese verspätete Huldigung aber auch darin, daß man Rücksicht nahm auf die im Winter 1666/67 in Duisburg aufgetretene Pestepedemie. 1674 jedoch untersagte der Kurfürst der Stadt nochmals, sich weiterhin Reichsstadt zu nennen.

Die städtische Verfassung hatte sich vom Mittelalter bis ins 17. Jahrhundert in den Grundzügen kaum verändert. Immer noch waren es nur wenige Familien, darunter die Tibi, Vogel, von Volden und Ghym, welche die Ratsherren und Bürgermeister stellten und so die Stadt regierten. Als es hierüber 1555 zu einem Aufruhr der Bürgerschaft kam,

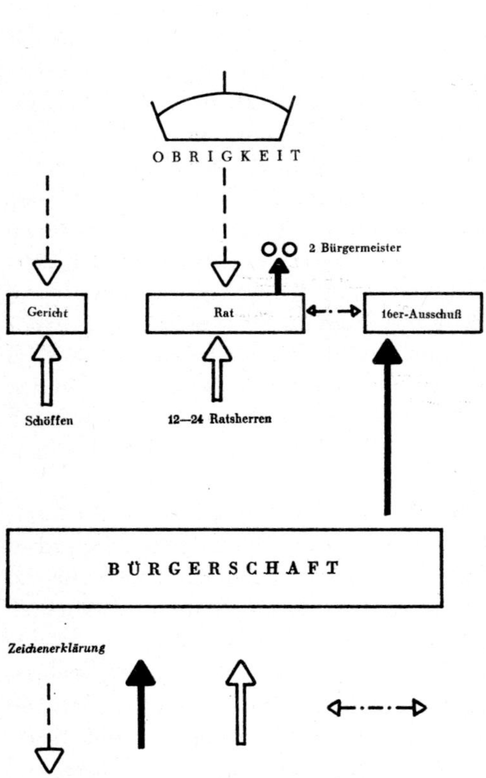

Ratsverfassung des 17. Jahrhunderts

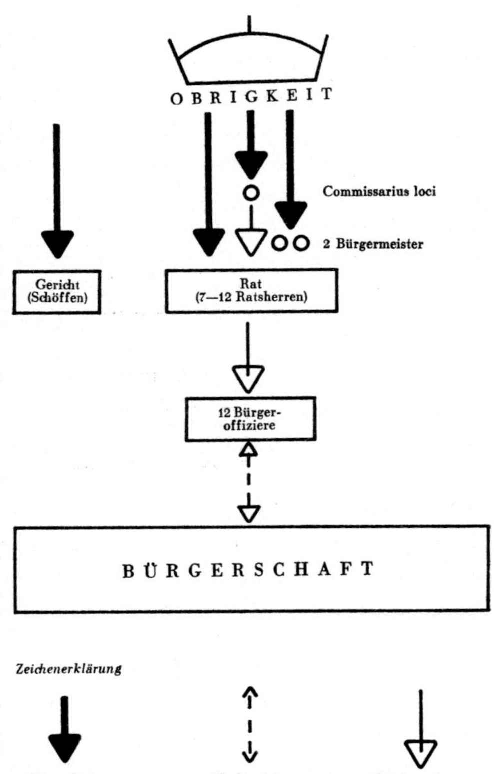

Stadtverwaltung in preußischer Zeit

hob Wilhelm der Reiche (1539–1592) als Herzog von Kleve und Berg die bisher gültige Wahlordnung auf. Eine Beteiligung der Bürgerschaft oder der Sechzehner an der Ratswahl wurde untersagt, vielmehr erhielt der Rat nun das Recht, sich selbst zu ergänzen, also selbst aus den Reihen der Bürgerschaft die Ratsherren auszuwählen (Kooptation). Auf diese Weise wuchs natürlich die Vorherrschaft der bisher schon führenden Familien erst recht an, da man die Ratsherren fast nur den alten großbürgerlichen Ratsfamilien entnahm. Der Herzog hatte sich zwar vorbehalten, die Ratsherren und die auf ein Jahr gewählten Bürgermeister zu bestätigen oder durch andere zu ersetzen, vielleicht um die Macht der die Stadt regierenden Familien auf diese Weise einschränken zu können, machte aber von diesem Recht keinen Gebrauch. Im 17. Jahrhundert hatte die Stadt Duisburg also keine demokratische, sondern vielmehr eine eindeutig oligarchische Herrschaftsform; wie in den meisten anderen Städten wird auch hier der Rat sich als Obrigkeit und die Bürger als seine Untertanen betrachtet und entsprechend behandelt haben. 1658 machte sich der Unmut der Bürgerschaft gegen Verschwendung, schlechte Buchführung und geringe Förderung des einheimischen Gewerbes in einem Aufstand gegen den Rat Luft; gerade die letztgenannte Klage deutet daraufhin, daß im Rat die Kaufleute das Sagen hatten. Damals wurden die in den Stadtvierteln gewählten Sechzehner wieder an der Ratswahl beteiligt. Kurz darauf, im Jahre 1666, wurde sogar durch den Kurfürsten Friedrich Wilhelm das freie Wahlrecht der Bürgerschaft wieder eingeführt, wie es bis zu dem Aufruhr von 1555 bestanden hatte; gegen eine Zahlung von tausend Reichstalern verzichtete der Kurfürst sogar auf sein Bestätigungsrecht.

Dieser Verzicht erklärt sich sicherlich durch den Finanzbedarf des Kurfürsten. Mit der Wiedereinführung der freien Ratswahl dagegen verfolgte er wohl die Absicht, dem Rat seine Stellung als selbständige Obrigkeit der Stadt zu nehmen. Allerdings zeigte sich, daß die Bürgerschaft selbst nicht in der Lage war, den Rat zu kontrollieren.

Den entscheidenden Schritt zu einer Kontrolle der städtischen Verwaltung unternahm im 18. Jahrhundert der preußische König Friedrich Wilhelm I. (1713–1740) mit seiner großen Verwaltungsreform. Sein Ziel war es, die einzelnen ganz verschieden regierten und verwalteten Länder der preußischen Monarchie durch den Aufbau einer Zentralverwaltung zur staatlichen Einheit zusammenzufassen. Zu diesem Zweck wurden 1722 die bisherige Finanz- und Steuerverwaltung, das Generalfinanzdirektorium, und die oberste Heeres- und Wirtschaftsverwaltung, das Generalkriegskommissariat, zu einer einheitlichen und für alle preußischen Länder zuständigen Behörde, dem General-Ober-Finanz-, Krieges- und Domänen-Direktorium, kurz Generaldirektorium genannt, zusammengefaßt. In den einzelnen Ländern, die nun zunehmend zu bloßen Provinzen herabsanken, wurden die dem Generaldirektorium unterstellten Kriegs- und Domänenkammern als Oberbehörden geschaffen, denen wiederum in den Landkreisen die Landräte und in den sogenannten „Städtekreisen" die Steuerräte unterstanden. Der Steuerrat wurde auch „commissarius loci", das heißt örtlicher Beauftragter der Kriegs- und Domänenkammer, genannt. Damit war eine straff geleitete moderne Staatsverwaltung entstanden, die es dem König von Preußen erlaubte, überall in seinen Ländern handelnd und reglementierend einzugreifen.

Auch die klevischen Städte und unter ihnen Duisburg und Ruhrort wurden von dieser Verstaatlichung erfaßt. Bereits 1713 wurde ihnen untersagt, weiterhin Bürgermeister und Ratsherren zu wählen; alle bereits gewählten blieben also im Amt. Da sich ihre Zahl in den folgenden Jahren auf natürliche Weise verringerte, wurden seit 1725 die von den städtischen Magistraten vorgeschlagenen Kandidaten vom Steuerrat ausgewählt und praktisch auf Lebenszeit eingesetzt. In Ruhrort war so Jan Ricken seit 1724 für fast zwanzig Jahre Bürgermeister, in Duisburg wurde Johann Heinrich Schauenburg 1751 zum ersten Oberbürgermeister ernannt und blieb bis 1767 im Amt, sein Nachfolger Heinrich Wintgens starb 1799 nach einer Amtszeit von sogar 32 Jahren. Auch andere Teile der alten Duisburger Stadtverfassung wurden beseitigt. 1717 wurde die alte Bürgervertretung der Sechzehner aufgehoben und danach vorübergehend durch vier Stadtverordnete ersetzt, 1728 aber die bisher nur mit der Bürgerwehr befaßten zwölf „Bürgeroffiziere" (je ein Fähnrich, Leutnant und Kapitän für jedes Stadtviertel) zur Vertretung der Bürgerschaft gegenüber dem Rat erklärt. Ihre Aufgabe bestand aber mehr darin, im Auftrag des Rates mit der Bürgerschaft über strittige Fragen zu verhandeln.

Noch bedeutungsvoller aber war, daß nun erstmals der Staat unmittelbar in die Geschäfte der städtischen Verwaltung eingriff. Schon 1715 erließ Friedrich Wilhelm I. strenge Vorschriften zur Reform der Finanzverwaltung der Städte und Gemeinden. Gleichzeitig wurde die von vielen Städten an den Toren erhobene Akzise, eine Verbrauchssteuer auf alle ein- und ausgeführten Waren, als staatliche Steuer überall eingeführt. Die Aufsicht sowohl über die Akziseeinnahmen wie auch über den Haushalt der Städte Duisburg und Ruhrort lag beim Steuerrat in Wesel und der Kriegs- und Domänenkammer in Kleve. In den Ruhrorter Stadtrechnungen ist der erste Prüfungsvermerk dieser Behörde aus dem Jahre 1719 erhalten. Darüberhinaus übte der Steuerrat auch die Dienstaufsicht über die städtischen Beamten aus und war für die „Policey" zuständig, das heißt für Maße und Gewichte, Marktaufsicht und Lebensmittelkontrolle, Straßen- und Häuserbau sowie die öffentliche Ordnung; im Interesse der Wirtschaftförderung und letztlich der Steigerung der Steuereinnahmen nahm er sich der Fragen von Handel und Gewerbe an und griff dazu auch in die Rechte von Zünften und Gilden ein. So wurde der Steuerrat letztlich zuständig für alle städtischen Angelegenheiten. In Ruhrort kam es bald so weit, daß der Magistrat auch in unbedeutenden Fragen keine Entscheidung ohne Einwilligung des Steuerrats treffen konnte. Als 1724 das Uhrwerk der Jakobuskirche erneuert werden sollte, stieg der Steuerrat Geelhaar persönlich auf den Turm, um sich von der Notwendigkeit dieser Ausgabe zu überzeugen. Die frühere Selbstverwaltung der Städte war somit fast vollständig in der allgemeinen Staatsverwaltung aufgegangen.

Unter Friedrich II. wurde den Städten 1765 die freie Ratswahl wieder zugestanden, worunter aber lediglich die Kooptation der Ratsherren durch den Rat selbst zu verstehen ist. Da aber weiterhin die Bestätigung durch die Aufsichtsbehörde notwendig war, änderte sich nur wenig an der staatlichen Bevormundung der Städte.

III Kriege um Glauben und Macht

1. Calvinismus und Niederländischer Unabhängigkeitskrieg

Die religiöse Entwicklung in den deutschen Territorien, in den Städten und auf dem Lande, vollzog sich in Abhängigkeit von politischen Absichten und Rücksichtnahmen der jeweiligen Landesherren, denen der Augsburger Religionsfriede von 1555 das Reformationsrecht zugestanden hatte, das heißt das Recht, den Glauben ihrer Untertanen zu bestimmen. Am Niederrhein kamen schon im 16. Jahrhundert die politischen Interessen auswärtiger Mächte, besonders der österreichischen und spanischen Habsburger und der Niederlande hinzu und ließen der Bevölkerung wenig Freiheit, ihren Glauben selbst zu wählen. So mußte bereits der innerlich zur Reformation neigende Herzog Wilhelm V. von Jülich-Kleve-Berg nach seiner Niederlage gegen Kaiser Karl V. im Kampf um das Herzogtum Geldern sich 1543 im Vertrag von Venlo verpflichten, seine Länder bei der alten katholischen Lehre zu belassen und alle bereits durchgeführten kirchlichen Neuerungen rückgängig zu machen. Doch war in der Regel der Widerstand innerhalb der Beamtenschaft, der Geistlichkeit und der Bevölkerung so groß, daß die weitere Verbreitung der Reformation in den niederrheinischen Herzogtümern nicht völlig unterdrückt werden konnte und zum Beispiel in Duisburg eine gemischte Form des Gottesdienstes sich durchsetzte.

In der Grafschaft Moers dagegen trat Graf Hermann von Neuenahr öffentlich zum neuen Glauben über und führte im Jahre 1560 eine evangelische Kirchenordnung ein. In Friemersheim bestand schon seit 1547 eine evangelische Gemeinde, Baerl und Hochemmerich wurden 1561 evangelisch, Homberg 1571. Die evangelisch gewordene Gemeinde von Beeck mußte sich seit 1569 in langen Kämpfen bis 1618 gegen das Stift Essen behaupten, das immer wieder von seinem Recht Gebrauch machte, einen katholischen Pfarrer einzusetzen; die Beecker wehrten sich, indem sie nicht zur Messe gingen, die Kirche „verwüsteten" und dem Pfarrer den Zehnten verweigerten. Ähnliche Verhältnisse bestanden in Meiderich, wo die Reformation sich 1546/47 ausbreitete, aber die Einsetzung der Pfarrer von den Herren von Mylendonk im Auftrage des Stiftes Gerresheim vorgenommen wurde. Der 1570 zum Pfarrer ernannte Caspar Stam wurde zuvor vom Stift auf seine Rechtgläubigkeit überprüft, trat dann aber zum Protestantismus über, um sich in der Gemeinde halten zu können. Als 1608 ein katholischer Geistlicher eingesetzt wurde, vertrieb ihn die Gemeinde „mit Spießen und Stangen" von der Kanzel; er wurde erst ange-

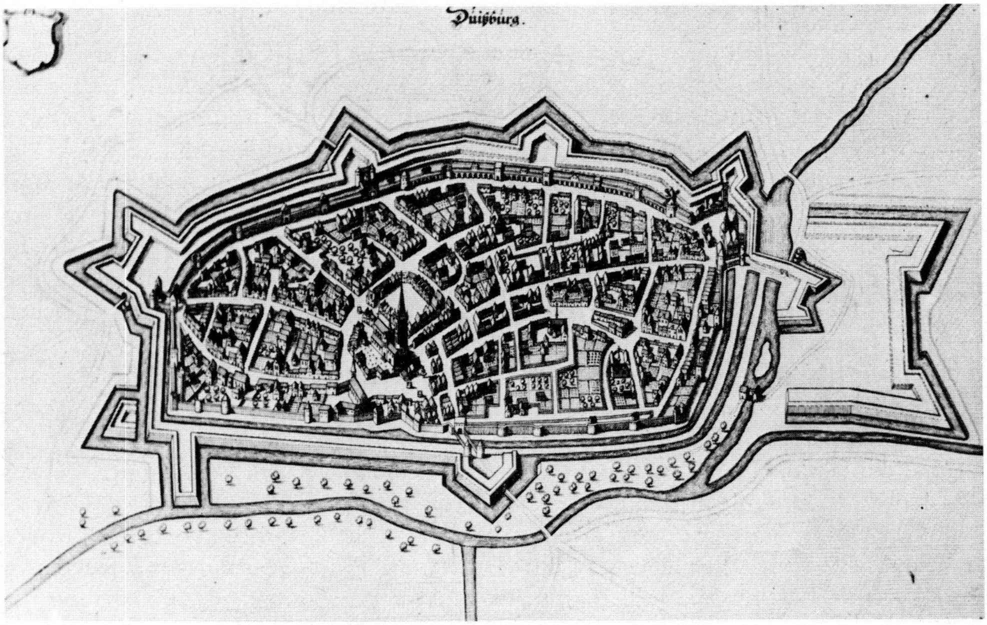

Duisburg um 1650. Die Befestigungsanlagen wurden in dieser Form nicht ausgeführt

nommen, nachdem er sich auf die evangelische Pfarr- und Gottesdienstordnung verpflichtet hatte. Noch 1630 versuchte ein katholischer Herr von Mylendonk – allerdings vergeblich –, die Meidericher zum katholischen Bekenntnis zu zwingen.

Kennzeichnend für den Süden des heutigen Stadtgebietes ist die Entwicklung in Huckingen. Dort wurde 1568 von dem protestantischen Grafen Wirich von Daun als Herrn von Broich der reformierte Prediger Gerhart Barß eingesetzt, der die Zustimmung und Unterstützung der Gemeinde fand. In den 80er Jahren jedoch forderte der Herzog Wilhelm V. unter dem Druck der Spanier seine Absetzung, konnte sich jedoch nicht durchsetzen. Nachdem Barß 1587 gestorben war, steckte man seinen protestantischen Nachfolger ins Gefängnis, ließ die Predigerstelle unbesetzt und setzte schließlich einen katholischen Geistlichen ein, der sein Amt jedoch nach kurzer Zeit wieder aufgab. Nach der Ermordung des Grafen Wirich durch spanische Soldaten (1598) wurde das katholische Bekenntnis dann allerdings auch in Huckingen wie fast überall im südlichen Stadtgebiet wieder durchgesetzt. Da das Herzogtum Berg 1614 bei der Teilung der Niederrheinischen Herzogtümer an den katholisch gewordenen Pfalzgrafen Wolfgang Wilhelm fiel, konnte der Protestantismus hier auch später nicht mehr Fuß fassen.

In der zweiten Hälfte des 16. Jahrhunderts erhielt die Reformation im übrigen Duisburger Raum einen neuen Anstoß durch das Auftreten des Calvinismus. Die strengere Lehre Calvins wurde vor allem durch Glaubensflüchtige am Niederrhein verbreitet, zum Beispiel durch jene englischen Protestanten, die sich auf der Flucht vor ihrer Herrscherin Maria der Katholischen von 1553 bis 1558 in Duisburg aufhielten. Seitdem im Jahre 1567 der Herzog von Alba in den Niederlanden eine Militärdiktatur errichtete und die Protestanten durch die Inquisition verfolgen ließ, stieg die Zahl der Flüchtlinge, der sogenannten Exulanten, stark an. Auch die Einnahme Antwerpens durch die Spanier im Jahre 1585 veranlaßte viele Handwerker, Kaufleute und Unternehmer zur Flucht. Duisburg war zwar nicht wie Wesel ein Zentrum der Exulanten, wies aber bald eine zahlreiche niederländische Gemeinde auf, deren Mitglieder durch ihre Prediger die Ausbreitung des reformierten Bekenntnisses förderten.

In den letzten Jahren des 16. Jahrhunderts verschärften sich daher auch in Duisburg die religiösen Gegensätze, nicht zuletzt durch die spanische Kriegsführung am Rhein, und der Calvinismus verdrängte zunehmend die bisher vorherrschende von Melanchthon beeinflußte lutherische Richtung. 1592 kam es daher zum ersten Duisburger Bildersturm in der Marienkirche, wobei die radikale Gemeinde ein Christophorusbild zerstörte, die Altäre niederriß und den Innenraum der Kirche zum Schluß weiß anstrich. Ein zweiter, weit heftigerer und gründlicherer Bildersturm ereignete sich im Jahre 1613, als am 8. Juni durch einen Blitz der Turmhelm der Salvatorkirche in Brand geriet und bis auf das Mauerwerk abbrannte. Den Pfarrern der beiden reformierten Gemeinden erschien dies als eine göttliche Mahnung, mit den bisherigen Halbheiten im Gottesdienst Schluß zu machen und die „abgöttischen Reliquien" aus den Kirchen zu entfernen. Mehr als eine Woche lang wurden von der Menge die Salvator- und die Marienkirche sowie die Kapelle des Katharinenklosters geplündert und von allen Überresten des katholischen Gottesdienstes „gereinigt", am Schluß auch das Minoritenkloster verwüstet.

1592 wurden die Duisburger reformierten Gemeinden aus dem Verband der Weseler „Klasse" gelöst und für sie eine neue „Klasse" eingerichtet. 1610 fand die erste Generalsynode der reformierten Kirche in den Herzogtümern Jülich, Kleve und Berg in Duisburg statt und faßte einige für die weitere Entwicklung des Protestantismus am Niederrhein grundlegende Beschlüsse. Sie liefen hinaus auf eine Kirchenorganisation, bei der die Selbstverwaltung der Gemeinde durch gewählte Prediger, Presbyter und Diakone die Grundlage bildete und über die Einteilung der Kirche in Klassen und Synoden bis hinauf zur Generalsynode erhalten blieb. Die reformierte Kirche des Niederrheins setzte sich damit über die Grenzen der Territorien hinweg und machte sich gleichzeitig von staatlicher Bevormundung frei.

Das Auftreten der Spanier, worunter allerdings zumeist Söldnertruppen aus aller Herren Länder zu verstehen sind, verfolgte am Niederrhein von Anfang an das Ziel, die antikatholische Bewegung zu stoppen. 1568 brach der niederländische Unabhängigkeitskrieg aus, der 80 Jahre dauern sollte. Der Niederrhein wurde von Anfang an als Aufmarschgebiet und dann als Kampfschauplatz in diese Auseinandersetzung einbezogen. Als 1582 der Kölner Erzbischof und Kurfürst Gebhard Truchseß von Waldburg zum Protestantismus übertrat und versuchte, aus dem geistlichen Kurfürstentum ein weltliches im Besitz seiner Familie zu schaffen, griffen Spanien und die Generalstaaten in den sogenannten Truchseßischen Krieg (1582–87) ein und trugen zum Leidwesen der Bevölkerung den Kampf um die Niederlande von nun an auf dem Boden des Niederrheins aus. In den folgenden Jahren bis in den Dreißigjährigen Krieg hinein versuchten beide Seiten, die militärische Kontrolle über den Niederrhein zu erringen, die Spanier, um durch eine Kette von Stützpunkten von der Maas über den Niederrhein bis zur Ems die Verbindungen zwischen den Generalstaaten und dem protestantischen Deutschland zu unterbrechen, die Niederländer, um mit der Rheinbarriere eine vorgeschobene Verteidigungslinie zu gewinnen. So wurde Duisburg 1614 bis 1621 und 1625 bis 1628 von spanischen und kaiserlichen Truppen besetzt, 1629 bis 1631 und 1636 bis 1644 von den Generalstaaten; Homberg war von 1586 bis 1597 und nochmals 1605 spanisch besetzt, von 1632 bis 1672 dann von den Niederländern. 1586 legten spanische Truppen unter dem Befehl Camillos de Modiliana bei Essenberg am Rheinufer die stark befestigte Camillenschanze an, aus der heraus sie das umliegende Land plünderten. Besonders betroffen war das strategisch wichtige Ruhrort, das ab 1587 verschiedene wechselnde Besatzungen über sich ergehen lassen mußte, 1614 wurde es spanisch, ab 1629 wieder niederländisch. Um Ruhrort in Schach halten zu können, legten die Spanier unter Spinola am Ende des Kaßlerfeldes 1605 die Albertschanze an, auf der anderen Rheinseite bei Homberg die Elisabethschanze (1605–1610).

Von den Verwüstungen dieser Kriegsjahre waren von der Umgebung des Schlosses Angerort bis nach Walsum beinahe alle Teile des heutigen Stadtgebietes betroffen. Die Hamborner Abtei zum Beispiel wurde während des Truchseßischen Krieges 1584 ebenso wie Meiderich und Lakum, Beeck und Alsum von den spanischen Truppen des neuen Kölner Erzbischofs Ernst von Bayern geplündert, 1587 wurde sie ebenso wie das Duisserner Frauenkloster von niederländischen Truppen unter Martin Schenk von Nideggen in Brand gesetzt. Noch 1603 waren die Schäden so groß, daß der Abt es vorzog, in seinem Duisburger Haus zu wohnen. Die Verwüstungen und Plünderungen der Kriegszeit, unter denen die Bevölkerung zu leiden hatte, waren vor allem darauf zurück zu führen, daß alle Parteien, besonders aber die Spanier, kaum in der Lage waren, ihre Söldnertruppen ausreichend zu bezahlen; man war daher froh, die zu Meuterei und Plünderungen neigenden Soldaten außerhalb des eigenen Landes zu beschäftigen und ihre Besoldung und Verpflegung den besetzten Gebieten am Niederrhein aufbürden zu können. Außer den regulären Truppen zogen Banden von Deserteuren und marodierenden Soldaten durch das Land und schreckten vor Raub und Mord nicht zurück; Grimmelshausens „Abenteuerlicher Simplicissimus" gibt eine anschauliche Schilderung dieser Seite des Soldatenlebens im Dreißigjährigen Krieg.

Die Landbevölkerung in Dörfern und Einzelhöfen war ohne den Schutz von Mauern eine leichte Beute solcher Banden und hatte daher besonders grausam unter den Kriegsjahrzehnten zu leiden, die Städte wurden vor allem in finanzieller Hinsicht von den Kom-

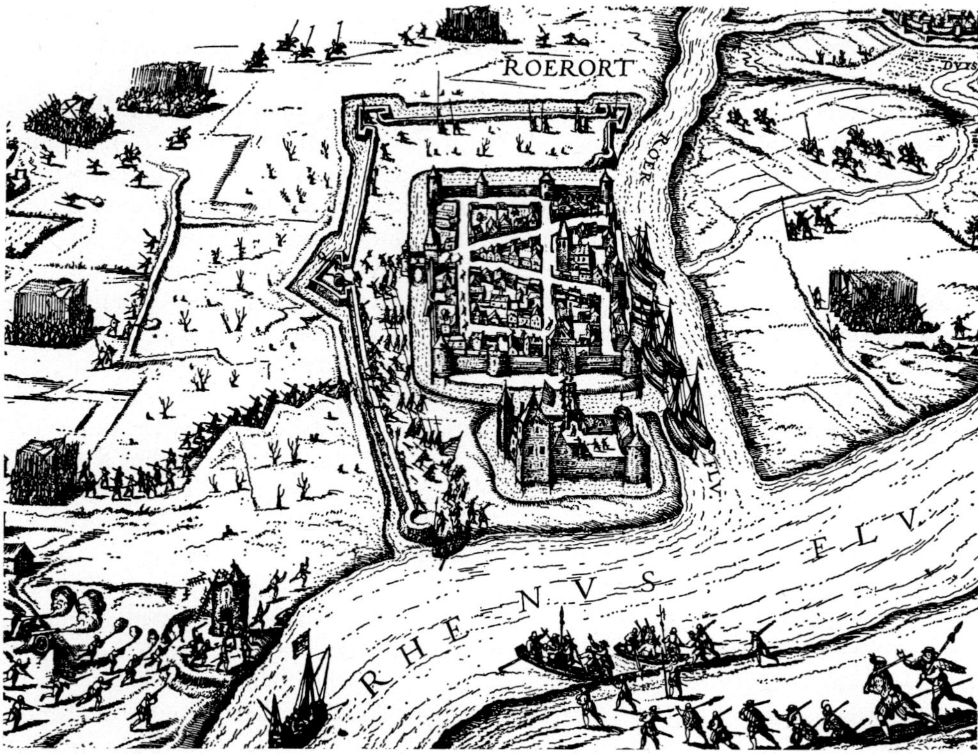

Eroberung Ruhrorts durch die Spanier, nach Frans Hogenberg, 1587 (mit einer übertrieben dargestellten Stadtbefestigung)

mandanten der wechselnden Truppenteile ausgebeutet. Als von 1614 bis 1621 ständig 350 bis 400 spanische Soldaten in Duisburg lagen, kostete dies die Stadt in jedem Jahr Verpflegungsgelder in Höhe von 24.000 Gulden, etwa das Doppelte des üblichen städtischen Haushaltes. Hinzu kamen noch weitere Garnisonkosten, in den ersten acht Monaten der Besetzung genau 11.127 Gulden, die vor allem aus Geschenken und „Verehrungen" an den spanischen Statthalter bestanden. Als dann nach Abzug der Spanier von 1622 bis 1624 die Stadt von deutschen Truppen besetzt war, trieb deren Befehlshaber einen noch weit höheren Aufwand, vor allem durch seinen unglaublichen Weinkonsum. Die Besatzungssoldaten erlaubten sich auch Übergriffe gegen die Bevölkerung; als die Stadt 1617 beim spanischen Oberkommando Beschwerde gegen das Verhalten seiner Soldaten einlegte, warfen diese Feuerbrände in die Häuser und versuchten, Duisburg in Brand zu setzen. Wie sehr die Stadt durch den im Grunde seit 1572 nicht unterbrochenen Krieg gelitten hatte, zeigt eine Eintragung des Stadtschreibers in das Ratsprotokoll aus dem Jahre 1631; durch die wechselnden Einquartierungen seien „der Stadt Renten und Einkünfte versetzt, verpfändet und consumieret; die Bürger teils geplündert, teils ermordet, teils verlaufen (=geflohen) und in Armut und großer Misere gestorben, diese Stadt ruinieret, viele ansehentliche gemein und private Häuser demolieret, Gärten und Äcker umgegraben, fruchtbare und unfruchtbare Bäume in- und außerhalb der Stadt gefället, der Bosch jämmerlich zerhauen, und also sowohl die Gemeinde, als auch in Privatis ein jeder zum höchsten verdorben..." Der Schreiber dankte Gott, daß nach dem Abzug der Niederländer diese schwere Zeit vorbei sei; er konnte nicht ahnen, daß es noch schlimmer kommen sollte, als

Duisburg von 1638 bis 1645 ringsum von spanischen und kaiserlichen Truppen eingeschlossen war und die Bürger sich kaum über die Mauern hinaus auf ihre Felder und Weiden wagen konnten.

Wo spanische und kaiserliche Truppen einen Platz besetzt hatten, versuchten sie, mit Gewalt die Reformation zurückzudrängen und die katholische Religion wieder einzusetzen. Im Gegensatz zu Wesel und anderen Orten, wo der spanische General Mendoza 1598 „die Ketzer ausrotten" wollte, wurde Duisburg von Brutalitäten verschont, vermutlich, weil man es nicht als ein Zentrum des Protestantismus ansah und weil die in der Stadt verbliebenen Katholiken nicht über eine schlechte Behandlung zu klagen hatten. 1629, als die Stadt wieder von kaiserlichen Truppen besetzt war, wurden die Marienkirche und die Kapelle des Katharinenklosters dem katholischen Gottesdienst zurückgegeben. Doch auch dieser Versuch einer Gegenreformation wurde durch die Wendung des Krieges zunichte gemacht, da noch im gleichen Jahre 200 niederländische Soldaten in die Stadt einzogen. Im Jahre 1648, am Ende des Dreißigjährigen Krieges, war Duisburg daher eine evangelische Stadt mit calvinistischer Grundeinstellung und blieb es bis in die Zeit der Industrialisierung.

2. *Französische Vorherrschaft und religiöse Toleranz*

Mit dem Westfälischen Frieden war jedoch der Kriegszustand am Niederrhein noch nicht beendet, da hier die 1609 begonnene Auseinandersetzung zwischen Brandenburg und Pfalz-Neuburg um die Erbfolge in den niederrheinischen Herzogtümern bis 1666 immer wieder aufflammte. Kaum waren die schlimmsten Folgen des Dreißigjährigen Krieges einigermaßen überwunden, wurde der Niederrhein von dem Hegemoniestreben des „Sonnenkönigs" Ludwig XIV. erfaßt. 1672 richtete sich der französische Angriff auf Holland auch gegen das Herzogtum Kleve, da der Kurfürst von Brandenburg auf der niederländischen Seite stand. Ludwig XIV. ließ sein Heer von Kaiserswerth rheinaufwärts marschieren, wobei die Soldaten Meiderich niederbrannten und die Kirche in Beeck verwüsteten; Baerl wurde von ihnen geplündert. Von den Städten Duisburg und Ruhrort, die sie 1672 besetzten, verlangten die Franzosen hohe Geldzahlungen.

Während sie Duisburg bereits 1673 verließen, blieb in Ruhrort eine Besatzung noch bis 1680 zurück. Zu dieser Zeit waren die Franzosen nach dem Friedensschluß mit den Generalstaaten bereits zum zweiten Mal in das Herzogtum Kleve eingefallen. Aus Furcht vor den heranrückenden Truppen hatten 1678 vor allem die wohlhabenden Einwohner Duisburgs die Stadt verlassen, die Universität war nach Moers verlegt worden. Nur wenige Jahre später unternahm Ludwig XIV. einen neuen Angriff auf das Rheinland, um sich den maßgeblichen Einfluß auf die Einsetzung des Kölner Erzbischofs zu sichern. Ein von den Niederländern zum Schutze Duisburgs auf Rheinhausener Gebiet angelegtes Lager konnte nicht verhindern, daß die Franzosen 1689 in Wanheim und Angerhausen fünf Höfe niederbrannten. Während des Spanischen Erbfolgekrieges war der Duisburger Raum von 1707 bis 1710 ständig von französischen Plünderungszügen bedroht. Ein hundert Mann starkes französisches Kommando drang 1708 in einem nächtlichen Handstreich in Ruhrort ein und plünderte die Stadt, 14 Einwohner wurden als Geiseln verschleppt und erst gegen ein hohes Lösegeld wieder freigelassen. 1710 plünderten die Franzosen im Amte Beeck.

Nach dem Utrechter Frieden (1713) erlebte der Niederrhein erstmals seit 1572 eine wirkliche Friedensperiode, die mehr als vierzig Jahre dauerte. Im Siebenjährigen Krieg (1756 – 1763) jedoch wurde er wieder schwer in Mitleidenschaft gezogen. Mit kurzen Un-

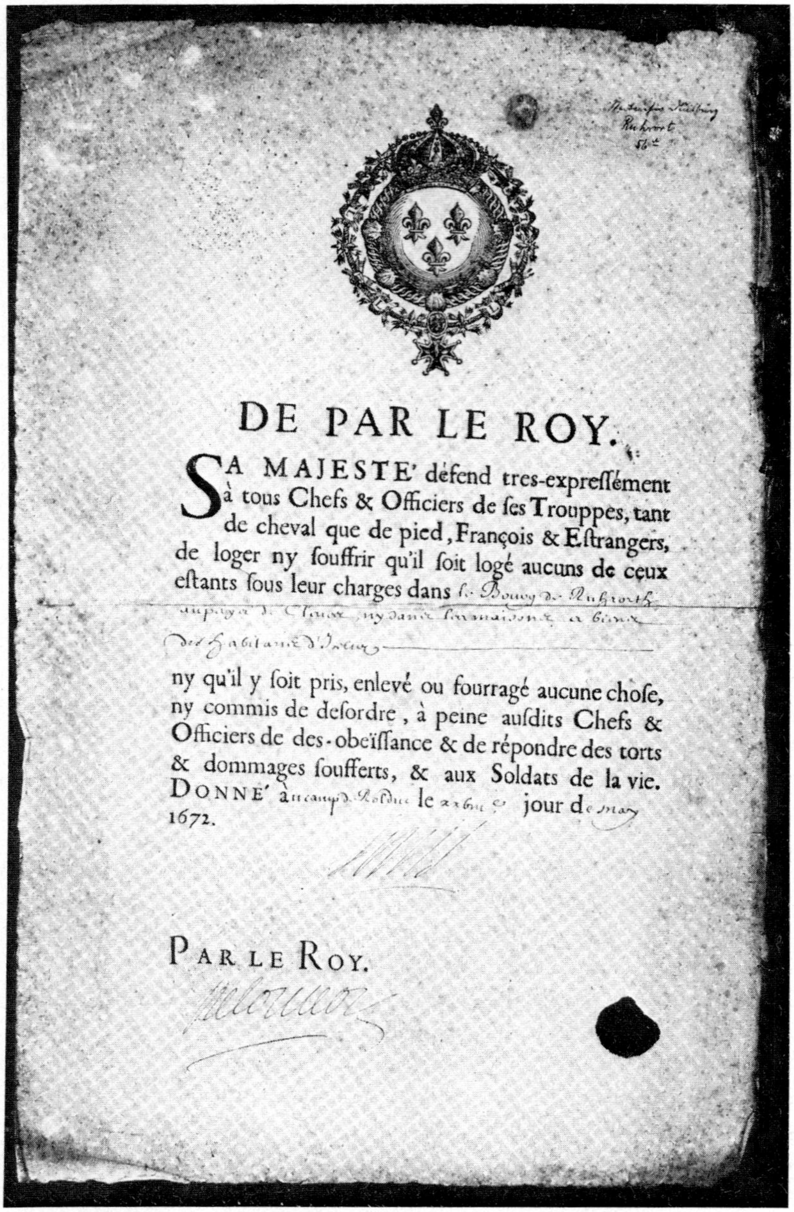
DE PAR LE ROY.

SA MAJESTE' défend tres-expressément à tous Chefs & Officiers de ses Trouppes, tant de cheval que de pied, François & Estrangers, de loger ny souffrir qu'il soit logé aucuns de ceux estants sous leur charges dans le Bourg de Ruhrorth [illegible]

ny qu'il y soit pris, enlevé ou fourragé aucune chose, ny commis de desordre, à peine ausdits Chefs & Officiers de des-obeïssance & de répondre des torts & dommages soufferts, & aux Soldats de la vie. DONNE' [illegible] le [illegible] jour de may 1672.

PAR LE ROY.

Schutzbrief für Ruhrort, ausgestellt von Ludwig XIV. am 28. Mai 1672

terbrechungen hielten französische Truppen Ruhrort von 1757 bis 1762, Duisburg bis 1763 besetzt und verlangten erhebliche Mengen an Lebensmitteln und Geldzahlungen. Kurz vor ihrem Abzug aus Duisburg forderten sie 60.000 Livres als Kontribution, die der Stadt von ihren Kaufleuten und Tuchfabrikanten geliehen wurden. Das flache Land im Winkel zwischen Ruhr und Rhein sollte nach einem weitgehend befolgten Befehl des französischen Kriegsministers ausgeplündert und von Freikompanien „aufgezehrt" werden. 1760 überraschte ein preußisches Streifkorps eine französische Abteilung in Meiderich und fügte ihr hohe Verluste zu. Mit dem Frieden von Hubertusburg endete dieser letzte Krieg am Niederrhein vor der französischen Revolution.

An den religiösen Verhältnissen im Duisburger Raum änderte sich durch die Kriege seit dem Ende des 17. Jahrhunderts nichts mehr; lediglich das Auftreten der Hugenotten war eine Folge der Politik Ludwigs XIV., der 1685 das Edikt von Nantes aufhob und die französischen Protestanten zu verfolgen begann, da er nur einen Glauben in seinem Reich dulden zu können meinte. Kurfürst Friedrich Wilhelm von Brandenburg bot ihnen in seinen Ländern eine Zuflucht. In Duisburg gründeten die Hugenotten 1696 eine eigene Kirchengemeinde. Seit 1675 durften auch die Angehörigen der besonders in Krefeld sehr zahlreichen Sekte der Mennoniten das Bürgerrecht in Duisburg erwerben, nachdem sie schon vorher unangefochten in der Stadt leben konnten. 1793 wurde neben den zwei reformierten auch die Bildung einer lutherischen Gemeinde in der Stadt erlaubt, die 1727 einen eigenen Pfarrer erhielt. 1787 war die Gemeinde in der Lage, am Flachsmarkt die Johanniskirche zu errichten. Erst allmählich entspannte sich das anfangs sehr gereizte Verhältnis zwischen den beiden Richtungen des Protestantismus, und 1793 galt es schließlich nicht mehr als ungewöhnlich, wenn die Pfarrer einander in Notfällen vertraten.

In Meiderich wie auch in Duisburg besaß etwa seit der Mitte des 18. Jahrhunderts die pietistische Erweckungsbewegung einen tiefgreifenden Einfluß. Sie ging aus von dem Mystiker und Dichter Gerhard Tersteegen (1697 – 1769) aus Mülheim und fand in Duisburg Anhänger unter anderem in dem lutherischen Pastor Johann Christoph Henke sowie in den Brüdern Friedrich Arnold und Johann Gerhard Hasenkamp, die beide Rektoren am Duisburger Gymnasium waren. Mit ihrer Auffassung, daß praktisches Christentum wichtiger sei als die bloße Lehre, standen die Anhänger der Erweckungsbewegung im Gegensatz zur Amtskirche, so daß Johann Gerhard Hasenkamp 1770 von der Generalsynode als Irrlehrer bezeichnet und ihm das Recht genommen wurde, in der Salvatorkirche zu predigen.

Für die Behandlung der Juden in Duisburg stellt das Jahr 1719 ein wichtiges Datum dar. Während ihnen bis dahin nur kurzfristig und zu besonderen Gelegenheiten, zum Beispiel 1597 dem Juden Marcus aus Ruhrort zu den Markttagen, der Aufenthalt in Duisburg gestattet wurde, hob der Rat in diesem Jahr das Zuzugsverbot für Juden auf. Der Schutzjude Moses aus Ruhrort mußte jedoch eine Aufnahmegebühr von 100 Talern zahlen. 1782 wird die Niederlassung eines jüdischen Metzgers vom Rat begrüßt, da bei ihm die zu den Märkten hereinkommenden Juden wie auch die jüdischen Studenten wohnen und speisen könnten. Jüdische Schüler und Studenten waren nicht von dem Einwanderungsverbot betroffen; sie sind seit 1692 in Duisburg nachweisbar. Die jüdischen Studenten, von 1708 bis 1817 waren es 21, widmeten sich ausschließlich dem Studium der Medizin. Am Ende des 18. Jahrhunderts ließen sich einige jüdische Musiker in Duisburg nieder. Die volle Gleichberechtigung erhielten die Juden erst, nachdem Duisburg ab 1806 zum Großherzogtum Berg gehörte; die jüdische Gemeinde wurde erst 1826 von den Behörden anerkannt.

Da in Duisburg auch die katholische Minderheit seit der Zeit der Bilderstürme unbehelligt blieb, kann man mit Recht von einer relativen religiösen Toleranz sprechen, die sich im 18. Jahrhundert auch am Niederrhein ausbreitete. Diese wurde jedoch immer mit Rücksicht auf den Nutzen gewährt, den die Stadt von den Bevölkerungsgruppen mit anderem Glauben hatte. In Ruhrort waren die Verhältnisse ähnlich. Noch 1735 erregte eine katholische Kindstaufe auf einem im Hafen liegenden Schiff den Unwillen der Bürger, im weiteren Verlauf des 18. Jahrhunderts entstand jedoch mit dem Anwachsen der Bevölkerung eine kleine vom Rat geduldete katholische Gemeinde; ab 1785 war ihr der Gottesdienst in einer im oberen Stockwerk einer Scheune eingerichteten Kapelle gestattet. Zahlenmäßig stärker war die jüdische Gemeinde, die 1798 insgesamt 34 Personen umfaßte. Seit 1769 durften wohlhabende Juden in Ruhrort Grundbesitz erwerben, womit die Stadt über die Bestimmungen des preußischen Judenreglements von 1750 hinausging.

IV Bildung, Wissenschaft und öffentliche Meinung

1. *Schulen im Duisburger Raum*

Die ersten Nachrichten über die Existenz von Schulen finden sich im Duisburger Raum schon verhältnismäßig früh, am frühesten im 13. Jahrhundert in der Stadt Duisburg; aber bereits 1472 wird von einem Schulmeister in Meiderich und 1551 von einem in Hamborn berichtet. Von deren Unterricht dürfen wir uns sicher keine zu erwartungsvollen Vorstellungen machen, da er über die notdürftigsten Kenntnisse des Lesens, Schreibens und Rechnens sowie der Religionslehre wohl nicht hinausgegangen ist. Erst mit der Ausbreitung der Reformation bekam die Bildung im Leben breiter Volksschichten eine größere

An der Gymnasialstraße, um 1925 (u.a.: Gebäude des Gymnasiums, 1512 – 1828)

Bedeutung, da nun die von Luther ins Deutsche übertragene Bibel als Hauptquelle der Offenbarung galt, die jeder Christ lesen und verstehen können sollte. Luther selbst trat aus diesem Grunde als erster für einen allgemeinen Schulzwang ein, und viele protestantische Obrigkeiten und Kirchengemeinden betrachteten die Verbesserung der Bildungsmöglichkeiten für alle Teile der Bevölkerung als ihre christliche Verpflichtung. Die in Duisburg tagende Generalsynode der reformierten Gemeinden des Niederrheins forderte daher 1610, daß jede Gemeinde neben dem Prediger auch einen Schulmeister anstellen solle. Ein Jahr zuvor hatte die Meidericher evangelische Gemeinde bereits eine „Freischule" mit kostenlosem Unterricht eingerichtet. 1627 folgte neben der städtischen Elementarschule die Schule der reformierten Gemeinde der Marienkirche in Duisburg. In Ruhrort wurde seit 1637 von Rat und dem Konsistorium der Gemeinde ein Schulmeister angestellt und von der Stadt besoldet. Etwa um die gleiche Zeit entstand die erste Schule in Beeck. Weitere im heutigen Stadtgebiet folgten ihr.

Im 18. Jahrhundert, dem Zeitalter der Aufklärung, setzte ein neuer Aufschwung des Schulwesens ein. Bereits zu Beginn des 18. Jahrhunderts wurden Schulen in Mündelheim und Rahm eingerichtet, 1764 eine Schule in Alsum, die auch von den Kindern aus Aldenrade besucht wurde. In den letzten Jahren des 18. Jahrhunderts entstanden neue Schulen in Serm (1788) und Neuenkamp (1798).

Wichtiger als vereinzelte Schulneugründungen war, daß während der Regierungszeit Friedrichs II. von Preußen (1740–1786) auch im Herzogtum Kleve das Generalschulreglement für die lutherischen und reformierten Schulen eingeführt und damit die bisherige geistliche Schulaufsicht vom Staat übernommen wurde. Ebenso wird der Wille des aufgeklärten Königs und seiner Beamtenschaft, die Bildung des Volkes zu verbessern, daran deutlich, daß er in den preußischen Provinzen die allgemeine Schulpflicht verordnete.

In der Praxis blieb es jedoch um das Schulwesen häufig noch schlecht bestellt. 1777 gab es beispielsweise in Meiderich 120 schulpflichtige Kinder, von denen jedoch nur 48 regelmäßig zum Unterricht kamen; die übrigen mußten den Eltern bei der Arbeit helfen oder wurden wegen schlechten Wetters nicht zur Schule geschickt. Die Schulgebäude, die von den Gemeinden unterhalten wurden, befanden sich häufig in einem sehr schlechten Zustand, und auch die Qualifikation der Lehrer für ihre Aufgabe war häufig sehr zweifelhaft. Im 17. Jahrhundert wurden in Duisburg in der „Schreibschule" oder „Kinderschule", die dem Elementarunterricht diente, aus Mangel an geeigneten Lehrern oft „Schulfrauen" aus der Gemeinde als Hilfslehrerinnen eingesetzt. Sie sollten die kleinen Kinder beten und buchstabieren lehren und sie im Heidelberger Katechismus unterweisen, während ihnen der Schreibunterricht nicht gestattet war. In Ruhrort verlangten Magistrat und Konsistorium bei der Einstellung eines Schulmeisters von diesem den Nachweis, daß er ein Gymnasium besucht hatte und dadurch nicht nur Schreiben und Rechnen beherrschte, sondern auch der lateinischen Sprache mächtig war. Wie in vielen anderen Städten war der Schulmeister nämlich bis 1727 gleichzeitig Stadtsekretär und Archivar. Vor der Einstellung mußte der Kandidat eine Lehrprobe ablegen. In Asterlagen dagegen stellte die Gemeinde nicht so hohe Anforderungen an den Lehrer, als sie den ehemaligen Knecht Bäumken aus Bliersheim, der durch seinen Mut beim Hochwasser von 1799 einigen Menschen das Leben gerettet hatte, als Schulmeister einstellte; ihm wurden allerdings ausgezeichnete Kenntnisse im Lesen und Schreiben nachgesagt.

Bereits diese Beispiele zeigen, wie wenig Eignung und Ausbildung der Lehrer geregelt waren. Gewöhnlich erwarben sie sich die Berufsausbildung, indem sie zunächst als Gehilfen eines Schulmeisters unterrichteten. Im 18. Jahrhundert versuchte die preußische Regierung, durch die Einrichtung von Lehrerseminaren die Ausbildung der Lehrer zu verbessern, und richtete ein solches Seminar für das Herzogtum Kleve in Wesel ein. Diese

Maßnahme hatte jedoch kaum Erfolg, denn nur von dem Lehrer Johannes Stolz, der seit 1796 an der Beecker Schule unterrichtete, ist bekannt, daß er das Lehrerseminar in Halberstadt besucht hatte. Erst nachdem 1820 das Lehrerseminar in Moers unter Leitung Adolf Diesterwegs gegründet worden war, verbesserten sich auch im Duisburger Raum Ausbildung und Fortbildung der Lehrer. Es ist daher nicht erstaunlich, wenn sich unter den Lehrern auch einige finden, die wegen ihres Lebenswandels für ihren Beruf wenig qualifiziert erscheinen oder denen offensichtlich die pädagogische Begabung fehlte. So sah sich der Ruhrorter Rat durch eine Beschwerde veranlaßt, gegen einen trunksüchtigen und zu Gewalttätigkeiten neigenden Lehrer eine Untersuchung einzuleiten, weil er einen Schüler „blond und blau" geschlagen hatte.

Die materielle Lage der Ruhrorter Schulmeister kann man noch als befriedigend betrachten. Aus ihrem Amt und den Nebentätigkeiten als Stadtsekretär und Organist erhielten sie gewöhnlich ein jährliches Einkommen von etwas mehr als 100 Reichstalern und hatten bei dauernder Dienstunfähigkeit Anspruch auf eine kleine Pension; waren sie nur vorübergehend dienstunfähig, mußten sie jedoch auf eigene Kosten einen Ersatz stellen. In den meisten anderen Fällen sind die Lebensverhältnisse der Lehrer jedoch als ausgesprochen ärmlich zu bezeichnen. Auf dem Lande hatten sie gewöhnlich die Aufgaben eines Küsters zu verrichten und erhielten ihren Unterhalt durch ein geringes Gehalt und zusätzliche Naturalien. Das Gehalt des Wanheimer Lehrers betrug im Jahre 1721 lediglich 21 Reichstaler, daneben waren ihm 3¼ Morgen Land überlassen, die er für seinen eigenen Bedarf bebauen konnte. Häufig wurden die Lehrer auch von dem Schulgeld unterhalten, das die Eltern für ihre Kinder zahlen mußten; wenn die Kinder jedoch nicht zur Schule geschickt wurden, waren die Einkünfte des Lehrers sehr gering. Dennoch mußte er z. B. in Beeck oder Rahm auf eigene Kosten für Brennholz sorgen. Für viele Lehrer war daher der „Freitisch", das heißt das Recht, reihum bei den Eltern der Schüler eine Mahlzeit einzunehmen, die Rettung vor dem Verhungern; noch 1847 soll der Lehrer in Neuenkamp durch diesen „Wandeltisch" seine „Hauptexistenz" gefunden haben.

Während die bisher behandelten Schulen Elementarschulen oder „deutsche Schulen" waren, handelte es sich bei der bereits 1820 in Duisburg bezeugten Schule um eine Höhere Schule, eine „Lateinschule", deren Besuch die nötigen Kenntnisse für eine Berufstätigkeit in Wirtschaft und Verwaltung oder ein Universitätsstudium vermittelte. Ihre Tradition wird vom heutigen Landfermann-Gymnasium fortgeführt. Im 16. Jahrhundert verstärkten sich die Bemühungen, diese Schule in ein akademisches Gymnasium als Vorstufe zu einer noch zu gründenden Universität umzuwandeln. 1559 nahm das Gymnasium unter dem Humanisten Heinrich Castritius (1522–1585), genannt Geldorp, als Rektor tatsächlich den Lehrbetrieb auf, mußte ihn aber bereits 1563 wieder einstellen, nachdem der erste Anlauf zur Gründung einer Universität in Duisburg sich verzögert hatte. Die alte Lateinschule der Stadt wurde dann als sogenannte „Grammatikschule" weitergeführt, wobei sie einen immer stärker calvinistischen Charakter annahm. Ab 1634 erlebte sie als „Gymnasium illustre" besonders unter dem Rektor Johann Philipp Geusauff (1638–1645) einen neuen Aufschwung. Unter den Lehrern des Duisburger Gymnasiums sowie der späteren Universität befanden sich einige so bedeutende Persönlichkeiten, daß die Stadt 1675 mit dem Ehrennamen „Duisburgum doctum" („das gelehrte Duisburg") bezeichnet wurde.

Im 18. Jahrhundert versuchten einige der Rektoren, den Unterricht moderneren Anforderungen anzupassen. Der Pietist Johann Gerhard Hasenkamp, der bis 1777 im Amt war, stieß bei seinem vielleicht etwas übereilten Bestreben, den bisherigen formalisierten Grammatikunterricht durch die Vermittlung zusammenhängender Kenntnisse zu ersetzen, jedoch auf den Widerstand des Rates und der Schüler, deren Zahl schließlich auf 38

Duisburg um 1675, Kupferstich eines unbekannten Stechers („Duisburgum Doctum")

absank. Sein Bruder Friedrich Arnold Hasenkamp (Rektor von 1779 bis 1795) stellte den Unterricht in den alten Sprachen zugunsten der „Realien" (Geschichte, Geographie, „Naturgeschichte", Deutsch) zurück und kam damit den Wünschen der mehr an einer praktischen Ausbildung interessierten Kaufleute entgegen. 1796 trat dann mit Gottfried Christian Nonne der sicher bedeutendste Leiter des alten Duisburger Gymnasiums sein Amt an, das er bis 1821 ausübte. Er war geprägt von der philantrophischen Pädagogik Johann Bernhard Basedows. In seiner „Kurzen Darstellung des Lehr- und Erziehungsplanes am Gymnasium zu Duisburg" wandte Nonne sich 1799 gegen den bisherigen „bloßen oft mechanischen Unterricht in einigen alten Sprachen und in einigen literarischen Kenntnissen", der ihm nicht geeignet erschien, Verstand und „Seelenkräfte" eines jungen Menschen zu bilden: „Der mittelmäßige Kopf erlernte das seinige wie der Papagei und blieb, was er war – ein mittelmäßiger Kopf". Nonnes Absicht war es, durch unterschiedliche Unterrichtsfächer und -inhalte je nach den künftigen Berufsplänen der Schüler das Gymnasium „ohne den entferntesten Nachteil des gelehrten Standes" zu einer Lehr- und Erziehungsanstalt zu reformieren, „welche von dem künftigen Kaufmanne, sowie selbst von den Söhnen des gebildeteren Bürgerstandes mit Nutzen besucht werden kann", um so die „Bildung des künftigen Staatsbürgers und Mitgliedes der Gesellschaft" zu ermöglichen. Entschieden wandte er sich dagegen, daß der Schüler durch den üblichen Lehrervortrag zu einer bloß passiven Aufnahme des Lehrstoffes gezwungen wurde: „Eigene Tätigkeit, eigenes Studium sind notwendige Erfordernisse, wenn die Menschheit im Jünglinge ausgebildet werden soll." Unter Nonnes Leitung wurde das Duisburger Gymnasium das in weitem Umkreis angesehenste; erst nach 1815 zeigte sich, daß seine zwischen akademischer Bildung und praktischer Berufsvorbereitung vermittelnde Position den Forderungen vor allem der Kaufleute nicht mehr weit genug entgegenkam. 1831 wurde auf deren Wunsch eine Realschule, das heutige Steinbart-Gymnasium, eröffnet.

Der Unterricht für Mädchen setzte in Duisburg offensichtlich erst später ein und war zunächst von dem für Jungen getrennt. 1563 erhielt ein Schreinermeister 4 Gulden aus der

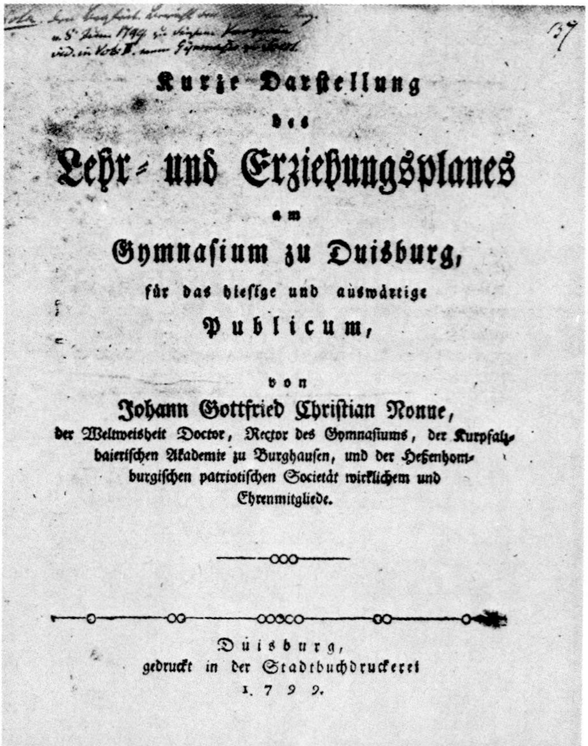

Kurze Darstellung
des
Lehr- und Erziehungsplanes
am
Gymnasium zu Duisburg,
für das hiesige und auswärtige
Publicum,
von
Johann Gottfried Christian Nonne,
der Weltweisheit Doctor, Rector des Gymnasiums, der Kurpfalzbaierischen Akademie zu Burghausen, und der Heßenhomburgischen patriotischen Societät wirklichem und Ehrenmitgliede.

Duisburg,
gedruckt in der Stadtbuchdruckerei
1. 7 9 9.

Titel des Originaldrucks des Lehr- und Erziehungsplanes am Gymnasium zu Duisburg

Stadtkasse für die Unterweisung der Mädchen; erst 1594 wurde der Zuschuß für die Mädchenschule getrichen, vermutlich weil Jungen und Mädchen von nun an gemeinsam unterrichtet wurden. Für Mädchen aus wohlhabenden Bürgerfamilien war im 17. und 18. Jahrhundert der Privatunterricht durch Hauslehrer die Regel, wobei neben den üblichen Grundkenntnissen das Erlernen der französischen Sprache im Vordergrund stand. Erst 1804 richtete der lutherische Pfarrer Peter Friedrich Mohn eine einklassige Privatschule für die „Töchter angesehener Familien unser Stadt" ein, die bis 1822 bestand. 1823 wurde von einigen Familien des höheren Bürgertums eine private „Höhere Töchterschule" unter der Leitung von Wilhelmine Wuppermann gegründet, an der auch einige Lehrer des Landfermann-Gymnasiums unterrichteten.

1778 gelang es der katholischen Minderheit in Duisburg, den seit 1648 bestehenden Plan für eine katholische Schule zu verwirklichen; 1816 hatte diese Schule 100 Schüler, aber nur einen kümmerlich bezahlten Lehrer. In Ruhrort gab es seit 1791 eine jüdische Schule, doch wurde dort bereits seit 1782 von einem jüdischen Schulmeister Unterricht gehalten.

2. Die Universität Duisburg. Gerhard Mercator

Die Tradition Duisburgs als Hochschulstadt, die es vor verhältnismäßig kurzer Zeit wieder geworden ist, läßt sich bis ins 16. Jahrhundert zurückverfolgen. 1555 faßte Herzog Wilhelm V. von Jülich-Kleve-Berg den Plan, für seine Länder in Duisburg eine eigene nicht unter der Aufsicht des Erzbischofs von Köln stehende Landesuniversität zu gründen. Neben der Hoffnung auf wissenschaftlichen Ruhm und gut ausgebildete Verwal-

Gerhard Mercator, Stich von N. Larmesin

tungsbeamte ging es ihm vor allem darum, für die vereinigten niederrheinischen Herzogtümer einen geistigen Mittelpunkt zu schaffen, von dem aus in den unruhigen Zeiten der Reformation eine zwischen Katholizismus und Protestantismus vermittelnde Haltung seiner Länder erfassen sollte; der Reformkatholizismus im Sinne des Humanisten Erasmus von Rotterdam diente ihm dabei zum Vorbild. Noch im gleichen Jahre begannen die Verhandlungen mit Kaiser und Papst um die Genehmigung seiner Pläne, die sich jedoch als sehr langwierig erwiesen, weil beide die katholische Grundeinstellung des Herzogs bezweifelten. Unterdessen wurden in Duisburg mit der Einrichtung des akademischen

Gymnasiums die Vorbereitungen für die Universität vorangetrieben, und einige bedeutende Gelehrte, die wohl vom Herzog als Universitätslehrer in Aussicht genommen worden waren, ließen sich in Duisburg nieder. Zu ihnen gehörten Gerhard Mercator, der bereits am Gymnasium unterrichtete, und der Humanist Georg Cassander (1513–1566). Als jedoch 1564 die mit erheblichen Auflagen versehene päpstliche Genehmigung und 1566 das kaiserliche Privileg für die Universität erteilt wurden, hatten sich die konfessionellen Gegensätze am Niederrhein so sehr verschärft, daß an eine vermittelnde Religionspolitik und die Berufung protestantischer Professoren nicht mehr zu denken war.

So war es auch dem bedeutendsten Duisburger Wissenschaftler, dem Geographen und Astronomen Gerhard Mercator, nicht vergönnt, an der geplanten Universität zu lehren. Seine Eltern, Hubert und Emerentiana Kremer, stammten aus Gangelt im Herzogtum Jülich. Am 5. März 1512 wurde er während eines Besuches der Eltern bei seinem Onkel in Ruppelmonde bei Antwerpen geboren. Mercator erhielt eine akademische Ausbildung in den spanischen Niederlanden, besonders in der Universitätsstadt Löwen, wo er 1536 hei-

Erdglobus von Gerhard Mercator

ratete. Aus der Ehe erwuchsen 6 Kinder. 1541 fertigte er seinen berühmten Erdglobus für Kaiser Karl V. an, 1551 einen Himmelsglobus. 1552 siedelte er nach Duisburg über, wo er wie später sein Sohn Arnold Vermessungsaufgaben für die Stadt übernahm und zeitweilig am akademischen Gymnasium unterrichtete. Die Motive für diesen Schritt sind nicht ganz klar. Möglicherweise verließ Mercator die Niederlande aus religiösen Gründen, da er bereits 1544 wegen Ketzerei angeklagt worden und nur durch das Eingreifen einflußrei-

Himmelsglobus von Gerhard Mercator

cher Gönner mit einer mehrmonatigen Kerkerhaft davongekommen war, vielleicht war er aber auch über die Pläne Herzog Wilhelms zur Gründung einer Universität informiert. In seine Duisburger Zeit fällt seine für die Nachwelt bedeutungsvollste Leistung, die Entwicklung der sogenannten Mercator-Projektion, die er erstmals auf der 1569 veröffentlichten großen Weltkarte anwandte. Mit ihr löste Mercator in einer noch heute brauchbaren Weise das Problem, die kugelförmige Gestalt der Erdoberfläche auf die ebene Fläche des Kartenblattes zu übertragen. Mercator wandelte zu diesem Zweck den Erdglobus in einen Zylinder um, indem er den Breitenkreisen immer die gleiche Ausdehnung gab, und rollte diesen auf einer Fläche ab. Das Ergebnis war eine Karte, auf der Längen- und Breitenkreise immer rechtwinklig zueinander standen, die Flächen aber, je näher man den Polen kam, immer größer wurden; die Pole selbst konnten auf dieser Karte nicht eingezeichnet werden, sondern waren als eine Linie vom gleichen Umfang wie der Äquator dargestellt. Der besondere Vorteil dieser „winkeltreuen" Projektion, die Mercator für den Gebrauch der Seefahrer entworfen hatte, bestand darin, daß alle auf der Karte dargestellten Punkte in ihrer tatsächlichen Kompaßrichtung zueinander lagen, so daß die Navigatoren ihren Kurs nun anhand von geraden Verbindungslinien bestimmen konnten. Mercator hatte damit die erste brauchbare Seekarte geschaffen; daß besonders die polnahen Gebiete stark verzerrt wiedergegeben waren, fiel demgegenüber kaum ins Gewicht, da man sie beim damaligen Stand der Schiffstechnik sowieso nicht befahren konnte.

Am 2. Dezember 1594 starb Gerhard Mercator als angesehener und wohlhabender Bürger der Stadt und wurde in der Salvatorkirche beigesetzt. Im folgenden Jahre gab sein Sohn Rumold eine zu einem Buch gebundene Ausgabe von 107 Mercator-Karten heraus, welche den gesamten Erdkreis umfaßten. Diese Sammlung trug den von nun an für alle späteren Kartenwerke namengebenden Titel „Atlas".

Erst sechzig Jahre nach Mercators Tod gelang es dann im zweiten Anlauf, die Duisburger Universität doch noch zu gründen. Bereits 1641 wurde Kurfürst Friedrich Wilhelm von Brandenburg von den klevisch-märkischen Ständen um die Errichtung einer Landesuniversität gebeten, damit die Bewohner nicht mehr „ihre Kinder ins Ausland schicken müßten, um ihnen die Wohltat höheren Unterrichts angedeihen zu lassen." Nachdem der Kurfürst bereits 1654 die Gründungsurkunde unterzeichnet hatte, fand am 14. Oktober 1655 die feierliche Eröffnung der Universität mit einem Festakt in der Salvatorkirche statt. Schon seit 1652 hatten sich die ersten Studenten in Duisburg eingefunden, so daß bei der Eröffnung bereits 116 Studierende immatrikuliert waren. Mit ihren vier Fakultäten (theologische, juristische, medizinische und philosophische) war die Duisburger Hochschule eine voll ausgebaute Universität und wurde in den folgenden 163 Jahren zur Ausbildungsstätte für nahezu alle höheren Beamten, Ärzte und reformierten Pfarrer in den westlichen Gebieten des preußischen Staates. Dennoch besaß sie keine wirklich herausragende Bedeutung und verfiel vor allem im Laufe des 18. Jahrhunderts zusehends, so daß ihre Studentenzahl im Siebenjährigen Kriege auf 60 absank. Ein Grund hierfür liegt in der von Anfang an beklagten unzureichenden finanziellen Ausstattung und Förderung durch den Staat. Aus Mangel an geeigneten Räumen sowie an Leichen konnte beispielsweise in der Medizinerausbildung das Fach Anatomie nur theoretisch gelehrt werden. Zudem stand Duisburg in Konkurrenz zu den besser eingerichteten niederländischen Universitäten Groningen, Utrecht, Harderwijk, Leiden und Franeker, deren Besuch den Studenten aus dem niederdeutschen Raum ohne größere Sprachprobleme möglich war. Umgekehrt kam jedoch auch eine geringe Anzahl niederländischer Studenten und Professoren nach Duisburg. Wichtiger aber war, daß der Duisburger Universität durch ihren Charakter als

Ausschnitt aus dem Corputius-Plan: Katharinenkloster, seit 1655 Hauptgebäude der Universität

Landesuniversität eines reformierten Herrscherhauses der erforderliche Einzugsbereich fehlte. Von den rund 600.000 Einwohnern der preußischen Westprovinzen war nur etwa ein Drittel reformiert, und der größere lutherische und katholische Teil der Bevölkerung schickte seine Söhne auf andere Universitäten, obwohl in Duisburg alle Konfessionen zugelassen waren. Daher war im Grunde der Niedergang der Universität nicht mehr aufzuhalten, nachdem 1769 und nochmals 1793 die Einrichtung eines Lehrstuhls für katholische Theologie von der Klever Regierung abgelehnt worden war. In der Zeit der französischen Besetzung des Rheinlandes und der Befreiungskriege verfiel die Universität weiter und wurde nach der Wiedergewinnung des Rheinlandes durch Preußen am 18. Oktober 1818 durch eine Kabinettsorder Friedrich Wilhelms III. aufgehoben. Ein großer Teil ihrer Bibliotheksbestände und die Szepter wurden der gleichzeitig gegründeten Bonner Hochschule übergeben, ein anderer Teil ihrer Bücher verblieb der Stadt und wird heute im Landfermann-Gymnasium verwahrt.

Bis zur Einführung des Abiturs in Preußen im Jahre 1788 mußten sich alle Studenten einer akademischen Aufnahmeprüfung unterziehen. Mit ihrer Immatrikulation erhielten sie dann nicht nur das Recht zu studieren, sondern wurden gleichzeitig wie die Professoren und Universitätsbediensteten Mitglieder einer privilegierten Körperschaft, nämlich Bürger der Universität. 1714 gehörten 170 Personen zu diesem Kreis. An der Spitze der sich weitgehend selbst verwaltenden Universität stand der jährlich vom Senat aller ordentlichen Professoren gewählte Rektor. Seine wichtigsten Aufgaben waren die Leitung der Verwaltung und der Vorsitz im akademischen Gericht. Bis zur Einführung der Justizverfassung des Großherzogtums Berg im Jahre 1811 waren alle Universitätsangehörigen nur dieser Gerichtsbarkeit unterworfen und von der städtischen befreit; lediglich bei Prozessen um Leib und Leben mußten sie sich vor dem Gericht des Landesherrn verantworten. Da vor dem akademischen Gericht also nicht nur Disziplinarfälle unter den Studenten, sondern auch alle Streitigkeiten zwischen Universitätsangehörigen und Bürgern der Stadt, z.B. die Schuldforderungen von Kaufleuten oder Wirten, verhandelt wurden, war das Verhältnis zwischen den städtischen Behörden und der Universität nicht immer ungetrübt. Studenten, die sich nachts z.B. durch Randalieren oder Schlägereien strafbar gemacht hatten, durften die städtischen Gerichtsdiener festnehmen, mußten sie jedoch bei Sonnenaufgang der akademischen Gerichtsbarkeit übergeben. Alle Professoren und zu Doktoren promovierten Studenten waren darüberhinaus von persönlichen Lasten wie der Einquartierung von Soldaten befreit, was angesichts der häufigen Besatzungen die Bürger empörte, und die Universitätsangehörigen brauchten bis zur Einführung der Staatsakzise im Jahre 1715 keine Steuern zu zahlen.

Über das Leben und Treiben der rund 6.000 Studenten, die zwischen 1652 und 1818 die Duisburger Universität besuchten, finden sich unter anderem Nachrichten in Verwaltungsakten, den Eintragungen in den „Studentenstammbüchern" und der „Jobsiade" des Bochumer Arztes Carl Arnold Kortum (1745–1824), der von 1763 bis 1766 in Duisburg studierte. Für Wohnung, Verpflegung und Studienkosten mußte ein Duisburger Student im 17. Jahrhundert etwa 220 Reichstaler ausgeben, nicht mehr als auch an anderen Universitäten, aber erheblich über dem normalen Jahreseinkommen eines Handwerkers von etwa 100 bis 150 Reichstalern. Viele Studenten waren daher, vielleicht auch auf Grund einer zu kostspieligen Lebensführung, in Geldschwierigkeiten und drohten in die Hände wucherischer Geldverleiher zu fallen. Staat und Universitätsbehörden versuchten daher wiederholt, durch strenge Gesetze und Verordnungen sowohl das Schuldenmachen der Studenten wie auch die überhöhten Zinsen (bis zu 133%!) zu unterbinden. Viele Studenten waren Mitglieder geheimer Logen oder Orden, die in Buchstaben- oder Zahlenkombinationen oder symbolischen Figuren ihre Erkennungszeichen hatten. In diesen von der

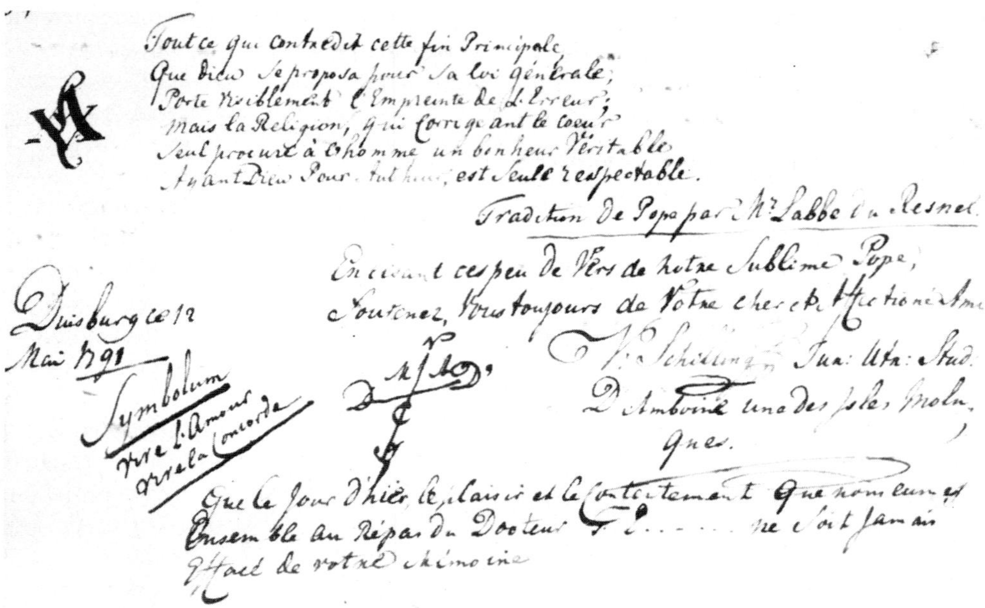
Tout ce qui contredit cette fin Principale
Que Dieu se proposa pour sa loi générale,
Porte visiblement l'Empreinte de l'Erreur;
Mais la Religion, qui corrigeant le coeur
Seul procure à l'homme un bonheur véritable
Ayant Dieu pour but, est seule respectable.
Tradition de Pope par Mr. l'abbé du Resnel
En lisant ce peu de Vers de notre sublime Pope,
Souvenez vous toujours de Votre cher et affectionné Ami
V. Schilling Jur: Utr: Stud.
D'Amboine une des Isles Moluques.
Duisburg ce 12 Mai 1791
Symbolum
Vive l'Amour vive la Concorde

Stammbuchblätter V. Schilling und G.W. Rheinbach

Universität verbotenen Geheimbünden wurden nach vorgeschriebenen Formen Freundschaften und eine häufig sehr grobe Geselligkeit gepflegt, die lebenslang halten sollten. Daneben befaßten sich die Verbindungen auch mit den sogenannten Ehrenhändeln. Streitigkeiten aus nichtigen Anlässen wegen einer angeblichen Beleidigung waren unter den Studenten häufig. Zwar waren seit 1688 Duelle verboten, doch kamen noch 1712 und 1742 zwei Studenten in solchen Streitigkeiten zu Tode. 1750 wurde den Studenten zunächst ohne große Wirkung verboten, einen Degen zu tragen, gegen Ende des 18. Jahrhunderts aber trugen sie auf der Straße nur noch einen kräftigen Knotenstock, den sogenannten „Ziegenhainer". Eine Berührung mit diesem Stock galt als grobe Beleidigung, die eine Forderung zum Duell nach sich zog; der Beleidigte konnte die Beleidigung nur tilgen, wenn er seinen Gegner mit der „Hetzpeitsche" berührte, worauf dieser wiederum einen Vorteil gewinnen konnte, indem er den anderen mit dem Inhalt eines Nachttopfes überschüttete. Am Ende dieser genau festgelegten Prozedur mußte immer die Forderung zum Duell stehen, wenn man nicht seine „Ehre" verlieren wollte.

Wie an anderen Universitäten scheinen auch die Duisburger Studenten nicht viel von Traurigkeit gehalten zu haben. So schrieb im 18. Jahrhundert ein Student in sein Stammbuch:

„Ha! Welch ein Wunsch – ein voller Tisch,
Das Herze froh, die Glieder frisch
und eine Lotte mit heiterem Gesicht –
hast Du dies all – erschieß Dich nicht."

Eine Illustration zu Karl Arnold Kortums komischem Heldengedicht „Leben, Meinungen und Taten von Hieronimus Jobs dem Kandidaten", in dem Kortum die Erlebnisse und Beobachtungen aus seiner Duisburger Studienzeit verarbeitet, zeigt deutlich diese angenehme Seite des Studentenlebens. Auf der anderen Seite hatten die Bürger natürlich unter manchem Schabernack und auch Ausschreitungen der Studenten zu leiden. Der

Illustration aus Kortums „Jobsiade"

spätere Generalprokurator des Großherzogtums Berg und Präsident der Rheinischen Immediat-Justizkommission in Berlin Christoph Wilhelm Heinrich Sethe (1767–1855) aus Kleve, der von 1783 bis 1785 in Duisburg studierte, berichtet in seinen Lebenserinnerungen, daß „der damalige Geist unter den Duisburger Studenten (...) nicht der Beste (war). Es herrschte ein rohes und wüstes Leben, es wurde viel geschwärmt und gesoffen, auf der Straße des Abends gelärmt und getobt! Wüstlinge, welche von anderen Universitäten hingekommen waren, gaben auf der kleinen Universität den Ton an." Aus Rücksicht auf die geringe Attraktivität der Hochschule sah der Rat in solchen Fällen von einem allzu strengen Einschreiten ab und bestimmte bereits 1563, die Stadtwache solle erst eingreifen, wenn die Studenten gegen die Bürger gewalttätig würden.

Neben Kortum und Sethe wies die Duisburger Universität in dem späteren erfolgreichen Komödiendichter und russischen Staatsrat August von Kotzebue (geboren 1761) 1778/79 einen weiteren bedeutenden Studenten auf. Als dieser 1819 in Mannheim durch den Burschenschaftler Karl Ludwig Sand ermordet wurde, war dies der Anlaß für die „Karlsbader Beschlüsse" der regierenden Fürsten des Deutschen Bundes und für die unter der Bezeichnung „Demagogenverfolgung" betriebene Unterdrückung aller liberalen und nationalen Bestrebungen in Deutschland. Kotzebue führte damals mit anderen Studenten im Duisburger Minoritenkloster seine Komödie „Die Nebenbuhler" auf.

Unter den Professoren der Duisburger Universität befanden sich trotz deren geringer Bedeutung einige Gelehrte von Rang. Innerhalb der theologischen Fakultät sind hier zu nennen der erste Universitätsrektor Johannes Clauberg (1622–1665), der von 1655 bis 1665 in Duisburg lehrte, und Friedrich Adolf Krummacher (1767–1845), der von 1801 bis 1807 letzter Theologieprofessor in Duisburg war. Während Clauberg die rationalistische Denkweise Descartes vertrat und dadurch in seiner früheren Laufbahn auf Schwierigkeiten gestoßen war, lehrte Krummacher eine antirationalistische Religiosität im Sinne Herders. Die juristische Fakultät besaß zeitweilig eine große Bedeutung durch ihre Spruchtätigkeit, das heißt durch Rechtsgutachten, die von Gerichten von Ostfriesland

Johannes Clauberg

Friedrich Adolf Krummacher

und Mecklenburg bis zum Mittelrhein angefordert wurden. Einer der bedeutendsten Juristen des 17. Jahrhunderts, der 1637 geborene Gerhard Feltmann, lehrte zu Beginn seiner Karriere von 1661 bis 1667 in Duisburg. Sein Nachfolger bis 1670, Paul von Fuchs, stieg in Brandenburg-Preußen in hohe Staatsämter auf. 1669 bis 1688 war Gerhard von Mastricht Professor in Duisburg und verfaßte unter anderem eine Geschichte des Kirchenrechtes, welche 1718 auf den Index der von der katholischen Kirche verbotenen Bücher kam. Die Professoren der medizinischen Fakultät waren nicht nur Ärzte, sondern allgemein Naturwissenschaftler, einige auch Philologen. Der bedeutendste unter ihnen war Johann Gottlob Leidenfrost (1715–1794), der von 1743 bis 1794 in Duisburg lehrte. Er bewies umfassende Kenntnisse der Naturwissenschaften, der Mathematik und der Philosophie und war mit seiner damals noch nicht allgemein anerkannten empirischen, auf Erfahrungen und Beobachtungen beruhenden Forschungsmethode ein Anhänger des bedeutenden Leidener Naturwissenschaftlers Hermann Boerhaave. Heute noch bekannt ist das nach ihm benannte „Leidenfrostsche Phänomen" eines Wassertropfens, der auf einer glühenden Metallplatte nicht sofort verdampft, weil er durch den sich bildenden Dampfmantel geschützt wird. Leidenfrost unterhielt neben seiner Lehr- und Forschungstätigkeit auch eine ärztliche Praxis. Ebenfalls ein Schüler Boerhaaves war der Mediziner und Philosoph Peter van Musschenbroek (1692–1766) aus Leiden; als Professor in Duisburg (1719–1723) richtete er auf dem Turm der Salvatorkirche eine Sternwarte ein. Seine beiden Kollegen Daniel Erhard Günther (Professor von 1778–1818) und Konrad Jakob Carstanjen (Professor von 1788–1818) sind bekannt durch die Stiftung der Günther-Carstanjenschen Krankenanstalt. Innerhalb der Duisburger philosophischen Fakultät nahm die Geschichtswissenschaft einen besonderen Rang ein. Johann Georg Graevius, geboren 1632, der von 1656 bis 1658 in Duisburg lehrte, war einer der gelehrtesten Philologen und Historiker des 17. Jahrhunderts. Von den späteren Professoren sind zu erwähnen der 1694 geborene Johann Hildebrand Withof, von 1720 bis 1769 in Duisburg und Verfasser einer Chronik der Stadt, sowie August Christian Borheck, der sich während seiner Duisburger Lehrtätigkeit von 1790 bis 1801 mit der Geschichte der Stadt, der niederrheinischen Herzogtümer und des Amtes Beeck befaßte. Die Bedeutung des 1749 geborenen Philosophen Victor Leberecht Plessing liegt unter stadtgeschichtlichem Aspekt weniger in seiner Lehrtätigkeit als in dem Besuch, den Goethe ihm 1792 in Duisburg abstattete. Allgemein ist festzustellen, daß an der Duisburger Universität, wie zumeist am Niederrhein, die Aufklärungsphilosophie des 18. Jahrhunderts kaum Vertreter hatte; dies war vielleicht mit ein Grund, warum sich die akademische Jugend von ihr abwandte.

2. Organisationsformen der Öffentlichkeit: Gesellschaften, Buchhandel, Theater und Presse

Wie an der Universität, so scheint sich auch im übrigen Duisburger Raum die Aufklärung im 18. Jahrhundert kaum durchgesetzt zu haben: So berichtet Justus Gruner, der spätere Zivilgouverneur der Rheinprovinz, im Jahre 1802, man dürfe „gewiß nicht sagen, daß der Geist der Neuerung hier sein Wesen treibe", denn „selbst Kantische Prinzipe gelten noch für Beschwörungsformeln der philosophischen Hexenmeister". Dennoch lassen sich auch im Duisburger Raum am Ende des 18. Jahrhunderts einige ansonsten der Verbreitung der Aufklärung dienende Organisationsformen und Medien feststellen.

Zu diesen zählen zunächst die für die Aufklärungszeit charakteristischen Geheimgesellschaften, allen voran die Freimaurerei. In Ruhrort bestand schon vor 1784 die offenbar aus Venlo stammende Loge „De twee Getallen" („Zu den zwei Zahlen"), zu deren Mit-

DISSERTATIO
INAUGURALIS MEDICA
DE
EPILEPSIA

QUAM
ANNUENTE SACROSANCTÆ TRIADIS GRATIA
EX
AUCTORITATE NEC NON DECRETO
CELEBERRIMÆ
ATQUE EXCELLENTISSIMÆ
FACULTATIS MEDICÆ
IN
REGIA DUISBURGI CLIVORUM
FLORENTE ACADEMIA
PRO GRADU DOCTORIS
SUMMISQUE IN MEDICINA HONORIBUS
IMPETRANDIS
PUBLICE DEFENDET
CAROLUS ARNOLDUS KORTHUM
MULHEIMIA BROICHENSIS AD RURAM
AUCTOR
AD DIEM XVI. APRILIS MDCCLXVI.
H. L. Q. S.

DUISBURGI AD RHENUM
TYPIS FRANC. ADOLPH. BENTHON, ACAD. TYPOGR.

Dissertation C.A. Kortums, gedruckt in der Universitäts-Druckerei

gliedern bekannte Namen aus Duisburg, Ruhrort und Hamborn gehörten. In Duisburg wurden 1784 die „Eklektische Loge" und die bis 1786 bestehende Loge „Zur Hoffnung" gegründet, ab 1786 ist auch die Ruhrorter Loge in Duisburg vertreten. Über die Tätigkeit der Freimaurer, die seit 1774 in Preußen geduldet waren, ist naturgemäß wenig bekannt; sicher ging es ihren zumeist aus dem höheren und Bildungsbürgertum stammenden Mitgliedern auch um den gesellschaftlichen Umgang mit ihresgleichen, doch verfolgte die Freimaurerei darüberhinaus allgemeine ethische und humanistische Ziele, die sie häufig in Konflikt mit dem Staat und vor allem den Kirchen brachten. Kennzeichnend für ihre gemeinnützige und auf geistigen wie sozialen Fortschritt gerichtete Tätigkeit ist die 1832 unter maßgeblicher Beteiligung der Duisburger Loge „Zur Deutschen Burg" von 1820 errichtete „Sonntagsschule für Handwerker und Fabrikarbeiter". Andere Vereinigungen wie die 1774 gegründete „Societät" und die Gesellschaft „Harmonie" dienten dagegen lediglich der geselligen Unterhaltung wohlhabender Bürger.

Wichtige Zentren der Aufklärung und sogar der politischen Opposition gegen die absolutistisch regierenden Fürsten sind im späten 18. Jahrhundert in vielen deutschen Städten die sogenannten „Lesegesellschaften" gewesen, in denen die neuere politische Literatur und politische Tagesfragen diskutiert wurden. In Duisburg kam es erst sehr spät zu etwas Ähnlichem, als 1796 der Universitätsprofessor Borheck die „Journal-Gesellschaft" gründete; gegen eine für einfache Bürger wohl kaum erschwingliche Beitrittsgebühr von zwei Reichstalern konnten die Mitglieder sich aus dem Angebot einer Reihe von meist unpolitischen Zeitungen und Zeitschriften bedienen. Im Jahre 1800 bot Borheck dann der Öffentlichkeit sein „Lese-Institut" mit rund 1.500 Bänden belehrender und unterhaltender Schriften zur Benutzung an; gegen Bezahlung des Portos wurden Bücher auch in das Umland ausgeliehen. Zur gleichen Zeit bestand bereits eine Leih- und Lesebibliothek von Johann Gerhard Reiche, und 1801 eröffnete der Duisburger Rentmeister Herminghaus mit 1.466 Buchtiteln eine dritte Leihbibliothek. Von politischen Klubs jedoch waren diese Unternehmungen weit entfernt.

Überhaupt fehlten im Duisburger Raum die geeigneten Medien, um eine politisch informierte und interessierte Öffentlichkeit heranzubilden, wie sie sich in manchen anderen Gebieten entwickelte. Zwar erschien bereits 1558 bei dem aus den Niederlanden zugewanderten Adrian Bethsinnius das erste Buch in Duisburg, doch scheint seine Druckerei nicht sehr leistungsfähig gewesen zu sein. So mußte Johannes Tybius, der von 1580 bis 1586 Rektor der Duisburger Lateinschule war, sich 1579 an eine Homberger Druckerei wenden, um seine Chronik von Duisburg drucken zu lassen. Mit der Gründung der Universität nahm dann das gesamte Buchwesen in Duisburg einen Aufschwung. 1662 wurde eine eigene Universitäts-Buchdruckerei eingerichtet, und Buchhandel und Verlage dehnten sich zu überregionaler Bedeutung aus. Das Angebot der Verleger und Buchhändler im 18. Jahrhundert zeigt jedoch, wie wenig Duisburg von den geistigen Strömungen der Zeit berührt wurde. Neben wissenschaftlichen Fachbüchern für Professoren und Studenten und den Werken zeitgenössischer aufgeklärter Dichter wie Lessing standen vor allem religiöse Erbauungsschriften, Predigtsammlungen und Gesangbücher, aber auch sensationelle Raub- und Mordgeschichten im Vordergrund.

Während aufgeklärte und kritische Dichter wie Lessing oder Schiller von einer „guten stehenden Schaubühne" erwarteten, daß sie ein bürgerliches Selbstbewußtsein und eine kritikfähige Öffentlichkeit heranbilden könne, spielte das Theater in Duisburg fast gar keine Rolle für die Verbreitung der Aufklärung. Bis zur Reformation waren geistliche Aufführungen in den Kirchen der Stadt, beispielsweise Krippen- oder Passionsspiele, selbstverständlich gewesen, danach aber lehnten die streng calvinistischen Geistlichen das Theaterspielen ab; höchstens Schüleraufführungen mit pädagogischer Zielsetzung galten als vertretbare Ausnahme. Wiederholt protestierte das Konsistorium der evangelischen Gemeinde gegen das seiner Meinung nach verderbliche und unmoralische Theaterspielen, beispielsweise 1740, als auf dem Rathaus eine Komödie aufgeführt wurde. Auch gegen Kotzebues Studententheater richtete sich der Unmut der Geistlichen und einiger unduldsamer Professoren, doch konnten sie die Aufführung nicht verhindern, da sie im Kreuzgang des katholischen Minoritenklosters stattfand. Im frühen 19. Jahrhundert traten in Duisburg wie in Ruhrort lediglich Wanderbühnen auf, in Duisburg zunächst in einer

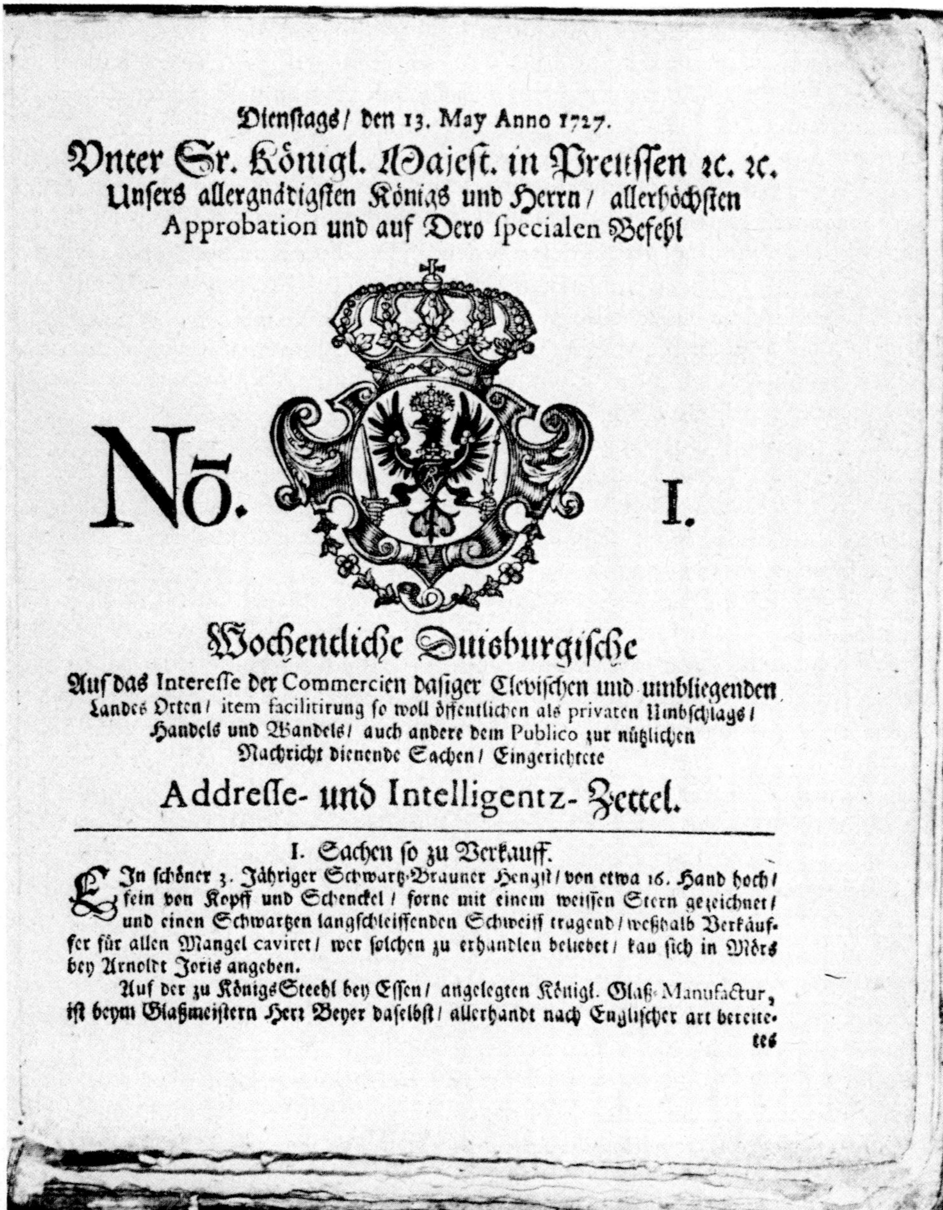

Dienstags/ den 13. May Anno 1727.

Unter Sr. Königl. Majest. in Preussen 2c. 2c.
Unsers allergnädigsten Königs und Herrn/ allerhöchsten
Approbation und auf Dero specialen Befehl

Nō. I.

Wochentliche Duisburgische
Auf das Interesse der Commercien dasiger Clevischen und umbliegenden
Landes Orten/ item facilitirung so woll öffentlichen als privaten Umbschlags/
Handels und Wandels/ auch andere dem Publico zur nützlichen
Nachricht dienende Sachen/ Eingerichtete

Addresse- und Intelligentz- Zettel.

I. Sachen so zu Verkauff.

EIn schöner 3. Jähriger Schwartz-Brauner Hengst/ von etwa 16. Hand hoch/ fein von Kopff und Schenckel/ forne mit einem weissen Stern gezeichnet/ und einen Schwartzen langschleiffenden Schweiff tragend/ weßhalb Verkäuffer für allen Mangel caviret/ wer solchen zu erhandlen beliebet/ kan sich in Mörs bey Arnoldt Joris angeben.

Auf der zu Königs-Steebl bey Essen/ angelegten Königl. Glaß-Manufactur, ist beym Glaßmeistern Herr Beyer daselbst/ allerhandt nach Englischer art bereitetes

Titelseite des Intelligenz-Blattes

Scheune, seit den zwanziger Jahren in einem Tanzsaal an der Beekstraße. Ihr auf ein bürgerliches Publikum ausgerichtetes Programm bevorzugte in der Regel die leichtere Unterhaltung; dem Unterhaltungsbedürfnis der einfacheren Leute entsprachen Puppenspiele, Seiltänzer und andere Jahrmarktsattraktionen.

Auch die periodische Presse war wenig geeignet, die Bevölkerung des Duisburger Raumes mit neuen Ideen bekannt zu machen. Zwischen 1732 und 1789 gaben verschiedene Duisburger Professoren eine Vielzahl von Zeitschriften und Schriftenreihen heraus, die jedoch wegen ihres allzu gelehrten Charakters wenig Anklang beim Publikum fanden und sich daher nur kurze Zeit halten konnten. Lediglich die von Christian Georg Ludwig Meister von 1777 bis 1784 herausgegebenen „Duisburgischen gelehrten und gemeinnützigen Beiträge", die seit 1783 unter dem Titel „Duisburgische wöchentliche Unterhaltungen" erschienen, hatten länger Bestand. Wie schon die Titel erkennen lassen, entsprachen sie dem im Zeitalter der Aufklärung häufigen Typ der moralischen Wochenschrift. Politische Zeitungen in unserem heutigen Verständnis erschienen dagegen im Duisburger Raum nicht. Zwar kam von 1727 bis 1805 in Duisburg eine Zeitung heraus, nämlich die „Wöchentliche(n) Duisburgische(n) auf das Interesse der Commercien der Clevischen, Geldrischen, Meurs und Märkischen auch umliegenden Landes Orten eingerichtete(n) Adresse- und Intelligenz-Zettel", kurz „Intelligenzblatt" genannt, doch handelte es sich dabei um ein bloßes Anzeigenblatt für geschäftliche und private Annoncen aller Art sowie Mitteilungen der Verwaltung und der Universität. Als Quelle für die verschiedensten Lebensbereiche ist es heute von großem Interesse, doch informierte es seine Leser, auch nachdem unterhaltsame und belehrende Artikel wie über die Konservierung von grünen Erbsen mit aufgenommen wurden, nicht über die politischen Ereignisse der Zeit. Am Ende des 18. Jahrhunderts beantragten daher der Postmeister Faber und der Universitätsbuchdrucker Hellwing eine Lizenz für eine politische Zeitung, doch wurde diese von der Regierung verweigert. Offensichtlich hielten der König von Preußen und seine Beamten es für zu gefährlich, wenn ihre Untertanen politisch informiert waren. Noch 1830 erschien mit dem „Unterhaltungs- und Anzeigenblatt für den Kreis Duisburg" eine reine Lokalzeitung, die keine politischen Meldungen enthalten durfte. Der Bevölkerung fehlten somit wesentliche Voraussetzungen, um sich eine kritische politische Meinung zu bilden und diese öffentlich zu formulieren.

V Wirtschaftsaufschwung und soziale Verhältnisse bis zum Beginn des 19. Jahrhunderts

1. Schiffahrt und Handel

Nach einer langen und mühsamen Vorbereitungsphase (s. Kap. I, 3) konnte Ruhrort seit der Mitte des 18. Jahrhunderts einen zunächst allmählichen wirtschaftlichen Aufschwung verzeichnen. Dieser ist im wesentlichen zurückzuführen auf die Ausweitung des Kohlen-

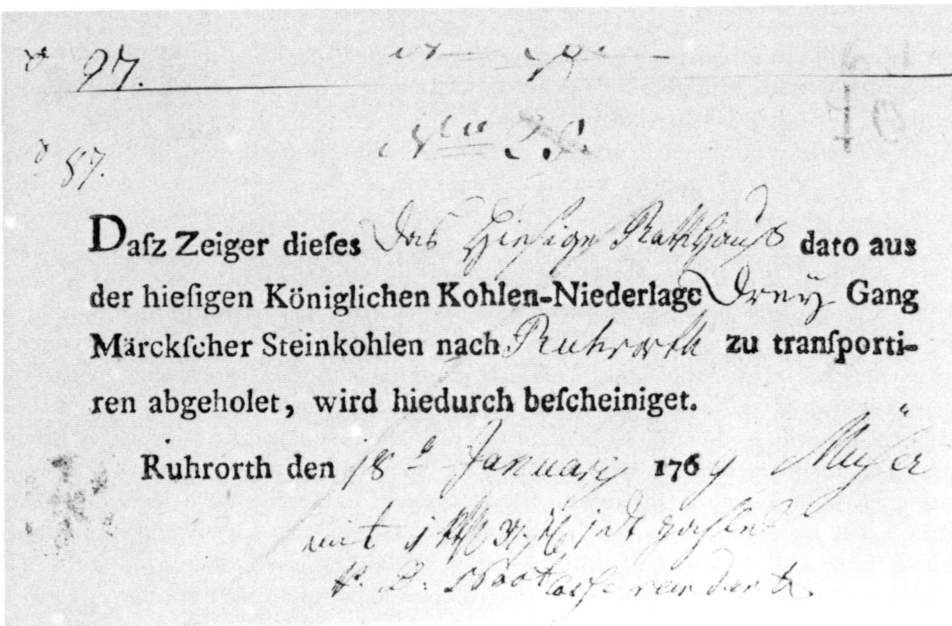
Daſz Zeiger dieſes ... dato aus der hieſigen Königlichen Kohlen-Niederlage ... Gang Märckſcher Steinkohlen nach Ruhrorth zu tranſporti-ren abgeholet, wird hiedurch beſcheiniget.

Ruhrorth den 18. Januarij 1769

Bescheinigung der Ruhrorter Kohlenniederlage 1769

handels und der Kohleschiffahrt. Nachdem bereits 1748 ein Kohlenmagazin angelegt worden war, geschah 1754 ein weiterer Schritt mit der Vergabe eines Schiffahrtsprivilegs für den Kohletransport an einen Düsseldorfer Kaufmann. Das Unternehmen bestand jedoch nur bis 1757, und auch andere Bemühungen wurden durch den Siebenjährigen Krieg (1756–63) und die Transportprobleme auf der Ruhr beeinträchtigt. Die Kohle mußte nämlich von den märkischen Zechen mit Wagen nach Mülheim gebracht und erst dort auf Ruhrkäne verladen werden, die bis Ruhrort noch einige Wehre zu überwinden hatten. Da der preußische Staat jedoch ein dringendes Interesse am Absatz seiner Kohle hatte, wurde 1667 auf der Mühlenweide ein staatliches Kohlenmagazin eingerichtet und 1770 der Firma „Elsbruch & Comp." auf zwanzig Jahre das Monopol für den Transport märkischer Kohle auf der Ruhr und den ausschließlichen Absatz in den westlichen Provinzen des preußischen Staates erteilt; alle übrigen Ruhrorter Kohlenhändler, deren Zahl inzwischen auf fünf gestiegen war, wurden nun verpflichtet, ihre Kohlen aus dem staatlichen Kohlenmagazin zu beziehen. Damit hatte der preußische Staat eine führende Rolle bei der Entwicklung der Ruhrorter Wirtschaft übernommen.

1772 nahm Elsbruch & Comp. mit 25 Schiffen den Kohlentransport zwischen der Grafschaft Mark und Ruhrort auf, nachdem das Stift Essen, die Abtei Werden und das Herzogtum Berg für ihren jeweiligen Abschnitt der Ruhr die Genehmigung erteilt hatten. In den folgenden Jahren nahm der Ruhrorter Kohlenhandel erheblich an Umfang zu und dehnte sein Absatzgebiet rheinaufwärts bis Koblenz, stromab bis nach Holland aus. Dennoch war das Transportproblem nur unbefriedigend gelöst, da zwischen Hattingen und Ruhrort elf Wehre die freie Durchfahrt versperrten und unter dem häufigen Umladen die Qualität der Kohle ganz erheblich litt; außerdem wurden die Frachten dadurch erheblich verteuert. Schon seit 1772 war daher eine Kanalisierung der Ruhr im Gespräch, 1774 begann der preußische Staat mit dem Bau der ersten Schleusen in der Mark, und im Sommer 1780 konnte die Ruhr als durchgehende Schiffahrtsstraße eröffnet werden. Märkische

Rhein-Kohlen-Aak, wie sie im 18. und frühen 19. Jahrhundert gebräuchlich war

Kohle konnte nun erstmals als wirkliches Massengut nach Ruhrort gebracht und von dort in zunehmendem Maße nach Holland ausgeführt werden. Zu dieser Zeit hatte sich die Einwohnerzahl von 532 im Jahre 1722 auf 728 (1787) erhöht und erreichte 1804 bereits 1.093.

Während der Zugehörigkeit des Rheinlandes zu Frankreich ab 1794 erlitt der Ruhrorter Kohlenhandel einen erheblichen Rückgang, schon wenige Jahre nach den Befreiungskriegen stieg der Umschlag aber wieder auf 60.000 Tonnen, und die Zahl der in Ruhrort beheimateten Schiffe wuchs. In dieser Situation sorgte wiederum eine staatliche Maßnahme für den weiteren Aufschwung Ruhrorts, nämlich der Hafenbau. Ludwig von Vincke (1774 – 1844) setzte sich als Oberpräsident von Westfalen und Leiter der Ruhrschiffahrtsbehörde dafür ein, die inzwischen einhundert Jahre alten und völlig unzureichenden Ruhrorter Hafenanlagen durch neue zu ersetzen. Vorübergehend wurde erwogen, für Duisburg und Ruhrort einen gemeinsamen Hafen auf Duisburger Gebiet am „Schlick" zu bauen, doch wurde dieser Plan zugunsten Ruhrorts fallen gelassen. In den Jahren 1820 bis 1825 entstand dann als Fortsetzung des alten Hafens in nordöstlicher Richtung der ringförmige neue Hafen mit einer Länge von 1.500m; sein nördlicher Teil ist noch heute als „Werfthafen" erhalten. In den neuen Hafenanlagen erreichte die Ruhrorter Kohlenausfuhr 1831 einen Umfang von 290.000 Tonnen.

Schiffahrt und Handel in Ruhrort waren jedoch zu dieser Zeit schon längst nicht mehr auf den Umschlag von Kohle beschränkt. Bereits im 18. Jahrhundert waren die Spedition bergischer Fabrikate und holländischer Handelswaren sowie ein umfangreicher Handel mit Hölzern aus Westfalen und dem Sauerland hinzugekommen, die vor allem in die Niederlande exportiert wurden; dazu trat der Kleinhandel für die Bedürfnisse der Einwohner und der Schiffer. Um 1790 war Ruhrort führend im Weinhandel nach Westfalen und hatte seit etwa 1750 einen großen Teil des vorher vor allem von Wesel betriebenen Handels mit

Kolonialwaren an sich ziehen können. Als die Ruhrorter Kaufleute jedoch 1791 versuchten, eine regelmäßige Schiffsverbindung mit Amsterdam aufzunehmen, wurde dies von der Klever Regierung auf eine Beschwerde Duisburgs hin untersagt.

Im Gegensatz zu der Entwicklung in Ruhrort ist der wirtschaftliche Wiederaufstieg Duisburgs weitgehend ohne staatliche Förderung erfolgt, im gewerblichen Sektor sogar zeitweise gegen die staatliche Wirtschaftspolitik. Zu Beginn der Neuzeit war die Situation von Schiffahrt und Handel in Duisburg schwierig und verschlechterte sich während der Kriegszeiten des 16. und 17. Jahrhunderts weiter; im Dreißigjährigen Krieg kamen Handel und Warenverkehr sogar völlig zum Erliegen, als ab 1629 während der Besetzung der Stadt durch niederländische Truppen Duisburg von den Spaniern als feindlicher Ort behandelt wurde. Noch über 1648 hinaus machten hohe Zölle und die Unsicherheit der Verkehrswege Schiffahrt und Handel unmöglich, so daß die Duisburger Bürger sich verstärkt der Landwirtschaft und dem Handwerk zuwenden mußten. Bereits 1557 wurde der Austritt der Stadt aus dem Bund der Hansestädte erwogen, und an dem letzten Hansetag in Lübeck im Jahre 1669 nahm Duisburg nicht mehr teil. In die letzten Jahrzehnte des 17. Jahrhunderts fällt jedoch mit der Aufnahme der regelmäßigen Börtschiffahrt in die Niederlande der entscheidende Schritt für den wirtschaftlichen Aufschwung nicht nur der Stadt Duisburg, sondern auch ihres Umlandes.

Nachdem bereits zehn Jahre zuvor ergebnislose Verhandlungen geführt worden waren, kam die Stadt 1674 mit dem Weseler Schiffer Gisbert Kochs überein, daß dieser einen ständigen Fracht- und Personenverkehr zwischen Duisburg und Nimwegen unterhalten sollte; die Schiffe sollten nach einem genau festgelegten Fahrplan (ndl. beurt = Rang, Reihenfolge) verkehren. Jeden Donnerstag um 8 Uhr morgens fuhren nun die Börtschiffe in Duisburg ab, um noch vor dem Montagsmarkt Nimwegen zu erreichen; stromaufwärts war die Abfahrt montags, so daß die Fracht bis zum Markt am Samstag in Duisburg ankam. Kochs mußte sich verpflichten, diesen Fahrplan genau einzuhalten, auch wenn sein Schiff noch nicht voll beladen war, andererseits durfte er aber auch keine Fracht zurückweisen. Als Verladestellen dienten je nach dem Wasserstand ein Platz an der Ruhrmündung, der sogenannte „Schlick", oder in zunehmendem Maße das Rheinufer bei Neuenkamp. An beiden Stellen gab es jedoch keine Verladeeinrichtungen oder Lagerhäuser, und auch die Wege von der Stadt dorthin waren meist in sehr schlechtem Zustand. Dennoch nahm der Warenumschlag sehr schnell erheblich zu, da vielen auswärtigen Kaufleuten die Vorteile einer regelmäßigen und schnellen Schiffsverbindung mit Anschlußmöglichkeiten zu den holländischen Seehäfen einleuchteten. Da die Duisburger Börtschiffe an den klevischen Zollstellen auf dem Niederrhein nur ein Viertel der für „Ausländer" gültigen Tarife zu zahlen brauchten, wurde Duisburg zu einem attraktiven Umschlagplatz nicht nur für Kaufleute und Fabrikanten aus der Grafschaft Mark, sondern auch aus dem Herzogtum Berg, denen die inzwischen von Düsseldorf aus betriebene bergische Börtschiffahrt diesen Zollvorteil nicht bieten konnte. Neben Textilien aus den bergischen Orten Elberfeld und Barmen wurden über Duisburg Metallwaren aus der Mark (z. B. Hagen) und die Erzeugnisse der bergischen Kleineisenindustrie (Solingen, Remscheid) sowie Kupfererzeugnisse aus dem jülicher Raum und landwirtschaftliche Produkte verschickt; als Rückfracht brachten die Börtschiffer vor allem Kolonialwaren aus den Niederlanden mit. 1717 wurde eine direkte Verbindung zwischen Duisburg und Amsterdam eingerichtet, in der Mitte des 18. Jahrhunderts eine neue Linie nach Wageningen. Bis zu den achtziger Jahren entwickelte sich Duisburg so zu einem zentralen Umschlag- und Handelsplatz für den Warenverkehr auf dem Rhein und über See bis nach Spanien und zu den Ostseehäfen. Um den hinderlichen Kölner Stapelzwang und die vielen Rheinzölle zu umgehen, wurden auf dem Landwege erhebliche Warenmengen aus dem Siegerland, aus Hessen und sogar aus Süddeutschland nach Duisburg gebracht, um von hier zu den niederländischen Seehäfen befördert zu werden. Den größten Umfang erreichte die Börtschiffahrt in den Jahren 1794 bis 1797, als durch den Krieg zwischen dem revolutionären Frankreich und dem Deutschen Reich der Rhein oberhalb Duisburgs bis Mainz gesperrt war; ein kaum zu bewältigender Strom von Handelsgütern selbst aus der Schweiz floß in diesen Jahren nach Duisburg, und der jährliche Warenumschlag überstieg 10.000 Tonnen.

An diesem gewaltigen Aufschwung des Warenverkehrs waren jedoch nicht nur Duisburger Kaufleute und Spediteure beteiligt. Bereits 1723 baten einige mennonitische Kaufleute aus Krefeld König Friedrich Wilhelm I. um Unterstützung bei der Anlage eines Hafens in Friemersheim, um auf diese Weise die Zollerhöhung in den kurkölnischen Häfen Ürdingen und (Krefeld-)Linn umgehen zu können. Obwohl der König diesen Plan befürwortete, wurde er jedoch nicht ausgeführt. Nur wenig später entstand dann in Essenberg gegenüber der Anlegestelle der Börtschiffe ein Packhaus, in dem linksrheinische Kaufleute für die Niederlande bestimmte Waren lagerten. Da die Börtschiffer auch dieses Packhaus regelmäßig anliefen, profitierte auch der Homberg-Rheinhausener Raum von den neuen Frachtlinien, und sein Warenumschlag vergrößerte sich.

Beschränkte sich der Duisburger Anteil in diesem Warenverkehr zunächst weitgehend auf seine Rolle als Umschlagplatz und damit auf Speditionsgeschäfte, so entwickelte sich vor allem aus dem Kolonialwarenhandel recht bald ein bedeutender eigener Großhandel der Stadt. Die Liste der 17 bedeutendstenFirmen des Jahres 1765 enthält daher neben zwei Spediteuren auch drei Spezereiwaren- und drei Weinhändler; die anderen Unternehmen standen in engem Zusammenhang mit dem Handel. Außerdem gab es noch 26 kleine und mittlere Handelsfirmen. Am Ende des 18. Jahrhunderts war Duisburg wieder eine der wirtschaftlich bedeutendsten Städte am Niederrhein geworden und zahlte mindestens 9% der gesamten klevischen Akzise, wozu noch die höheren Steuereinnahmen aus den ebenfalls durch die Börtschiffahrt zu Wohlstand gekommenen Nachbarorten hinzugerechnet werden müssen. Auch die Einwohnerzahl der Stadt hate sich von 1714 (3.153) bis 1787 um etwa 500 erhöht.

Dem künstlich herbeigeführten Höhepunkt des Warenumschlags am Ende des 18. Jahrhunderts folgte jedoch schon bald ein krasser Rückgang. Schon 1804 verlor Duisburg durch die Oktroikonvention, einen zwischen Frankreich und dem Reich abgeschlossenen Vertrag über eine Vereinfachung des Rheinzollsystems, einen wesentlichen Wettbewerbsvorteil, da viele Zollstellen am Rhein aufgehoben wurden. 1806 wurden die rechtsrheinischen Gebiete des Herzogtums Kleve von Napoleon mit dem Herzogtum Berg zusammengelegt, gleichzeitig aber eine Zollschranke gegenüber der als Herkunftsland vieler Handelswaren wichtigen Grafschaft Mark errichtet. Als Napoleon dann 1807 die Kontinentalsperre gegenüber Einfuhren aus England und seinen Kolonien verschärfte, bedeutete dies einen gewaltigen Rückgang des Rheinhandels, der sich schon vorher auf die Hälfte vermindert hatte.

Nach den Befreiungskriegen konnte die 1810 eingestellte Börtschiffahrt erst wieder aufgenommen werden, nachdem die französischen Truppen 1814 aus Wesel abgezogen waren. Duisburg richtete direkte Verbindungen mit Rotterdam und Amsterdam, schließlich auch nach Antwerpen ein, die zu einer allmählichen Wiederbelebung des Handels führten. Zwar befuhr bereits 1816 ein englisches Dampfschiff den Rhein, und 1825 wurde nach einer niederländischen auch eine preußische „Rheinische Dampfschiffahrtsgesellschaft" in Köln gegründet, doch verhinderte diese zunächst nicht, daß die Börtschiffahrt um 1830 nochmals stark anwuchs; erst nach 1847 erlag sie der moderneren und leistungsfähigeren Konkurrenz.

Am Ende der zwanziger Jahre des 19. Jahrhunderts hatte der Duisburger Handel seinen früheren Umfang bereits wiedergewonnen. Beim Hauptsteueramt wurden 1828 insgesamt mehr als 8.750 Tonnen eingehender Waren verzollt, wovon mehr als die Hälfte für den Speditionshandel und der Rest für den Großhandel und die Bedürfnisse der sich entwickelnden Industrie bestimmt waren; zusammen mit den nicht verzollten Waren erreichte die Einfuhr alleine schon einen Umfang von etwa 10.000 Tonnen. Um dieses Ergebnis angesichts vor allem der Ruhrorter Konkurrenz auch für die Zukunft zu sichern, schlug der Handlungsvorstand der Kaufleute 1826 vor, einen Kanal von der Stadt zum Rhein zu bauen, um auf diese Weise endlich einen brauchbaren Duisburger Hafen zu schaffen. Ähnliche Pläne waren unter anderem bereits 1696 und 1796 erörtert, aber nicht ausgeführt worden. 1828 jedoch begann der von begüterten Bürgern gegründete „Rheinkanal-Aktien-Verein" mit dem Bau des heutigen Außenhafens, der 1832 vollendet wurde. Damit war eine wichtige Grundlage für die weitere wirtschaftliche Entwicklung Duisburgs im Zeitalter der Industrialisierung gelegt.

2. Das Gewerbe im Zeitalter der Frühindustrialisierung

In Duisburg ist das Handwerk – anders als der Handel – aus verständlichen Gründen niemals zum Erliegen gekommen, vielmehr wurden noch in der frühen Neuzeit einige neue Zünfte eingerichtet. Zu diesen gehören 1596 die Faßbinder und 1622 die Zunft der Schreiner und Schnitzler (= Holzschnitzer). Nach dem Dreißigjährigen Kriege suchte der Rat durch eine Wiederbelebung der Zünfte den wirtschaftlichen Wiederaufbau zu fördern; in dieser Zeit entstanden 1674 die Bäckerzunft und 1682 die Zunft der Schmiede mit ihren vielen Nebengewerben. Häufig ist jedoch die späte Bildung von Zünften in einem Gewerbezweig auch ein Anzeichen dafür, daß es an Arbeits- und Verdienstmöglichkeiten in diesem Bereich mangelte und die Gewerbetreibenden durch ihren Zusammenschluß jede Konkurrenz ausschließen wollten. Noch 1824 entstand als letzte Zunft die der Karrenbinder, das heißt der Transport- und Verladearbeiter, bei denen aber wohl andere Motive ausschlaggebend waren. Die Zünfte wurden vom Rat streng überwacht, da die kleine Zahl der regierenden Familien verhindern wollte, daß sie irgendwelchen politischen Einfluß bekamen; ihren Charakter als religiöse Bruderschaften hatten sie seit der Reformation verloren, so daß ihre wesentlichen Aufgaben nun in der Regelung der Produktion und einer gewissen sozialen Sicherung der Mitglieder bestanden.

Zu Beginn des 18. Jahrhunderts gab es in Duisburg 160 in Zünften organisierte Handwerksmeister, darunter 17 Schreiner, 21 Schmiede, 7 Faßbinder und 38 Bäcker; der größte Teil von ihnen gehörte zum umfangreichen Bereich des Bekleidungsgewerbes, nämlich 31 Schneider und Tuchscherer, 14 Wollen- und 19 Leinenweber sowie 13 Schuster. 1714 beschäftigte das Handwerk etwa 40% der Erwerbstätigen. Die Produktion dieser Handwerker war fast ausnahmslos für den Bedarf der Bevölkerung der Stadt und des umliegenden Landes bestimmt und gelangte so über den lokalen Markt nicht hinaus, einzig das Textilgewerbe hatte eine größere Bedeutung. Wie wichtig es für die Stadt war, wird daran deutlich, daß 1651 die Tuchmacherordnung für die Weber erneuert und 1753 für die weitere Bearbeitung der von den Webern gelieferten rohen Wolltücher eine Tuchbereiterzunft eingeführt wurde. Im 16. Jahrhundert stellten die niederländischen Exulanten, meist tüchtige Textilhandwerker und Tuchhändler, sowie andere Einwanderer aus dem gesamten nordwestdeutschen Raum mit ihren technischen Kenntnissen und Fähigkeiten eine erhebliche Bereicherung des Duisburger Textilgewerbes dar. Sie führten neue Stoffarten und Produktionsmethoden ein. Zu Beginn des 17. Jahrhunderts waren daher Leinenweberei und Tuchherstellung die einzigen für die Ausfuhr arbeitenden Gewerbe in Duisburg. In der Mitte des Jahrhunderts dagegen betrug nach dem Dreißigjährigen Krieg die Zahl der in der Stadt produzierten Tücher nur noch die Hälfte der von auswärts eingeführten, und die Zünfte, die vorher feine Qualitäten für den Export hergestellt hatten, beanspruchten nun das Monopol für Herstellung und Verkauf grober Stoffe, um ihren Mitgliedern Arbeit zu beschaffen. Die Bestimmungen über die höchstzulässigen Betriebsgrößen stammten noch aus dem Spätmittelalter, wurden aber nun streng überwacht: Bei den Leinenwebern durfte kein Meister mehr als drei, bei den Tuchmachern nicht mehr als vier Webstühle innerhalb und außerhalb der Stadt betreiben, damit alle Zunftangehörigen eine ausreichende „Nahrung" fanden. In dieser Zeit setzten auch heftige Auseinandersetzungen zwischen dem Rat und den Zünften um die Verwaltung der Stadt ein (s. Kap. II, 3).

Der Absatz der Leineweberei ging bis zum Beginn des 18. Jahrhunderts so weit zurück, daß dieses Handwerk 1714 fast nur noch von ohne Gesellen arbeitenden Einzelmeistern betrieben wurde, das Tuchmachergewerbe dagegen konnte nach dem Utrechter Frieden (1713) einen neuen Aufschwung nehmen. Der neue König Friedrich Wilhelm I. (1713–1740) war bemüht, die Wirtschaftskraft und damit das Steueraufkommen seiner Länder zu stärken und erließ zu diesem Zweck unter anderem ein Manufakturedikt, das unter Umgehung der Zunftbeschränkungen die Einrichtung von Manufakturen erleichterte. In Duisburg hatte der Rat bereits 1693 dem Kaufmann und Weber Heinrich Wintgens die erste Genehmigung zur Errichtung einer Manufaktur erteilt, wobei er sich nicht vom Gesichtspunkt des Handwerkerschutzes, sondern der erhofften höheren städtischen Einnahmen hatte leiten lassen. Um 1710 stellte die Manufaktur Wintgens & Strickling an 10 Webstühlen feine Tücher für die Ausfuhr her. 1720 ließ sich der Tuchhändler und Manufakturbesitzer Heinrich Friedhoff aus Wermelskirchen in Duisburg nieder; nach zwei Jahren beschäftigte seine Manufaktur an 17 Webstühlen 77 Arbeiter. Mit diesen Unternehmungen waren erstmals mit dem Handel verbundene moderne kapitalistische Produktionsformen im Duisburger Textilgewerbe aufgetreten, welche in den folgenden einhundert Jahren die Struktur des Gewerbes weitgehend veränderten. Der Manufakturunternehmer war bestrebt, möglichst alle Stufen der Produktion, vom Spinnen der Wolle bis zum Färben und Appretieren des fertigen Tuches, in einer geschlossenen Kette unter seiner Kontrolle durchzuführen, um dadurch Preisvorteile und eine den wechselnden Kundenwünschen besser angepaßte Qualität zu erreichen. Eine solche Produktionsform erforderte jedoch ein beträchtliches Kapital für Rohstoffe, Werkzeuge, Lagerhaltung und Löhne. Am Ende des 18. Jahrhunderts ist daher eine deutliche Trennung zwischen der wachsenden unternehmerischen Manufakturproduktion und einer schrumpfenden Produktion selbständiger Handwerksmeister im Duisburger Tuchmachergewerbe festzustellen. Bis in die 70er Jahre des 18. Jahrhunderts waren im Tuchgewerbe noch etwa 25 bis 30 selbständige Meister tätig, danach aber sank ihre Zahl stetig ab.

Der Aufstieg der Manufakturproduktion gestaltete sich jedoch auch nicht ohne Schwierigkeiten. Zwar stieg der Umfang der Wollverarbeitung in Duisburg ab 1713 stark an, doch bereits in der Mitte der 20er Jahre setzte der Abschwung ein, und bald nach 1730 war auch die letzte Manufaktur aus Duisburg verschwunden; 1737 arbeiteten die meisten Duisburger Weber für Verleger, also Kaufleute, die ihnen das Material vorstreckten, aus dem bergischen Land, insbesondere aus Lennep. Die Ursache hierfür lag ebenfalls in der merkantilistischen Wirtschaftspolitik Friedrich Wilhelms I., der, um die Wollverarbeitung in den mittleren Provinzen Preußens zu fördern, diese seit 1722 durch hohe Schutzzölle vom Ausland und den westlichen Provinzen isolierte. Dem Tuchgewerbe im Herzogtum Kleve ging damit ein wichtiger Absatzmarkt verloren, was besonders gefährlich war, da auch andere Staaten als Antwort auf die preußische Zollpolitik zu hohen Schutzzöllen übergingen, während Kleve für ausländische Einfuhren fast ohne Behinderung offenblieb. So mußten in den folgenden Jahrzehnten neue Absatzmärkte vor allem in Nordwesteuropa erschlossen werden. Daneben belasteten die hohe Besteuerung durch die Akzise und die häufig zwangsweise durchgeführten Soldatenwerbungen die wirtschaftliche Entwicklung und führten zu hohen Kosten und Arbeitskräftemangel, da vor allem viele junge Leute ins nahegelegene Ausland gingen. Zwischen 1714 und 1739 betrug der Bevölkerungsverlust in Duisburg mehr als 8%.

Erst mit dem Jahre 1746 setzte ein neuer Aufschwung des Duisburger Tuchgewerbes ein, als sich 4 Tuchfabrikanten und -händler sowie 5 selbständige Handwerksmeister aus dem bergischen Lennep nach dem Brand ihrer Heimatstadt in Duisburg niederließen. Ihre Ansiedlung wurde von der Regierung Friedrichs II. durch einige spezielle Privilegien wie die zeitweilige Befreiung von Akzise und Zöllen gefördert, ausschlaggebend war für sie aber die Bedeutung, die Duisburg inzwischen durch die Börtschiffahrt als Umschlag- und Handelsplatz gewonnen hatte; schon Friedhoff war sich 1720 des Standortvorteils bewußt gewesen, der zu einer erheblichen Transportkostenersparnis beim Bezug der Wolle und Versand der Tücher genutzt werden konnte. Diese Verbindung zwischen Verkehrsbeziehungen und Textilgewerbe wird besonders deutlich an den Manufakturen von Gerhard Merrem und der Gebrüder Momm, welche erstmals die Baumwollverarbeitung in größerem Umfang in Duisburg betrieben. Merrem stellte auch Mischgewebe aus Baumwolle und Leinen sowie Baumwolle und Seide her. Ihre Rohstoffe bezogen die beiden Unternehmer über die Börtschiffahrt aus den Niederlanden, als Arbeitskräfte setzten sie die Duisburger Leinenhandwerker ein. Nachdem 1748 auch die Soldatenwerbungen im Herzogtum Kleve eingestellt wurden, nahm Duisburg bis nach dem Siebenjährigen Krieg einen großen Aufschwung und wurde zum bedeutendsten Zentrum des Textilgewerbes am preußischen Niederrhein. Die bergischen Einwanderer brachten größere Kapitalien mit und gründeten ab 1746 insgesamt 9 große und kleinere Manufakturen, in den 60er Jahren entstanden 4 weitere, und am Ende dieser Periode hatten sich insgesamt mindestens 10 erhalten, von denen 7 als bedeutende Unternehmungen galten. Der Umfang der Tuchproduktion in der Stadt stieg jedoch nicht in dem zu erwartenden Maße, da die Unternehmer, aus Mangel an Arbeitskräften oder um die Lohnkosten zu senken, Arbeit nach außerhalb vergaben. Noch 1769 beschäftigten die Duisburger Tuchfabrikanten rund 440 Personen in anderen preußischen Orten der Umgebung.

Nach dem Siebenjährigen Krieg entschied sich Friedrich II. mit der Aufhebung der Schutzzölle für eine neue Wirtschaftspolitik, nämlich die des Freihandels. Auf die nun schnell wachsende ausländische Konkurrenz waren die Duisburger Manufakturen nicht vorbereitet und gerieten durch ungenügend ausgelastete Kapazitäten und schwere finanzielle Belastungen in eine zeitweilige Krise. Diese war vor allem dadurch entstanden, daß die Regierung ab 1765 als Ausgleich für die entfallenden Zolleinnahmen die Verbrauchssteuern mehrmals stark erhöhte und dadurch die Lebenshaltungskosten erheblich verteuerte; die Unternehmer mußten daher ihren Arbeitern höhere Löhne zahlen, die hohen Lohnkosten aber ließen wiederum die Warenpreise über die der ausländischen Konkurrenten ansteigen. In diesen Zusammenhang gehören auch die Auswirkungen der staatlichen Kohlenniederlage in Ruhrort, welche den Hausbrand der Manufakturarbeiter und den Brennstoff für die Färberkessel zu so hohen Preisen verkaufte, daß die Manufakturbesitzer 1768 erklärten, sie müßten weitere Webstühle stillegen, weil sie den Arbeitern die eigentlich notwendigen Löhne nicht zahlen könnten.

Ab etwa 1780 waren jedoch die sich gegenseitig verstärkenden günstigen Einflüsse von Handel, Gewerbe und Börtschiffahrt so angewachsen, daß die schädlichen Auswirkungen der staatlichen Steuerpolitik überwunden werden konnten. 1782 fiel endlich das Ver-

Seifensiederwerkstatt

bot, klevische Textilien in den Provinzen östlich der Weser abzusetzen, und die Duisburger Tuchfabrikanten eroberten sich im Einzugsbereich der Börtschiffahrt weitere Absatzmärkte in Hessen, Süddeutschland und Übersee. Die Produktion der Textilmanufakturen, die zu mehr als 80% in den Export ging, wuchs stark an, und es herrschte eine Phase der Vollbeschäftigung. Der Rat konnte daher noch 1795 auf eine Anfrage der Regierung erklären, in Duisburg bestehe kein Bedarf für den Seidenbau, da es in der Stadt einen Überfluß an Erwerbsmöglichkeiten gebe.

Zu dieser günstigen Entwicklung hatten neben dem Textilgewerbe auch andere Gewerbezweige beigetragen, welche in in engem Zusammenhang mit Schiffahrt und Handel entwickelten. Die Börtschiffe brachten schon recht früh den 1630 erstmals erwähnten Tabak aus den Niederlanden nach Duisburg; 1763 begann Johann Gerhard Böninger mit seiner fabrikmäßigen Verarbeitung, und 1784 gab es in Duisburg bereits 7 Tabakfabriken, die 79 Arbeiter beschäftigten. Böninger betätigte sich ab 1779 auch als Seifensieder, doch war die erste Seifensiederei bereits 1762 durch den Mühlheimer Arzt Jacob Theodor Schoenenberg gegründet worden. Außer diesen Betrieben gab es 1787 in Duisburg noch zwei Leimfabriken, eine Stärkefabrik, eine Essigfabrik, sogar eine Porzellanfabrik und schließlich eine Fabrik, in der bedrucktes Papier, das heißt wahrscheinlich Tapeten, hergestellt wurde. Alle diese Firmen zusammen beschäftigten jedoch nur 150 Arbeiter, während das Textilgewerbe seine führende Rolle auch dadurch dokumentierte, daß seine 25 Unternehmen etwa 800 Arbeitskräfte aufwiesen.

Wie im Falle Duisburgs ist auch die gewerbliche Entwicklung Ruhrorts in engem Zusammenhang mit Schiffahrt und Handel erfolgt. Anders als Duisburg ist Ruhrort aber nicht von Anfang an eine Gewerbestadt gewesen und ist es auch nie im gleichen Maße geworden, sondern hatte in Schiffahrt und Spedition sein Schwergewicht. Die führenden Einwohner der Stadt waren im 18. Jahrhundert in diesem Bereich tätig oder waren, besonders seit Ruhrort 1766 wieder klevische Zollstätte geworden war, Beamte. Der Großteil der Bewohner setzte sich dagegen aus Handwerkern, Wirten, kleinen Kaufleuten (Krämern), Steuerleuten oder Schiffsknechten zusammen. Unter den Handwerkern arbeiteten in der ersten Hälfte des 18. Jahrhunderts die meisten für die Bedürfnisse der Schiffahrt und waren daher ebenfalls Mitglieder der Schiffergilde. Zu nennen sind hier besonders die 7 Bierbrauer und 4 Fuselstaker (= Branntweinbrenner) sowie vor allem 8 Schiffszimmermeister, deren Gewerbe durch Reparaturen wie durch Neubauten eine große Bedeutung für die Stadt besaß. 1735 übernahm Hermann Neinhaus die Schiffswerft seines Schwiegervaters und machte sie in den folgenden Jahren zum bedeutendsten Schiffsbaubetrieb am Niederrhein. Mit dem Aufschwung der Ruhrorter Kohlenschiffahrt dehnte sich dieser Gewerbezweig immer mehr aus, so daß 1780 die Schiffsbaumeister Barten und Neinhaus erklärten, ihr Gewerbe sei „unstreitig das beste für hiesige Stadt und wovon alle leben". Ein Blick in die Ruhrorter Berufsstatistik von 1787 zeigt, daß diese Aussage sicher übertrieben, im Kern aber richtig war. Im Vergleich zu einer ähnlichen Übersicht aus dem Jahre 1761 hatte sich nämlich inzwischen die Zahl der Handwerker mit 75 gegenüber vorher 46 nahezu verdoppelt, und sie stellten nun den bei weitem größten Anteil unter den insgesamt 130 Gewerbetreibenden. Immer noch war die Zahl der Schiffer, Steuerleute und Schiffsknechte mit 30 höher als die der im Schiffsbau beschäftigten 23 Zimmermeister, doch waren auch unter den anderen Handwerkergruppen, zum Beispiel unter den inzwischen 5 Schmieden, einige am Schiffsbau beteiligt. Daß Ruhrort einen Wirtschaftsaufschwung erlebt hatte, läßt sich wohl auch an der im Gegensatz zu früher erstaunlich hohen Zahl von 10 Schneidern und 8 Schustern sowie der insgesamt 14 Bauhandwerker erkennen. Erstmals befand sich mit einem Serge- und Siamosenmacher auch ein Webermeister in der Stadt.

Der weitere Aufschwung des Ruhrorter Schiffsbaus wurde auch im 19. Jahrhundert nicht unterbrochen. 1797 gründete die Vereinigung der Kohlenhändler eine „Schiffsbau-Societät" zum Bau von Kohlenkähnen; 1804 verfügte sie über 31 Arbeiter. Im gleichen Jahre beschäftigte Neinhaus in seiner Werft 50 Arbeiter, von denen viele aus Meiderich und Beeck kamen, und mußte dennoch wegen Arbeitsüberlastung einige Aufträge ablehnen. 1829 schließlich wurde von der 1810 unter anderem von Gerhard und Franz Haniel gegründeten Hüttengewerkschaft „Jacobi, Haniel und Huyssen", der heutigen Gutehoffnungshütte in Sterkrade, eine Schiffswerft in Ruhrort eingerichtet, die schon zwei Jahre später mit der „Stadt Koblenz" das erste Dampfschiff vom Stapel lassen konnte.

Andere Gewerbezweige und Manufakturen konnten sich dagegen in Ruhrort nicht dauerhaft einrichten. Nach dem Siebenjährigen Krieg entstanden 1768 eine Lederwarenmanufaktur, 1773 eine Gerberei, 1777 zwei Tabakfabriken und 1786 eine Wolltuchmanufaktur, die aber zum größten Teil nur ganz kurzen Bestand hatten; 1796 folgte noch eine Stärkemehl- und Puderfabrik. Die erste wirkliche Fabrik in Ruhrort wurde jedoch erst im 19. Jahrhundert von Conrad und Peter Lohmann zusammen mit dem bergischen Kaufmann Friedrich Wever gegründet. Es war die „Cottonmanufaktur", die zunächst 18 Weber in Heimarbeit beschäftigte, 1803 dann mit schon 90 Webstühlen für den Export arbeitete. 1804 wurde die Produktion in einem neuerrichteten großen Fabrikgebäude an der heutigen Fabrikstraße zusammengefaßt, aber schon 1817 wegen der übermächtigen englischen Konkurrenz wieder eingestellt.

Für die Duisburger Manufakturen bedeutete die Zeit der französischen Herrschaft am Niederrhein eine harte Belastung. Seit 1798 war der Rhein französische Zollgrenze, die die Ausfuhr stark erschwerte, seit 1806 waren die Rohstoffeinfuhren durch die Kontinentalsperre und die englische Gegenblockade fast unmöglich geworden. Dem Textilgewerbe fehlten Baumwolle und die feine spanische Schafswolle, auch Farbstoffe waren kaum mehr zu bekommen. Die Tabakfabriken litten ebenfalls unter empfindlichem Rohstoffmangel. So sank die gewerbliche Produktion seit 1806 stark ab, und Arbeitslosigkeit und Armut breiteten sich in Duisburg aus. Viele Tuchmanufakturen mußten ihren Betrieb einstellen. Als Napoleon schließlich 1811 Tabakverarbeitung und -handel mit Einführung der „Tabakregie" verstaatlichte, machte er 15% der Duisburger Bevölkerung arbeitslos.

Arnold Böninger (1764 – 1825)

Die ersten Jahre nach dem Krieg waren von großem Kapitalmangel geprägt. Dennoch nahm bereits 1814 die Firma Wwe. Hardt & Co. die Tuchfabrikation wieder auf, und Arnold Böninger (1764–1825) richtete eine Baumwollspinnerei ein, die bald 50 Arbeiter beschäftigte. Im gleichen Jahre wurde in der Baumwollspinnerei von Johann Arnold Momm die erste Dampfmaschine in einer rheinischen Textilfabrik aufgestellt. 1816 war die Zahl von Böningers Arbeitern auf 110 gewachsen, und in der Tuchherstellung waren inzwischen auch wieder 110 Arbeiter tätig. In den folgenden Jahren verschwand jedoch die Tuchfabrikation immer mehr aus Duisburg, da sie nicht genügend ausgebildete Arbeitskräfte fand, und auch die Tuchbereitung erlag aufgrund des freihändlerischen preußischen Zolltarifs von 1818 der in größerem Umfang mechanisierten Konkurrenz vor allem aus England. Auf diese Weise wurde im 19. Jahrhundert die Baumwollverarbeitung im Duisburger Textilgewerbe vorherrschend.

Neben dem Textilgewerbe traten jedoch im frühen 19. Jahrhundert andere Gewerbezweige stärker in den Vordergrund. Schon 1815 gab es wieder mehrere Gerbereien und Seifensiedereien, 1818 führten bereits 8 Tabakfabriken ihre alte Tradition fort. Die Ta-

Johann Jakob von Rath (1792 – 1868)

Friedrich Wilhelm Curtius (1782 – 1862)

bakverarbeitung nahm schließlich einen solchen Umfang an, daß 1833 mehr als 1/6 der gesamten preußischen Rohtabakeinfuhr nach Duisburg ging. Daneben ließen sich aufgrund des günstigen Standortes auch neue, zukunftsweisende Gewerbe in Duisburg nieder. 1822 gründete Johann Jakob vom Rath (1782 – 1868) eine Zuckerfabrik; er bezog den aus überseeischem Rohrzucker gewonnenen braunen Rohzucker aus den Niederlanden und verarbeitete ihn in Duisburg zu weißem Zucker. 1824 schließlich erwarb Friedrich Wilhelm Curtius (1782 – 1862) die Erlaubnis zum Bau einer der ersten deutschen Schwefelsäurefabriken und begann bald darauf auf dem Kaßlerfeld mit der Produktion dieses wichtigen Grundstoffes der sich entwickelnden chemischen Industrie.

3. Die sozialen Verhältnisse der Textilhandwerker und Manufakturarbeiter

Der Prozeß der Durchsetzung der Manufakturproduktion im Gewerbe ist im vorigen Abschnitt unter dem Blickwinkel seines Anteils am Aufschwung der Duisburger Wirtschaft bis zur Phase der Industrialisierung betrachtet worden; aus der Sicht der unmittelbar betroffenen Handwerker und Manufakturarbeiter dagegen ist manches anders zu beurteilen.

Eine Untersuchung der Sozialstruktur der Stadt Duisburg anhand einer Umfrage über Wirtschaft und Bevölkerung, die 1714 von der preußischen Regierung veranstaltet wurde, kommt zu dem positiven Ergebnis, daß die sozialen Verhältnisse recht ausgewogen waren, da rund 35% der erwerbstätigen Bevölkerung Selbständige und nur etwas über 50% Arbeitnehmer waren; die restlichen 15% verteilen sich fast gleichmäßig auf den öffentlichen Dienst der Verwaltung und der Kirchen (7%) sowie auf Menschen, die von Renten lebten, unterstützte Invaliden und Arme. Bei diesem Ergebnis wird jedoch nicht berücksichtigt, daß durch die Entwicklung des Gewerbes für viele Handwerksmeister schon zu Beginn des 18. Jahrhunderts die wirtschaftliche Selbständigkeit nur scheinbar bestand. Durch den Absatzrückgang war die Leineweberei völlig überbesetzt, so daß die Handwerker sich mühsam durchschlagen mußten und kaum noch einer einen Gesellen beschäftigen konnte. In den vierziger Jahren treten viele von ihnen dann auch als Arbeitskräfte in die neugegründeten Baumwollmanufakturen ein und geben ihre nur auf dem Papier bestehende Selbständigkeit damit endgültig auf, um sie gegen ein verhältnismäßig sicheres Einkommen einzutauschen. Ähnliche Probleme bestanden im Tuchmachergewerbe, und es ist anzunehmen, daß zumindest einige der Webermeister nicht mehr für eigene Rechnung arbeiteten, sondern für die Manufaktur von Heinrich Wintgens oder für andere Verleger, wie ja aus den 30er Jahren berichtet wird, daß die meisten Duisburger Weber für bergische Kaufleute arbeiten. Die Organisationsformen der einzelnen Betriebe waren sehr unterschiedlich, weswegen es schwierig ist, genau abzugrenzen, inwieweit der einzelne Handwerker noch selbständiger Produzent oder schon abhängig Beschäftigter war. Natürlich gab es im 18. Jahrhundert noch, wenn auch immer seltener, den selbständig Rohstoffe einkaufenden, das Tuch herstellenden und verkaufenden Handwerksmeister, doch waren seit langer Zeit die Verleger-Kaufleute im Vormarsch. Sie stellten den Webern in deren Häusern die Rohstoffe, manchmal auch den Webstuhl, zur Verfügung, gaben ihnen einen klaren Arbeitsauftrag und übernahmen Fertigstellung und Verkauf des Tuches; der Weber erhielt für seine Arbeit einen festen Stück- oder Werklohn und war am Verkaufserlös nicht beteiligt. In einer Manufaktur wurden die verschiedenen Produktionsvorgänge, die von regelmäßig entlohnten Spezialhandwerkern oder angelernten Kräften nacheinander ausgeführt wurden, in einem Betrieb zusammengezogen; die Fabrik stellte schließlich durch die Einbeziehung von Antriebs- und Fertigungsmaschinen den Sprung von der handwerklichen zur maschinellen Produktion dar, in der der Mensch dem Arbeitsrythmus der Maschine unterworfen wird. Bis weit in das 19. Jahrhundert hinein waren jedoch die einzelnen Betriebsformen in der Praxis nicht so klar zu unterscheiden, sondern man trifft häufig auf den sogenannten „gemischten Verlag", bei dem nur Teile der Produktion, zum Beispiel die Fertigstellung und das Färben des Tuches, in einem Manufakturbetrieb erfolgten oder auch bei Umsatzsteigerungen neben den in der Manufaktur arbeitenden Webern zusätzlich „freie" Weber mit Aufträgen versehen wurden. Ein solcher gemischter Betrieb konnte auch, besonders seit dem Ende des 18. Jahrhunderts, Teile der Produktion, etwa das Spinnen von Garnen, unter Einsatz von Maschinen erledigen.

Entsprechend dieser Differenzierung der frühindustriellen Betriebsformen waren auch die Arbeitsverhältnisse der Beschäftigten sehr unterschiedlich, doch lassen sich zwei große Gruppen unterscheiden. Zum einen gab es die im Auftrage des Fabrikanten arbeitenden halbselbständigen Handwerker und Meister, zum anderen die unmittelbar bei den Unternehmern beschäftigten gelernten oder ungelernten Arbeitnehmer. Wenn auch die erste Gruppe nach außen hin gerne als ganz selbständig erscheinen wollte und auf die zweite herabsah, so hatten beide in ihren Arbeitsverhältnissen doch große Gemeinsamkeiten. In beiden Fällen war die Verbindung zum Unternehmer durch die losen Vertrags- und Arbeitsverhältnisse nur eine lockere, zudem besaß in beiden Fällen der Unternehmer eine beherrschende Stellung, da nur er nach seinen Bedürfnissen, die sich vor allem an der Nachfrage und der Kapitalverzinsung ausrichteten, Arbeitsaufträge vergab und Arbeiter einstellte oder entließ. Notfalls konnte er ja auch außerhalb der Stadt arbeiten lassen. Das Verhalten der Duisburger Tuchfabrikanten in der durch den Freihandel und die Erhöhung der Verbrauchssteuern und Kohlepreise hervorgerufenen Krise im Winter 1765/66 ist ein deutliches Beispiel für ihre Überlegenheit gegenüber den Arbeitern und verlagsabhängigen Handwerksmeistern. Da diese wegen der enorm gestiegenen Lebenshaltungskosten in Not geraten waren, waren sie gezwungen, jede sich bietende Arbeit anzunehmen, um zu überleben; da sie sich nicht mehr selbständig ernähren konnten, waren sie gezwungen, zu den Bedingungen zu arbeiten, die ihnen die Unternehmer setzten. Für die Unternehmer bot sich in dieser Situation die Gelegenheit, den Kampf um die Konkurrenzfähigkeit gegenüber ausländischen Einfuhren auf dem Rücken der Arbeiter auszutragen, denen die als berechtigt anerkannte Lohnerhöhung verweigert wurde. Daran änderte auch ein Streik der Tuchbereitergesellen anfangs des Jahres 1766 nichts, den der Rat mit einem Aufgebot der Bürgerwehr beendete.

Den sich abzeichnenden schweren sozialen Schäden durch eine Verelendung der Handwerker und Manufakturarbeiter suchte der Baumwollunternehmer Peter Merrem 1776 zu begegnen, indem er die erste Betriebskrankenkasse in Duisburg einrichtete. Denn schon 1774 war nach der Hebeliste der Tuchfabrikationsgelder ein ungewöhnlich hoher Teil der im Tuchgewerbe Beschäftigten so sehr verarmt, daß er die Beiträge nicht zahlen konnte. Den höchsten Satz mit 54% Mittellosen hatte die Zunft der Spinner aufzuweisen, gefolgt von den Tuchbereitern mit 38%; bei den Leinen- und Siamosewebern hatte die Verarmung einen Grad von 29% erreicht.

Auffällig ist auch, daß diese Statistik für Duisburg eine Zahl von 148 Tagelöhnern, also wirtschaftlich völlig ungesicherten Menschen, angibt, während es in Ruhrort 1756 bei einer natürlich erheblich geringeren Bevölkerungszahl nur 6 sind. Wie sich diese Zahl weiterentwickelte, ist nicht auszumachen, da in späteren Statistiken die Tagelöhner immer mit den Fuhrleuten zusammengezählt wurden (1761:13, 1787:14). Dennoch ist erkennbar, daß Ruhrort wegen seiner völlig anderen Wirtschaftsstruktur, in der die Manufakturen niemals eine bedeutende Rolle gespielt haben, einen erheblich größeren Anteil an selbständigen und daher vor der Ausbeutung durch die Fabrikanten geschützten Handwerkern und Gewerbetreibenden aufweist als Duisburg. Natürlich sind auch hier die Einkommensunterschiede zwischen Kohlengroßhändlern und einfachen Handwerkern gewaltig gewesen, und über die Arbeitsbedingungen der Werftarbeiter wissen wir wenig, doch deutet sich an, daß Ruhrort im 18. Jahrhundert eine von einem zahlreichen kleinbürgerlichen Mittelstand geprägte Stadt war, während sich in Duisburg schon im Zeitalter der Frühindustrialisierung zumindest im Textilgewerbe eine Aufspaltung der Gesellschaft in Unternehmer und von ihnen abhängige verelendete Handwerker abzeichnet.

VI Revolution und Reaktion

1. Der Aufbau einer bürgerlichen Gesellschaftsordnung unter Napoleon

Die letzten 36 Jahre der Geschichte des Duisburger Raumes, die hier darzustellen sind, stehen im Zeichen eines zweimaligen Wechsels des politischen Systems und der herrschenden Ideologie. Als die französische Nationalversammlung am 20. April 1792 dem Kaiser Leopold II. als König von Böhmen den Krieg erklärte, tat sie dies, um der innerlich zerrissenen Nation einen Zusammenhalt zu geben und um die Grundsätze von Freiheit, Gleichheit und Brüderlichkeit in ganz Europa zu verbreiten; als der preußische König Friedrich Wilhelm III. (1797 – 1840) am 17. März 1813 seine Untertanen zum Krieg gegen Napoleon aufrief, stellte er diesen als einen Kampf für Freiheit und Unabhängigkeit dar und versprach im Mai 1815 dem Volk zum Dank für seinen Einsatz sogar eine repräsentative Volksvertretung im Rahmen einer künftigen Verfassung. In beiden Fällen sollte jedoch die tatsächliche Herrschaftspraxis sich bald ganz anders entwickeln.

Die Zeit der französischen Revolution ist auch im Rheinland eine politisch unruhige Epoche gewesen. Neben den Ereignissen in Frankreich kam es 1789 auch in den habsburgischen südlichen Niederlanden zu einer Erhebung gegen die Reformpolitik Kaiser Josephs II., in Lüttich zu einem Aufstand der Bürger gegen den Bischof; in den rheinischen Kurfürstentümern Trier und Köln regte sich der Widerstand der Landstände gegen die Verschwendungssucht der Fürsten und die Steuerprivilegien von Adel und Geistlichkeit. Die Fürsten befürchteten daher ein Übergreifen der revolutionären Bewegung auch auf den Niederrhein und erließen schon im Oktober 1789 eine Ermahnung an die Bevölkerung, keinerlei „gewaltsame Neuerungen" oder „Eingriffe in besitzliche Rechte und Gerechtigkeiten" ihrer Obrigkeiten zu unternehmen, sondern diesen „die schuldige Treue, Gehorsam und Ehrerbietung zu bezeigen"; sollte es dennoch zu „Bewaffnung, Zusammenläufen und ruhestörenden Unternehmungen", zum Tragen von Kokarden oder „aufrührerischem Liedersingen" kommen, wurde die Entsendung von Kreistruppen des niederrheinisch-westfälischen Reichskreises angedroht. Aus dem Duisburger Raum sind dann auch keinerlei revolutionsfreundliche Bewegungen bekannt geworden; es scheint auch angesichts der beschriebenen Struktur der Öffentlichkeit sehr fraglich, ob es selbst unter den Professoren und Studenten irgendwelche größeren Gruppen mit revolutionärer Gesinnung gegeben hat, auch wenn Justus Gruner erstaunlicherweise 1802 berichtet, daß es in Duisburg „zum guten Ton gehört, ein Freund der Franzosen zu sein". Erst als französische Truppen längst im Vormarsch auf den Niederrhein waren, geriet die Duisburger Bevölkerung bei der preußischen Regierung in den Verdacht revolutionärer Stimmung, weil sie sich lautstark über die zaghaften preußischen Abwehrmaßnahmen beschwerte. Gegen die überwiegend adligen Emigranten, die sich in großer Zahl am Rhein aufhielten, um den Zeitpunkt ihrer Rückkehr nach Frankreich abzuwarten, war die Bevölkerung jedoch sehr verbittert, wie ein Erlebnis aus Duisburg zeigt, von dem Goethe in seiner „Kampagne in Frankreich 1792" berichtet. Er betrat im Dezember 1792, von Düsseldorf kommend, zur Mittagszeit den Gasthof „Zur goldenen Krone" an der Oberstraße, der von Emigranten überfüllt war. Der Wirt entschuldigte sich, „daß alle guten Plätze von diesen unwillkommenen Gästen besetzt seien", ließ aber dann einen stillen und unschein-

Aufruf.

II Der Bürger Rudler, fränkischer Regierungs-Kommissär in den eroberten Ländern zwischen Maas, Rhein und Mosel;

An die Bewohner der eroberten Länder.

Die fränkische Republik weiß ihre Feinde zu schlagen und zu überwinden; aber den Sieg zu mißbrauchen, weiß sie nicht. Fürsten verschwörten sich gegen ihre Freyheit, gegen ihre Verfassung, und täuschten sich mit der Hoffnung, sie zu unterjochen. Sie ergriff die Waffen, bekämpfte sie, und, zufrieden, ihre eigene Ruhe zu sichern, beschränkt sie sich auf die Gränzen, die ihr die Natur vorgezeichnet hat, und ist nur darauf bedacht, die vom Krieg unzertrennlichen Uebel aus dem Andenken der eroberten Völker zu vertilgen, und unmerklich alle Rechte mit ihnen zu theilen, deren ihre eigenen Kinder sich freuen.

Ihr Bewohner der schönen Gefilde, die der Rhein, die Maas und die Mosel umgibt, und welche der Lauf ihrer Gewässer bereichert! dies sind Frankreichs wohlthätige Gesinnungen in Rücksicht auf euch, dies ist der Wille seiner Regierung. Die Einstellung der Feindseligkeiten beut ihr die Gelegenheit dar, euer Schicksal zu verbessern, und, voll zärtlicher Sorgfalt für euer Wohl, gibt sie mir den Auftrag, mich zu euch zu verfügen, um euch der Wohlthaten jener Gesetze theilhaftig zu machen, nach welchen Frankreich regiert wird, und die auch euer Glück sichern sollen .... Wie süß ist diese ehrenvolle Sendung meinem Herzen! und soll ich urtheilen nach jener Anmuth des Karakters, nach jener Sanftheit der Sitten, und der Liebe zur Freyheit, die euch auszeichnet; so wird der Erfolg dieser Sendung schnell und befriedigend seyn.

Eine an sich selbst unvermeidliche, den Verwalteten vortheilhafte, Landes-Eintheilung, wird die erste meiner Verrichtungen seyn.

Die Einführung gleichförmiger Verwaltungs-Arten und Gerichts-Ordnungen wird sodann jene Eintracht unter euch hervorbringen, die mit der Verschiedenheit eurer Senate, eurer Raths-Versammlungen, eurer Regierungen, und eurer unzähligen Gerichtsbarkeiten, nicht verträglich ist.

Alles, was nach Sklaverey schmeckt, ist aufgehoben; sie schändet den Menschen, und kann unter den Augen der siegenden Freyheit nicht bestehen. Die Wirkungen dieser Aufhebung sollen allmählig durch besondere Verordnungen bestimmt werden.

So könnt ihr nun unter dieser neuen Regierungsform euch der ganzen Würde eures Wesens freuen.

Nur Gott allein werdet ihr von euren Glaubens-Meinungen Rechenschaft zu geben haben, und eure bürgerlichen Rechte werden von diesen nicht abhangen; jene Meinungen mögen seyn, wie sie wollen, so werden sie ohne Unterschied geduldet werden, und gleichen Schutz genießen. Nur der allein würde sich schuldig machen, der durch ihren Mißbrauch die allgemeine Eintracht stören, und Zwietracht unter die Gesellschaft ausstreuen wollte.

Merkwürdig wird das VIte Jahr für diese Länder seyn. Los von der drückenden Last all der Privilegien, die der Stolz derjenigen gebar, welche sich eure Herren und Gebieter nannten, werdet ihr zugleich, vom ersten Tage dieses Jahrs an zu rechnen, frey seyn von Zehnten, die großen Theils den Ertrag eurer Arbeit verschlangen, so wie von jenen Rechten, die der Lehngeist erfand, um auf tausenderley Wegen den Genuß, und die Früchte eures Schweißes euch zu rauben. Sie sind verbannt, alle die Titel und Benennungen, welche die Eitelkeit schuf, und die durch alberne Verträge dem Zufalle der Geburt anklebten. Man wird sie nicht mehr von euch fodern dürfen, und ihr selbst werdet sie nicht mehr knechtisch verschwenden.

Eine väterliche Verwaltung, ganz abgesondert von der richterlichen Gewalt, wird euch den wohlthätigsten Einfluß verspüren lassen.

Friedensrichter werden euch alle gütlichen Mittel, die ihr Versöhnungs-Geist nur erdenken mag, darbieten, ehe die Gerichtshöfe euren Rechtsstreiten sich öffnen dürfen; und auch diese werdet ihr oft in dem nämlichen Augenblicke erstickt sehen, als sie zum Ausbruche kamen. Die schwerste Anklage wird für euch nicht gefährlich seyn, als in so weit ihr wirklich schuldig seyd. Unbiegsam und gleich für alle, wird das Gesetz nie die Unschuld treffen; ihre Stimme wird immer noch leicht Mittel finden, sich hören zu lassen.

Die Umstände erlauben es nicht, daß ihr itzt gleich eure Verwalter und Richter erwählet; aber seyd versichert, daß ich die rechtschaffensten und geschicktesten Männer unter euch auslesen werde. Diesen werde ich französische Bürger beyordnen, die, als ihre ältern Brüder in der Familie der freyen Menschen, ihre sichern und nothwendigen Führer seyn werden.

Sollten einige meiner Auswahlen meinen Wünschen nicht entsprechen; so bin ich immer bereit, gerechte Beschwerden anzuhören; aber mit Unwillen würde ich alle Verleumdungen, alle Anklagen zurückweisen, die dahin zielten, die öffentlichen Gewalten herabzuwürdigen, oder die zum Zwecke hätten, den Gang der Verwaltungen oder der Gerichtshöfe zu hemmen.

Aus dieser flüchtigen Darstellung könnet ihr die Vortheile beurtheilen, Bürger! die Euch die neue Einrichtung darbeut; ich werde sie mit all dem Eifer bearbeiten, den meine Pflicht, eure Bedürfnisse, und eure glücklichen Anlagen mir einflößen.

Freunde der Freyheit! die ihr den Muth hattet, den ihr geheiligten Baum zu pflanzen, unter Gesängen, die euch eure Liebe zu ihr eingab! auch Ihr andern, die ihr, wiewohl mehr schüchtern, derselben nicht minder zugethan seyd! lasset vom Rheine zur Maas, von der Mosel zum Rheine nur einen Willen euch beseelen, nur einen Sinn euch vereinigen. Er zeige sich überall durch die nämlichen Farben, durch jene, welche unsere Fahnen vor euren Augen entfalteten.

Seyd taub gegen die Stimme der Feinde eurer Wohlfahrt, die Trennung unter euch stiften wollen; empfanget und befolget einhellig die Verordnungen, die ich euch zu verkündigen gesandt bin; und ihr werdet in dem nämlichen Augenblicke die Morgenröthe eurer Glückseligkeit in ihrem erquickenden Schimmer glänzen sehen.

Bonn, am 21sten Frimär, VIten republikanischen Jahrs.

Rudler.

Aufruf des französischen Regierungskommissars Franz Joseph Rudler an die Bewohner der eroberten linksrheinischen Gebiete, 11. Dezember 1797

bar wirkenden jungen Franzosen umsonst speisen, denn: „Dies ist der erste von diesem vermaledeiten Volke, rief er aus, der schwarz Brot gegessen hat, das mußte ihm zugute kommen".

Goethe nennt selbst Rangsucht und Unbescheidenheit als hervorstechende Kennzeichen der Emigranten, die Bevölkerung beschuldigte sie zudem, durch ihre große Zahl ein Ansteigen der Lebensmittelpreise verursacht zu haben.

Nachdem die französiche Armee im September 1792 bei Valmy in der Champagne völlig unerwartet den Vormarsch der vereinigten österreichischen und preußischen Truppen gestoppt hatte, stießen die Franzosen bis Ende des Jahres aus dem heutigen Belgien bis nach Krefeld und Moers vor, mußten sich im Frühjahr 1793 aber wieder zurückziehen. Bis Ende 1794 jedoch hatten sie durch einen erneuten Angriff das gesamte linke Ufer des Rheins von Kleve bis Landau in ihren Besitz gebracht. 1795 schloß Preußen, das zu dieser Zeit bereits viel mehr an der 3. Teilung Polens interessiert war, den Sonderfrieden von Basel mit der französischen Republik, in dem es die Abtretung seiner linksrheinischen Gebiete anerkannte. Von nun an bildete der Rhein die Grenze zwischen Deutschland und Frankreich. Im September 1795 überschritten französische Truppen an mehreren Stellen, unter anderem am Eichelskamp, den Rhein und besetzten auch das Herzogtum Berg.

In dem preußisch gebliebenen rechtsrheinischen Teil des heutigen Stadtgebietes wechselten nun die Garnisonen in laufender Reihenfolge, was natürlich besonders für die Stadt Duisburg eine große Belastung darstellte. Das linksrheinische Stadtgebiet stand dagegen unter der Verwaltung französischer Generale und Staatskommissare. Nachdem die Verwaltungsorganisation mehrfach geändert worden war, übertrug die Revolutionsregierung, das Direktorium, anfangs des Jahres 1797 die zivile Regierungsgewalt in den besetzten Gebieten dem Oberbefehlshaber der an Mittel- und Niederrhein stehenden Truppen, dem General Lazare Hoche (1768 – 1797). Es hatte sich nämlich herausgestellt, daß alle bisherigen Verwaltungen infolge von Unordnung, Widerständen und Korruption nicht in der Lage waren, den ihnen von der Regierung zugedachten Zweck zu erfüllen, aus den besetzten Ländern die Mittel für den Unterhalt der Armee heraus zu holen. Angesichts der äußerst schwierigen wirtschaftlichen und militärischen Lage Frankreichs war man von dem einen der ursprünglichen Kriegsziele, der Befreiung aller Unterdrückten, längst abgegangen, um mit allen Mitteln die Erhaltung der französischen Republik zu sichern. Neben Plünderungen und willkürlichen Requisitionen wurden daher den besetzten Ländern beträchtliche Kontributionen auferlegt und häufig gewaltsam eingetrieben. Bereits beim ersten französischen Vorstoß an den Niederrhein im Jahre 1792 waren der Grafschaft Moers 120.000 holländische Gulden als Kontribution auferlegt und fünf Geiseln genommen worden. Das Geld wurde durch Beiträge aller Stände und durch Kredite aufgebracht, welche die Landstände aufnahmen. Von den Bauern zahlten die Essenberger mit 1.030 Talern den niedrigsten Beitrag, der Pastor Faber aus Friemersheim entrichtete 100 Taler; damals stellte sich der Baerler Gemeindevorsteher Kerlen freiwillig als Ersatzgeisel für den Kriegs- und Domänenrat von Goldbeck aus Moers zur Verfügung. Die angeforderten Lieferungen an die Armee wurden von den Franzosen mit dem zum offiziellen Ausgabekurs berechneten Papiergeld der Assignaten bezahlt; da deren Verkehrswert jedoch bald bis auf ½ Prozent des Nennwertes absank, wurden viele Handwerker, Kaufleute und Landwirte in den Ruin getrieben. Hoche versuchte nun, mehr Ordnung in der Verwaltung, höhere Erträge für die Armee und gleichzeitig eine gewisse Zufriedenheit der Bevölkerung dadurch zu erreichen, daß er alle früheren deutschen Regierungsorgane und Verwaltungen wieder in ihre alten Funktionen einsetzte und sie unter der Aufsicht einer in Bonn aus fünf französischen Beamten gebildeten „Intermedialkommission" weiterarbeiten ließ. Er erzielte mit dieser den Anschein der alten Ordnung bewahrenden Po-

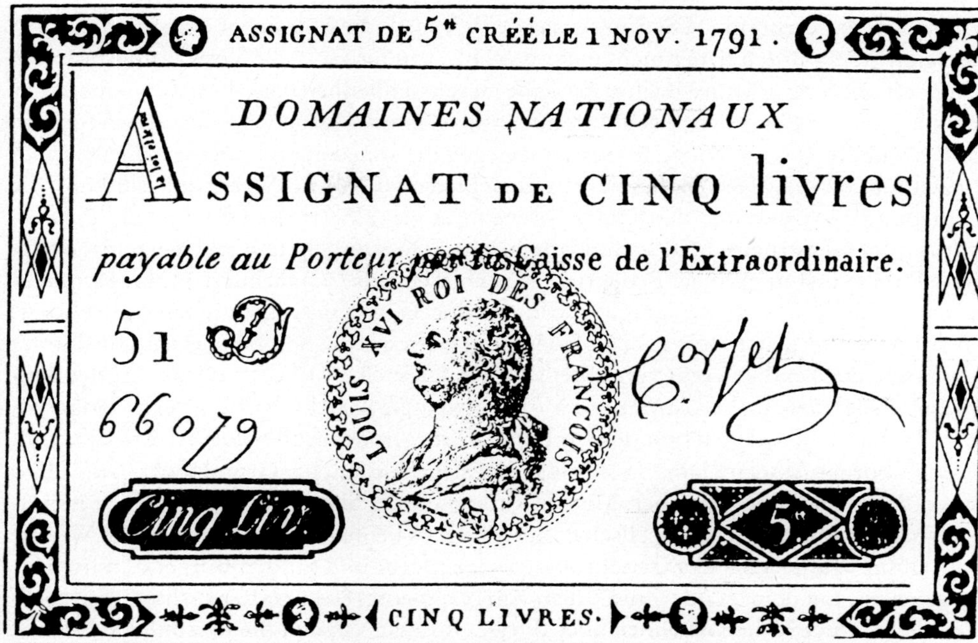

Assignate im Werte von 5 Livres aus dem Jahre 1791

litik auch gewisse Erfolge, starb jedoch noch im gleichen Jahr unter etwas mysteriösen Umständen.

Seit Ende des Jahres 1797 begannen daher die Vorbereitungen für eine volle Integration des besetzten Rheinlandes in die französische Republik, indem die von der Revolution geschaffene Verwaltungsorganisation auch hier eingeführt wurde. Die linksrheinischen Gebiete des ehemaligen Herzogtums Kleve gehörten nun zum Departement der Roer mit Sitz in Aachen, dessen Zentralverwaltung von zwei Franzosen und drei Deutschen, meist Mitgliedern des Jakobinerklubs, unter der Aufsicht eines Kommissars geführt wurde. Im Gegensatz zu den französischen Departements waren die vier rheinischen jedoch nicht direkt der Regierung in Paris unterstellt, sondern hatten einen Regierungskommissar in Mainz als Mittelinstanz. Im Jahre 1801 wurde durch den Frieden von Lunéville die Abtretung des linken Rheinufers an Frankreich von Kaiser und Reich völkerrechtlich anerkannt und danach die Sonderstellung des Rheinlandes aufgehoben; die linksrheinischen Bewohner des Duisburger Raumes waren seit 1802 Bürger des französischen Staates mit den gleichen Rechten und Pflichten wie andere auch.

Die Angliederung an Frankreich veränderte für die Bevölkerung des linken Niederrheins das Leben in vielen Bereichen ganz erheblich. Statt der zufälligen und auf Erwerbungen beruhenden früheren Grenzen der Herrschaftsgebiete wurde nun eine moderne und einheitliche Verwaltungsorganisation geschaffen, die sich in Departements, Arrondissements und Kantone gliederte. Die unterste Verwaltungsbehörde bildete auf dem Lande wie in den Städten die Municipalität oder Gemeinde mit einem Maire oder Bürgermeister an der Spitze. Der früher streng beachtete Unterschied von Stadt- und Landgemeinden mit unterschiedlicher Rechtsstellung war damit beseitigt. Als jedoch das Rheinland an Frankreich kam, hatte dort Napoleon Bonaparte bereits seit 1799 als Erster Konsul seine demokratisch eingekleidete Militärdiktatur errichtet und die Mitwirkungsrechte des Volkes eingeschränkt. Die Bürgermeister wie auch die Mitglieder der sie beratenden Gemeinderäte wurden daher nicht mehr gewählt, sondern wie alle Verwaltungsbeamten von der Regierung ernannt; da ihre Aufgabe fast ausschließlich darin bestand, Anweisungen vorgesetzter Behörden auszuführen, kann von einer wirklichen Selbstverwaltung also nicht die Rede sein. Wichtiger waren dagegen die sozialen und juristischen Veränderungen, die sich seit 1798 in den besetzten Gebieten vollzogen. Wesentlich sind hier die Aufhebung des Adels und der Klöster sowie ihrer grundherrlichen Rechte und die Einführung der Gewerbefreiheit. Im linksrheinischen Duisburger Stadtgebiet war gerade der letzte Punkt von nur geringer Bedeutung, da es bis weit ins 19. Jahrhundert hinein eindeutig von der Landwirtschaft geprägt blieb und es dort keine Zünfte gab; schon früher konnten dort in winterlicher Heimarbeit Nebentätigkeiten wie das Spinnen für das Duisburger oder Krefelder Textilgewerbe verrichtet werden. Da auch die Rechtsverhältnisse der Bauern am Niederrhein nicht so drückend waren, bedeutete die Abschaffung der grundherrlichen Rechte für sie keinen besonderen Fortschritt. Mit der Auflösung der Klöster, z. B. der Hamborner Abtei im Jahre 1806, ging jedoch viel kirchlicher Grundbesitz in die Hände von Bauern und Bürgern über. Mit der Aufhebung der Stände stellten die Franzosen eine einheitliche bürgerliche Gesellschaft her, in der es keine Privilegien mehr gab. Wie die Verwaltung wurde auch das Gerichtswesen vereinfacht und für den Bürger durchschaubar gemacht, mit dem „Code Civil", dem von Napoleon 1804 veröffentlichten „Bürgerlichen Gesetzbuch", die Gleichheit aller Bürger vor dem Gesetz, die persönliche Freiheit des einzelnen, das private Eigentum und die gleiche Besteuerung aller Bürger garantiert. Damit war auch gegenüber der Zeit des aufgeklärten preußischen Absolutismus unter Friedrich II., der, um den Adel zu erhalten, die Standesunterschiede eher noch verschärfte und jedem Stand in seinem Staate eine besondere Aufgabe zugewiesen hatte, ein bedeutender sozialer Fortschritt erreicht.

Nachdem Preußen 1805 im Vertrag von Schönbrunn auch den rechtsrheinischen Teil des Herzogtums Kleve an das französische Kaiserreich abgetreten hatte, bildete Napoleon aus diesem und dem Herzogtum Berg sowie einigen anderen Gebieten 1806 das Großherzogtum Berg. Dieses übertrug er zunächst seinem Schwager, dem Reitergeneral Joachim Murat, 1809 dann seinem vierjährigen Neffen, während die wirkliche Regierungsgewalt in Paris bei einem Staatssekretariat für das Großherzogtum und in Düsseldorf bei dem kaiserlichen Kommissar Jacques Claude Beugnot (1761 – 1835) lag. Damit stand nun auch das gesamte rechtsrheinische Gebiet der heutigen Stadt Duisburg bis 1814 unter französischer Herrschaft. Von 1807 bis 1809 wurde die französische Verwaltungsorganisation im Großherzogtum eingeführt, so daß nun Duisburg mit den gemeinsam verwalteten Mairien Ruhrort und Meiderich sowie dem heutigen Mülheimer Stadtgebiet den Kanton Duisburg im Arrondissement Essen bildete, das zum Rheindepartement gehörte; der heutige Duisburger Norden mit Hamborn, Walsum, Beeck und Laar war Teil des Kantons Dinslaken. Als Erster Stadtdirektor oder Maire von Duisburg wurde 1808 Johann Reinhard Wilhelm Speck, der frühere Oberbürgermeister, in sein Amt eingeführt, ab 1812 war Arnold Böninger sein Nachfolger.

Wie der Jubel 1806 beim Einzug Murats in Duisburg zeigte, war die Bevölkerung zu einem großen Teil mit dieser Entwicklung einverstanden. Gerade unter den Ruhrorter und Duisburger Kaufleuten und Unternehmern werden viele mit den neuen Verhältnissen durchaus zufrieden gewesen sein, da sie hofften, vom Fortfall der französischen Zollgrenze am Rhein zu profitieren, und sie die in Frankreich für Handel und Gewerbe geschaffenen Bedingungen mit einem einheitlichen Münzsystem, einem fortschrittlichen Handelsgesetzbuch, der Einrichtung von Handelskammern und einer umfangreichen staatlichen Wirtschaftsförderung durch Industrieausstellungen und den Ausbau von Straßen und

Kanälen als vorbildlich ansahen. Tatsächlich wurden auch im Jahre 1806 die Gewerbefreiheit, am 1. Januar 1810 der Code Civil einschließlich des Handelsgesetzbuches und um die Jahreswende 1811/12 die einheitliche französische Gerichtsverfasung mit Geschworenengerichten eingeführt, so daß der Entwicklung der bürgerlichen Industriegesellschaft nun keine juristischen Hindernisse mehr im Wege standen.

Umso größer waren dann jedoch die politischen und wirtschaftlichen Schwierigkeiten, da Napoleon zum Schutze der entstehenden französischen Industrie nicht daran dachte, die Rheingrenze für Importe aus dem Großherzogtum Berg aufzuheben. Die vernichtenden Auswirkungen seines Wirtschaftskrieges gegen England auf Handel und Gewerbe in Duisburg und Ruhrort sind bereits im vorigen Kapitel dargestellt worden. Noch im November 1811 hörte sich Napoleon bei seinem Besuch in Duisburg die Klagen der Stadt und ihrer Unternehmer wohlwollend an, ohne jedoch seine Wirtschaftspolitik ändern zu können. So wuchs die Unzufriedenheit über seine Herrschaft in allen Bevölkerungskreisen, wozu neben der schlechten Wirtschaftslage und den hohen Lebensmittelpreisen besonders die wachsende Steuerlast und die bis dahin am Niederrhein seit 1748 unbekannten Soldatenaushebungen, die Konskriptionen, beitrugen. Nach der Katastrophe der „Großen Armee" im Feldzug von 1812 gegen Rußland verweigerten auch die im Kanton Duisburg ausgehobenen Rekruten den Gehorsam, mußten sich aber nach einigen Wochen doch noch fügen.

2. *Staatsbürgerliche Gleichheit und neupreußische Restauration*

Nach der Niederlage Napoleons in der „Völkerschlacht" bei Leipzig im Oktober 1813 zogen sich die französischen Truppen über den Rhein zurück, und am 13. November erreichten die ersten mit Preußen verbündeten russischen Kosaken die Stadt Duisburg. Im Januar 1814 überschritten dann preußische Truppen unter anderem bei Kaub den Rhein und zwangen die Franzosen, sich auch vom linken Ufer zurückzuziehen. Auf dem Wiener Kongreß von 1814/15 wurde dann die Übergabe der „Rheinprovinz", welche das Rheinland von Koblenz bis Kleve und große Teile Westfalens umfaßte, an Preußen endgültig bestätigt. Preußen übernahm – wenn auch widerwillig – die „Wacht am Rhein" gegen etwaige französische Ausdehnungsabsichten und hat auch tatsächlich dem Rheinland wenigstens äußerlich ein Jahrhundert ruhiger Entwicklung gebracht.

In der Verwaltung der nun zu Preußen gehörenden Gebiete wurde zunächst wenig verändert, wenn auch natürlich die Bezeichnungen für die Verwaltungsgliederungen und Beamten eingedeutscht wurden. Auch das Personal der Stadtverwaltungen blieb – jedenfalls in Duisburg und Ruhrort – weitgehend unverändert im Amt. 1818 gehörte das heutige Duisburger Stadtgebiet zu den Kreisen Xanten, Dinslaken, Krefeld und dem Landkreis Düsseldorf, 1823 wurde aus dem Gebiet der Kreise Dinslaken und Essen der Kreis Duisburg gebildet.

Eine bedeutende Änderung trat jedoch in der kommunalen Verwaltung jener Gebiete ein, die erst 1805 an Napoleon abgetreten worden waren, also im heutigen Stadtgebiet die Städte Duisburg und Ruhrort und der rechtsrheinische Norden. An die Stelle der französischen Munizipalverfassung, die keine Unterschiede zwischen Stadt und Land machte, trat nun die 1808 in Preußen eingeführte Städteordnung des Freiherrn vom Stein. Sie gab den Städten erheblich mehr Selbstverwaltungsrechte, als sie unter Napoleon oder in der ersten preußischen Zeit besessen hatten, da nun mit Ausnahme der Polizei und der Rechtsprechung die gesamte kommunale Verwaltung ohne dauernde Beaufsichtigung durch einen Steuerrat oder den Unterpräfekten des Arrondissements allein von der Stadtgemeinde geleitet werden konnte. Der Magistrat als kollegiales Verwaltungsorgan und die Mitglieder der Stadtverordnetenversammlung wurden nicht mehr ernannt, sondern von der Bürgerschaft gewählt. Stein wollte mit der Einführung dieser wirklichen und demokratisch fundierten kommunalen Selbstverwaltung die Bürger stufenweise zur Mitarbeit im Staate heranziehen und beabsichtigte, auch den Landgemeinden eine ähnliche Verfassung zu geben. Da diese jedoch durch den Widerstand des preußischen Adels nicht mehr zustande kam, blieben die Landgemeinden in den östlichen Provinzen Preußens unter der Aufsicht adliger Grundherren, im wiedergewonnenen Westen kamen Bürgermeistereien wie Walsum, Beeck-Holten, Hamborn und Meiderich wieder unter die Aufsicht der Landräte. Im größeren Teil der Rheinprovinz wehrten sich daher die Gemeinden gegen die Steinsche Städteordnung, da die strikte Trennung von Stadt und Land den im Rheinland vorhandenen engen sozialen und wirtschaftlichen Verflechtungen widersprach und die Landgemeinden sie gegenüber der französischen Munizipalverfassung als eine Abstufung empfanden.

Neben dieser Auseinandersetzung um die Städteordnung bestimmten bis zur Revolution von 1848 vor allem zwei Problemkreise das Verhältnis zwischen den Rheinländern und der preußischen Regierung, nämlich die Verfassungsfrage und die Auseinandersetzung um das rheinische Recht, in den katholischen Gebieten zudem noch der konfessionelle Gegensatz.

An die Einwohner der mit der preußischen Monarchie vereinigten Rheinländer.

Als Ich dem einmüthigen Beschluß der zum Kongreß versammelten Mächte, durch welchen ein großer Theil der deutschen Provinzen des linken Rheinufers Meinen Staaten einverleibt wird, Meine Zustimmung gab, ließ Ich die gefahrvolle Lage dieser Grenz-Lande des deutschen Reichs, und die schwere Pflicht ihrer Vertheidigung nicht unerwogen. Aber die höhere Rücksicht auf das gesammte deutsche Vaterland entschied Meinen Entschluß. Diese deutschen Urländer müssen mit Deutschland vereinigt bleiben, sie können nicht einem andern Reich angehören, dem sie durch Sprache, durch Sitten, durch Gewohnheiten, durch Gesetze fremd sind. Sie sind die Vormauer der Freiheit und Unabhängigkeit Deutschlands; und Preußen, dessen Selbstständigkeit seit ihrem Verluste hart bedroht war, hat eben so sehr die Pflicht, als den ehrenvollen Anspruch erworben, sie zu beschützen und für sie zu wachen. Dieses erwog Ich, und auch, daß Ich Meinen Völkern ein treues, männliches, deutsches Volk verbrüdere, welches alle Gefahren freudig mit ihnen theilen wird, um seine Freiheit, so wie sie und mit ihnen, in entscheidenden Tagen zu behaupten. So habe Ich denn, im Vertrauen auf Gott und auf die Treue und den Muth Meines Volkes, diese Rheinländer in Besitz genommen, und mit der preußischen Krone vereinigt.

Und so, Ihr Einwohner dieser Länder, trete Ich jetzt mit Vertrauen unter Euch, gebe Euch Eurem deutschen Vaterlande, einem alten deutschen Fürstenstamme wieder und nenne Euch Preußen!

Kommt Mir mit redlicher, treuer und beharrlicher Anhänglichkeit entgegen.

Ihr werdet gerechten und milden Gesetzen gehorchen. Eure Religion, das Heiligste, was dem Menschen angehört, werde Ich ehren und schützen. Ihre Diener werde Ich auch in ihrer äußern Lage zu verbessern suchen, damit sie die Würde ihres Amts behaupten.

Ich werde die Anstalten des öffentlichen Unterrichts für Eure Kinder herstellen, die unter den Bedrückungen der vorigen Regierung so sehr vernachlässigt wurden. Ich werde einen bischöflichen Sitz, eine Universität und Bildungs-Anstalten für Eure Geistlichen und Lehrer unter Euch errichten.

Ich weiß, welche Opfer und Anstrengungen der fortgedauerte Kriegszustand Euch gekostet. Die Verhältnisse der Zeit gestatteten nicht, sie noch mehr zu mildern als geschehen ist; aber Ihr müsset es nicht vergessen, daß der größte Theil dieser Lasten noch aus der früheren Verbindung mit Frankreich hervorging, daß die Losreißung von Frankreich nicht ohne die unvermeidlichen Beschwerden und Unfälle des Krieges erfolgen konnte, und daß sie nothwendig war, wenn Ihr Euch und Eure Kinder in Sprache, Sitten und Gesinnungen deutsch erhalten wolltet.

Ich werde durch eine regelmäßige Verwaltung des Landes den Gewerbfleiß Eurer Städte und Eurer Dörfer erhalten und beleben. Die veränderten Verhältnisse werden einem Theil Eurer Fabrikate den bisherigen Absatz entziehen; Ich werde, wenn der Friede vollkommen hergestellt sein wird, neue Quellen für ihn zu eröffnen bemüht sein. Ich werde Euch nicht durch die öffentlichen Abgaben bedrücken. Die Steuern sollen mit Eurer Zuziehung regulirt und festgestellt werden, nach einem allgemeinen, auch für Meine übrigen Staaten zu entwerfenden Plan.

Die Militair-Verfassung wird, wie in Meiner ganzen Monarchie, nur auf die Vertheidigung des Vaterlandes gerichtet sein, und durch die Organisation einer angemessenen Landwehr werde Ich in Friedenszeiten dem Lande die Kosten der Unterhaltung eines größern stehenden Heeres ersparen. Im Kriege muß zu den Waffen greifen, wer sie zu tragen fähig ist.

Ich darf Euch hierzu nicht aufrufen. Jeder von Euch kennt seine Pflicht für das Vaterland und für die Ehre.

Der Krieg droht Euren Grenzen. Um ihn zu entfernen, werde Ich allerdings augenblickliche Anstrengungen von Euch fordern. Ich werde einen Theil Meines stehenden Heeres aus Eurer Mitte wählen, die Landwehr aufbieten, und den Landsturm einrichten lassen, wenn die Nähe der Gefahr es erfordern sollte.

Aber gemeinschaftlich mit Meinem tapfern Heere, mit Meinen andern Völkern vereinigt, werdet Ihr den Feind Eures Vaterlandes besiegen, und Theil nehmen an dem Ruhm, die Freiheit und Unabhängigkeit des deutschen Reichs auf lange Jahrhunderte dauernd gegründet zu haben.

Wien, den 5. April 1815.

Friedrich Wilhelm.

Patent Friedrich Wilhelm III. über die Inbesitznahme der Rheinlande, 5. April 1815

Als Friedrich Wilhelm III. am 5. April 1815 offiziell von den Rheinlanden Besitz ergriff, versprach er den Bewohnern unter anderem die „Zuziehung zu einer Steuerregulierung", und noch im Jahre 1820 verkündete er im Staatsschuldenedikt, daß von nun an Staatsanleihen „nur mit Hinzuziehung und unter Mitgarantie der künftigen reichsständischen Versammlung" zulässig sein sollten. Große Teile der rheinischen Bevölkerung, vor allem das sich bildende liberale Bürgertum der Manufaktur- und Handelsstädte, hatten aus diesen Aussagen und dem Verfassungsversprechen von 1815 geschlossen, daß damit eine repräsentative Volksvertretung für das ganze Preußen gemeint sei, die auf dem Grundsatz der staatsbürgerlichen Gleichheit beruhte, wie ihn das Rheinland seit der französischen Zeit kannte. Es zeigte sich jedoch bald, daß der Adel im Rheinland und in Westfalen ganz andere Vorstellungen über die künftige politische und soziale Ordnung hatte und darin vom König auch unterstützt wurde. Die Adelsdenkschrift aus dem Jahre 1818 zielte letztlich darauf ab, die von Napoleon in den Rheinlanden eingeführte bürgerliche Gesellschaftsordnung zu beseitigen und an ihre Stelle wieder die alte Ständegesellschaft zu setzen. Bereits 1821 erließ der König dann auch eine Kabinettsorder, in der er nun nur noch die Bildung von Provinzialständen ankündigte, welche nach alter Art zusammengesetzt sein sollten. Nach dem Gesetz über die Einrichtung von Provinzialständen in den Westprovinzen aus dem Jahre 1824 bestand der rheinisch-westfälische Provinziallandtag daher nicht aus von allen Staatsbürgern gewählten Abgeordneten, sondern aus 25 Vertretern der Ritterschaft, zu denen noch 5 „Standesherren" hinzukamen, sowie aus je 25 Vertretern der Städte und der bäuerlichen Grundbesitzer; da für gültige Landtagsbeschlüsse eine 2/3-Mehrheit verlangt wurde, besaß der 1. Stand der adligen Grundbesitzer praktisch ein Vetorecht, obwohl er nur den kleinsten Teil der Bevölkerung bildete. Im Jahre 1826 wurde dann auch der 1798 in den Rheinlanden abgeschaffte Geburtsadel offiziell wiederhergestellt.

Mit diesen Gesetzen wurde die politische Vormachtstellung des Adels restauriert, obwohl im Rheinland und in Westfalen das aufstrebende Bürgertum durch Industrie und Handel wirtschaftlich und sozial die treibende Kraft geworden war; gleichzeitig wurde einer der wichtigsten Grundsätze des „Code Civil" oder des „Rheinischen Rechtes", wie er jetzt genannt wurde, außer Kraft gesetzt. Bereits 1815 hatte Friedrich Wilhelm III. in den erst 1805 an Napoleon abgetretenen Gebieten der Rheinprovinz den „Code Civil" abgeschafft und das im übrigen Preußen geltende Allgemeine Landrecht von 1794 eingeführt. Dies bedeutete für Duisburg, Ruhrort und den rechtsrheinischen Norden einen erheblichen Rückschritt in der sozialen Entwicklung und im Gerichtswesen, da das Allgemeine Landrecht noch von starren Standesschranken ausging, keine freie Berufsausübung und keinen freien Bodenverkehr zuließ, dem Adel grundherrliche Rechte über seine Bauern und den „Herrschaften" das Züchtigungsrecht über ihre Dienstboten gab; außerdem sah es Sondergerichte für bestimmte Personengruppen vor, und auch das öffentliche und mündliche Gerichtsverfahren vor einem Geschworenengericht wurde abgeschafft. Damit waren in diesem Teil der Rheinprovinz die sozialen Fortschritte der napoleonischen Zeit rückgängig gemacht. 1816 wurde unter Vorsitz des ehemaligen Duisburger Studenten Heinrich Sethe die Immediat-Justizkommission eingerichtet, welche die Rechtsverhältnisse in der übrigen Rheinprovinz prüfen und Vorschläge zu ihrer Angleichung an die Verhältnisse in den altpreußischen Provinzen erarbeiten sollte. Die Kommission sprach sich jedoch weitgehend für das französische Recht aus, vor allem im Bereich des Gerichtswesens, so daß 1819 in Berlin der Rheinische Revisions- und Kassationshof als höchstes Appelations- und Revisionsgericht für die preußische Rheinprovinz eingerichtet wurde. Er arbeitete weiterhin auf der Grundlage des napoleonischen Code Civil, dessen Grundgedanken schließlich in das heute noch gültige Bürgerliche Gesetzbuch des Deutschen Reiches von 1900 eingingen. Seit 1815 gab es damit im Duisburger Raum zwei völlig verschiedene Rechtsauffassungen und Gesellschaftsordnungen.

Ludger Heid

Die Industrialisierung (ca. 1830 – 1914)

I Allgemeine geschichtliche Entwicklung

Nach dem Abschluß der Kämpfe mit Napoleon mußte Preußen die Verwaltung seiner teils wieder-, teils neugewonnenen Provinzen zunächst neu aufbauen. Im Rheinland wurden zwei Provinzen gebildet: im Norden Jülich, Kleve, Berg mit dem Regierungssitz Köln und der Niederrhein mit der Hauptstadt Koblenz. Die Nordprovinz umfaßte die Regierungsbezirke Köln, Kleve und Düsseldorf. Hatte Duisburg zunächst zum Kreis Dinslaken gehört, so wurde es 1823 selbst Vorort eines Großortes, der aus den bisherigen Kreisen Essen und Dinslaken gebildet war.

Die Jahre des Wiederaufbaus nach den Kriegen mit den Franzosen zwischen 1812 und 1815 brachten Duisburg politisch eine Zeit relativer Ruhe und eines allmählichen wirtschaftlichen Aufschwungs. Fast 20 Jahre später, 1834, zahlte die schwedische Regierung für die Truppen, die während der Befreiungskriege in der Stadt gelegen hatten, Quartiergelder an die Stadt Duisburg aus. Da sich nach so langer Zeit nicht mehr feststellen ließ, wem die Gelder zustanden, baute man zur Erinnerung vom Kuhtor ab eine sogenannte „Schwedenallee", die heutige Königstraße.

Als im März 1819 der Schriftsteller, Lustspielautor und russische Staatsrat August von Kotzebue, der in Duisburg studiert hatte, von dem radikaldemokratischen Studenten Karl Ludwig Sand ermordet wurde, änderte sich das innenpolitische Klima in Deutschland, die sogenannte Demagogenverfolgung setzte ein. Der Dialektdichter Fritz Reuter, der, 1836 als Burschenschaftler verfolgt, zunächst zum Tode verurteilt, später zu Festungshaft begnadigt wurde, erwähnt in seiner autobiographischen Schrift „Ut mine Festungstid" unter seinen Haftgenossen auf der schlesischen Festung Silberberg auch Gustav Böninger aus einer bekannten Duisburger Unternehmerfamilie.

Unter dem Einfluß der französischen Juli-Revolution von 1830 erhielt die burschenschaftliche Bewegung in Deutschland eine radikalere Zielsetzung. Die Zentren der Burschenschaft waren Bonn und Heidelberg. Man forderte ein in Einheit und Freiheit geordnetes „Volksleben in einem deutschen Vaterland".

Im Mai 1832 waren viele tausend Menschen nach Neustadt an der Haardt zusammengeströmt und hatten republikanische Forderungen aufgestellt. Als am 3. April 1833 die Frankfurter Hauptwache gestürmt wurde, wovon sich die Revolutionäre eine Signalwirkung versprachen, vermutete die Untersuchungsbehörde unter den Verdächtigen auch Böninger, der während seiner Studentenzeit in Bonn und Heidelberg aktives Mitglied der Burschenschaft gewesen war.

Anfang 1834 wurde er denunziert, „einer der eifrigsten Anhänger der Burschenschaft" und Teilnehmer am ‚Hambacher Fest' gewesen zu sein. Zwar leugnete Böninger bei der

Gustav Böninger (1809 – 1848). Als Burschenschaftler und Teilnehmer am ‚Hambacher Fest' (1832) zum Tode verurteilt, dann zu Festungshaft begnadigt. Mitbegründer der Firma „Brothers Böninger" in Baltimore/USA

Vernehmung die Teilnahme am Fest, doch ließ sein Heidelberger Kneipname „Prinz von Hambach" eher auf das Gegenteil schließen. Trotz der guten Beziehungen der Familie Böninger waren die Behörden nicht bereit, von einem Verfahren gegen den Sohn abzusehen, vielmehr machten sie sich ein Vergnügen daraus, „jeden, der nur in etwa anrüchig ist, mit wahren Luchsaugen zu verfolgen".

Im Mai 1834 wurde Böninger verhaftet. Wie der Böninger-Biograph Walter Ring sagte, verbrachte er die nächsten zehn Monate in Einzelhaft in einer Zelle, „deren Fenster nicht nur vergittert, sondern durch einen Blechkasten ... soweit verdunkelt war, daß es nur zwei Hand breit den Himmel sehen ließ". Da man wußte, daß bereits die Teilnahme am Hambacher Fest völlig zur Begründung des Todesurteils ausreichte, bemühten sich die Familie sowie die Duisburger Stadtverwaltung um Gnadengesuche.

Daß Böninger politisch wesentlich aktiver war, als er vor Gericht zugab, belegt eine Briefstelle vom Dezember 1834. Darin finden sich diese bemerkenswerten Sätze: „Ich klage keineswegs meine Ansichten und Grundsätze an; denn diese sind noch dieselben und lassen sich nicht so leicht in jede beliebige Form und Gestalt hineinzwängen. Nur möchte ich wünschen, da zu leben, wo man sie nicht zu verleugnen braucht."

Am 18. Januar 1837 wurde Gustav Böninger wegen Teilnahme an geheimen politischen, insbesondere burschenschaftlichen Verbindungen, was als Hochverrat galt, zum Tode verurteilt. Nach der Urteilsverkündung wurde ihm dann mitgeteilt, daß die Todesstrafe „durch königliche Gnade" in dreißigjährige Festungshaft gemildert worden sei. In der Nacht vom 27. zum 28. Mai 1838 konnte Böninger nach einer schweren Haftzeit aus der Festung Silberberg entfliehen. Bei seinen Nachforschungen über den Verbleib des Flüchtlings im Hause Böninger verhehlte der Duisburger Bürgermeister Heinrich Adolf Junkermann nicht seine Genugtuung über die gelungene Flucht und beglückwünschte die Familie.

Wegen demokratischer „Umtriebe" wurde auch der Dichter Ernst Moritz Arndt, der den zweiten Duisburger Wahlkreis seit Mai 1848 im Frankfurter Paulskirchenparlament vertrat, gemaßregelt.

1. *Die Auswirkungen der Revolution von 1848/49*

Die Unzufriedenheit mit dem geltenden Wahlrecht und der Monarchie überhaupt führte zum Pariser Februaraufstand im Jahre 1848. Von Frankreich aus sprang der revolutionäre Funke im März 1848 über den Rhein. Die Revolution in Frankreich erweckte auch im Deutschen Bund, der 1815 auf dem Wiener Kongreß gegründet worden war, die größte Hoffnung auf die Errichtung eines einheitlichen und parlamentarischen deutschen Nationalstaates, erfüllt vom demokratischen Geist und gestützt auf freiheitliche Einrichtungen. Die bürgerliche Opposition forderte staatsbürgerliche Mitverantwortung, Aufhebung der Zensur, öffentliche Schwurgerichte, allgemeines Wahlrecht, Volksbewaffnung, Freiheit des Handels und Gewerbes, des Glaubens, der Petition, der Rede. Die von breiten Volksschichten unterstützte Erhebung schwoll innerhalb weniger Tage so mächtig an, daß die Herrschenden sich genötigt sahen, Zugeständnisse zu machen. So wurde der Reichsadler zum Wappen und Schwarz-Rot-Gold zu den Farben des Deutschen Bundes erklärt. Das amtliche „Kreisblatt" in Duisburg verurteilte Angriffe „fanatischer Preußenfreunde" auf die revolutionären Farben als „Unverstand". Das Blatt sprach gleichzeitig vom „Anbruch" eines neuen Tages für Deutschland.

Als sich das politische Klima im März 1848 radikalisierte und in einigen rheinischen Städten Unruhen ausbrachen, ließ die preußische Regierung am 24. März Militär in Duisburg einrücken, um möglichen Barrikadenkämpfen vorzubeugen. Diese Maßnahme erwies sich als unnötig und wurde vom Gemeinderat, der Wert auf die politische Zuverlässigkeit seiner Bevölkerung legte, mißbilligt. Die Verantwortlichen sahen sich durchaus selbst in der Lage, mit Hilfe einer Bürgerwehr für Ruhe und Ordnung zu sorgen. Für Arbeitslose, die aufgrund ihrer sozialen Lage leichter für die revolutionäre Bewegung zu gewinnen waren, wurde ein Arbeitsbeschaffungsprogramm am Ruhrkanal durchgesetzt und ihnen sogar Vorschuß ausgezahlt.

Insgesamt blieb es während der Deutschen Revolution von 1848/49 in Duisburg ruhig. Eine Korrespondenz in der von Karl Marx redigierten Kölner „Neuen Rheinischen Zeitung" verdeutlicht diese politische Einstellung der Duisburger Bürger: Anfang Juni 1848 fuhren, wie das Kölner Blatt berichtete, etwa 700 Duisburger und Ruhrorter Bürger mit einem Dampfboot der Ruhrorter Reederei Stinnes nach Wesel, um den soeben aus englischem Exil zurückgekehrten Prinz Wilhelm, den späteren Kaiser Wilhelm I., nach Duisburg einzuladen. Prinz Wilhelm hatte während der Revolution in Berlin den Schießbefehl auf revoltierende Bürger und Arbeiter gegeben, die auf den Barrikaden für politische und soziale Rechte kämpften, und dafür den Namen „Kartätschenprinz" erhalten. In Wesel verhielt es sich so, daß die Weseler gegen den Prinzen demonstrierten, während die Duisburger Bürgerschaft in Hurra-Rufe ausbrach und Blumen überreichte. Schließlich kam es zu Handgreiflichkeiten, und die Duisburg-Ruhrorter Delegation mußte sich auf ihr Schiff flüchten.

Während der ganzen Revolution hatte sich Duisburg weitgehend königstreu verhalten. Die Ruhrorter Bürgerwehr widmete ihre Fahne der preußischen Königin mit dem Vers:

> „Lisbeth, Lisbeth weine nicht,
> Uns bleibt doch noch Duisburg, Ruhrort und Meiderich!"

Aber es gab in Duisburg auch andere Strömungen: So wurde Prinz Wilhelm auf seinem Rückweg von Wesel nach Duisburg trotz seines Inkognitos erkannt und mit Straßenkehricht beworfen.

Vor den Wahlen für die Deutsche Nationalversammlung trat am 30. März 1848 für eine sechstägige Dauer ein Vorparlament in Frankfurt am Main zusammen. Männer, die sich durch das „Vertrauen des deutschen Volkes" ausgezeichnet hatten, berieten die Grundlagen einer staatlichen Neugestaltung. Unter ihnen war als Beauftragter für Duisburg der Gerichtsassessor Eduard Marcks. Man beschloß, die Abgeordneten der verfassungsgebenden Nationalversammlung nach allgemeinem und gleichem Wahlrecht wählen zu lassen. Es sollte nach dem Prinzip des Mehrheitswahlrechts abgestimmt werden. Wahlsieger war der Kandidat mit der absoluten Mehrheit der Stimmen seines Wahlkreises, ansonsten war eine Stichwahl zwischen den Kandidaten mit der höchsten Stimmenzahl notwendig, bei der die einfache Mehrheit ausreichte. Wahlberechtigt waren in Preußen nur Männer, und zwar diejenigen, die keine Armenunterstützung aus öffentlichen Mitteln erhielten. Es handelte sich um eine Persönlichkeitswahl nicht nur im technischen Sinne. Parteien gab es nicht, daher wurden Männer aufgestellt und gewählt, die sich in ihrer Stadt oder in ihrem Kreis nicht nur auf politischem Gebiet ausgezeichnet hatten und bekannt geworden waren. Der Wahlkreis Duisburg wurde für die Mitte Mai 1848 in der Frankfurter Paulskirche zusammentretende Nationalversammlung in zwei Wahlbezirke aufgeteilt: in einen östlichen Teil von Mülheim bis Essen (hier wurde Ernst Moritz Arndt gewählt) und einen westlichen mit Duisburg, Ruhrort, Holten, Dinslaken und weiteren Ortschaften. In diesem Bezirk wurde Eduard Marcks bestätigt. Der Duisburger Abgeordnete gehörte der stärksten Gruppierung des Parlaments an, der „Casino"-Fraktion. Da es noch keine Parteien gab, nannten sich die Fraktionen ganz offiziell nach den Lokalen, in denen sie ihre Sitzungen abzuhalten pflegten. Die „Casino-Partei", politisch der rechten Mitte entsprechend, war die Partei, die die Reichsverfassung am stärksten bestimmte und die im allgemeinen die Regierung unterstützte, gleichzeitig aber die am wenigsten einheitliche Fraktion.

Im Dezember 1848 gewährte der preußische König Friedrich Wilhelm IV. eine Verfassung, nach der im Januar 1849 die neu errichtete Zweite Preußische Kammer zu wählen war.

Gewählt wurden Kanonikus Lensing aus Emmerich, Ex-Minister Ludolf von Camphausen aus Frankfurt, Regierungspräsident Eduard von Möller aus Düsseldorf und Julius Scheidt aus Kettwig, alle „echt ‚schwarz-weiß' gefärbt", wie die „Neue Rheinische Zeitung" die preußische Gesinnung der Gewählten charakterisierte. Auch wenn die Konstitutionellen, also die regierungsfreundlichen, „gut gesinnten" in Duisburg, Ruhrort, Meiderich und Beeck starken Zulauf erhielten, zeigte doch der Wahlausgang in Essen und Werden und in einigen Gemeinden des Kreises Düsseldorf, die allesamt einem Wahlbezirk angehörten, einen deutlichen Linksruck: Im Kreise Duisburg stimmten immerhin 30% radikal, was, dem Zeitgeist entsprechend, „schrankenlos demokratisch" war. Die „Neue Rheinische Zeitung", die aufgrund ihrer Haltung mit dem Wahlergebnis nicht zufrieden sein konnte, kommentierte den Duisburger Wahlausgang am 15. Februar 1849 folgendermaßen: „Was den ... gewählten Kanonikus *Lensing* betrifft, so hat derselbe in Folge hohen Alters sein Gehör verloren. Er kann also den ersten Anforderungen, die man an einen Abgeordneten stellen muß, nämlich, daß er seine fünf Sinne zusammen haben soll, nicht genügen." Über die beiden anderen gewählten Duisburger Abgeordneten urteilte die Zeitung: „Des Geheimen Finanzrats Camphausen und des Präsidenten von Möller's Verdienste waren bis jetzt ungeheuer bescheiden. Doch haben diese Herren versprochen, durch das Beschneiden der Presse und des Assoziations-Rechtes, sich unvergängliche Lorbeeren zu sammeln."

Julius Scheidt hatte am 11. März 1848 eine Petition liberaler Abgeordneter des Rheinlandes an den preußischen König mitunterzeichnet, in der die „Verschmelzung des Königtums mit der Volksfreiheit" befürwortet wurde. Weiterhin wurden in der Bittschrift die Gleichheit der staatsbürgerlichen Rechte ohne Rücksicht auf das religiöse Bekenntnis gefordert, sowie die Lösung der Probleme der „handarbeitenden Volksklassen".

Erst als Friedrich Wilhelm IV., König von Preußen, am 3. April 1849 die ihm vom Parlament angetragene Kaiserkrone zurückwies, weil ihr der „Ludergeruch der Revolution" anhafte, trat auch in Duisburg ein Stimmungsumschwung ein. Das Scheitern der deutschen Einheit stellte die „bewährte politische Gesinnung" der Duisburger Bürger, wie es aus dem Duisburger Landratsamt hieß, in Frage. Als Folge der unzufriedenen Stimmung beobachtete Bürgermeister Junkermann bei den „minderen Klassen" einen Hang zur Mißachtung der Gesetze. „Wenn keine groberen Exzesse vorgekommen sind", schrieb der Duisburger Landrat-Kommissar Gustav Dittmer an den Düsseldorfer Regierungspräsidenten, „so dürfte das allein darin seinen Grund haben, daß die Bewegung weniger die rohe Masse als den edleren Teil des Volkes ergriffen hat." Die revolutionären Erhebungen in Sachsen, Baden und einigen Städten der Rheinprovinz, die im Mai 1849 erneut aufgeflammt waren, stießen in der Duisburger Bevölkerung jedoch auf wenig Resonanz: Von den republikanischen Bestrebungen, die von der äußersten Linken der Nationalversammlung getragen wurde, wollte man in Duisburg nichts wissen. Sah der Duisburger Landrat noch am 17. Mai 1849 „den Dämon der Anarchie" von Süden heranziehen, konnte er am 25. Mai nach der Niederwerfung des Elberfelder Aufstandes beruhigt feststellen, daß eine gewaltsame Agitation im Duisburger Raum keine Anhänger finden werde.

Auch das am 30. Mai 1849 in Preußen eingeführte Dreiklassenwahlrecht wurde in Duisburg begrüßt und als ein wesentlicher Schritt „zur Herstellung der Ordnung" gewürdigt. Dennoch gab es auch in Duisburg zu dieser Zeit andere Stimmen. Dies belegt ein Gedicht aus dem „Volksfreund", einem Blatt, das für eine gewisse Zeit einen radikal-demokratischen Kurs vertrat. In ihren Leitartikeln wandte sich diese Zeitung gegen den preußischen Militarismus, die „oktroyierte" Verfassung vom Dezember 1848 und das Gottesgnadentum.

Als Friedrich Wilhelm IV. die ihm angebotene Kaiserkrone ablehnte, stellte der „Volksfreund" folgende Frage:

> „Gegen Euch, ihr Demokraten,
> Helfen einzig die Soldaten."
> Sprach der Herr von Gottes Gnaden,
> Als die Männer zu ihm traten,
> Die ihn anzunehmen baten
> Eine Kaiserkron' in Gnaden.
> Aber wenn nun die Soldaten
> Selber werden Demokraten?

Auch wenn die revolutionäre Bewegung in Duisburg keinen Widerhall fand, trugen die politischen Ereignisse von 1848/49 dennoch zu einer breiteren politischen Orientierung der Bevölkerung bei. Durch die Revolution wurde innerhalb aller Bevölkerungsschichten ein politisches Bewußtsein entwickelt und damit der Sinn für politische Zusammenhänge. Die Gemeinderatsverhandlungen wurden erst jetzt öffentlich. Bürgermeister und Gemeinderat waren politisch weitgehend homogen, wie einzelne Petitionen in den Jahren 1848/49 deutlich machen. Zunächst billigte der Gemeinderat bei einer Gegenstimme in einer Adresse an den König diesem das Recht zu, die Nationalversammlung an einen anderen Ort zu verlegen. Wenig später dankten die Gemeindevertreter der Majestät für die „verliehene" Verfassung vom 5. Dezember 1848. In konservativer Grundhaltung wünschte der Gemeinderat das Fortbestehen der alten Verhältnisse im Innern.

Innerhalb der Bevölkerung begründete sich im Juli 1848 unter Vorsitz des Lehrers Thiele ein sogenannter „Konstitutioneller Verein", dessen Ziel es war, für einen mächtigen preußischen Staat unter Beibehaltung der Monarchie einzutreten. Am 6. Januar 1849 bedankte sich der Verein beim König für die „liberale" Verfassung. Die neuen Freiheiten sollten auf gesetzlichem Wege erreicht werden, republikanische oder gar radikal-demokratische Bestrebungen wurden verworfen. Als der Duisburger Abgeordnete Scheidt sich in der Zweiten Kammer nicht „entblödete", gegen die Anerkennung der Verfassung zu stimmen, erreichte ihn aus seinem Wahlkreis eine Mißtrauensadresse mit mehr als 500 Unterschriften, in der ihm das Vertrauen seiner Wähler entzogen und er aufgefordert wurde, einem würdigeren Vertreter seinen Platz zu räumen.

Sprecher der radikal-demokratischen Bewegung in Duisburg war der Redakteur des „Volksfreunds", Clemens Bedbur. In seinem Blatt ließ er keine Gelegenheit aus, das preußische Königtum und dessen Hauptstützen, die Konservativen und die Militärs, anzugreifen. Die gegen ihn erhobenen Anklagen wegen „Aufreizung zur Einführung der Republik" und „Bildung eines Komplotts zum Umsturz der Staatsgewalt" wurden jeweils verworfen. Zu verantworten hatte er sich allerdings mehrfach in Beleidigungsfällen.

Der Sieg der Gegenrevolution und die Berufung eines reaktionären Ministeriums wurden in Duisburg mit starkem Unbehagen aufgenommen. Der „Wächter an der Ruhr", Vorläufer der Duisburger „Rhein- und Ruhrzeitung" (RRZ), äußerte seine Ansicht über die politischen Vorgänge in Berlin sehr deutlich, als er am 16. Dezember 1848 schrieb: „Der Rechtsboden ist uns unter den Füßen gewichen, wir haben ... das Gebiet der Staatsstreiche betreten." Als mit der Ablehnung der deutschen Kaiserwürde durch den König von Preußen die deutsche Einheitsbestrebung gescheitert war, prophezeite die RRZ im Mai 1849 dem neuen Ministerium das Ende der konstitutionellen Monarchie, indem sie schrieb: „... es wird, nicht auf anscheinend legalem Wege die Republik, sondern durch die unvermeidliche Gewalt der Tatsachen die Revolution eingeführt werden."

Am 14. Mai 1849 rief die Berliner Regierung die preußischen Abgeordneten aus der Paulskirchen-Versammlung zurück. Trotz des Protestes auch des Duisburger Abgeordneten Marcks sowie des städtischen Gemeinderates gegen diese Maßnahme wurde die Frankfurter Versammlung aufgelöst. Damit war der Traum von einem geeinten deutschen Reich und demokratischen Veränderungen für die nächsten Jahrzehnte ausgeträumt.

Zwar scheiterte die Revolution von 1848/49 in Deutschland, doch war eine Bewegung, die auf soziale und demokratische Veränderungen abzielte, nicht mehr aufzuhalten. Die im September 1948 in Berlin gegründete ‚Arbeiterverbrüderung', die an Ideen der seit Anfang der 1840er Jahre auch im Rheinland verbreiteten Arbeiterbildungs- und Handwerkervereine anknüpfte, forderte in ihrem Programm die Einführung des Zehnstundentages, gewerkschaftsähnliche Zusammenschlüsse und Unterstützungskassen. Aus dieser ersten Massenorganisation deutscher Arbeiter entwickelte sich die ‚Assoziation der Zigarrenarbeiter' in Deutschland, die aus dem Duisburger Zweigverein unter Führung von Martin Adolph Arronge, der später Präsident der deutschen Zigarrenarbeiterbewegung wurde, wesentliche organisatorische und sozialpolitische Impulse erhielt. Der Druck der preußischen Reaktion und die ständigen polizeilichen Schikanen führten aber bereits Anfang der 1850er Jahre zur Auflösung des Duisburger Zigarrenarbeiter-Vereins. Seit Inkrafttreten des Vereinsgesetzes vom März 1850 wurden die Arbeitervereine, aber auch weniger politische Vereinigungen in Preußen systematisch aufgespürt und schließlich verboten. In den nächsten zehn Jahren wurden alle Organisationsversuche auf sozialem und politischem Gebiet dadurch bereits im Keim erstickt.

Erst mit dem Preußischen Verfassungskonflikt zwischen 1862 und 1866, der entstanden war, weil der vergrößerte Militärhaushalt ohne parlamentarische Bewilligung in Kraft gesetzt worden war, wurde die öffentliche Meinung in Duisburg durch das Wirken des Sozialreformers, Pädagogen, Philosophen und kritischen Publizisten Friedrich Albert Lange, von dem noch die Rede sein wird, wieder stark politisiert. Bis zu seiner Auswanderung in die Schweiz kämpfte er vier Jahre mit Zivilcourage für die Verteidigung der preußischen Verfassung von 1850. Mit der „Rhein- und Ruhrzeitung" bis 1864 und seinem von ihm herausgegebenen „Boten vom Niederrhein" ab Oktober 1865 standen ihm zwei Zeitungen zur Verfügung, in denen er seine Kritik an den politischen Vorgängen in Preußen artikulieren konnte. Als persönliche Konsequenz seines Widerstandes trat Lange in den Steuerstreik.

2. *Wahlbewegungen und Kampf gegen das Dreiklassenwahlrecht*

Die Gemeindeordnung vom März 1850 übertrug dem Gemeinderat die Wahl des Bürgermeisters (in Duisburg wird ihm 1876 der Titel des Oberbürgermeisters verliehen), der von der Regierung in seinem Amt bestätigt werden mußte. Auch nach der Rheinischen Städteordnung von 1856 blieb der Bürgermeister Vorsitzender der nach dem Dreiklassenwahlrecht gewählten Stadtverordnetenversammlung, in der bis 1919 zwar auch einzelne Handwerker und mittlere Gewerbetreibende vertreten waren, doch den Ton gaben die großbürgerlichen Kaufleute aus den Duisburger Honoratiorenfamilien an. Die Rolle des besitzenden Bürgertums wurde auch dadurch gestärkt, daß aus ihm die unbesoldeten Beigeordneten gewählt wurden. 1905 besaßen von den 183.500 Einwohnern Duisburgs lediglich 15.607 Stimmrecht. Mehr als 90% der Duisburger, die sich in den Kolonien und Massenquartieren in der Nähe der Fabriken zusammendrängten, waren durch den Zensus, d.h. nach ihren Einkommensverhältnissen, von einer politischen Willensbildung und Mitarbeit ausgeschlossen. Kein Duisburger Arbeiter fand Gelegenheit, in der Stadtverordnetenversammlung auf das Los seines Standes hinzuweisen und seine Belange zu vertreten.

Im Herbst 1865 startete Lange in Duisburg eine Kampagne gegen das Dreiklassenwahlrecht in den Gemeinden, an der sich radikale Demokraten und Arbeiter der nördlichen Rheinprovinz beteiligten. Das „Zensuswahlrecht" oder abgestufte Dreiklassenwahlrecht in Preußen, das von 1849 bis 1918 bestand, sah die Einteilung der Wähler nach ihrer Steuerleistung in drei Klassen vor. Jede Klasse wählte die gleiche Zahl von Wahlmännern, die dann ihrerseits die Abgeordneten wählten. Die geringe Zahl der Höchst- und Mittelbesteuerten konnte so die Masse der Wahlberechtigten majorisieren. Das Wahlrecht und die Teilnahme an den öffentlichen Angelegenheiten stand nur den „meistbeerbten, unbescholtenen Personen männlichen Geschlechts" zu, die das 24. Lebensjahr vollendet hatten, in Arbeit standen und keine Unterstützung aus öffentlichen Mitteln bezogen. Die Wahlen waren nicht geheim, denn der Wahlberechtigte mußte laut den Namen seines Kandidaten rufen, der dann in die Wahlliste eingetragen wurde. Die Wahl war nicht unmittelbar, denn der sogenannte Urwähler wählte zunächst einen Wahlmann, der mit der Gesamtheit der Wahlmänner schließlich die Abgeordneten benannte.

Mit der Forderung nach kommunaler Demokratie stellte sich Lange an die Spitze der ersten „Bürgerinitiative" in Duisburg und erzielte zumindest einen Achtungserfolg. Im Kampf für die politische Gleichberechtigung der Arbeiter trat Lange für die Abschaffung des Zensus ein, durch den der großen Masse der Bürger das politische Mitspracherecht vorenthalten wurde.

Familie Johann Peter Lange (1832 bis 1841 Pfarrer in Duisburg). In der Mitte stehend der Student Friedrich Albert Lange (ca. 1850)

In Duisburg fanden am 13. November 1865 Kommunalwahlen statt. Von den inzwischen 20.000 Duisburger Einwohnern durften lediglich 1.213 Männer wählen. Von diesen Wahlberechtigten konnten 59 Wähler in der bevorzugten I. Steuerklasse, 210 in der II., dagegen 944 Arbeiter, Handwerker und Kleinbürger in der politisch entrechteten III. Klasse stimmen. Damit entsprach eine Stimme aus der I. Klasse sechzehn Stimmen aus der III. Klasse. Die Unzulänglichkeit dieses Wahlrechts rief vor allem bei den Wählern der III. Klasse Interesselosigkeit hervor. In der Kommunalwahl 1865 siegten die liberalen Kandidaten über die des Zentrums, der katholischen Partei. Lange kommentierte im „Boten vom Niederrhein" das Wahlergebnis folgendermaßen: „Die Anhänger der konservativ-protestantischen Partei enthielten sich der Abstimmung oder stimmten mit den Liberalen. Viele Bürger anderer Richtung haben sich diesmal ... absichtlich enthalten, weil in der dritten Abteilung Kandidaten vorgeschoben waren, welche eher in den höheren Abteilungen hätten gewählt werden sollen." Die Wahlbeteiligung in der I. Klasse betrug 56%, in der II. Klasse 42% und in der III. Klasse 24%.

Unter den Einwohnern ohne Stimmrecht, das waren jene, die entweder keine sechs Taler Klassensteuer oder vier Taler von ihren im Gemeindebezirk gelegenen Besitzungen zahlten, bahnte sich nach der Wahl eine Initiative zur Abschaffung des Zensus an. In einem Petitionsentwurf an das Abgeordnetenhaus ging Lange von der Prämisse aus, daß jeder Staatsbürger das natürliche und unbestreitbare Recht besitze, auch Bürger seines Wohnortes zu sein. Aus drei Gründen wurde der Zensus abgelehnt: Er hindere das Vertrauen zu den Stadtverordneten, der Einsatz für das Gemeindewohl werde beeinträchtigt und ärmeren Stadtbewohnern fehle die Interessenvertretung. Auf Volksversammlungen in der Rheinprovinz, z.B. Düsseldorf, Elberfeld, Essen und Köln solidarisierten sich Gleichgesinnte mit der Duisburger Petition. Die Parteien nahmen eine unterschiedliche

Haltung ein.: Die Konservativen lehnten die Adresse rundweg ab; die Altliberalen der Fortschrittspartei hielten sich zurück, vom demokratischen Flügel der Fortschrittspartei begrüßten einige die Sache „freudig und unbedenklich", während einem weiteren Teil mißfiel, daß bei der Agitation Arbeiter „in erster Linie" standen. Der Mut und die Bereitschaft zur Unterschrift war bei den Arbeitern am größten. „Die Leute fangen immer mehr an, sich auf ihren eigenen Kopf zu verlassen", schrieb Lange, „und deshalb sind sie auch zur Ausübung des Wahlrechts reif genug."

Als das Preußische Abgeordnetenhaus die Duisburger Petition, die im Januar 1866 über 1.000 Unterschriften trug, nicht verhandelte, konnte Lange nur noch resignierend feststellen, daß die Parlamentarier die Rechte des Volkes nur widerwillig oder überhaupt nicht vertreten wollten. Die Wahlrechtsbewegung fand auch in den folgenden Jahrzehnten ihre Fortsetzung und machte sich Anfang des Jahrhunderts wieder lautstark bemerkbar: Am 21. Januar 1906 demonstrierten in Duisburg und Umgebung in zwölf Versammlungen über 7.000 Personen. Weitere Demonstrationen gegen das Dreiklassenwahlrecht wiederholten sich im Januar und Februar 1910.

Die Wahlen zum Preußischen Landtag 1866 müssen vor dem Hintergrund des Deutsch-Österreichischen Krieges gesehen werden. Bei diesem ‚Deutschen Krieg' ging es um die Bildung eines einheitlichen Deutschen Reiches, wofür politisch zwei Lösungen möglich waren: Die „kleindeutsche Lösung" unter Ausschluß oder die „großdeutsche" mit Einschluß Österreichs. Lange engagierte sich in diesem Wahlkampf um so leidenschaftlicher, weil er miterleben mußte, daß ein Großteil der politisch organisierten Arbeiter in das Lager der Regierung übergelaufen war. Er erinnerte in der Kriegssituation

Wilhelm Hasenclever (1837 – 1889), erster sozialdemokratischer Reichstagsabgeordneter aus Duisburg (1869), Präsident der ADAV, erster Vorsitzender der Sozialistischen Arbeiterpartei Deutschlands (ca. 1875)

daran, daß die schlimmsten Fesseln des Arbeiterstandes noch immer in den Zeiten geschmiedet worden seien, in welchem die Regierungen entweder allein walteten oder eine konservative Kammer zur Seite gehabt hätten. Der politische Stimmungsumschwung, der nach dem Sieg bei Königgrätz das Volk erfaßt hatte, veranlaßte Lange, Duisburg politisch enttäuscht in Richtung Schweiz zu verlassen. Die Wahl vom 25. Juni 1866 brachte den Konservativen einen großen Erfolg.

Mit der Gründung des Norddeutschen Bundes war der alte Traum von der deutschen Einheit 1866 zumindest teilweise in Erfüllung gegangen, jedoch nicht als Ergebnis einer revolutionären Volksbewegung, wie es sich seinerzeit die Abgeordneten der Frankfurter Paulskirche vorgestellt hatten, sondern als Resultat preußischer Großmachtpolitik.

Der erste Duisburger Abgeordnete im Reichstag des Norddeutschen Bundes war der liberale und überaus populäre Bürgermeister Otto Keller. Als dieser im Dezember 1868 sein Mandat niederlegte und somit am 25. Februar 1869 Neuwahlen abgehalten werden mußten, kam es zu einem sensationellen Wahlergebnis: Mit 57,3% siegte der Kandidat der Arbeiterpartei Wilhelm Hasenclever und zog damit als dritter sozialdemokratischer

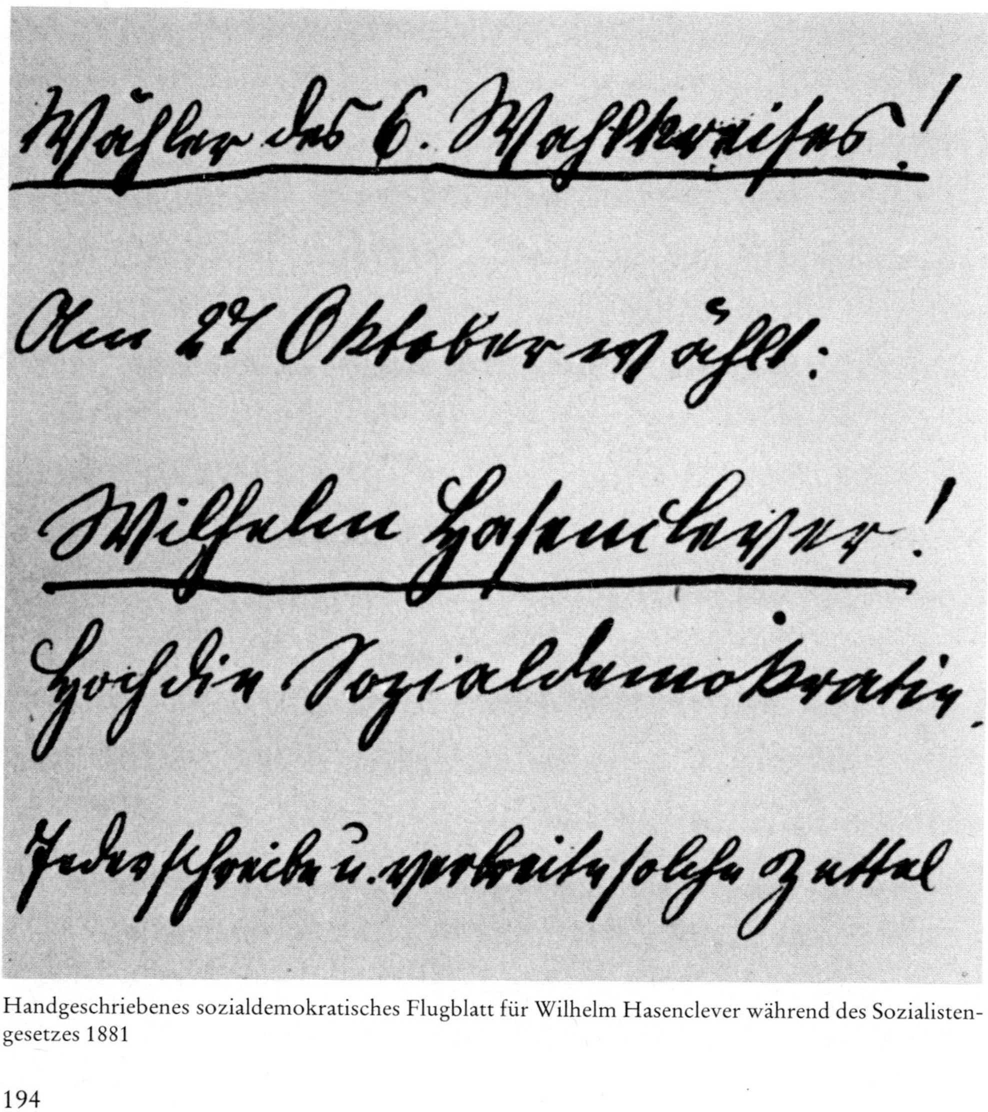
Wähler des 6. Wahlkreises!

Am 27 Oktober erwählt:

Wilhelm Hasenclever!

Hoch die Sozialdemokratie.

Jeder schreibe u. verbreite solche Zettel

Handgeschriebenes sozialdemokratisches Flugblatt für Wilhelm Hasenclever während des Sozialistengesetzes 1881

Abgeordneter in den Reichstag ein. Die liberale „Rhein- und Ruhrzeitung" kommentierte aus ihrem politischen Standort die Wahl Hasenclevers: „So hat also unser Kreis Duisburg, dieser durch seine Industrie, seinen Handel, seine Schiffahrt, seine Landwirtschaft sowie durch die hohe Intelligenz und Tüchtigkeit seiner Bewohner so hervorragende Kreis die zweifelhafte Ehre, ... von einem Sozialdemokraten des allergewöhnlichsten Schlages vertreten zu sein."

Der Deutsch-Französische Krieg 1870/71 – der dritte in kurzen Abständen geführte Krieg nach 1864 gegen Dänemark und 1866 gegen Österreich –, mit dem Bismarck sein machtpolitisches Konzept in die Tat umsetzte, führte zur Gründung des zweiten Deutschen Reiches am 18. Januar 1871. Als nach der kriegsentscheidenden Schlacht bei Sedan, in der die Franzosen unterlagen, Deutschland den Krieg aber fortsetzte mit dem Ziel, Elsaß-Lothringen mit seinen reichen Erzvorkommen zu annektieren, lehnte der Duisburger Abgeordnete Hasenclever zusammen mit acht anderen Abgeordneten die Kriegskredit-Vorlage ab. Wegen seines „vaterlandslosen" Verhaltens wurde er eingezogen und ins Feld geschickt. In der betont national eingestellten Duisburger Presse kamen Wut und Empörung gegen Hasenclevers Abstimmungsverhalten zum Ausdruck. Die Bürger Duisburgs, die sich als „patriotische" Wähler verstanden, beschlossen, die Ehre des Kreises mit einer Adresse an den König wiederherzustellen, in der sie sich von der Gesinnung Hasenclevers distanzierten. Dieses Protest-Schreiben, das 11.223 Unterschriften trug, wurde dem König im französischen Hauptquartier zugestellt. Es schloß mit den Worten: „Majestät! Es treibt uns die Röte der Scham ins Gesicht, daß aus der Wahlurne unseres Kreises der Name eines Mannes hervorgegangen ist, der in dieser Weise Deutschlands wahres Wohl verkennen konnte."

3. Unterdrückung der Sozialdemokratie und des politischen Katholizismus

Der im Spiegelsaal des Versailler Schlosses ausgerufene deutsche Kaiser Wilhelm I. legte die erste Wahl des neuen Deutschen Reiches auf den 3. März 1871 fest. Für den neuen Reichstag wurde in Duisburg ein Kandidat gesucht, der Garant dafür sein sollte, daß Deutschland als das Herz Europas „mächtig und gefürchtet" dastehe, formulierte die bürgerliche Presse. Auch an Hasenclevers „frevelhafte Tat", wie man seine Abstimmung im Norddeutschen Reichstag nannte, wurde erinnert. Gewählt wurde schließlich der nationalliberale Richard von Dove aus Göttingen. Jetzt konnte die „Rhein- und Ruhrzeitung" kommentieren: „Der Wahlkreis Duisburg hat seine politische Ehre, welche durch die letzte Reichstagswahl (zum Norddeutschen Bund – d. Verf.) in bedenklicher Weise kompromittiert war, in glänzender Weise wiederhergestellt ... So wäre unser Wahlkreis wieder rehabilitiert! Ehre ihm und den Tausenden von Wählern, die das *nationale* Banner entfaltet haben, trotz des klerikal-demagogischen Andranges und trotz allen wüsten Tobens eines grundstürzenden Sozialismus."

Auf Wilhelm I. wurden im Frühjahr 1878 zwei Attentate verübt, die zu Unrecht den Sozialdemokraten angelastet wurden. Trotzdem steigerte sich die Furcht des Bürgertums vor den Sozialisten so sehr, daß Forderungen in der bürgerlichen Presse in Duisburg und Ruhrort laut wurden, das in den „Staatskörper eingedrungene Gift" zu vertreiben und die Auswüchse in den Bestrebungen der Sozialdemokratie „herauszuschneiden". Diese Zeitungen verlangten darüber hinaus die Verabschiedung eines Gesetzes gegen die Sozialdemokratie. Wie der Landwirt sich die Feldmäuse durch rechtzeitig gezogene Gräben „vom

Leibe" hält, hieß es, so müsse man sich durch ein entsprechendes Gesetz vor den Sozialdemokraten schützen.

Gegen die Stimmen der Arbeiterpartei und des Zentrums wurde am 21. Oktober 1878 das „Gesetz gegen die gemeingefährlichen Bestrebungen der Sozialdemokratie" in Kraft gesetzt. Dieses Ausnahmegesetz zerstörte die sozialdemokratische Parteiorganisation. Das Versammlungsrecht sowie das Recht auf Freizügigkeit wurden für die nächsten zwölf Jahre aufgehoben. Der Arbeiterwahlverein in Duisburg hatte sich bereits im Juni des Jahres freiwillig aufgelöst, damit er der Polizeibehörde die Mitgliederliste nicht vorlegen mußte.

Nicht alle Bürger stimmten dieser Politik und Gesetzgebung zu. Ebenso stießen Rüstungs- und Kriegspolitik bei der Duisburger Bevölkerung nicht nur auf patriotische Begeisterung. Ablehnung und Protest sind durchgängig zu beobachten: 1866 verließ Friedrich Albert Lange während des Deutsch-Österreichischen Krieges Duisburg und Deutschland, weil er die Bismarcksche Politik für falsch hielt; 1870/71 bezog Wilhelm Hasenclever Stellung gegen die Fortsetzung des Deutsch-Französischen Krieges und stimmte im Reichstag gegen die Kriegskredite; seit 1910 machte sich eine Friedensbewegung bemerkbar, die in zahlreichen Antikriegskundgebungen gegen „Kriegshetzer" und „Rüstungswahn" demonstrierte. Diese vor allem von Sozialdemokraten getragenen Kampagnen wurden kurz vor dem Ersten Weltkrieg von der liberalen Presse in Duisburg als „Guerillakrieg" gegen die „starke vaterländische Bewegung" bezeichnet.

Die Zentrumspartei, in der sich der politische Katholizismus organisierte, war nach der Reichsgründung zur ernsthaften politischen Konkurrenz geworden. Sowohl die Arbeiterpartei, der sie mit einem christlich-sozialen Programm das Wasser abzugraben drohte, als auch die bürgerlichen Parteien mußten mit dem Zentrum als neuer politischer Kraft rechnen. Der Haß auf die katholische Partei ließ die Bürgerlichen fast die Angst vor den Sozialdemokraten vergessen. Die liberale RRZ rief zum entschlossenen „Frontmachen" gegen den „Ultramontanismus", wie das Zentrum vom politischen Gegner verächtlich genannt wurde, auf. Man wies auf die starken Bindungen zur römischen Kurie hin. Das Blatt unterstützte die Regierung publizistisch im Kampf um die kirchen-politische Gesetzgebung. An der Spitze dieser Partei stehe die „aufsässige Hierarchie" und der „renitente Klerus", die sich als Befehlsempfänger des römischen Papstes gegen die Interessen des Vaterlandes stellten. Die Repressionsmaßnahmen des Staates gegen Klerus und Zentrumspartei, die im sogenannten „Kulturkampf" ihren Ausdruck fanden, sowie das Sozialistengesetz ließen die beiden an sich konträren Parteien zu Verbündeten gegen das Regierungssystem werden. Bei den Attentatswahlen im Juli 1878 annoncierten die Sozialdemokraten, nachdem ihr eigenes Parteiblatt eingegangen war, in der katholischen „Volkszeitung für Thron und Altar". Während die Arbeiterpartei auf bedeutungslose 1,88% absank, erreichte das Zentrum 37,12% Stimmen. Den Zuwachs erklärte die RRZ durch den Umstand, daß die Sozialdemokraten „instinktiv" herausgefühlt hätten, daß der klerikale Kandidat „bei Unterwühlung" der Grundlagen des Reiches „gute Pionierarbeit" für sie leisten werde, und sie deshalb dem Zentrumskandidaten Burghard von Schorlemer-Alst ihre Stimme gegeben hätten.

Bei seinem Ausscheiden aus dem Amt beschrieb Bürgermeister Keller die sozial- und kirchenpolitischen Probleme des neuen deutschen Reiches folgendermaßen: „Die kirchlichen Wirren drohen das Volk in zwei Lager zu spalten, und schon klopft die große ungelöste Frage des Jahrhunderts, die soziale, mit ungestümer Hand an die Pforte, ihre Lösung verlangend. Wir wissen, daß diese Verhältnisse ernste Kämpfe hervorrufen werden..." Die überwiegend antiklerikale Haltung spricht aus folgendem gegen das „schwarze" Zentrum gerichteten Vers, mit dem der national-liberale preußische Kultusminister Adalbert Falk 1875 in Duisburg begrüßt wurde:

Hier herrscht statt Wissenschaft und Kunst
Fabrikenstaub und Kohlendunst.
Und rußig ist das Angesicht;
Doch ‚schwarz' sind wir im Innern nicht.

Anfang der 1870er Jahre war die Zentrumspartei in Duisburg die politische Vertretung der Katholiken, die sich gegen die „Staatsomnipotenz" auch in kirchlichen Angelegenheiten zur Wehr setzte. In der ersten Legislaturperiode des Reichstages sprach der Abgeordnete der nationalliberalen Partei des Wahlkreises Duisburg-Mülheim, Richard von Dove, die Regierungsmeinung offen aus: „Wie wir Paris besiegten, so werden wir auch den Vatikan und die Jesuiten überwinden."

Die Verfolgungen des Staates unter Reichskanzler Otto von Bismarck, der dem politischen Katholizismus den „Kulturkampf" angesagt hatte, konnten die Erfolge der Zentrumspartei und der katholischen Arbeitervereine nicht verhindern. Der Stimmenanteil des Zentrums bei Reichstagswahlen im Duisburger Kreis näherte sich dem der Nationalliberalen und Sozialdemokraten. In Duisburg selbst wurde das Zentrum mit einer Ausnahme (1887) zwischen 1881 und 1898 bei den Reichstagswahlen sogar stärkste Partei.

4. Siedlungsstruktur und kommunale Neuordnung

Die Siedlungsfläche der Altstadt konnte die seit der Industrialisierung in den 1840er Jahren stark angestiegenen Bevölkerungsmassen kaum noch fassen. Zwischen 1840/43 und 1871 verdreifachte sich die Einwohnerzahl der Altstadt, die die Innenstadt mit den Stadtteilen Hochfeld (Feldmark), Neuenkamp-Kaßlerfeld, Duissern und Neudorf umfaßte, auf über 30.000. Die großindustriellen Gründungen bestimmten die Bebauung insbesondere in Hochfeld. Die unmittelbare Nachbarschaft von Fabriken und Häusern beeinträchtigte ein ruhiges und gesundes Wohnen. In Ruhrort wurde die Erweiterung des Stadtbildes ebenfalls durch die Industrialisierung bestimmt. Die Vergrößerung der Häfen beengte den Wohnraum Ruhrorts so sehr, daß kaum eine Fläche unbebaut blieb, als erst einmal der Zuzug der Arbeiter zur „Phoenix-Hütte" in Laar einsetzte. Mit den neuen Häfen mußte man weit auf Meidericher Gebiet übergreifen. Ruhrort wurde dadurch auf drei Seiten eng vom Wasser umschlossen, nach Norden außerdem durch die Industrieanlagen abgeriegelt, so daß es sich dem Besucher als eine Stadt „ohne Eingang" präsentierte.

Um 1900 war Meiderich längst in der Umwandlung zu einem nicht nur nach Namen und Verfassung, sondern auch bevölkerungsmäßig fabrikstädtischen Gemeinwesen begriffen. In der Nähe der großen Hüttenwerke, die seit 1870 im Grenzbezirk von Ruhrort und Meiderich entstanden waren, sowie der jüngeren Schächte 3/4 der Zeche „Westende", hatten die zuziehenden Arbeiter Wohnungen gefunden. Die westlich von Meiderich gelegenen Bauerschaften Vohwinkel, Lakum, Berge und Berchum wuchsen so ineinander.

In einem unerhörten Tempo entwickelte sich Hamborn völlig abhängig von dem jeweiligen Stand der Wirtschaftspläne August Thyssens, der Männer der Zinkhütte und der Gewerkschaft Neumühl. 1871, als man in Hamborn den ersten Schacht abteufte, wohnten in diesem Bezirk rund 3.000 Menschen. Bei der Loslösung aus dem Landbürgermeisterverband Beeck (1900) hatte Hamborn bereits 32.000 Einwohner. Am 23. September 1910 wurde der hunderttausendste Einwohner Hamborns registriert.

Diese Karte karikiert die Eingemeindungsfragen in der Zeit um 1905. Der Hahn (in der linken Bildhälfte) ist ein Wahrzeichen Meiderichs. Ruhrort wird durch einen Schiffer (rechts) dargestellt, der die gebratenen Enten Beeck und Laar bereits auf dem Teller hat und jetzt nach Meiderich schielt

Zur alten Stadt Duisburg gehörte zu Beginn des 19. Jahrhunderts ein Gebiet, das im Norden etwa bis zur Ruhr, im Süden bis zur damals noch bestehenden Rheininsel Wanheimerort reichte. Die südlichen Ratsdörfer Wanheim-Angerhausen rechneten seit alters her zu Duisburg. Im Jahre 1905 vereinbarten die Städte Duisburg, Ruhrort und Meiderich ihren Zusammenschluß zur neuen Gesamtstadt Duisburg. Vorausgegangen waren im 19. Jahrhundert aber schon zahlreiche Neuordnungen im Gebiet nördlich der Ruhr. Ruhrort und Meiderich waren seit der französischen Besetzung zwischen 1805 und 1813 gemeinsam verwaltet worden. Die übrigen Ortschaften im Norden gehörten der Bürgermeisterei Beeck-Holten an. Das Anwachsen der Bevölkerung bewirkte zunächst eine Loslösung Meiderichs von Ruhrort: 1875 wurde Meiderich selbständige Gemeinde und erhielt 1894 Stadtrecht. Im Jahre 1900 wurde aus der Gemeinde Beeck die selbständige Landbürgermeisterei Hamborn (mit Alsum, Schwelgern, Bruckhausen, Marxloh, Fahrn sowie Schmidthorst-Neumühl) ausgegliedert, die 1911 zur Stadt Hamborn erhoben wurde. Die restlichen Gemeinden der Bürgermeisterei Beeck verleibte sich Ruhrort 1904 ein. Im Jahre 1905 verloren Ruhrort und Meiderich durch den Zusammenschluß mit Duisburg schließlich ihre Selbständigkeit.

Die Dörfer des späteren Rheinhausener Raumes blieben bis in die Weimarer Zeit selbständig. 1909 wurde eine Vereinigung von Bliersheim und Friemersheim mit Hochemmerich vom Hochemmericher Gemeinderat abgelehnt. Erst 1923 schlossen sich die Dörfer Friemersheim, Bliersheim, Hochemmerich, Bergheim und Oestrum zur Landgemeinde Rheinhausen zusammen. Rumeln, ursprünglich zur Bürgermeisterei Friemersheim, nach der französischen Herrschaft zum Kreis Krefeld gehörig, wurde im Dezember 1875 dem Kreis Moers zugeteilt. Um eine Vereinfachung der Verwaltungsorganisation herbeizuführen, waren Gemeindevertreter von Homberg, Hochheide und Essenberg nach der Jahrhundertwende in Verhandlung getreten. Bislang hatte jede der drei Gemeinden ihre eigene Verwaltung in Bezug auf Straßenbau, Kanalisation, Steuererhebung, Schulbau etc. Der von allen dreien gemeinsam gewählte Bürgermeister, der obendrein jahrzehntelang die Amtsgeschäfte von Hochemmerich in Personalunion mitverwaltete, war zugleich Verwaltungsvorsitzender von Homberg, Essenberg und Hochheide. Schon der Homberger Bürgermeister Lauer, der gleichzeitig den Verwaltungen von Baerl und Hochemmerich vorstand, hatte auf Abstellung seiner Arbeitsüberlastung gedrängt. Aber erst die Initiative seines Amtsnachfolgers Heinrich Wendel hatte Erfolg, als sich zum 1. Januar 1907 die drei linksrheinischen Gemeinden zu einer Verwaltungseinheit zusammenschlossen.

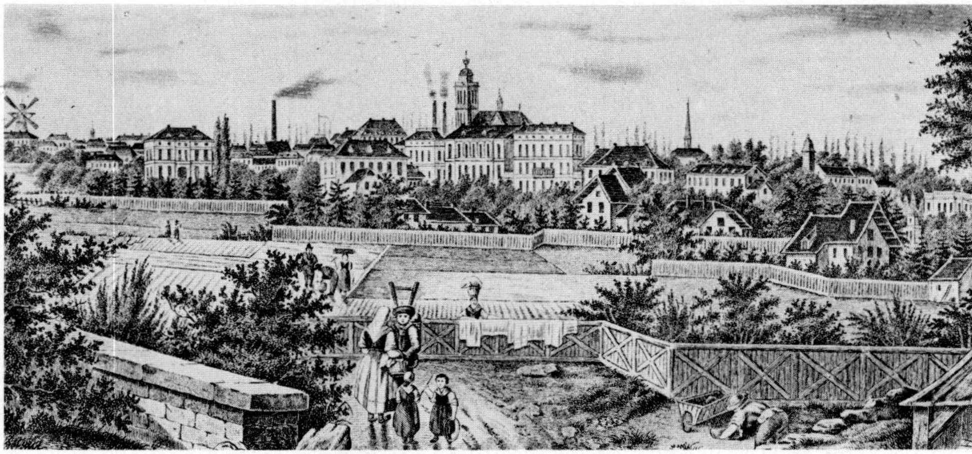

Duisburg vom Bahnhof gesehen. Stahlstich, um 1850

Im Jahre 1894 bemühten sich die Bürger Walsums, das damals zur Landbürgermeisterei Dinslaken gehörte, bei der Düsseldorfer Regierung um Unabhängigkeit. Diese Bemühungen führten zehn Jahre später zum Erfolg und brachten Walsum zum 1. April 1905 die Selbständigkeit.

II Wirtschaftliche und industrielle Entwicklung

1. Dampfschiffahrt

Als der französische Komponist Maurice Ravel 1905 von Amsterdam den Rhein herauffuhr, brachte er beim Anblick der Duisburger Industriekulisse folgende „Impressionen" zu Papier: „Was ich gestern gesehen habe, wird in den Winkel des Auges eingeschrieben bleiben... Nach einem schlammigen Tag auf einem sehr breiten Fluß zwischen trostlos flachen Ufern ohne Charakter, entdeckt man eine Stadt von Schloten, von Domen, die flammen, und rötliche oder blaue Raketen ausspeien. Es ist Haum (gemeint ist wohl Alsum – d. Verf.), eine gigantische Gießerei, in der Tag und Nacht 24.000 Menschen arbeiten. Da Ruhrort zu weit war, haben wir hier halt gemacht. Um so besser, denn wir hätten dieses wunderbare Schauspiel nicht gesehen. Bei einbrechender Nacht sind wir bis zu den Fabriken hinabgestiegen. Wie soll ich Ihnen den Eindruck dieser Schlösser aus flüssigem Metall, dieser glühenden Kathedralen, der wunderbaren Symphonie von Transmissionen, von Pfiffen, von furchtbaren Hammerschlägen schildern, der uns umhüllt. Überall ein roter, düsterer, brennender Himmel... Wie musikalisch das alles ist. Ich habe die feste Absicht, es zu verwenden." Diese von Ravel beschriebenen Industrieanlagen waren seit Anfang der 1890er Jahre wie Pilze aus dem Boden geschossen und hatten die Struktur des rechts- und linksrheinischen Duisburger Raumes von Grund auf verändert. Diese Industriebauten waren sichtbarer Ausdruck einer rasanten ökonomischen Entwicklung, die alles bisher Dagewesene in den Schatten stellte.

Um 1830 begann in Duisburg das Zeitalter der Industrialisierung. Als Symbol für die neue technische Entwicklung steht der erste in Deutschland erbaute Rheindampfer, der auf der Ruhrorter Werft Jacobi, Haniel & Huyssen gebaut wurde und 1830 vom Stapel lief. Damit war, obwohl bis 1844 Börtfahrten nach Rotterdam und Amsterdam beibehalten wurden, die große Zeit der Börtschiffahrt mit ihrem regelmäßigen Schiffsverkehr nach Fahrplan vorbei, mit der Duisburg bereits vorher zu einem Umschlagplatz für Eisen- und Stahlwaren aus dem Bergischen und Märkischen nach den Niederlanden einerseits, und für Tabakwaren zwischen Duisburg, Holland und Übersee andererseits geworden war. Als weitere Tatsachen, die den Beginn einer neuen Zeit für den Duisburger Raum andeuten, stehen folgende Entwicklungen: 1831 wurde in der Rheinschiffahrtsakte die freie Ein- und Ausfahrt ins Meer garantiert und damit die rechtliche Grundlage zu einer sich entwickelnden Rheinschiffahrt geschaffen. Mit der Gründung des deutschen Zollvereins am 1. Januar 1834 wurde der innerdeutsche Markt frei erschlossen. Mitte der 1830er Jahre waren die Chemieindustrie (Schwefelsäure), Tabakfabrikation und die Raffination von Zucker die wichtigsten Duisburger Industriezweige.

Die Dampfschiffahrt und die traditionelle Schiffahrt liefen zunächst nebeneinander her, ohne sich allzusehr zu stören, da die Mehrzahl der Dampfschiffe für den Personenverkehr gedacht war und nur unerhebliche Gütermengen beförderte. Die bald konstruierten Schleppschiffe wurden vor allem zum Schleppen der Segelschiffe in den leinpfadlosen Gebieten des Niederrheins genutzt. Das friedliche Nebeneinander änderte sich erst entscheidend, als 1841 der erste eiserne Schleppkahn eingesetzt wurde. Seine Vorzüge gegenüber den bisherigen Schiffen in Bezug auf Fassungsvermögen, Haltbarkeit und Einfachheit der Konstruktion waren so überzeugend, daß sich dieses Prinzip sofort durchsetzte. Jetzt erst begann der völlige Niedergang der bisherigen Schiffahrt. 1848 wurde die Ruhrorter Dampf-Schleppschiffahrtsgesellschaft gegründet. Nicht nur viele Schiffer, auch die vielen hundert Pferdehalter am Rhein sahen ihre Existenz vernichtet. Das führte im Jahre 1848 zu tumultartigen Aufständen, bei denen sogar Schleppschiffe beschossen wurden.

Der Ruhrorter Unternehmer Franz Haniel wurde zu einem der leistungsfähigsten Schiffsbauer in Deutschland. Besorgt um seine Schiffsflotte, intervenierte er 1848 persönlich beim Koblenzer Oberpräsidenten und empfahl, „mehr Ernst und Strenge" gegenüber den Segelschiffern zu üben, nachdem die revolutionäre Bewegung der Märzereignisse auch auf die unzufriedenen Schiffer übergegriffen hatte. In seiner Biographie heißt es darüber: „... ferner wurde im Wirtslokal räsoniert, die gebildeten bürgerlichen Kinder würden zum Militärdienst gezwungen von dumme adlige Junkers kujoniert (schikaniert — d. Verf.), mit ‚Du' tituliert und kujoniert ... dieses dürfe sich eine deutsche Nation nicht länger gefallen lassen." Der Weseler Handelskammerbericht aus dem Jahre 1845 beschreibt anschaulich die Entwicklung der neuen Schiffstechnik: „Die Dampfschiffahrt bildet, je länger je mehr, dasjenige Element, welches die Segelschiffahrt in den Hintergrund drückt, wenn nicht zuletzt ganz verdrängt. Sie bemächtigt sich schon sehr vieler Transportgüter, gestattet sehr billige Frachtpreise und zieht natürlich durch ihre Schnelligkeit das kommerzielle Publikum immer fester an sich. Daß die Existenz der Segelschiffer hierdurch in unaufhaltsamem Maße ihrem Untergang entgegeneilt, liegt klar vor. Es ist jedoch nicht zu ändern, denn die Kraft des Dampfes überflügelt alle anderen Kräfte und reißt sie mit sich fort."

2. Eisenbahnen

Neben der Dampfschiffahrt gewann die Eisenbahn, die Postkutsche und Pferdefuhrwerk abgelöst hatte, immer mehr an Bedeutung. „Größere Vorteile als die bisherigen Verkehrsmittel (Kanäle, schiffbare Ströme und Straßen) scheinen Eisenbahnen zu bieten", schrieb 1825 bereits der Eisenbahnpionier Friedrich Harkot. „Eine Maschine von acht Pferdekraft würde innerhalb 10 Stunden 1.000 Zentner Kohlen von Duisburg nach Arnheim schaffen, die Lastkähne liegen allein acht Tage in Ladung." Für die Zukunft wünschte er sich: „Möge auch im Vaterlande bald die Zeit kommen, wo der Triumpfwagen des Gewerbefleißes mit rauchenden Kolossen bespannt ist."

1847 wurde die wichtigste Eisenbahnstrecke von Köln über Duisburg bis Hamm, die sogenannte „Köln-Mindener" eröffnet. 1852 wies diese Strecke bereits einen Personenverkehr mit 70.352 Fahrgästen von und 64.435 Fahrgästen nach Duisburg – Auswanderer und Militär nicht eingerechnet – auf. Der Güterverkehr betrug von Duisburg 896.211Ztr., nach Duisburg 1.151.550Ztr. Als 1862 die „Bergisch-Märkische Bahn" mit der Bahnstrecke Dortmund-Bochum-Essen-Duisburg ihren Betrieb aufnahm, war Duisburg zu einem wichtigen Eisenbahnknotenpunkt geworden und verfügte nunmehr über die kürzeste Verbindung mit dem Zentrum des Kohlereviers.

Die seit 1841 zwischen Moers und Homberg verkehrende Postkutsche wurde erst 1883 durch die Bergisch-Märkische-Eisenbahn abgelöst. Diese „Bimmelbahn", von den Hombergern wegen ihres langsamen Fahrens „Schluff" genannt, zeichnete sich besonders durch Unpünktlichkeit aus. „Wenn z.B. bei der Haltestelle Möhlerdick (Duisburger Straße) die Fahrgäste von der Arbeit kamen", berichtete ein Baerler Augenzeuge, „wußte der Schaffner genau, wer noch fehlte. So wurde dann gewartet. Dann erst ging es im Zukkeltempo weiter."

Die sich rasch entwickelnde Industrie machte den Anschluß der Gemeinde Walsum an das Eisenbahnnetz des Ruhrgebietes notwendig. 1912 wurde zur Entlastung der schon 1856 eingerichteten Eisenbahnstrecke Oberhausen-Sterkrade-Dinslaken-Wesel-Arnheim die Nebenstrecke Oberhausen-Hamborn-Walsum-Wesel angelegt. Der Bahnhof in Walsum wurde westlich von Vierlinden errichtet. Er lag verkehrstechnisch günstig für die Betriebe am Rhein, besonders später für das Verbundwerk Walsum, erreichte aber für den Personenverkehr nur geringe Bedeutung.

Mit der Gründung der Ruhrort-Krefeld-Gladbacher Eisenbahngesellschaft 1844, an der sich Franz Haniel maßgebend beteiligte, waren die Voraussetzungen einer Eisenbahnverbindung von Ruhrort zum linken Niederrhein geschaffen. Für den Trajektverkehr über den Rhein von Ruhrort nach Homberg wurde auf beiden Seiten des Flusses ein Hebeturm und ein Eisenbahnhafen gebaut. 1856 waren die Baumaßnahmen fertiggestellt, so daß Homberg nun Bahnanschluß an die ‚weite Welt' besaß. Von Oberhausen konnte man mit der Eisenbahn nach Ruhrort fahren, dort mit der Fähre über den Rhein setzen und weiter mit der Bahn von Homberg über Krefeld nach Gladbach bzw. nach Kleve reisen.

Folgende Faktoren bestimmten Mitte des 19. Jahrhunderts den Industrialisierungsprozeß und den rapiden Produktionsanstieg von Kohle und Stahl: Durch die Erfindung und Ausbreitung der Dampfmaschine konnten die verfügbaren mechanischen Kräfte vervielfacht werden. 1838 waren im Kreis Duisburg 50 Dampfmaschinen in Betrieb, mit denen im Bergbau große Grundwassermengen abgepumpt werden konnten. Erst durch den Tiefbau wurde auch die Massenförderung von Kohle und die Wanderung des Bergbaus in den Bereich des Niederrheins möglich.

Durch den Einsatz der erschlossenen Kohleenergie entwickelten sich neue Produktionsverfahren. 1848/49 gelang es erstmalig, Eisenerz mit Hilfe von Koks zu verhütten, womit auf der Grundlage der Steinkohlevorkommen im heutigen Ruhrgebiet die Roheisenerzeugung rapide zunahm. Nicht nur die Eisenbahnen selbst waren Großverbraucher von Zechen- und Hüttenprodukten, sie erweiterten darüber hinaus die Absatzradien des Energieträgers Kohle. Gegenüber dem Pferdetransport sanken die Frachtkosten auf ein Zehntel, so daß die Kohle als Heizmaterial anstelle von Holz erstmalig einen überregionalen Markt fand. Dampfmaschinenantrieb und der Einsatz von Kohleenergie begünstigten den Wirtschaftsraum Duisburg, der über gute Zulieferungsmöglichkeit von Steinkohle verfügte.

Wesentliche Voraussetzungen für die industrielle Expansion, die Dynamik der technischen Entwicklung und die Erschließung neuer Märkte war die Überwindung der staatlich gelenkten Wirtschaft. Dem Gedanken der Gewerbefreiheit entsprechend wurde die gewerbliche Produktion dem internationalen Wettbewerb ausgesetzt. Unternehmerischen Initiativen eröffneten sich alle Möglichkeiten gewerblicher Entfaltung, deren Grenzen nicht mehr von der Obrigkeit, sondern von den Chancen und Risiken des Marktes gesetzt wurden. Ebenso vollzog sich auch im Bergbau mit der Auflösung der staatlichen Aufsicht der Übergang zum Liberalismus. Bezeichnend für die Ergebnisse der völligen Freiheit von Angebot und Nachfrage waren die erheblichen Schwankungen der Preise und Löhne. Der intensive Wettbewerb trieb in Krisenzeiten zahlreiche Betriebe in den Ruin.

3. Häfen

Durch die Gründung des Rheinkanal-Aktienvereins wurde in den Jahren 1828 – 1832 der Bau des Rheinkanals ermöglicht und einige Jahre später (1840 – 1844) auf Veranlassung des Ruhrkanal-Aktienvereins, der als private Initiative sogar staatlichen Zuschuß ablehnte, ein Stichkanal zur Ruhr gegraben. Damit hatte Duisburg wieder unmittelbaren Wasseranschluß zum Rhein und zur Ruhr und trat in Konkurrenz zu Ruhrort in den Groß- und Fernhandel ein. Zwischen 1882 und 1893 wurden die Hafenanlagen verbreitert und verlängert. Als letzter Hafen wurde der Parallelhafen 1899 vollendet, womit die Gesamtwasserfläche der Duisburger städtischen Häfen auf 51 Hektar angewachsen war. Mit dem Bau der Ruhrorter Hafenanlagen wurde auf Betreiben des damaligen Oberpräsidenten der Provinz Westfalen, Ludwig von Vincke, 1820 – 1825, wie im vorstehenden Kapitel erwähnt, begonnen. Zwölf Jahre später wurde mit dem Bau des Schleusenhafens begonnen, der in dem späteren Vinckekanal aufging und dessen letztes Stück der heutige Bunkerhafen ist. Von 1860 – 1868 wurden der Nord- und Südhafen gebaut und gleichzeitig die Ruhr südlich verlegt, um einen unabhängigeren, besseren Zugang zum Rhein zu haben. Achtzehn Jahre, bis 1890, benötigte der Bau des Kaiserhafens mit ebenfalls unmittelbarem Anschluß zum Rhein, weshalb eine nochmalige Verlegung der Ruhr notwendig war. Die Gesamtwasserfläche der Ruhrorter Hafenanlagen betrug damit 53,3 Hektar. Die dritte Gruppe der öffentlichen Hafenanlagen bildete der Hochfelder Hafen. Er bestand aus drei Hafenbecken, dem Nord-, Süd- und Kulturhafen, und wurde von 1867–1874 von der Rheinischen Hafengesellschaft erbaut.

Mit der fortschreitenden Entwicklung des Verkehrs setzte sich der Gedanke einer Vereinigung aller öffentlichen Häfen immer mehr durch. Die großen Hafenbaupläne der Stadt Duisburg und des Staates für Ruhrort um die Jahrhundertwende hätten, wenn sie zur Ausführung gekommen wären, für beide Städte eine unnötige Konkurrenz bedeutet.

1905 vereinigten sich der Ruhrfiskus und die Stadt Duisburg zu einer Betriebsgemeinschaft zum Zwecke der gemeinsamen Verwaltung und Nutzbarmachung ihrer Häfen. Gleichzeitig schlossen sich die drei Gemeinden Duisburg, Ruhrort und Meiderich, auf deren Gebiet alle Häfen lagen, zu einer Stadtgemeinde zusammen. Der von Ruhrort geplante neue Hafenkanal mit den drei Becken A, B und C wurde vorläufig zurückgestellt. Die Ruhr mußte zum drittenmal den Hafenerweiterungen weichen und wurde nochmals verlegt. Die eisenbahnfiskalischen Häfen von Hochfeld und Ruhrort (Eisenbahnbassin) wurden 1912 in das Vertragsverhältnis einbezogen.

Zu den Rhein-Ruhr-Häfen gehörten nicht nur diese öffentlichen Hafenanlagen, sondern sie umfaßten noch eine große Anzahl von Werkshäfen und privaten Ladestellen, die sich beiderseits des Rheins auf der Länge des heutigen Duisburger Stadtgebietes von Uerdingen bis Walsum hinzogen. Die Werkshäfen dienten dem eigenen Umschlagsbedarf und entlasteten dadurch die öffentlichen Häfen. Sie erledigten teils nur die Kohlenabfuhr, wie die Häfen von ‚Rheinpreußen', ‚Diergarth', Orsoy und Walsum, oder waren reine Hüttenhäfen, wie die von ‚Mannesmann', ‚Krupp', der Hütte Ruhrort-Meiderich, oder gemischte Zechen- und Hüttenhäfen, wie die der ‚Gutehoffnungshütte' in Walsum und der ‚Thyssenhütte' in Schwelgern. Die übrigen privaten Ladestellen galten den verschiedenartigsten Anforderungen der betreffenden Werke.

Der Duisburger Hafen zeigte das Bild eines vielseitigen Handelshafens mit zahlreichen Speichern und Mühlen, Sägewerken und Holzlagern, Tankanlagen, Maschinenfabriken, Schiffswerften und chemischen Industrieanlagen. Der Ruhrorter Hafen wirkte dagegen einförmig mit seinen langgestreckten Lagerplätzen und seiner geringen Bebauung. Er war der große Umschlag- und Lagerplatz für Kohlen.

Der Schiffsfrachtenmarkt für die gesamten Hafenanlagen vollzog sich in der Schifferbörse in Ruhrort, die 1901 errichtet wurde. Sie diente der Erleichterung des Abschlusses von Schiffsfracht- und Schleppgeschäften zwischen den Schiffseignern und Spediteuren. Hier wurden auch täglich die amtlichen Schlepp- und Frachtlöhne festgesetzt.

Die ‚Gutehoffnungshütte' Oberhausen erwarb 1871 bei Stromkilometer 791 zwei größere Ländereien, um für ihre Massengüter einen eigenen Umschlaghafen anzulegen. 1903 begann man mit dem Bau, und bis 1904 entstand die 120m lange Kaimauer und das 65m breite erste Becken.

4. Brücken und Straßenbahnen

Zahlreiche Brücken über Rhein, Ruhr und Emscher, Häfen und Kanäle verbinden Duisburg mit den jenseitigen Gemeinden und die einzelnen Stadtteile untereinander. Bis zum Ersten Weltkrieg besaß Duisburg drei Rheinbrücken. Die ersten Eisenbahnen wurden mit Trajektschiffen über den Rhein geführt. 1856 wurde die Trajektanlage Ruhrort-

Die Ruhrort-Homberger Rhein-Trajektanstalt um 1857

Homberg eröffnet, bei der durch Hebetürme die Eisenbahnwagen auf die Fähre gebracht wurden. Sie war bis 1884 in Betrieb. Der Trajektverkehr zwischen Hochfeld und Rheinhausen wurde 1867 eröffnet; hier rollten die Wagen mittels einer schiefen Ebene auf den Trajektdampfer. Über die neue Personenbeförderung über den Rhein schrieb Geheimrat Gustav von Mevissen: „Da die Fahrgäste während der Trajektierung in den Wagen ungestört sitzen bleiben, so wird voraussichtlich die neue Einrichtung sich bald einbürgern, und an allen Stellen, wo der Erbauung fester Brücken so große sachliche oder strategische Hindernisse entgegentreten, sich rasch Bahn brechen."

Der steigende Verkehr machte aber bald den Bau einer festen Brücke notwendig, die als erste Duisburger Rheinbrücke 1873 dem Verkehr übergeben wurde. An diesem Projekt sind die militär-strategischen Auflagen bemerkenswert, die sich aus der Konzessionsurkunde Wilhelm I. 1871 herauslesen lassen: So mußten sämtliche Pfeiler der Brücke sowie die Bahnstrecken durch Minenkammern zur Sprengung bzw. Demolierung vorbereitet werden. Die zweite Rheinbrücke wurde als Straßenbrücke von den Gemeinden Duisburg und Homberg und dem Kreis Moers erbaut und 1907 dem Verkehr übergeben. 1912 folgte die Knipp-Brücke für den Eisenbahnverkehr, der Beeckerwerth und Baerl verband.

In Walsum gab es bis zum Ende des Jahrhunderts kein ausgeprägtes innerörtliches Straßennetz. Lediglich die alte Dorfstraße (später Kaiserstraße) hatte eine lokale Bedeutung; hier lag die Kirche, an die sich nach Norden und Süden die großen Bauernhöfe reihten. Als überörtliche Verbindungswege gab es die Alte Landstraße, die von Wesel über Dinslaken durch das Walsumer Dorf nach Hamborn führte; die Provinzialstraße als zweite Nord-Süd-Verbindung zog sich von Wesel östlich am alten Dorf vorbei nach Hamborn. Hier vereinigte sie sich mit der Alten Landstraße und führte weiter nach Duisburg.

Die Pferdebahn (eröffnet 1881) verband Duisburg, Ruhrort und Meiderich

Seit 1881 verkehrte zwischen Duisburg und Ruhrort eine „Pferdebahn". Dieses Verkehrsmittel fuhr nicht immer störungsfrei: Die Pferde waren, vor allem bei Schnee und Glatteis, häufig überbeansprucht. Oft mußten die Fahrgäste aussteigen und schieben. Auf der Fahrt vom Schwanentor zum höher gelegenen Burgplatz spannte man bei vollbesetztem Wagen ein zweites Pferd vor. Die Insassen hatten beim gemächlichen, wenn auch zuweilen holprigen Transport keine Schwierigkeiten, auf die fahrende Bahn auf- oder abzuspringen. Während die Pferdebahn auf der Strecke nach Ruhrort mehrere Brücken passieren und am Schwanentor oft vor der hochgeklappten Fahrbahn den Schiffen die „Vorfahrt" lassen mußte, geriet der Verkehr nach Meiderich an der Ruhr ins Stocken. Die Aakerfähre wurde erst 1904 von einer Brücke abgelöst, über die dann die Straßenbahn nach Meiderich fahren konnte.

1900 richtete die „Continentale Eisenbahn-Bau und Betriebsgesellschaft Berlin" eine Straßenbahnlinie Neumühl-Hamborn-Walsum-Dinslaken ein. Die Fahrgäste aus Walsum konnten an der Haltestelle ‚Pollmann' – in der Mitte von Hamborn gelegen – in eine Linie der Kreis-Ruhrorter Straßenbahn umsteigen und von hier aus bis Duisburg weiterfahren. Die „Continentale" baute außerdem eine Abzweigung ihrer Straßenbahnführung vom „Schwan" bis Walsum-Dorf. Ausschlaggebend dafür war, daß die Berliner Gesellschaft vor allem Straßenbahnen baute, die einen kombinierten Personen- und Güterverkehr zuließen. Die neuen Betriebe am Rhein fanden auf diese Weise einen günstigen Anschluß zum Bahnhof Neumühl.

In die neue Rheinbrücke, die Ruhrort und Homberg verband, hatte man Straßenbahnschienen eingebaut, so daß 1907 die erste Straßenbahn die Brücke passieren konnte. Von der 1906 gegründeten Straßenbahngesellschaft Moers-Homberg, der auch die Gemeinden Hochemmerich, Friemersheim und Baerl angeschlossen waren, wurde 1909 die Linie Homberg-Friemersheim und 1910 die Strecke nach Baerl eröffnet.

5. *Industrie*

In den 1840er Jahren wurde die Infrastruktur durch den Bau umfangreicher Eisenbahnstrecken wesentlich verbessert. Durch den Rhein als kostengünstigen Transportweg wurde Duisburg zur „maßgebenden Standortgrundlage". Bevor der Steinkohlenbergbau seine Produktion aufnahm, entstanden hier die ersten Hochofenwerke. Der Aufschwung der Duisburger Stahlindustrie läßt sich an der Zahl der Puddelöfen, die erstmals eine Massenerzeugung von Stahl ermöglichten, ablesen: Sie verdoppelte sich von 1855 bis 1865 von 34 auf 68 Öfen und stieg bis zum Jahre 1870 auf 107 – das bedeutete ein Fünftel der Rohstahlkapazität des Ruhrgebietes. Von einer „industriellen Revolution" für Duisburg kann für den Zeitraum ab 1851 bis – unterbrochen von den Jahren der Gründerkrise nach 1872 – zur Jahrhundertwende, als in Hamborn die Industrie durch Thyssen expandierte, gesprochen werden.

Der Steuereinnehmer Berkmann und der Ingenieur Thissen errichteten im Jahre 1844 am Südufer des Rheinkanals die ‚Borussiahütte'. Sie hatte als Eisengießerei und Maschinenfabrik nur örtliche Bedeutung, setzte aber als erstes Werk der Eisenindustrie den Beginn der Industrialisierung und begründete die Entwicklung Duisburgs zur „Stadt Montan".

Vier Jahre später siedelten sich zwei weitere Werke der Metallerzeugung und -verarbeitung an. Wilhelm Grillo erbaute in Neumühl ein Zinkwalzwerk, das die Wasserkraft der Emscher als Energiequelle nutzte. In Hochfeld, an der Einfahrt vom Rhein in den Rheinkanal, begannen die Arbeiten an der Hütte ‚Vulkan'. Nach siebenjährigem Bau wurden 1855 ihre Öfen angeblasen – ein Jahr später als die am 20. Juli 1851 gegründete ‚Niederrheinische Hütte', die ca. 1,7km stromauf am Hochfelder Rheinufer lag; ein Jahr nach der am 16. September 1852 von belgischen und französischen Unternehmern gegründeten ‚Phoenix-Hütte', die sich an der Gemarkungsgrenze von Laar und Ruhrort, ca. 800m vom Rhein entfernt, mit eigener Ladestelle am Stromufer etabliert hatte; ein Jahr nach der Produktionsaufnahme in der Eisengießerei und Maschinenfabrik Tigler & Co. in Ruhrort und in der Eisengießerei E. Hülsmann in Neudorf. Die Hütte ‚Vulkan' erschmolz täglich ca. 28,5t Roheisen.

Nun setzte gerade ein Wettlauf um die Grundstücksparzellen am hochwasserfreien Hochfelder Rheinufer zwischen ‚Niederrheinischer Hütte' und Hütte ‚Vulkan' mit dem Ziel der Industrieansiedlung ein. Die Aggertaler Kupferbergbaugesellschaft etablierte eine Kupferhütte, das Stammwerk der späteren ‚Duisburger Kupferhütte'. Der Deutsch-Niederländische Aktienverein erbaute die ‚Johannishütte'. Asmus und Vygen begannen mit den Arbeiten an einer Fabrik feuerfester Steine als Zulieferbetrieb für die Hochofenindustrie. J. Fr. Bicheroux errichtete das Eisenwalzwerk Bicheroux, Marcotty & Co.

Auch nördlich der Ruhr wurden in diesem Jahr neue Fabrikationsstätten der Metallerzeugung und Metallverarbeitung errichtet. Tigler & Co. eröffneten in Laar eine Eisengießerei. Thiéry aîné und Michel Thiéry gründeten in Meiderich das Walzwerk Michel Thiéry & Cie. Ihnen folgten 1857 der Bergwerks-, Hütten- und Walzwerkerzeugnishandel C. Spaethmann GmbH in Duisburg und 1858 die Eisengießerei und Maschinenfabrik Ewald Hülsmann in Neudorf und Duissern, beiderseits der Mülheimer Straße.

Joh. Caspar Harkort errichtete 1860 neben der Hütte ‚Vulkan' am Hochfelder Rheinufer ein Werk für Eisenindustrie und Brückenbau. Der Umzug Harkorts aus dem märkischen Harkorten bei Hagen zum Rheinufer Hochfeld war für Duisburg eine äußerst wertvolle Bereicherung, da Harkort der verkehrserschließenden Eisenbahn die Brücken lieferte.

Mit dem Jahr 1865 begann eine neue Phase des Aufschwungs. Franz Bicheroux Söhne errichteten südlich des Bahnhofs Duisburg der ‚Köln-Mindener Bahn' ein zweites Walzwerk. August Thyssen und sein Geschäftsfreund Fossoul nützten zwei Jahre später gleichfalls den verkehrsgünstigen Standort. In unmittelbarer Nähe zu Franz Bicheroux Söhne wurde das Bandeisenwalzwerk Thyssen, Fossoul & Co. gegründet. Im gleichen Jahr eröffneten Felix Bischoff und Friedrich Schulten eine Gußstahlfabrik für Werkzeugstahl in Neudorf. Das Werk lag östlich der ‚Bergisch-Märkischen' und ‚Köln-Mindener' Bahnhöfe Duisburg und hatte direkten Anschluß an die Fernverkehrslinien.

Die „Société anonyme des aciéries Rhénanes à Meiderich", eine Gesellschaft aus vorwiegend belgisch-französischen Unternehmern, errichtete 1870 in Vohwinkel Stammwerk und Vorläufer der Rheinischen Stahlwerke, ein Bessemer-Stahlwerk mit Hammer-, Walz- und Tiegelguß-Stahlwerk zur Stahlfeder-Fabrikation. Meiderich, noch Landbürgermeisterei Ruhrort, holte in der Industrialisierung gegenüber der städtischen Siedlung Ruhrort auf. Ruhrorts Gemarkung erwies sich für weitere Industrieansiedlungen zu klein. Bestehende Fabrikationsstätten der Metallindustrie wanderten ab.

1871 verlegten J.H. Schmitz Söhne ihr Zulieferwerk für Berg- und Hüttenindustrie in das Ruhrort gegenüberliegende Homberg. Moritz Tigler & Co. schlossen 1872 die Maschinenfabrik und eröffneten sie in Meiderich neu, nahe dem Walzwerk Michel Thiéry & Cie.

1873 gründete Böninger die Duisburger AG für Gießerei. Sie errichtete im Dellviertel in unmittelbarer Nachbarschaft von Bicheroux Söhne und Cie. ein Werk zur Herstellung von gußeisernen Muffen für Gas- und Wasserleitungen. Auf dem Hochfeld etablierte der

Blick auf Ruhrort vom Turm der evangelischen Kirche. Ganz links die Fabrikstraße (ca. 1905)

Duisburger Aktienverein im gleichen Jahr beiderseits der Werthauser Straße die Duisburger Hütte.

Der Bergbau entwickelte sich zu Beginn der zweiten Hälfte des 19. Jahrhunderts in Duisburg. In den Jahren 1850 bis 1854 wurden in der Bürgermeisterei Duisburg siebzig Bohrversuche mit gutem Ergebnis durchgeführt. An den fündigen Stellen begann 1857 das Abteufen dreier Schächte: ,Neu-Duisburg' in Neudorf, südlich der Mülheimer Straße, ,Medio-Rhein', auf dem Hochfeld an der Werthauser Straße und ,Java' in Neuenkamp, nördlich der Essenberger Chaussee.

Auf ,Java' wurde man der wasserführenden alluvialen Rheinsande nicht Herr. Die Niederbringungsarbeiten gerieten ins Stocken und wurden 1858 aufgegeben. ,Neu-Duisburg' und ,Medio-Rhein' begannen 1859 mit der Förderung von Magerkohle. Mager war nicht nur die Kohlenart, sondern auch der Ertrag: „... böse Zungen behaupteten, die bei Tage aus dem Schacht geförderten Kohlen seien die gleichen, die man des Nachts heimlich hinuntergebracht habe", heißt es in einer Chronik. Ein Wassereinbruch im Jahre 1861 führte zur völligen Stillegung von ,Neu-Duisburg' bis 1865. Die Förderungsversuche auf ,Medio-Rhein' wurden 1862 als unrentabel und ungeeignet aufgegeben.

Auch nördlich der Ruhr fanden in diesen Jahren Kohlebohrungen statt. John Young und ein Konsortium anderer britischer Unternehmer gründeten 1853 die Ruhrort Mining Company und teuften 1855 Schacht ,Westende' in Mittelmeiderich in der Bürgermeisterei Ruhrort ab. 1858 war das Kohlegebirge erreicht. Die Arbeiten mußten jedoch wegen finanzieller Schwierigkeiten eingestellt werden. Die „Socété anonyme des Chabmonnages du Rhin" führte den restlichen Ausbau durch und nahm 1871 die Förderung auf. E. Mainzhausen – unterstützt durch eine deutsch-belgische Kapitalgesellschaft – begann 1857 mit den Abteufungsarbeiten der Zeche ,Rhein und Ruhr' an der Gemarkungsgrenze von Ruhrort und Meiderich. 1866 war das Kohlegebirge erreicht, die Qualität der Kohle war jedoch derart enttäuschend, daß weitere Arbeiten zunächst eingestellt wurden. Die „Société anonyme des Houllieres de Meiderich" übernahm 1868 den weiteren Ausbau und die Förderung auf ‚Rhein und Ruhr'. Sie betrug bei 300 Mann Belegschaft 350/400t pro Tag. Auf ‚Westende' förderten ca. 490 Bergleute in diesem Jahr täglich etwa 800t Steinkohle.

1850 wurden unter Leitung von Daniel Morian aus Neumühl und Franz Haniel aus Ruhrort nördlich der Emscher Kohlebohrungen vorgenommen. Diese führten 1867 zur Gründung der Gewerkschaft des Steinkohlebergwerkes Neumühl. Französische Industrielle bemühten sich in den folgenden Jahren um den Erwerb des Kohlefeldes. Der Deutsch-Französische Krieg 1870/71 brachte den Abbruch der Verhandlungen und ließ die Steinkohle in Neumühl vorerst „unverritzt". 1867 ließen Morian und Haniel in Hamborn weitere Kohlenfelder zur Gewerkschaft Hamborn konsolidieren. Sie wurde nach dem Deutsch-Französischen Krieg in ‚Gewerkschaft Deutscher Kaiser' umbenannt. Am 28. November d.J. erfolgte die Grundsteinlegung des Übertagebetriebes westlich der rechtsrheinischen Fernstraße Frankfurt/M.-Düsseldorf-Arnheim. Am 22. Januar 1873 begann das Abteufen des Schachtes. Die Niederbringungsarbeiten dauerten vier Jahre. Die Kohlenförderung nördlich der Emscher setzte 1876 ein.

Die chemische Industrie – schon vor Beginn der Industrialisierung in Duisburg ansässig – erweiterte sich nur zögernd. Julius Curtius gründete 1848 am Südufer des Rheinkanals eine Ultramarinfabrik. Vier Jahre später eröffnete Gustav Georg Stinnes in Ruhrort ein gleiches Werk zur Sodagewinnung. Carl Berenbruch begann 1855 mit der Produktion von Feinseife. Küderling erbaute 1859 an der Mülheimer Straße in Neudorf eine Berliner-Blau-Fabrik. Die bedeutendste der Werksgründungen war die Ultramarinfabrik von J. Curtius in Hochfeld. Mit durchschnittlich siebzig ständigen Arbeitern im Jahre 1857 zählte sie zu den größten Pottaschelieferanten des europäischen Kontinents – stand aber auch als solche noch im Schatten der dominanten Metallindustrie und des Bergbaus.

Die Textilindustrie erfuhr nach 1850 zunächst einen immensen Aufschwung; ihre Produktion ging dann aber bald merklich zurück. Zu den vorhandenen Betrieben traten in dieser Zeit neue hinzu. G. Goeters & Cie. errichteten 1845 eine Baumwollspinnerei. 1850 nahmen die Duisburger Buntweberei Kohlstedt & Crone (Bunt- und Webwaren für alle Bedürfnisse), Reinhard Schulte (Plüschweberei und Färberei) und Gebr. Stallmann (Seidengaze für Industriezwecke, z.B. des Mühlengewerbes) die Produktion auf. Fünf Jahre später eröffnete Rudolf Schönstedt & Cie. eine mechanische Weberei. Otto Böninger gründete 1866 eine Spinnerei, Weißweberei und Färberei, den letzten Textilindustriebetrieb der Gründerzeit. Die aufkommende Metallindustrie und der Bergbau ließen weitere Ansiedlungen von Textilindustrieanlagen nicht zu, sie brachten in dieser Zeit sogar erste Stillegungen. 1854 gab Gustav Goeters seine Baumwollspinnerei auf. Rudolf Schönstedts Baumwollweberei und Otto Böningers Spinnerei schlossen zwölf Jahre später – letztere schon kurz nach der Produktionsaufnahme.

Die bedeutende Stellung Duisburgs innerhalb der deutschen Tabakindustrie geht aus der Tatsache hervor, daß im Jahre 1831 ein Sechstel des gesamten Imports unbearbeiteter Tabakblätter in Preußen hier verarbeitet wurde. Bis zur Mitte des Jahrhunderts steigerte sich die Produktion noch weiter. Arnold Böninger – neben Carstanjen der größte Tabakfabrikant in Duisburg – dehnte seine Geschäftsbeziehungen auf die überseeischen Herkunftsgebiete des Tabaks in Nordamerika aus. Er richtete 1840 eine Einkaufszentrale in Baltimore ein. Zwischen 1848 und 1883 unterhielt er für den Transport vier Handelsschiffe – unter ihnen das größte preußische Handelsschiff jener Zeit, die „Stadt Duisburg".

Die Rheinischen Stahlwerke Meiderich wandten am 22. September 1879 erstmals in Deutschland das Thomas'sche Entphosphorierungsverfahren an und leiteten damit eine neue Epoche in der Eisengewinnung ein. Es ließ – im Unterschied zum bestehenden Bessemer-Verfahren – die Verhüttung der phosphorreichen Eisenerze aus den Minettelagern des seit 1871 annektierten Lothringen zu. Gefördert durch die Bismarck'schen Zolltarifgesetze verursachte es einen neuen Aufschwung in der Eisenindustrie und bestimmte den Verlauf der Industrialisierung in der Aufbauzeit.

Auf dem Duisburger Hochfeld wurde 1880 die Hütte ,Vulkan' – das zweitälteste Hüttenwerk in Duisburg, „auf dem der Zorn der Eisengötter zu ruhen scheint", wie die ,Rhein- und Ruhrzeitung' schrieb, – als ,AG Vulkan' mit 200 Werksangehörigen – neu gegründet. Die Duisburger ,Kupferhütte' – am 1. November 1876 von zwölf rheinischen und westfälischen Schwefelsäurefabrikanten ins Leben gerufen – nahm im Jahr darauf die Produktion von Kupferwalzplatten und Blöckchenkupfer auf. Scheidthauer und Giessing errichteten in Wanheimerort eine Fabrik feuerfester Schamotte- und Silikatsteine als Zulieferbetrieb für die Hüttenindustrie. 1888 etablierten sich am Hochfelder Rheinufer im Anschluß an die ,Niederrheinische Hütte' das Kupfer- und Messingwerk C. Heckmann AG und ca. 500m östlich die Firma Esch & Stein mit der Fabrikation von Hartzerkleinerungs- und Aufbereitungsanlagen. Die Maschinenfabrik Jaeger GmbH erbaute 1891 südöstlich des Marientors in Hochfeld eine Kranbaufirma.

Zwischen Ruhr und Emscher wurden keine Neuansiedlungen, sondern lediglich Ausbaumaßnahmen von bestehenden Werken der Eisenindustrie durchgeführt. ,Phoenix-Hütte' und ,Rheinische Stahlwerke' z. B. vergrößerten ihre Fertigungsanlagen derart, daß nach 1892 Flur und Wohnplatz der vorindustriellen Bauerschaft Vohwinkel in Untermeiderich restlos zum Standort der Eisenindustrie geworden waren. 1895 errichtete die Fa. Solvay auf dem Industriegelände der ,Phoenix-AG' eine Anlage zur Herstellung von Ammoniak und Benzol.

Mit der zunehmenden Verkehrsorientierung der Hütten verbesserte sich im letzten Viertel des 19. Jahrhunderts die Standortlage der Werke am Rhein entscheidend. Wichtiges Beispiel für die Attraktivität der Rheinschiene aus den 90er Jahren ist die Errichtung des Hochofen-, Thomas- und Schienenwalzwerks am linken Niederrhein durch Friedrich Krupp. 1897 ließ er auf freiem Feld am Rhein, im späteren Rheinhausen, anstelle der nur mit kleinen Anlagen ausgestatteten und nicht erweiterungsfähigen ,Johannis-Hütte' in Hochfeld, die ,Friedrich-Alfred-Hütte' erbauen.

Nördlich der Emscher hielt die Metallindustrie ihren Einzug. Grillo errichtete zwischen Hamborn und Marxloh, am Südufer des Beekbaches, 1880 eine Zinkhütte. Am 17. Dezember 1881 wurde die Produktion von Rohzink aufgenommen, dazu kam im nächsten Jahr die Gewinnung von Schwefelsäure. 1895 schloß Grillo seinen beiden Werken eine „Patent-Leim- und -Gelatine-Fabrik" an. In Neumühl etablierte sich 1889 westlich der ,Rheinisch-Westfälischen Kupferwerke' das Bleiwerk Morian & Co. Nach vierjähriger Bauzeit wurde die Fertigung von elektrischen Akkumulatoren aufgenommen. Beide Werke vereinigten sich 1895 zum Metallwerk Neumühl GmbH. August Thyssen legte 1891 den Grundstein zur ,Gewerkschaft Deutscher Kaiser' in Bruckhausen. Nach einjähriger Bauzeit war ein Siemens-Martin-Stahlwerk und ein Walzwerk fertiggestellt. Die volle Produktionsaufnahme erfolgte erst im Jahre 1895. Bis zu diesem Zeitpunkt entstanden zusätzlich ein Thomasstahlwerk mit Hochofenanlage und verschiedenen Walzstraßen.

Der südliche Erweiterungsraum wurde in dieser Zeit erstmals von der Eisenindustrie erschlossen. Albert Hahn errichtete 1888 an der Bahnlinie Düsseldorf-Duisburg, nord-

„Gewerkschaft Deutscher Kaiser" IV/VIII, Hamborn (1905)

westlich des Haltepunktes Großenbaum, ein Puddel- und Röhrenwalzwerk, in dem 1890 die Fabrikation von Stahl- und Eisenröhren aufgenommen wurde.

Der Bergbau verlagerte sich in der Ausbauzeit auf die nördlich der Ruhr gelegenen Duisburger Gebiete. 1889 legte die Meidericher Steinkohlebergwerke AG – seit 1880 alleiniger Eigentümer der Meidericher Schachtanlagen – die Zeche ‚Rhein und Ruhr' wegen Wassereinbruches still, am 28. Juni 1889 begann sie stattdessen mit dem Abteufen eines zweiten Schachtes auf der Zeche ‚Westende'.

Nördlich der Emscher wurde auf Schacht I der ‚Gewerkschaft Deutscher Kaiser' in Hamborn seit 1876 Kohle gefördert. Die Förderzahlen blieben gering, weil Fließsandschichten häufig zu Wassereinbrüchen führten. Umfangreiche Versuche, dem Treibsand Herr zu werden, führten 1888 zum Erfolg. Mittels des Gefrierverfahrens wurde von Thyssen ein neuer Schacht niedergebracht. 1889 begannen die Abteufungsarbeiten der ‚Gewerkschaft Deutscher Kaiser' Schacht III in Bruckhausen, wo im Januar 1895 die Förderung aufgenommen wurde. Gleichzeitig begann der Aufbau einer Kokerei in unmittelbarer Nachbarschaft von Schachtanlage III.

Haniel & Co. aus Ruhrort hatten 1890 die Morianschen Geschäftsanteile übernommen und führten seit 1893 die Niederbringungsarbeiten durch. Mit großen Schwierigkeiten hatte der Bergbau am linken Niederrhein zu kämpfen. Hier hatte der Unternehmer Franz Haniel ab 1851 erfolgreiche Bohrungen durchgeführt. Die Abteufungsarbeiten am Schacht ‚Rheinpreußen I' begannen 1857. Aber erst nach mehr als zwanzig Jahren, 1884, konnte dieser Schacht nach außerordentlichen Schwierigkeiten die Förderung voll aufnehmen, acht Jahre, nachdem der benachbarte Schacht ‚Rheinpreußen II' mit der Kohleförderung begonnen hatte.

Erst nach der Jahrhundertwende begannen die Zechen im Rheinhausener Gebiet ‚Diergardt' und ‚Wilhelmine Mevissen' mit der Produktion.

Zeche ‚Mevissen', Rheinhausen. Arbeit Untertage (nach 1900)

In der chemischen Industrie übernahmen Matthes & Weber 1879 das Solvayverfahren und errichteten auf dem Hochfeld, am südlichen Ufer des Duisburger Außenhafens, eine neue Betriebsstätte. Der ständig steigende Konkurrenzkampf in diesem Industriezweig führte 1889 zur Schließung zweier bedeutender Unternehmen aus der Gründerzeit: Küderling in Neudorf und Chemische Fabrik AG auf dem Hochfeld.

Ein bedeutendes Werk der Farbenindustrie hatte sich kurz vor der Jahrhundertwende in Homberg angesiedelt. Die Firma Sachtleben & Co. (heute Sachtleben Chemie GmbH), deren Homberger Zweigwerk 1892 errichtet wurde, stellte vor allem Lithopone, eine nicht nachdunkelnde Anstrichfarbe, und eine licht- und luftechte Unterfarbe her.

6. *Handwerk*

Der Wanderungsstrom, der Mitte des 19. Jahrhunderts nach Duisburg einsetzte, war fast ausschließlich der Industrie zugute gekommen. Das Duisburger Handwerk dagegen konnte mit der Geschwindigkeit, mit der der industrielle Ausbau erfolgte, nicht Schritt halten.

Der Handelskammerbericht bemerkte 1863, daß das Handwerk in Duisburg kaum dem auftretenden Bedürfnis genüge und daß sich die Stadt in ihrem inneren Bestande nicht ebenso günstig entwickelt habe, wie es nach außen durch ihre mächtigen industriellen Formen wirke. „Das höhere Handwerk und die Ladengeschäfte Duisburgs", hieß es dort, „entsprechen mit wenigen Ausnahmen ... kaum dem Lokalbedarf, während die umliegenden kleineren Orte, mit Ausnahme der nächsten Dörfer, sich meist anderswo versorgen." Ein Blick auf die Gewerbesteuerstatistik des Jahres 1865 läßt unschwer den

Mangel einer produktiven Vielseitigkeit des Duisburger Handwerks erkennen: Das Schwergewicht lag, wie auch bei anderen während der Industrialisierung rasch gewachsenen Städten, bei den Nahrungsmittelhandwerken, dem Bäcker- und Metzgerhandwerk vor allem, die in Duisburg allein 99 der insgesamt 255 Handwerksbetriebe ausmachten. Daneben behauptete sich ein leistungsfähiges Bauhandwerk. In einzelnen Betrieben war die Beschäftigung von sechs bis acht Gesellen schon während der 1850er Jahre nichts Ungewöhnliches. Die übrigen Handwerke folgten in weitem Abstand.

Die Zeit zwischen dem Deutsch-Französischen Krieg und der Jahrhundertwende zeigte im Duisburger Handwerk ein starkes, aber auch unterschiedliches Wachstum innerhalb der einzelnen Bereiche. In den vier Jahrzehnten von 1865 bis 1905 wuchsen die Duisburger Handwerksbetriebe von 255 auf 1.488, also um das Sechsfache, schneller als die Bevölkerung der Stadt, die in der gleichen Zeit um das Fünffache anstieg. Indessen blieb die Dichte der Handwerksbetriebe, bezogen auf die Einwohnerzahl der Stadt, mit 13,5 Betrieben auf 1.000 Einwohner 1865 noch immer relativ gering.

7. Handelskammer

Als eine der ersten preußischen Handelskammern wurde die Kammer Duisburg am 18. September 1831 errichtet. Sieben Jahre später erfolgte die Gründung der Handelskammer Wesel. Da sich der Geltungsbereich der Kammern zunächst nur auf die jeweiligen Stadtbezirke erstreckte, machte die zwischen den Städten Wesel und Duisburg ansässige Wirtschaft nachhaltig den Wunsch auf Errichtung einer auch für diesen Raum zuständigen Handelskammer geltend.

Das Fehlen einer eigenen Wirtschaftsvertretung wirkte sich insbesondere im Ruhrorter Raum vor allem in verkehrspolitischer Hinsicht nachhaltig aus: Einerseits zeigte sich im Schiffahrts- und Hafenwesen zwischen Ruhrort und Duisburg ein ausgeprägtes Konkurrenzverhältnis, andererseits waren die 1889 geänderten Bahnfrachten für Getreide, die den Getreidehandel in Ruhrort fast vollständig zum Erliegen brachten, ein weiterer Streitpunkt zwischen den beiden Städten. Ruhrorts Hafenverkehr war damit vor allem auf die Kohle- und Erztransporte angewiesen. Neben dem allgemeinen Interesse der Ruhrorter Kaufmannschaft an der Errichtung einer Handelskammer stand vor allem der Wunsch im Vordergrund, die wirtschafts- und handelspolitische Benachteiligung gegenüber dem Duisburger Nachbarn auszugleichen. In einer Denkschrift wies man 1896 auf die Vielseitigkeit des Handels und des Gewerbes in Ruhrort hin, die sich in Reedereien und Speditionsfirmen, bekannten Werken der Eisenindustrie, bedeutenden Bergwerken und chemischen Fabriken repräsentiere. Dennoch lehnte der Staat eine eigene wirtschaftliche Interessenvertretung für Ruhrort ab. Erst als sich die auf der gegenüberliegenden Rheinseite ansässigen Wirtschaftskreise, die sich im Hinblick auf die engen Beziehungen über den Rhein hinweg für den Anschluß an eine Handelskammer in Ruhrort aussprachen, den Ruhrorter Wünschen anschlossen, ließ sich der Plan realisieren. 1897/98 wurde die Handelskammer in Ruhrort gegründet. Ihr Zuständigkeitsbereich war der Kreis Ruhrort, die Bürgermeisterei Homberg, die Landbürgermeistereien Baerl und Hochemmerich sowie die Gemeinde Bliersheim. Nach dem Zusammenschluß von Duisburg, Meiderich und Ruhrort 1905 wurde Ruhrort Sitz der damit auch zwangsläufig fusionierten Handelskammer Duisburg-Ruhrort, die ihrerseits nun im Rahmen der Kammerorganisation „die gesamte niederrheinische Schiffahrt, alle niederrheinischen Eisen- und Stahlwerke, einen bedeutenden Teil des niederrheinischen Kohlebergbaus und alle im Zusam-

Schifferbörse und Kaiser-Wilhelm-Denkmal in Ruhrort. Um 1905

menhang mit der industriellen Entwicklung Rheinlands und Westfalens entstandenen Häfen" vertrat.

Ein Verdienst der Ruhrorter Handelskammer war die Errichtung der Schifferbörse, der einzigen ihrer Art in Deutschland. Ihre Notierungen waren um die Jahrhundertwende ein wesentliches Instrument zur geordneten Frachtenbildung und zur Transparenz des verfügbaren Frachtraumes. Sie bestätigte zugleich Ruhrort als wirtschaftliches Zentrum der Rheinschiffahrt.

8. *Konjunkturelle Schwankungen*

Durch den raschen Ausbau der Stahlindustrie besserte sich zunächst die wirtschaftliche Lage der Duisburger Bevölkerung, sie war allerdings mehr und mehr von den konjunkturellen Schwankungen der Industrie abhängig geworden. Durch den internationalen Warenaustausch wurden die heimischen Ernten als Gradmesser des Wohlstandes unbedeutender. Einer fieberhaft gesteigerten Produktion folgte eine erschütternde Wirtschaftskrise und ein mühsames Ringen um die Existenz. Die Rückwirkungen des amerikanischen Bürgerkrieges (1861–65) drohten die Hochofenanlagen am Rhein stillzulegen, und, wie es im Jahresbericht der Handelskammer hieß, zu „Ruinen der Neuzeit" werden zu lassen. Aus der Zunahme des Kartoffel- und der Abnahme des Brotverbrauchs ließen sich die Entbehrungen und Einschränkungen insbesondere der Arbeiterbevölkerung ablesen.

Die Kriege von 1864 gegen Dänemark und 1866 gegen Österreich ließen die Industrie in Deutschland stagnieren. Die konjunkturellen Tiefs und eine Rezession nach diesen Kriegen führten in den großen Duisburger Unternehmen, z. B. bei ‚Phoenix', zu Massenentlassungen. Ab 1869 setzte ein Aufschwung ein, der in den Jahren nach dem Deutsch-Französischen Krieg zu einer Hochkonjunktur führte, die bis zum Frühjahr 1873 anhielt. Die französische Kriegsentschädigung in Milliardenhöhe hatte ein „Gründungsfieber" ausgelöst, das schließlich zum Zusammenbruch von Handel und Industrie führte. Dem Segen des Wirtschaftswachstums nach dem Krieg 1870/71 folgte ohne Übergang die Krise. „Die Folgen der Überproduktion vergangener Jahre", hieß es im Kommentar der Handelskammer 1874, „der Druck eines allgemein verbreiteten Mißtrauens, die enorme Schädigung des Nationalwohlstandes durch die Entwertung aller durch Aktien repräsentierten Kapital-Anlagen, welche dem konsumierenden Publikum eine strenge Zurückhaltung gebot, wirkten zusammen und machten sich auf allen Gebieten des volkswirtschaftlichen Lebens fortdauernd in erhöhtem Maße fühlbar."

In Duisburg schlugen „Gründungswut" und Spekulationen in gewagte Unternehmungen in ein unbegrenztes Mißtrauen gegenüber „Handel und Wandel" um. Auch Mitte der 70er Jahre lasteten die Wirkungen der Gründerperiode immer noch „wie ein Alp" auf dem wirtschaftlichen Leben Duisburgs, hieß es im städtischen Verwaltungsbericht 1874. Ende November 1876 meldete der Duisburger Oberbürgermeister Friedrich Wilhelm Wegner eine „nicht unbedenkliche Arbeitslosigkeit", die ihn veranlaßte, an die private Wohltätigkeit der Duisburger Bürger zu appellieren. Die Stadtverwaltung sah sich genötigt, öffentliche Arbeitsplätze zu schaffen und im hauptsächlich betroffenen Stadtteil Hochfeld zwei Suppenanstalten einzurichten. Die Zukunftsaussichten insbesondere der Duisburger Arbeiterbevölkerung im Winter 1878 lassen sich anschaulich aus dem Bericht Wegners nachvollziehen: „Wurde doch zu jenem Zeitpunkt selbst von amtlicher Stelle aus, man möchte sagen mit einem gewissen Fatalismus, gänzliche oder wenigstens teilweise Schließung mehrerer industrieller Werke des hiesigen Bezirks und damit notwendig verbundene Massenentlassungen wahrscheinlich, wenn nicht unvermeidbar signalisiert, und selbst das bleiche Gespenst des Hungers mußte es sich gefallen lassen, heraufbeschworen zu werden."

Nach einer längeren Depressionsperiode stieg am Ende der 1880er Jahre erstmals wieder die Produktion von Kohle und Stahl. Der Grund für diesen Aufschwung lag vor allem in der technischen Entwicklung, wie sie etwa durch die wachsende Größe und die Nutzung der Produktionsmöglichkeiten „in einer Hitze" zum Ausdruck kamen, so daß Deutschland in diesem Jahr in der Stahl-Außenhandelsbilanz einen Exportüberschuß erzielte.

Zwei Jahre vor dem Ersten Weltkrieg waren die wirtschaftlichen Aussichten der Duisburger Industrie ausgesprochen positiv, wie aus dem Handelskammerbericht hervorgeht: „Auf dem Gebiet der Gütererzeugung ist das Deutsche Volk im Jahre 1912 tätig gewesen wie nie zuvor ... Die Hochkonjunktur des Jahres 1912 war eine Weltkonjunktur, alle Staaten, soweit sie nicht unter kriegerischen Verwicklungen zu leiden hatten, haben an dem Aufschwung teilgenommen ... Auch im Kammerbezirk hat sich das Wirtschaftsleben günstig entwickelt."

Während die rechtsrheinischen Duisburger Unternehmen durch die Gründerkrise hart getroffen wurden, berichtete der Homberger Bürgermeister für den linksrheinischen Raum, daß dort „ununterbrochen und schwunghaft" weitergearbeitet würde und sogar arbeitslos gewordene Arbeiter auf der Kohlegrube „Rheinpreußen" Beschäftigung finden könnten.

III Soziale Entwicklung und Wandel

1. *Bevölkerungsbewegung und berufliche Strukturen*

Wirtschaftlicher Aufschwung, Industrialisierung und rasche Bevölkerungsvermehrung schufen in Duisburg die soziale Frage, d. h. die Frage der Integration der Arbeiterschaft in die bestehende Gesellschaftsordnung. Die stürmische Entwicklung der Industrie und Schiffahrt hatte den Zuzug auswärtiger Arbeitskräfte zur Folge. Die bodenständigen Einwohner der Stadt waren, soweit sie nicht ihrem ererbten und erlernten Gewerbe treu blieben, in die Industrie gegangen. Überwiegend rekrutierten sich die industriellen Lohnarbeiter jedoch aus ehemaligen Handwerksmeistern, die ihre Selbständigkeit aufgeben mußten, aus Handwerksgesellen, in die Stadt abwandernden Kleinstlandwirten und nichterbenden Bauernsöhnen, aus ehemaligen Landarbeitern und Arbeitern der Hausindustrie. Der Zustrom der zumeist ländlichen Bevölkerung aus der rheinisch-westfälischen Umgebung sowie den entferntesten Gegenden Deutschlands, aber auch aus dem Ausland, hauptsächlich aus dem benachbarten Holland und Belgien und aus dem für damalige Verhältnisse fernen Italien und Polen, in das Ruhrrevier ließen Duisburg – und später auch Hamborn – zu einem städtischen Ballungszentrum werden. August Thyssen schickte sogar Werber – im Volksmund „Seelenverkäufer" genannt – nach Ostdeutschland, um Arbeitskräfte „auszuschellen". Welche Probleme das Zusammenarbeiten und -leben von Menschen verschiedener Herkunft mit sich brachte, beschrieb ein Bergmann so: „Wenn solche Menschenmengen in kurzer Zeit zusammenkommen, drängen sich auch alle jene nach diesen Stellen hin, die aus irgendeinem Grund untertauchen wollen, und Neumühl gab jedem Arbeit. So beschäftigte die Zeche mehr ehemalige Zuchthäusler als in einem großen Zuchthaus untergebracht sind. Der Schnapsausschank in der an der Zeche gelegenen Wirtschaft Ostrop betrug monatlich zirka 300hl. Neumühl war ,Wild-West'. Allmonatlich wurde mindestens ein Mensch totgeschlagen. Die Steiger hatten jeder einen Waffenschein und trugen Revolver bei sich."

Lediglich in den besten Konjunkturjahren, z. B. 1867 und 1872/73 und ab 1895, übertraf der Bevölkerungszuwachs aus Zuzug beträchtlich den Geburtenüberschuß. Die Zuwanderung fremder Arbeitskräfte bewirkte eine Verschiebung im Altersaufbau und in der Vertretung der Geschlechter. Bereits ab 1841 ist in Duisburg ein Männerüberschuß zu erkennen. Seit der Mitte des 19. Jahrhunderts, als die Zahl der Zuwanderer jährlich etwa 15% – 20% der gesamten Einwohnerzahl betrug, nahm diese Gruppe eine immer bedeutendere Stellung im sozialen Gefüge der Stadt ein; sie spielte eine wichtige Rolle im städtischen Leben.

Zwischen 1850 und 1900 stellte die Anzahl der Personen, die gerade umzog, entweder in die Stadt hinein oder aus der Stadt heraus, ein Fünftel bis zur Hälfte der gesamten Einwohnerschaft dar. Der gewaltige Umfang dieses Wanderstromes kann auch so verdeutlicht werden: Zwischen 1853, als Zu- und Abwanderungen erstmals statistisch erfaßt wurden, und 1904, kurz bevor sich die Stadt durch Zusammenschluß vergrößerte, stieg die Zahl der Einwohner von 12.880 auf 106.770 – ein Zuwachs von 93.890 Einwohnern. Während dieser Wachstumsphase wurden in den Stadtämtern 710.401 Zu- und Wegzüge gemeldet. Zu dieser hohen Zahl von Umzügen in die und aus der Stadt kam noch der Wohnungswechsel innerhalb der Stadt, an dem zwischen 15% bis 35% der Bürger betei-

Franz Wieber (1858 – 1933), Gewerkschaftler, Redakteur des „Echo vom Niederrhein", Gründer und Vorsitzender des „Christlichen Metallarbeiter-Verbandes"

ligt waren. Am Ende des 19. und Anfang des 20. Jahrhunderts betrug die Gesamtzahl der Umzüge, einschließlich der Wohnsitzwechsel innerhalb der Stadt, zwei Drittel der Gesamteinwohnerzahl und erreichte 1907 sogar 84%. Diese Zahlen zeigen, daß Duisburg im Laufe des 19. Jahrhunderts eine immer „beweglichere" Stadt wurde.

Die neu Zugezogenen hielt es aber offenbar nicht lange in der Stadt, denn die Prozentzahl der neuen Bürger, die sich in der Stadt ansiedelten, nahm zwischen 1875 und 1910 ständig ab. Mit Recht hat James H. Jackson Duisburg in diesem Zusammenhang eine „Stadt der Durchwanderer ohne feste soziale Grundlage" genannt. Besonders häufig wechselten ungelernte Arbeiter Arbeitsplatz und Wohnort. Da unter ihnen viele zugewanderte Arbeitskräfte gewesen sind, fehlte auch die Verwurzelung in einem örtlichen Bekanntenkreis. Für sie war allein die Lohnhöhe ausschlaggebend. Erst nach dem 40. Lebensjahr, wenn sie ihr Leistungsmaximum überschritten hatten, wurden die meisten Arbeiter seßhaft. Dann mußten sie froh sein, überhaupt noch einen halbwegs gut bezahlten Arbeitsplatz zu bekommen und zu behalten. Ein weiterer Grund für den häufigen Wohnungswechsel von Arbeiterfamilien lag in der Belastung des Budgets durch die hohe Miete, was für den größtenteils von der Hand in den Mund lebenden Arbeiter bedeutete, daß er bei jeder Minderung des Einkommens, sei es durch Kurzarbeit, Arbeitslosigkeit, Krankheit oder durch die Vergrößerung der Familie, Mietschulden machen mußte, die über kurz oder lang zur Zwangsräumung führten.

Trotz der allgemeinen Entwicklung zur größeren Mobilität der Bevölkerung gab es doch extreme Schwankungen der Bevölkerungsbewegung: 1856, als die großen Fabriken der Schwerindustrie gebaut wurden, 1873, zur Zeit der wirtschaftlichen Hochblüte und schließlich 1900 sowie 1906 zu Zeiten des wirtschaftlichen Wohlstandes vor dem Ersten Weltkrieg. Auch die Tiefpunkte der Wanderungswelle sind deutlich zu erkennen: Sie erscheinen 1860 im Jahre eines Konjunkturrückgangs und 1878, dem schlimmsten Jahr der weltweiten Depression. Das galt auch für 1894 und 1902, beides Jahre des wirtschaftlichen Stillstandes. Die Stärke der Wanderungen spiegelt also die Pendelbewegung der allgemeinen Wirtschaft wider.

Obwohl es notwendig war, fremde Arbeiter in die sich stetig entwickelnde Industrie zu ziehen, versuchten die Gemeindeverordneten bereits 1850 unter Vorsitz des späteren Bürgermeisters Gottfried Schlegtendahl, ein „Einzugsgeld" in Höhe von 20 Talern festzusetzen. Dieser Antrag wurde jedoch von der Regierung abgelehnt. „Von gesunden Leuten, wenn auch minderbemittelt, darf man in Preußen kein Eintrittsgeld fordern", lautete die amtliche Entscheidung.

Nicht zu übersehen ist aber auch die Auswanderung vieler Einwohner in wirtschaftlichen Krisenjahren nach Übersee. Diese Entwicklung machte sich beispielsweise die Firma Böninger zunutze, die zwischen 1848 und 1883 eine aus vier Schiffen bestehende Handelsflotte zur Einfuhr amerikanischer Rohtabake unterhielt. Zur gewinnbringenden Auslastung des Schiffsraumes nahmen die Schiffe für die Fahrt nach Amerika Auswanderer an Bord. Ein Gesuch des Ackerknechts Johann Daniels aus Werthausen, Gemeinde Emmerich, an das Bürgermeisteramt Homberg auf einen „Auswanderungs-Konsens" für sich und seine Mutter, zeigt die Gründe für diesen Schritt auf. In Amerika, hieß es in dem Gesuch vom 15. April 1864, sei es der Mutter, „welche schon seit längerer Zeit aus der freundlichen Armenpflege zu Emmerich ihren größten Lebensunterhalt geschöpft hat" möglich, sich selbst „mit Ehren" zu ernähren.

Daß aber nicht nur wirtschaftliche Not allein Menschen veranlaßte, Deutschland den Rücken zu kehren, zeigen die Beispiele zweier Duisburger Arbeiterführer, die während des Sozialistengesetzes emigrierten. Beide entzogen sich, wie viele andere Sozialdemokraten, 1878/79 den staatlichen Verfolgungen und Spitzeleien durch Auswanderung in die Vereinigten Staaten.

2. Situation der Familien

Das Familienleben in den Fabrikanten- und Kaufmannshäusern war nach strengem kaufmännischen Ordnungssinn ausgerichtet. Die Frauen der Unternehmer stammten meist ebenfalls aus großbürgerlichen Familien und waren bei der Erziehung der Kinder ganz auf die Vermittlung kaufmännisch-bürgerlicher Tugenden bedacht. Auf genaue Einhaltung der Hausordnung und Pflichterfüllung in der Schule wurde scharf geachtet. Beim Duisburger Tabak- und Zuckerfabrikanten Wilhelm Carstanjen durften z.B. die Kinder beim Essen in Gegenwart Erwachsener nicht ungefragt sprechen und sich nicht an die Stuhllehnen anlehnen, andernfalls sie ein Kissen mit Stecknadeln in den Rücken bekamen. Besonders geschätzt wurden Pünktlichkeit und genaue Zeiteinteilung. Als zwei Kinder einmal zu spät zum Essen kamen, ließ Carstanjen ihnen nur noch die Häute der Pfirsiche vorsetzen. Beim Dessert wurde ein Teller mit Geldstücken herumgereicht, und die Kinder durften daraus soviel Münzen nehmen, wie sie glaubten, durch ihr gutes Benehmen bei Tisch verdient zu haben.

In der proletarischen Familie stellten sich derartige Probleme nicht. Neben der Höhe des Arbeitseinkommens war die Kinderzahl für das Niveau der Lebenshaltung ausschlaggebend. In einer Untersuchung von 495 als repräsentativ ausgewählten Hamborner Haushalten kurz vor dem Ersten Weltkrieg, von denen in 281 Fällen der Vater Bergmann, in 165 Fällen Fabrikarbeiter – beschäftigt auf der Thyssen-Hütte oder auf der Zinkhütte Grillo –, die übrigen Platzarbeiter und Tagelöhner, selbständige Berufe, Beamte, Invaliden, Witwen, geschiedene Frauen waren, teilte Li Fischer-Eckert die Haushalte in vier Kategorien ein: 1. Familien, die normalerweise „ohne Luxus zwar, aber auch ohne Entbehrungen in einem behaglichen Heim ein auskömmliches Dasein" führten; 2. Familien, die nur „mit äußerster Kraftanstrengung der Frau, recht oft auf Kosten deren Gesundheit", die Wohnung, Kleidung und Nahrung der Familienmitglieder „in den Grenzen des Auskömmlichen" halten konnten; 3. Familien, in denen die Frau „zwar einmal den festen Willen zur guten Hausfrau" gehabt hatte, deren „Kraft aber den ungünstigen Lebensverhältnissen" unterlag; 4. Familien, deren Hauswesen „völliger Verwahrlosung anheimgefallen ist". Von den 446 Arbeiterhaushalten waren 86 (19,3%) dem ersten Typ zuzurechnen; 176 (39,5%) dem zweiten; 53 (11,9%) dem dritten und 131 (29,3%) dem vierten Typus. Das heißt, nur knapp jeder fünfte Haushalt konnte als „normal" bezeichnet werden, aber auch nur dann, wenn nicht mehr als zwei bis drei Kinder zu versorgen waren.

Alle als Beispiel für den Typ I geschilderten Haushalte waren unter relativ günstigen Bedingungen gegründet worden. Entweder wurde die Ehe ohne Schulden begonnen oder sogar von der Frau eine kleine Mitgift eingebracht. In einem Fall verbesserte sich die Situation durch Zuverdienst (die Frau schneiderte, der Mann kellnerte sonntags), in einem anderen waren schon erwachsene mitverdienende Söhne vorhanden.

Der Durchschnittshaushalt einer Familie der zweiten Gruppe wurde von der Frage „was zu essen und womit zu kleiden" bestimmt. Fischer-Eckert beschrieb die Lage der Frauen so: „... sie hetzt vom frühen Morgen bis zum späten Abend von der Waschbütte zum Kochherd, vom Garten an die Nähmaschine und in den Viehstall. Nur mit Aufwendung aller Kräfte halten sie in dem ewigen Kleinkrieg, der durch das Mißverhältnis von Einnahme und Ausgabe ihr Leben beherrscht, eine völlige Niederlage, ein Verkommen der Familie ab. Aber diesem Kleinkrieg fällt nicht nur häufig die körperliche Kraft zum Opfer, ... vielleicht noch schlimmer ist es, daß in diesem nimmermüden Plagen um die Befriedigung der äußeren Bedürfnisse der Familie, nach und nach jedes persönliche Leben der Mutter leiden muß...".

Dort, wo in diesen Verhältnissen die Gesundheit der Mutter, des Vaters oder der Kinder zerbrach, sank die Familie in die dritte Gruppe ab. Bei den 58 Familien, die Fischer-Eckert in diese Kategorie einstufte – außer den erwähnten noch vier Tagelöhner- und eine Bauernfamilie – stellte sie fest, daß in 33 Fällen „wirkliche anhaltende Krankheit" (meist Unterleibsleiden der Mutter, Lungenkrankheiten der Kinder oder des Vaters) die Ursache des „wirtschaftlichen Verfalls" war, daß weitere 21 Familien mindestens nicht „im vollen Besitz ihrer Gesundheit" waren, und daß nur bei vier Familien die Ursachen des Verfalls anderswo gesucht werden mußte. „Es ist naturgemäß", kommentierte Fischer-Eckert, „daß mit dem Sinken der körperlichen Energie die Vernachlässigung der Haushaltung Hand in Hand geht. Die Folge davon ist Unsauberkeit, überall schlechte Gerüche, die das körperliche Allgemeinbefinden der Familien ungünstig beeinflussen." Für den Zustand der Wohnungen folgte daraus: „Die Einrichtung der Wohnung ist auf die nötigsten Gebrauchsgegenstände beschränkt und diesen sieht man oft genug an, daß nur noch der Anstrich sie zusammenhält. Die Betten sind meistens gar nicht mehr überzogen, die Strohsäcke liegen in grauen, schmutzigen Packleinen auf den Matrazen und sehr oft bilden zusammengerollte Kleiderlappen die Kissen. An den Fenstern ersetzen bunte Papierstreifen die Gardinen, in der Küche fehlen sie meistens vollständig ...." Auf die Frage wo und wie sie ihr Alter verbringen möchten gab es nur die eine Antwort: „Wo wir satt zu essen haben."

In die vierte Gruppe entfielen 145 Familien (außer den aufgeführten noch 9 Familien von Tagelöhnern und 5 von Selbständigen). Hier zeigte sich, daß die hohe Kinderzahl Hauptgrund für die Verarmung war. Fischer-Eckert beschrieb eine Familie, die in zwei

Mansardenstuben eines Privathauses wohnte. „Ich traf", schrieb sie, „als ich gerade um die Mittagszeit einkehrte, die Mutter mit ihren vier Kindern auf der Erde sitzend, wie sie alle aus einem schwarzen Topf die soeben gekochten Quellkartoffeln als Mittagsmahl ohne irgend welche Beigabe verzehrten. Die Kinder waren im Alter von 14 Monaten, 2, 4 und 6 Jahren ... Auf meine Frage, weshalb denn nicht am Tisch gegessen würde, zeigte die Mutter lakonisch auf die kleinen Kinder, die am bequemsten auf der Erde untergebracht wären. Die Frau war 1908 aus Posen nach Hamborn gekommen, wo ihr Mann auf der Gewerkschaft Deutscher Kaiser als Fabrikarbeiter Platz fand. Die Leute sind ohne jedes Möbel von dort hergezogen und haben hier beim Althändler das gekauft, was nach ihren Ansichten für die Einrichtung eines Haushaltes genügt. Das ist ein Tisch, ein Kruzifix, ein Kochtopf, in dem Schlafzimmer steht ein breites Bett und ein mit Kleidern gefülltes Waschfaß. Das ist der Schlafbehälter für die beiden 2- und 4-jährigen Kinder. Genau so wie dem Haushalt, so fehlte auch den Kindern jede Pflege und Aufsicht. Darum sehen sie auch so traurig, verwahrlost und zurückgeblieben aus."

Von der Zahl der Kinder hing es somit ab, ob die Familie halbwegs normal, dürftig oder gar erbärmlich leben konnte. Daher kam den Bemühungen, die Kinderzahl zu steuern, in den Arbeiterfamilien lebenswichtige Bedeutung zu.

Den hohen Geburtenzahlen stand allerdings eine hohe Säuglingssterblichkeit gegenüber. Von 1906 bis 1910 starben in Hamborn von 1.000 Lebendgeborenen im ersten Lebensjahr durchschnittlich jährlich 188. Damit lag Hamborn an der Spitze aller rheinisch-westfälischen Städte mit mehr als 50.000 Einwohnern. Setzt man die Anzahl der im ersten Lebensjahr Gestorbenen in Beziehung zur Anzahl aller Gestorbener (die Totgeburten nicht mitgerechnet), so ergeben sich im Durchschnitt der Jahre 1900 bis 1913 in Hamborn jährlich 49,3 gestorbene Säuglinge pro 100 Gestorbene insgesamt. Das bedeutete: Jeder zweite Leichenzug durch die Straßen von Hamborn bewegte sich hinter dem Sarg eines Babys im ersten Lebensjahr.

Wenn erst so viele Kinder vorhanden waren, – es gab in Hamborn Familien mit 19 und 21 Kindern – daß die Frau nicht mehr mitarbeiten konnte, zogen endgültig Not und Elend in die Arbeiterfamilien ein. Der Zusammenhang von Kinderzahl, Mitverdienst der Frau und häuslichem Elend bzw. Zufriedenheit läßt sich durchgängig nachweisen. Finanzielle Sorgen und Probleme waren der häufigste Grund für Krisen innerhalb der Ehen. Es bedurfte noch nicht einmal extremer Umstände, wie Alkoholismus, um diesen Verfall herbeizuführen. Bei der Mehrzahl der Arbeiterfamilien ist er durch ihre materiellen Existenzbedingungen vorprogrammiert gewesen. Wenn die Männer das Geld ins Wirtshaus trugen, war die Situation doppelt schlimm. Aus der Perspektive der Frauen, die schließlich die Sorge für die Ernährung der Familien trugen, machte es dann auch keinen großen Unterschied, ob der Mann das dringend benötigte Geld vertrank oder es für Gewerkschafts- und Parteiarbeit ausgab.

3. *Frauen und Kinder*

Der gesellschaftlich untergeordneten Stellung der Frau entsprach ihre Überbelastung in der Familie. Sie war Mutter, Hausfrau, Ehefrau und Arbeiterin. Auf ihren Schultern lag die ganze Last. Wenn wegen ihrer Erwerbstätigkeit der Haushalt in Unordnung geriet, durfte sie nicht mit Hilfe, sondern nur mit Vorwürfen rechnen. Diese mehrfachen Belastungen, zu denen sich noch die vielen anstrengenden Schwangerschaften und Geburten gesellten, waren so stark, daß die Frauen außer der Arbeit nichts kannten. Viele kamen, nachdem mit der Geburt von Kindern Arbeit und materielle Sorgen überhand genommen hatten, kaum mehr aus dem Haus, wie Fischer-Eckert selbst von nicht berufstätigen Hamborner Arbeiterfrauen berichtet. Es fehlte ihnen vornehmlich an Zeit, aber auch an Kleidung. Es nimmt nicht wunder, daß die Arbeiterfrauen unter diesen Bedingungen vor der Zeit alterten. Andauernde Überanstrengung, nicht selten verbunden mit Unterernährung, sowie die ausschließliche Konzentration auf die Beschaffung des täglichen Lebensunterhalts ließen sie darüber hinaus psychisch verarmen. „Sie lesen nichts und fragen auch nichts", beschrieb Fischer-Eckert die Hamborner Arbeiterfrauen. „Außerhalb ihrer täglichen Sorgen ist keine Welt mehr für sie da." Das autoritäre Verhalten vieler Männer gegenüber Frauen und Kindern, das nicht selten körperliche Züchtigung einschloß, beruhte offensichtlich darauf, daß die Familie der einzige Ort war, an dem der Arbeiter Überlegenheitsgefühle entwickeln konnte. Nur hier, in dem Umgang mit den von ihm abhängigen Personen konnte er jenes Selbstbewußtsein entwickeln, das es ihm ermöglichte, die vielfältigen Demütigungen und Erniedrigungen im Arbeitsleben, in Politik und im Umgang mit „höheren" Gesellschaftsklassen und -schichten zu ertragen. Auch bei den klassenbewußten Arbeitern endete die fortschrittliche Haltung meist vor der eigenen Wohnungstür.

Heinrich Kautz, von 1912 bis 1914 Volksschullehrer in Hamborn, beschreibt den körperlichen Zustand der Hamborner Schuljugend folgendermaßen: „Unterernährung, ungenügende Reinlichkeit, vernachlässigte Krankheiten, verschleppte Hautkrankheiten, verkrüppelte Glieder – das alles sind Symptome, die sich jedem beobachtenden Auge sofort aufdrängen ... Die schulärztlichen Untersuchungen haben weiter festgestellt, daß ein überwiegender Prozentsatz der Proletarierkinder an Tuberkulose, Skrofulose (durch mangelhafte Ernährung hervorgerufen, vom Volksmund Kartoffelkrankheit genannt – d. Verf.), Verkrüppelungen, Erblindungen und Gehördefekten leidet. Ihre Ursachen sind neben Vererbung die Unterernährung und mangelhafte Pflege. Mit mangelhafter Pflege ist einerseits ... Teilnahmslosigkeit der Proletarierfrauen, zur Hauptsache aber die Unsauberkeit gemeint. Letztere ist wohl auch die Ursache der so oft auftretenden Infektionskrankheiten. Hamborn ... stellte darin 1913/14 den höchsten Prozentsatz unter den deutschen Städten. Es handelte sich vorwiegend um die sog. Krätze." In einer Klasse von Schulanfängern bot sich dem Lehrer folgendes Bild: „Da sitzen 70 oder mehr kleine Burschen. Ihre Gesichter sind nichts weniger als frisch. Schmale Wangen, tief umrandete Augen, überhohe Stirnen, verbildete Schädel, verwachsene Wirbelsäulen, spindeldürre Arme und Beine, Glotzaugen."

Zusammen mit den werkseigenen Koloniehäusern waren Kinderspielplätze errichtet worden. Die Anlagen waren schematisch und phantasielos; die Plätze eingezäunt, und ein hinter einem Schalter sitzender Aufseher, der abends den Platz auch abschloß, ließ nur Koloniekinder hinein – andere Kinder durften nur von außen zusehen. Zureichende Ausweichmöglichkeiten gab es für Kinder nur auf dem von der Industrie aufgekauften, aber noch nicht bebauten Gelände. Wegen der schwierigen Wohnverhältnisse und der starken Beanspruchung der Eltern wurden Aufenthalt und Spiel auf der Straße früh zu einem wichtigen Element in der Sozialisation des proletarischen Kindes. Die Straße, als ein Ort, der auch ein wichtiges Kommunikationszentrum für die Erwachsenen war, vermittelte den Kindern vielfältige soziale Erfahrungen. Sie gewöhnten sich schnell an frühe Selbständigkeit und fügten sich in gemeinschaftliche Lebensformen. Freundschaften wurden allerdings durch den häufigen Wohnungs- und Wohnortwechsel immer wieder zerrissen.

Obschon der Vater in der proletarischen Familie kaum unmittelbar in den Erziehungsprozeß einbezogen war, merkten die Kinder sehr schnell, daß er an der Spitze der Familie stand und sie selbst sich ganz unten befanden. So wie die Arbeiter dem Unternehmer Gehorsam, Respekt und Arbeitsleistung aufgrund ihrer materiellen Abhängigkeit entgegenbrachten, fanden sich die Kinder dem Vater gegenüber in der gleichen Situation. Auch in der Arbeiterfamilie wurden Untertanen erzogen. Ausdruck der strengen Abstufung war die Bevorzugung des Vaters bei den Mahlzeiten. Vielfach durften die Kinder beim Essen keinen Ton sagen. Prügel waren das übliche Mittel, den Anspruch auf Gehorsam durchzusetzen. Insgesamt war die proletarische Kindheit geprägt durch wenig Freiraum für ein unbeschwertes Heranwachsen und allmähliche Übernahme von Verantwortung für Familie und Haushalt.

Im Hamborner Gemeindeparlament verschanzte man sich auf höchst bequeme Weise vor den Fragen, die ein wirklich zentrales Phänomen hätte aufwerfen können – der Jugendkriminalität. Das im Jahr 1908 errichtete Hamborner Jugendgericht urteilte im ersten dreiviertel Jahr seiner Tätigkeit u.a. folgende Delikte ab: Diebstahl (49 Fälle), Betrug (5), Unterschlagung (3), Mundraub (2), Hehlerei (1), Urkundenfälschung (1), Körperverletzung (25), Sachbeschädigung (7), Hausfriedensbruch (1), Beleidigung (1), Widerstand (2), Bettelei und Landstreicherei (3). Hier wiederholte sich in verkleinertem Maßstab fast vollständig die Kriminalstatistik der Erwachsenen. Besonders erschreckend waren die Verwahrlosungsdelikte. Ein Hamborner Lehrer beklagte sich über seine Schüler: „Die haarsträubende Gesinnung der Eltern über Mein und Dein geht natürlich auf die Kinder über. Sie werden manchmal zu Diebereien aufgefordert und bekommen Strafe, wenn der Gaunerstreich nicht gelingt ... Mit Stehlen nimmt man's nicht so genau. Wiederschlagen, vergelten, sich rächen ist ziemlich selbstverständlich ... Polizist, Gendarm, Gerichtsvollzieher, Schule, Kirche· dies alles ist an sich dem Proletarier ein Greuel."

Ein besonderes Problem lag in der Beschäftigung Jugendlicher, Kinder und Frauen. Zwar war die Kinderarbeit in Preußen durch das Regulativ von März 1839 für Kinder unter 9 Jahren verboten, was die Fabrikanten jedoch nicht davon abhielt, weiterhin ältere Kinder und Jugendliche in ihren Betrieben zu beschäftigen. Die Duisburger Handelskammer vertrat noch 1853 die Ansicht, daß Kinder in „wohlbeaufsichtigten Fabriken" weit besser aufgehoben wären, als wenn man sie „dem schwer zu vermeidenden Mißbrauch ihrer Freiheit" preisgäbe. Dementsprechend trat die Duisburger Handelskammer dafür ein, das Ergänzungsgesetz aus dem Jahre 1853 dahingehend zu ändern, daß Knaben von zwölf Jahren und darüber bis zu zehn Stunden in den Fabriken beschäftigt werden dürften. Das Kinderschutzgesetz hatte die Arbeitszeit für Kinder von zwölf bis vierzehn auf sechs Stunden und drei Stunden Schulunterricht begrenzt.

Lotte Adolphs ermittelte in ihrer Untersuchung über die industrielle Kinderarbeit folgende Zahlen für Duisburg, die für sich sprechen: 1854 waren 1.800 Kinder unter vierzehn Jahren in Fabriken beschäftigt, 1.240 von diesen besuchten neben der Arbeit eine Schule. Nachdem sich die Zahl bis zur Reichsgründung 1871 auf 415 reduziert hatte, nahm die Kinderarbeit während der Gründerkrise zu: 1874 waren 698 Kinder industriell beschäftigt, 643 davon besuchten eine Schule. Die Zahl der in Fabriken beschäftigten Kinder und Jugendlichen nahm gegen Ende des 19. Jahrhunderts ab, ohne allerdings vollständig zu verschwinden. Ein Grund waren verbesserte Schutzbestimmungen für Kinder, die die Produktion erschwerten, sowie Maschinen, die von Kindern nicht mehr bedient werden konnten. Im Handelskammerbericht von 1878 hieß es über die ‚Niederrheinische Hütte': „Jugendliche Arbeiter unter 16 Jahren wurden, wie auch in früheren Jahren, nicht beschäftigt, um der aus der polizeilichen Aufsicht entstehenden Belästigung zu entgehen. Die Art der Arbeiten auf einem Hochofenwerke schließt übrigens auch die Beschäftigung solcher Arbeiter ganz aus." Die tägliche Arbeitszeit für einen erwachsenen Arbeiter betrug durchschnittlich zehn bis zwölf Stunden.

4. *Wohnen*

Zur Villa des Fabrikanten Wilhelm Carstanjen an der Düsseldorfer Landstraße gehörten um 1870 ein sechs Morgen großer parkähnlicher Garten, Orangerie und Gewächshäuser für Ananaskulturen, Fasanen- und Hühnerzucht, Pferdeställe und viele Kutschen. Die Diener trugen eine braune Livree; die Kinder durften das Empfangszimmer nur mit Glacéhandschuhen betreten.

Auf der anderen Seite herrschte in Duisburg große Wohnungsnot. Da viele Bauplätze in Händen von Spekulanten waren, die mit ihren übertriebenen Grundstückspreisen die Arbeiter vom Kauf ausschlossen, siedelten sie sich außerhalb der Stadt an oder bezogen vielfach eine Werkswohnung in einer Kolonie. Die verfehlte städtische Wohnungsbaupolitik, die die Bedürfnisse der Arbeiter ignorierte, veranlaßten den „Boten vom Niederrhein" zu folgender bitteren Bemerkung: „Nun, Licht und Luft wissen sich die Leute schon zu suchen; Zugang für Karossen haben sie nicht nötig. Wenn der Weg so breit ist, daß man allenfalls ein Bett hinein- und einen Sarg hinaustragen kann, so sind sie schon zufrieden."

Von Bürgermeister Keller ging die Idee aus, eine gemeinnützige Baugesellschaft zu gründen. Erst nach zähen Verhandlungen stieß er bei den Duisburger Unternehmern auf ein positives Echo, mit deren Unterstützung 1872 die „Gebag" ins Leben gerufen wurde. Die Notwendigkeit des Arbeiterwohnungsbaus wurde damals so begründet: „Welche Rückwirkungen ... die schlechte Beschaffenheit der Wohnung auf den sittlichen Zusammenhang der Familie hat, wie sie den Mann häufig ins Wirtshaus und dem Trunke zu-

Wohnhaus an der Düsseldorfer Straße

Wohnbaracke für Bergarbeiter an der Dorotheenstraße (1906)

führt, bei der Frau den Trieb zur Aufrechterhaltung häuslicher Ordnung, Sauberkeit und Sparsamkeit untergräbt, die Kinder der Verwahrlosung entgegentreibt, kurz eine Brutstätte wird der Verwilderung, Roheit und Liederlichkeit, ... wie sie oft Veranlassung zu geschlechtlichen Verirrungen gibt – dies weiß jeder, der Gelegenheit gehabt hat, in solch elenden Wohnungen zu verkehren."

In einem Wort an „seine" Angehörigen stellte Alfred Krupp 1877 heraus, daß er den „Mut" gehabt habe, für die Verbesserung der Lage der Arbeiter Wohnungen zu bauen. Dadurch habe er sich eine Schuldenlast aufgebürdet, die dadurch abgetragen werden müsse, daß jeder seine „Schuldigkeit ... in Friede und Eintracht und in Übereinstimmung mit (seinen) Vorschriften" leiste.

Obwohl Werkswohnungen erheblich billiger waren und durchweg gut instandgehalten wurden, waren viele Arbeiter bestrebt, in Privatwohnungen zu kommen, um der Uniformität und der totalen Abhängigkeit zu entgehen. „Wie die Häuser schon durch ihre äußerliche Übereinstimmung gleichsam als das uniformierte Symbol der ewig gleichmäßigen Beschäftigung seiner Bewohner wirken", schreibt Fischer-Eckert, „ebenso spielt sich auch das Leben seiner Insassen, gleichsam wie das in der Freiheit lebender Gefangener, genau nach dem Schema der Schichtuhr ab." Im vorgedruckten Mietvertrag der ‚Gewerkschaft Deutscher Kaiser' war in einer „Wohlfahrtsfessel" festgelegt, daß bei Kündigung der Arbeitsverhältnisse die Wohnung noch am selben Tage geräumt werden mußte; das gleiche galt für den Fall einer Beteiligung des Mieters an Arbeiterausständen.

Verschärft wurde die Wohnungssituation nach der Jahrhundertwende noch durch das Schlaf- und Kostgängerwesen. Ein Schlafgänger mietete kein Zimmer, sondern nur ein Bett. Damit konnte zwar die strapazierte Haushaltskasse aufgebessert werden, aber das enge Zusammenleben so vieler Menschen gefährdete manche Proletarierehe. 1907 lebten in Hamborn ca. 6.800 Kost- und Schlafgänger in 2.000 Haushalten; 1910 waren es 9.400 in 3.100 Haushalten.

Demgegenüber gab es seit Mitte der 1860er Jahre einen bemerkenswerten Anteil (13%) von Industriearbeitern mit Hauseigentum innerhalb ihrer gesellschaftlichen Gruppe, der sich allerdings bis 1910 auf 7% verringerte. In diesem Jahr befanden sich 5% der Duisburger Wohngebäude, vornehmlich in Hochfeld, wo sich die Fabrikanlagen am Rheinufer häuften, im Eigentum von Industriearbeitern.

Die Herkunft des Eigenkapitals zum Erwerb oder Bau eines Wohnhauses bei Arbeitern erklärt sich aus der Veräußerung agrarischen Immobilarbesitzes der vornehmlich aus der Landwirtschaft zuwandernden Industriearbeiter; bei den einheimischen Arbeitern resultierte es aus dem Verkauf ihrer in der „Feldmark" gelegenen väterlichen Höfe und Äcker an die investierenden Industrieunternehmen.

Der gesamte Hausbesitz der Industriearbeiter war, da Kommune und Staat kaum Unterstützung gewährten, allein auf Privatinitiativen angewiesen: einerseits auf Eigeninitiative der Arbeiter selbst, andererseits auf die gemeinnützige Initiative von Besitzbürgern. Als positives Beispiel ist die sozialethische Haltung der Geschwister Momm hervorzuheben, die mit ihrer Stiftung Darlehen zur Bildung von Hauseigentum in Arbeiterhand bereitstellten.

5. *Arbeitsverhältnisse*

Insgesamt leistete ein Industriearbeiter Schwer- und Schwerstarbeit; dazu kamen ungenügende Sicherungsmaßnahmen am Arbeitsplatz. Trotz des Einsatzes mechanischer Anlagen wie Bohr-, Schrämmaschinen und Schüttelrutschen auf den Thyssen-Zechen nach 1900, erforderte die Arbeit durchaus eine Qualifikation. Wie gefährlich die Arbeit war, belegt die Zahl der bei den Berufsgenossenschaften angezeigten Betriebsunfälle in Hamborn: Auf den beiden Hamborner Zechen verunglückten zwischen 1906 und 1910 von 100 Mann im Jahresdurchschnitt 27.

Insbesondere der Vorsitzende des christlichen Metallarbeiterverbandes Franz Wieber aus Duisburg war es, der den mangelhaften Arbeitsschutz in der gesundheitsschädlichen und schweren Industrie anprangerte. Er ermittelte und veröffentlichte statistische Erhebungen über Lohn, Arbeitszeit und hygienische Verhältnisse in den Duisburger Hüttenwerken. Über die Bedingungen am Arbeitsplatz am Hochofen des Kruppschen Werkes in Rheinhausen im Jahr 1909 schrieb Wieber: „Die *Ventilationsverhältnisse* werden teils als nicht besonders gute bezeichnet. Die ermittelten Arbeiter haben unter Hitze, Staub und Gas und, da sie meistens im Freien arbeiten, besonders auch unter den Witterungseinflüssen sehr zu leiden ... *Unfallgefahren* sind besonders die Erzfahrer ausgesetzt durch Quetschungen und Verheben. Es herrscht starker Belegschaftswechsel. Die Arbeiter verlassen das Werk bald wieder wegen der 24 Stundenschicht(!). Dies ist die Hauptursache der vielen Unfälle ... Vorschläge (zur Abhilfe) sind in ... Richtung Werksleitung auch schon gemacht worden, aber vergebens. Gegen die den Ofen entströmenden Gase sollen technische Abwehreinrichtungen nicht gut möglich sein. Hiergegen sei die Einführung der *achtstündigen Schicht* das einzige Mittel, um die körperlich aufreibende Arbeit zu mildern." Allgemein bezeichnete Wieber die Behandlung der Arbeiter durch die Vorgesetzten als sehr unwürdig. Die Arbeiterorganisationen wurden behindert, teilweise bestanden „Sperrmaßregeln" der Werke, die der Freizügigkeit der Arbeiter Schranken setzten. Bei den geringsten Widersetzlichkeiten war es dem Arbeitgeber möglich, Arbeiter zu ent-

„Kosthaus" („Menage") der Rheinischen Stahlwerke, Meiderich. Der um die Jahrhundertwende errichtete Bau diente als Ledigenheim mit Gemeinschaftsküche.

Speditionsbüro und Verladeplatz der Rheinischen Stahlwerke, Meiderich. (Zwischen 1874 und 1879)

lassen oder mit empfindlichen Strafen, zumeist Lohnkürzungen, zu belegen. Die Strafsysteme wurden insgesamt streng gehandhabt. „Nichtbeachtung der Wünsche und Beschwerden", schrieb Wieber, „und obendrein in zahlreichen Fällen Beschimpfungen und Verhöhnungen verschärfen die erbitterte Stimmung der Arbeiter." Für den Duisburger Industriebezirk bestand seit 1908 ein Geheimabkommen zwischen den einzelnen Werken, das sie verpflichtete, „abgekehrte" Arbeiter eines anderen Unternehmens während der ersten vier Monate nach der Abkehr nicht einzustellen, andernfalls eine Konventionalstrafe von 1.500 Mark zu zahlen sei.

6. *Die organisierte Arbeiterbewegung – Sozialdemokratie*

Nachdem Ferdinand Lassalle am 23. Mai 1863 in Leipzig den ‚Allgemeinen Deutschen Arbeiter-Verein' (ADAV) ins Leben gerufen und damit den Grundstein zur Sozialdemokratischen Partei gelegt hatte, begründete Caspar Bergrath am 1. Mai 1864 in Duisburg eine „Gemeinde" des ADAV, wie man eine örtliche Mitgliedschaft der lassalleanischen Bewegung damals nannte.

Innerhalb der sozialdemokratischen Bewegung in Duisburg finden sich vier verschiedene Charaktere von Arbeiterführern: Martin Adolph Arronge, als zünftlerisch orientierter Zigarrenarbeiter mit sozialer Komponente; der klassenbewußte Industriearbeiter Caspar Bergrath, der sich unter größten persönlichen Opfern voll und ganz der sozialdemokratischen Agitation verschrieb, und der Lohgerber Wilhelm Hasenclever, erster Duisburger Arbeiterrepräsentant im Reichstag, der den klassischen Sozialdemokraten verkörperte. Friedrich Albert Langes Einordnung in die Geschichte der Sozialdemokratie ist schwierig. Lange entwickelte sich vom Demokraten zum sozialen Demokraten. In

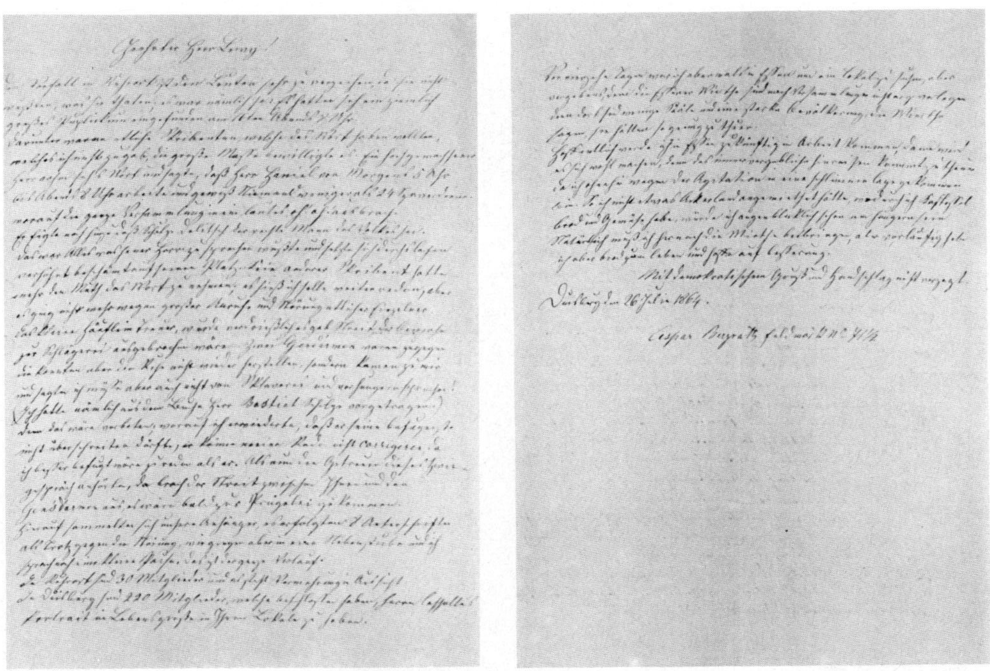

Caspar Bergrath an Gustav Lewy, 26. Juli 1864. Dieser Brief ist ein anschauliches Dokument des Arbeiterelends im 19. Jahrhundert

diesem Selbstverständnis schrieb er am 2. März 1865 an Friedrich Engels, er, Lange, und seine Freunde verträten den Standpunkt der ‚Social-Demokratie' reiner, als selbst die Lassalleaner.

In kurzer Zeit war es Bergrath gelungen, eine stabile Gemeinde auf die Beine zu stellen, die bereits nach drei Monaten 220 und bei Lassalles Tod 1864 339 Mitglieder zählte. Bergrath dehnte seine Agitationstätigkeit sehr schnell auf den gesamten Duisburger Raum aus. Durch seine Parteiarbeit kam er in größte private Schwierigkeiten. In einem Brief teilte er dem Parteikassierer mit, daß ihm wegen seiner politischen Einstellung die Arbeitsstelle gekündigt worden sei. Der Schluß des Bergrath-Briefes vom Juli 1864 ist ein Dokument des Arbeiterelends jener Zeit. „Hoffentlich werde ich in Essen zukünftig in Arbeit kommen", schrieb er, „denn das immer vergebliche Hinreisen kommt zu teuer, da ich ohnehin wegen der Agitation in eine schlimme Lage gekommen bin. So ich nicht etwas Ackerland angemietet hätte, wodurch ich Kartoffeln, Brot und Gemüse habe, würde ich augenblicklich schon am Hungern sein. Natürlich muß ich hernach die Miete beibringen, aber vorläufig habe ich Brot zum Leben und hoffe auf Besserung."

Durch das Sozialistengesetz von 1878 wurde die sozialdemokratische Partei in Duisburg für 12 Jahre ihrer Bewegungsfreiheit beraubt. Erst 1891 kam die Organisation – allerdings in sehr bescheidenem Maße – wieder in Schwung. Bis zur Jahrhundertwende hatte die Partei kaum über 100 Mitglieder und errang erst 1907 – 38 Jahre nach Hasenclevers Wahlerfolg in Duisburg, durch Clemens Hengsbach ein sozialdemokratisches Mandat.

Der Aufschwung der Arbeiterbewegung in Duisburg in den 1860er Jahren ist Friedrich Albert Lange zu verdanken, der in der langen Reihe oppositioneller Demokraten in

Arbeiter der Meidericher Holzhandelsfirma Heinrich Paßmann (1893)

Deutschland einen wichtigen Platz einnimmt und seit 1862 der Wortführer des radikaldemokratischen Flügels des Bürgertums am Niederrhein war. Langes politischer Standpunkt war der eines Mittlers zwischen bürgerlicher Demokratie und der entstehenden Arbeiterbewegung. In den Auseinandersetzungen der sozialliberalen Arbeitervereine und Genossenschaften, dem ‚Vereinstag deutscher Arbeitervereine', den Lassalleanern und der noch schwachen „Partei Marx" wahrte Lange eine eigene unabhängige Stellung, die darauf gerichtet war, zugunsten größerer Einheit im demokratischen Lager zu wirken. Die demokratische Grundhaltung und das ehrliche Engagement Langes für die sozialen Probleme und die Verbesserung der Lage der Arbeiter hat er grundlegend in seiner ‚Arbeiterfrage' behandelt. Langes praktisch-politische Tätigkeit fand vor allem in seiner Mitarbeit im Duisburger Arbeiter-Konsumverein ihren Niederschlag, der schon bald nach seiner Gründung im Januar 1863 einer der mitgliederstärksten und umsatzstärksten seiner Art in Deutschland war.

Interessant ist Langes Charakterisierung der Duisburger Arbeiter, mit der er im Januar 1866 für eine Ausschußsitzung der Arbeitervereine warb. „Wir haben in unserem Konsum-Vereins-Lokal ein treffliches, ganz ungestörtes Beratungszimmer", erklärte er, „... und wenn Sie abends in einer unserer Versammlungen erscheinen, werden Sie zwar sicher einen roheren Menschenschlag kennen lernen, als Sie ... gewohnt sind, aber ohne Unannehmlichkeiten befürchten zu müssen. Für unsere Lassalleaner kann ich mich verbürgen."

7. Gewerkschaften

Eine lebhafte Aufwärtsentwicklung nahmen auch die sozialdemokratischen Gewerkschaften, die sog. „Freien Gewerkschaften", die im Gegensatz zu den christlichen Gewerkschaften und den „Hirsch-Dunckerschen Gewerkvereinen", die eine Besserung der Lage der Arbeiter innerhalb der kapitalistischen Wirtschaftsordnung anstrebten, entstanden. Solche Gewerkschaften, wie die Vereinigung der Buchdrucker, gab es in Duisburg seit 1867. Doch erst nach dem Fall des Sozialistengesetzes setzten sich in Duisburg der Gewerkschaftsgedanke und einzelne Berufsverbände durch. Seit Beginn der Gewerkschaftsbewegung bestanden im Bergbau nebeneinander drei, ab 1902 sogar vier Gewerkschaften: der „Verband der Bergarbeiter Deutschlands", auch der „Alte Verband" genannt, eine der „Freien", d.h. sozialdemokratisch orientierte Gewerkschaft; der katholische „Gewerkverein christlicher Bergarbeiter Deutschlands" und der liberale Gewerkverein „Hirsch-Duncker". Die zahlreichen Polen hatten ihre eigene „Polnische Berufsvereinigung". Führend, allerdings durch den katholischen Konkurrenzverband in seiner Manövrierfähigkeit eingeengt, war der „Alte Verband". Auch wenn sie den politischen Generalstreik ablehnten, haben die Gewerkschaften in den Vorkriegsjahren eine Reihe hartumkämpfter Streiks durchgeführt – die wichtigsten im Ruhrgebiet waren die Bergarbeiterstreiks von 1869, 1872, 1889, 1905 und 1912. Obwohl nicht alle Streiks zum Erfolg führten, fanden die Arbeiter zu Kampfformen der modernen Industriegesellschaft und konnten in der Lohnfrage Zugeständnisse erzielen.

Für die Behörden sprach, wie im Hamborner Verwaltungsbericht von 1869/70 nachzulesen ist, aus Streik der „Geist der Auflehnung gegen alle Autorität". Wie die Bürgermeister von Homberg, Hochemmerich, Friemersheim, Baerl und anderer Gemeinden gegen Streiks vorzugehen gedachten, wird aus einer Geheimbesprechung deutlich. Die Polizeibeamten sollten mit Karabinern ausgerüstet und daran ausgebildet werden. Für die kleineren Gemeinden wurden je sechs Feuerwaffen in Aussicht genommen. Besonders viel versprach man sich vom Einsatz von Kriminalbeamten aus den Nachbarbezirken, die weniger leicht in ihrer amtlichen Eigenschaft zu erkennen seien.

8. *Die christlich-soziale Arbeiterbewegung*

Eine führende Rolle innerhalb der christlichen Gewerkschaftsbewegung in Deutschland spielte der Former Franz Wieber. In Duisburg war er seit 1887 gewerkschaftlich aktiv. Er hielt eine gemeinsame gewerkschaftliche Organisation von christlich und sozialdemokratisch orientierten Arbeitern nicht für möglich und trat für die Gründung einer Metallarbeiter-Gewerkschaft auf christlich-sozialer Basis ein. Die ‚Kolpingfamilie' war nach seiner Einschätzung nicht in der Lage, den speziellen Erfordernissen der Industriearbeiter gerecht zu werden; innerhalb der Betriebe war eine Gewerkschaft nötig, die, überregional organisiert, einen Arbeitskampf bis zur letzten Konsequenz durchstehen konnte. Im Sommer 1899 entwarf Wieber zusammen mit Heinrich Brauns (später Reichsarbeitsminister) und Johann Giesbert (später Reichspostminister) die Statuten des Christlichen Metallarbeiterverbandes. Die Gründungsversammlung vom 15. Oktober 1899 wählte Franz Wieber zum Vorsitzenden, ein Amt, das er bis zu seinem Tode 1933 innehatte.

Die christlichen Gewerkschaften, die sich als überkonfessionell verstanden, wandten sich in ihrer praktischen Arbeit ähnlichen Aufgaben zu wie die „Freien Gewerkschaften". Sie strebten Tarifverträge und Lohnerhöhungen an, schulten ihre Mitglieder, unterstützten Arbeitslose und bemühten sich um Arbeitsvermittlung, betrachteten aber auch den Streik als Mittel zur Durchsetzung der Arbeiterforderungen. In ihrer Bindung an die (vor allem) katholische Kirche grenzten sie sich von den „Freien Gewerkschaften" ab, so wie sie den Klassenkampf und eindeutige sozialistische Ideen ablehnten. In der Praxis arbeiteten die beiden Gewerkschaften allerdings häufig zusammen. Die christlich-soziale Bewegung, seit der Reichsgründung durch die Zentrumspartei politisch vertreten, erhielt durch das soziale Engagement des Mainzer Bischofs Emmanuel Ketteler und des Arbeiterpriesters Adolf Kolping im Ruhrrevier einen starken Zulauf. Die päpstliche Enzyklika Leos XIII. „Rerum novarum" führte im Duisburger Raum zu einer Reihe von Neugründungen katholischer Arbeitervereine. Zentrum dieser Bewegung war seit 1890 der Arbeiterverein der Pfarre St. Joseph im Dellviertel, wo sich die katholischen Arbeiter der Innenstadt sammelten.

Auch im evangelischen Lager organisierten sich Arbeiter, die ebenso religiös wie patriotisch ausgerichtet waren. Der evangelische Arbeiterverein in Meiderich beschrieb seine Ziele 1892 so: „... der Machtstellung und Herrlichkeit des deutschen Vaterlandes zum Schutz, den inneren und äußeren Feinden desselben zum Trutz, den Nächsten zur Wehr und Gott zur Ehr!".

9. *Krankenanstalten und Fürsorgewesen*

Bis zu Beginn des 19. Jahrhunderts erfolgte die Behandlung von Kranken im sog. Gasthaus-Hospital, dessen Krankenzimmer 1810 in Schulstuben umgebaut wurden. Die Krankenhausgeschichte in Duisburg begann im Jahre 1829 mit der Errichtung eines Gebäudes mit dem Namen „Freiburg".

Schon vor Fertigstellung des neuen Städtischen Krankenhauses im Jahre 1842, das den Namen „Nosocomium Gunteriano Carstanianum" (Günther-Carstanjensches-Krankenhaus) über seiner Eingangstür trug, verzichtete der Günthersche-Krankenhaus-Vor-

Hauptgeschäftsstelle des Christlichen Metallarbeiter-Verbandes am Stapeltor

stand am 11. März 1841 auf die Verwaltung des Güntherschen Krankenhauses, was seiner Auflösung gleichkam. Am 9. August 1841 verfügte die Königliche Regierung die Übernahme des Güntherschen Krankenhauses durch den Vorstand der Gasthaus-Stiftung, die nach Auflösung des Gasthaus-Hospitals sich nahezu ausschließlich der Unterstützung des Duisburger Schulwesens zugewandt hatte. Die Bauabnahme des neu erbauten Städtischen Krankenhauses erfolgte am 11. November 1842. Im Jahre 1843 wurden erste Kranke in das Krankenhaus aufgenommen. Der erste Jahresbericht erschien am 13. Januar 1845. Schon bald stellte sich jedoch heraus, daß das Städtische Krankenhaus den Anforderungen einer zeitgemäßen Krankenpflege nicht gewachsen war. So wurden z. B. als Kranken-Toiletten ausschließlich „transportable Nachttöpfe" verwendet. Weiterhin war es aus räumlichen Gründen nicht möglich, die Kranken-Insassen nach Geschlecht und Erkrankung ausreichend zu trennen. Diese Unzulänglichkeiten führten am 12. Februar 1856 zu dem Duisburger Gemeinderats-Beschluß, daß das Städtische Krankenhaus zukünftig nur noch weibliche Kranke aufnehmen sollte. Die männlichen Kranken wurden daraufhin in das Ende September 1857 eröffnete Diakonen-Krankenhaus verlegt. Die nicht abstellbaren Mißstände im Städtischen Krankenhaus führten schließlich am 1. April 1890 zu seiner Auflösung.

Das Diakonen-Krankenhaus hingegen entwickelte sich zu einer starken Stütze des Duisburger Krankenhauswesens. Im Jahre 1876 wurden zwei Zellen für Geisteskranke mit einem Leichenkeller an das neue Krankenhaus angebaut. Am 21. Juni 1892 legte man schließlich den Grundstein zu einer neuen Diakonenanstalt. Dieser Krankenhaus-Neubau mit 160 Krankenbetten, dessen Einweihung am 2. Februar 1894 begangen wurde, erfüllte die Ansprüche seiner Zeit. Nach Auflösung des Städtischen Krankenhauses (Günther-Carstanjensches Krankenhaus) im Jahre 1890 stützte sich das Krankenhauswesen Duisburgs ausschließlich auf das Diakonen-Krankenhaus und das am 13. Oktober 1861 mit 50 Betten fertiggestellte katholische St. Vincenz-Hospital. Letzteres konnte seine Bettenkapazität bis zum Jahre 1897 in etwa der des Diakonen-Krankenhauses angleichen.

Es ist festzuhalten, daß zu Ende des 19. Jahrhunderts die Duisburger Krankenhäuser der beiden großen Konfessionen das Städtische Krankenhaus abgelöst hatten. Diese Entwicklung wurde durch die Einweihung des Marienhospitals am 22. Mai 1893 und des evangelischen Bethesda-Krankenhauses am 15. Januar 1904 deutlich unterstrichen.

Allein ein im Jahre 1893 errichtetes hölzernes barackenartiges Epidemienhaus mit 30 Betten läßt sich als Beispiel städtischer Initiative auf dem Gebiet des Krankenhauswesens gegen Ende des 19. Jahrhunderts in Duisburg erwähnen, das sich besonders der Cholerakranken annahm, eine Krankheit, die im 19. Jahrhundert besonders in den feuchten Arbeiterhäusern gewütet hatte.

Eine besondere Erwähnung verdient die Stiftung der Familie Haniel für die öffentliche Fürsorge und Gesundheit in Ruhrort. Anläßlich seiner goldenen Hochzeit 1856 spendete Franz Haniel 5.000 Taler für den Bau eines Krankenhauses, das 1862 als „Haniel-Stift" eröffnet wurde. Bemerkenswert ist weiterhin, daß durch nachfolgende Spenden der Unternehmerfamilie auch Folgekosten für das Krankenhaus übernommen wurden.

Während im vorreformatorischen Mittelalter die Armen der Stadt auf die Mildtätigkeit der wohlhabenden Bürger angewiesen waren, und die Armenfürsorge Angelegenheit der Kirche und der kirchlichen Stiftung wurde, ging die Fürsorge für die Armen danach in die Zuständigkeit der städtischen Verwaltung über. Die städtische Armenverwaltung sollte Bedürftige finanziell unterstützen, aber auch die Ursachen der Verarmung ergründen und Maßnahmen durchführen, die einer Verarmung vorbeugen sollten. Die Einstellung der Stadtverwaltung zu der Armenfürsorge läßt sich aus einem Vortrag von Ernst Nieten heraushören, den er am 26. Februar 1885 vor dem ‚Deutschen Verein' in Duisburg hielt. „Schwer und drückend ruht die Sorge für unsere Armen auf den Schultern der Steuerzahler", meinte Nieten, „pflegt doch der Armenetat etwa 11% der Gesamtausgaben unseres Gemeinwesens für sich in Anspruch zu nehmen, und um so schwerer wiegt die Tatsache, als wir es hier mit einer absolut unproduktiven Ausgabe zu tun haben. – Und um so bedenklicher wird diese Ausgabe sein, je mehr durch sie die sittlichen Nachteile, die die Gewöhnung an ein dauerndes Almosenempfangen in sich birgt, gepflegt werden." Abgesehen von der zweifelhaften Bewertung des sozialen Problems ging der Sanitätsrat Nieten recht willkürlich mit den Prozentzahlen der städtischen Ausgaben für Armenzwecke um. Der Verwaltungsbericht weist für das Jahr 1885/86 eine Gesamtsumme von 163.857,06 Mark aus, das waren 7.7% des Gesamtetats. Dieser Prozentsatz entsprach ziemlich genau den Durchschnittsausgaben für Arme zwischen 1861 und 1903, der genau 7,46% betrug. Neben den städtischen Armenanstalten wurde im September 1873 ein Armenarbeitshaus am Grunewald eröffnet. Dieses Haus konnte 30 Pfleglinge unterbringen, die Fußmatten, Rohr- und Binsenstühle anzufertigen hatten. 1903 übernahm die Stadt ein weiteres Armenhaus am Kuhlenwall von der evangelischen Kirchengemeinde. Dieses Haus nahm schwächliche oder gebrechliche und alleinstehende weibliche Personen auf. Auch konnten Kinder bei Erkrankung oder Verbüßung von Freiheitsstrafen ihrer Eltern aufgenommen werden.

Hervorzuheben sind auch die sog. „milden Stiftungen", von denen es in Duisburg eine ganze Reihe gab. Sie alle hatten es sich zum Ziel gemacht, die Not der Armen zu lindern. Zu erwähnen ist die am 6. Juli 1889 von den Eheleuten Friedrich Curtius und Theodore, geb. Pilgrim, begründete ‚Curtius-Pilgrim-Stiftung', durch die der Stadt die Möglichkeit gegeben wurde, am 15. November 1898 im Hause Oberstraße 13 ein Altersheim einzurichten.

Vor allem Frauenvereine nahmen sich der Armen- und Krankenfürsorge an. Einer der ältesten Vereine war der evangelische Frauenverein, der 1832 von dem Theologen Johann Peter Lange gegründet wurde. Als Schulpfleger bekämpfte Lange die Mißstände der Kinderarbeit; in seinen sozial-religiösen Schriften, z.B. „Über den Pauperismus", setzte er sich mit den sozialen Problemen seiner Zeit auseinander. „Der Verein hat es sich zur Aufgabe gesetzt", hieß es 1858 in der „Rhein- und Ruhrzeitung" über die Ziele des Vereins, „arme Wöchnerinnen zu unterstützen, dürftigen Kranken stärkende Lebensmittel zu verabreichen und Mädchen aus den unteren Ständen zu kleiden und im Stricken und Nähen zu unterrichten."

Anfang des Jahres 1877 wurde ein Verein gegen Verarmung und Bettelei gegründet. Zweck dieses Vereins war es, Arbeitslosen lohnende Arbeit nachzuweisen und notleidenden Bürgern in den Fällen, in denen die Unterstützung durch die städtische Armenpflege nicht ausreichte oder ganz ausblieb, Hilfe zu gewähren. Der Verein verfügte 1877 über 600 Mitglieder und verausgabte in diesem Jahr für Barunterstützungen an Arme 3.713,10 Mark und für die Unterhaltung von zwei Suppenanstalten 5.692,57 Mark. In der Zeit vom 28. Dezember 1879 bis zum 9. März 1880 wurden von diesem Verein 17.815 Suppenportionen verteilt.

Ein weiterer Verein, dessen Ziel es war, die Not der Armen zu lindern, war der sogenannte ‚Pfennigverein', über den bereits 1858 berichtet wurde. Der ‚Pfennigverein' war ein Zusammenschluß evangelischer Jungfrauen, die wöchentlich 1 Pfennig Beitrag zu entrichten hatten. Vorsteher des Vereins war der evangelische Pastor. Neben der materiellen Hilfe, die der Verein den Armen zuteil werden ließ, unterhielt der Verein eine Sonntagsschule, in der abwechselnd eine der jungen Damen am Sonntagnachmittag interessierten Mädchen Unterricht in biblischer Geschichte erteilte.

10. Vereine zur Verbesserung der sozialen Lage

Die zweite Gruppe der Vereine, die um die Hebung der sozialen Lage bemüht war, waren Vereine, die Berufsstände zusammenschlossen und damit ihre Interessen fördern wollten. Die Amtsmeister, die den Vereinigungen vorstanden, hatten weitgehende Befugnisse. Meister konnten nur einheimische Bürger werden. Die Assoziationen versuchten, durch Zentraleinkäufe von Materialien, die Existenzfähigkeit kleiner Handwerker zu stärken. Sie waren vergleichbar mit unseren heutigen Einkaufsgenossenschaften. Der meisterwähnte genossenschaftliche Zusammenschluß war der der Schuhmacher, der im Jahre 1862 gegründet wurde. Er verstand sich als ein Verein zur Beschaffung von Rohstoffen, der aber auch an Nichtmitglieder verkaufte.

Um die Hebung der sozialen Lage der Schiffer bemühte sich eine Schiffer-Assoziation. Sie wurde 1869 unter dem Namen ‚Vater Rhein' als Frachtschiffer-Genossenschaft gegründet und wies bereits zum Ende des Gründungsjahres einen Mitgliederstand von 104 auf. Die Vereinigung beförderte bereits im Gründungsjahr 2.321.156 Zentner Frachtgut und hatte einen Kassenumschlag von über 200.000 Talern. Neben dieser Frachtschiffer-Genossenschaft bestand eine Schiffergilde, die von den Gebrüdern Nieten am 22. Juni 1844 gegründet worden war. Die Gebrüder Nieten hielten die Errichtung einer Schiffergilde für notwendig, da sie sich nach der Eröffnung des Rhein-Ruhr-Kanals einen beträchtlichen Aufschwung der Schiffahrt versprachen. Die Gilde faßte die Schiffseigentümer, -zimmerleute und Schiffer zusammen. Sie hatte sich zum Ziel gesetzt, in Krankheits- und Sterbefällen der Mitglieder unterstützend einzugreifen und bei den der Schiffahrt drohenden Gefahren rasche, geordnete und sachkundige Hilfe zu leisten.

Das durch die Industrialisierung bedingte Anwachsen besitzloser Schichten, die völlig von dem Entgelt, den sie für ihre Arbeit erhielten, abhängig waren, brachte soziale Probleme mit sich. In Krankheitsfällen fielen die Arbeitnehmer meist der Armenverwaltung anheim. Um eine zu starke Beanspruchung der Armenkassen zu vermeiden, war bereits für den Bereich der alten Gesamtgemeinde Duisburg auf Grund der Allgemeinen Gewerbeordnung vom 17. Januar 1845 und des Gesetzes vom 3. April 1854 durch Ortsstatut vom 14. Juli 1855 die Zugehörigkeit von Fabrikarbeitern und Handwerksgesellen zu Kassen festgelegt worden.

Das Verhältnis zwischen Unternehmer und Arbeiter im 19. Jahrhundert war durch eine strenge hierarchische Ordnung geprägt. Entsprechend den bürgerlich-liberalen Vorstellungen der Zeit fühlte sich der Fabrikherr als Patriarch für die soziale Lage seiner Arbeitnehmer moralisch verantwortlich. Böninger, Carstanjen und Haniel stehen stellvertretend für diese Haltung. Diese Einstellung führte relativ schnell zu einem gut entwickelten Kassenwesen in Duisburg. Allerdings waren die gewerblichen Unterstützungskassen nicht allein der Fürsorge der Unternehmer zu verdanken, sondern entsprangen vielmehr der Notwendigkeit, die städtische Armenkasse zu entlasten. Neben den Zwangskassen hatte es schon vorher private Unterstützungs-, Kranken- und Sterbekasse, sog. „Laden" gegeben, die in erster Linie auf Initiative der Fabrikherren zurückgingen. Durch dieses verhältnismäßig gut ausgeprägte soziale Netz waren Mitte der 1850er Jahre zahlreiche Duisburger Arbeiter und Handwerker geschützt.

In den ländlichen Gemeinden Homberg, Essenberg, Hochheide, Hoch-Emmerich und Baerl bestanden seit dem frühen 19. Jahrhundert auf Gegenseitigkeit gegründete Viehversicherungs-Vereine, sog. „Kuhladen". Diese Einrichtung erhob keine laufenden Prämien, sondern machte eine Umlage, so oft eine Entschädigung für ein verendetes Stück Vieh gezahlt werden mußte.

Konsumanstalt der Zeche Neumühl (1924)

Neben den Anstalten, die der Armenfürsorge dienten, ging die Verwaltung der Stadt Duisburg schon früh dazu über, ‚Suppenanstalten' zu errichten. Die Forderung nach ‚Suppenanstalten' trat bereits 1855 auf. Die Entschließung über den Kreis der Personen, denen diese Vergünstigung zuteil werden sollte, blieb der städtischen Armenfürsorge vorbehalten. Man hoffte, auf diese Weise auch den sich der Armut schämenden unbemittelten Leute helfen zu können.

Wenn auch durch die Einführung der Unterstützungskassen eine Einrichtung geschaffen wurde, die der Verarmung entgegenwirkte, so war doch noch ein sehr großer Personenkreis übrig, der nicht geschützt war. Die Hilfe der Unterstützungskassen beschränkte sich nämlich nur auf vorübergehend Kranke. Hinzu kam, daß chronisch Kranke und körperlich Behinderte gar nicht erst in die Kassen aufgenommen wurden. Als erste Ursache der Verarmung darf daher Siechtum und Verkrüppelung gelten. Als weitere Ursache sind Tod des Ernährers oder seine Erwerbsunfähigkeit infolge Alters anzusehen.

Bei einer Erhebung, die in den 1880er Jahren durchgeführt wurde, ergab sich, daß bei 359 Verarmten folgende Ursachen zur Verarmung geführt hatten:

Hohes Alter (66 Männer über 70 Jahre), (28 Frauen über 65 Jahre)	94 = 26,2%
Chron. Siechtum und Verkrüppelung	52 = 14,5%
Tod des Ernährers	164 = 45,6%
Geisteskrankheit	7 = 1,9%
Unfälle	11 = 3,1%
Strafverhältnisse	11 = 3,1%
Eheverlassenheit	20 = 5,6%

Die Armen kamen vor allem aus folgenden Bevölkerungsschichten:

Tagelöhner	122 = 34,0%
Fabrikarbeiter	97 = 27,0%
Handwerker	85 = 24,0%

IV Kulturelle Entwicklung und Verhältnisse

1. Schulen

Die „Rhein- und Ruhrzeitung" vertrat 1855 den Standpunkt, daß die Einrichtung von täglichen Nachmittagsschulen überflüssig sei. Ein Kind von zwölf Jahren, das nach dem Gesetz bereits sechs Jahre die Schule besucht habe, müsse über ausreichende Kenntnisse verfügen und bedürfe nur eines Nachhilfeunterrichtes, um bis zu 14 Jahren „in diesem Wissen kulant erhalten zu werden". Dazu seien zwei Tage in der Woche völlig genügend.

Die Situation des damaligen Schulwesens war vor allem gekennzeichnet durch eine hohe Schüler-Lehrer-Relation: 1849 entfielen im Kreis Duisburg bei den Katholiken auf einen Lehrer 123 Schüler, bei den Protestanten 93 Schüler und bei den Juden 35 – das entsprach einem Durchschnitt von 103 Schülern auf einen Lehrer. Berücksichtigt man, daß die Lehrer in sehr ärmlichen Verhältnissen lebten und daß sie auf den Freitisch bei den Eltern ihrer Schüler angewiesen waren, so ist verständlich, daß sich nur wenige bereit fanden, den Lehrerberuf zu ergreifen. Im Jahre 1864 war in den evangelischen Schulen mit durchschnittlich 100 Kindern je Klasse die Frequenz gleich geblieben. Bei den katholischen Schulen war das Verhältnis noch ungünstiger. Die Durchschnittszahl der Schüler pro Klasse betrug dort 149 Kinder. Es bestanden im Jahre 1863 in Duisburg-Stadt 13 evangelische Klassen mit 1.300 Schülern und 7 katholische Klassen mit 1.046 Schülern, in Duisburg-Land, also in Wanheim-Angerhausen, 5 evangelische Klassen und 2 katholische Klassen. An Lehrpersonal gab es auf evangelischer Seite 18 Lehrer, während auf katholischer Seite 5 Lehrer und 4 Lehrerinnen zur Verfügung standen. Die damalige jüdische Schule bestand lediglich aus einer Klasse mit 29 Schülern, die von einem Lehrer unterrichtet wurden. Bis 1871 hatte sich die Zahl der evangelischen Klassen auf 23 mit 2.013 Schülern, die der katholischen Klassen auf 17 mit 1.905 Schülern erhöht. Ebenso war die Zahl der Lehrpersonen angestiegen. So standen auf evangelischer Seite 21 Lehrer und 2 Lehrerinnen zur Verfügung, während auf katholischer Seite der Unterricht von 8 Lehrern und 9 Lehrerinnen erteilt wurde.

Während bis 1873 die Volksschulen Angelegenheit der kirchlichen Gemeinden waren, fielen sie ab Ostern 1873 in den Zuständigkeitsbereich der städtischen Verwaltung. Inzwischen hatte sich die Einstellung gegenüber dem Erziehungswesen geändert. Die Schule war nach Ansicht der Duisburger Handelskammer 1873 „vorzugsweise berufen", neben Kirche und Familie der Lockerung der Sitten und der zunehmenden Rohheit entgegenzutreten und den „Sinn für Ordnung und Zucht im Volke" zu wecken. „Die Opfer, welche alle diese Anstalten der Stadt auferlegen, sind sehr bedeutend; aber sie werden willig gebracht in der in allen Kreisen der Bürgerschaft verbreiteten Erkenntnis, daß das äußere und innere Glück des Einzelnen ... sich aufbaut auf dem bewährten Fundament einer sorgfältigen Erziehung und eines guten Unterrichts."

Es bestand eine echte Notwendigkeit, daß sich die Stadt der Schulen der katholischen Gemeinde annahm. Wurde doch in der Zeitung berichtet, daß in einem Schulhaus, das 4 Räume hatte, 600 Kinder unterrichtet wurden. Man sah sich sogar gezwungen, die Lehrerwohnungen zu Klassenzimmern umzubauen.

Aus der ältesten Lateinschule am Niederrhein entwickelte sich das angesehenste humanistische Gymnasium im Duisburger Raum, das in Dietrich Wilhelm Landfermann, Jakob Hülsmann, Wilhelm Köhnen und Friedrich Albert Lange hervorragende Lehrkräfte besaß.

Von den wohlhabenden Kaufleuten wurde die Zweckmäßigkeit einer altsprachlichen Schulausbildung für ihre Söhne, die zum „Kaufmannsstand bestimmt" waren und nicht die Universität besuchen sollten, angezweifelt. Auf ihr Drängen hin wurden Englisch und Französisch gelehrt, und der industriellen Entwicklung Duisburg entsprechend, technische und naturwissenschaftliche Fächer in das Lehrangebot der „realen" Oberschule, die 1831 eröffnet worden war, aufgenommen. Quintin Steinbart, von 1875 bis 1912 Direktor des Realgymnasiums, war sein bekanntester Pädagoge.

Eine städtische höhere Töchterschule wurde im Jahre 1884 gegründet. Im Jahre 1865 war von der katholischen Gemeinde bereits eine höhere Töchterschule eingerichtet worden, die unter der Leitung der Schwestern vom heiligen Kreuz stand, jedoch im Jahre 1875, in der Zeit des Kulturkampfes, geschlossen wurde.

Da die Handwerker und sonstigen Gewerbetreibenden für ihre Söhne eine über das Maß einer Elementarschulausbildung hinausgehende Ausbildung anstrebten, wurde 1869 eine Knabenmittelschule eröffnet. Sie war die erste im preußischen Westen. Die Begründung, die im Verwaltungsbericht für die Errichtung der Mittelschule gegeben wurde, lautete: „Diese Eltern (der Handwerker – d. Verf.) ließen ihre Söhne einige Klassen der Realschule oder des Gymnasiums besuchen bis Quarta oder Tertia. Diese Kinder erhalten bei dem, auf das Ganze berechneten Lehrsystems der höheren Lehranstalten eine Stück-Bildung, welche größtenteils für ihr späteres Leben unnütz ist, während in derselben Zeit sie in andern, für sie geeigneten Unterrichtsstoffen hätten weiter gefördert werden können. Es schien daher zwischen den Elementarschulen und höheren Unterrichtsanstalten eine Lücke zu sein." Die Schule war konfessionell paritätisch ebenso wie das Gymnasium und die Realschule. 1871 wurde sie von 62 Schülern, die auf drei Klassen aufgeteilt waren, besucht. Bis zum Jahre 1880 war die Schülerzahl bereits auf 148 angestiegen. Die konfessionsmäßige Zusammensetzung war so, daß 50% evangelisch und 50% katholisch waren.

Um eine geistige und gewerbliche Förderung der Arbeiter und Handwerker zu ermöglichen, war 1832 von der Freimaurerloge ‚Zur Deutschen Burg' eine gewerbliche Sonntagsschule gestiftet worden. Diese Schule wurde später von der Stadt finanziert. Die Schüler mußten wenigstens 14½ Jahre alt sein. Das Lehrprogramm umfaßte Rechnen, Lesen, Schreiben sowie die Aufstellung von schriftlichen Anträgen und Kaufverträgen. 1855 besuchten ca. 114 Jugendliche die Schule. Im Oktober 1860 wurde die Sonntagsschule unter dem Schulleiter Friedrich Albert Lange in eine Handwerker-Fortbildungsschule mit drei aufeinanderfolgenden Klassen umgewandelt. Das Interesse der Bevölkerung an der Schule war groß. Im Herbst 1866 besuchten 236 Schüler die Schule. 44% der Schüler gehörten der gewerblichen Gruppe der Metallbearbeitung (Schlosser, Schmiede, Klempner etc.), 26% der Gruppe der Holzverarbeitung (Schreiner, Drechsler, Stellmacher etc.) an, und 30% der Schüler verteilten sich auf verschiedene Berufe.

Obwohl die Stadt aufgrund der Gewerbeordnung des Norddeutschen Bundes von 1869 die Möglichkeit hatte, die Jugendlichen zum Besuch der Fortbildungsanstalt zu verpflichten, hielt sie doch an dem Prinzip der Freiwilligkeit fest. Erst im Jahre 1899 wurde ein Ortsstatus erlassen, wonach alle männlichen Jugendlichen in einem Ausbildungsverhältnis verpflichtet wurden, die Fortbildungsschule bis zur Vollendung des 17. Lebensjahres zu besuchen.

Mit der Schule war seit 1870 eine Volksbibliothek verbunden, die ihren Buchbestand von anfangs 150 bis zur Jahrhundertwende auf über 4.000 Bände steigern konnte.

1867 wurde eine Mädchenfortbildungsschule eingerichtet, in der die Mädchen praktisch und sittlich gefördert werden sollten. Man wollte sie in die Lage setzen, später womöglich einen kleinen Geschäftsbetrieb zu führen oder ihren Beruf als Hausfrauen und Mütter erfüllen zu können. Im Verwaltungsbericht 1869 heißt es: „Jeder, der sich einmal mit der Armenpflege beschäftigt hat, wird bestätigen, daß ein großer Teil sozialen Elends auf die mangelhafte Erziehung der Frauen und auf dadurch herbeigeführte Zerrüttung des Familienlebens zurückzuführen ist." Die 1867 begründete Mädchenfortbildungsschule wurde 1869 aufgelöst und als ‚Fortbildungsschule für Fabrikarbeiterinnen' Ende 1883 wieder neu eröffnet.

Als „Stiftung der Neuzeit zur Erleichterung der arbeitenden Klassen" wurde die Ende der 1830er Jahre von dem ‚Verein für eine Kleinkinderschule' gegründete evangelische Kleinkinderschule bezeichnet. Die „Vereinigte Ruhr- und Duisburger Zeitung" begrüßte 1851 diese Einrichtung, da sie einerseits „das aufkeimende Geschlecht vor Verwahrlosung bewahre und andererseits den arbeitenden Eltern Erleichterung gewähre. Gleichzeitig würden die Kleinen an Gehorsam, Ordnung und Reinlichkeit gewöhnt."

Zu Beginn des 20. Jahrhunderts unterhielt die Bürgermeisterei Homberg 35 Volksschulklassen. Bis 1910 war die Zahl auf 88 Klassen gestiegen. Dazu kamen neue Schularten und zwar eine gewerbliche und eine kaufmännische Fortbildungsschule, eine Bergvorschule, eine Schule für schwachbegabte Kinder, eine Haushaltungsschule, eine Realschule und eine gehobene Mädchenschule, die später in eine höhere Töchterschule umgewandelt wurde.

Seit 1826 bestand in dem ehemaligen Universitätsgebäude an der Universitätsstraße und später am Alten Markt eine eigene einklassige Elementarschule der jüdischen Gemeinde. Als erster jüdischer Lehrer in Duisburg verpflichtete sich 1828 Hermann Silberstein, die ansässigen jüdischen Kinder zu unterrichten. Da er aufgrund seiner jüdischen Herkunft gehindert war, auch christliche Kinder zu unterrichten, versuchte Silberstein durch einen Antrag auf Einrichtung einer Privatschule, sich über das Verbot, christliche und jüdische Kinder zusammen zu unterrichten, hinwegzusetzen. Der evangelische Schulpfleger Johann Peter Lange wandte sich im Juni 1836 mit einer Beschwerde an den Duisburger Bürgermeister Anton Davidis, dieser möge dafür sorgen, daß die Schulen gegen diese „ungesetzliche Konkurrenz" geschützt werden. Erst als man Silberstein androhte, seine „Entfernung ins Ausland" zu beantragen, gab er nach.

Im September 1873 wurde die Elementarschule der jüdischen Gemeinde in Duisburg zur öffentlichen Schule auf der Basis einer einklassigen Schule mit Schulvorstand, Lokal- und Kreisinspektion. 1874 unterrichtete der Lehrer Raphael Lazarus 53 jüdische Kinder. 1875 wurden die Schulsocietäten in Duisburg aufgelöst. Im gleichen Jahr besuchte der preußische Kultusminister Albert Falk Duisburg, um für die Errichtung von Gemeinschaftsschulen für verschiedene Konfessionen zu werben. Bei den jüdischen Gemeindevertretern fand diese Idee lebhafte Zustimmung, denn sie sahen darin eine Möglichkeit zur Förderung der Emanzipation der Juden und ihrer Integration in das allgemeine Kulturleben und verzichteten auf die Weiterführung einer eigenen jüdischen Volksschule, obwohl es in Duisburg schließlich doch bei der Aufteilung in konfessionelle evangelische und katholische Volksschulen blieb.

Gemäß einem Abkommen zwischen der Stadtverwaltung und der Synagogengemeinde übernahm die Stadt die Schullasten für die jüdischen Kinder, die ab 1876 die allgemeinen Volksschulen besuchten. Für die Erteilung des jüdischen Religionsunterrichtes sollte von der Stadt Duisburg ein jüdischer Volksschullehrer angestellt werden, dem gleichzeitig eine Klassenlehrerstelle an der evangelischen Volksschule an der Beguinengasse übertragen werden sollte. Auf dieser Grundlage wurde Lazarus von der Stadt übernommen und blieb bis 1895 im Amt. Aus 52 Bewerbern wurde 1895 Rudolf (Ruben) Nussbaum, der gleichzeitig das Amt des Predigers bei der Gemeinde als Nebentätigkeit versah, Nachfolger Lazarus'.

Zu Anfang des 19. Jahrhunderts wurde für Ruhrort eine jüdische Privatelementarschule von der Gemeinde errichtet und unterhalten. Die Zahl der Schulkinder belief sich auf etwa 26 bis 29. Die Schule befand sich im Haus der Ruhrorter Synagogengemeinde in der Landwehrstraße 21.

Mit dem 1. April 1908 wurde die Privatschule der Gemeinde als konfessionelle israelitische Elementarschule auf den städtischen Etat überschrieben und Rosenthal als städtischer Volksschullehrer angestellt. Die Stadt Duisburg übernahm mit der Schule auch das Schulhaus der Synagogengemeinde. Durch einen Übernahmevertrag wurde 1908 festgesetzt, daß die Schule nur solange selbständig weiterbestehen sollte, „als in drei aufeinanderfolgenden Jahren ihre Schülerzahl nicht unter 16 Kinder heruntergeht". Bis 1908 war das Amt des Kultusbeamten und Lehrers der Privatelementarschule vereinigt. Von da ab stellte die Gemeinde einen besonderen Kultusbeamten ab. Diese Aufgabe erfüllte bis zum Ersten Weltkrieg Hermann Jungmann.

2. *Presse*

Das Duisburger Zeitungswesen des 19. Jahrhunderts war geprägt durch drei unterschiedliche Richtungen: die regierungstreue, die oppositionelle und die klerikale Presse. Vor 1848 gab es in Duisburg keine politische Zeitung. Bis zum Revolutionsjahr brachten die Duisburger Zeitungen nur Unterhaltung, Belehrung und Lokalangelegenheiten. „Politik durfte nicht öffentlich getrieben werden. Umso lauter waren Sensation, Freude an Absonderlichkeiten, Stadtklatsch, Gefühlsduselei und religiöse Zänkereien", charakterisierte ein Kenner des Zeitungswesens die Duisburger Presse. „Das alles bedeutete den Inhalt der ersten Duisburger Zeitungen und offenbart Journalismus kleinsten Formats."

„Der Volksfreund" war die erste linksgerichtete Zeitung in Duisburg. Redakteur des Blattes war Clemens Bedbur, Sprecher der radikal-demokratischen Bewegung in Duisburg 1848/50. Die politische Korrespondenz des Blattes beschäftigte sich fast ausschließlich mit Berichten über den Stand der Revolution. In fingierten Augenzeugenberichten wurde der Barrikadenkampf verherrlicht. Als 1849 die Volksrevolution von der Reaktion niedergeworfen wurde, zog der „Volksfreund" erbittert Bilanz: „Deutschland, du wolltest frei sein – und siehe, du bist frei ... Du bist frei wie der Vogel in der Luft, denn du bist – vogelfrei". Und weiter: „Du verlangtest Recht für alle – und siehe, das Standrecht ist für jedermann und der Tod macht Alle gleich". Es wundert nicht, wenn die Zensur das Blatt folgendermaßen beurteilte: „Das Blatt hatte eine staatsfeindliche und gefährliche Tendenz und war für die niederen Volksklassen berechnet; eine wirkliche Schmähschrift".

Mit der Herausgabe des „Boten vom Niederrhein" ab 1865 war Friedrich Albert Lange nach Ansicht Werner Brauksiepes zur einzig großen Führerpersönlichkeit im Duisburger Zeitungswesen des 19. Jahrhunderts aufgestiegen. Nachdem Lange im März 1865 vergeblich versucht hatte, Marx und Engels für seine publizistischen Ziele und Ideen zu gewinnen, gab er seit Oktober 1865 den „Boten" heraus. „Wir nennen ... unsere Zeitung ein Organ des vierten Standes", betonte Lange, „um uns zu unterscheiden von denjenigen, welche das Dasein eines vierten Standes leugnen und welche behaupten, daß der Arbeiter in Staat und Gesellschaft bloß dieselben Interessen habe wie jeder andere Stand". Der „Bote vom Niederrhein" konnte sich der größten Aufmerksamkeit der Behörden sicher sein. Während die „Rhein- und Ruhrzeitung", für die Lange auch eine Zeitlang tätig war, in den Augen der Regierung eine „entschieden liberale Tendenz" verfolgte, wurde der „Bote" folgendermaßen eingestuft: „In höherem Grade regierungsfeindlich und Alles, was höhere Autorität heißt, in den Staub ziehend. Wesentlich auf die arbeitenden Klassen berechnet, sucht das Blatt unablässig, die Unzufriedenheit derselben mit ihrer sozialen Lage zu erhöhen und die Abneigung gegen die Fabrikherren zu schüren, dagegen das alleinige Heil in sozialdemokratischen Einrichtungen vorzuspiegeln. Auf diese Weise wirkt das Blatt auf die hiesigen Zustände so verderblich und sittenzerfressend als nur möglich." In den neun Monaten seines Bestehens zählte der „Bote vom Niederrhein", den Lange selbst einmal als „obskursten Wisch in Deutschland" bezeichnet hatte, zu den bestredigierten Organen der deutschen Demokratie. Indem die Zeitung mit ihren bisweilen rein akademischen Gefechten nicht immer die Sprache der arbeitenden Klasse erreichte, kann man den „Boten" als ein journalistisch wenig flexibles, wenngleich auch eminent geistreiches Blatt bezeichnen.

Fast auf den Tag genau zehn Jahre nach der letzten Ausgabe des „Boten vom Niederrhein" erschien am 2. Juli 1876 die erste Nummer der „Duisburger Freien Zeitung". In der Abonnementseinladung erklärte das Blatt, die Öffentlichkeit über alle Unterdrückungen der Arbeiterklasse aufklären zu wollen und insbesondere über Maßregelungen und Lohnabzüge zu berichten. Die Zeitung hatte eine sozialdemokratische Tendenz; radikale Töne hat sie nicht angeschlagen. Dennoch geriet die Zeitung immer wieder in Konflikt mit den Behörden, und ihr Redakteur Carl Julius Kuhl hatte sich mehrfach vor dem Staatsanwalt zu verantworten. Auch nachdem das Blatt am 1. Oktober 1877 seinen Namen in „Rheinische Freie Zeitung" umgewandelt hatte, änderte sich an der Tendenz nichts. Nach wie vor wolle man die Interessen der „Verarmenden und Armen" vertreten und rückhaltlos die Schäden in Staat und in der Gemeinde klarstellen.

Das auflagenstärkste Blatt im linken Spektrum war seit 1906 die „Niederrheinische Arbeiter-Zeitung" mit 4.000 (1909) bis 12.000 (1913) Abonnenten. Es war das sozialdemokratische Organ für die Wahlkreise Duisburg, Mülheim, Oberhausen, Ruhrort und Rees-Moers und zugleich Publikationsorgan der freien Gewerkschaften.

Seit Anfang der 1850er Jahre beherrschte die „Rhein- und Ruhrzeitung" die publizistische Szenerie und besaß das faktische Lokalmonopol in der Duisburger Tagespresse. Unter der Redaktion von Wilhelm Schroers und der Mitredaktion Langes war das Blatt liberal und stand der Fortschrittspartei nahe. In den Jahren des Preußischen Verfassungskonfliktes ab 1862 waren seine Leitartikel sehr kritisch, oft ironisch und aggressiv. Lange wurde für die Zeitung untragbar und schied nach mehreren Presseprozessen aus der Redaktion aus. In einem Artikel Schroers' vom November 1862 wird die unabhängige Meinung des Blattes deutlich: „Die Presse ist in viel zu hohem Grade von ihrem Berufe für den gegenwärtigen Kampf erfüllt, als daß die Regierung darauf rechnen dürfe, sie beugen oder gar besiegen zu können." Mit der Reichsgründung schlug die „Rhein- und Ruhrzeitung" eindeutig nationalistische Töne an, trat 1878 nachdrücklich für die Verabschiedung des Sozialistengesetzes ein und beteiligte sich am Kesseltreiben gegen die Sozialdemokratie.

Seit 1881 übernahm das neutral-bürgerliche „Duisburger Tageblatt", das zehn Jahre später seinen Namen in „Duisburger General-Anzeiger" änderte, die publizistische Vorherrschaft in Duisburg. Der neue Pressetyp sprach mit seiner vorgegebenen Überparteilichkeit insbesondere die unpolitischen Massen an.

Der politische Katholizismus verfügte seit November 1871 mit der „Duisburger Volkszeitung für Thron und Altar" über ein unter klerikalem Einfluß stehendes Kampforgan, das sich zur katholischen Tageszeitung für den ganzen Niederrhein entwickelte. Da jedoch die „Duisburger Volkszeitung" an den großen sozialen Zeitproblemen „ziemlich achtlos" vorüberging, schuf sich die nicht-sozialdemokratische Arbeiterschaft auf Betreiben Franz Wiebers seit 1898 mit dem „Echo vom Niederrhein" ein eigenes Organ. Gegenüber der „Volkszeitung", das dem rechten Zentrumsflügel nahestand, vertrat das „Echo" stärker die Interessen der katholischen Arbeiterschaft und der christlichen Metallarbeiterbewegung.

3. *Konfessionelle Verhältnisse*

Zu Beginn des 19. Jahrhunderts wurden in Duisburg die Klöster aufgehoben. Unter Pastor Heinrich Peter Hollen bildete sich im Oktober 1832 eine selbständige katholische Gemeinde in der Altstadt, die sich durch den Zuzug meist katholischer Arbeiterfamilien z. B. aus dem Rheinland schneller entwickelte als die evangelische Gemeinde. Beim Tode Hollens im Jahre 1845 war die katholische Gemeinde auf etwa 3.500 Seelen angewachsen. Sie nahm unter Pfarrer Gerhard Meinerding an Seelenzahl immer mehr zu. Dieser führte auch die in ältester Zeit üblich gewesene Wallfahrtsprozessionen nach Sterkrade wieder ein und hielt zum ersten Mal nach der Reformation im Jahre 1850 die Fronleichnamsprozession wieder ab, die seitdem alljährlich stattfand.

Seit Mitte des Jahrhunderts erschütterten politische und sektiererische Strömungen den Katholizismus. 1845 bildete sich in Duisburg eine kleine deutsch-katholische Gemeinde, die einen interkonfessionellen Ausgleich anstrebte. Die Beschlüsse des Vatikanischen Konzils von 1869/70 veranlaßte die orthodoxe Opposition zur Gründung einer alt-katholischen Gruppe, die vor allem das Dogma der päpstlichen Unfehlbarkeit in Glaubens- und Sittenlehren bekämpfte. Während des Kulturkampfes wurde die alt-katholische Gemeinde in ihrem Kampf gegen die römisch-katholische Kirche vom Staat unterstützt. Die größte Belastungsprobe hatte die römisch-katholische Kirche während des Kulturkampfes zu bestehen. Der Widerstand der Kirche war letztendlich stärker als alle antiklerikalen Gesetze.

Die katholische Bevölkerung nahm weiterhin zu, so daß ab den 1870er Jahren der Bau mehrerer Kirchen notwendig wurde: 1872 entstand eine Notkirche in Hochfeld; 1874 wurde die Josefskirche am Dellplatz geweiht; 1897 erhielt das bevölkerungsreiche Hochfeld mit St. Peter seine zweite Kirche, die gleichzeitig mit der Ludgerikirche in Neudorf erbaut wurde; 1903 erhielt auch Wanheimerort mit St. Michael eine eigene Kirche.

Von den mittelalterlichen Kirchen Alt-Duisburgs blieb den Katholiken nur die aus dem 13. Jahrhundert (19. Juni 1272 erste Kirchenweihe) stammende Minoritenkirche erhalten. Die in nächster Nähe der Mutterkirche wohnenden Katholiken bezifferten sich 1890 auf 6 bis 7.000, so daß bereits mehrere Filialgemeinden gegründet werden mußten; die Minoritenkirche konnte nur maximal 1.000 Personen fassen. Mit dem Bau der Liebfrauenkirche 1896, in die die Minoritenkirche als Seitenschiff einbezogen wurde, erhielt Duisburg eines seines auffälligsten Bauwerke. Mit ihrem 100m hohen Turm überragte sie sogar die Salvatorkirche. Die Liebfrauenkirche besaß bis zu ihrer Zerstörung 1942 einen kostbaren Flügelaltar, der aus elf Gruppen bestand. Der niederländische Bildhauer H. van der Gelt(d) aus s'Hertogenbosch hatte sieben Jahre daran gearbeitet.

Auch in den evangelischen Kirchengemeinden gab es Gegensätze der theologischen Richtungen und kirchenpolitischen Gruppen, – neben einer „großen" (reformierten) gab es eine „kleinere" (lutherische) evangelische Gemeinde – die allerdings nicht unüberbrückbar waren. Die Unionsbestrebungen führten schließlich 1891 zum Zusammenschluß der reformierten und lutherischen Gemeinden.

Aus der in die Tausende gehenden Zahl niederländischer reformierter Schiffer und Industriearbeiter entstand 1898 eine eigene niederländisch-reformierte Gemeinde. Von den

Sonderbildungen, die auf angelsächsischem Boden entstanden, entwickelten sich u. a. folgende Gruppen in Duisburg: Baptisten seit 1888, dazu die ,Heilsarmee'. Die Baptistengemeinde und die Neu-Apostolische Gemeinde haben sich halten können. Diese Bekenntnisgemeinden bearbeiteten ein weitreichendes Gebiet der sozialen Fürsorge, vornehmlich der Krankenpflege. Als Werk der „Inneren Mission" entstand die Duisburger Diakonenanstalt nach dem Vorbild des Hamburger „Rauhen Hauses" von Johann Hinrich Wichern und der Kaiserswerther Diakonissenanstalt Theodor Fliedners. Ihr erster Inspektor war der seit 1847 in Essen, später in Amsterdam, tätige Pastor W. Brandt, ein Schwager Wicherns. Der weitere Auf- und Ausbau der Anstalt und die Ausdehnung der Tätigkeiten auf karikativem Gebiet sind eng mit dem Namen des Direktors Richard Engelbert verbunden.

Den evangelischen Christen Duisburgs standen im 19. Jahrhundert die drei alten Kirchen: Salvator-, Marien- und Johanniskirche zur Verfügung, doch durch das Steigen der Bevölkerung in den Außenbezirken wurde der Bau neuer Gotteshäuser notwendig. 1877 entstand in Hochfeld die Pauluskirche, in Duissern folgte 1892/95 die Lutherkirche, und 1908/09 erhielten auch Neudorf und Wanheimerort mit der Christus- bzw. Gnadenkirche eigene Andachtsstätten.

Die im Mittelpunkt der Stadt gelegene gotische Salvatorkirche, die eine Anzahl von mittelalterlichen Vorgängern hatte, wurde zwischen 1898 und 1904 umgebaut und erhielt einen gotischen Turmhelm. Gleichzeitig wurde das Innere der Kirche, ursprünglich von dem Kunsthandwerker Theoderich Scherre im 16. Jahrhundert ausgestaltet, durch den Kölner Maler Bardenhewer restauriert.

Marienkirche (vor 1895)

Die Bevölkerung in Duisburg bestand bis zur Reichsgründung je zur Hälfte aus Protestanten und Katholiken. Wenn die Katholiken ab 1875 leicht die 50%-Marke überschritten, dürfte der Grund darin zu suchen sein, daß, wie es im Verwaltungsbericht 1864 heißt, die überwiegende Masse des Arbeiterstandes der katholischen Gemeinde angehörte, deren Mitglieder „notorisch" sehr jung zu heiraten pflegten und unter denen „eine größere Fruchtbarkeit" herrsche.

4. *Juden*

Im Juli 1843 beriet der Rheinische Provinziallandtag eine neue Gemeindeordnung, die die Juden vom passiven Bürgerrecht ausschließen sollte. Die Steinsche Städteordnung aus dem Jahre 1808 hatte in der Bestimmung, daß das aktive und passive Ortsbürgerrecht von Stand, Beruf und Religion unabhängig sei, ausdrücklich „vergessen", die Juden auszuschließen. Dieser Fehler sollte nun in der neuen Gemeindeordnung berichtigt werden. Besonders das liberale Bürgertum trat energisch gegen jede Sonderstellung der Juden ein und forderte darüber hinaus die Beseitigung des „Schandediktes" aus dem Jahre 1808. Einer der Wortführer für eine Gesetzesänderung war der mehrfach in Duisburg gewählte

Synagoge in Duisburg, Junkernstraße 2 (1875 bis 9. Nov. 1938)

Manass Neumark (1875 – 1942). Rabbiner in Duisburg 1905 – 1942

Abgeordnete und Preußische Ministerpräsident von 1848, Ludolf von Camphausen. Ein anderer Sprecher, der 1849 in Duisburg in die Preußische Kammer gewählte Kanonikus Lensing, forderte im Landtag die Aufhebung der Beschränkung „um der christlichen Liebe" willen. Der Entwurf, der die Juden von der Wählbarkeit ausschließen sollte, wurde schließlich mit großer Mehrheit verworfen, und man trat stattdessen für ihre völlige politische Gleichstellung ein.

Ein weiterer Schritt auf dem Weg der Emanzipation der Juden war die Bestimmung, „feste" Familiennamen führen zu dürfen. Am 26. September 1846 veröffentlichte die Königliche Regierung in Düsseldorf in ihrem Amtsblatt die Verordnung, daß Juden „festbestimmte und erbliche" Familiennamen führen sollten. Von den ca. 52 Juden in Duisburg, Ruhrort und Meiderich änderte lediglich Moses Moses Salomon seinen bisherigen Namen in Moritz Meyer.

1847 wurden die jüdischen Gemeinden Ruhrort, Dinslaken und Holten mit Duisburg zu einer Synagogengemeinde vereinigt. Aus diesem Verband schied Duisburg 1877 wieder aus und wurde selbständige Gemeinde mit 320 Mitgliedern. Gleichzeitig bildete die Ruhrorter Gemeinde mit ihren etwa 190 Mitgliedern und die 39 Mitglieder zählende Meidericher Gemeinde einen eigenen Synagogenverband. Kurz vorher, am 6. März 1875, wurde die erste Duisburger Synagoge an der Junkerstraße durch den Krefelder Oberrabbiner Horowitz eingeweiht. Die ostjüdischen Gemeindemitglieder richteten sich später zwei eigene Betsäle ein, um den Gottesdienst nach ihrem Ritus auszuüben.

Im Jahre 1905 wurde für die 971 jüdischen Bürger Duisburgs ein Rabbinat errichtet. Manass Neumark war der einzige Rabbiner, den die Duisburger Gemeinde hatte. Neumark wurde 1875 in Posen geboren und stammte aus einer jüdisch-traditionalistischen

Familie. Der orthodoxe Rabbinatskandidat bekannte sich als Rabbiner zum liberalen Judentum, wirkte in der Praxis aber auch konservativ. Zwischen Ost- und Westjuden nahm er eine ausgleichende Haltung ein.

Die jüdische Gemeinde in Duisburg war mehrheitlich assimiliert und antizionistisch eingestellt. In der sog. „Ausländerfrage" wollten die liberalen Gemeindemitglieder den Ostjuden in ihrer Mitte das Wahlrecht zu den Gemeindekörperschaften versagen, was zu starken Kontroversen in der jüdischen Gemeinde führte. Der Vorstand der Duisburger Synagogengemeinde prangerte im Dezember 1912 in einem Antrag auf Statutenänderung die Lebensanschauung und -führung der galizischen Gemeindemitglieder an, die er nicht zur „europäischen Sittenwelt" zugehörig zählen wollte. Gleichzeitig befürchtete er eine religiös-rituelle und zionistische Beeinflussung seines deutsch-nationalen jüdischen Gemeindelebens.

Ähnlich lagen die Probleme in Hamborn: Durch die rasche Industrialisierung waren mit den ausländischen Arbeitern, zumeist Polen, auch Ostjuden nach Hamborn gekommen. Von den 300 Mitgliedern der Synagogengemeinde im Jahre 1911 waren 30 wahlberechtigte „Ausländer", darunter 21 aus osteuropäischen Ländern. Wie die Duisburger Nachbargemeinde beantragte auch sie bei der Behörde die Einführung des Dreiklassenwahlrechts und weitere Änderungen, um die Dominanz des „ausländischen Elementes" zu verhindern.

Mit dem Wachstum der jüdischen Gemeinden entwickelten sich auch die Bestrebungen nach Bildung und sozialem Engagement. Seit 1897 bestand in Duisburg-Ruhrort unter Vorsitz von Rechtsanwalt Samuel Goldbaum ein Verein für jüdische Geschichte und Literatur, der sich zur Aufgabe machte, die Kenntnis und Würdigung der jüdischen Geschichte und Literatur zu fördern. Alle religiösen und politischen „Tendenzen" schloß der Verein aus. Das Vereinslokal war das Restaurant „Reichskrone" am Kuhtor. Bei seiner Gründung hatte der Verein 92 Mitglieder.

Im gleichen Jahr konstituierte sich in Duisburg der „Israelitische Hülfsverein", dessen Zweck es war, drückende Not zu lindern, sich „am Minjemachen" zu beteiligen, d.h. sich gegenseitig durch Trost und Hilfe „aufzurichten" bzw. die vorgeschriebenen Mindestzahl von zehn Betern für den Gemeindegottesdienst sicherzustellen. Weiterhin sollte durch „allsabbathliche Vorträge" die Kenntnis der jüdischen Geschichte und Literatur verbreitet werden. Erster Vorsitzender war Moses Bamberger. 1898 hatte der Verein 85 Mitglieder; 1903 tagten die inzwischen 120 Vereinsmitglieder im Hause des neuen Vorsitzenden Lehrer Rudolf (Ruben) Nussbaum in der Junkerstraße 2.

Am 10. Juli 1899 beschlossen jüdische Bürger der Ortschaften Bruckhausen und Hamborn-Marxloh die Gründung eines „Synagogenvereins", der ausschließlich religiöse Zwecke – die Abhaltung des Gottesdienstes – verfolgte. Als Vorsitzender dieses Vereins fungierte Sigmund Oppenheimer aus Bruckhausen.

Die jüdischen Einwohner blieben in Duisburg immer unter 1% der Gesamtbevölkerung. Interessant ist ein Blick auf die jüdische Gewerbestruktur 1912. In diesem Jahre lebten bei einer Einwohnerzahl von 241.603 in Duisburg 1.570 Juden, das waren 0,66%. Davon waren beschäftigt in Handel und Verkehr: 66,2%; im Öffentlichen Dienst und in freien Berufen: 4,5%; berufslos und selbständig waren: 6,2%. Bemerkenswert ist der Anteil in Industrie und Handwerk mit 22,5%.

5. „Zigeuner"

Ein besonders trauriges Kapitel war – wie anderwärts auch – die Behandlung der „Zigeuner" in Duisburg. Wenn die vorliegenden Stadtgeschichten zu diesem Thema schweigen, spiegelt das die Vorliebe unseres Volkes wider, vor Ungewohntem die Augen zu schließen. Das christliche Prinzip der Toleranz versagte, wenn sich „Zigeuner" der Stadt näherten. Daß das Zigeunerleben nicht lustig war, wird in einer Anweisung des Duisburger Oberbürgermeistes Karl Lehr vom 17. Mai 1882 an den Polizeiinspektor Frankfurth deutlich. Lehr beklagte sich darüber, daß die Aakerfähre, bzw. der Philosophenweg „von wandernden Korbflechtern" und ähnlichen, häufig „mit Ungeziefer und sonstigen Unreinlichkeiten behafteten vagabundierenden Gesellschaften" belagert würden, so daß „anständigen Spaziergängern" die Passage unmöglich gemacht sei.

Landflucht, Industrialisierung des Handwerks und die zunehmende Bürokratisierung verstellte den „Zigeunern", die seßhaft werden, aber auch denen, die ihr Leben auf traditionelle Weise führen wollten, den Weg zu einer Integration in die Gesellschaft. Das Wandergewerbe war nicht länger frei, sondern erforderte die Genehmigung der Behörden. Das Umherziehen in der Stadt und ihren Randgebieten wurde nicht mehr gelitten. „Derjenige Beamte, der die Bande zuerst antrifft", heißt es in einer Anweisung des Polizeiinspektors Albert Terpe am 31. Mai 1906 „hat sofort die nötigen Feststellungen zu treffen." Mit Nachdruck warnte er die Kollegen vor der Gefahr der „Zigeunerplage": „Die Beamten scheinen sich der Wichtigkeit der Frage betr. des Zigeunerwesens nicht genügend bewußt zu sein. Mit dem früher üblichen einfachen(!) Abschieben ist es nicht mehr getan." Bettelei galt, anders als vordem in christlichen Zeiten, nicht länger als Werk der Buße, als löblicher Verzicht auf irdische Güter, sondern als schändlicher Ausweis charakterloser Leistungsverweigerung. Auch ihre Versuche, in Duisburg seßhaft zu werden und sich in die Gesellschaft zu integrieren, wurden den „Zigeunern" immer wieder durch behördliche Schikanen erschwert. Kinder und Jugendliche konnten durch entsprechende Erlasse aus ihren Familien herausgerissen werden, wenn die Gefahr des „sittlichen Verderbens" bestand. So wurde die Tochter der „Bande Drollmann" Ende April 1906 wegen Bettelei festgenommen, dem Amtsrichter zugeführt und gegen sie ein Verfahren „auf Unterbringung in Fürsorgeerziehung" eingeleitet. Die Akte „Zigeunerwesen" im Duisburger Stadtarchiv belegt, nicht nur in ihrer sprachlichen Form, die Repressionen und die zunehmende Brutalität der Behörden gegenüber dieser Minderheit. Wenn der Meidericher Bürgermeister Franz Josef Pütz 1906 tief befriedigt feststellt, daß die Anweisung zur „Bekämpfung des Zigeunerunwesens" sich „gut bewährt" hätte, ist angedeutet, daß es für die „Horden" und das „Gesindel", das „bettelnd, stehlend und vom Vertrieb gestohlener, erbettelter oder auch im Schleichhandel erworbener Waren lebend" die Duisburger Bürger „brandschatzte", keinen Ausweg aus Armut, Verfolgung und Unterdrückung geben konnte.

6. Theater

„Auch die schönen Künste haben in Duisburgs Mauern nicht so heimisch werden können, daß sie dem Leben der Stadt ihr Wesen kennzeichnend aufgeprägt hätten." Mit diesem Urteil des früheren Stadtarchivars Walter Ring ist die kulturelle Bedeutungslosigkeit Duisburgs im 19. Jahrhundert plastisch charakterisiert. Mit dem kolossalen Aufschwung in Industrie, Handel und Schiffahrt im 19. Jahrhundert trat das geistig-künstlerische Leben in Duisburg in den Hintergrund. Durch die Verlegung seiner Universität verlor Duisburg sein geistiges Zentrum, von dem bis 1818 wesentliche kulturelle Impulse ausgegangen waren.

Die sittenstrenge reformierte Geistlichkeit hatte zwei Jahrhunderte lang versucht, das Theaterspielen zu unterbinden. Ohne feste Bühne beschränkte sich das künstlerische Leben auf die Darbietungen wandernder Theatergruppen. Meist an den Jahrmarkttagen erschienen vornehmlich auf dem Alten Markt fahrende Künstler: Puppenspieler, Seiltänzer, die sich auch „Equilibristen" nannten, Tierführer, Wachsfigurenhändler, Silhouettenschneider, Orgeldreher, Harfensänger und sonstige Musikanten. In einer „Kunst- und Welt-Theater-Anzeige" im „Duisburger Kreisblatt" vom 22. Juli 1848 zeigte der Mechaniker H. Erckrath jun. einem hochgeehrten Publikum an, daß er über die Markttage sein „Kunst-, Welt-, Metamorphosen- und Marionettentheater", worunter sich besonders im Welttheater die Revolution in Berlin vom 18. und 19. März (1848), das Bombardement der Stadt Düsseldorf, der Brand von Moskau und die Schlacht bei Leipzig befand, in der dazu erbauten Bretterbude auf dem Markt zur Schau stelle. Hierbei handelte es sich offenbar um Durchschaubilder in einer Art Guckkasten, ein Diorama bzw. eine „Laterna magica", ein bereits im 17. Jahrhundert erfundener Projektionsapparat.

Als erste „feste" Bühne dienten die großen Lokale der Stadt. Gespielt wurde auf dem „Burgacker", in der „Schützenburg" und, für das gehobene Bürgertum, in den Sälen der Gesellschaften „Societät" und „Casino". Auch ohne Schauspiel- und Opernhaus wurde viel Theater gespielt. Die Turn-, Gesang- und Arbeitervereine, später auch die Kriegervereine, veranstalteten ihre Versammlungen oft als Volks-Unterhaltungsabende mit Theateraufführungen, szenischen Darstellungen, lebenden Bildern und deklamatorischen Vorträgen, wobei aus den Reihen der Mitglieder Amateur-Künstler auftraten, die nach wenigen Proben meist eine Posse als beliebteste Form darboten und auch mit äußerst primitiven Bühnendekorationen das Publikum unterhielten.

1886 beschloß die Stadtverwaltung, die sich gegen den Vorwurf verteidigen mußte, für die „ästhetische Bildung" der Bevölkerung nichts oder nur sehr wenig getan zu haben, die Errichtung eines Konzertgebäudes, das gleichzeitig für Theateraufführungen bestimmt sein sollte. Ein Spendenaufruf des Oberbürgermeisters Karl Lehr an die Duisburger Bürgerschaft verbunden mit einer zu diesem Zweck veranstalteten Lotterie führte zu einer großen Opferwilligkeit der Bevölkerung, so daß auf diese Weise 350.000 Mark für den Bau der Mehrzweckhalle zusammenkamen. Mit Webers „Preziosa" wurde die Duisburger Tonhalle am 16. November 1887 eingeweiht. Die Stadtverwaltung entschied sich für eine Theatergemeinschaft mit Düsseldorf.

Das Repertoire richtete sich nach den Wünschen der „Theaterkommission". Welcher Publikumsgeschmack das Duisburger Bühnenleben um die Jahrhundertwende bestimmte, läßt sich aus dem Spielplan um 1890 ersehen. Gespielt wurden Stücke wie „Goldfische", „Die Schulreiterin", „Sie hat ihr Herz entdeckt", „Sie ist wahnsinnig", „Der Hüttenbesitzer", „Der Veilchenfresser" usw. – Klassikeraufführungen waren nicht gerade beliebt.

Mit „Maria Stuart", als Sondervorstellung für das christliche Gewerkschafts-Kartell, wurde 1907 die erste Arbeitervorstellung in der Tonhalle aufgeführt. Ein Geleitwort im Theaterzettel für diese Aufführung stellte die Bedeutung dieses Ereignisses heraus. „Mit den Bestrebungen zur Aufbesserung der wirtschaftlichen Lage der Arbeiter läuft Hand in Hand das Bedürfnis, an den höheren Kulturgütern, Bildung und Wissen, grösseren Anteil zu nehmen", hieß es darin. „Der Besuch einer der ersten Bildungsstätten, des Theaters, war aber bisher für die arbeitenden Stände hier in Duisburg wegen der hohen Eintrittspreise und sonstiger Schwierigkeiten fast zur Unmöglichkeit geworden ... An der

Städtische Tonhalle Duisburg (eröffnet 1887) von der Königstraße aus gesehen. Im Park die „Kniende" von Wilhelm Lehmbruck

Arbeiterschaft selbst liegt es nun, durch regen Besuch dieser Veranstaltungen ihre Fortdauer zu ermöglichen, damit auch diese Abende dazu beitragen helfen, dem Verlangen des aufstrebenden Arbeiterstandes nach mehr Allgemeinbildung gerecht zu werden...". Trotz der pathetischen Worte und des Engagements des christlichen Gewerkschafts-Kartells wurde diese Einrichtung von den Arbeitern nicht honoriert. Für eine zweite und zugleich letzte Arbeitervorstellung in der Tonhalle wurde im Februar 1908 das Lustspiel „Im weißen Rößl" gespielt.

Als das neue Duisburger Stadttheater am 7. November 1912 eingeweiht wurde, verfügte die Stadt über die fortschrittlichste Bühneneinrichtung Deutschlands. Der Zuschauerraum umfaßte bei seiner Eröffnung 1.652 Plätze. Mit Hilfe leicht beweglicher Schiebebühnen konnten die Bühnenbilder innerhalb von zehn Sekunden gewechselt werden. Mehr als 1,6 Millionen Mark – also fast die Hälfte der Gesamtkosten von 3,3 Millionen Mark – wurden durch großzügige Stiftungen Duisburger Unternehmen und Spenden von Bürgern der ersten und zweiten Wählerklasse aufgebracht. Die Zahl der Vorstellungen, die 1911 80 betrug, wurde 1913 auf 209 erhöht. Mit dem Ballett betrug 1912 das gesamte Künstlerpersonal 162 Personen.

7. Gesellschaftliches Leben

Im Duisburger Großbürgertum wurde bei Gesellschaften und Bällen besonderer Aufwand entfaltet: Neben den Standesgenossen, hohen Beamten und Offizieren wurden auch Künstler und Wissenschaftler eingeladen. Daß auf solchen Festen oft geistige Langeweile herrschte und man nur darauf bedacht war, gesehen zu werden, bezeugte F.A. Lange, der als Hauslehrer beim Duisburg-Kölner Fabrikanten Jakob vom Rath 1849 über einen Tanztee folgendes berichtete: „Was war da? Eleganteste Toiletten, kostbarste Erfrischungen, viele Zimmer erleuchtet, Tanzmusik, über hundert Personen aus den ersten Familien, die sich mit Tanz, Kartenspiel oder Zusehen belustigten oder langweilten. Da waren Generale, Minister und Ordensritter, geistreiche Leute, schöne Damen und Lieutenants, aber trotz alledem keine Gesellschaft. Der Ton, im Anfang mehr steif als vornehm, artete schon nach dem ersten Tanz ins Gewöhnliche aus. Es war nirgendwo etwas Geistiges, Ruhiges, Klassisches." Obwohl materiell dazu in der Lage, vermochten die reichen Unternehmer dem kulturellen Leben lange Zeit keine Impulse zu geben. Das Bürgertum blieb unter sich und traf sich zur Pflege der Geselligkeit in der ‚Societät' oder im ‚Casino'. Wer über ein entsprechendes Einkommen verfügte und „in gutem Ruf" stand, konnte Mitglied dieser Gesellschaften werden. Die Gesellschaftsräume dienten der freundschaftlichen Unterhaltung; die Zeit vertrieb man sich mit Musik, Billard und „anderen erlaubten Spielen und Ergötzlichkeiten" wie dem Kegeln. Als Zwang empfanden es die Mitglieder der Gesellschaft ‚Casino' allerdings, daß größere Festlichkeiten und alle Bälle im Lokal ‚Schützenburg' abgehalten werden mußten, was keineswegs „dem Ansehen und der Größe" der Gesellschaft entsprach. In der ‚Schützenburg' verkehrten nämlich die Turner, zudem hielt der Arbeiterverein dort seine Versammlungen ab.

Das gehobene Bürgertum in Homberg hatte seit 1866 seinen gesellschaftlichen Treffpunkt in der ‚Gesellschaft Erholung'. Die Vereinigung bezweckte, ihren Mitgliedern die „Annehmlichkeiten des geselligen Lebens" zu verschaffen, sowie durch Anschaffung von Zeitschriften und Büchern „bildenden und unterhaltenden Lesestoff" zu bieten und durch Veranstaltungen „idealen Zwecken" zu dienen. Das Gesellschaftshaus lag seit 1906 im Mittelpunkt Hombergs an der Kreuzung Augusta- und Viktoriastraße, wo die elektrischen Straßenbahnen Moers-Homberg sowie Friemersheim-Homberg-Baerl zusammenliefen.

Über die Feiern der Arbeiter in Hamborn berichtete der Lehrer Heinrich Kautz folgendes: „Das bekannteste Fest war der Lohntag. Dann folgten Kindtaufen, Kommunion- und Konfirmationsfeiern und Hochzeiten. Mehr Feste lassen sich nicht aufzählen, alles andere ertrank in Saus und Braus des Vereinslebens. Vorbedingung eines Festes waren bedeutende Mengen Kuchen, Bier, Branntwein. Ein gutes, extrafeines Mittagsmahl, vielleicht an garnierten Tischen, war eine Utopie, es mangelte an Hausrat, Tischwäsche, Gedecken und – am Können der Frau. War im Haus genug gelärmt worden, waren die Vorräte aufgezehrt, dann zog man in die Wirtschaften. Oft genug sind wüste Keilereien mit blutigem Ausgang das Ende gewesen."

8. Sport

Die 45 Gründungsmitglieder des ‚Duisburger Turnvereins 1848' hatten ausdrücklich die Politik aus dem Vereinsleben ausgeklammert. Viele andere Vereine hatten dies nicht getan und praktizierten ein „vaterländisches" Turnen, das der „Turnvater" Friedrich Ludwig Jahn propagierte. Die Vorsorge des Duisburger Vereins erwies sich als richtig, denn nach dem Scheitern der 48er Revolution entging er so einem Verbot. Er nahm fortan einen kontinuierlichen Aufstieg und wurde ein bedeutsamer Faktor im gesellschaftlichen Leben Duisburgs. Das Anwachsen der Sportbewegung und neue Formen der Freizeitgestaltung in den letzten Jahrzehnten des 19. Jahrhunderts erklärten sich vor allem aus der Industriearbeit, die erst das Bedürfnis nach einem von der Arbeit unabhängigen Raum der Regeneration entstehen ließ. Bis zur Jahrhundertwende beherrschten die Turner das sportliche

Leben in Duisburg. Neben dem Stammverein „1848" bildeten sich in allen Stadtteilen zahlreiche Vereine aller möglichen Sportarten. Die ersten Fußballformationen, die in Duisburg entstanden, entwickelten sich entweder aus einem schon längere Zeit bestehenden Turnverein oder im Rahmen einer höheren Schule. Zum erstgenannten Entstehungstyp ist beispielsweise die Fußballabteilung des ‚Duisburger Turnverein 1848' zu rechnen, der als ‚Duisburger Spielverein' ab 1900 lange Zeit das Geschehen des westdeutschen Fußballs mitbestimmt hat. Pennälermannschaften bestanden schon Anfang der 90er Jahre am Duisburger Realgymnasium und am Ruhrorter Realgymnasium. Aus ihnen gingen der ‚Duisburger Sport-Club Preußen' (1901) und der ‚Verein für volkstümliche Bewegungsspiele Ruhrort' (1900) hervor. Den größten Zulauf hatten neben den Turnvereinen die Ballspielvereine, von denen der ‚Ballspielverein Hamborn 07' und der ‚Meidericher Spielverein 02' die größten und populärsten waren.

Einer der wichtigsten Faktoren bei der Ausbreitung der Turn- und Sportbewegung war der Schulsport. Aus Gründen der Volksgesundheit, um einer ausschließlich geistig ausgerichteten Erziehung entgegenzuwirken, aber auch um der Wehrertüchtigung willen, förderte der preußische Staat nachdrücklich die Leibesübungen an den Schulen. F. A. Lange, der als leidenschaftlicher Turner seine turnpädagogischen Überlegungen in einer Vielzahl von Schriften und Aufsätzen niederlegte, schlug beispielsweise vor, das preußische Exerzierreglement den Übungen im Turnunterricht der Schulen zugrundezulegen. „Knaben", schrieb er, „spielen gern Soldaten". Lange forderte im Sportunterricht militärische Zucht und Strenge. „Vor der Front", führte Lange aus, „bin ich Despot, aber ein gerechter. Wehe dem, der auf ‚Stillgestanden!' noch muckt". Recht problematisch wirken Langes Äußerungen über das Verhältnis von Schule und Militär, wenn er schreibt: „Durch das Turnen wird das Heereswesen zur Bildungsanstalt, das Schulwesen zur einer Vorbereitungsstätte der Wehrtüchtigkeit". Interessanterweise sprach Lange in diesem Zusammenhang von einer Wechselwirkung zwischen Bildung und Freiheit. Seiner Ansicht nach war Bildung nicht denkbar ohne die Erhaltung der Freiheit, eine erfolgreiche Verteidigung der Freiheit aber nicht denkbar ohne Steigerung der Bildung.

Die deutsche Turnerschaft, ob obrigkeitstreu oder „vaterländisch" im Sinne Jahns, oft auch bürgerlich ausgerichtet, lehnte Selbsthilfebestrebungen, wie sie sich in den Kreisen der Arbeiterschaft, in den entstehenden Gewerkschaften und der Sozialdemokratischen Partei regten, rundweg ab. In ihrer Kritik am traditionellen Turnwesen entwickelten sich nach Aufhebung des Sozialistengesetzes 1890 Arbeiterturn- und -sportvereine, die der Sozialdemokratie nahestanden. Dem Arbeiterturnerbund, 1893 gegründet, schlossen sich viele Vereine an, ebenso dem Arbeiter-Radfahrerbund ‚Solidarität' (1893), dem Touristenverein ‚Die Naturfreunde' sowie dem ‚Arbeiter-Schwimmbund' (1897), der später in ‚Arbeiter-Wassersport-Verband' umbenannt wurde. In Duisburg entstand 1902 der erste Arbeiter-Turnverein mit dem Namen ‚Vorwärts', weitere Vereine im Duisburger Raum folgten.

9. Vereine und patriotische Feiern

Das öffentliche Leben Duisburgs war, wie überall im 19. Jahrhundert, geprägt durch Militärisches und Vaterländisches. Äußeres Zeichen dafür waren beispielsweise die mitgliedsstarken Krieger- und Flottenvereine, die seit den 1860er Jahren bestanden: der ‚Verein der Krieger von 1866 zu Duisburg', der ‚Alte Kriegerverein', der ‚Duisburger Kriegerverein von 1851' und der ‚Deutsche Flottenverein', der seit 1899 in Duisburg, Ruhrort und Meiderich eine örtliche Abteilung bildete. 1905 hatte die Meidericher Ortsgruppe alleine 1.650 Mitglieder. In diesem Zusammenhang sind auch die zahlreichen Schützenvereine zu nennen, die sich zum Leidwesen der Behörden immer mehr zu geselligen Verbindungen wandelten. Im Verwaltungsbericht von 1864 wurde diese Veränderung außerordentlich bedauert, denn dort heißt es: „Der alte Charakter der Schützenvereine als mitwirkender Faktoren(!) zur Kräftigung und Wehrbarmachung des Volkes ist hier ... völlig verschwunden; es ist nur eine, Zeit und Geld vergeudende Spielerei mit leeren Formen geblieben."

Die während der Industrialisierung angeworbenen Polen trafen auf eine fremde Umgebung und in Hamborn auf eine Stadt, die nach ihrer Entstehung und Anlage eine traditionslose Neugründung ohne kulturellen Mittelpunkt war. In kirchlichen und weltlichen Vereinen bewahrten sie sich ihre heimatliche Kultur. Der Hamborner Verwaltungsbericht zählt 1910 52 Polenvereine auf. Es gab allein 14 kirchliche, 10 berufliche und 9 Musik- und Gesangvereine. Die restlichen waren Turn-, Lotterie- und Wahlvereine und 6 „sonstige" Vereine.

Anlässe für patriotische Feiern, die das Herrscherhaus glorifizieren sollten, gab es im 19. Jahrhundert genug. Besonders das sog. „Drei-Kaiser-Jahr" 1888, bot reichlich Gelegenheit zu Besinnung und Feier. Kaisers Geburtstag, worauf Wilhelm II. besonderen Wert legte, war Feiertag, aber auch die persönlichen Feiern der kaiserlichen Familie wurden einbezogen, z.B. die silberne Hochzeit des kronprinzlichen Paares, der 100. Geburtstag der „hochseligen Königin Luise", weiterhin Geburtstage tüchtiger Soldaten, z.B. der 90. Geburtstag des Feldmarschalls Graf Moltke, oder vaterländischer Dichter wie der 100. Geburtstag Theodor Körners. Der festliche Höhepunkt seit der Reichsgründung war der Sedanstag am 2. September, mit dessen festlicher Begehung der ruhmreiche Sieg über Frankreich 1870 gefeiert wurde. Auf der großen Wiese am Kaiserberg, die im

Der Burgplatz um 1890

Volksmund seither ,Sedanwiese' heißt, fand ein großes Kinderfest statt, auf dem an die „Großtaten" der Nation erinnert und das Gefühl der Vaterlandsliebe geweckt wurde. Im Laufe der Jahre fanden die Sedanfeiern nicht mehr die Zustimmung der Lehrer, die in ihrer Aufsichtspflicht eine große Belastung sahen. An der Durchführung des Sedantages übte auch die sozialdemokratische „Duisburger Freie Zeitung" Kritik, als sie am 4. September 1877 schrieb: „Unerhört ist es, daß man die Schulkinder auf Gemeindekosten nicht nur allein mit Reichsbrezeln füttert, sondern daß man sich von Seiten der Lehrer ... soweit vergißt, den schwachen Kindern in solchem Maße *geistige Getränke* zu verabreichen, daß dieselben dutzendweise *total betrunken* und bewußtlos auf der Straße und in den Gräben lagen."

Oberbürgermeister Karl Lehr, der leidenschaftlich für die Beibehaltung dieser Schulfeier eintrat, begründete am 2. März 1886 in einer Eingabe an die Düsseldorfer Regierung des Sinn des Sedantages so: „Dieses Fest wird ... seit Jahren in einer Weise gefeiert, daß es als das beste Mittel zur Hebung des Patriotismus unserer gesamten Bevölkerung erachtet wird. Alt und Jung beteiligt sich an demselben, die Schüler der Volksschulen werden in feierlichem Zuge zu den benachbarten Anlagen des Kaiserbergs geführt und dort auf Kosten der Stadt festlich bewirtet. Die allgemeine Stimmung des Festes ist eine ungemein freudige und gehobene."

Die Duisburger Schulkinder marschierten vom Stadtwald zum Burgplatz, wo sie durch Glockengeläut der Salvatorkirche und einen 40stimmigen Choral begrüßt wurden. Von dieser Einstimmung schwärmte Lehr, wenn er 1890 nach Berlin schreibt: „Es ist dies ein ungemein feierlicher Moment, der wie kaum irgendein anderer geeignet ist, Kinder und Erwachsene in eine gehobene Stimmung zu versetzen. Wenn die Glocken verstummen und die Musik schweigt, tritt der Bürgermeister auf den Balkon des Rathauses und hält eine patriotische Ansprache an die Versammlung, welche mit einem Hoch auf den Kaiser schließt."

Bis zum heutigen Tage erinnern einige Duisburger Straßen an die „glorreichen Schlachten" des Deutsch-Französischen Krieges von 1870/71 – Gravelotte-, Sedan-, Spichern- und Wörthstraße.

Carl Lehr (1842 – 1919), Duisburger Oberbürgermeister von 1879 bis 1914

Klaus-Dieter Vinschen

Erster Weltkrieg und Weimarer Republik (1914 – 1933)

I Duisburg im Ersten Weltkrieg

1. Allgemeine Situation bei Kriegsausbruch

Es ist Samstag, der 1. August 1914. Der Tag, an dem – nach den Worten des damaligen britischen Außenministers Edward Grey – in ganz Europa die Lichter ausgehen. Der Tag, der den Beginn des Ersten Weltkrieges markiert.

In Duisburg haben sich an die hundert Menschen vor dem militärischen Bezirkskommando auf dem Pulverweg versammelt. Um 17.30 Uhr wird ihnen von einem Unteroffizier die Nachricht von der bevorstehenden Mobilmachung zugerufen. Wenig später erscheinen Extrablätter der Duisburger Zeitungen, Bekanntmachungen werden überall angeschlagen. Ein Augenzeuge – Lehrer an der evangelischen Volksschule in Duissern – gibt einen Stimmungsbericht: „Die Bevölkerung war stark erregt. Immer mehr schwollen die Menschenmassen an – ein gewaltiges Wogen auf und ab auf der Königstraße. Keine anderen Gedanken als der Krieg! Die Gemüter gedrückt – aber gefaßt!"

In den vorangegangenen Tagen haben die Duisburger Bürger bei vielen Gelegenheiten ihre patriotische Denkart unter Beweis gestellt. In Cafés, in Tanzlokalen, auf der Straße – so berichtet der Duisburger „General-Anzeiger" – „überall wurden patriotische Lieder angestimmt, deren Klänge sich von Mund zu Mund rasch fortpflanzten." Die Redaktionen der „Rhein- und Ruhrzeitung" (RRZ) und des Duisburger „General-Anzeigers" werden überschwemmt mit Gedichten, die an der kriegerischen Gesinnung ihrer Verfasser keinen Zweifel lassen. Entzieht sich jemand dieser Kriegsbegeisterung, ergeht es ihm schlecht. Jakob Altmeier, Journalist und Mitglied der Duisburger Sozialdemokratie besucht das Café Piccadilly auf der Kuhstraße. Seine Weigerung, beim Abspielen der Nationalhymne aufzustehen, muß er mit groben Beschimpfungen durch die anderen Gäste büßen. Er wird mit „pfundschweren" Aschenbechern beworfen und kann schließlich nur unter dem Schutz mehrerer Kellner das Lokal verlassen. Verfolgt man die Berichterstattung in den Lokalteilen der Duisburger Zeitungen, zeigt sich, daß Hinweise auf solch militante Kriegsbegeisterung erst in der letzten Juliwoche des Jahres 1914 zu finden sind. Sicher, am 16. Juli wurde in Duisburg bereits einmal Krieg „gespielt": eine Flugwoche bot Gelegenheit zu militärischen Übungen. Die Rheinbrücken in Homberg, Hochfeld und Beeckerwerth sollten durch fiktive Bombenangriffe zerstört werden.

Dennoch, das Interesse an solcherlei Darbietungen war gering, den Duisburgern schien anderes wichtiger zu sein als die österreichisch-serbischen Querelen.

August 1914. Auf dem König-Heinrich-Platz versammeln sich Wehrpflichtige zum Transport an die Front

Die Zeiten waren unruhig, einige Schlagzeilen belegen dies: „Mexikanisch-amerikanischer Konflikt", „Marokkoabenteuer der Franzosen", „Scharmützel an der bulgarisch-rumänischen Grenze", „Die albanischen Rebellen drohen". Ereignisse, von den Zeitgenossen ebenso stark beachtet, wie die Ermordung des österreichischen Thronfolgers Franz-Ferdinand in Sarajewo. Diese Affäre zwischen Österreich-Ungarn und Serbien auf dem fernen Balkan schien ein eingrenzbarer Konflikt zu sein. Selbst Kaiser Wilhelm II., der von vielen Duisburger Bürgern verehrte Regent, ging wie geplant auf seine Nordlandreise. Am 25. Juli ist im Lokalteil der „RRZ" der drohende Krieg noch kein Thema; die Zeitung berichtet von der großen Radfernfahrt „Rund um Duisburg" und von der Polizeihundeprüfung der Duisburger Polizei.

Die letzte Juliwoche wird hektischer, die Ereignisse überschlagen sich, die Stimmung steigert sich in den schon beschriebenen Kriegstaumel. Es gehört viel Mut dazu, sich in solchen Zeiten zu einer antimilitarischen Einstellung zu bekennen. Ende Juli wird in Duisburg zu zwei Antikriegskundgebungen aufgerufen. Diesem Aufruf und einem folgenden Protestmarsch durch die Duisburger Innenstadt schließen sich vor allem Arbeiter und junge Leute an, die – so die Einschätzung der kaisertreuen „RRZ" – mit dieser Manifestation ihres Friedenswillens einen „Guerillakrieg gegen die starke vaterländische Bewegung" führen.

Die Kriegsmaschinerie ist nicht mehr aufzuhalten. Der kommandierende General des VII. Armeekorps befiehlt, die strategisch wichtigen Punkte Duisburgs – vor allem die Brücken – zu besetzen. Der Schiffsverkehr auf dem Rhein wird eingeschränkt, bei „Dunkelheit und Nebel" darf der Rhein nicht mehr befahren werden. Ferngespräche können nur noch in besonderen Fällen geführt werden und sind genehmigungspflichtig. Die in Duisburg lebenden Österreicher und Ungarn müssen zum Militär und kehren in ihre Heimat zurück. Um die „Geschäftsvorgänge ... mit den deutschen Interessen in Einklang" zu bringen, ergeht die Anweisung, Unternehmen in britischem oder belgischem Besitz – vor allem in Ruhrort ansässig – unter deutsche Aufsicht zu stellen.

Die Bevölkerung reagiert auf ihre Weise. Der Run auf Sparguthaben nimmt eine Größenordnung an, die Oberbürgermeister Jarres zu der Erklärung nötigt, daß „Sparkassengelder als Privateigentum nach staats- und völkerrechtlichen Grundsätzen vor dem Zugriff jeder Staatsgewalt in Krieg und Frieden geschützt" seien. Vor allem kleine Sparer lassen sich nicht überzeugen. Sie verwenden ihr angespartes Geld zu dem Zweck, zu dem es letztendlich vorgesehen war: als „Notgroschen" für schlechte Zeiten. Hamsterkäufe nehmen in so großem Umfang zu, daß stellenweise die Nachfrage nach einzelnen Lebensmitteln nicht befriedigt werden kann. Die Preise erreichen ungeahnte Höhen, ein Vorgeschmack auf Entwicklungen in den folgenden Jahren. Das Vertrauen zum Papiergeld schwindet, Wechselgeld wird knapp. Auch hier mahnt der Oberbürgermeister zu überlegterem Handeln.

Dr. Karl Jarres ist noch nicht lange erster Repräsentant dieser Stadt. Erst vor einem Monat, am 1. Juli 1914, ist er von der Stadtverordnetenversammlung für die Dauer von 12 Jahren gewählt worden. Mit 15-monatiger Unterbrechung wird er dieses Amt bis zum April 1933 ausüben. Ihm stehen turbulente Jahre bevor.

2. Zur Lage der Bevölkerung während des Krieges

Die Sicherstellung der Lebensmittelversorgung bleibt für die nächsten Jahre ständige Bewährungsprobe. Ein „Kochbüchlein für die Kriegszeit" von Hauswirtschaftslehrerinnen und Hausfrauen zusammengestellt, mahnt, in Kriegszeiten „nicht an Putz und Leckereien" zu denken. Der Grundsatz jeder verantwortungsbewußten Hausfrau müsse vielmehr lauten: „Sparen! Sparen! Sparen!!!"

Die Versorgungslage verschlimmert sich, als im September 1914 England eine Seeblockade verhängt und damit die Zufuhr von Lebensmittel und Rohstoffen weitgehend verhindert. Militärische Notwendigkeiten führen in Deutschland Ende 1914 zur Kriegswirtschaft (Bewirtschaftung von Rohstoffen und Lebensmittel, Frauenarbeit, Zwangsverpflichtungen usw.).

In Duisburg beginnt man bereits frühzeitig Lebensmittelvorräte anzulegen. Die Stadt kauft z.B. 4700 Zentner Dauerwaren (Schinken, Schmalz, Speck) im Wert von 450.000 Mark und lagert sie ein. Auch Kartoffeln, Mehl, Fleisch werden in großen Mengen gehortet. Stellt der Verwaltungsbericht für das Jahr 1914 noch fest, daß „die Lebensführung nach anfänglichen kleinen Einschränkungen bald wieder die übliche" wird, erweist sich die Rationierung der Grundlebensmittel bereits Anfang 1915 als unausweichlich. Nach der von der Verwaltung ausgegebenen Devise „... sparsame Wirtschaft, namentlich mit dem Brote, bleibt erste Pflicht eines jeden Haushaltes in der Kriegszeit", wird beim Brot mit der Rationierung begonnen. In allen Stadtteilen Duisburgs, wie auch in den umliegenden Orten, machen die Einwohner ab März 1915 Bekanntschaft mit der Brotkarte. Weitere Einschränkungen des Verbrauchs folgen, das Fleisch wird rationiert, Fettkarten für Butter und Margarine und Eierkarten werden ausgegeben, Milchkarten regeln die wöchentliche Abgabe von Milch an Kleinkinder und Kranke – die einzigen bezugsberechtigten Personen – es folgen Kohlebezugsscheine und Petroleumkarten.

Um die Preisentwicklung einigermaßen kontrollieren zu können, richtet die Stadt 28 eigene Verkaufsstellen für Lebensmittel ein. Ein vergebliches Unterfangen, die Preise klettern unaufhörlich und erreichen z.T. schwindelnde Höhen. Für ein Ei zahlt man im letzten Kriegsjahr 55 Pfennig (Pfg.) gegenüber 9 Pfg. im Jahre 1914; ein Liter Milch, 1914 noch für 20 Pfg. zu haben, kostet im Dezember 1917 56 Pfg. Der Schleichhandel blüht, Preistreiberei ist an der Tagesordnung, die staatlich festgesetzten Höchstpreise stehen nurmehr auf dem Papier.

Ein erstes Aufbegehren gegen diese Zustände erfolgt im August 1915 in Hamborn. Mehrere hundert Frauen demonstrieren für eine Heraufsetzung ihrer Kriegsunterstützung. Die Frau eines Kriegsteilnehmers mit vier Kindern erhält im Sommer 1915 eine monatliche Unterstützung von 63 Mark. Davon konnten die Haushaltskosten kaum bestritten werden. Die Bergleute der Thyssenzechen stellen etwa 4% ihres Lohnes den Angehörigen der zum Kriegsdienst eingezogenen Kollegen zur Verfügung. Ein Jahr später hat sich die Lage verschlimmert. Am 25. August 1916 streiken die Arbeiter der Zeche „Neumühl" für höhere Löhne und für eine bessere Lebensmittelversorgung. In der Hamborner Innenstadt finden große Demonstrationen statt. Ein Kenner der Hamborner Geschichte, Erhard Lucas, berichtet: „Im Zusammenhang damit wurden Geschäfte, darunter das größte Lebensmittelkaufhaus der Stadt, gestürmt und geplündert."

Die Entwicklung kulminiert im Frühjahr 1917. Zu den kriegsbedingten Ursachen der Lebensmittelknappheit treten Mißernten und ein äußerst harter Winter. Es fehlt an allem, Obst und Gemüse sind fast nicht mehr zu bezahlen. Das Brot wird knapp, Weißbrot ist nur noch auf ärztliches Attest erhältlich. Besonders die Versorgung mit Kartoffeln, dem Grundnahrungsmittel im Haushalt des „kleinen Mannes", erweist sich als sehr problematisch. Der Mangel an Kartoffeln ist so groß, daß zu Beginn des Jahres 1917 die wöchentliche Ration auf ein halbes Kilo pro Kopf der Bevölkerung beschränkt wird. Am 10./11. Januar streiken in Hamborn die Bergleute der Zeche „Deutscher Kaiser", um damit eine Zurücknahme der erfolgten Herabsetzung der Kartoffelration zu bewirken.

Die Fleischration ist ebenfalls äußerst knapp bemessen. Sie beträgt 250 Gramm wöchentlich, wobei die Arbeiter in der Rüstungsindustrie und Bergleute Zulagen zwischen 50 und 250 Gramm erhalten. Doch entsprechen diese Angaben, wie sie der Verwaltungsbericht für das Jahr 1917 verzeichnet, nicht unbedingt der tatsächlichen Ernährungslage der Bevölkerung, da die geforderten Preise von vielen überhaupt nicht bezahlt werden können. Trotz Schwer- und Schwerstarbeiterzulage nimmt die Unterernährung der Arbeiter z.T. beängstigende Ausmaße an. In einem Brief an Oberbürgermeister Jarres vom 8. Februar 1917 beklagen sich „mehrere Bergleute" aus Meiderich darüber, daß in keinem anderen Bezirk, „die Bergleute zu ihrem schweren Beruf so mangelhaft mit Lebensmittel versorgt werden, wie in Duisburg". Schmalz, so führen sie aus, in den Nachbarstädten in „Hülle und Fülle" vorhanden, würde man in Duisburg überhaupt nicht kennen. „Eine Schande, morgens fährt der Bergmann ein. In 3–4 Stunden ist er gezwungen auszufahren, wegen Hunger und Schlappheit." Der äußerst verbittert klingende Brief endet mit der Forderung: „Also, so kann es unter keinen Umständen weitergehen." Es geht so weiter! Die Löhne, in der Rüstungsindustrie und im Bergbau noch um einiges höher als in anderen Wirtschaftszweigen, können mit den ständigen Preissteigerungen nicht mithalten. Der Stundenlohn eines Bergmannes beträgt bei einer täglichen Arbeitszeit von 10 Stunden 1,06 Mark, der eines über Tage beschäftigten Arbeiters 75 Pfennig. Für den Kauf einer wollenen Unterjacke, die im Sommer 1917 40 Mark kostet, muß ein Bergmann 4 Tage arbeiten; eine Rolle Nähgarn kostet 6 Mark, Wollstrümpfe 10 Mark.

Die Stadt versucht, in Zusammenarbeit mit den Kirchen, mit dem Roten Kreuz und dem Vaterländischen Frauenverein, der allgemeinen Notlage so gut es geht zu begegnen.

In den Stadtteilen werden „Kriegsküchen" eingerichtet, wo sich der Teil der Bevölkerung, der sich anderweitig nicht zu ernähren vermag, für 20 Pfennig eine Suppe kaufen kann. Über 10% der Einwohner Duisburgs machen in den Monaten März, April und Mai von dieser Möglichkeit Gebrauch. Walsum richtet Mitte 1916 Kriegsküchen in den Stadtteilen Aldenrade und Wehofen ein; in Homberg erfolgt die Versorgung zentral von einer auf Schacht III der Zeche „Rheinpreussen" eingerichteten Großküche. Im April 1917 werden von hier 2.160 Personen aus Hochheide, Essenberg und Homberg verpflegt. Der Preis für eine Mahlzeit schwankt, je nach Bedürftigkeit, zwischen 15 und 40 Pfennig. Um der Unterernährung der schulpflichtigen Kinder entgegenzuwirken, werden über 20% der Schüler des damaligen Duisburger Stadtgebietes mit täglich einem halben Liter Suppe versorgt. Von der Reichsregierung initiiert und finanziell unterstützt, organisiert der Berliner Verein „Landaufenthalt für Stadtkinder", längere Erholungsaufenthalte in Gebieten, in denen sich die Ernährungslage nicht so kritisch darstellt. In Duisburg wird in den Jahren 1917/18, unter Federführung des evangelischen Pfarrers Fritz Haun, des katholischen Theologen Anton Schlieker und des Rabbiners Dr. Manass Neumark, etwa 11.000 vorwiegend schulpflichtigen Kindern ein solcher Landaufenthalt ermöglicht.

Steckrüben – das Hauptnahrungsmittel im Winter 1916/17 – oder ab und zu wenige Kartoffeln zum Mittagessen, machen nicht widerstandsfähig genug, um über einen längeren Zeitraum hinweg körperlich harte Arbeiten ertragen zu können, ohne gesundheitliche Schäden davonzutragen. Es wundert nicht, daß in den letzten beiden Kriegsjahren Krankheiten und Sterbefälle drastisch zunehmen. Zum ersten Mal ist die Sterbeziffer in Duisburg höher als die der Geburten. Trotz geringerer Geburtenzahl steigt die Säuglingssterblichkeit 1917 auf 18% gegenüber 11,9% im Jahre 1914. Der Verwaltungsbericht von Hamborn vermerkt „die Unterernährung im Verein mit der darauffolgenden Entkräftung", sei die Voraussetzung „für die Ausbreitung von Volkskrankheiten, ... namentlich Tuberkulose, Grippe und Typhus". Die größte Sorge bereitet im Sommer 1917 eine Ruhrepedemie. In Duisburg erkranken insgesamt 2.329 Personen, auch in Hamborn (854), Walsum (136) und Homberg (123) grassiert die Ruhr. Eine angemessene Versorgung der Kranken bereitet deshalb Schwierigkeiten, weil Ärzte und geschultes Pflegepersonal fehlen und die zur Isolierung der Kranken notwendigen Räumlichkeiten bereits mit verwundeten Soldaten belegt sind.

3. Kriegswirtschaft

Die Duisburger Großbetriebe arbeiten indessen auf Hochtouren, den Unternehmen der Schwerindustrie gelingt es schnell, sich den Anforderungen der Kriegswirtschaft – der Herstellung von Rüstungsmaterial – anzupassen. In einem Brief an den Generaldirektor der Hamborner Zeche „Deutscher Kaiser", Arthur Jacob, vom 9. August 1914 vermutet August Thyssen: „Lange kann der Krieg nicht dauern, dafür ist er zu teuer, auch leiden die wirtschaftlichen Verhältnisse ... sowohl bei uns, als bei den Feinden". Thyssen rechnet mit einer Kriegsdauer von 4–6 Wochen. Von der durch den Einmarsch deutscher Truppen erfolgten Lahmlegung der belgischen Kohleförderung erhofft sich Thyssen einen großen konjunkturellen Aufschwung seiner Unternehmen.

Einberufungen zum Kriegsdienst und die Rückkehr ausländischer Arbeitnehmer in ihre Heimatländer führen im August/September 1914 zunächst zu Produktionsdrosselungen. Die „Friedrich-Alfred-Hütte" in Rheinhausen muß 6 von 10 Hochöfen kurzfristig stillegen, von denen bis Mitte 1915 zwei wieder in Betrieb genommen werden. Die Belegschaft der Hütte, bei Kriegsausbruch fast um die Hälfte reduziert, wächst bis 1916 auf

Frauen werden als Arbeitskräfte in der Industrie eingesetzt.

8.526 Beschäftigte – eine höhere Beschäftigtenziffer als im letzten Friedensjahr 1913. Im Juli 1918 arbeiten über 10.000 Arbeitnehmer im Hüttenwerk. Bei Kriegsende ist die „Friedrich-Alfred-Hütte" das größte gemischte Hüttenwerk Europas.

Schwierigkeiten bereitet den Betrieben die Anwerbung qualifizierter Arbeitskräfte. Der Verwaltungsbericht Duisburgs für das Jahr 1914 vermerkt unter der Rubrik „städtischer Arbeitsnachweis", daß „die große Zahl der von den Geschoßwerkstätten verlangten Dreher und Schlosser kaum zu beschaffen" sei. Der Mangel an Arbeitskräften führt in allen Wirtschaftszweigen zur Einstellung von Frauen. In welchem großen Maße Frauen während des Weltkrieges als „industrielle Reservearmee" eingesetzt werden, zeigt eine genauere Betrachtung der Belegschaftszahlen des Rheinhausener Hüttenwerkes. Im Juli 1916 arbeiten auf der Hütte 825 Arbeiterinnen, diese Zahl steigt innerhalb eines Jahres auf 1.919, um nach Kriegsende auf 199 zurückzugehen. Der städtische Bericht Duisburgs bemerkt dazu Anfang 1919 lakonisch, daß „nach erfolgter Demobilmachung ... sich der Abbau der Frauenarbeit glatt und ohne Reibung" vollzogen habe. Allerdings, so stellt die Homberger Verwaltung fest, sei die Bereitschaft der Frauen, Hausarbeiten zu verrichten, sprich, sich als Dienstmädchen zu verdingen, merklich zurückgegangen. Daß Frauen weniger verdienen als ihre männlichen Kollegen, zeigt eine Untersuchung des „Deutschen Metallarbeiterverbandes": von den in der deutschen Metallindustrie bis zur Jahresmitte 1918 beschäftigten etwa 259.000 Arbeiterinnen verdienen nach dieser Untersuchung 15,7% zwischen 20 und 50 Pfennig in der Stunde. Der durchschnittliche Stundenlohn eines Arbeiters in den metallverarbeitenden Betrieben Duisburgs liegt zu diesem Zeitpunkt bei etwas über einer Mark. Während streikende Arbeiter der „Kupfer- und Messingwerke Heckmann" im Juli 1918 eine Erhöhung des Stundenlohnes um 12 Pfennig durchsetzen, müssen sich die Arbeiterinnen mit einer Erhöhung von 6 Pfennig zufriedengeben. Frauen arbeiten jedoch nicht nur in der Industrie, auch bei der Post, der Eisenbahn oder der städtischen Straßenbahn, deren Fahrer- und Schaffnerpersonal 1917 fast ausschließlich von Frauen gestellt wird, hält Frauenarbeit Einzug.

Der Bergbau wird durch die Mobilmachung besonders hart getroffen. Als Beispiel sei die Bergbaugesellschaft „Diergardt m.b.H." genannt, die in den ersten Kriegsmonaten 62% ihrer Belegschaft durch Einberufung zum Militär verliert. Die Rekrutierung der im Ruhrgebiet arbeitenden Österreicher und Ungarn verschärft die Beschäftigungssituation im Bergbau zusätzlich. Von den etwa 410.000 Bergleuten des Ruhrreviers stammen über 25.000 aus Österreich-Ungarn. Die meisten von ihnen leben und arbeiten in Hamborn und Umgebung. Auf den Zechen Hamborns sind 23,3% Ausländer beschäftigt, vorwiegend Österreicher. Auch auf den Schachtanlagen der Zeche „Rheinpreussen" in Homberg arbeiten zahlreiche Österreicher.

Neben Frauen und Jugendlichen, im Übertagebetrieb eingesetzt, ersetzen Kriegsgefangene die zum Kriege eingezogenen Bergleute. Bereits zu Beginn des Jahres 1915 errichtet die Gewerkschaft „Wilhelmine Mevissen" Baracken für 200 Gefangene. Die Mehrzahl der ersten, im Februar 1915 im Ruhrgebiet eintreffenden Gefangenen, sind Bergleute aus den Industriegebieten Rußlands. Außerdem werben die Unternehmen Arbeitskräfte aus den verschiedensten, auch außereuropäischen Ländern an. Kriegsgefangene arbeiten in allen Betrieben der Rüstungsindustrie. Das „Mannesmann-Röhrenwerk" in Huckingen, damals noch zur Bürgermeisterei Angermund gehörend, beschäftigt im März 1918 249 Gefangene. Im Hüttenwerk Rheinhausen arbeiten im gleichen Jahr 2.937 ausländische Arbeitnehmer, etwa zur Hälfte Kriegsgefangene. Die Stadt Duisburg unterhält ein „Gefangenen-Arbeitskommando" von 293 Kriegsgefangenen. Zunächst hauptsächlich zur Urbarmachung städtischen Brachlandes eingesetzt, können sie später bei Bedarf von Großbetrieben angefordert werden.

Während die vorhandenen Kapazitäten in der Rüstungsindustrie und im Bergbau bis an die Grenze der Belastbarkeit von Menschen und Maschinen ausgenutzt werden, sieht die Auftrags- und Beschäftigungslage in anderen Wirtschaftszweigen der Stadt ungünstiger aus. Nach Auskunft der Verwaltung „liegen einzelne Gewerbezweige sehr darnieder, namentlich der Getreide- und Holzhandel, das Wirtschaftsgewerbe, einzelne Handwerkszweige und auch das Baugewerbe. Auch die Textil- und Tabakindustrie haben durch die Beschlagnahme der Stoffe und der Einschränkung der Zufuhr (von Rohstoffen d. Verf.) erheblich zu leiden". Der Krieg wirkt auf die Geschäfte des Duisburger Hafens lähmend. Der Gesamtumschlag geht von 27.000.000t im Jahre 1913 auf 11.145.000t im Jahre 1918 zurück. In Walsum erreicht der Umschlag an Eisen, Kohle, Koks und Eisenerz erst 1927 wieder Vorkriegswerte.

Im Baugewerbe ist die Auftragslage besonders kritisch. Eine „Kriegsarbeitsgemeinschaft" von Bauhandwerkern aus Duisburg, Hamborn, Homberg und Friemersheim übergibt Oberbürgermeister Jarres im Dezember 1914 eine „Eingabe zur Bekämpfung der allgemeinen Arbeitslosigkeit durch Belebung der Bautätigkeit". Die kommunalen Behörden werden durch den Arbeitskreis aufgefordert, „alle in Angriff genommenen Bauten mit großer Beschleunigung" auszuführen und „umgehend Mittel für weitere Bauten" bereitzustellen. Um diesen Forderungen nachkommen zu können, fehlt es an den nötigen Geldmitteln, vor allem aber an Baumaterial. Die Stadt beschränkt sich in den Kriegsjahren darauf, die notwendigsten Ausbesserungsarbeiten vorzunehmen und bereits vor dem Krieg beschlossene Arbeiten im Bereich des Duisburger Hauptbahnhofes weiterzuführen. Bautätigkeit entwickelt die Rüstungsindustrie; einige Betriebe, z.B. die „Rheinischen Stahlwerke", errichten Erweiterungsbauten. Die Koloniebauten für die neuerrichtete Thyssenzeche in Wehofen werden noch Anfang 1915 mit Nachdruck betrieben. Der private Wohnungsbau kommt gänzlich zum Erliegen. Während 1914 in Hamborn der Privatwohnungsbau im Verhältnis zur gesamten Bautätigkeit der Stadt noch 14% beträgt, geht dieses Verhältnis im Jahre 1915 auf 2,4% zurück. Arbeitslose Bauhandwerker, die in der Schwerindustrie nicht unterkommen können, werden z.T. in das von Deutschland besetzte Belgien vermittelt, wo sie bei Brückenbauten und bei der Errichtung von Luftschiffhallen eingesetzt werden.

Karl Jarres behält recht, wenn er in einem Telegramm an die Eisenbahndirektion in Essen Ende August 1914 zur weiteren Wirtschaftsentwicklung vermutet: „Mit Kreditnot und empfindlichem Beschäftigungsrückgang in Handel und Kleingewerbe ist zu rechnen". Klein- und Mittelbetriebe geraten in Existenznot. Dies zum einen, weil Handwerksmeister und ein Großteil der Gesellen zum Militär müssen, zum anderen, weil die verbliebenen Beschäftigten, von den hohen Löhnen der Großbetriebe gelockt, in die Rüstungsindustrie abwandern. Die hohen Löhne der Industrie veranlaßt auch viele Jugendliche dazu, nach der Schulentlassung keine Ausbildung zu beginnen, sondern als ungelernte Kraft in einem der Duisburger Großbetriebe anzufangen. Von 1.720 schulentlassenen Jungen des Jahres 1918 beginnen lediglich 120 eine Ausbildung. Um den Fortbestand kleinerer Handwerksbetriebe zu sichern, richtet die Stadt in der gewerblichen Berufschule Abendkurse ein. Frauen von eingezogenen Handwerksmeistern werden in kaufmännischem Rechnen und in Buchführung ausgebildet; Frauen von Friseuren erlernen das Haareschneiden.

4. *Schule und Kultur im Zeichen des Krieges*

Die familiäre Situation der Kinder und der Jugendlichen ist schwierig. Der Vater, als Soldat an der Front, die Mutter, für den Lebensunterhalt sorgend, in der Fabrik, sind die Kinder nicht selten den ganzen Tag auf sich allein gestellt. Bürgermeister Karl Beck aus Angermund, damals zuständig für die Gebiete, die heute den Duisburger Süden bilden, beklagt im Jahr 1917 „eine zunehmende Verwilderung der Schuljugend". In den Schulen nehmen Disziplinarverstöße überhand, immer häufiger gehen Schüler einfach nicht mehr zur Schule. Die Bürgermeisterei Angermund verhängt im letzten Kriegsjahr 955 Strafverfügungen gegen Eltern häufig fehlender Schüler, doppelt so viele wie im voraufgegangenen Jahr. „Es ist höchste Zeit", schreibt ein Lehrer aus Duissern, „daß kräftig eingeschritten wird gegen alles, was die heranwachsende Jugend äußerlich und innerlich zugrunde richten kann."

Von einem geregelten Schulbetrieb kann seit Ende 1914 nicht mehr die Rede sein. Einberufungen von Lehrern – bis zum Kriegsende sind es 409, darunter allein 308 Volksschullehrer – machen Sonderregelungen unumgänglich: Unterrichtsstunden werden gekürzt, einzelne Fächer gänzlich aus dem Lehrplan gestrichen, die Einschulung der schulpflichtigen Kinder um ein Jahr hinausgeschoben. Auch in der Schule übernehmen Frauen bisher allein Männern vorbehaltene Arbeitsbereiche. Die Umwandlung von Lehrer- in Lehrerinnenstellen ermöglicht es Frauen, auch sogenannte wissenschaftliche Fächer zu unterrichten und nicht mehr vorwiegend die Fächer Hauswirtschaft und Handarbeiten. Die Arbeitsbelastung der an der „Heimatfront" verbliebenen Pädagogen ist groß. Ihre wöchentliche Arbeitszeit wird um zwei Stunden heraufgesetzt. Die Zusammenlegung von Parallelklassen, nicht nur wegen des akuten Lehrermangels angeordnet, sondern auch zur Einsparung von Heizmaterial erforderlich, führt nicht selten zu Klassenstärken von über 100 Schülern. Neben den schulischen Verpflichtungen sind eine Reihe anderer Aufgaben zu erledigen. Die Ausgabe von Lebensmittelkarten delegiert die Stadtverwaltung an die Volksschullehrer; in den 64 Volksschulen Duisburgs richtet die Stadt Ausgabestellen ein. Organisatorische Hilfen bei Sammel- und Spendenaktionen werden zur obligatorischen Verpflichtung. Der Chronist der evangelischen Schule in Duissern beklagt: „Die arme Volksschule muß immer herhalten und ihre Zeit opfern."

Das Schulleben steht ganz im Zeichen des Krieges; ein gern gestelltes Aufsatzthema etwa lautet: „Die Kriegsanleihe in der Schule". Der Schulalltag ist ausgefüllt mit Sammelaktionen – seien es Weideröschenfrüchte als Baumwollersatz oder Bucheckern und Eicheln zur Ölverarbeitung – dem Anbau von Kartoffeln im Schulgarten oder dem Ernteeinsatz in der Landwirtschaft. In den Handarbeits- und Turnstunden der Mädchen fertigen die Schülerinnen Wollsachen für die Soldaten an der Front. Wird in der Stadt aus Anlaß eines wichtigen deutschen Sieges geflaggt, sind die Schüler, nach Anweisung des Schulrates Gustav Götze, „von der Anfertigung von Schularbeiten für den nächsten Schultag" zu befreien. Im Unterricht des folgenden Tages besteht die Verpflichtung „des Sieges zu gedenken und seine Bedeutung zu würdigen." Patriotische Feiern sind an der Tagesordnung, schulfrei gibt es aus den verschiedensten, als national wichtig empfundenen Anlässen – etwa wegen der besonderen Höhe der gezeichneten Kriegsanleihe, der Feier zum Gedenken an 500 Jahre Hohenzollernherrschaft in Preußen oder dem Friedensangebot des Staates Montenegro. Besonders der Geburtstag Wilhelm II. bietet jedes Jahr erneut Gelegenheit, „vaterländische Gesinnung" zu zeigen und „unerschütterliche Treue" zu Kaiser und Reich zu bekunden.

Das Bildungsbürgertum der Stadt sucht Zerstreuung und Abwechslung von den Nöten der Zeit. Theater- und Opernaufführungen sowie Konzertabende bleiben auch während des Krieges fester Bestandteil des kulturellen Lebens; allein 1917 stehen 191 Veranstaltungen auf dem Spielplan des Stadttheaters. Das Theater ist im allgemeinen gut besucht, das 1.641 Sitzplätze umfassende Haus nicht selten ausverkauft. Einige Sondervorstellungen stehen im Zusammenhang mit Spendenaufrufen zur Finanzierung des Krieges oder zur Unterstützung Notleidender. Die von einem Kunstmäzen finanzierte Aufführung der Wagneroper „Lohengrin", aus Anlaß des 70. Geburtstages Paul von Hindenburgs, erbringt einen Spendenbetrag von 25.000 Mark. Der Reinertag eines im Oktober 1918 unter Mitwirkung des „Dresdner Streichquartetts" stattfindenden „Beethovenfestes" kommt in vollem Umfang Kriegsbeschädigten zugute. Die Aufrechterhaltung des Opern- und Konzertbetriebes gestaltet sich durch Einberufung von Musikern immer schwieriger. Der musikalische Leiter des städtischen Orchesters, Walter Josephson, sowie die Mehrzahl der 40 Musiker, bleiben während der gesamten Dauer des Krieges eingezogen. Nur die Verschmelzung der städtischen Orchester Düsseldorfs und Duisburgs und die Heranziehung von Gastmusikern ermöglicht die Fortführung von Konzerten und Opernaufführungen.

Eine breite, traditionsreiche Mittelschicht wie in Duisburg gibt es in Hamborn kaum. Ein Bergmann oder Industriearbeiter hat wichtigere Probleme als die Befriedigung kultureller Bedürfnisse: für ihn geht es um existenzielle Fragen der Ernährung und des Lebensunterhaltes. Der Theaterbetrieb in Hamborn, bisher von der „Rheinisch-Westfälischen Verbandsbühne" wahrgenommen, wird im Jahr 1917 eingestellt.

5. *„Siegfrieden" oder „Verständigungsfrieden"*

Die politischen Parteien und mit ihnen die Gewerkschaften haben im August 1914 mit dem Kaiser einen „Burgfrieden" geschlossen. Die Gewerkschaften versichern, für die Dauer des Krieges Arbeitskämpfe nicht zu unterstützen. Unter dem Eindruck, das Deutsche Reich sei unverschuldet in den Krieg verwickelt, hat auch die Sozialdemokratie – von ihren politischen Gegnern bisher als „vaterlandslose Gesellen" beschimpft – die zur Finanzierung des Krieges notwendigen Kredite bewilligt. Diese einmütige Haltung aller politischen Kräfte begrüßt Schulrat Götze auf der Sedanfeier des Jahres 1914: „Sei was du willst, bist du ein Deutscher von Gesinnung und Tat, so reich mir die Hand, du bist mir wert."

Der Alltag des Krieges, zunehmende wirtschaftliche Nöte, führen schon bald zu politischen Spannungen. Nach dem entbehrungsreichen Winter 1916/17 versucht die „Oberste Heeresleitung" die allgemeine Unzufriedenheit der Bevölkerung, in Zusammenarbeit mit Vertretern der Arbeiterorganisationen und der Kirche zu kanalisieren. In der städtischen Tonhalle, in Ruhrort und in Meiderich, finden „Volksunterhaltungsabende" statt, auf denen Militärs und zivile Fachleute über „kriegszeitliche Angelegenheiten" sprechen. Zur Mitarbeit erklären sich hauptsächlich Funktionäre der christlichen und liberalen Gewerkschaften und des Zentrums bereit. Ein Verzeichnis derjenigen Personen, die sich dem stellvertretenden Generalkommando für Aufklärungsvorträge zur Verfügung gestellt haben, nennt u. a. auch Persönlichkeiten des öffentlichen Lebens Duisburgs. Pfarrer Haun, bekannt geworden durch seine Kriegspredigten „Vorwärts mit Gott", ist für die „Aufklärung der Landbevölkerung über Ernährungsfragen" zuständig. Der Redakteur des Zentrumblattes „Echo vom Niederrhein", Theodor Kreyenberg, redet über „industrielle und gemischte Bezirke des Niederrheins". Der Gründer und Vorsitzende des „Christlichen Metallarbeiterverbandes", Franz Wieber, Zentrumsvertreter in der Duisburger Stadtverordnetenversammlung und zu Beginn der Weimarer Republik für den Wahlkreis Duisburg in den Reichstag gewählt, schildert in seinen Vorträgen die „Arbeitsbedingungen und die Ernährungsverhältnisse im Industriegebiet in den östlichen Landesteilen".

Der Kriegseintritt der USA am 6. April 1917, als Reaktion auf die Erklärung des uneingeschränkten U-Bootkrieges durch das Deutsche Reich, leitet die Niederlage der Mittelmächte ein. Siegeszuversicht und Durchhaltewillen der Bevölkerung weichen einer ständig größer werdenden Friedenssehnsucht. Den unbedingten Verfechtern eines „Siegfriedens", mit weitreichenden Annexionen im Westen wie im Osten Europas, stehen Kräfte gegenüber, die einen „Verständigungsfrieden" ohne Sieger und Besiegte anstreben. Die Anhänger eines „Siegfriedens" haben sich in Duisburg in der „Deutschen Vaterlandspartei" zusammengeschlossen, die im Oktober 1917 aus dem „Unabhängigen Ausschuß für einen deutschen Frieden" hervorgeht. Die Initiative zu einer Duisburger Ortsgruppe der „Vaterlandspartei" (der zweite Vorsitzende dieser Partei, Geheimrat Kapp, gelangt in der Anfangsphase der Weimarer Republik noch zu trauriger Berühmtheit), geht von Alfred Roth aus, einem Oberleutnant d. R. und Sozialsekretär der „Rheinischen Stahlwerke". Auf den in regelmäßiger Folge veranstalteten „Vaterländischen Abenden" konkretisieren die Redner ihre Vorstellungen eines „deutschen Friedens". Ein solcher Friedensschluß liegt im Interesse der deutschen Schwerindustrie. Der Zugriff zu den Rohstoffgebieten Frankreichs und Belgiens bildet eines der erklärten Ziele dieser „Friedensvorstellungen". Als Unterzeichner einer 1915 veröffentlichten Denkschrift mit dem Titel „Deutschlands Kriegsziele" bekennt sich auch Karl Jarres zur annexionistischen Siegfriedenspolitik.

Den vielbeschworenen Geist der Augusttage 1914 gibt es nicht mehr. An der illusionären Kriegszielpropaganda der Rechtsparteien zerbrechen die Gemeinsamkeiten. Bereits im Dezember 1915 verweigern 20 Abgeordnete des linken Flügels der Sozialdemokratie im Reichstag eine weitere Bewilligung der Kriegskredite. Zwei Jahre später wird in Gotha die „Unabhängige Sozialdemokratische Partei Deutschlands" (USPD) ins Leben gerufen. Der linke Flügel der USPD, der „Spartakusbund" um Rosa Luxemburg und Karl Liebknecht, ist die Keimzelle der 1919 gegründeten „Kommunistischen Partei Deutschlands" (KPD).

In Duisburg sammelt sich die Opposition gegen eine Fortführung des Krieges um die sozialdemokratische „Niederrheinische-Arbeiter-Zeitung". Carl Minster und August Schoch, die für den redaktionellen Teil der Zeitung verantwortlich sind, machen aus ihrer antimilitaristischen Einstellung keinen Hehl. August Schoch, ein „alteingesessener" Duisburger, ist seit Dezember 1915 der erste Sozialdemokrat in der Duisburger Stadtverordnetenversammlung. Die politische Einstellung der beiden Redakteure entspricht durchaus der Tradition der Duisburger Sozialdemokratie. Erinnert sei in diesem Zusammenhang an Wilhelm Hasenclever, der 1870 im Parlament des „Norddeutschen Bundes", nach der kriegsentscheidenden Schlacht bei Sedan gegen eine Kreditbewilligung zur Fortsetzung des deutsch-französischen Krieges stimmte. Noch 1912 agitierte die örtliche SPD mit der Losung „Kampf den Kriegshetzern" gegen eine einseitig vom Deutschen Reich betriebene Aufrüstungspolitik. Und zu Beginn des Ersten Weltkrieges sind es hauptsächlich Sozialdemokraten, die, entgegen dem Zeitgeist, für den Frieden auf die Straße gehen.

Doch die Situation des Jahres 1916 ist anders. Die Mehrheit der Parteiführung besteht auf der Einhaltung des innenpolitischen Waffenstillstandes mit Kaiser und konservativer Reichsregierung. Minster und Schoch werden am 31. März gekündigt; am 3. April fordert sie Otto Braun, der als Vertreter des Parteivorstandes nach Duisburg geeilt ist, ultimativ zum Verlassen der Redaktionsräume auf. Die innerparteiliche Reaktion auf diese Maßnahme zeigt, daß die Gruppe der Kriegsgegner in Duisburg über einen starken Rückhalt verfügt. Eine Vertrauensmännerversammlung droht mit einer Beitragssperre, falls Minster und Schoch nicht innerhalb von 14 Tagen wieder eingestellt würden. Mitgliederversammlungen in Hochfeld und Neudorf schließen sich dieser Forderung an. Eine Konferenz der führenden Parteifunktionäre des Wahlkreises billigt im Mai 1916 die Entlassung von Minster und Schoch. Die gemaßregelten Redakteure und deren Anhänger können an dieser Versammlung zwar teilnehmen, erhalten jedoch kein Rede- und Stimmrecht. Neben den neuen Redakteuren Clemens Hengsbach und Cäsar Weyers nehmen vom Parteivorstand Friedrich Ebert, späterer Reichskanzler und erster Präsident der Weimarer Republik, und Otto Braun, späterer Ministerpräsident von Preußen, an dieser Konferenz teil.

Minster versucht weiterhin, publizistisch Einfluß zu nehmen. Ab Mai 1916 gibt er das „Mitteilungsblatt des sozialdemokratischen Vereins Duisburgs" heraus, welches ab Juli den Titel „Der Kampf. Sozialistisches Propaganda-Organ für Rheinland und Westfalen" trägt. Der „Kampf" vertritt den politischen Standpunkt des „Spartakusbundes". Er unterliegt der polizeilichen Vorzensur und wird im Juni 1917 verboten. Um einer drohenden Einberufung zum Militärdienst zu entgehen, flüchtet Carl Minster bereits im März 1917 in die Niederlande. In Amsterdam gibt er weiterhin den „Kampf" heraus. Einige Exemplare der Zeitung schleusen Vertrauensleute Minsters über Hamborn auch nach Duisburg ein. Die Bedeutung, die Minster von den Militärbehörden zugemessen wird, zeigt seine unter recht mysteriösen Umständen erfolgte Entführung aus den Niederlanden Ende 1917. Sowohl die Zweite Kammer des niederländischen Parlaments, als auch der deutsche Reichstag – der Vorsitzende der USPD, Hugo Haase, bringt eine kleine Anfrage ein – beschäftigen sich mit dem Entführungsfall. Das abenteuerliche, stets der Arbeiterbewegung verbundene Leben Carl Minsters endet tragisch. Nach seiner Verhaftung durch die Nationalsozialisten im Frühjahr 1942 in Paris, wird er noch im gleichen Jahr angeklagt und wegen Vorbereitung zum Hochverrat zum Tode verurteilt.

Duisburg wird in den unterschiedlichsten Publikationen als eines der Zentren der extremen Linken im Rhein-Ruhrgebiet bezeichnet. Tatsächlich scheinen sich um Minster und Schoch – ebenso wie um Rosi Wolfstein, zeitweilig Kreisvorstandsmitglied der SPD und führend tätig in der parteiinternen Jugendarbeit – radikale Sozialisten gesammelt zu haben, die in Duisburg den Boden bereiteten, um bei entsprechender Gelegenheit den revolutionären Umsturz zu wagen.

Am 11. November 1918 geht mit der Unterzeichnung des Waffenstillstandes im Wald von Compiègne der Erste Weltkrieg zu Ende. Im damaligen Duisburger Stadtgebiet werden 3.260 Kriegsopfer beklagt; in Hamborn beträgt die Gefallenenzahl etwa 2.000. Aus dem Bereich der zur Bürgermeisterei Angermund gehörenden Gebiete des Duisburger Südens fallen 482 Soldaten, aus Walsum 279. Eine Ehrentafel der Stadt Homberg erinnert an 594 Gefallene, nach Baerl kehren 95 Soldaten nicht zurück; von den über 3.000 eingezogenen Werksangehörigen der „Friedrich-Alfred-Hütte" in Rheinhausen fallen 544. Insgesamt sind es über 7.200 Soldaten aus Duisburg, die im Ersten Weltkrieg ihr Leben lassen.

Die vier Kriegsjahre haben der Bevölkerung, gerade auch im industriell strukturierten Duisburger Raum, äußerste Anstrengungen abverlangt. Hunger und Entbehrungen, die Aussichtslosigkeit des Kampfes gegen eine schließlich erdrückende Übermacht der gegen Deutschland kriegsführenden Staaten, führen in den letzten Kriegsmonaten zu einer großen Friedenssehnsucht. Die Monarchie in Deutschland hat abgewirtschaftet. In dieser Situation weigern sich am 3. November 1918 Matrosen in Kiel, zu einem – sinnlosen – Angriff gegen die englische Flotte auszulaufen. Das Signal zur Revolution ist gegeben. In kürzester Zeit bilden sich in allen größeren Städten des Deutschen Reiches Arbeiter- und Soldatenräte.

II Von der Novemberrevolution zum Kapp-Putsch

1. Revolution in Duisburg

„An die Bevölkerung Duisburgs! In der Nacht vom Freitag auf Samstag ist in Duisburg die Revolution ausgebrochen und auf der ganzen Linie Sieger geblieben. Alle öffentliche Gewalt ist in den Händen des Arbeiter- und Soldatenrates ...". Am Morgen des 9. November 1918 informiert ein Flugblatt die überraschten Duisburger über die Ereignisse der vergangenen Nacht. Am späten Abend des 8. November haben aus Köln kommende Matrosen die Umsturzbewegung ausgelöst. Nach der Entwaffnung der Bahnhofswachen befreien die Soldaten, gemeinsam mit herbeigeeilten Anhängern der örtlichen USPD, politische und militärische Gefangene aus dem Polizeigefängnis. Im Rathaus informieren die

1918

An die Bevölkerung Duisburgs!

In der Nacht vom Freitag auf Samstag ist in Duisburg die Revolution ausgebrochen und auf der ganzen Linie Sieger geblieben. Alle öffentliche Gewalt ist in den Händen des Arbeiter- und Soldatenrats, welcher alles weitere veranlassen wird. Die Bevölkerung wird im Interesse der öffentlichen Sicherheit dringend ersucht, strengste Selbstzucht zu üben und alles zu unterlassen, was die Ordnung stören könnte. Jeder, der von den Sicherheitsorganen des Arbeiter- und Soldatenrates beim Plündern betroffen, wird auf der Stelle erschossen. Die Sicherheitsorgane sind vorläufig an weißen und roten Armbinden kenntlich und ist den Anordnungen derselben unbedingt Folge zu leisten. Bedenkt, daß jede Plünderung eine Schändung der Revolution bedeutet und helfe jeder kräftig mit, unsauberen Elementen das Handwerk zu legen.

Der Arbeiter- und Soldatenrat

I. A.: Ulrich Rogg.

Das Hauptquartier
des Arbeiter- und Soldatenrats ist in der
Städtischen Tonhalle,
wohin alle Meldungen zu richten sind.

Aufruf des Duisburger Arbeiter- und Soldatenrates vom 9. November 1918

Revolutionäre den Oberbürgermeister über die veränderten Machtverhältnisse. Noch in der Nacht bildet sich ein provisorischer Arbeiter- und Soldatenrat (AuSR), der sein Hauptquartier in der städtischen Tonhalle bezieht. Den Vorsitz übernimmt der Bäcker Ulrich Rogg, einer der führenden Linkssozialisten der Stadt. Die Bereitschaft, für den Bestand der Monarchie weitere Opfer zu bringen, scheint nach vier Kriegsjahren in Duisburg nicht allzu groß zu sein. Nirgends regt sich Widerstand. Die alten Gewalten des preußisch-deutschen Obrigkeitsstaates räumen kampflos das Feld.

Auf dem Burgplatz begrüßt am Mittwoch des 9. November eine große Menschenmenge den von Rogg proklamierten „Sieg des Proletariats". Auch der Vorsitzende der Duisburger Mehrheitssozialdemokraten, Wilhelm Schluchtmann, gibt sich revolutionär und verspricht vom Balkon des Rathauses „die völlige Beseitigung des alten Systems und den Übergang vom Kapitalismus zum Sozialismus". Eine Abordnung des Arbeiterrates fährt nach Moers, wo mit Duisburger Hilfe ebenfalls Gefangene befreit werden und ein „Arbeiterrat für den Kreis Moers" gebildet wird. Von Moers ziehen die Revolutionäre weiter nach Homberg.

Auch in Repelen-Baerl übernimmt ein Arbeiterrat die politische Macht. Da Bauernräte, nach einer Notiz im Protokollbuch der Gemeinde, „von den bestehenden Arbeiter- und Soldatenräten als gleichwertiger Faktor nicht anerkannt werden", wird – trotz vorwiegend landwirtschaftlicher Struktur Repelen-Baerls – von der Bildung eines Bauernrates abgesehen. Damit die Interessen der Landwirtschaft bei den Entscheidungen des AuSR's ausreichende Berücksichtigung finden, delegiert der Gemeinderat zwei Landwirte aus Meerbeck und Hochhalen in den Arbeiterrat.

Die Duisburger Linkssozialisten können indessen ihren errungenen Einfluß nicht halten. Unter dem Druck der SPD werden Repräsentanten bürgerlicher Parteien und Gewerkschaften in den AuSR aufgenommen. Dem endgültigen, am 10. November 1918 konstituierten AuSR gehören neben zehn Soldaten jeweils zehn Vertreter der SPD, zehn der USPD, der freien und christlichen Gewerkschaften, sowie der liberalen Hirsch-Duncker'schen Gewerkvereine an. Den Vorsitz teilen sich die Führer der beiden sozialdemokratischen Parteien, Rogg und Schluchtmann. Der Soldatenrat wird bereits Anfang Dezember wieder aufgelöst. Nach den Waffenstillstandsbedingungen dürfen sich in der neutralen Zone rechts des Rheins – zu der auch Duisburg gehört – keinerlei Soldaten aufhalten.

Die einzelnen Ressorts des Arbeiterrates verwalten Funktionäre liberaler, christlicher und sozialistischer Arbeiterorganisationen. In der Abteilung „Justiz und Bildung" teilen sich Julius Horchler, Parteisekretär der USPD, und Franz Wieber, christlicher Gewerkschaftler und Zentrumsmitglied, die Aufgabenbereiche. Das wichtige Ressort „Sicherheitsdienst" leitet Wiebers Parteifreund und Sekretär der Gewerkvereine, Alfred Czieslik, gemeinsam mit dem Sozialdemokraten Wilhelm Palm.

Walter Ring berichtet in seiner „Geschichte der Stadt Duisburg", daß bereits Ende Oktober 1918 „im geheimen" ein Arbeiterrat gebildet worden sei. Die Einlassung des Linkssozialisten Ulrich Rogg gegenüber der „RRZ", daß „schon vor langer Zeit ... ein sogenannter Arbeiterrat ... die Führung der Revolution in die Hände" genommen habe, scheint dies zu bestätigen.

Die Polizeiverwaltung beschreibt die Stimmung innerhalb der Arbeiterschaft in den Monaten vor der Revolution als „sehr gereizt". Vor allem Forderungen nach einer Verkürzung der Arbeitszeit würden „neuerdings von allen Arbeiterkreisen mit großer Schärfe vertreten". Spontane Arbeitsniederlegungen in den verschiedensten Betrieben Duisburgs belegen die wachsende Ungeduld der Arbeitnehmer mit den kriegsbedingten Arbeitsverhältnissen. In den Monaten Juli/August 1918 streiken in Duisburg insgesamt über

2.800 Arbeiter. Das stellvertretende Generalkommando fahndet nach „Rädelsführern" und fordert über die „lediglich im dortigen Stadtgebiet ... auftretenden Streiks" einen Bericht von Oberbürgermeister Jarres an. Die angespannte wirtschaftliche Situation bietet den idealen Nährboden für die politische Agitation der extremen Linken. In Hamborn versuchen Anhänger der Spartakusgruppe Anfang November 1918, eine von SPD, Zentrum und den Liberalen gemeinsam getragene Kundgebung zu vereiteln. Flugblätter, am 7. November 1918 in Duisburg verteilt, fordern die „Befreiung der Arbeiter von all der namenlosen Qual der heutigen Gesellschaftsordnung". Zwei Tage zuvor verhaftet die Polizei in Meiderich mehrere Personen, die Flugblätter „hochverräterischen Inhalts" verteilen. Die Presse weiß zu berichten, daß es sich bei dieser Flugblattaktion um ein „planmäßiges, weitverbreitetes" Unternehmen handelt.

Am 11. November 1918 erarbeiten der republikanische Arbeiterrat und die monarchistische Stadtverwaltung die Geschäftsgrundlage ihrer zukünftigen Zusammenarbeit. Arbeiterrat und Oberbürgermeister vereinbaren „zur Aufrechterhaltung der Sicherheit", die laufenden Verwaltungsgeschäfte „in der bisherigen Weise" fortzuführen. Die Mitglieder des AuSR's behalten sich vor, „die Ausübung etwaiger arbeiterfeindlicher Beschlüsse zu verhindern". Mit dieser Vereinbarung bleibt die bestehende, überwiegend konservativ zusammengesetzte Beamtenschaft unangetastet.

Die Selbstbeschränkung des Arbeiterrates auf Kontroll- und Beratungsfunktionen hat gute Gründe. Nur ein funktionierender Verwaltungsapparat ist in der Lage, die vielen Probleme zu meistern, die sich aus dem Rückstrom der Soldaten von der Front, der schwierigen Lebensmittel- und Rohstoffversorgung, der katastrophalen Situation auf dem Wohnungsmarkt, sowie der Aufrechterhaltung von Sicherheit und Ordnung ergeben. Die Mitglieder des Arbeiterrates sind zwar durchweg altgediente Funktionäre aus Partei und Gewerkschaft, doch in der Regel nicht genügend geschult, um diesen Aufgaben gewachsen zu sein. So erregt z. B. das Gerücht, daß mit der Besetzung der neutralen Zone zu rechnen sei, wenn die Soldaten nach ihrer Entlassung aus der Armee weiterhin ihre Uniformen anbehalten würden, einiges Aufsehen. Umgehend müssen Mittel und Wege gefunden werden, um insgesamt 7.000 Soldaten mit ziviler Kleidung zu versorgen.

Die Stadtverwaltung reagiert flexibel. Oberbürgermeister Jarres – im Herzen Monarchist, von der Vernunft geleitet Republikaner – ist zu einer Zusammenarbeit bereit. Maßgebende Mitglieder des Arbeiterrates kennt der Oberbürgermeister bereits aus Kriegszeiten. In einem „freiwilligen Hilfsausschuß", wie in anderen Städten gegen Ende des Krieges auch in Duisburg gegründet, schließen sich die politischen Meinungsträger der Stadt zusammen. Von Jarres zunächst nur unwillig akzeptiert, hat dieser Ausschuß nach Meinung des Oberbürgermeisters letztendlich „den Boden vorbereitet, auf dem die unerwartet einbrechende staatliche Umwälzung sich ohne allzu große Erschütterung des Gemeinwesens vollziehen konnte". Die letzte Sitzung des Ausschusses findet am 8. November 1918 statt, dem Tag, an dem revolutionäre Soldaten in Duisburg eintreffen. Ein Vergleich der Mitglieder des Hilfsausschusses mit denen des Arbeiterrates zeigt erstaunliche personelle Kontinuitäten.

2. Hamborn – ein Zentrum des Radikalismus

Während in Duisburg ein gemäßigter Arbeiterrat gemeinsam mit der Stadtverwaltung recht pragmatisch daran geht, die Probleme der Nachkriegszeit zu lösen, herrscht nach Einschätzung des Lokalhistorikers Ring „namentlich in Hamborn ... volle Anarchie". Die vom Hamborner Arbeiterrat entwickelten Aktivitäten liegen weniger auf politischem als auf wirtschaftlichem Gebiet. Er wird zum Wortführer der örtlichen Bergarbeiterschaft, die in der Phase nach der Novemberrevolution mit äußerst militanten Aktionen in Erscheinung tritt. Die Unruhen nehmen ihren Ausgangspunkt von der Thyssenzeche „Deutscher Kaiser". Deren Belegschaft – 1918 über 12.000 Beschäftigte – lehnen Verhandlungsergebnisse ab, die Gewerkschaftsvertreter des sozialdemokratisch ausgerichteten „Alten Verbandes" mit den Zechenunternehmern ausgehandelt haben. Nach vier Jahren voller Entbehrungen und äußerster Anspannung sind die Forderungen der Bergleute bei weitem radikaler als die ihrer Gewerkschaftsvertreter. Sie fordern eine Verkürzung der Arbeitszeit, die erkennbar über den von der provisorischen SPD-USPD Regierung bereits dekretierten Achtstundentag hinausgeht, Lohnerhöhungen, die Abschlagszahlungen bis zu 600 Mark einschließen, letztlich eine Einschränkung der allumfassenden Macht der Zechendirektion. Dabei tritt in der Nachkriegsphase in Hamborn eine Organisation in den Vordergrund, die innerhalb der deutschen Arbeiterbewegung bisher eher ein Schattendasein führte – Hamborn wird neben Mülheim zum Zentrum der Syndikalisten. In der „Freien Vereinigung deutscher Gewerkschaften" organisieren sich eine Vielzahl der Hamborner Bergleute.

Zur Chronologie der Ereignisse: Am 9. November 1918 findet in der Wirtschaft „Hellersberg" ein konspiratives Treffen von Arbeitern und Soldaten statt, die konkrete Pläne für einen revolutionären Umsturz erarbeiten. Wie in Duisburg geben auswärtige Soldaten das Startzeichen zur Revolution. Dem in Hamborn gebildeten Arbeiterrat gehören ausschließlich Vertreter der beiden sozialdemokratischen Parteien an. Ihm überträgt Anfang Dezember eine Abordnung der Schachtbelegschaften von „Deutscher Kaiser" die Aufgabe, den Forderungskatalog der Bergleute gegenüber der Zechendirektion durchzusetzen. Nachdem erste Verhandlungen scheitern, beschließt eine auf dem Hamborner Altmarkt abgehaltene Bergarbeiterversammlung, bis zur Erfüllung aller aufgestellten Forderungen zu streiken. Am Montag, dem 9. Dezember 1918, stehen auf allen Schachtanlagen die Förderräder still. Bei erneuten Verhandlungen verweisen Abgesandte des Arbeiterrates auf den hohen Radikalisierungsgrad der Bergleute und warnen vor möglichen Gewalttätigkeiten, sollte die Zechendirektion ihre ablehnende Haltung beibehalten. Weder der Arbeiterrat noch die für das Ruhrgebiet zuständige Militärbehörde in Münster können auf Anfrage der Zechendirektion den Schutz der Anlagen und der leitenden Angestellten garantieren. Daraufhin nimmt Generaldirektor Jacob, „um weiteres Unheil von der Zeche und der Stadt Hamborn abzuwehren", die Bedingungen der Bergleute an. Doch der Waffenstillstand zwischen Belegschaft und Direktion, den die Thyssenarbeiter mit einer Kundgebung vor dem Hamborner Rathaus feiern, ist nur von kurzer Dauer. Wenige Tage später zieht Jacob seine Zusage, da „unter Protest" gegeben, wieder zurück. Der „Sieg über die wilden Unabhängigen", wie es August Thyssen in einem Brief an seinen Generaldirektor formuliert, führt dazu, daß die Bergleute erneut streiken. Um auch die Arbeiter der Nachbarzechen zur Niederlegung der Arbeit zu veranlassen, greifen die Bergleute zur syndikalistischen Kampfform der „direkten Aktion". Von Hamborn marschieren sie zu den Nachbarzechen und erzwingen auf der Zeche „Neumühl", der Schachtanlage „Westende" in Meiderich und dem „Kampschacht" in Laar den Stillstand der Förderung. Die Arbeiter der Thyssenzeche „Rhein I" in Wehofen schließen sich bereits am ersten Streiktag, dem 16. Dezember 1918, der Streikbewegung an. Die Aktionen der Hamborner verlaufen anfänglich noch relativ friedlich, z. B. werden einzelne Demonstrationszüge von Musikkapellen begleitet, doch führt die Militanz der Aktionen bald zur blutigen Konfrontation mit Zechenwehren und herbeigerufenen Freikorps. Der Versuch, eine Schachtanlage in Oberhausen zu besetzen, kostet erste Menschenleben. Zwischen den streikenden Bergarbeitern und einer vom Arbeiterrat Hamborn aufgestellten Volkswehr auf der einen, Freikorps und regulären Truppenteilen auf der anderen Seite, kommt es zu einem regelrechten Feuergefecht.

Am 26. Dezember 1918 verhaften die Streikenden drei Direktionsmitglieder des Thyssenkonzerns und stellen sie unter Hausarrest. Dieser Gewaltakt soll die Verhandlungsbereitschaft August Thyssens erzwingen. Um eine weitere Radikalisierung zu verhindern, schaltet sich Heinrich Ströbel, einer der Vorsitzenden der provisorischen preußischen Landesregierung, als Vermittler in den Lohnkonflikt ein. Er erreicht die Aufnahme von Verhandlungen. Der gefundene Kompromiß – die Konzernleitung lenkt in der Frage der Abschlagzahlung ein, die Bergarbeiter akzeptieren den Achtstundentag – führt am 30. Dezember 1918 zur Beilegung des Streiks. Doch handelt es sich nur um einen Scheinfrieden. Im „roten Hamborn" bleibt es weiterhin unruhig.

3. *„Zeitungskonflikt" und „Steuerunruhen"*

Das damalige Duisburger Stadtgebiet bleibt von gewaltsamen Auseinandersetzungen bis Ende 1918 verschont. Mitte Januar 1919 greifen die Unruhen der angrenzenden Städte auch auf Duisburg über. Spartakisten besetzen das Redaktionsgebäude der sozialdemokratischen „Niederrheinischen Volksstimme". Erinnert sei an die Entlassung der linksoppositionellen Redakteure Carl Minster und August Schoch im April 1916 und das Einschwenken der „Niederrheinischen-Arbeiterzeitung" (ab 1. Januar 1917 „Niederrheinische Volksstimme") auf die offizielle Parteilinie. Hieran knüpfen am 11. Januar 1919 Linkssozialisten an, die mit der Forderung, das Blatt wieder zu einem Publikationsorgan seiner ursprünglichen Besitzer zu machen, zur Besetzung des Zeitungsgebäudes aufrufen. In diesem Sinne agitieren seit einiger Zeit Minster und Schoch in der linksradikalen „Freiheit", einer in Mülheim erscheinenden Zeitung.

Unter der Führung des Duisburger Arbeiterratsvorsitzenden Rogg ziehen etwa 300 Demonstranten vom Rathausplatz zum Redaktionsgebäude der „Vosti", wo mehrheitssozialdemokratische Gegendemonstranten sie bereits erwarten. In den Straßenkämpfen um das Zeitungsgebäude schaltet sich auch die örtliche Polizei ein. Die Besetzung gelingt erst, nachdem die schwerbewaffneten Sicherheitswehren Mülheims und Hamborns in die Auseinandersetzung eingreifen. Am 13. Januar 1919 eskalieren die Ereignisse. Mit massiver Waffengewalt fordern die Aufständischen die Absetzung von Eduard Hapke, dem amtierenden Polizeiinspektor. In spannungsgeladener Atmosphäre – die Spartakisten haben das Rathaus umstellt – gelingt es mit der Zusicherung, daß von Seiten der Stadt nichts unternommen würde, um das Redaktionsgebäude zurückzuerobern, die Linksradikalen der Nachbarstädte zum Abzug zu bewegen. Der Einfluß der Kommunisten ist in Duisburg so gering, daß die Zeitung bereits vier Tage später unter ihrem alten Redaktionsstab erscheinen kann.

Der Duisburger Arbeiterrat verurteilt die „geradezu verbrecherische Art und Weise" des Vorgehens gegen die „Vosti" und bedauert, daß auch Duisburg von den „spartakistischen Ausstrahlungen Berlins" nicht verschont geblieben sei. Rogg, inzwischen Mitglied der KPD, muß vom Vorsitz des Arbeiterrates zurücktreten. Die SPD-Mitglieder des Arbeiterrates fordern die Schaffung einer „Hilfsschutztruppe" zur Verstärkung der regulären Polizei.

Die Vorkommnisse um die „Vosti" sind beeinflußt vom Berliner Januaraufstand; dabei handelt es sich um den Versuch der Spartakisten, in letzter Minute vor der Wahl zur Verfassungsgebenden Nationalversammlung, das von ihnen propagierte Modell einer Rätedemokratie durchzusetzen. Dagegen sind die einen Monat später in Duisburg stattfinden-

Mitglieder der Einwohnerwehr von Duisburg, 1919

den Unruhen „hausgemacht". Der vom Bürgermeister angeregte, vom Arbeiterrat mitgetragene Beschluß, zur Sanierung der Stadtfinanzen ein fünftes Steuerquartal einzuführen, löst bei der Bevölkerung große Empörung aus. In Repelen-Baerl, wo der Gemeinderat etwa zur gleichen Zeit über einen Steuerzuschlag berät, schätzt man die Lage realistischer ein. Die Gemeindevertreter erkennen, daß „unter den gegenwärtigen Verhältnissen ein derartiger Schritt aus politischen Gründen nicht ratsam erscheint".

In Duisburg ergreifen erneut die Kommunisten die Initiative und fordern zum „Protest gegen die fünfte Quartalsteuer" auf. „Heraus, Arbeiter und kleine Bürger! Heraus ihr Armen", heißt es in einem Flugblatt, das unter den Bergleuten der Schachtanlage „Westende" verteilt wird. Dem Aufruf folgen am 12. Februar 1919 mehrere Tausend Arbeiter, nach Einschätzung des „General-Anzeigers" hauptsächlich aus Meiderich, Laar und Neuenkamp. Die vom Dellplatz ausgehende „Steuerdemonstration" nimmt für Karl Jarres bedrohliche Formen an. Die Demonstranten dringen in das Rathaus ein, beschimpfen und mißhandeln Jarres auf das Übelste und zwingen ihn, sich dem Protestmarsch durch die Stadt anzuschließen. „Schon mehrere Stunden vorher", schreibt Jarres später in einem Bericht für den Untersuchungsausschuß der Verfassungsgebenden Preußischen Landesversammlung, sei „triumphierend erklärt worden", der Oberbürgermeister müsse an der Spitze eines Demonstrationszuges „die rote Fahne tragen". Unter dem Eindruck der gewaltsamen Aktionen – an mehreren Stellen der Stadt kommt es zu Plünderungen – rückt die Verwaltung von dem Vorhaben, eine Nachsteuer zu erheben, ab.

Die nach dem „Zeitungskonflikt" geforderte Bildung einer Hilfspolizeitruppe – auf ministerielle Weisung ab Oktober 1919 Einwohnerwehr genannt – wird nun entschieden vorangetrieben. Ein Plan des Arbeiterrates, der nach einer Meldung der „Vosti" vorsieht, die Wehr „aus zwei Dritteln organisierter Arbeiter und einem Drittel der übrigen Bevölkerung" zusammenzusetzen, scheitert. Es sind hauptsächlich junge Leute aus bürgerlichem Milieu und Offiziere des alten Heeres, die sich zur Einwohnerwehr melden. Den politischen Standort dieser schwerbewaffneten Hilfspolizei – deren aktiver Kern aus etwa 500 Mann besteht – verdeutlicht eine Bismarck-Gedenkfeier im April 1919 in der städtischen Tonhalle. Der Duisburger Rechtsanwalt und deutschnationale Landtagsabgeordnete Friedrich Deerberg gibt „verbrecherischen Kräften" die Schuld am „Unrecht" der Revolution. Gegen Mitglieder der Sozialdemokratie, die gegen Deerbergs Rede protestieren wollen, schreitet die Einwohnerwehr ein. Nur ein halbes Jahr später, als Kapp-Putsch und Ruhrkrieg auch den Duisburger Raum erschüttern, belegen die Aktivitäten der Wehr vollends ihre Nähe zu den Rechtsparteien der Weimarer Republik.

4. *Wahlen, Kriegsfolgen, Belagerungszustand*

Trotz Unruhen, Streiks und Aufständen in vielen Teilen Deutschlands findet am 19. Januar 1919 die Wahl zur Verfassungsgebenden Nationalversammlung statt. Sie verläuft in Duisburg ohne nennenswerte Störungen. In Hamborn dagegen zerstören die Mitglieder der kommunistischen Sicherheitswehr Wahlurnen und machen die Wahlzettel unbrauchbar. Als stärkste Gruppierung geht auf lokaler Ebene die Partei des politischen Katholizismus, das Zentrum, aus der Wahl hervor. Den Wahlkreis repräsentieren in der Nationalversammlung sieben Abgeordnete des Zentrums – darunter Franz Wieber als einziger Duisburger – ein Abgeordneter der DVP und drei der SPD.

Einen Monat später, am 23. Februar 1919, finden Neuwahlen für das Stadtparlament statt. Das Dreiklassenwahlrecht des Kaiserreiches – der Hamborner Verwaltungsbericht des Jahres 1919 spricht vom „Klassenwahlsystem des zusammengebrochenen Obrigkeitsstaates" – wird auch auf Gemeindeebene durch das allgemeine Wahlrecht ersetzt. Die alte Stadtverordnetenversammlung legt – einzig gegen die Stimme August Schochs – gegen Neuwahlen „in aller Form Verwahrung" ein. Mit demokratischen Spielregeln unvertraut, erwägen die Parlamentarier einen „Zusammenschluß aller Parteien auf einen einzigen Wahlvorschlag", der dann die Wahlen gänzlich „überflüssig" machen soll. Doch ist die Ablösung des alten Stadtparlaments nicht aufzuhalten; nur noch 18 der bisherigen 66 Stadtverordneten werden wiedergewählt. Durch das Dreiklassenwahlrecht bedingt, haben sich im Vorkriegsjahr 1913 ganze 28,6% der Wahlberechtigten an der Stadtverordnetenwahl beteiligt; jetzt beträgt die Wahlbeteiligung knapp 60%. Mit 25 Mitgliedern stellt das Zentrum im Stadtparlament die größte Fraktion, gefolgt von den Sozialdemokraten, die 21 Sitze erringen. Ein gutes Wahlergebnis erzielt die antidemokratische Deutschnationale Volkspartei (DNVP) mit 10 Sitzen. Die Partei Karl Jarres, die Deutsche Volks Partei (DVP), erreicht sieben, die linksliberale Deutsche Demokratische Partei (DDP), sechs Mandate. Auf dem ersten Listenplatz der KPD, die vier Stadtverordnete stellt, steht August Schoch. Auch Ulrich Rogg, Revolutionär der ersten Stunde, wird in die Stadtverordnetenversammlung gewählt. Die deutsch-polnische Minderheit bringt zwei Abgeordnete ins Duisburger Stadtparlament.

Die Gemeinderatswahlen in Homberg, durch die am 12. Dezember 1918 eingerückten belgischen Besatzungstruppen zunächst verboten, finden im November/Dezember 1919 statt. Die Homberger Parteienkonstellation weicht von der Duisburger ab. Ein „Bürgerblock", bestehend aus DDP, DVP und einer Mittelstandspartei, erreicht acht Gemeinderatsmandate. Neben der SPD, die ebenfalls acht Abgeordnete stellt, schickt die USPD, als zweite Arbeiterpartei, drei Vertreter in den Gemeinderat. Zentrum und Polenpartei kandidieren auf einer gemeinsamen Liste und erreichen fünf Mandate.

Die Kommunalwahlen entziehen den Arbeiterräten die Legitimation, als politische Organe weiterhin Kontrollfunktionen über Stadt- und Gemeindeparlamente auszuüben. In Duisburg gehören die tonangebenden Stadtverordneten der SPD, des Zentrums und der KPD zugleich dem Arbeiterrat an. Überlegungen, den Arbeiterrat aufzulösen, liegen aufgrund dieses Zusammenhanges nahe. Doch trotz zunehmender Verlagerung der politischen Entscheidungen in die Stadtverordnetenversammlung, bleibt der Arbeiterrat noch bis 1920 bestehen. Als Dienstleistungsbetrieb umfunktioniert, erfüllt er weitgehend nur noch Aufgaben einer städtischen Abteilung. Die letzten Mitglieder arbeiten als Angestellte in der Versorgungsstelle und im städtischen Wucheramt, das die Überwachung der festgesetzten Lebensmittelpreise zur Aufgabe hat.

Von den Verwaltungen erfordert die Phase nach dem Ersten Weltkrieg ständiges „Krisenmanagement". Die zu bewältigenden Anforderungen sind mannigfaltig. Die Versorgung der Kriegshinterbliebenen ist eine der wichtigsten und zugleich kostspieligsten Aufgaben. Neben Sachleistungen wie Kleidung und Lebensmittel zahlen die Kommunen Ausbildungs- und Erziehungsbeihilfen, die nur zum Teil vom Staat zurückerstattet werden. Hamborn (mit 40% der männlichen Bevölkerung die Stadt im Deutschen Reich mit dem größten Prozentsatz an Eingezogenen) hat in der Nachkriegszeit eine besonders große Anzahl Kriegerwitwen und -waisen zu unterstützen; im April 1919 registrieren die zuständigen Stellen 2.391 unterstützungsbedürftige Personen.

Die Lebensmittelversorgung der Bevölkerung bereitet weiterhin große Schwierigkeiten. Das Brot bleibt bis 1923 rationiert. Ein Großteil der Bevölkerung hungert. Eine Untersuchung des Ernährungszustandes der Duisburger Schulkinder im Dezember 1920 hat zum Ergebnis, daß 57% der Mädchen und 59% der Jungen unterernährt sind. Die „Quäkerspeisung", bestehend aus Suppe und Brötchen, finanziert durch die amerikanische Kinderhilfsmission, oder die sog. „Schwedenspeisung" durch das schwedische Rote Kreuz, bringen zwar Linderung, aber keine durchgreifende Verbesserung der Ernährungssituation. Der „Landaufenthalt für Stadtkinder", ursprünglich als Kriegsmaßnahme gedacht, wird in den Städten des Duisburger Raumes zur ständigen Einrichtung. Im Winter 1919/20 ergeben sich zusätzliche Probleme durch ein Rheinhochwasser. Lebensmitteldepots im Duisburger Hafen stehen unter Wasser. In Walsum müssen mehrere vom Wasser bedrohte Bauernhäuser geräumt werden; die Straßen zwischen Walsum und Hamborn sind unpassierbar. Vor allem Homberg wird vom Hochwasser des Rheins stark betroffen; von einigen tiefergelegenen Häusern sind nur noch die Dächer sichtbar.

Die Hoffnung vieler Zeitgenossen, mit der Wahl der Nationalversammlung sei die revolutionäre Übergangsperiode abgeschlossen und mit dem kontinuierlichen Aufbau der Republik könne begonnen werden, erweist sich als Irrtum. Innerhalb des politisch aktiven Teils der Arbeiterschaft hat die SPD als mäßigende Kraft an Einfluß verloren. Zu groß ist die Verbitterung darüber, daß eine SPD-geführte Regierung gegen aufständische Arbeiter konterrevolutionäre und antidemokratische Freikorps einsetzt. Das Ruhrrevier bleibt weiterhin unruhig. Ende März 1919 beschließt eine von KPD und USPD dominierte Schachtdelegiertenkonferenz einen unbefristeten Generalstreik, um die Sozialisierung des Ruhrbergbaus zu erzwingen. Als weiteres Hauptanliegen der Bergarbeiter kristallisiert sich die Forderung nach einer Verkürzung der Schichtdauer auf sechs Stunden heraus. Die Regierung verhängt über das Ruhrgebiet den Belagerungszustand und schickt Truppen.

Duisburg, nach Ansicht der Stadtverwaltung ausreichend mit „Polizei und Einwohnerwehr gerüstet", um Ruhe und Ordnung zu garantieren, wird zunächst von dieser Maßnahme ausgenommen. Um zu verhindern, so eine in der „RRZ" abgedruckte Stellungnahme der Militärs, daß „die staatsfeindlichen Elemente, die in Duisburg ... im geheimen Vorbereitungen für neue Putsche treffen, auch weiterhin ein Asyl für ihr hochverräterisches Treiben finden", wird der Belagerungszustand am 4. Juni 1919 auf das Duisburger Stadtgebiet ausgedehnt. Tatsächlich gibt es zu solchen Befürchtungen kaum Veranlassung. Trotz der Nähe der radikalen Zentren Hamborn, Mülheim und Düsseldorf, bleibt es in Duisburg vom Februar 1919 bis zum März 1920 ruhig. Die Forderung nach der 6-Stunden-Schicht ist in Hamborn Anfang 1920 der Anlaß heftiger Auseinandersetzungen zwischen streikenden Arbeitern und Freikorps; über 300 Personen werden festgenommen. Die Bergarbeiter von Schacht III der Zeche „Diergardt" in Neuenkamp entscheiden sich für gewaltfreie Aktionen. Laut Polizeibericht beträgt im Februar 1920 die tägliche Fördermenge 450 Wagen Kohle. Das sind gegenüber den Vormonaten 50–60 Wagen weniger. Die Polizei interpretiert das Verhalten der Bergleute „als passiven Widerstand gegen die Nichteinführung der 6-stündigen Arbeitszeit".

5. *Kapp-Putsch und Rote Ruhrarmee*

Am 15. März 1920 gleicht das Duisburger Rathaus einer Festung. Die Zugangsstraßen zum Burgplatz sind mit Stacheldraht versperrt. Nur nach strenger Ausweiskontrolle gelangt man ins Rathaus. Eine Abteilung der Einwohnerwehr, der „Stoßtrupp Kaiserberg", hat im Trausaal des Rathauses Quartier bezogen. Vor dem Rathaus patrouillieren Polizei und weitere Einheiten der Einwohnerwehr. In fast allen Betrieben Duisburgs ruht die Arbeit. Tausende von Menschen befinden sich auf den Straßen. Es herrscht Bürgerkriegsstimmung.

Zwei Tage zuvor haben in Berlin der rechtsradikale ostpreußische Generallandschaftsdirektor Wolfgang Kapp und General Walter von Lüttwitz mit dem Ziel geputscht, in Deutschland eine Militärdiktatur zu errichten. Die demokratisch legitimierte Regierung und Reichspräsident Ebert fliehen nach Stuttgart. Von hier rufen sie zum „Generalstreik auf der ganzen Linie" gegen die Putschisten auf. Als sich im Ruhrgebiet örtliche Reichswehrbefehlshaber und Freikorpsführer zu Kapp-Lüttwitz bekennen, bricht ein Aufstand der Arbeiterschaft aus. In kürzester Zeit entsteht eine „Rote Ruhrarmee", die eine Stärke von über 50.000 Mann erreicht.

Bereits kurz nach Bekanntwerden des Militärputsches legen Duisburger Hafenarbeiter spontan die Arbeit nieder. Auch die Straßenbahner fahren demonstrativ ihre Wagen in die Depots. Die politisch Verantwortlichen der Stadt verurteilen den Putsch einhellig. Oberbürgermeister Jarres nennt das Kapp-Unternehmen „Wahnsinn und Verbrechen". Dennoch verweigert er die von den Gewerkschaften geforderte Auflösung der Einwohnerwehr, bei der gewisse Sympathien für die Putschisten zu erkennen ist. Mit dem Festhalten an der Wehr ist der Konflikt vorprogrammiert. Arbeitervertreter aller Richtungen fordern ihre Entwaffnung. Als ein selbsternannter Aktionsausschuß von KPD und USPD am Abend des 15. März 1920 auf dem Rathaus „die Forderung der Waffenabgabe erzwingen will", eröffnen Polizei und Einwohnerwehr das Feuer. Immer wieder aufflammende Kämpfe, in denen von Hamborn aus auch Reichswehrverbände eingreifen, fordern in den nächsten beiden Tagen 19 Todesopfer und 54 Verwundete. Als die Reichswehr die in Düsseldorf, Essen und Mülheim stationierten Verbände in Richtung Wesel zurückzieht, entschließt sich die Stadtverwaltung zur Auflösung der Einwohnerwehr. In einem Schreiben an den Regierungspräsidenten begründet Jarres die Notwendigkeit dieser Maßnahme damit, daß die Mitglieder der Wehr sonst „dem maßlosen Hasse der linksradikalen Elemente ausgesetzt und zweifellos schonungsloser Rache preisgegeben wären". Die Waffen der Wehr werden unbrauchbar gemacht, die Mitglieder setzen sich über Ruhrort in das von Belgien besetzte Homberg ab.

Reichswehr vor dem Rathaus in Hamborn

Der Generalstreik zwingt die Putschisten nach vier Tagen zur Aufgabe. In Duisburg beschließen Vertreter der örtlichen Arbeiterorganisationen, die Arbeit am 19. März 1920 wieder aufzunehmen. An diesem Tag rücken die ersten Verbände der „Ruhrarmee" in Duisburg ein. Es entsteht ein Zustand allgemeiner Rechtlosigkeit und politischer Verwirrung. Als ein Hauptetappenort der „Ruhrarmee" dient Duisburg täglich etwa 15.000 Mann als Durchgangsstation. Gestützt auf Bajonette und Handgranaten der „Rotarmisten" gelingt es zwei Vertretern der äußersten Linken, dem örtlichen Vorsitzenden des kommunistischen Straßenbahner-Verbandes, Hubert Koch, und dem Redakteur der Mülheimer „Freiheit", Anton Wild, die Macht in Duisburg an sich zu reißen. In einem „Aufruf an die Bevölkerung Groß-Duisburgs" kündigen sie die Wahl eines Arbeiterrates an und stellen sich auf den „Boden der Diktatur des Proletariats". Um einer Verhaftung zu entgehen, weicht die Verwaltungsspitze nach Ruhrort aus, wo die Belgier einen Brükkenkopf unterhalten.

Anfang April 1920 beginnt der Vormarsch der Reichswehr in die von der „Ruhrarmee" besetzten Gebiete. Handzettel, aus Flugzeugen abgeworfen, kündigen den Einmarsch in Duisburg an und geben der Bevölkerung Verhaltensmaßregeln. Die Reichswehr geht mit äußerster Härte gegen die Aufständischen vor.

Allein bei der Rückeroberung Walsums sterben 28 Menschen. Einen Tag später, am Karsamstag, dem 3. April 1920, marschieren Reichswehrtruppen auch in Duisburg ein. „Jetzt sind wir von den Spartakisten erlöst", schreibt am Abend des 3. April der Chronist der evangelischen Volksschule in Duissern und drückt damit sicherlich die Meinung eines Großteils der Bevölkerung aus. Am Giebel der Schule zeugen Einschußspuren von der Intensität der Kampfhandlungen. Auch andere Gebäude der Stadt sind stark beschädigt. Der Rathausturm, von einem Minenwerfer der Reichswehr getroffen, weist starke Zerstörungen auf.

Der Einmarsch der Reichswehr in Duisburg beendet, so Karl Jarres am 7. April 1920 vor den Stadtverordneten, eine vierzehntägige „Gewaltherrschaft im krassesten Sinne". Im Widerhall der Ereignisse der „großen" Politik sollte die Bevölkerung Duisburgs in den kommenden Jahren noch viele Tage „krassester Gewalt" erleben.

III Die Besetzung durch belgische und französische Truppen

1. Die erste Phase der Besetzung

Im Jahre 1919 beginnen nahe bei Paris, der Hauptstadt des Landes, das am schwersten unter dem Krieg gelitten hat, die Friedensverhandlungen. Der im Versailler Schloß ausgehandelte Friedensvertrag löst in Deutschland Empörung und Ablehnung aus. Das Deutsche Reich muß anerkennen, als „Urheber des Krieges" für alle entstandenen Schäden und Verluste verantwortlich zu sein. Neben einschneidenden Gebietsabtretungen, vor allem an der Ostgrenze und der Rückgabe der im Krieg 1870/71 annektierten französischen Gebiete, sieht der Vertrag eine Reduzierung der deutschen Truppenstärke auf 100.000 Mann vor. Frankreich und Großbritannien, wirtschaftlich durch den Krieg zerrüttet, beharren auf umfangreichen Reparationsleistungen. Die Höhe der Kriegsentschädigungen wird in Versailles offengelassen, ihre künftige Festsetzung wird einer gesonderten Kommission übertragen. In einer Reihe von Verhandlungen scheitert in den nächsten Jahren immer wieder der Versuch, für die Reparationszahlungen eine vernünftige, der wirtschaftlichen Leistungsfähigkeit Deutschlands entsprechende Größenordnung zu finden. Als die deutsche Regierung Anfang März 1921 auf einer Konferenz in London die Anerkennung der geforderten Zahlungsverpflichtungen verweigert, drohen die Alliierten Sanktionen an. Diese Drohung wird am 8. März 1921 mit der Besetzung Duisburgs und Düsseldorfs in die Tat umgesetzt.

Am Morgen dieses Tages erkunden französische Flugzeuge eine evtl. Präsenz deutscher Truppen. Um die Mittagszeit marschieren französische Infantriesoldaten von Ruhrort her in Duisburg ein. Drei Tage später ist die Besetzung der Stadt mit der Stationierung von ca. 5.000 Soldaten abgeschlossen.

Als Schutz einer interalliierten Schiffahrtskommission befinden sich bereits seit Februar 1919 drei belgische Kompanien im Altstadtgebiet Duisburgs sowie in Ruhrort und in Meiderich. Zur Kontrolle des Schiffsverkehrs im Hafen und auf dem Rhein entsandt, beziehen zunächst nur sechs Offiziere und 25 Mann in Duisburg Quartier. Den Anlaß zur Entsendung weiterer Truppen liefern Tumulte und Plünderungen anläßlich der „Steuerunruhen" am 13. Februar 1919, bei denen nach Angaben der Alliierten auch „Angehörige der Kommission in ihren Hotels belästigt" worden sind.

Der Hafen der Gutenhoffnungshütte in Walsum unterliegt ebenfalls der Kontrolle der Schiffahrtskommission. Auch hier erfolgt nach dem Londoner Sanktionsbeschluß eine

Aufmarsch französischer Besatzungstruppen vor dem Duisburger Rathaus am 8. März 1921

Verstärkung der Besatzungstruppen. Am 9. März 1921 rückt eine 120 Mann starke Kompanie belgischer Radfahrer in Walsum ein. Die Unterbringung erfolgt in der evangelischen Volksschule in Aldenrade.

Die Besetzung des linken Niederrheins – Bestandteil der Waffenstillstandsbedingungen – beginnt Anfang Dezember 1918. Zwischen dem 9. und 12. Dezember rücken etwa 2.500 belgische Soldaten in die Ortschaften Hochemmerich, Friemersheim und Homberg ein. Am 16. Dezember 1918 verkündet der belgische Ortskommandant, die „Gewalt über den Bezirk der ganzen Gemeinde Repelen-Baerl" übernommen zu haben. Dieser Teil des Waffenstillstandes geht auf den französischen Marschall Ferdinand Foch zurück, der davon ausgeht, nur die militärische Beherrschung der Rheinlinie könne Frankreichs Sicherheit gegenüber seinem östlichen Nachbarn verbürgen. Unter Berufung auf amerikanische Quellen wiegelt der in Moers erscheinende „Grafschafter" noch Mitte November 1918 ab: Die Besetzung der linksrheinischen Gebiete sei nur eine vorübergehende Maßnahme; wenn Deutschland erst „Anschluß an die großen Demokratien des Westens" gefunden habe, würden die Soldaten umgehend wieder abziehen. Doch die Hoffnung trügt. Rheinhausen, Homberg und Baerl bleiben sieben Jahre, bis zum Januar 1926, besetzt. Während dieser Zeit bekommt Homberg am 1. April 1921 die Stadtrechte verliehen. Aus den Ortschaften Hochemmerich und Friemersheim geht 1923 die Bürgermeisterei Rheinhausen hervor.

Die bloße Anwesenheit großer Truppenkontingente erschwert das Leben in den besetzten Städten. Hinzu kommt eine ganze Reihe administrativer Maßnahmen der Besatzungsbehörden. Die Liste der Beschwerden über Gewalttätigkeiten der Soldaten ist lang – Ressentiments und Haß auf beiden Seiten verhindern ein erträgliches Zusammenleben. Die Militärbehörden heben die Versammlungsfreiheit auf; Zeitungen unterliegen der Vorzensur und werden, wie z. B. die „Rheinhauser Zeitung", wiederholt verboten; für Personen über 12 Jahren wird die Ausweispflicht eingeführt. Der Zugverkehr zwischen besetztem und unbesetztem Gebiet kommt fast gänzlich zum Erliegen. Eine Verfügung der Militärbehörden bestimmt, daß „lediglich Arbeiter der im öffentlichen Interesse arbeitenden Fabriken und Bergwerke" die Rheinbrücken passieren dürfen. Scharfe Kontrollen und drakonische Strafen sollen die Einhaltung der von den Militärs erlassenen Verordnungen garantieren. Der Versuch, ohne Genehmigung die Hochfelder Rheinbrücke zu überqueren, wird mit einer dreimonatigen Gefängnisstrafe geahndet, die unerlaubte Beförderung eines Briefes von Homberg nach Duisburg führt zu einer vierzehntägigen Haftstrafe. Als Ende März 1922 in Walsum ein belgischer Soldat ermordet wird, reagieren die Besatzungsbehörden mit einer weiteren Verschärfung der Restriktionen.

2. *Wohnungsnot*

Die Reparationsfrage bleibt Anlaß scharfer Auseinandersetzungen zwischen Deutschland und den Alliierten. Auf einer weiteren Konferenz in London Anfang Mai 1921 fordern die Vertreter der Siegermöchte ultimativ die Anerkennung der von ihnen festgesetzten Reparationsschuld. Bei einer Nichtanerkennung drohen sie die Besetzung des gesamten Ruhrgebietes an. In Erwartung einer möglicherweise notwendig werdenden Ausführung dieses Ultimatums ziehen die Franzosen mehrere Divisionen in Duisburg zusammen. Die Truppenstärke steigt von Mai bis August 1921 vorübergehend auf 25.000 Soldaten. Die Belastungen für die Bevölkerung werden unerträglich. Neben öffentlichen Gebäuden, in erster Linie Volksschulen, muß zur Unterbringung der Soldaten eine große Anzahl privater Wohnräume zur Verfügung gestellt werden. „Jeden Augenblick muß man fürchten", schreibt die „RRZ", „daß einem das Haus belegt wird". Die akute Wohnungsnot, eine typische Nachkriegserscheinung in vielen Städten, verschärft sich durch die Beschlagnahmung von Wohnraum dramatisch. Für einen verheirateten Offizier oder Unteroffizier beanspruchen die Besatzungsbehörden eine komplett eingerichtete Dreizimmerwohnung. Einem Divisionskommandanten stehen gar zehn Zimmer mit Küche

Kasernen der belgischen Besatzungstruppen in Rheinhausen-Hochemmerich. Im Hintergrund die Friedrich-Alfred-Hütte

Häuserblock des Gemeinnützigen Spar- und Bauvereins Rheinhausen

Küche in einer Bergarbeitersiedlung der „Vereinigten Stahlwerke"

und Bad zur Verfügung. Von Mai bis August 1921 beschlagnahmen die Militärbehörden 1.285 Wohnungen; das städtische Wohnungsamt registriert für den gleichen Zeitraum über 11.000 Wohnungssuchende.

Der Wohnungsmangel hat nach dem Hamborner Verwaltungsbericht des Jahres 1919 „allerorts einen Umfang angenommen", wie ihn die Städte vor dem Krieg nie gekannt haben. Der Anstieg der Eheschließungen ist eine der Hauptursachen der starken Wohnungsnachfrage. Während in Duisburg 1918 noch 1.467 Trauungen registriert werden, steigen die Zahlen in den Jahren 1919 bis 1921 auf jeweils über 3.000. Die Rückkehr der Kriegsteilnehmer und der große Zustrom von Flüchtlingen aus den besetzten linksrheinischen Gebieten verschlimmern die Lage auf dem Wohnungsmarkt zusätzlich. Hinzu kommt, daß der Wohnungsbau während des Krieges vollständig zum Erliegen gekommen ist. Die hohen Materialkosten und die ab Sommer 1922 rasant fortschreitende Inflation lassen auch in den Nachkriegsjahren nur eine zögernde Belebung der Bautätigkeit zu. Erst 1926 erreicht die Bautätigkeit in Duisburg wieder Vorkriegswerte.

Die Duisburger Großindustrie, daran interessiert, Arbeitskräfte an die Betriebe zu binden, fördert die Entstehung neuer Siedlungen. Da Werkswohnungen nicht mehr staatlich subventioniert werden, wohl aber der genossenschaftliche Wohnungsbau, beteiligen sich zahlreiche Großbetriebe an Siedlungsbaugenossenschaften. Während bei den Bauprojekten vor dem Weltkrieg die Nähe der Wohnungen zum Arbeitsplatz, weniger städteplanerische Gesichtspunkte im Vordergrund gestanden haben, fordert die Duisburger Verwaltung nun eine „Trennung der neuen Wohnviertel von den Industrievierteln".

In Beeckerwerth errichtet der Thyssenkonzern bis 1925 Wohnungen für ca. 900 Bergarbeiterfamilien. In Homberg baut „Rheinpreußen" die Arbeitersiedlung Johannenhof. Der „Duisburger-Beamten-Wohnverein" kann auf eine Stiftung des Freiherrn Moritz von Bissing zurückgreifen und errichtet Einfamilienhäuser für Kriegshinterbliebene: Bissingheim entsteht. Schwerpunktmäßig in Wanheimerort entfaltet die in städtischem Besitz befindliche „Gemeinnützige Baugesellschaft AG" rege Bautätigkeit. Die Reichsbahndirektion Essen erweitert bis 1925 kontinuierlich die Eisenbahnerkolonie Wedau. In Rheinhausen fördern „Gemeinnützige Spar- und Bauvereine" die Entstehung familiengerechter Wohnungen für Arbeiter. Eine Bergmannswohnung mit vier Zimmern, einer Wohnküche ausgerüstet mit Gas und elektrischem Licht, Stallungen für das Kleinvieh und Garten, kostet in den ersten beiden Nachkriegsjahren monatlich etwa 40 Mark Miete. Bei dem damaligen Durchschittsverdienst eines Bergmannes bedeutet dies eine monatliche Belastung von ca. 8–9% des Lohnes.

Die Städte tragen der schwierigen Situation auf dem Wohnungsmarkt Rechnung und werden auf dem Gebiet der Wohnungsbeschaffung und -vermittlung aktiv. Während bis Anfang 1929 die kommunale Wohnungsvermittlung nur von untergeordneter Bedeutung ist, steht ab diesem Zeitpunkt den Städten das gesetzliche Instrumentarium zur Verfügung, um steuernd in den privaten Wohnungsmarkt einzugreifen. Bis dahin spielen Zeitungsannoncen bei der Vermittlung von Wohnungen die bedeutendste Rolle. Eine zeitgenössische Studie kritisiert „die bedenkliche Unsitte", daß nur dann die Chance besteht, eine geeignete Wohnung zu bekommen, „wenn man recht beträchtliche Belohnungen" aussetzt. Um die Diskrepanz zwischen vorhandenen und nachgefragten Wohnungen einigermaßen auszugleichen, wird die Zwangsbewirtschaftung des zur Verfügung stehenden Wohnraums eingeführt. Das städtische Wohnungsamt hat das Recht, in die Freizügigkeit und die Unverletzlichkeit der Wohnungen und des Eigentums einzugreifen. Das städtische Mieteinigungsamt kann Wohnungskündigungen wieder aufheben, Mieten herabsetzen und Zwangsmietverträge abschließen.

Doch kann durch Rationierungsmaßnahmen keine Verbesserung der Wohnungssituation erreicht werden. Die Zahl der Wohnungssuchenden steigt in Duisburg von ca. 7.000 im Dezember 1920 auf über 11.900 Ende 1921. Von den etwa 12.000 Wohnungssuchenden des November 1922 steht die Hälfte seit mehreren Jahren als „dringend" in den Listen des Wohnungsamtes. Noch 1927 sind in Hamborn 18,2% aller Familien ohne eigene Wohnung. Dagegen nimmt sich die Zahl von 922 Wohnungen, die im Jahre 1923 vermittelt werden können, recht bescheiden aus. Besonders gefragt sind Zwei- und Dreizimmerwohnungen, also Wohnraum, der ab März 1921 auch von den Besatzungsbehörden verstärkt beansprucht wird.

3. Schulsituation und Jugend

Einen geringfügigen Lieferrückstand an Kohle und Telegrafenstangen nimmt die französische Regierung Anfang 1923 zum Vorwand, um die im Mai 1921 angedrohte Besetzung des Ruhrgebietes tatsächlich zu vollziehen. Erneut wird der Großraum Duisburg zum Aufmarschgebiet belgischer und französischer Divisionen. Und erneut werden in großem Umfang Schulen als Kasernen zweckentfremdet. Häufig bleiben Lehrern und Schülern nur wenige Stunden, um Lebensmittel und Mobilar vor den Soldaten in Sicherheit zu bringen. Von einem geregelten Schulbetrieb kann nicht die Rede sein. Unterricht findet nur notdürftig in den nicht besetzten Schulen statt. Auch nach Räumung der beschlagnahmten Gebäude kann der Unterricht nicht sofort wieder aufgenommen werden. Die Klassen müssen gesäubert, zerstörte Bänke und Lehrmittel – in einigen Fällen von den Soldaten im Winter als Heizmaterial benutzt – erneuert werden.

In einer von der Stadt Duisburg erstellten Studie zur Besatzungszeit beschreibt Heinrich Wiesener die Folgen der schwierigen Schulsituation. „Die bereits durch die Kriegszeit eingerissene Disziplinlosigkeit" habe ebenso zugenommen, wie „Eigentumsvergehen infolge mangelnder Schulaufsicht". Auch der Verwaltungsbericht der Gemeinde Repelen-Baerl konstatiert eine „sittliche Verwirrung und Verwahrlosung" vieler Jugendlicher und nennt als Ursache den „mehr und mehr zu beobachtenden Zerfall des Familienlebens". Das Duisburger Jugendamt sieht in der Entwicklung des Kinos die Wurzel für „Leichtsinn und Vergnügungssucht" der Jugend. Eine Verordnung über die „Zulassung Jugendlicher zu Lichtspielvorführungen", verschärft die nach Meinung der Verwaltung viel zu lasch gehandhabte Zensur. Für Jugendliche bis 18 Jahren ist der Kinobesuch selbst in Begleitung der Eltern verboten. Außerdem richtet das Jugendamt Reformkinos ein, in denen jugendgeeignete Filme gezeigt werden. Mit dem Ziel, „Hetz- und Schundlieder von der Straße zu verdrängen und gute Musik und Lieder ins Haus zu tragen", werden 1925 in der gewerblichen Berufschule in Wehofen Kurse in Mandolinen-, Lauten- und Geigenspiel abgehalten. Für unbemittelte Schüler schafft die Gemeinde Walsum 25 Mandolinen an. Es werden vorwiegend Marsch- und Volkslieder eingeübt.

Die geplante Einführung sogenannter weltlicher Schulen erzeugt bei der für die Konfessionsschule eintretenden Lehrerschaft Duisburgs fast ebenso große Aufregung, wie die Schulbeschlagnahmungen der Besatzungsbehörden. Voller Besorgnis vermerkt eine Schulchronik Ostern 1921, daß es „auf Vorstoß der Sozialdemokraten" geplant sei, nichtkonfessionelle Schulen einzurichten. Die Besorgnis erweist sich fürs erste als unbegründet, da die Duisburger Stadtverordnetenversammlung einen entsprechenden Beschluß verschiebt. Daraufhin treten die Eltern der für die weltlichen Schulen gemeldeten Schüler in den Schulstreik. Ab April 1921 schicken sie ihre Kinder nicht mehr zur Schule und lenken erst drei Monate später ein, als ihnen die Schulverwaltung die Einführung bekannt-

Klassenraum der evangelischen Volksschule Paschacker in Rheinhausen-Oestrum

nisfreier Schulen für das nächste Schuljahr zusichert. Dies geschieht nach der Meinung des Rektors der evangelischen Volksschule in Duissern „auf Veranlassung natürlich der Sozialdemokratischen Partei, die ihren Willen auch auf dem Schulgebiete mit revolutionärer Gewalttat durchsetzen will".

Die niedrigen Geburtenzahlen während des Weltkrieges bewirken ab 1921 einen kontinuierlichen Rückgang der Schülerzahlen. Beträgt der Anteil der Schüler an der Gesamteinwohnerzahl Duisburgs 1920 noch 18,3%, sinkt er bis 1925 um ein Drittel auf 13,3%. Die Heraufsetzung der Klassenstärke auf eine Richtzahl von mindestens 50 Schülern, zusammen mit drastischen Sparmaßnahmen im Schulbereich, führt ab 1923 zu einer erheblichen Lehrerarbeitslosigkeit. „Infolge des Überflusses an Lehrkräften", schreibt ein Junglehrer im April 1928, „mußte ich 5 Jahre auf eine Anstellung warten". Ein Lokalhistoriker der Gemeinde Repelen-Baerl, Bernhard Abel, beobachtet bei einer Grubenfahrt auf der Zeche „Rheinpreußen", wie „ein stellungsloser junger Lehrer ... harte Arbeit" verrichtet. Dies ist kein Einzelfall; viele arbeitlose Lehrer halten sich mit Gelegenheitsarbeiten über Wasser. Sie „jobben" bei der Straßenbahn, als Schreibkraft bei der Verwaltung oder beginnen nach ihrem Examen eine handwerkliche Lehre.

4. Passiver Widerstand, Separatisten, Inflation

Auf die Politik der „produktiven Pfänder" – der Besetzung und wirtschaftlichen Ausbeutung des Ruhrgebietes – antwortet die deutsche Regierung mit der Proklamierung des passiven Widerstands. Die Beamten werden angewiesen, den „Anordnungen der besetzenden Mächte keinerlei Folge" zu leisten. Auch die Arbeiter und Angestellten von Bergbau und Industrie verweigern den Besatzungsmächten die Gefolgschaft. Die Eisenbahner legen mit der Losung „Unter französischen Bajonetten arbeiten wir nicht" die Arbeit nieder. Eine große Verhaftungs- und Ausweisungswelle setzt ein und trifft neben leitenden Beamten und führenden Industriellen besonders viele Eisenbahner. Allein aus Huckingen, Wedau und Bissingheim werden 460 Eisenbahnerfamilien mit 1.380 Angehörigen ausgewiesen. Da die Besatzungsmächte die Bahnen in den besetzten Gebieten einer eigenen Verwaltung unterstellen, haben die Ausweisungen häufig nur das Ziel, Wohnungen für französische Eisenbahner freizumachen.

Als sich Oberbürgermeister Jarres Ende Januar 1923 weigert, den Anordnungen der Besatzungsbehörden Folge zu leisten, wird er vom belgischen Stadtkommandanten für abgesetzt erklärt und zum Verlassen Duisburgs aufgefordert. Gegen diesen „Akt der Willkür und Gewalt", erhebt die Stadtverordnetenversammlung und die Stadtverwaltung „einmütig namens der gesamten Bürgerschaft ... schärfsten Protest". Dieses demonstrative Eintreten der städtischen Beamten für Jarres hat eine Verschärfung der Besatzungspolitik zur Folge. Weitere Ausweisungen und Verhaftungen folgen. Die Zivilcourage, mit der Jarres gegen die Besatzungswillkür und seine Amtsenthebung auftritt, das konsequente Verfechten seiner Rechtsposition durch alle Gerichtsinstanzen, verschafft ihm weit über die Grenzen Duisburgs hinaus Achtung und Anerkennung. Im Herbst übernimmt er unter Gustav Stresemann das Reichsinnenministerium. Nach Stresemanns Rücktritt bleibt Jarres im Kabinett Wilhelm Marx weiter Innenminister, darüber hinaus wird er Vizekanzler. Nach dem Tode Friedrich Eberts tritt er als Kandidat der DVP bei der Reichspräsidentenwahl an. Gegen sechs Mitbewerber geht Karl Jarres aus dem ersten Wahlgang mit 38,8% der Stimmen als eindeutiger Sieger hervor, verpaßt allerdings die absolute Mehrheit. Interessant ist das Wahlverhalten in Duisburg, wo Jarres seit Beginn des Jahres 1925 wieder als Oberbürgermeister fungiert. Hier erhält er gegenüber dem Reichsdurchschnitt fast 16% weniger Stimmen. Der Zentrumskandidat Marx liegt mit ca. 20% um 5,3% über dem Reichsdurchschnitt. Für den notwendig gewordenen zweiten Wahlgang entscheiden sich die im „Reichsblock" zusammengeschlossenen Rechtsparteien gegen Jarres, für Paul von Hindenburg, der im April 1925 zum Reichspräsidenten gewählt wird. Während Hindenburg im Reich die Wahl mit 48,8% gewinnt, erhält er im Wahlkreis Duisburg lediglich 31% der Stimmen. Für Marx, den Kandidaten der demokratischen Parteien, entscheiden sich 38,5% der Duisburger Wähler.

Der Widerstand gegen die Besetzung des Ruhrgebietes bleibt nicht allein bei gewaltfreien Aktionen. Die Geschichtslegende vom „passiven Widerstand" verbirgt eine Vielzahl von Gewalt- und Terrortaten. Sprengstoffanschläge auf Brücken und Kanäle, sowie bewaffnete Überfälle auf belgische und französische Soldaten, erschweren der Ruhrbevölkerung die Aufrechterhaltung der Resistenz. Jeder Sabotageakt wird von den Franzosen mit schärfsten Vergeltungsmaßregeln beantwortet. Aus der Bürgermeisterei Angermund ist über die Zeit des passiven Widerstands zu hören: „Kaum hatte nach einem Sabotageakt eine Entspannung eingesetzt, dann erfolgte ein neuer, der immer größere Nervosität der Truppen und weitere Strafen für die Bevölkerung zur Folge hatte". Ein Aufruf vom April 1923 mahnt die Einwohner Duisburgs im Umgang mit den Besatzungssoldaten „Ruhe und Besonnenheit" zu wahren, dies sei „mehr denn je das erste Gebot echter Vaterlandsliebe". Das Verhältnis zwischen Bevölkerung und Besatzung spitzt sich zu, als in der Nacht zum 30. Juni 1923 bei einem Bombenanschlag auf der Hochfelder Rheinbrücke acht belgische Soldaten ums Leben kommen. Die Militärbehörden reagieren mit drakonischen Strafmaßnahmen. Umgehend werden 20 prominente Bürger der Stadt, zumeist leitende Beamte, in Geiselhaft genommen; das Stadttheater, Cafés und öffentliche Lokale müssen schließen; der Straßenbahn-, Auto- und Fahrradverkehr wird verboten; eine

Plakat für die Reichspräsidentenwahl, bei der Karl Jarres kandidierte (1925)

Ausgangssperre ab 20 Uhr verhängt; Duisburg von den umliegenden Städten hermetisch abgeriegelt. Bei hochsommerlichen Temperaturen – das Thermometer zeigt mittags bis zu 34 Grad – dürfen die Fenster nach 20 Uhr nicht mehr geöffnet werden. In Laar, Beeck und Hochfeld kommt es zu schweren Zusammenstößen zwischen Soldaten und Zivilbevölkerung. Wer auch nur wenige Minuten nach der festgesetzten Sperrstunde auf der Straße angetroffen wird, läuft Gefahr, beschossen zu werden, und muß mit seiner Verhaftung rechnen. Nur ganz allmählich normalisieren sich die Verhältnisse. Die letzten Sanktionen werden im September 1923 aufgehoben.

Kurze Zeit später herrscht in Duisburg erneut der Ausnahmezustand. Am 22. Oktober 1923 beginnt die fünfwöchige Despotie der Separatisten. Geduldet oder gefördert von der Besatzung, rufen Separatistengruppen in einigen rheinischen Städten von Aachen bis Koblenz die „Rheinische Republik" aus. Ihr Ziel ist die Loslösung des Rheinlandes vom Deutschen Reich. So dilettantisch der Separatistencoup auch erscheinen mag, bedeutet er bei der wirtschaftlich und politisch schwierigen Situation am Ende des Krisenjahres 1923 eine ernsthafte Bedrohung für die Einheit Deutschlands.

In Duisburg übernimmt ein Herr Engel die Amtsgeschäfte. Die Duisburger Bevölkerung, so formuliert die „RRZ" wenige Tage nach dem Eintreffen der Separatisten, lehne einhellig jede „Gemeinsamkeit mit dieser Bewegung und ihren Urhebern" ab. Der Einflußbereich der Separatisten konzentriert sich im Wesentlichen auf die Stadtmitte; bereits in Homberg, in Ruhrort oder Meiderich ist von ihnen wenig zu merken. Die Duisburger Ortsgruppe des „Rheinischen Unabhängigkeitsbundes" verkündet auf Plakaten, daß die Republik „ohne jede Einmischung der Besatzungsbehörden" zustandegekommen sei. Das Gegenteil ist der Fall. Alle Versuche, dem separatistischen Intermezzo ein schnelles Ende zu bereiten, scheitern am Eingreifen der Militärbehörden. Um erwarteten bewaffneten Konflikten zwischen regulärer Polizei und Separatistenverbänden vorzubeugen, entwaffnen Besatzungstruppen die Schutzpolizei und stellen sie unter Arrest. Das Fehlen der Polizei hat verhängnisvolle Folgen. Einbrüche und Diebstähle nehmen derart zu, daß die „RRZ" Ende Oktober 1923 konstatiert, das Eigentum sei „auch während der Märzunruhen 1920 kaum so gefährdet" gewesen, wie unter der Herrschaft der Separatisten. „Gestohlen wird am hellen Tag, ohne Scheu", heißt es in der Presse. Da Brot und Kohle knapp und teuer sind, werden Bäckereien und Kohleläger zum bevorzugten Ziel von Plünderern. In Meiderich bleibt kaum eine Bäckerei von Plünderungen verschont. Die offensichtliche Unfähigkeit der Separatisten, die Einwohnerschaft Duisburgs für die Pläne einer „Rheinischen Republik" zu gewinnen, führt Ende November 1923 dazu, daß die Besatzungsbehörden den Separatisten die Unterstützung entziehen. Die rechtmäßige Verwaltungsspitze kehrt von ihrem Ausweichquartier in Meiderich wieder ins Rathaus zurück. Die verantwortlichen Separatisten können jedoch nicht vor Gericht gestellt werden, da eine Verordnung den deutschen Behörden untersagt, „Repressalien, die gegen ein Mitglied der separatistischen Partei" gerichtet sind, zu verhängen.

Im Sommer 1923 beginnt es sich immer deutlicher abzuzeichnen, daß der passive Widerstand nicht durchgehalten werden kann. Die Entschädigungs- und Unterstützungskosten für die Betriebe in den besetzten Gebieten vermag das Reich auf Dauer nicht aufzubringen. Der Dollarkurs der Papiermark steigt von Tag zu Tag. Die Löhne halten mit der Preisentwicklung längst nicht mehr Schritt. Der Kaufkraftverlust der Mark wird schon Ende 1922 spürbar. Der durchschnittliche Schichtlohn eines Bergmannes beträgt im Oktober 1922 903 Reichsmark; wobei für dieses Geld ein Drittel weniger Waren eingekauft werden kann als im Jahre 1914. Ruhreinmarsch und passiver Widerstand heizen die Inflation zusätzlich an; die Mark fällt ins Bodenlose. Im November 1923 erreicht die Inflation ihren Höhepunkt, der Dollarkurs steht bei 4,2 Billionen Mark. Ein Bergarbeiter verdient im Oktober dieses Jahres pro Schicht 48,5 Milliarden Mark – das ist das 10-millionenfache des Januarlohnes. Ein Holzfacharbeiter hat Mitte November einen Stundenlohn von 110 Milliarden Mark; das Gehalt eines Lehrers, zumeist halbmonatlich gezahlt, beträgt 47 Billionen Mark. Der Inflationsmillionär kann sich für seine Millionen und Milliarden nur wenig kaufen. Der Wochenlohn eines qualifizierten Facharbeiters reicht gerade aus, um einen Zentner Kartoffeln zu kaufen. Die Preise steigen fast stündlich. Für einen Liter Milch, der Anfang November noch 4,5 Milliarden kostet, muß Ende November 225 Milliarden gezahlt werden. Ein zweipfündiges Weißbrot ist zu Beginn des Monats November nicht unter 6 Milliarden zu bekommen, ein Fahrschein für die kürzeste Strekke der Reichsbahn kostet 400 Millionen Mark. Um die Schnelligkeit der Geldentwertung einigermaßen aufzufangen, gehen die Betriebe zu täglicher Lohnauszahlung über.

Der notwendige Bedarf an Geldscheinen übersteigt die Druckmöglichkeiten der Reichsdruckerei bei weitem. Der Staat überträgt das Recht, Banknoten herzustellen, auf Städte und Gemeinden, Handelskammern und Industrieunternehmen. Allerdings hat dieses Geld häufig nur lokale Gültigkeit. Die „RRZ" weist z. B. im Oktober 1923 die Zeitungsboten an, „auswärtiges Notgeld, außer solches der Firmen Krupp und Thyssen", nicht anzunehmen. Das Duisburger Inflationsgeld und das Notgeld der Duisburger Großbetriebe wird von den Geschäftsleuten der angrenzenden linksrheinischen Städte als Zahlungsmittel akzeptiert. Neben dem städtischen Notgeld kursiert in Homberg und Rheinhausen Inflationsgeld des „Vereins der Bergwerke des linken Niederrheins", mit den Versen versehen:

„Sie sollen ihn nicht höhnen,
den wackren Bergmannsstand,
der noch Glückauf läßt tönen,
wenn schwerste Not im Land".

Inflationsgeld der Bürgermeisterei Rheinhausen, der Firma Krupp und der Stadt Homberg

Die Druckereien in Duisburg haben Hochkonjunktur. Die Stadt Duisburg läßt im Jahre 1923 Geldscheine im Wert von über 32 Trillionen Reichsmark drucken. „Tag und Nacht", erinnert der städtische Bericht für die Zeit von 1912 – 1925 an die Inflation, „arbeiten die Druckmaschinen, um die für den nächsten Tag allseits erwarteten Scheine herzustellen".

Ende des Jahres 1923 steht Deutschland politisch, sozial und wirtschaftlich vor dem Zusammenbruch. In allen Teilen des Reiches – von Hamburg bis München, vom Rheinland bis Sachsen – versuchen radikale politische Gruppen, die Notlage für ihre Ziele auszunutzen. Von der demokratischen Verfassung des Deutschen Reiches ist nicht sehr viel geblieben. Der Paragraph 48 der Reichsverfassung ermöglicht es dem Reichspräsident, ohne Parlament zu regieren und die Grundrechte außer Kraft zu setzen; die ausführende Gewalt liegt bei der Generalität.

Reichspräsident Paul von Hindenburg im befreiten Duisburg (neben Hindenburg im Auto der damalige Oberbürgermeister Dr. Karl Jarres). 18. Sept. 1925

Am 26. September 1923 bricht die Reichsregierung unter Gustav Stresemann den passiven Widerstand ab. Die Ruhrindustrie handelt mit einer interalliierten Kommission, der sog. MICUM, die Größenordnung der jährlichen Kohlelieferungen an Frankreich aus. Langfristig sind damit die Weichen für eine Räumung des Ruhrgebietes gestellt. Es bedarf jedoch noch einiges außerpolitischen Geschicks Stresemanns und einer grundlegenden Veränderung der internationalen Rahmenbedingungen, um den Abzug der Franzosen und Belgier zu erreichen. Bei den Alliierten setzt sich eine nüchterne Betrachtungsweise der Reparationsfrage durch. Das amerikanische Finanzkapital entdeckt das Deutsche Reich als Anlagemarkt. Die neugewählte Linksregierung in Frankreich signalisiert Verständigungsbereitschaft. Vor diesem Hintergrund vollzieht sich am 25. August 1925 die Räumung Duisburgs, wenige Monate später auch der angrenzenden linksrheinischen Gebiete. Die Duisburger Bevölkerung atmet erleichtert auf, in der ganzen Stadt läuten die Kirchenglocken, die Häuser sind geflaggt – zumeist mit der schwarz-weiß-roten Fahne des Kaiserreiches. Ein Augenzeuge berichtet: „Bis 2Uhr nachts ist man mit Musik und Fackelschein durch die Straßen bezogen". Doch schon in den nächsten Sätzen klingt die Not der Zeit an: „Die Lebensmittel sind z. Zt. im Preis stark gestiegen. Viel Arbeitslosigkeit allenthalten. Man sieht besorgt in die Zukunft".

Die Freude über den Abzug der Truppen wird getrübt durch eine Hochwasserkatastrophe in der Neujahrsnacht des Jahres 1926. Große Teile des Homberger Stadtgebietes stehen unter Wasser. Vorsorglich werden die Bewohner hochwassergefährdeter Häuser in Hochhalen evakuiert; an der Grenze zwischen Hochheide und Scherpenberg wird ein Notdamm errichtet. Erdwälle an den Zugangsstraßen zur Marientorschleuse schützen die Duisburger Altstadt vor Überschwemmungen. Ein Jahr zuvor hat ein Defekt an der Marientorschleuse zur ersten Überflutung der Duisburger Altstadt seit 42 Jahren geführt. Der entstandene Schaden ist groß; insgesamt 1.288 Wohnhäuser weisen Beschädigungen auf.

Die Stabilisierung der Wirtschaft geht zu Lasten der Arbeitnehmer. Am 15. November 1923 kann die Inflation mit der Einführung der Rentenmark beendet werden. Es folgt ein rapider Anstieg der Arbeitslosigkeit. Der Lebensstandard ist äußerst niedrig, Armut keine Randerscheinung. Bei „Lebensmittelunruhen" stürmen ganze Gruppen von Arbeitslosen Geschäfte oder Wochenmärkte und zwingen die Händler, die Waren zu herabge-

Hochwasser in der Duisburger Altstadt

setzten Preisen zu verkaufen. Auf dem Gelände der „Friedrich-Alfred-Hütte" in Rheinhausen liefern sich Demonstranten und Polizei heftige Kämpfe. Vor dem Rheinhausener Rathaus findet im November 1923 eine große Kundgebung Erwerbsloser statt. Wie der „Grafschafter" berichtet, ziehen die Arbeitslosen „unter Absingen revolutionärer Lieder" zu den Wohnungen der leitenden Angestellten und von hier durch das Hüttenwerksgelände.

Als Nutznießer der Inflation entledigt sich der Staat seiner kriegsbedingten inländischen Schulden. Die Kriegsanleihen sind nur noch bedrucktes Papier ohne jeden Wert. Der Mittelstand – Angestellte, Beamte, Selbständige – verliert sämtliche Rücklagen und Ersparnisse. Arthur Rosenberg, Verfasser der „Geschichte der Weimarer Republik", nennt die Inflation „eine der größten Räubereien der Weltgeschichte". Die Verbitterung der Mittelschichten gegenüber dem Staat und seinen Repräsentanten wächst; die Angst, sozial abzusteigen, zu „proletarisieren", ist groß. Große Teile des Mittelstandes wenden sich rechtsradikalen Parteien zu. Sie haben die Erwartung, nur eine autoritäre Regierung sei in der Lage, wieder gesicherte Verhältnisse herzustellen. Bei der Duisburger Stadtverordnetenwahl im Mai 1924, die noch ganz unter dem Eindruck des voraufgegangenen Krisenjahres steht, erreicht der rechtsradikale Völkisch-Soziale-Block (VSB) knapp 4% der Stimmen und zieht mit 3 Abgeordneten ins Stadtparlament ein. Wenn die kleine Gruppe der Völkischen auch innerhalb der Stadtverordnetenversammlung nur eine geringe Rolle spielt, ist doch festzustellen, daß in keiner anderen Stadt des Großraumes Duisburg die völkischen Gruppierungen ein ähnlich gutes Wahlergebnis aufzuweisen haben. Die meisten Stimmen erhält der VSB in der mittelständisch strukturierten Stadtmitte und nimmt hier der DNVP, die insgesamt vier Mandate verliert, Wählerstimmen ab. Die Erfolge einer „Mieterschutz- und Kriegshinterbliebenenpartei" oder einer politisch diffusen Liste „Aldenrade-Mitte-Vierlinden" bei der Kommunalwahl in Walsum belegen die beginnende Aufsplitterung der Parteienlandschaft. Mit 14 Stadtverordneten geht die Liste der KPD als stärkste aus der Duisburger Kommunalwahl hervor. Die Stadtverordnetenfraktion der Kommunisten wird angeführt von Michael Rodenstock, dem Geschäftsführer des Duisburger Ortsverbandes der Gemeinde- und Staatsarbeiter. Rodenstock wird zusammen mit den Gewerkschaftlern Julius Birk, Emil Rentmeister und Johann Schlösser 1933 von den Nationalsozialisten ermordet.

IV Die Zeit relativer Stabilität

1. Wirtschaftliche Entwicklung nach dem Ersten Weltkrieg

Die Industrieunternehmen im Großraum Duisburg reagieren auf die veränderten Produktions- und Absatzbedingungen nach dem Ersten Weltkrieg mit einer grundlegenden Modernisierung und Umstrukturierung der Betriebe. Ab 1920 setzt ein Konzentrationsprozeß ein, der gewaltige Industriekonzerne entstehen läßt. Mit der Gründung der „Vereinigten Stahlwerke AG" (VESTAG) finden die Konzentrationsbestrebungen im Januar 1926 ihren vorläufigen Abschluß. Die Zechen „Neumühl" und „Diergardt-Mevissen" schließen sich der VESTAG nicht an. Im Bereich der Metallindustrie bleiben „Mannesmann", die „Hahnschen Werke" und die „Deutsche Maschinenbau AG" (DEMAG) außerhalb des neugegründeten Mammutunternehmens. Zahlreiche Hochöfen und Zechen werden in den nächsten Jahren stillgelegt; von 23 Hochofenanlagen bleiben nur noch 9, von 48 Zechenbetrieben ganze 24 erhalten. Allein die Schließung der von Thyssen in die VESTAG eingebrachten Schachtanlagen in Wehofen im Jahre 1928 trifft ca. 3.000 Arbeitnehmer.

Modernisierungen und Betriebszusammenschlüsse werden begünstigt durch die hohen Kriegs- und Inflationsgewinne der Unternehmen. Die Absatzschwierigkeiten der Schwerindustrie verringern sich, als Mitte des Jahres 1921 die Inflation in Deutschland immer schneller fortschreitet und die Weltmarktpreise unterboten werden können. Die Unternehmen produzieren mit äußerst geringen Kosten. Löhne und häufig auch die Rohstoffe werden mit Papiermark bezahlt, Kredite und Belastungen mit entwertetem Geld zurückgezahlt, wertbeständige Investitionen mit wertlosem Papiergeld finanziert.

Während der Zeit des passiven Widerstandes kommen die Kohleförderung und die Eisenindustrie fast gänzlich zum Erliegen. Willkürlich durch das Stadtgebiet gezogene Zollgrenzen und ständige Ein- und Ausfuhrkontrollen wirken lähmend auf das Wirtschaftsleben. Der Betrieb im Hüttenwerk Rheinhausen kann nach mehreren Monaten Stillstand erst im Januar 1924 mit zwei Hochöfen wieder aufgenommen werden. Die Erneuerung und der Ausbau der Betriebsanlagen geht jedoch zügig weiter. Die Duisburger Hütten produzieren 1924 1,5 Millionen Tonnen Roheisen, das sind ca. 20% der deutschen Jahresproduktion.

Der Bergbau fördert in zunehmendem Maß auf Halde. Kohleüberfluß, Absatzschwierigkeiten und englische Konkurrenz führen zu Feierschichten, Kurzarbeit und Entlassungen. In Hamborn, wo jeder dritte Arbeitnehmer im Bergbau beschäftigt ist, wirkt sich die schlechte Marktsituation der Kohle besonders drastisch aus. In der Zeit des passiven Widerstandes besteht eine verdeckte Arbeitslosigkeit. Unternehmen, die nicht in der Lage sind, den Beschäftigten den vollen Lohn zu bezahlen, bekommen den restlichen Betrag – Lohnsicherung genannt – von der Reichsregierung. Das wahre Ausmaß der Arbeitslosigkeit zeigt sich deshalb erst ab Oktober 1923. Ziemlich unvermittelt steigt die Zahl der Arbeitslosen in Hamborn auf über 47.000. Ende 1923 müssen 60% der Einwohner der Bürgermeisterei Angermund von der Erwerbslosenunterstützung leben. Die Verwaltung Walsums registriert im Dezember 1923 4.035 Arbeitslose. Betriebseinschränkungen führen im Hüttenwerk Rheinhausen zur Entlassung von ca. 20% der Arbeiter und Angestellten. Innerhalb eines Monats geht die Belegschaftsstärke der „Hahnschen Werke" in Großenbaum von 1.496 auf 300 Beschäftigte zurück. Zwar sinken die Arbeitslosenzahlen in den nächsten Monaten wieder, doch bleibt ein hoher Arbeitslosensockel bestehen. Die Verwaltungen erkennen, daß „die Erwerbslosen mit den Unterstützungssätzen das notwendige Leben nicht fristen können". Die Stadtverordnetenversammlung Duisburgs beschließt im November 1925, den Wohlfahrtsetat der Stadt um 100.000 Reichsmark zu erhöhen.

In den ersten Monaten nach der Währungsstabilisierung sind die Löhne äußerst gering. Der Stundenlohn eines Holzfacharbeiters, der Anfang Dezember 1923 noch eine Reichsmark beträgt, sinkt bis Februar 1924 um 43% auf 57 Pfennig. Die Wirtschaftsrezession nutzen die Arbeitgeber, um die sozialpolitisch größte Errungenschaft der Novemberrevolution, den Achtstundentag, wieder abzuschaffen. Im Mai/Juni 1924 streiken die Bergarbeiter gegen die Wiedereinführung des zehnstündigen Arbeitstages. Der Thyssenkonzern reagiert mit der Aussperrung und gleichzeitigen Kündigung des überwiegenden Teils der Belegschaft; die Direktion der Zeche „Neumühl" schließt sich dieser Maßnahme an. Die Arbeitgeber erreichen ihr Ziel: die Festschreibung der vor 1914 gültigen Arbeitszeitregelung.

Die Duisburger Schwerindustrie überwindet Mitte 1926 das konjunkturelle Tief der Nachkriegsjahre. Ein mehrmonatiger Bergarbeiterstreik in England verschafft die nötigen Aufträge. Das Ruhrgebiet übernimmt bis zum Frühjahr 1927 die Belieferung des britischen Marktes. Die Produktionsziffern der eisenverarbeitenden Industrie und des Bergbaus erreichen die Werte des letzten Friedensjahres 1913. Das Hüttenwerk Rheinhausen verzeichnet im Januar 1928 die höchste monatliche Rohstahlerzeugung seit Bestehen der Hütte. Der Gesamtumschlag des Duisburger Hafens erreicht mit 27,7 Millionen Tonnen ab 1926 wieder Vorkriegswerte; wobei die gestiegene An- und Abfuhr von Kohle starke Einbußen in anderen Güterbereichen wettmacht. Lohnkonflikte in der Rheinschiffahrt und ein äußerst hart geführter Arbeitskampf in der Eisenindustrie bestimmen die zweite Hälfte des Wirtschaftsjahres 1928. Laut Verwaltungsbericht der Gemeinde Repelen-Baerl sind die sozialen Verhältnisse der Arbeiter in diesem Jahr „noch immer so ungünstig", daß bei einer Arbeitsunfähigkeit „vielfach sofort ein Eingreifen der öffentlichen Fürsorge notwendig ist".

Der Wirtschaftsaufschwung wird ermöglicht durch die Aufnahme von Milliardenkrediten in den USA. In erster Linie nehmen Privatwirtschaft und Städte Auslandsanleihen auf. Den Haushalt Duisburgs belasten 1930 Auslandsschulden in Höhe von 12,6 Millionen Reichsmark, die Gesamtverschuldung beträgt über 120 Millionen Mark. Der Haushaltsplan des Jahres 1931 weist nicht zuletzt wegen der hohen Arbeitslosigkeit ein Defizit von 22,7 Millionen Reichsmark auf. In einem Brief an seinen Parteifreund Jarres kritisiert Gustav Stresemann das finanzielle Gebaren der Städte, das ihn zu „großen außenpolitischen Sorgen" veranlaßt. Im Gegensatz zu anderen Großstädten, die mit dem geborgten Geld repräsentative Großprojekte finanzieren – z. B. läßt der Oberbürgermeister von Köln, Konrad Adenauer, ein Messehaus bauen – fließen die Anleihen Duisburgs in weniger spektakuläre Wohnungs- und Straßenbauprogramme.

Die durch kurzfristige Auslandsanleihen erreichte wirtschaftliche Festigung steht auf keinem gesicherten Fundament. Ein Netz von internationalen Vereinbarungen verknüpft die Reparationsfrage mit der Gewährung von Krediten. Die deutsche Wirtschaft erarbeitet mit Hilfe fremder Gelder die notwendigen Steuerbeträge zur Bezahlung der Kriegsschulden. Die Abhängigkeit Deutschlands von der amerikanischen Prosperität ist riesengroß. Das Wort von der „unsichtbaren Besetzung" macht die Runde. Wenn „die Amerikaner ihre kurzfristigen Kredite abrufen", befürchtet Stresemann im November 1928, „dann ist der Bankrott da". Tatsächlich folgt schon bald nach der kurzen Phase relativer wirtschaftlicher Stabilisierung und politischer Beruhigung eine Wirtschaftsrezession und Radikalisierung des öffentlichen Lebens in bisher nicht gekanntem Ausmaß.

2. Kultur und Sport

Zunächst beginnen jedoch hoffnungsvollere Zeiten – zumindest im Bereich der Kultur erlebt auch Duisburg die „Goldenen-Zwanziger-Jahre". Duisburg avanciert zu einem Zentrum des musikalischen Lebens Westdeutschlands. Den Grundstein hierzu legt die Gründung einer eigenständigen Oper. In der Theatergemeinschaft mit Bochum – die Auflösung der seit 1886 bestehenden Zusammenarbeit mit dem Düsseldorfer Theater erfolgt 1921 – wird ein gegenseitiger Austausch von Oper und Schauspiel vereinbart. Mit Saladin Schmitt als Intendanten und Paul Scheinpflug als städtischem Generalmusikdirektor gelingt es, zwei profilierte Künstler zu verpflichten. Während Schmitt es, nach dem Urteil eines zeitgenössischen Kulturkritikers, für die Duisburger Oper ablehnt, „sich mit den extremen Experimenten der zeitgenössischen Musik zu beschäftigen", erlangt Scheinpflug seinen Ruf gerade durch die „Pflege der Moderne". Viele Musikveranstaltungen finden über den regionalen Raum hinaus Beachtung. Paul Hindemith komponiert eigens zur Festwoche der „Jahrtausendfeier" des Rheinlandes, die im Juni 1925 in Duisburg ausgerichtet wird, ein Konzert für Orchester. Im Jahre 1928 veranstaltet die Stadt ein Max-Reger-Fest. Der „General-Anzeiger" kommentiert: „Die Stadt der Industrie und Kunst ist stolz darauf, daß es ihr wiederum obliegt, Reger zu feiern". Seit seinem Auftritt in Duisburg im Oktober 1915 wird die Musik Regers in Duisburg besonders gepflegt. Das „Tonkünstlerfest" im Jahre 1929 bildet den letzten Höhepunkt im Duisburger Musikleben jener Jahre. Die Subventionierung des Opern- und Konzertbetriebes wird während der folgenden Wirtschaftskrise zum Gegenstand heftigster Kritik. Die leere Stadtkasse zwingt zu Personaleinsparungen und Gagenkürzungen. Das städtische Orchester Hamborns wird 1931 aufgelöst; die 24 Musiker dem mit Arbeit überlasteten Fürsorgeamt als Aushilfskräfte zugeteilt.

In einem Grußwort zum „Tonkünstlerfest" lobt Thomas Mann neben der künstlerischen Qualität des Stadttheaters besonders Duisburgs „Literarische Gesellschaft", die er zu den „verdientesten kulturellen Einrichtungen des Reiches" rechnet. Gemeint ist der „Verein für Literatur und Kunst", dem es gelingt, Schriftsteller von Rang und Namen nach Duisburg zu verpflichten, unter ihnen sind Bertold Brecht, Thomas Mann, Stefan Zweig, Alfred Döblin, Hermann Hesse u. v. a. Die erste Vortragsreihe Gerhart Hauptmanns durch Westdeutschland – organisiert vom Duisburger Literaturverein – nimmt vom Stadttheater ihren Ausgang. Anläßlich des Besuchs Hauptmanns wird sein Drama „Florian Geyer" in Duisburg aufgeführt.

Bei aller Anerkennung der kulturellen Aufgeschlossenheit und ambitionierten Kulturförderung der Stadt, ist es doch eine sehr elitäre Kunst, die in Duisburg gepflegt wird. Der Konzert- und Opernbetrieb orientiert sich an einer verhältnismäßig kleinen Oberschicht. Die Hauptkonzerte gelten als große gesellschaftliche Ereignisse. Das Problem, den Industriearbeiter für das Theater zu gewinnen, wird auch durch die Aufnahme von Operetten in den Spielplan nicht gelöst. Nach Meinung eines zeitgenössischen Kritikers sieht ein Großteil der Bevölkerung die städtischen Musikveranstaltungen als „Vergnügungssucht für die besseren Leute". Bis auf das Jahr 1927 geben die Besucherzahlen des Stadttheaters der Verwaltung ständigen Anlaß zu Klagen. In der Nachbarstadt Hamborn – deren kulturelles Angebot weitaus weniger anspruchsvoll ist – sind 1928 unter den Theaterabonnenten lediglich 3,75% Arbeiter.

Von der körperlich harten, oft bis zu zwölfstündigen Arbeit in den Werken der Schwerindustrie bieten das Kino, der Verein, die Kneipe oder der Sport Entspannung und Erholung. Im Stadtgebiet von Duisburg-Hamborn gibt es 1932 694 Gast- und Schankwirtschaften; auf je 488 Einwohner kommt eine Verkaufsstelle für alkoholische Getränke. Auch Kleingartenanlagen erfreuen sich in Duisburg und Umgebung großer Beliebt-

Anläßlich der Aufführung seines Dramas „Florian Geyer" besucht Gerhart Hauptmann mit seiner Frau Duisburg (26. Sept. 1926). Im Hintergrund von links nach rechts: Bürgermeister Paul Berrenberg, Oberbürgermeister Karl Jarres, Klaus Wagner-Roemmich, Beigeordneter in Hamborn, und Saladin Schmitt, Intendant der Duisburger Oper

heit. Die Gesamtzahl der in Duisburg im Jahre 1928 vorhandenen Kleingärten beträgt 9.000. In Hamborn richten die „Vereinigten Stahlwerke" rund 1.200 Gärten ein, die von Werksangehörigen bearbeitet werden.

Daß viele Duisburger zeitgenössischer Kunst eher distanziert gegenüberstehen, zeigt die böse Posse, die sich entspinnt, als die Stadtverordneten beschließen, im Tonhallengarten Wilhelm Lehmbruck's „Kniende" aufzustellen. Der 1881 in Meiderich geborene, im Jahre 1919 durch Selbstmord aus dem Leben geschiedene, Wilhelm Lehmbruck genießt zu dieser Zeit längst weltweite Anerkennung. „Im Namen der Sittlichkeit, der Kunst und des Taktes" betitelt das zentrumsnahe Blatt „Echo vom Niederrhein" einen Artikel, der zur gewaltsamen Beseitigung der Skulptur aufruft. Zuvor hat der „Groß-Duisburger Hausfrauenbund" diesem „Schandmale der heutigen Zeit" den Kampf angesagt. Die wochenlange Polemik gegen das Kunstwerk wird zum Skandal, als – aufgeputscht durch die veröffentlichte Meinung – in der Nacht vom 27. zum 28. Juli 1927 vier junge Kaufleute die „Kniende" stark beschädigen. Auch *dieser* Aspekt des Duisburger Kulturlebens findet große überregionale Beachtung. Erich Weinert faßt die Vorgänge um die Lehmbruckplastik in ein vierstrophiges Gedicht, dessen letzte Strophe lautet:

„Nun wird der sittenstrenge Chirurg
Der Held des flanellenen Eros,
In den Kaffeekränzchen von Duisburg
zum lorbeerisierten Heros.
Und Nacktheit wird öffentlich überhaupt
Nur noch in öffentlichen Häusern erlaubt.
So endet die Bewegung,
und auch in Harmonie
Die sexuelle Erregung
Der Duisbourgeoisie."

Wir lehnen also die Lehmbrucksche Figur aus künstlerischen, ästhetischen u. ethischen Gründen ab. Wir verwahren uns aber darüber hinaus davor, daß ein derartiges Werk mitten in die Oeffentlichkeit hineingestellt wird. Mag die Figur für Kunst halten, wer immer da will: es ist eine Provokation sondergleichen, sie in einer öffentlichen Anlage aufzustellen. Darüber hinaus hilft kein Kritteln und Deuteln und die Bevölkerung hat ein Recht darauf, zu fragen, wer für diese Provokation verantwortlich ist. Der Ruf nach dieser Aufklärung wird nicht nachlassen. Man gebe sich darüber keiner Täuschung hin; man stelle sich vor allem nicht auf den Standpunkt: „Was kümmert's den Mond, wenn ihn ein Mops anbellt"; denn der Beweis, daß man der Mond sei, dürfte außerordentlich schwer fallen und man vergesse auch nicht, daß Möpse nicht nur bellen, sondern gelegentlich auch beißen können

Unsere Forderung heißt also: Hinweg mit der Figur aus der Oeffentlichkeit. Wir erheben diese Forderung im Namen wahrhaftiger Kunst, im Namen der Sittlichkeit und des Taktes Wir haben den weitaus größten Teil der Duisburger Bevölkerung hinter uns und fordern alle, die dazu die Macht haben, auf, an geeigneter Stelle **nach dem rechten zu sehen!**

„Echo vom Niederrhein", Nr. 169 vom 22.6.1927

Denkmalschändung.

2000.- Mark Belohnung!

Ruchlose Hände haben in der vergangenen Nacht kurz nach 1 Uhr die Lehmbruck'sche Plastik „Die Kniende" in dem Städtischen Tonhallengarten vom Sockel gestürzt und das Kunstwerk schwer beschädigt. Wer die feigen Denkmalschänder oder ihre Anstifter so zur Anzeige bringt, daß ihre Bestrafung erfolgen kann, erhält eine Belohnung von 2000.— Mark. Eine Teilung der Summe unter diejenigen, welche hier zweckdienliche Angaben machen, bleibt vorbehalten.

Duisburg, den 28. Juli 1927.

Dr. Jarres, Oberbürgermeister.

Lehmbrucks „Kniende"

Bereits seit dem Jahre 1902 gibt es den „Duisburger Museumsverein". Im Jahre 1921 werden die ersten Kunstausstellungen veranstaltet. In großen Lehmbruck-Ausstellungen zur Jahrtausendfeier der Rheinlande im Jahre 1925 und zur zehnten Wiederkehr des Todestages des Künstlers, würdigt die Stadt das künstlerische Schaffen Wilhelm Lehmbrucks.

Wenn in den Verwaltungsberichten jener Jahre von der Entwicklung der Stadtbücherei die Rede ist, dann zumeist, um die wenig zufriedenstellende Entwicklung des Leihverkehrs zu beklagen. Als Gründe gelten in erster Linie die schlechten wirtschaftlichen Verhältnisse, daneben die Konkurrenz durch Kino und Radio, vor allem aber „die ungewöhnliche Steigerung des Sportinteresses".

Trotz Revolutionswirren und großer Behinderungen durch die Beschlagnahmung von Turnhallen und Sportplätzen während der Besatzungszeit nimmt der Sport einen enormen Aufschwung. Die Sportanlagen in der Wedau bieten ab 1922 hervorragende Voraussetzungen für sportliche Großveranstaltungen. Den deutschen Leichtathletikmeisterschaften zur Eröffnung des Stadions folgt eine Vielzahl von nationalen und internationalen Wettkämpfen: die deutschen Wasserballmeisterschaften 1926; das Bundesfest des Allgemeinen Deutschen Turnbundes 1927; die deutschen Kanumeisterschaften 1932; zwei Fußballänderspiele 1924 und 1933. Als Kuriosum sei am Rande vermerkt, daß das Wedau-Stadion 1925 der Schauplatz zweier Windhundrennen wird.

Fußball-Länderspiel Deutschland gegen Italien am 23. November 1924 (0:1) im Wedau-Stadion. Der Spieler hinten rechts ist der spätere Bundestrainer Sepp Herberger

Das Fußballspiel macht nach dem Ersten Weltkrieg in der Publikumsgunst einen großen Schritt nach vorn. Im ausverkauften Wedau-Stadion sehen im November 1924 40.000 Zuschauer die Begegnung zwischen Deutschland und Italien. Die deutsche Mannschaft, die mit Sepp Herberger antritt, verliert mit 0:1 Toren. Im westdeutschen Fußball dominiert bis 1927 der Duisburger Spielverein. Der zehnfache westdeutsche Meister spielt auf nationaler Ebene gegen so renommierte Vereine wie den 1. FC Nürnberg, den Hamburger SV oder Schalke 04. Die ersten internationalen Fußballkontakte knüpft der VfvB Ruhrort, der im Dezember 1920 gegen Ajax Amsterdam spielt. Bei den ab 1924 sehr populären Städtespielen schneidet die Duisburger Mannschaft äußerst erfolgreich ab.

Duisburg gehört nicht nur im Fußball zu den westdeutschen Sporthochburgen. Auch in anderen Sportarten erzielen Sportler aus Duisburg hervorragende Ergebnisse. In den Jahren von 1920–1933 können 27 deutsche Einzelmeisterschaften in den unterschiedlichsten Disziplinen errungen werden. Das Schwergewichtsboxen erweist sich als Domäne Duisburger Boxer, die in den dreizehn Jahren neun Mal den deutschen Meister in dieser Gewichtsklasse stellen. Erinnert sei an die Kämpfe von Wilhelm Luis, dem deutschen Meister des Jahres 1923, gegen Max Schmeling. Nach seiner Niederlage gegen Luis im Kampf um die westdeutsche Meisterschaft 1924 wechselt Schmeling ins Profilager. Das Handballspiel – ursprünglich als Frauensport gedacht – findet in Duisburg viele Anhänger. Als erster Verein nimmt der Duisburger TV 1848/99 eine Handballabteilung auf. Ab 1924 wird Handball in Duisburg Schulsport. Zu diesem Zeitpunkt gibt es bereits 16 Vereine, in denen Handball gespielt wird; etwa 30% der aktiven Handballer des Niederrheins werden von diesen Vereinen gestellt. Die alljährlich veranstalteten „Vaterländischen Festspiele" dienen der Förderung des Breitensports. Unter Beteiligung der Schulen werden in den einzelnen Sportarten die Stadtmeister ermittelt.

Die Politisierung aller Lebensbereiche macht vor dem Sport nicht halt. Der bürgerliche Sportbetrieb wird von vielen politisch bewußten Arbeitern abgelehnt. „Ein Arbeiter", schreibt die „Vosti" 1925, „gehört nicht in die Vereine der bürgerlichen Bewegung". Die Duisburger Arbeitersportbewegung nimmt mit der Gründung des Turnvereins „Vorwärts" 1902 ihren Anfang. Nach Schwierigkeiten in den ersten Nachkriegsjahren haben die Arbeitersportvereine ab 1925 z.T. beachtliche Mitgliederzahlen aufzuweisen. Von den 25.770 Kindern und Jugendlichen, die 1926 in Vereinen organisiert sind, gehören ca. 15% sozialdemokratischen, freigewerkschaftlichen oder kommunistischen Verbänden an. Dem sozialdemokratisch ausgerichteten „Arbeitersportkartell" sind 25 Vereine angeschlossen, von denen der 1920 gegründete Arbeiter-Wassersport-Verein mit 500 Mitgliedern der größte, der Arbeiter-Schachbund der kleinste ist. Zu den Vereinen des Arbeitersports auf der linken Rheinseite, in Homberg, Hochheide und Hochemmerich, bestehen gute Kontakte. Die Forderung „nach der Wiederherstellung des Achtstundentages" in Verlautbarungen und Aufrufen vorgebracht, zeigt den bewußt politischen Charakter der Arbeitersportbewegung. Mit dem Bekenntnis „es gibt keine Neutralität, sondern nur eine klare Entscheidung für Demokratie und Republik", schließen sich die Arbeitersportvereine dem „Reichsbanner Schwarz-Rot-Gold" an, das ab 1924 offensiv für die parlamentarische Demokratie eintritt.

3. Juden in Duisburg

Der Rabbiner der Duisburger jüdischen Gemeinde, Manass Neumark, ist im April 1930 seit 25 Jahren im Amt. Das Gemeindeleben steht in vollster Blüte; in Duisburg leben im Oktober dieses Jahres 3.176 Juden. Von einer Isolierung der jüdischen Einwohner kann keine Rede sein. Zahlreiche kulturelle, politische oder soziale Vereinigungen zählen zum festen Bestandteil des kommunalen Lebens. Das „Gemeindeblatt der jüdischen Gemeinde Duisburg" nennt 1931 insgesamt 30 in Duisburg ansässige Organisationen und Verbände, von der jüdisch-sozialdemokratischen Arbeiterorganisation „Poale Zion", über den „Central-Verein deutscher Staatsbürger jüdischen Glaubens", bis zum „Reichsbund jüdischer Frontsoldaten". Der 40 Mitglieder zählende Turn- und Sportverein „Bar-Kochba", der sich unter dem Vorsitz von Edmund Levy zum Ziel gesetzt hat, „die körperliche und geistige Erziehung der jüdischen Jugend" zu fördern, gehört dem „Arbeitersportkartell" an. Zahlreiche jüdische Kaufleute haben sich in der Duisburger Altstadt niedergelassen.

Der Duisburger Verwaltungsbericht für die Zeit von 1912 bis 1924 hebt hervor, daß die jüdischen Einwohner „die Opfer des Krieges ... in voller Schwere" mitgetragen haben. Im Ersten Weltkrieg sterben 33 Mitglieder der jüdischen Gemeinde. Das Gemeindevermögen, fast restlos in Kriegsanleihen angelegt, fällt der Inflation zum Opfer.

Eine Folge des Krieges ist die immer stärkere Zuwanderung ostjüdischer Arbeiter aus Rußland und Polen, die nach Duisburg geholt werden, um den kriegsbedingten Arbeitskräftemangel auszugleichen. Von der Absicht des Düsseldorfer Regierungspräsidenten, die nach Beendigung des Krieges für viele Betriebe „lästigen Juden" wieder abzuschieben, werden auch ostjüdische Arbeiter in Duisburg und Hamborn betroffen. In einer Eingabe an die Polizeiverwaltung bittet der Hüttenarbeiter Jakob Praschker aus Ruhrort, ihn nicht zurückzuschicken. Zwar sollen nach seinen Informationen vornehmlich Juden abgeschoben werden, schreibt Praschker, die sich nicht „einwandfrei aufgeführt haben, sich herumstreiten, ihrer Arbeit nicht nachgingen und sonstige Dummheiten machten", jedoch befürchtet er, daß eine Verfügung folgt, die bestimmt, daß „sämtliche jüdisch russisch, polnischen Arbeiter nach der Heimat zurück müssen". Praschker bittet, mit ihm eine Ausnahme zu machen, damit er seine Frau und drei Kinder auch „weiterhin treu und ehrlich ernähren" könne. Das Personalbüro der Hütte „Phönix" bestätigt dem Arbeiter Praschker, regelmäßig gearbeitet und sich gut geführt zu haben. Die Verwaltung bescheinigt: „Er ist ein guter Arbeiter".

Wirtschaftliche Not und politische Verfolgung der Juden in Polen führen ab 1920 zu einer ostjüdischen Einwanderungswelle ins Deutsche Reich. Oberbürgermeister Karl Jarres meldet dem „Reichsamt für Arbeitsvermittlung" im September 1920, daß im Großraum Duisburg insgesamt 1.500 Ostjuden leben, wovon 700 als Arbeiter beschäftigt sind. Der Hamborner Oberbürgermeister Hugo Rosendahl gibt die Anzahl der jüdischen Arbeiter mit 253 an, „welche Zahl sich durch ständigen Zuzug erhöht". Die Polizeiverwaltung findet zunächst keine Erklärung für den „starken Zustrom von Ostjuden gerade nach Duisburg". Die Auskunft eines Arbeiters, der ohne ausreichende Papiere aufgegriffen wird, lenkt die Aufmerksamkeit auf eine Werbebüro der Duisburger jüdischen Fürsorge in Lodz, das die sich meldenden Juden nach Duisburg dirigiert. Von der als Folge der Währungsstabilisierung eintretenden hohen Arbeitslosigkeit sind auch viele jüdische Arbeiter betroffen; 10,1% der 2.067 in Duisburg lebenden Juden sind im Januar 1924 arbeitslos. Durch die Beschaffung der notwendigen Papiere ermöglicht die jüdische Fürsorgestelle vielen Juden die Auswanderung nach Palästina oder Amerika.

Seit 1920 gibt es unter den Juden Duisburgs Bestrebungen, bei der Schulverwaltung die Einrichtung einer jüdischen Volksschule zu beantragen. Die von Harry Epstein ausgehende Initiative findet nicht bei allen Mitgliedern der jüdischen Gemeinde Zustimmung. Während der zionistisch-religiöse Block mehrheitlich den Antrag befürwortet, lehnen ihn die liberal gesinnten Gemeindemitglieder ab. Befürchtungen werden laut, daß die Absonderung der jüdischen Volksschulkinder die Gefahr einer Ghettoisierung heraufbeschwören könnte. Schließlich setzt sich das Argument durch, daß die jüdischen Bürger aus Gründen der Gleichberechtigung berechtigt seien, eine eigene Schule zu fordern. Die Stadt kommt der jüdischen Gemeinde entgegen. Die in Ruhrort bereits bestehende jüdische Volksschule, aufgrund sinkender Schülerzahlen von der Schließung bedroht, wird in die zwischen Ruhrort und Duisburg liegende Volksschule an der Ruhrorter Straße verlegt. Das „Gemeindeblatt" appelliert an die „jüdischen Väter" und „jüdischen Mütter", am Aufbau und Ausbau der jüdischen Volksschule mitzuwirken. Doch erst der Umzug in das in der Innenstadt gelegene Schulgebäude am Buchenbaum bewirkt, daß fast alle jüdischen Eltern ihre Kinder in die jüdische Schule schicken. Die Schülerzahl beträgt von 1929 bis 1933 gleichbleibend etwa 240 Schüler. Da der Sabbat (Samstag) schulfrei sein muß, wird an der jüdischen Volksschule, als der einzigen Schule in Duisburg, nur an fünf Tagen in der Woche unterrichtet. Alle Lehrkräfte gehören dem „Verein israelitischer Lehrer und Erzieher" an, der 1930 seine Jahreshauptversammlung in Duisburg abhält.

Die jüdische Schule hat nach der Machtübernahme durch die Nationalsozialisten zahlreiche Schikanen und Erschwernisse zu ertragen. Bereits kurz nach dem 30. Januar 1933 weigert sich die Techniklehrerin, an der jüdischen Schule zu unterrichten. Emil Frank, der die Schule von 1934 bis 1939 verwaltet, wird nahegelegt, freiwillig aus einem Fortbildungskurs für Werklehrer auszuscheiden, da ihn sonst einige Lehrer gewaltsam entfernen würden. Der Schulleiter der jüdischen Schule, Fritz Kaiser, örtlicher Vorsitzender des „Central-Vereins deutscher Staatsbürger jüdischen Glaubens" und Mitglied der SPD, muß wegen seines mutigen Auftretens gegen Antisemiten die Schule im April 1934 verlassen.

Wer von den 1933 in Duisburg lebenden Juden nicht rechtzeitig auswandert, wird Opfer des Holocaust. Emil Frank, im Anschluß an den Pogrom am 9. November 1939, die sog. „Reichskristallnacht", für kurze Zeit im Lager Dachau interniert, kann den nationalsozialistischen Schergen durch seine Auswanderung nach England entkommen. Auch Harry Epstein gelingt es rechtzeitig, sich ins Ausland abzusetzen. Fritz Kaiser und seine Familie werden von den Nationalsozialisten ermordet. Manass Neumark stirbt 1942 im Konzentrationslager Theresienstadt.

4. Die Eingemeindungsdiskussion

Der Bevölkerung Hamborns ist ein Gedicht gewidmet, das 1931 auf Handzetteln in Duisburg verbreitet wird:

„Alles hat man Dir genommen,
Nur die Lieb' zur Heimat nicht.
Doch es muß bald wiederkommen,
Dies sei uns're heil'ge Pflicht.
Los von Duisburg sei die Losung,
Ruf es aus in alle Welt:
Los von Duisburg die Parole,
Solange uns die Brust noch schwellt".

Durch das Gesetz zur kommunalen Neuordnung werden am 1. August 1929 die Großstädte Duisburg und Hamborn mit Teilen der Bürgermeisterei Angermund zur Großstadt Duisburg-Hamborn zusammengeschlossen.

Konkrete Eingemeindungspläne haben bereits seit mehr als zehn Jahren bestanden. Eine „Denkschrift über Neuregelung der kommunalen Grenzen" der Hamborner Stadtverordnetenversammlung liefert 1925 geradezu die Argumente für eine Eingemeindung nach Duisburg. Mit dem Hinweis, daß „die natürlichen Zusammenhänge ... durch die derzeitige Grenzführung" zerrissen seien, fordern die Kommunalpolitiker die Eingemeindung von Walsum, Dinslaken und Holten. Demgegenüber sieht eine Studie von Karl Jarres die Bildung einer „Ruhrmündungsstadt" vor, die neben den später eingemeindeten Orten auch die linksrheinischen Gebiete Rheinhausen, Homberg und Teile der Gemeinde Repelen-Baerls umfassen soll. In allen Städten erhebt sich stärkster Widerspruch gegen die Duisburger Pläne. Die Hamborner Stadtverordnetenversammlung lehnt wiederholt eine Aufgabe der kommunalen Selbständigkeit ab. Die Handwerkskammer Düsseldorf warnt „vor der Fiktion, als ob durch Schaffung von Riesenstädten mit zentraler Verwaltung Ersparnisse" erreicht werden könnten. Der Hamborner „Haus- und Grundbesitzerverein" glaubt, daß die Eingemeindung den „Abzug kaufkräftiger Bevölkerungsschichten und damit eine Verschlechterung" der Wirtschaftslage zur Folge habe. Schließlich sieht die örtliche DDP in den Eingemeindungsabsichten den Versuch, Hamborn „zu einer toten Arbeitervorstadt von Duisburg ... herabzudrücken".

Auch der Kreis Moers setzt „dem Prestigebedürfnis der benachbarten Großstadt" entschiedenen Widerstand entgegen. Durch die Ausgliederung von Rheinhausen und Homberg würde dem Kreis Moers ein Drittel der Bevölkerung verlorengehen sowie die Gemeinde Repelen-Baerl mit Hochhalen, Gerdt und Üttelsheim den einzigen hochwasserfreien Teil des Rheinufers verlieren. Der Moerser Kreistag stimmt gegen die vier Stimmen der kommunistischen Fraktion für die Erhaltung des Kreises. Auch in Rheinhausen und Hamborn stimmen die kommunistischen Abgeordneten für einen Zusammenschluß mit Duisburg. In Homberg ergibt sich mit den sieben Stimmen der Kommunisten sogar eine schwache Mehrheit für die Aufgabe der Selbständigkeit. Die KPD sieht in der Zusammenlegung der Städte einen wesentlichen Schritt zur Schaffung einer einheitlichen „Ruhrstadt" von Duisburg bis Dortmund. Die linksrheinischen Städte und Gemeinden haben mit dem Bestreben, ihre Eigenständigkeit zu erhalten, Erfolg. Jarres nimmt 1928 spätere Entwicklungen vorweg, wenn er schreibt, daß die von Duisburg gewünschte „Ausdehnung auf das linke Rheinufer auf die Dauer nicht verhindert" werden kann. Der letzte Verwaltungsbericht Hamborns muß konstatieren, daß die Würfel im großen „Um- und Eingemeindungsspiel" gefallen sind. Allerdings, so die „Hamborner Volkszeitung", entgegen dem „überwiegenden Willen der Gesamtbevölkerung".

V Von der Weltwirtschaftskrise bis zum Ende der Weimarer Demokratie

1. *Die Auswirkungen der Wirtschaftskrise*

Die im Herbst 1929 einsetzende Weltwirtschaftskrise verhindert eine weitere Stabilisierung der Weimarer Demokratie. Die Krise nimmt ihren Ausgang vom Börsenkrach in New York am 24. Oktober 1929 und hat eine ihrer Ursachen in der fortgesetzten Überproduktion, der keine entsprechende Kaufkraft gegenübersteht. Der Zusammenbruch des amerikanischen Finanzsystems führt bei den internationalen Verflechtungen des Kapitalmarktes zu einer Wirtschaftskrise ungeahnter Größenordnung. Die Folgen der Krise sind in Deutschland besonders stark spürbar. Die deutsche Wirtschaft, durch amerikanische Kredite aufgebaut, verliert über Nacht die wichtigsten Geldgeber; die kurzfristig gewährten Anleihen werden wieder zurückgefordert. Die Auswirkungen sind Investitionsrückgänge, Bankzusammenbrüche, Produktionsstillegungen und Massenarbeitslosigkeit. Die Weltwirtschaftskrise trifft das Deutsche Reich in einer Lage, die durch eine Verschärfung der politischen und sozialen Gegensätze gekennzeichnet ist: das aggressiv-reaktionäre Bündnis von Alfred Hugenberg und Adolf Hitler („Harzburger Front") versucht mit einem Volksentscheid, die deutsche Außenpolitik aus den Angeln zu heben; die Arbeitgeber starten im Metallkonflikt 1928 mit ihrer Aussperrungsstrategie einen Angriff auf die sozialpolitische Errungenschaft des staatlichen Schlichtungswesens. Hinzu kommt, daß der lang anhaltende, extrem harte Winter des Jahres 1928/29 – der Rhein ist für mehrere Wochen zugefroren – die Arbeitslosenzahlen im Februar 1929 auf über 3 Millionen steigen läßt.

Die einseitige Wirtschaftsstruktur – das Vorherrschen von Schwerindustrie und Bergbau – macht Duisburg besonders anfällig gegenüber konjunkturellen Schwankungen. Die Auswirkungen der Wirtschaftskrise auf Industrie, Schiffahrt, Handel und Gewerbe sind verheerend. Die Duisburg-Hamborner Verwaltung vermerkt „einen noch nie gekannten Tiefstand in der Wirtschaft". Die Zahl der Arbeitslosen wächst in erschreckender Geschwindigkeit. Duisburg weist sowohl im Vergleich mit dem Reichsdurchschnitt als auch im Vergleich mit anderen Großstädten die größten Arbeitslosenzahlen auf. Noch

Zugefrorener Rhein bei Baerl. Im Hintergrund die Haus-Knipp-Brücke

vor Dortmund, Hagen und Oberhausen liegt Duisburg mit 34,1% Arbeitslosen an der Spitze der Ruhrgebietsstädte. Im Februar 1933 erhalten 43,6% der Bevölkerung Erwerbslosen- oder Wohlfahrtsunterstützung.

Viele Selbständige und kleine Gewerbetreibende stehen vor dem wirtschaftlichen Ruin. Duisburg-Hamborn verzeichnet für das Jahr 1930 den Konkurs von 295 Gewerbetreibenden. Zahlreiche Großbetriebe werden geschlossen, andere Unternehmen legen Feierschichten und Kurzarbeit ein. Die schrittweise Stillegung der „Hütte-Ruhrort-Meiderich" führt zur Entlassung von ca. 8.600 Arbeitnehmern. Vermittlungsversuche von Oberbürgermeister Jarres, die auf einen 20%-igen Lohnverzicht der Beschäftigten hinauslaufen, um den Bestand der Stahlwerke für ein halbes Jahr zu sichern, scheitern am Widerstand der Gewerkschaften. Die „August-Thyssen-Hütte" entläßt zwischen 1929 und 1933 etwa 2.000 Arbeiter, das sind knapp 20% der Gesamtbelegschaft; im gleichen Zeitraum reduzieren die Zechen in Hamborn die Belegschaftsstärken um mehr als 50%. Mit 5.063 Werksangehörigen sinken die Beschäftigtenzahlen der „Friedrich-Alfred-Hütte" in Rheinhausen auf den Stand des Jahres 1907. In allen Werken der Schwerindustrie wird nur an zwei oder drei Tagen in der Woche gearbeitet. Bei der trostlosen Wirtschaftslage löst Anfang 1933 die Absicht des Haniel-Konzerns, die Zeche „Neumühl" stillzulegen, heftige Aktivitäten der Kommunalpolitiker aus. Ein in Duisburg gebildeter „Abwehr- und Arbeitsausschuß" stellt die Frage: „Soll Duisburg-Hamborn untergehen?" Die SPD-Fraktion im Preußischen Landtag fordert das Staatsministerium auf, „im Hinblick auf den schwierigen Arbeitsmarkt" die Stillegung „mit allen Mitteln zu verhindern".

Die finanzielle Lage der Stadt ist äußerst angespannt. Den Mindereinnahmen an Gewerbe- und Grundsteuern stehen ständig wachsende Wohlfahrtsausgaben gegenüber. Bereits der Verwaltungsbericht des Jahres 1927 beklagt, daß die Kostenregelung des in diesem Jahre verabschiedeten Arbeitslosenversicherungsgesetzes „völlig verkehrt und gemeindefeindlich" sei. In der Tat erweist sich das Unterstützungssystem bei den ungewöhnlich schlechten Arbeitsmarktverhältnissen ab 1929 für die Stadtfinanzen als arge Belastung. Die Arbeitslosenunterstützung wird nur für längstens 39 Wochen vom Reich gezahlt, danach bekommen die Erwerbslosen Krisen- und Wohlfahrtsunterstützung; zum Teil oder ganz von den Gemeinden finanziert. Das führt dazu, daß im Jahre 1932 mindestens 75% der Arbeitslosen durch die Stadt und kaum 25% durch die Arbeitslosenversicherung unterstützt werden. Mit Rücksicht auf den „Ernst der Lage" ordnet die Verwaltung „besonders scharfe Sparverfügungen" an. Die Beamtengehälter werden drastisch gekürzt.

Die Zahl der jugendlichen Arbeitslosen steigt im Jahre 1932 auf über 14.000. Nach der Schulentlassung haben die Jugendlichen nicht die geringste Chance, einen Arbeitsplatz zu finden. Finanzierungshilfen des Staates ermöglichen, daß zumindest ein Teil bei Instandsetzungsarbeiten von Jugendheimen oder Sport- und Spielplätzen beschäftigt werden kann.

Die von Reichskanzler Heinrich Brüning betriebene konsequente Spar- und Deflationspolitik zur Bekämpfung der Wirtschaftskrise bedeutet eine drastische Senkung der öffentlichen Ausgaben und erfordert von den Arbeitnehmern große soziale Opfer. Es fehlt jeder Versuch, durch Staatsaufträge oder Kreditbeschaffung eine Belebung der Wirtschaft herbeizuführen. Steuererhöhungen treffen fast ausschließlich den Massenverbrauch. Mit dem rücksichtslosen Abbau von Löhnen und Gehältern geht eine ebenso rigorose Demontage der sozialen Leistungen einher, die Arbeitslosenunterstützung wird wiederholt gekürzt. Die im Interesse der Industrie betriebene Korrektur der Lohn- und Sozialpolitik bedeutet einen Angriff auf die demokratischen Grundlagen des Staates. Die Gewerkschaften sind durch einen Mitgliedsschwund faktisch gelähmt. Wiederholt auf-

Arbeitslose vor dem Arbeitsamt am Burgplatz (1928)

flammende „wilde Streiks" müssen bereits nach wenigen Tagen erfolglos abgebrochen werden.

Die Lebensverhältnisse in Duisburg auf dem Höhepunkt der Wirtschaftskrise im Herbst 1932 schildert ein Augenzeuge: „Überall Massenverarmung und Massenverelendung, überall trostlose Bilder des Elends und des Jammers. Körperliche Verelendung, seelische Verzweiflung und ethische Zerrüttung sind die Folgen". Die Erwerbslosenunterstützung reicht kaum, um die notwendigsten Lebensmittel einzukaufen. Eine vierköpfige Familie erhält im November 1931 eine wöchentliche Unterstützung von 20,50 Mark; davon müssen Miete, Heizung, Kleidung und der Lebensunterhalt bestritten werden. Eine vom „General-Anzeiger" im Dezember 1932 veröffentlichte Untersuchung ermittelt, daß einem Vier-Personen-Haushalt pro Kopf durchschnittlich 30 Pfennige zur täglichen Ernährung übrigbleiben. Die Bevölkerung hungert, die Hoffnung auf eine gesicherte Existenz ist längst geschwunden. Es fehlt das Geld für die lebensnotwendigsten Anschaffungen. Heizmaterial kann nicht bezahlt werden; Erkältungskrankheiten fordern zahlreiche Todesopfer. Die Sterbestatistik des Jahres 1932 belegt die mangelnde Widerstandskraft der Bevölkerung. Jeder Fünfte stirbt an Erkrankungen der Atmungsorgane: Lungenentzündung, Tuberkulose, Grippe usw. Noch vor dem Erreichen des ersten Lebensjahres sterben in Duisburg-Hamborn 673 Säuglinge, das sind 18,1% aller Todesfälle. An Diphterie sterben 1931/32 über 200 Menschen – zumeist Kinder und Jugendliche. Der Krankheitsherd wird in der Werthacker-Siedlung lokalisiert, dort sind die sozialen Verhältnisse besonders schlimm. Trotz intensiver ärztlicher Bemühungen gelingt es im Zeitraum eines Jahres nicht, die Epidemie erfolgreich zu bekämpfen. Ein Schulchronist aus Duissern kritisiert: „Solange die Stadt hier nicht andere Wohnverhältnisse schafft, werden alle Anstrengungen erfolglos sein." Die Selbstmordrate der Jahre 1930–32 ist extrem hoch; 198 Männer und 55 Frauen nehmen sich das Leben. Es sind vor allem Arbeiter im Alter zwischen 20 und 30 Jahren, die Selbstmord begehen; bei den Frauen fast ausschließlich Hausangestellte (83,6%).

2. *Die Anfänge des Nationalsozialismus*

Wirtschaftliche Not, Hunger und Arbeitslosigkeit bewirken eine Radikalisierung des politischen Lebens. In Duisburg wenden sich Zehntausende Parteien zu, die eine Verbesserung der Verhältnisse durch eine grundlegende Veränderung erreichen wollen. Die Nationalsozialistische Deutsche Arbeiterpartei (NSDAP) erhält vor dem Hintergrund der desolaten wirtschaftlichen Situation enormen Zulauf. Die Mitgliedszahlen steigen innerhalb weniger Monate um mehr als das Doppelte. Kann die NSDAP bei der Duisburg-Hamborner Stadtverordnetenwahl des Jahres 1929 gerade 3,9% der Stimmen gewinnen, vergrößert sich der Stimmenanteil zur Kommunalwahl des Jahres 1933 auf über 36%. Am linken Rand des Parteienspektrums gelingt es der KPD, ihre Anhängerschaft kontinuierlich zu vergrößern. Während in Deutschland bei der Reichstagswahl im November 1932 die NSDAP die stärkste Partei ist, dominieren in Duisburg die Kommunisten. Die politische Atmosphäre ist vergiftet; Versammlungen und Kundgebungen sind Schauplätze schwerer Zusammenstöße von Kommunisten und Nationalsozialisten. Die äußerst militant geführten Auseinandersetzungen fordern zahlreiche Tote und Verletzte.

Die Anfänge des Nationalsozialismus reichen in Duisburg bis in das Jahr 1919. Alfred Roth, der noch in den letzten Monaten des Ersten Weltkrieges in der Duisburger Tonhalle Durchhaltereden *gegen* „Angelsachsentum und Romanentum", *für* ein „Germanentum" gehalten hat, gründet 1919 den „Deutschvölkischen Schutz- und Trutzbund"

(DVSCHTB). Zusammen mit der Deutschsozialistischen Partei, von der kleine Gruppen in Duisburg, Homberg und Friemersheim bestehen, gehört der DVSCHTB zu den lokalen Vorläufern der Nationalsozialisten.

Zur Duisburger Kommunalwahl des Jahres 1924 ziehen Rechtsradikale erstmals ins Stadtparlament ein. Der Völkisch-Soziale-Block – parteipolitisch eine Abspaltung der Deutschnationalen – stellt drei Abgeordnete. Die Duisburger Völkischen unterstützen bei der Reichspräsidentenwahl des Jahres 1925 nicht den von Hitler favorisierten Erich Ludendorff, sondern Karl Jarres. Auf einer Wahlveranstaltung beschreibt der völkische Stadtverordnete Eugen Tropf den Duisburger Oberbürgermeister als Persönlichkeit, die „kühn und abwägend ... dem Internationalismus aller Schattierungen" entgegentritt. Die Gründung der Duisburger Ortsgruppe der NSDAP, kurz nach dem Abzug der Besatzungstruppen im Sommer 1925, erfolgt ohne nennenswerten Einfluß der Völkisch-Sozialen.

Die Initiative geht von Heinrich Bauschen aus, einem überzeugten Parteigänger Hitlers, der bereits in Roths „Trutzbund" aktiv gewesen ist. In Duisburg gibt es außer der NSDAP eine ganze Reihe nationalistischer Gruppierungen. Der im März 1926 in der städtischen Tonhalle ins Leben gerufene „Ring der vaterländischen Verbände und Vereinigungen" umfaßt neun mehr oder minder mitgliederstarke Organisationen. Die Nationalsozialisten spielen in der rechtsradikalen Szene in der Zeit von 1925 – 1928 eine eher untergeordnete Rolle. Die Hoffnungen vieler Antidemokraten im Kampf gegen die Weimarer Republik ruhen auf einer anderen Organisation – auf dem „Stahlhelm – Bund der Frontsoldaten". In Duisburg gibt es in allen Stadtteilen Formationen des „Stahlhelms", dessen Treffpunkt die Morianmühle in Neumühl ist.

Anläßlich des Volkstrauertages im Februar 1926 kommt es zwischen den rechtsgerichteten Verbänden und dem „Volksbund deutscher Kriegsgräberfürsorge" (VdK) zu einer Auseinandersetzung, die von zahlreichen überregionalen Blättern der Rechtspresse aufgegriffen wird. Karl Weinbrenner, Duisburger Beigeordneter und Vorsitzender des VdK, versucht, den von Rechten dominierten „Volksbund" demokratisch auszurichten. Zur Feierstunde des Volkstrauertages lädt er zwar das „Reichsbanner", aber nicht den „Stahlhelm" ein. Seine Begründung, es sei eine „Zumutung", Organisationen einzuladen, die „nicht auf dem Boden der Verfassung" ständen, führt zum Eklat. Eine wochenlange Pressekampagne, an der sich in erster Linie die „RRZ" beteiligt, verurteilt die Entscheidung Weinbrenners. Die vaterländischen Verbände nennen die geforderte demokratische Einstellung als Bedingung für die Teilnahme an den Festlichkeiten einen „kleinlichen Standpunkt eines städtischen Beigeordneten". Einer der einflußreichsten Männer innerhalb der rechtsradikalen Organisationen, Gustav Maag – Vorsitzender der DNVP, Förderer des „Stahlhelms" und Syndikus des Duisburger Arbeitgeberverbandes – kündigt seine Mitgliedschaft im „Volksbund". Er sieht in Weinbrenners Verhalten die Absicht, den VdK „in linksgerichtetem Sinne aufzuziehen". Der Konflikt endet mit einem Sieg der Rechten. Als Weinbrenner auch bei Karl Jarres keine Rückendeckung findet, resigniert er und zieht sich aus der Verbandstätigkeit zurück.

In der aggressiven Frontstellung gegenüber dem demokratischen Staat wird die NSDAP von keiner anderen rechtsradikalen Organisation übertroffen. Gegen politisch Andersdenkende schrecken Nationalsozialisten auch vor Mord und Totschlag nicht zurück. Zum fünften Jahrestag des Hitlerputsches findet am 9. November 1928 eine „Revolutionsfeier" statt, die durch einen bemerkenswerten Aufruf angekündigt wird:

„Gautreffen der internationalen Banditen und Fememörder.
Bürger Duisburgs, schützt Euer Eigentum.
Meidet unsere Veranstaltung".

Nationalsozialisten aus dem gesamten Ruhrgebiet haben sich in Duisburg versammelt; das benachbarte Rheinhausen stellt ein starkes Kontingent. Die NSDAP-Ortsgruppe Rheinhausen gehört zu den mitgliedsstärksten des Niederrheins. Joseph Goebbels, der spätere Reichspropagandaminister, gibt den Anstoß zur Etablierung der Partei. Im August 1925 vermerkt er in seinem Tagebuch, daß er „in Friemersheim schwere Kämpfe ausgetragen" habe; die Gründung einer Ortsgruppe wäre „beinahe soweit". Es dauert jedoch noch ein Jahr, bis sich im Juli 1926 die NSDAP in Rheinhausen konstituiert.

3. Der Aufstieg der NSDAP

Erst als Ende 1929 die Auswirkungen der Weltwirtschaftskrise spürbar werden, erlangt die NSDAP politische Bedeutung. Die letzte demokratisch legitimierte Regierung der Weimarer Republik scheitert an wirtschafts- und sozialpolitischen Gegensätzen zwischen Sozialdemokraten und Liberalen. Heinrich Brüning wird zum Reichskanzler berufen, ohne daß er über eine parlamentarische Mehrheit verfügt. Deutschland begibt sich auf den Weg von der parlamentarischen Demokratie zur Präsidialdiktatur. Die von Brüning ausgeschriebenen Neuwahlen bringen der NSDAP hohe Stimmengewinne. Die Nationalsozialisten steigen im September 1930 von 800.000 auf 6,5 Millionen Stimmen und avancieren mit 107 Mandaten zur zweitstärksten Partei des Reichstages. Das Wählerpotential entstammt vorwiegend dem deklassierten Bürgertum, das nach der Einschätzung eines Duisburger Zeitgenossen „wirtschaftlich enteignet, finanziell ausgehöhlt, politisch atomisiert" ist. Die Analyse der Duisburger Wahlergebnisse von 1929 bis 1933 zeigt, daß die Nationalsozialisten in Stadtteilen mit überwiegend mittelständischer Berufsstruktur besonders erfolgreich abschneiden.

In der Duisburger, Homberger und Rheinhausener Stadtverordnetenversammlung ist die NSDAP seit den Kommunalwahlen der Jahre 1928/29 mit jeweils drei Abgeordneten vertreten. Trotz intensiver Bemühungen scheitert der Versuch von 15 Duisburger Bürgervereinen, sich zu einer „Einheitsfront gegen die Gefährdung des Bürgertums" zusammenzuschließen. Die „RRZ" beklagt die „groteske Zersplitterung" im bürgerlichen Lager: die Wahlliste zur Kommunalwahl weist nicht weniger als 38 bürgerliche Kandidaten auf; der neugewählten Stadtverordnetenversammlung gehören zwölf Parteien an. Gerade die Wähler der kleinen, agrarisch und mittelständisch ausgerichteten Gruppierungen laufen ab 1930 zur NSDAP über.

Die erst seit wenigen Monaten bestehende Baerler Ortsgruppe der NSDAP zieht mit fünf Mandaten in den am 25. Juli 1929 gewählten Gemeinderat ein, dem als sozialdemokratischer Abgeordneter auch der später im Widerstand aktive Hermann Runge angehört. Nach dem sensationellen Ausgang der Septemberwahl 1930 stellt die nationalsozialistische Fraktion den Antrag, den Gemeinderat aufzulösen. Seine Zusammensetzung, so lautet die Begründung, würde „in keiner Weise mehr dem Willen der Gemeindeeingesessenen" entsprechen. Auch die beiden Vertreter der KPD beantragen die „Ausschreibung von Neuwahlen innerhalb zweier Monate".

Das Jahr 1932 steht im Zeichen des permanenten Wahlkampfes. Auf dem Höhepunkt von Arbeitslosigkeit und allgemeiner Verelendung befinden sich die Demokraten in der Defensive. Der Verfasser der Schulchronik der evangelischen Volksschule in Duissern sieht im „Parlamentarismus, dem System der Weimarer Verfassung", die Ursache für die beispiellose Krise. Die Demokratie, schreibt der Chronist Ende 1931, „wird unter deutschen Verhältnissen niemals funktionieren". Die Veränderung der politischen Landschaft verdeutlicht die Reichspräsidentenwahl im April/Mai 1932. Hindenburg, 1925 als Kandidat der Republikgegner ins Amt gelangt, sieht sich 1932 in der mißlichen Lage, als Kandidat von Zentrum und SPD, die Demokratie gegen seine Verbündeten von einst verteidigen zu müssen. Der Propagandaapparat der Nationalsozialisten läuft auf Hochtouren. Eine politische Veranstaltung nach der anderen findet statt. Längst zählt nicht mehr das bessere Argument, sondern die nackte Gewalt. Doch trotz enormer Anstrengungen – die NSDAP organisiert zur Reichspräsidentschaftswahl in Duisburg 98 Veranstaltungen, die von mehr als 30.000 Personen besucht werden – bleibt Hitler hier deutlich unter dem im Reich erzielten Wahlergebnis. Hindenburg, der erneut zum Reichspräsident gewählt wird, erhält in beiden Wahlgängen die Mehrheit. Anders in Rheinhausen, wo sich mit 8.510 Stimmen im zweiten Wahlgang eine knappe Mehrheit für Hitler ergibt. Die drei Wochen später stattfindenden Wahlen zum Preußischen Abgeordnetenhaus sehen die Nationalsozialisten in Rheinhausen als eindeutigen Sieger. Die NSDAP erhält fast so viele Stimmen wie die beiden nächstplazierten Parteien – Zentrum und KPD – zusammen.

Hitler ist längst zur Schlüsselfigur deutscher Politik geworden. Allein 1932 spricht er auf fast 200 Kundgebungen vor mehr als 10 Millionen Menschen. Zur Reichstagswahl im Juli 1932 erlebt die Duisburger Bevölkerung den Wahlkämpfer Hitler. Im überfüllten Wedau-Stadion sprechen Hitler und der Stabschef der Sturmabteilung (SA), Ernst Röhm, vor mehr als 50.000 Personen. Um Zwischenfälle zu vermeiden, sind die führenden kommunistischen Funktionäre Duisburg-Hamborns in „Schutzhaft" genommen worden. Aus der Juliwahl geht die NSDAP mit 230 Abgeordneten als stärkste Partei des Reichstages hervor. In Duisburg bleiben die Nationalsozialisten mit 27,4% um 10% hinter dem Reichsdurchschnitt zurück.

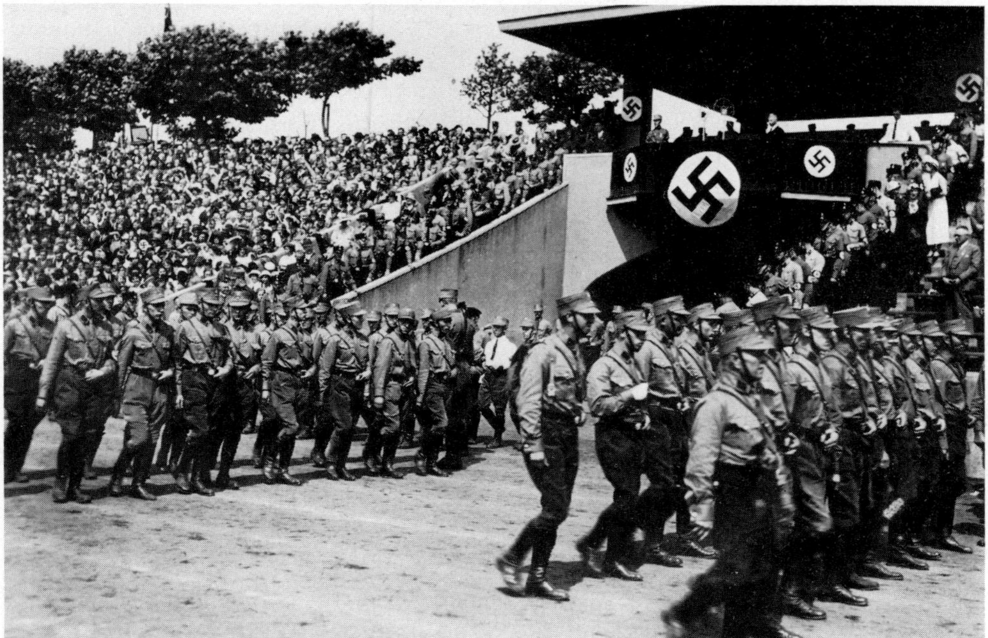

Wahlkundgebung mit Adolf Hitler im Wedau-Stadion (1932)

4. *Das Ende der Weimarer Demokratie*

Ohne massive finanzielle Unterstützung durch Unternehmer der Schwerindustrie wäre der Aufstieg der Nationalsozialisten kaum möglich gewesen. Fritz Thyssen, Aufsichtsratsvorsitzender der „Vereinigten Stahlwerke", gehört zu den ersten Förderern der NSDAP. Ihm geht es um die Durchsetzung des Primats der Wirtschaft im Staate. Bereits 1923, als sich Rechtsradikale aus dem gesamten Deutschen Reich in München sammeln, um unter der Führung von Hitler und Ludendorff gegen die Republik zu putschen, gehört Thyssen zu den maßgebenden Finanziers. In den folgenden Jahren unterstützt Fritz Thyssen die braunen „Sturmabteilungen" der Nationalsozialisten mit über einer Million Mark. Auf Initiative Thyssens hält Hitler im Januar 1932 vor dem Industrieklub in Düsseldorf eine Rede, in der er ein Bekenntnis zum Führerprinzip in Politik und Wirtschaft ablegt. Thyssen ist Mitunterzeichner einer Eingabe von Industriellen an den Reichspräsidenten vom November 1932. Zwanzig Vertreter des Kohlebergbaus, der Schwerindustrie und der Banken fordern Hindenburg auf, „den Führer der größten nationalen Gruppe" mit der Regierungsverantwortung zu betrauen. Nach der Machtübernahme durch die Nationalsozialisten erhält Thyssen ein Reichstagsmandat.

Unter den Arbeitern des Ruhrgebietes können die Nationalsozialisten nur schwer Fuß fassen. Die Nationalsozialistische Betriebszellen Organisation (NSBO) erzielt bei den Betriebsratswahlen 1931 nur geringe Erfolge. Allerdings wählen die Angestellten einzelner Duisburger Großbetriebe bereits mehrheitlich die NSBO. Vertrauliche Richtlinien fordern die Mitglieder der NSBO zu Spitzeltätigkeit in den Betrieben auf. Jeder „Marxisten-Funktionär, gleich welcher Schattierung" soll mit genauer Adressenangabe gemeldet werden. Dieses Adressenmaterial, so heißt es in dem vertraulichen Papier, wird nach der „Machtergreifung von großer Bedeutung sein, um mit den Feinden des deutschen Volkes ein für allemal aufzuräumen".

Bereits die Sprache verrät die Menschenverachtung der nationalsolzialistischen Ideologie. Der Nationalsozialismus ist ein Konglomerat von nationalistischen, antidemokratischen und antisemitischen Vorstellungen. Der propagierte „Volksgemeinschaftsgedanke" beinhaltet eine autoritäre Staatsform mit straffer Führung. In einer modernen Industriegesellschaft, mit einer Vielzahl divergierender Kräfte, führt eine solche Ideologie in den totalitären, alles reglementierenden Staat. Hitlers Weltanschauung, niedergelegt in seinem Buch „Mein Kampf", läßt sich auf den Kernpunkt des Rassismus zurückführen. Alle gesellschaftlichen und politischen Bereiche werden unter dem Vorzeichen des Rassismus betrachtet. Der Antisemitismus ist das beherrschende Motiv. Der Jude gilt als Feind, der für alle privaten und politischen Niederlagen verantwortlich gemacht wird und den es zu bekämpfen gilt. Die nationalsozialistische Propaganda formuliert extrem übersteigert vieles, was unterschwellig allgemeiner Auffassung entspricht und fester Bestandteil aller rechtsgerichteten Organisationen ist.

Die „National-Zeitung" (NZ), seit dem 15. Dezember 1930 in Duisburg erscheinendes Parteiorgan, würdigt in einer Sonderausgabe des Jahres 1935 Alfred Roths „Schutz- und Trutzbund", der „fast ausschließlich antisemitische Propaganda" betrieben haben soll. Roth selbst schreibt in einem Erinnerungsband, daß er während der Novemberrevolution in Duisburg, „Zeuge der jüdisch-marxistischen Verhetzung am deutschen Arbeiter" geworden sei. Karl Borries, bis 1923 Mitglied der DNVP, danach als völkisch-sozialer Abgeordneter in der Duisburger Stadtverordnetenversammlung und zur Kommunalwahl 1929 Gründer des mittelständischen „Wirtschaftsbundes", macht aus seiner Judenfeindlichkeit keinen Hehl. Die Ermordung von Reichsaußenminister Walter Rathenau im Juni 1922 nimmt Borries zum Anlaß „gemeinster antisemitischer Pöbeleien". Nach Ansicht

Borries haben „Fremdrassige in einer deutschen Regierung" nichts zu suchen. Auf keinem Plakat, das Veranstaltungen der NSDAP ankündigt, fehlt der Hinweis, daß Juden „keinen Zutritt" haben. Aus einem Polizeibericht des Jahres 1927 geht hervor, daß auf einer NSDAP-Versammlung in Ruhrort zwei jüdische Zuhörerinnen aus dem Saal gewiesen werden. Ab 1930 finden sich in der „NZ" tagtäglich judenfeindliche Aussagen. Es kommt zu ersten Tätlichkeiten gegenüber Juden und zu ersten Sachbeschädigungen an jüdischem Eigentum. Der Herausgeber der „NZ", Gauleiter Josef Terboven, hat bereits in der in Essen erscheinenden Zeitschrift „Die neue Front" – nach dem Urteil demokratischer Journalisten ein „Revolverblatt schlimmsten Kalibers" – antisemitische Propaganda betrieben. So soll in der „Front" im März 1929 ein Bericht über die „Verderbnis der Sitten und Herabwürdigung des ehrbaren Kaufmannsstandes durch jüdische Konfektionäre" erscheinen. Gemeint sind die Gebrüder Eugen, Willi und Paul Hartoch, die in Duisburg ein Damenkonfektionsgeschäft betreiben. Den Abdruck des Artikels, dessen Argumentation unter die Gürtellinie zielt, können die Hartochs durch eine Klage verhindern.

Doch gibt es auch Zeitgenossen, die gegen die „Piraten der sittlichen Verwilderung" aufklärend vorgehen. In der „Duisburger Volkszeitung" erscheint am 4./5. Mai 1929 ein Artikel, der in mehrfacher Hinsicht Beachtung verdient. Nach einer sorgfältigen Analyse der Ursachen des zunehmenden Antisemitismus, kommt der Verfasser zu dem Schluß, daß „die Geschichte der Judenpogrome ... in der Menschheitsentwicklung ein trauriges Kapitel menschlicher Verrohung" darstellt. An den „Hakenkreuzlern", fährt er vorausschauend fort, „liegt es wahrscheinlich nicht, wenn ihrem Tätigkeitsdrange Fesseln angelegt sind und die ‚Führer' unterscheiden sich ... in nichts von den blutlechzenden Arrangeuren irgendwelcher Pogrome".

Der 30. Januar 1933 wird von der nationalsozialistischen Propaganda als „Tag der Machtergreifung" gefeiert. An diesem Tag ernennt Reichspräsident von Hindenburg Adolf Hitler zum Reichskanzler. Was zunächst wie ein ganz normaler Kanzlerwechsel erscheint, zeigt sich schnell als das Ende der parlamentarischen Demokratie. Das ist zu diesem Zeitpunkt längst nicht allen bewußt. Noch auf der ersten Gemeinderatssitzung nach Hitlers Kanzlerübernahme, am 11. April 1933, bringen SPD und Zentrum in Repelen-Baerl „ihre Bereitwilligkeit zur sachlichen Mitarbeit zum Ausdruck".

Am Abend des 30. Januar veranstalten NSDAP und „Stahlhelm" in Duisburg, Homberg und Rheinhausen große Fackelzüge und Kundgebungen. Der Machtwechsel vollzieht sich allerdings nicht reibungslos; es ereignen sich schwere Zusammenstöße zwischen Nationalsozialisten und Kommunisten. Zu den folgenreichsten Auseinandersetzungen kommt es in Homberg. Als der Fackelzug der NSDAP-Anhänger durch Hochheide zieht, wird er aus dem Hinterhalt beschossen. Einen Tag später beschließt eine Erwerbslosenversammlung der KPD, geschlossen zum Rathaus zu ziehen, um dort Unterstützungsgelder abzuholen. Einheiten der SA und SS besetzen daraufhin die Hauptstraße zwischen Homberg und Hochheide. Als Polizei und Landjägereinheiten die Nationalsozialisten nach Homberg abdrängen wollen, fallen Schüsse. Ein Landjäger und zwei Nationalsozialisten werden tödlich getroffen; zwei weitere SA-Leute schwer verletzt. Auch in den folgenden Tagen flackern immer wieder Unruhen auf. Der kommissarische Innenminister Preußens, Reichsminister Hermann Göring, befaßt sich mit den „Vorfällen in Homberg". Er ordnet die Einsetzung einer Untersuchungskommission an und befiehlt, den Chef der Ortspolizei und alle Landjäger, die auf Nationalsozialisten geschossen haben, vom Dienst zu suspendieren.

Der Rücktritt von Oberbürgermeister Jarres im Mai 1933 markiert das Ende eines Abschnittes Duisburger Geschichte. Die knapp 19 Jahre seiner Amtszeit, vom Ausbruch des Ersten Weltkrieges bis zum Ende der Weimarer Demokratie, können sicherlich als die turbulentesten der Stadtgeschichte bezeichnet werden. Für die Bevölkerung Duisburgs bedeutete das Leben in einer Zeit des permanenten Ausnahmezustandes ständige Bewährungsprobe, bedeutete Entbehrungen, Hunger und Not.

Hans-Georg Kraume

Die Zeit des Nationalsozialismus (1933 – 1945)

I Die Machtergreifung in Duisburg

Eine der wichtigsten Voraussetzungen für den Prozeß der Machtergreifung der Nationalsozialistischen Deutschen Arbeiterpartei (NSDAP), der mit dem 30. Januar 1933 begann, war die Gewinnung parlamentarischer Mehrheiten im Reichstag und in den übrigen Vertretungskörperschaften, mit deren Hilfe der beabsichtigten revolutionären Umformung Deutschlands der Anschein der Legalität verliehen werden konnte. Am 1. Februar löste der Reichspräsident den Reichstag auf und schrieb Neuwahlen für den 5. März aus. Zugleich wurden in Preußen sowohl der Landtag wie auch sämtliche Provinzial- und Kommunalparlamente aufgelöst und Neuwahlen auf den 5. bzw. 12. März angesetzt. Hitlers Kanzlerschaft und die Einsetzung einer kommissarischen Regierung in Preußen mit Hermann Göring als Innenminister gaben der NSDAP die staatlichen Machtmittel an die Hand, mit deren Hilfe sie den Ausgang der Wahlen beeinflussen konnte.

In Duisburg hatte sich die NSDAP bei der letzten Stadtverordnetenwahl 1929 noch mit 3,8% der Stimmen und 3 Mandaten begnügen müssen, während das Zentrum mit 21 Sitzen die stärkste Fraktion bildete, gefolgt von der KPD mit 15 und der SPD mit 13 Sitzen. In den folgenden, von der sich zunehmend verschärfenden Wirtschaftskrise bestimmten Reichstags-, Landtags- und Reichspräsidentenwahlen konnten die Nationalsozialisten ihren Stimmenanteil bis in die Nähe der 30%-Marke ausbauen. Zugleich gewannen aber auch die Kommunisten an Boden und erzielten ähnlich hohe Stimmenanteile, so daß schließlich die beiden radikalen Flügelparteien zusammen eine negative Mehrheit von über 50% erreichten: In der extremen wirtschaftlichen und sozialen Situation der Stadt erhoffte sich die Mehrzahl das Heil von radikalen Lösungen.

Dabei blieb jedoch die NSDAP regelmäßig um ca. 10% hinter ihrem Reichsdurchschnitt zurück, die KPD lag stets darüber. Der erhoffte Einbruch der Nationalsozialisten in die Arbeiterschaft, die 57% der Erwerbstätigen ausmachte, gelang nur unzureichend, obwohl sich die Partei in Duisburg – im Gegensatz zur Reichsführung – betont antikapitalistisch darstellte. Ihre Kritik richtete sich vor allem gegen die Macht des Großkapitals, dem sie ein Programm des „nationalen Sozialismus" gegenüberstellte, das sich zugleich auch als Gegenbild vom marxistischen „internationalen Sozialismus" abheben sollte. Die doppelte Kritik an Kapitalismus und Marxismus brachte indessen den stärkeren Zulauf nicht von der Arbeiterschaft – in den Arbeitervierteln hatte die NSDAP immer ihre schwächsten Ergebnisse –, sondern vom Mittelstand, der von den Folgen der Wirtschaftskrise nicht minder betroffen war als die Arbeiterschaft, und, dieser Theorie zufolge, in den Arbeitern natürliche Verbündete gegen das Großunternehmertum sehen sollte.

Zugleich hatte dieser antikapitalistische Akzent einen weiteren, an sich überraschenden Effekt, nämlich einen wechselseitigen Wähleraustausch zwischen NSDAP und KPD, der wohl noch begünstigt wurde durch das radikale Auftreten beider Parteien in der Öffentlichkeit. Denn beide bedienten sich ähnlicher Formen der politischen Auseinandersetzung, die seit 1929 vor allem auf der Straße stattfand und zeitweise bürgerkriegsähnliche Formen annahm.

Diese politischen Kämpfe wurden nach dem 30. Januar – nun im Zeichen der bevorstehenden Wahlen – in unverminderter Heftigkeit fortgesetzt, wobei jetzt die Initiative mehr und mehr von den Nationalsozialisten ausging, die sich im Aufwind fühlten. Dabei konzentrierten sie ihre Propagandamärsche und Massenkundgebungen vorzugsweise auf die „roten" Stadtviertel, die Konfrontation mit dem Hauptgegner, den Kommunisten, wurde bewußt gesucht und endete häufig in blutigen Zusammenstößen. In der Zeit vom 30. Januar bis zum 27. Februar wurden sechs Kommunisten erschossen oder erstochen, zahlreiche weitere verletzt. Umgekehrt wurden auch drei Nationalsozialisten getötet, deren Beerdigung wieder in propagandistisch wirkungsvolle politische Kundgebungen umgemünzt wurden.

Aber auch gegen die SPD richteten sich – neben propagandistischen Angriffen in Presse und Öffentlichkeit – gewalttätige Einzelaktionen. Der Wahlkampf des Zentrums wurde durch systematische Störungen von Versammlungen und ähnliches beeinträchtigt. Nur die Deutschnationalen, die ihr Programm dem der NSDAP weitgehend angeglichen hatten, und die DVP, die ebenfalls den Anschluß an die „nationale Bewegung" suchte, wurden verschont.

Eine rechtliche Handhabe für Behinderungen des Wahlkampfes der politischen Gegner bot die Notverordnung vom 4. Februar, die die politische Versammlungsfreiheit und die Pressefreiheit einschränkte und natürlich vor allem die Linksparteien traf. Die kommunistische „Niederrheinische Arbeiterzeitung" und die sozialdemokratische „Niederrheinische Volksstimme" wurden wiederholt beschlagnahmt, bevor sie endgültig verboten wurden.

Als am Abend des 27. Februar der Reichstag brannte, wurde dieser Anschlag sofort den Kommunisten zugeschrieben und gab den Vorwand für eine großangelegte Massenverhaftungsaktion im ganzen Reich. Allein in Duisburg wurden mindestens 40 Mitglieder der KPD in Haft genommen, unter ihnen die Stadtverordneten und Reichstagsabgeordneten Mathias Thesen und Julius Adler. Adler starb 1945 im KZ Sachsenhausen, Thesen wurde 1944 im KZ Oranienburg erschossen, nachdem er noch aus dem Lager heraus Kontakt zum kommunistischen Widerstand unterhalten hatte. In Rheinhausen wurden zehn Kommunisten verhaftet, darunter auch Johannes Esser, der im August ins KZ Börgermoor eingeliefert wurde und dort das später weltberühmt gewordene „Moorsoldatenlied" schrieb.

Als scheinlegale Rechtsgrundlage für die Verhaftungswelle diente die Notverordnung vom 28. Februar, die unter dem Vorwand des Abwehrkampfes gegen die Kommunisten die in der Verfassung garantierten persönlichen Freiheitsrechte aufhob. Damit wurde ein verfassungsrechtlicher Ausnahmezustand geschaffen, der nahezu unbegrenzte Möglichkeiten bot, politische Gegner auszuschalten. Als eine der wichtigsten Grundlagen des nationalsozialistischen Herrschaftssystems blieb die Notverordnung bis 1945 in Kraft.

Trotz Terror und Verhaftungen, Propaganda und Beschränkung der politischen Freiheiten war der Wahlerfolg am 5. März für die NSDAP in Duisburg nicht eben überwältigend. Zwar wurde sie mit 33,7% stärkste Partei, blieb jedoch um 10% unter dem Reichsdurchschnitt. Ihr folgte das Zentrum mit 21,6% und – trotz allem – die KPD mit 21,3%

Ein Exemplar des Moorsoldatenliedes

sowie die SPD mit 12,2%. Nicht viel anders – abgesehen von hohen Verlusten der KPD – sah das Ergebnis der Stadtverordnetenwahl am 12. März aus: Mit 36,4% und 30 von 77 Sitzen war die NSDAP zwar stärkste Fraktion, hatte aber keine Mehrheit. Erst als durch Erlaß des Preußischen Innenministers vom 20. März den kommunistischen Stadtverordneten die Ausübung ihrer Mandate verboten wurde, weil sie wegen ihrer Zugehörigkeit zur KPD pauschal des Hochverrats verdächtigt wurden, ergaben die 30 Sitze zusammen mit 7 Mandaten der DNVP eine absolute Mehrheit in der um 12 KPD-Sitze verminderten Versammlung.

In Rheinhausen, Rumeln und Kaldenhausen hatte die NSDAP schon vor 1933 eine starke Position. Aus den Wahlen des Jahres 1932 war sie jedesmal mit großem Abstand als stärkste Partei hervorgegangen. Die Reichspräsidentenwahl 1932 hatte sogar eine Mehrheit für Hitler gegen Hindenburg ergeben. Am 12. März 1933 stimmten in Rheinhausen fast 50% der Wähler für die NSDAP, in Kaldenhausen ca. 45%, in Rumeln sogar 62%. In Homberg wurden 16 von 32 Stadtverordnetensitzen von der NSDAP eingenommen, so daß diese nach Abzug der 3 KPD-Sitze auch ohne die DNVP über die absolute Mehrheit verfügte. In Walsum ergaben 13 Sitze für die NSDAP zusammen mit 2 Mandaten der DNVP eine Mehrheit gegenüber Zentrum (6), KPD (4) und SPD (3).

Als die Duisburger Stadtverordnetenversammlung am 31. März zum ersten Mal zusammentrat, war auf Reichsebene bereits eine weitere einschneidende Veränderung eingetreten. Am 23. März hatte sich der neugewählte Reichstag selbst entmachtet. Das sog. Ermächtigungsgesetz gab der Regierung die Möglichkeit, Gesetze ohne Mitwirkung des Parlaments und gegen die Bestimmungen der Verfassung zu erlassen, gewährte also diktatorische Vollmachten.

Abmarsch der NS-Stadtverordneten nach der ersten Sitzung am 31. März 1933

Der Verlauf der ersten Stadtverordnetensitzung in Duisburg spiegelte die veränderten Verhältnisse und überzeugte die Sozialdemokraten davon, daß an eine wirkliche parlamentarische Mitarbeit nicht zu denken war. Daher haben sie an der zweiten Sitzung am 9. Mai schon nicht mehr teilgenommen. Zwei von ihnen befanden sich ohnehin in „Schutzhaft", einer war ermordet. Bis zum 16. Mai haben alle Sozialdemokraten ihre Mandate niedergelegt. Ein Teil der Zentrumsfraktion folgte ihrem Beispiel.

Am 22. Juni wurde die SPD als „volks- und staatsfeindliche Partei" verboten, zuvor, am 10. Mai, waren reichsweit sozialdemokratische Parteihäuser und Geschäftsräume mitsamt dem Inventar und Vermögen beschlagnahmt, sozialdemokratische Zeitungsredaktionen geschlossen worden. Die DVP und die DNVP lösten sich am 8. April bzw. 27. Juni selbst auf, das Zentrum folgte am 5. Juli. Am 14. Juli wurden alle Parteien außer der NSDAP verboten.

Bis zum Oktober war auch die gegnerische Parteipresse ausgeschaltet. Die kommunistische „Niederrheinische Arbeiterzeitung" war bereits im Februar verboten worden, die sozialdemokratische „Niederrheinische Volksstimme" („Vosti") am 10. Mai. Das Zentrumsblatt und Sprachrohr des Christlichen Metallarbeiterverbandes „Echo vom Niederrhein" wurde am 6. Oktober liquidiert, nachdem es am 2. Mai gleichgeschaltet worden war. Nutznießer war die vom Gauleiter Terboven herausgegebene „Nationalzeitung". Die weitgehend unpolitischen bürgerlichen Blätter „Duisburger Generalanzeiger" und „Rhein- und Ruhrzeitung" hatten sich der neuen Lage inzwischen weitgehend angepaßt.

Am 10. August schaltete sich die Stadtverordnetenversammlung selbst aus, indem sie ihre Befugnisse einem „Beschließenden Ausschuß" übertrug. Das Preußische Gemeindeverfassungsgesetz vom 15. Dezember 1933 und die Deutsche Gemeindeordnung vom 30. Dezember 1935 legalisierten nur noch die faktisch bestehenden Verhältnisse. Der Oberbürgermeister wurde fortan nicht mehr gewählt, sondern von Göring als preußischem Ministerpräsidenten oder vom Gauleiter ernannt. Er war nicht der Gemeinde, sondern nur dem Staat gegenüber verantwortlich und entschied autonom. Den 24 (später 36) Stadtverordneten, jetzt Ratsherren genannt, kam nur eine beratende Funktion zu. Sie wurden gleichfalls nicht gewählt, sondern vom Kreisleiter der NSDAP ernannt. Damit war das „Führerprinzip" durchgesetzt. Die kommunale Selbstverwaltung existierte nicht mehr.

Der Aus- bzw. Gleichschaltung der politischen Institutionen entsprachen „Säuberungsmaßnahmen" in den Verwaltungen. Schon Mitte März kam es zu den ersten Entlassungen im Arbeitsamt. Das am 7. April erlassene „Gesetz zur Wiederherstellung des Berufsbeamtentums" gab die Möglichkeit, derartige Maßnahmen nachträglich zu legalisieren und weitere „Säuberungen" durchzuführen. Davon war zunächst die Verwaltungsspitze betroffen. Von 12 leitenden Beamten der Stadtverwaltung wurden 8, begleitet von schlimmsten Diffamierungen, ihres Amtes enthoben. Daneben wurden aber vor allem zahlreiche kleine Angestellte und Arbeiter entlassen, in den Ruhestand versetzt oder zur „freiwilligen" Kündigung genötigt. Insgesamt schieden 100 Beamte, 62 Angestellte und 157 Arbeiter aus, überwiegend wegen „politischer Unzuverlässigkeit". Demgegenüber wurden 24 Beamte, 221 Angestellte und 359 Arbeiter neu eingestellt, und zwar durchweg „alte Kämpfer", die sich vor 1930 um die Partei verdient gemacht hatten und arbeitslos waren. Wer „in der Systemzeit an vielen Saal- und Straßenkämpfen in Duisburg und auswärts teilgenommen hatte und oft auch verprügelt und verwundet" worden war, galt als „sehr ordentlicher Pg. (Parteigenosse), der es verdient(e), ins Beamtenverhältnis übernommen zu werden."

Über das Vorgehen gegenüber Oberbürgermeister Jarres bestand zunächst Uneinigkeit innerhalb der NSDAP. Einige hielten seine sofortige Ablösung für inopportun wegen seiner unbestrittenen Qualifikation, seiner großen Beliebtheit bei der Bevölkerung und seines Ansehens, das er auch im Reich als „national gesinnter Mann" genoß.

Da Jarres' Angebot, sein Amt zur Verfügung zu stellen, im März noch abgelehnt wurde, suchte er nach einem Weg zu einer konstruktiven Zusammenarbeit zwischen den bürgerlichen Parteien und der NSDAP, um die von der Krise schwer getroffene Stadt nicht ohne effektive Verwaltung zu lassen. Er begrüßte sogar die „nationale Bewegung", die er von dem „revolutionären Beiwerk" glaubte unterscheiden zu können, ließ jedoch keinen Zweifel daran, daß er nicht gewillt war, in irgendeiner Weise terroristischen Methoden Vorschub zu leisten.

Als jedoch im Laufe des April die Eingriffe der Partei in die Verwaltung Ausmaße annahmen, die eine sinnvolle Arbeit nicht mehr zuließen, und er zugleich von der Kreis- und Gauleitung unter massiven Druck gesetzt wurde, sah er sich am 5. Mai genötigt, um seine Beurlaubung nachzusuchen. Am 6. Mai wurde er in allen Ehren entlassen, Presse und führende Vertreter der NSDAP fanden anerkennende Worte zu seinem Abschied.

Am 16. Mai wurde der 33jährige Diplom-Volkswirt Ernst Kelter, wissenschaftlicher Angestellter an der Universität Bonn und altes Mitglied der NSDAP-Ortsgruppe Duisburg-Beeck, als kommissarischer Oberbürgermeister eingeführt.

In Rheinhausen war der Oberbürgermeister schon im Februar 1932 suspendiert worden. Im September 1933 wurde der Kreisleiter Kleinert mit der Wahrnehmung seiner

Amtseinführung des kommissarischen Oberbürgermeisters Ernst Kelter am 16. Mai 1933 (v.l.: Kreisleiter Loch, Gauleiter Terboven, Regierungspräsident Schmidt, Oberbürgermeister Kelter)

Aufgaben beauftragt. In Homberg wurde Bürgermeister Wendel zum 1. November 1933 nach Ablauf seiner regulären Amtszeit in den Ruhestand versetzt, nachdem er die Gemeinde drei Jahrzehnte lang geleitet hatte.

Von besonderer Bedeutung für den Prozeß der „Machtergreifung" in den Kommunen, insbesondere im Hinblick auf den Kampf gegen den kommunistischen Hauptgegner, war die Kontrolle über den Polizeiapparat. Daher war der sozialdemokratische Polizeipräsident Meyer schon 1932 massiven Angriffen und Diffamierungen ausgesetzt, die sich nach dem 30. Januar noch verstärkten. Insbesondere wurde ihm vorgeworfen, mit linken Gruppen zu sympathisieren und bei Auseinandersetzungen zwischen NSDAP und KPD die Kommunisten zu begünstigen. Bereits am 15. Februar wurde Meyer in den Ruhestand versetzt. Weitere „Säuberungen" bei der Polizei folgten sofort, zunächst in Form von Umbesetzungen, nach Erlaß des Berufsbeamtengesetzes vom 7. April auch durch Entlassungen und Zwangspensionierungen.

Zusätzlich wurde am 1. März eine „Hilfspolizei" aufgestellt, die sich aus zumeist arbeitslosen Angehörigen der Kampfverbände von SA, SS und Stahlhelm zusammensetzte und eine Art Parteiarmee darstellte, mit deren Hilfe Terrorakte unter dem Schein der Gesetzlichkeit durchgeführt werden konnten.

In einer Industriestadt wie Duisburg, in der die Arbeiter 57% der Erwerbstätigen stellten und großenteils gewerkschaftlich organisiert waren, mußte die Gewinnung der Arbeiterschaft und der Macht in den Betrieben ein zentrales Anliegen für die NSDAP sein. Noch 1931 hatten die Betriebsratswahlen für die gewerkschaftsähnliche Nationalsozialistische Betriebszellen-Organisation (NSBO) nur einen Stimmenanteil von 12% gebracht. Daher propagierte diese verstärkt das antikapitalistische Programm des „nationalen Sozialismus" mit scharfen Angriffen auf das Großunternehmertum und Forderung

Wahlpropaganda der NSBO in den Duisburger Häfen, Februar 1930

nach Verstaatlichung der Schlüsselindustrien, Überführung der Bodenschätze in Volkseigentum und Beteiligung der Arbeiter an Besitz, Gewinn und Entscheidungen. Diesen „Strasser-Kurs" hielt die Duisburger NSBO auch noch durch, als die Parteiführung nach dem Rücktritt Gregor Strassers eine andere Richtung eingeschlagen hatte.

Damit erreichte die NSBO bei den Betriebsratswahlen im März und April 1933 zwar keine Mehrheit, konnte aber ihren Anteil mit 35% fast verdreifachen. Dabei gingen die Gewinne vor allem auf Kosten der kommunistischen Revolutionären Gewerkschafts-Organisation (RGO), die von 33% auf 7% absank und anscheinend ein Opfer der antikapitalistischen Propaganda der NSBO geworden war.

Die relative Mehrheit von 35% konnte wenig später aufgestockt werden durch das Betriebsvertretungsgesetz vom 4. April 1933, das der NSBO die Möglichkeit gab, sämtliche freigewerkschaftlichen Betriebsräte abzusetzen und gegen ihre eigenen Leute auszutauschen. Widerstand wurde mit Hilfe der SA und der Polizei gebrochen, Verhaftungen und zahlreiche Entlassungen schufen „Ordnung" in den Betrieben.

Der 1. Mai 1933 wurde zu einer großangelegten arbeitnehmerfreundlichen Propagandaaktion. Der „Tag der nationalen Arbeit" war zum bezahlten Feiertag erklärt worden — was die Gewerkschaften nie hatten durchsetzen können — und wurde nun als Demonstra-

Wir gehen tatenlos umher,
und dort, wo Hammerschlag erklang,
das hohe Lied der Arbeit sang,
liegt alles stumm und leer.

Wo einstens rastlos, nimmermüd,
in wahrhaft hehrer Majestät,
das große Schwungrad sich gedreht,
ein tiefes Schweigen zieht.

Wo einst die Flammen feurig-rot,
von unsern Händen hell entfacht,
zum Himmel lohten Tag und Nacht,
ist alles still und tot.

Wir stehen tatenlos umher.
Wo wir mit stählern-harter Kraft
und zäh am großen Werk geschafft,
raucht keine Esse mehr.

Wir stehen tatenlos umher!
Und fühlen uns doch hart und stark!
Das Nichtstun frißt an unserm Mark:
Gebt uns die Hütte her!

Hubert Steinkamp

Forderung nach Wiedereröffnung der Hütte Ruhrort-Meiderich aus: DGA vom 5. Juli 1933

tion der neuen „Volks- und Schicksalsgemeinschaft" organisiert, als Massenfest zur Ehre der „Arbeiter der Stirn und der Faust" jenseits des Klassenkampfes. Schon Tage vorher wurde in den Zeitungen über den Ablauf informiert, die ganze Stadt wurde geschmückt, Sternmärsche führten zu den Stadien in Duisburg und Hamborn. Die Reden hoben dann wieder ausführlich auf das Programm des „nationalen Sozialismus" ab, vor allem aber machten sie das Problem der Hütte Ruhrort-Meiderich zum Hauptthema. Diese Hütte, die bei voller Auslastung 16.000 Arbeitsplätze bot, war im Februar 1932 vollständig geschlossen worden, mit katastrophalen Auswirkungen auf die wirtschaftliche und soziale Lage der Stadt. Die Wiedereröffnung war daher ein Anliegen, das jeden bewegte und dem sich niemand entziehen konnte. Die Nationalsozialisten hatten dies schon vorher propagandistisch ausgenutzt, jetzt wurde der 1. Mai zu einer einzigen spektakulären Demonstration für die Wiedereröffnung der Hütte. Auf diese Weise gelang es den Duisburger Nationalsozialisten, an die 200.000 Personen zu mobilisieren und damit einen ihrer größten propagandistischen Erfolge zu erzielen.

In den frühen Morgenstunden des 2. Mai besetzten SA- und SS-Trupps schlagartig im ganzen Reich sämtliche Häuser der Freien Gewerkschaften, in Duisburg neben den Zentralstellen in der Ruhrorter Straße 11/13 noch 20 andere Büros im ganzen Stadtgebiet. Die Gewerkschaftssekretäre und zufällig anwesende Mitglieder, insgesamt ca. 30 – 40 Personen, wurden festgenommen und von NSBO-Kreisobmann Multhaupt verhört. Ein Teil wurde anschließend unter Mißhandlungen durch die Stadt getrieben und im Polizeipräsidium in „Schutzhaft" genommen. Vorher waren vier Gewerkschaftssekretäre im Haus in der Ruhrorter Straße in den Keller gebracht und einem sog. „Chinesischen Verhör" unterzogen worden. Julius Birck, Emil Rentmeister, Michael Rodenstock und Johann Schlösser wurden dabei so schwer mißhandelt, daß sie noch in der Nacht ihren Verletzungen erlagen. Ihre Leichen wurden heimlich im Hünxer Wald verscharrt. Anschließend wurde das Gerücht verbreitet, die vier Vermißten hätten sich ins Ausland abgesetzt. In der „National-Zeitung" erschienen Vermißtenanzeigen. Schließlich wurden sie z.T. von Multhaupt schriftlich aufgefordert, ihren Dienst wieder aufzunehmen, andernfalls ihnen fristlose Entlassung drohe. Als nach etwa einem Jahr die Leichen durch Zufall gefunden wurden, wurde die neue Version in Umlauf gesetzt, nach der die Gewerkschaftler sich beim Streit um unterschlagene Gewerkschaftsgelder gegenseitig umgebracht hätten. Tatsächlich hatte Multhaupt selbst die Unterschlagungen begangen. Erst 1947 konnten die Morde von einem englischen Militärgericht aufgeklärt werden.

Nach der Zerschlagung der Freien Gewerkschaften resignierten auch die übrigen und ordneten sich der NSBO unter. Die Gründung der Deutschen Arbeitsfront (DAF) am 10. Mai besiegelte die Gleichschaltung der organisierten Arbeiterschaft.

Während die NSBO sich um die Arbeiterschaft bemühte, wurden mittelständische Interessen durch den „Kampfbund für den gewerblichen Mittelstand" vertreten. Die Kreisgruppe Duisburg wurde am 4. März 1933 gegründet. In seiner Propaganda brachte der „Kampfbund" ebenfalls die Hütte Ruhrort-Meiderich in den Vordergrund, deren Schließung den Mittelstand wegen seiner Abhängigkeit von der Schwerindustrie nicht weniger getroffen hatte als die Arbeiterschaft. Das propagierte Leitbild war eine Schicksalsgemeinschaft zwischen Arbeiterschaft und mittelständischem Bürgertum, die dem Großunternehmertum gegenübergestellt werden sollte.

Die angestrebte Gleichschaltung der Industrie- und Handelskammer konnte allerdings nur mit Verzögerung durchgeführt werden, da hier zahlreiche bedeutende Großunternehmen vertreten waren. Die Gauleitung trug Bedenken, diese durch eine mittelständische Gleichschaltungspolitik zu irritieren, zumal der „sozialistische" Kurs ohnehin von dem der Parteiführung abwich.

Emil Rentmeister

Michael Rodenstock

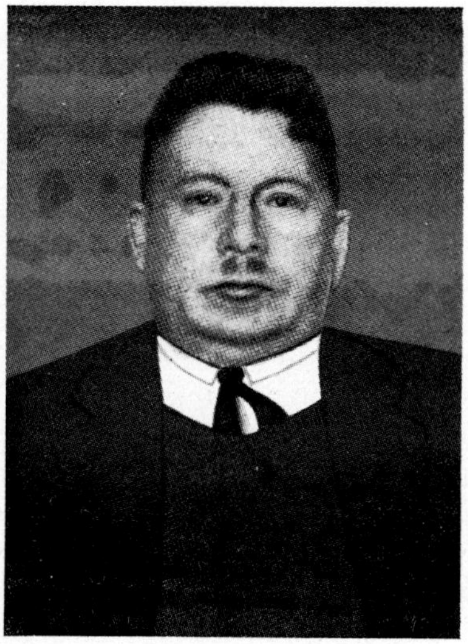

Johann Schlösser

Julius Birck

Am 2. Mai 1933 wurden im Zuge der „Aktion gegen die freien Gewerkschaften" die vier Gewerkschaftssekretäre Julius Birck, Transportarbeiterverband Abt. Binnenschiffahrt, Michael Rodenstock, Gemeinde- und Staatsarbeiterverband, Emil Rentmeister, Zentralverband der Angestellten, Johann Schlösser, Metallarbeiterverband, im Keller des Hauses Ruhrorter Straße 11 von Nationalsozialisten ermordet.

Vier verscharrte Leichen gefunden

Schrecklicher Fund im Hünxer Wald

Dinslaken. Samstag vormittag machten Spaziergänger im Hünxer Wald in der Nähe des weit bekannten Kürbaumes (Naturdenkmal) einen entsetzlichen Fund. Widerlicher Geruch, der die Luft erfüllte, veranlaßte sie, den Waldboden abzusuchen, wobei sie schließlich eine Stelle am Boden entdeckten, die aufgeschart war. Beim Nachsehen fanden sie dort eine menschliche Leiche. Die sofort alarmierte Polizei legte den Toten frei und machte dabei die entsetzliche Wahrnehmung, daß an Ort und Stelle vier Leichen verschart waren. Die zuständige Mordkommission wurde sofort alarmiert und nahm die Ermittlungen auf. Es besteht durchaus die Möglichkeit, daß der Fall restlos geklärt wird, da bei den Toten noch verschiedene Papiere mit den Personalangaben gefunden wurden. Einer der Toten soll aus Duisburg stammen.

National-Zeitung 22. 4. 34

Mit Hilfe terroristischer Aktionen und finanzieller Panikmache konnten auch die beiden Duisburger Konsumgenossenschaften „Eintracht" und „Selbsthülfe" ausgeschaltet werden, die den Freien Gewerkschaften bzw. dem Christlichen Metallarbeiterverband verbunden waren und als unliebsame wirtschaftliche Konkurrenz für den gewerblichen Mittelstand galten.

Der Ausschaltung mittelständischer Wirtschaftskonkurrenz diente auch das Vorgehen gegen jüdische Einzelhandelsgeschäfte und die „vom jüdischen Finanzkapital beherrschten" Warenhäuser. Insbesondere die Aktionen gegen ostjüdische Einzelhändler wurden mit großer Brutalität durchgeführt, zumal diesen heimliche Zusammenarbeit mit der verbotenen KPD unterstellt wurde.

II Lebensbedingungen im NS-Staat

Da Wirtschaftskrise und Massenarbeitslosigkeit entscheidend dazu beigetragen hatten, daß die „Machtergreifung" möglich geworden war, mußte für das etablierte NS-Regime die Bekämpfung der Arbeitslosigkeit im Zentrum der realen und propagandistischen Bemühungen stehen. Tatsächlich bezog das NS-System einen entscheidenden Teil seiner Überzeugungskraft aus der Tatsache, daß seit 1933 die Arbeitslosenzahlen zu sinken begannen. Dies war allerdings nur zu einem geringen Teil ein Ergebnis eigener Bemühungen, sondern vielmehr eine Folge des weltwirtschaftlichen Erholungsprozesses. Die wirtschaftlichen Daten zeigen, daß der Höhepunkt der Weltwirtschaftskrise im Sommer 1932 lag, und schon im Herbst 1932 begannen in den meisten Industrieländern die Arbeitslosenzahlen zu sinken, so daß alle „hausgemachten" Maßnahmen mit beträchtlichem „Rükkenwind" rechnen konnten. Aber diese – zum Teil schon vor der Machtergreifung vorbereiteten und eingeleiteten – Maßnahmen ließen in Deutschland die Arbeitslosigkeit schneller abnehmen als im Weltdurchschnitt. Indessen lag dies zunächst eher an Maßnahmen, die mehr die Statistik beeinflußten als die Konjunktur.

Einen freiwilligen Arbeitsdienst, der vor allem die jugendlichen Arbeitslosen „von der Straße holen" sollte, hatte es schon 1931 gegeben. Jetzt wurde diese Idee zu einem umfassenden System ausgebaut, zumal die Zusammenfassung Jugendlicher in Lagern zusätzlich die Möglichkeit zu politischer Indoktrination im Sinne der „klassenlosen Volksgemeinschaft" und zur Vermittlung vormilitärischer Ausbildungsinhalte bot. Bezeichnenderweise wurde der Arbeitsdienst nicht abgeschafft, nachdem die Vollbeschäftigung wiederhergestellt war, sondern als Teil des staatlichen Erziehungssystems sogar noch weiter ausgebaut und auch auf die weibliche Jugend ausgedehnt.

Einer mehr kosmetischen Korrektur der Statistik dienten auch die Bemühungen, die Frau aus dem Arbeitsleben zu verdrängen. Am 20. April 1933 wurde von der Stadtverordnetenversammlung der Antrag angenommen, „weibliche Angestellte, die nicht Selbsternährer sind oder den Unterhalt einer Familie zu bestreiten haben," zu entlassen und männliche Arbeitslose an ihre Stelle zu setzen. Dem gleichen Zweck dienten die „Ehestandsdarlehen", die gewährt wurden, wenn eine Frau anläßlich ihrer Eheschließung aus

Aufmarsch des Freiwilligen Arbeitsdienstes, 12. Mai 1933

Erster Spatenstich zum Bau der Admiral-Graf-Spee-Brücke 13. Januar 1934

dem Berufsleben ausschied. Da die Darlehen nicht in bar, sondern in Bedarfsdeckungsscheinen ausgegeben wurden, ergab sich zugleich ein wünschenswerter Nachfrageschub nach industriellen Konsumgütern.

Die sofort eingeleiteten Arbeitsbeschaffungsmaßnahmen betrafen vor allem personalaufwendige Großbauprojekte. Dazu zählte z. B. der Bau einer neuen Straßenbrücke von Hochfeld nach Rheinhausen, der am 31. Januar 1934 begonnen wurde. Bei den Erdarbeiten mußte so weit wie möglich auf den Einsatz von Maschinen verzichtet werden zugunsten personalintensiver Handarbeit. Beschäftigt wurden in erster Linie Wohlfahrtserwerbslose, bei der Einstellung waren Angehörige der SA und SS zu bevorzugen.

Ähnliches gilt für den 1933/34 durchgeführten Ausbau des Flughafens Neuenkamp und für den Bau der Reichsautobahn am Kaiserberg, mit dem am 21. April 1934 begonnen wurde. Alle Maßnahmen wurden mit entsprechender Propaganda begleitet. So prangte an der Autobahnbaustelle am Kaiserberg ein Schild „Das (!) wir hier bauen, verdanken wir dem Führer!"

Brücken und Autobahnen brachten zugleich auch einen willkommenen Impuls für die Duisburger Stahlindustrie. So hat die Friedrich-Alfred-Hütte in Rheinhausen bis 1935 50.000t Stahlkonstruktionen und 92.200t sonstigen Stahl für den Autobahnbau geliefert.

Den wohl bedeutendsten Prestigegewinn dieser Zeit brachte den Duisburger Nationalsozialisten allerdings die Wiedereröffnung der Hütte Ruhrort-Meiderich, für die sie mit allen Mitteln kämpften. Durch den erfolgreichen Propagandaaufzug vom 1. Mai wurden die Reichsregierung und die Vereinigten Stahlwerke zusätzlich unter Druck gesetzt. Gegen die Ansicht der Konzernleitung, daß die Auftragslage eine Wiederinbetriebnahme derzeit nicht zulasse, setzten die Nationalsozialisten auf den psychologisch-politischen Effekt und erreichten, unterstützt von Fritz Thyssen, daß im Herbst 1933 mit Instandsetzungsarbeiten begonnen wurde. Am 30. April 1934 konnte die Hütte wieder eröffnet werden. Wenn dies auch nicht ohne die Verbesserung der weltwirtschaftlichen Rahmenbedingungen möglich gewesen wäre, so war doch der psychologische Effekt enorm und wurde entsprechend ausgeschlachtet.

Den weitaus größten realen Einfluß auf die Lage am Arbeitsmarkt hatte indessen die seit 1934 einsetzende immense Aufrüstung. Die Rüstungsausgaben stiegen seit 1934 nicht nur sehr viel schneller an als alle anderen öffentlichen Ausgaben, sondern übertrafen diese bald auch absolut bei weitem. Von 1933 bis 1939 wurden mindestens 61 Milliarden Reichsmark für Rüstungsgüter ausgegeben, aber nur 5,5 Milliarden für Arbeitsbeschaffungsmaßnahmen. Und von diesen entfielen 3 Milliarden auf den Bau von Autobahnen, die auch eine strategische Funktion hatten und vorzugsweise in Ost-West-Richtung geführt wurden.

Dabei kam die Rüstungskonjunktur naturgemäß vor allem der Stahlindustrie zugute. Bei der Friedrich-Alfred-Hütte in Rheinhausen, bei der noch 1930 von 10 Hochöfen 7 stillagen, stiegen die Produktionsziffern auf einen nie dagewesenen Stand. Die jährliche Erzanfuhr zu den Hüttenwerken im Bereich Duisburg, die 1933 noch bei 3,5 Millionen Tonnen gelegen hatten, stieg bis 1937 auf über 12 Millionen Tonnen. Aber auch andere Branchen profitierten von dem neuen Aufschwung. So konnten die Aschaffenburger Zellstoffwerke in Walsum, die 1932 stillgelegt worden waren, 1934 schon wieder in beträchtlichem Ausmaße ausgebaut werden.

Am Tage der Machtergreifung hatte es in Duisburg noch 95.897 Arbeitslose gegeben, am 1. September 1935 waren es nur noch 29.898. Bis 1936 war die Arbeitslosigkeit praktisch beseitigt. Dabei hatte die wiedergewonnene Existenzsicherung durch stabile Arbeitsplätze eine enorme propagandistische Wirkung, die den Verlust der Freiheitsrechte und die restriktive Lohnpolitik psychologisch kompensieren konnte und mußte. Denn zunächst wurde die Steigerung der Beschäftigtenzahlen mit einer Absenkung des Lohnniveaus bezahlt. Verdiente ein Duisburger Maurer Anfang 1932 im Durchschnitt 89,8 Pfennig pro Stunde, so waren es 1934 nur noch 85,2 Pfennig. Und mit zunehmender Konjunktur stiegen zwar die Wochenverdienste, aber nur durch Erhöhung der Arbeitszeit, während die Stundenlöhne stagnierten. Tatsächlich haben die Realeinkommen der Arbeitnehmer während des ganzen Dritten Reiches das Niveau von 1929 nicht wieder erreicht.

Möglich wurde dies durch eine Entwicklung, die mit der Zerschlagung der Gewerkschaften am 2. Mai 1933 ihren Anfang nahm. Zwar sollte die Deutsche Arbeitsfront (DAF) die Nachfolgeorganisation der Gewerkschaften darstellen, tatsächlich wurde sie jedoch ihrer gewerkschaftlichen Funktion im Bereich der Tarifverhandlungen sogleich beraubt. Die Tarifautonomie und die Festlegung der Arbeitsbedingungen gingen auf sog. „Treuhänder der Arbeit" über, die der Dienstaufsicht des Reichsarbeitsministers unterliegende, weisungsgebundene Beamte waren. Personell entstammten sie zumeist der Industrie, den Industrie- und Handelskammern oder der staatlichen Wirtschaftsbürokratie. Unter dem Zeichen der „Überwindung des Klassenkampfes durch die nationalsozialistische Volksgemeinschaft" wurden bald die Arbeitgeberverbände als „dritte Säule" neben Arbeitern und Angestellten in die DAF aufgenommen und gewannen hier den maßgeblichen Einfluß. Die Funktion der DAF wurde auf kulturelle und soziale Betreuung, fachliche Berufsausbildung und ideologische Schulung beschränkt. Weitere staatliche Reglementierungen wie Streikverbot, die Einschränkung der Freiheit der Berufswahl und des Arbeitsplatzes und die Einführung des Arbeitsbuches – Voraussetzung für eine umfassende Kontrolle und Lenkung des Arbeitseinsatzes – wurden kampflos hingenommen. Der Abbau der gesellschaftlichen Autonomie und der freiheitlichen Rechte sowie die restriktive Lohnpolitik bei steigendem Bruttosozialprodukt wurden durch propagandisti-

Verleihung der Goldenen Fahne an „nationalsozialistische Musterbetriebe"

sche Maßnahmen verschleiert. Berufswettkämpfe, Auszeichnungen von „nationalsozialistischen Musterbetrieben" mit der Goldenen Fahne der DAF, (so 1939 die Berzeliushütte, die Kupferhütte und das Kabelwerk) und die ideologische Aufwertung der manuellen Arbeit sollten das Selbstbewußtsein des Arbeiters heben, Leistungswillen und Produktivität fördern. Die staatlich gelenkte Freizeit-„Betreuung" durch die „NS-Gemeinschaft Kraft durch Freude", die u. a. staatlich subventionierte Urlaubsreisen organisierte, sollte die Berufstätigen erfassen und ideologisch indoktrinieren, soziale Harmonie vortäuschen und von Beschränkungen der Freiheit ablenken. Die Arbeitswelt wurde für die Indienstnahme für die Kriegswirtschaft präpariert.

Eine Vielzahl weiterer Parteigliederungen und „angeschlossener" Verbände suchten die Bevölkerung möglichst vollständig zu erfassen, was zu einer Allgegenwärtigkeit der Partei in allen Lebensbereichen führte, die kaum noch einen „parteifreien" Raum ließ. Verschiedene Berufsgruppen waren im NS-Ärztebund, NS-Lehrerbund, NS-Beamtenbund etc. organisiert. Für nicht berufstätige Frauen gab es die NS-Frauenschaft. Deren 1929 gegründete Duisburger Ortsgruppe hielt Schulungskurse ab, bei denen die Vermittlung von Kenntnissen der Hauswirtschaft und der Kinderpflege mit politischer und weltanschaulicher Schulung verbunden wurde.

Seit Oktober 1933 trat alljährlich die Nationalsozialistische Volkswohlfahrt (NSV) mit dem Winterhilfswerk (WHW) an, das unter dem in wirtschaftlicher Notzeit ansprechenden Motto „Keiner soll hungern und frieren" bedürftige „Volksgenossen" unterstützte. Um „die Volksgemeinschaft zur Tat werden zu lassen", mußten alle in Arbeit Stehenden „freiwilligen" Lohnabzügen in Höhe von 10% der gezahlten Lohnsteuer zustimmen. Türplaketten bescheinigten, daß der Inhaber „ein seiner wirtschaftlichen Lage entsprechendes Opfer für das WHW erbracht" hatte, fehlende Plaketten brandmarkten den Wohnungsinhaber als „gemeinschaftsfeindlich". Daneben gab es Straßensammlungen, die sich mit Vorliebe auf die öffentlichen Verkehrsmittel konzentrierten, in denen es während der Fahrt kein Entrinnen gab. Es gab regelmäßige Haussammlungen, und es gab die berühmten monatlichen Eintopfsonntage, bei denen das gegenüber dem normalen Sonntagsessen Gesparte gespendet werden sollte. Wer bei alledem in den Verdacht geriet, bei seinem Spendeneifer hinter den Erwartungen zurückzubleiben, erhielt entsprechende Mahnschreiben von der Partei, in denen von Sabotage die Rede war und von Zweifeln an der politischen Zuverlässigkeit. War der Betreffende Beamter, so lag „ein Verstoß gegen die Beamtenpflicht der rückhaltlosen Bejahung des nationalsozialistischen Staates" vor, entsprechende Konsequenzen wurden angedroht. So auch dies nicht half, erging eine persönliche Vorladung des Ortsgruppenleiters der Partei. Gleichzeitig mit diesen getarnten Steuererhöhungen stagnierten die öffentlichen Sozialleistungen, und ab 1939 flossen die Spendenmittel größtenteils in die Rüstung.

Entsprechend der Ausweitung der Parteiorganisationen wurden andere Organisationen zurückgedrängt. Am 20. Juli 1935 erging eine Aufforderung an alle städtischen Bediensteten, etwa noch bestehende Mitgliedschaften in konfessionellen Vereinen und Berufsverbänden aufzugeben. Wer sich weigerte, mußte damit rechnen, auf die weitere „Mitarbeit beim Aufbau des neuen Staates" verzichten zu müssen. Der Eintritt in NS-Organisationen wurde auf vielfältige Weise „nahegelegt", der Erfolg anhand entsprechender Listen kontrolliert. Ebenso wurde sorgsam registriert, wessen Kinder etwa noch in konfessionellen Jugendvereinen und nicht in der Hitlerjugend waren.

1934 wurden Mitgliederlisten der Duisburger Sportverbände angefordert, „um die Eingliederung reibungslos zu ermöglichen". Nicht „überführte" Verbände, insbesondere Arbeitersportvereine und konfessionelle Sportverbände wurden verboten bzw. lösten sich selbst auf. An ihre Stelle trat das Sportangebot der „NS-Gemeinschaft Kraft durch

Wahlpropaganda am Haus der Kreisleitung der NSDAP, Goldstraße 1

Freude" bzw. der Hitlerjugend. Für Jugendliche war sportliche Betätigung, abgesehen vom Schulsport, bald nur noch innerhalb der Hitlerjugend möglich. Zugleich wurde die Rolle des Sports innerhalb der Erziehung aufgewertet, entsprechend der Maxime, daß Erziehung in erster Linie der körperlichen Ertüchtigung zu dienen habe. Inhaltlich verlagerte sich der Schwerpunkt zunehmend auf vormilitärische Ausbildung, die unter der Bezeichnung „Wehrsport" auch innerhalb des Schulsports betrieben wurde. Seit 1936 gab es in der Wedau eine „Wehrsport-Kampfbahn".

Die möglichst lückenlose Erfassung der Jugend innerhalb wie außerhalb der Schule war ein zentrales Element des NS-Herrschaftssystems. Die „Gleichschaltung" der politischen und gesellschaftlichen Institutionen setzte sich in der Schule fort. Lehrer unterlagen dem Berufsbeamtengesetz und wurden dementsprechend auf arische Abstammung und politische Zuverlässigkeit hin überprüft und ggf. entlassen oder in den Ruhestand versetzt. Der Mitgliedschaft im NS-Lehrerbund konnten sich nur wenige entziehen. Der Hitlergruß wurde als verbindlich eingeführt, die Verbindung zur Hitlerjugend wurde durch einen besonderen Vertrauenslehrer hergestellt.

Erziehungsziel war es nunmehr, „den nationalsozialistischen Menschen zu formen", das bedeutete mit Hitlers Worten nicht „das Einpumpen bloßen Wissens", sondern das „Heranzüchten kerngesunder Körper" als primäres Ziel, erst an zweiter Stelle folgte „die Ausbildung geistiger Fähigkeiten", wobei der „Förderung des Willens und der Entschlußkraft" der Vorrang vor der „wissenschaftlichen Schulung" zukam. Lehrpläne und Schulbücher wurden mit nationalsozialistischem Gedankengut, mit Rassenideologie, Führermythos, Blut- und Bodenkult und der Verherrlichung des Krieges und des Militärischen durchsetzt. Davon waren vor allem die Fächer Deutsch, Geschichte und Biologie betroffen, aber auch in Mathematikbüchern wurden die „eingekleideten" Rechenaufgaben darauf abgestellt.

Lehrlinge in HJ-Uniform beim „Wehrsport"

Gleichwohl blieb der Einfluß des Nationalsozialismus oftmals nur oberflächlich. Die im Amt verbliebene Lehrerschaft war überwiegend eher unpolitisch und tendierte dazu, sich in politisch-weltanschaulichen Fragen möglichst zurückzuhalten und den Unterricht, vom unabdingbaren Pflichtsoll abgesehen, eher in traditioneller Manier abzuhalten. Der Ausbruch des Krieges brachte vielfach weitere Ernüchterung.

Die außerschulische Erfassung der Jugend konnte schon bei Drei- bis Sechsjährigen beginnen, für die es NSV-Kindergärten gab. Für Sechs- bis Zehnjährige unterhielten die NS-Frauenschaften Kindergruppen. Das wichtigste Instrument war die Hitlerjugend (HJ). Deren Duisburger Ortsgruppe wurde im Sommer 1927 von Heinrich Pütz gegründet, der vom Jungnationalen Bund über die von ihm selbst gegründete Duisburger Schilljugend zur NSDAP gekommen war.

1933 begann die schrittweise Durchsetzung des Monopolanspruches der HJ mit der Integration konkurrierender Gruppen. So wurde z. B. die Stahlhelmjugend mit feierlichem Zeremoniell in die HJ eingebracht. Ein Vertrag zwischen dem Reichsjugendführer und dem Reichsbischof der Deutschen Evangelischen Christen ermöglichte die geschlossene Überführung der evangelischen Jugend.

Katholische Jugendgruppen blieben allerdings unter dem relativen Schutz des Reichskonkordats zunächst noch vor diesem Schicksal bewahrt, waren jedoch in ihren Wirkungsmöglichkeiten stark eingeschränkt und ständigem Druck von Seiten der HJ ausgesetzt. 1934 z. B. war außerhalb der HJ das Tragen uniformähnlicher Kleidung, wie es bei den meisten Jugendgruppen üblich war, verboten, und 1935 wurden 6 Mitglieder der Duisburger Sektion des katholischen Jugendbundes „Neudeutschland" bei einer Wanderung im Bayrischen Wald aufgegriffen, weil vier von ihnen „einheitliche Kleidung" trugen. Es wurde Strafanzeige erstattet. Später waren derartige Wanderungen überhaupt nur noch innerhalb der HJ zulässig. 1939 wurden auch die noch bestehenden katholischen Jugendgruppen endgültig verboten.

Die Stahlhelmjugend wird in die Hitlerjugend eingegliedert, 30. September 1933

1935 waren bereits 76% der Duisburger Oberschüler in der HJ, 64% der Lehrlinge der Berufsschule und 57% der Handwerkslehrlinge. Im gleichen Jahr begann eine große Werbekampagne, und am 7. April 1936 erging eine Aufforderung des Oberbürgermeisters an die Duisburger Schulleiter, alle Schüler zu melden, die bis zum 20. April, zu „Führers Geburtstag", noch nicht der HJ beigetreten waren. Gründe waren anzugeben. Der Kreishandwerkerführer forderte die Handwerksmeister auf, nur noch Mitglieder der HJ als Lehrlinge anzunehmen.

Mit dem Gesetz über die HJ von 1936 wurde die HJ zur Staatsjugend erklärt und ihr damit offiziell der Anspruch auf die gesamte deutsche Jugend von Staats wegen zuerkannt. 1939 wurde die Freiwilligkeit auch offiziell aufgegeben, „Dienst" in der HJ war Pflicht für alle 10- bis 18-Jährigen. Die Teilnahme am „Dienst" konnte durch Disziplinarmaßnahmen bis hin zur polizeilichen Vorführung und mehrwöchigem Arrest erzwungen werden. Nun wurden 10-Jährige beim Verlassen der Grundschule automatisch in das Deutsche Jungvolk bzw. den Jungmädelbund eingereiht, 14jährig wurden sie in die eigentliche HJ bzw. den BDM (Bund Deutscher Mädel) überführt, mit 18 folgte der Arbeitsdienst oder der Wehrdienst, anschließend der Eintritt in die NSDAP oder eine ihrer Gliederungen bzw. angeschlossenen Verbände. „Und sie werden nicht mehr frei ihr ganzes Leben", hatte Hitler einmal in einer Rede eine Passage zum Thema enden lassen.

Manche versuchten allerdings mit mehr oder weniger Erfolg, sich diesem Monopolanspruch zu entziehen. So trafen sich die katholischen St. Georgs-Pfadfinder auch nach dem Verbot noch abends auf dem Burgplatz. Im Sommer 1939 wurde eine Gruppe von ihnen verhaftet, am 13. Juli in Düsseldorf vor Gericht gestellt und zu Geld- und Gefängnisstrafen verurteilt.

Einen anderen Weg ging der „Ring der Duisburger Jugendbewegung", der sich 1929 durch einen Zusammenschluß mehrerer bündischer Jugendgruppen gebildet hatte. 1933 wurde er als „Bund Deutscher Wandervogel" in den nationalsozialistischen Reichsverband für Leibesübungen aufgenommen. Die Gleichschaltung gelang allerdings nur unzureichend, es kam sowohl zu öffentlichen Auseinandersetzungen mit der HJ wie auch zu internen Schwierigkeiten über den Grad der „Anpassung". 1938 fand der Wandervogel Anschluß an den Sauerländischen Gebirgsverein, in dem er als organisatorisch selbständige „Skigilde" relativ unangefochten bis Kriegsende „überwintern" konnte.

Noch eine weitere Gruppe belegt, daß die ideologische und organisatorische Erfassung der Jugend nur unvollständig gelang. Die sog. Edelweißpiraten, die im ganzen Rheinland verbreitet waren und auch in Duisburg in zahlreichen Gruppen bestanden, waren nicht aus vorher schon bestehenden Jugendorganisationen hervorgegangen, sondern aus spontanen, lockeren Zusammenschlüssen, die in den Jahren 1936/37 greifbar werden, also gerade zu der Zeit, als die HJ begann, ihren Absolutheitsanspruch massiv durchzusetzen. Es handelte sich durchweg um junge Arbeiter und Hilfsarbeiter, meist im Alter zwischen 16 und 19 Jahren, also in dem Lebensabschnitt, der zwischen Schule und Arbeitsdienst bzw. Wehrdienst noch am ehesten ein gewisses Machtvakuum ließ. Es gelang ihnen, sich, entgegen der staatlichen Verpflichtung, aus der HJ zurückzuziehen, obwohl sie oft im Jungvolk gewesen und z. T. sogar formell Mitglieder der HJ waren. Und es war gerade die Verweigerung gegenüber der autoritären Hierarchie, der Reglementierung und dem quasi-militärischen Drill der HJ und allgemein gegenüber den Ansprüchen des Regimes, die den entscheidenden gemeinschaftsbildenden Konsens darstellte. Aus dieser Alltagsopposition gegenüber dem Eindringen der politischen und weltanschaulichen Monopolansprüche in das Privatleben bildete sich eine eigenständige Subkultur heraus, die von traditionellen Gruppierungen unabhängig war, obwohl ihre als Erkennungszeichen dienende, abweichende Kleidung, ihre Abzeichen – darunter eben auch das Edelweiß – und ihre Lebensformen äußerliche Anklänge an die bündische Jugend erkennen ließen.

Über ihre Zahl läßt sich Genaues nicht sagen. Aber bei einer einzigen Razzia 1942 wurden zehn Gruppen mit insgesamt 240 Jugendlichen festgenommen. Ihre Gesamtzahl muß um ein Vielfaches höher gewesen sein. Sie trafen sich abends an verschiedenen Stellen in der Stadt, etwa im Stadtpark oder im Böninger Park, im Winter in verschiedenen Lokalen, sie unternahmen Wochenendfahrten und sangen bündische Lieder, die sie z.T. mit antinationalsozialistischer Tendenz umdichteten.

Dabei gerieten sie ständig in Konflikt mit der HJ, die bestrebt war, diese Gruppen aufzulösen und dafür einen eigenen Streifendienst einrichtete. Infolge dieses ständigen Druckes kam es sehr häufig zu Schlägereien mit der HJ. Ab 1938 wurde die Gestapo auf die Edelweißpiraten aufmerksam, als sie dazu überging, nicht nur politischen Widerstand, sondern auch „gemeinschaftsfremde" Gesinnung und abweichendes Alltagsverhalten zu verfolgen und dabei auch die außerhalb der HJ verbliebene Jugend observierte. Es kam zu zahlreichen Verhaftungen und relativ harten Gerichtsurteilen mit mehrmonatigen Haftstrafen, ohne daß jedoch diese lockeren Gruppierungen hätten „zerschlagen" werden können. Stattdessen gewann erst durch diese Verfolgung die an sich unpolitische Verweigerungshaltung eine ungewollt politische Dimension, ohne daß allerdings – in der Regel – die Schwelle zum eigentlich politischen Widerstand überschritten worden wäre. Eine Zusammenarbeit zwischen Edelweißpiraten und kommunistischen Widerstandsgruppen, wie sie in anderen Städten punktuell vorkam, kann für Duisburg nicht festgestellt werden.

Ein wichtiger Aspekt des Alltagslebens im Dritten Reich war die nationalsozialistische Rassenideologie, die nicht nur das öffentliche Leben bestimmte, sondern tief in die Privatspäre des einzelnen eingriff. „Auslese" und „Ausmerze" wurden zu Schlüsselbegriffen, Rassenkunde und Familienforschung zu Themen von zentraler Bedeutung, die in Vortragszyklen der NSV abgehandelt wurden und in den Zeitungen unter Schlagzeilen wie „Rassenkunde ist alles" und „Familienforschung ist nationale Pflicht" verbreitet wurden und nicht zuletzt auch in den Schulunterricht eindrangen. Erbkarteikarten unterschieden zwischen „arischer" Abstammung und „artfremdem Blut", wozu vor allem Juden, aber auch Zigeuner, Neger und Mongolen gezählt wurden. Der „Arierparagraph", der Zwang zum Nachweis reinarischer Abstammung, war Bestandteil des Berufsbeamtengesetzes vom 7. April, wurde aber nach und nach auf andere Berufe ausgedehnt. Als Hilfsmittel zum Nachweis der Abstammung diente der Ahnenpaß, der je nach der Bedeutung der Position, die man anstrebte, die Vorfahren bis zu einem bestimmten Datum nachweisen und in Form eines Stammbaumes darstellen mußte.

Eine besondere Verantwortung für die Reinhaltung der Rasse kam der Mutter zu, die als „Hüterin des Erbstromes" zu einer mythisch überhöhten Symbolfigur stilisiert wurde. Entsprechend ihrer Bedeutung für die rassische Verbesserung des Volkes, aber auch für seine zahlenmäßige Zunahme im Hinblick auf eine vorgesehene Expansion in den östlichen „Lebensraum" kamen ihr besondere Ehrungen zu. Mutterkreuze wurden in drei Stufen für 4–5, für 6–7 und für 8 und mehr Kinder verliehen, vorausgesetzt, es handelte sich um „rassisch wertvolle" Familien. Vorbestrafte, Asoziale, seelisch Kranke und sonstwie als erbbiologisch minderwertig Erachtete waren ausgeschlossen, wobei als erbbiologisch minderwertig im Zweifel alles gelten konnte, was krankhaft, unproduktiv, von der Norm abweichend schien, ohne daß es als „politisch" hätte eingestuft werden können.

Auf der anderen Seite stand das Delikt der Rassenschande, also Eheschließungen und außerehelicher Verkehr mit Angehörigen „artfremden Blutes", aber auch das „Gesetz zur

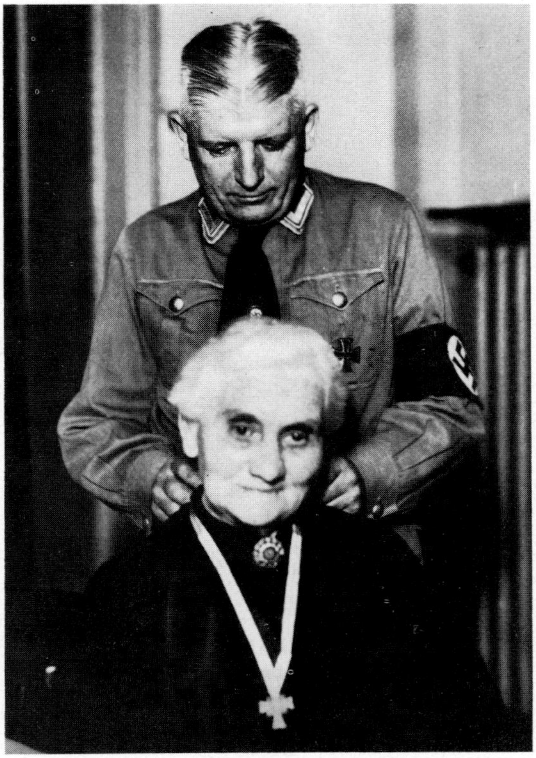

Verleihung des Mutterkreuzes

Verhütung erbkranken Nachwuchses" vom 14. Juli 1933, dem zwar ein Textentwurf des preußischen Landesgesundheitsamtes von 1932 zugrundelag, der aber in entscheidenden Punkten verändert worden war. Nun verfügte das Duisburger Erbgesundheitsgericht die zwangsweise Sterilisierung von Personen, die als erbkrank angesehen wurden, und ordnete notfalls ihre polizeiliche Vorführung unter Anwendung unmittelbaren Zwanges an, was jedoch „möglichst unauffällig" zu geschehen hatte. Am Ende stand die „Ausmerzung lebensunwerten Lebens", die systematische Tötung Geisteskranker. In den Zeitungen wurde vorgerechnet, wieviel Geld durch den Fortfall der Behandlung und Pflege eingespart werden konnte.

Demgegenüber galt als „biologische Bluterneuerungsquelle des Volkskörpers" das Bauerntum, das unter dem Schlagwort „Blut und Boden" mystifiziert wurde. Das Reichserbhofgesetz vom 29. September 1933 zielte auf eine rassische Erneuerung und wirtschaftliche Stärkung des Bauerntums, indem es anerkannte Höfe entschuldete und Belastungen durch Hypotheken sowie Teilung im Erbgang verbot.

Die Besitzer mußten, um als „Bauern" anerkannt zu werden, ihre reinarische Abstammung bis zum 1. Januar 1800 nachweisen. Neben der Vorstellung vom Bauerntum als „rassischem Urquell" spielten hier aber auch Bestrebungen nach Stärkung der Landwirtschaft im Hinblick auf wirtschaftliche Autarkie im Kriegsfall eine Rolle sowie der Vorgriff auf die beabsichtigte Eroberung und Besiedlung von „Lebensraum im Osten", aber auch antimodernistische Tendenzen, in denen sich ein Unbehagen an der modernen Industriegesellschaft artikuliert. Das Duisburger Anerbengericht hat für das Duisburger Stadtgebiet 28 Höfe als Erbhöfe anerkannt.

Deutschtum und Rasse waren nun auch Schlüsselbegriffe für die Beurteilung von Kunst und Literatur. Im April 1933 wurde die Duisburger Ortsgruppe des „Kampfbundes für deutsche Kultur" (KfdK) gegründet, der den „Zusammenschluß von Kräften des schöpferischen Deutschtums" und „die Förderung und Erhaltung arteigener Kulturgüter" bezweckte. Den Vorstand bildeten u. a. der Leiter des Museums für Vor- und Frühgeschichte, Rudolf Stampfuß, der nun für „Vorgeschichte und Rassefragen" zuständig war, und der Kunstmaler Wilhelm Kelter, Bruder des ersten nationalsozialistischen Oberbürgermeisters Duisburgs.

Wenig später mußte der Leiter des Kunstmuseums, August Hoff, gleich den übrigen Leitern von Museen mit zeitgenössischen Kunstsammlungen in Deutschland, seinen Dienst quittieren. Da er weder Jude noch Mitglied einer sozialistischen Partei war, wurde seine auf das „Berufsbeamtengesetz" vom 7. April 1933 gestützte Entlassung mit angeblicher „Unfähigkeit" begründet. Zugleich wurden aus den Beständen des Museums diejenigen Werke aussortiert und ins Depot verbannt, die als „undeutsch", „artfremd" und „kulturbolschewistisch" erachtet wurden. Als Kriterium konnte die nichtdeutsche oder „nichtarische" Abstammung des Künstlers gelten, eine Thematik, die nicht dem „deutschen Empfinden", d.h. der nationalsozialistischen Ideologie entsprach, oder auch eine formale Gestaltung, die auf eine angebliche „Zerstörung der Form" hinauslief, d.h. sich nicht auf einen trivialen Naturalismus beschränkte.

Nach vier Jahren, die angeblich den Künstlern Gelegenheit geben sollten, sich „umzustellen", fand eine von Reichspropagandaminister Goebbels angeordnete „Säuberung der Kunsttempel" statt, bei der in ganz Deutschland ca. 16.000 Kunstwerke konfisziert wurden. Die meisten wurden 1939 in Luzern gegen Devisen ins Ausland versteigert. Eine Auswahl wurde 1937 in München zu einer „Greuelausstellung" unter dem Titel „Entartete Kunst" zusammengestellt. Darunter befand sich auch ein Hauptwerk Wilhelm Lehmbrucks, die „Kniende", die schon 1927 in Duisburg einen Skandal ausgelöst hatte, da sie von manchen als gegen „Anstand und Sitte" verstoßend betrachtet wurde, ohne daß sich hier das „gesunde Volksempfinden" schon hätte durchsetzen können. Beschlagnahmt wurden auch zahlreiche weitere Plastiken und Gemälde Lehmbrucks aus dem Privatbesitz seiner Witwe, die als Leihgabe die Bestände des Museums ergänzten. Ein eigenes Gesetz „legalisierte" 1938 solche Beschlagnahmungen aus Privatbesitz, für die keine Entschädigung gewährt wurde. Ein weiteres Werk Lehmbrucks, der „Sitzende Jüngling", sollte 1940 im Rahmen der „Metallsammlung des deutschen Volkes" eingeschmolzen werden und entging dem Schicksal nur deswegen, weil man hoffte, es werde im Ausland noch einen guten Preis bringen.

Die jeder Willkür Raum gebende Schwammigkeit des Begriffs Entartete Kunst und die Unsicherheit des Urteils der Verantwortlichen dokumentiert sich darin, daß 1937 in einer Ausstellung „arteigener" Kunst auch Arbeiten von Heinz Kiwitz ausgestellt wurden. Kiwitz, der vor allem durch seine Holzschnitte bekannt wurde, war als KPD-Mitglied schon 1933 verhaftet und in die KZ's Kemna und Börgermoor verschleppt worden. Später emigrierte er über Dänemark nach Paris, von wo aus er sich aufs schärfste gegen diesen Versuch der Vereinnahmung verwahrte.

„Gesäubert" wurde auch im Bereich der Literatur. Zwar ist es in Duisburg nicht zu einer großangelegten Bücherverbrennung gekommen wie in Berlin und anderen Hochschulstädten, wo am 10. Mai 1933 literarische, wissenschaftliche und journalistische Werke, z.T. von Weltrang, als „weltbürgerlich-jüdisch-bolschewistische Zersetzungsliteratur" öffentlich verbrannt wurden. Aber immerhin wurde am gleichen Tag die Bibliothek des katholischen Jugendbundes Neudeutschland in der Grünstraße von Nationalsozialisten ausgeräumt und auf dem Dellplatz verbrannt, nachdem in der Josefskirche ein Vortrag des katholischen Moraltheologen Muckermann vorausgegangen war.

In der Folge wurde in Duisburg wie überall die Stadtbibliothek von mißliebiger Literatur gesäubert. Eine öffentliche Verbotsliste von 1934 umfaßte ca. 3.000 Titel, die der „arteigenen" Kulturpolitik nicht entsprachen.

III Die Verfolgung der Duisburger Juden

In der ersten Sitzung der Stadtverordnetenversammlung nach den Wahlen am 31. März 1933 brachte die nationalsozialistische Fraktion Dringlichkeitsanträge ein. Danach sollte die Stadtverwaltung keine Aufträge mehr an jüdische Firmen, Ärzte und Rechtsanwälte vergeben, nicht fest vergebene Aufträge sofort zurückziehen, den städtischen Bediensteten unter Androhung von Entlassung bzw. Disziplinarverfahren verbieten, in jüdischen Geschäften zu kaufen oder jüdische Ärzte und Anwälte zu konsultieren, ferner jüdischen Organisationen zur Verfügung gestellte Räumlichkeiten entziehen und finanzielle Zuwendungen einstellen. Die Anträge wurden gegen die Stellungnahme von Oberbürgermeister Jarres unter Stimmenthaltung der Zentrumsfraktion von der „nationalen Mehrheit" angenommen. Allerdings gelang es Jarres, sie teilweise abzuschwächen, indem er in seinen Anweisungen darauf hinwies, daß es für Entlassungen und Disziplinarverfahren noch keine gesetzliche Grundlage gebe.

SA-Posten vor der jüdischen Fa. Cohen & Epstein (wahrscheinlich Boykott vom 1. April 1933)

Der Hintergrund dieser Anträge war ein von der Reichsregierung für den 1. April angeordneter Boykott, mit dem der „antideutschen Greuelhetze" der Juden im Ausland entgegengetreten werden sollte. In Duisburg begannen die Boykottmaßnahmen bereits am 28. März. Mehrere jüdische Geschäfte wurden zwangsweise geschlossen, vor anderen postierten sich uniformierte SA-Leute, die die Bevölkerung vom Betreten der Läden abzuhalten suchten. Wer gleichwohl bei Juden kaufte, wurde fotografiert und in der National-Zeitung angeprangert.

Zu Terror- und Boykottmaßnahmen gegen jüdische Unternehmen war es allerdings vor dem 1. April schon aus eigener Initiative der lokalen Parteiorganisationen gekommen. Getragen wurden sie hauptsächlich vom „Kampfbund für den gewerblichen Mittelstand", und sie waren daher entscheidend von den wirtschaftlichen Interessen des von der Wirtschaftskrise hart getroffenen Mittelstandes bestimmt. Durch Ausschaltung der jüdischen Konkurrenz ergab sich die Möglichkeit, diesem wirtschaftlich zu Hilfe zu kommen und die Anhängerschaft der Partei in dieser Bevölkerungsgruppe zu erweitern. Nicht zufällig erschien anläßlich des Boykotts vom 1. April ein Artikel in der National-Zeitung unter der Schlagzeile „Wie man dem Mittelstand wirklich helfen kann".

Einen willkommenen Vorwand bot schon im Februar die „Affäre Cohen". Am 22. Februar hatte die Polizei in der Druckerei des Juden Menachem Cohen kommunistische Flugblätter mit antinationalsozialistischem Inhalt gefunden. In der Folge wurde den Duisburger Juden insgesamt Zusammenarbeit mit kommunistischen Organisationen unterstellt. Fast täglich kam es zu teilweise außerordentlich brutalen Aktionen gegen jüdische Einzelhändler. Zahlreiche Geschäfte und Wohnungen wurden demoliert, die Inhaber schwer mißhandelt. Viele mußten ihre Geschäfte schließen und sich in Sicherheit bringen. Betroffen waren dabei vor allem die zahlreich vertretenen Ostjuden meist polnischer Nationalität, da die Cohenschen Druckereimaschinen angeblich in der ostjüdischen Synagoge versteckt gewesen waren.

Duisburger Juden werden am 23. März 1933 von der SS durch die Stadt getrieben

Aus diesem Grund wurde auch am 23. März der Vorsteher der ostjüdischen Gemeinde von bewaffneten SS-Leuten aus seiner Wohnung geholt und, zusammen mit zwei anderen Juden, durch die Innenstadt getrieben. Die Bärte wurden ihnen abgeschnitten, und sie mußten eine schwarz-rot-goldene Fahne schleppenartig um den Hals tragen und dabei Heilrufe auf Hitler ausbringen. Der Zug endete vor dem Stadttheater, wo eine tausendköpfige Menschenmenge wartete. Ähnliche „Judenumzüge" wurden noch mehrfach mit polnisch-jüdischen Geschäftsleuten wiederholt, die dabei kommunistische Fahnen tragen mußten, damit der Zusammenhang zwischen Judentum und Kommunismus deutlich wurde.

Ein weiteres Ziel zahlreicher Aktionen waren die jüdischen Warenhäuser und Einheitspreisgeschäfte, die gleichfalls für die schlechte Lage mittelständischer Unternehmen verantwortlich gemacht wurden. Betroffen war u.a. das Warenhaus Tietz, das schließlich von der Regierung in die Westdeutsche Kaufhof AG umgewandelt wurde. Anschließend beantragte die Firma, wieder für städtische Lieferungen zugelassen zu werden, da sie nach erfolgter Umstellung als „christliches" Unternehmen anzusehen sei. Auch als die Reichsregierung aus wirtschafts- und außenpolitischen Rücksichten die völlige Ausschaltung der Juden aus dem Wirtschaftsleben zunächst zurückstellte, blieben den örtlichen Parteistellen genügend Möglichkeiten zu Boykottmaßnahmen.

Dem Bestreben nach Ausschaltung des jüdischen Einzelhandels entsprach die Verdrängung der Juden aus anderen Berufen. Der Ausschluß jüdischer Ärzte von der Behandlung von Wohlfahrtsempfängern war nur der Anfang. Am 22. März beschloß die Ortsgruppe Duisburg des „Bundes nationalsozialistischer Deutscher Juristen" die Suspendierung aller jüdischen Richter, Referendare, Notare und Beamten der Staatsanwaltschaft. Nachträglich legitimiert wurde diese Maßnahme durch das Berufsbeamtengesetz vom 7. April 1933, das u.a. auch Juden vom öffentlichen Dienst ausschloß. Das „Gesetz über die Zulassung zur Rechtsanwaltschaft" vom gleichen Tag erlaubte es, jüdischen Anwälten willkürlich die Zulassung vor Gericht zu entziehen. Im Sommer 1934 wurde der „Arierparagraph" auch für Rechtsanwälte eingeführt, dann schrittweise auch für andere Berufe.

Eine juristische Zusammenfassung der Entrechtung und Verdrängung der Juden aus dem öffentlichen Leben und den meisten Berufen brachten 1935 die „Nürnberger Gesetze". In den folgenden Jahren trat insofern eine gewisse Beruhigung ein, als öffentliche Ausschreitungen vermieden wurden, aus Rücksicht auf das Ausland und namentlich im Hinblick auf die Olympischen Spiele, die 1936 in Berlin ausgetragen wurden. Hetze, Diffamierung und Diskriminierung gingen jedoch weiter, ebenso wie die Versuche, die Juden aus der Wirtschaft zu verdrängen. Am 9. Mai 1936 konnte Helmut Horten in der Beekstraße ein Kaufhaus neu eröffnen, das er von den Gebr. Alsberg übernommen hatte. Die jüdischen Vorbesitzer hatten unter dem nationalsozialistischen Druck aufgeben müssen. Ebenso gerieten seit 1937 die Kunden der Hahnschen Werke in Großenbaum unter Druck. Die Firma war im Besitz zweier jüdischer Familien. Als 1938 die Gefahr bestand, von Rohstofflieferungen abgeschnitten zu werden, mußten sie verkaufen. Der ausgezahlte Erlös betrug kaum 25% des Wertes.

Eine neue Phase der Judenverfolgung wurde im November 1938 durch die sog. „Reichskristallnacht" eingeleitet. Im Oktober waren 17.000 polnische Juden, darunter 140 aus Duisburg und 4 aus Homberg, ausgewiesen worden und lebten, von Polen zurückgewiesen, unter dürftigen Umständen im Niemandsland. Der Sohn eines Opfers, der 17jährige Herschel Grynszpan, schoß am 7. November auf den Legationssekretär der deutschen Botschaft in Paris, Ernst vom Rath. Dessen Tod am 9. November wurde von Hitler und Goebbels als Teil einer gelenkten Aktion des „Weltjudentums" hingestellt und zum Anlaß für eine beispiellose Zerstörungsaktion genommen, die sich gegen Juden und jüdische Einrichtungen im ganzen Reich richtete und als „spontane" Reaktion des deutschen Volkes ausgegeben wurde.

In Duisburg war das Aufsehen besonders groß, weil die Familie vom Rath im 19. Jahrhundert eine bedeutende Rolle gespielt hatte und Ernst vom Rath über seine Mutter, die eine geborene Böninger war, eine direkte Beziehung zu Duisburg hatte. Gleichwohl waren auch hier die Aktionen von Parteistellen zentral geleitet. Am 10. November, 0.22 Uhr, erhielt die Duisburger Schutzpolizei die Nachricht, es sei damit zu rechnen, daß ab sofort Maßnahmen gegen Juden unternommen und daß insbesondere Synagogen in Flammen aufgehen würden. Um 3.50 Uhr gingen ergänzende Anweisungen ein, daß nur solche Maßnahmen zu treffen seien, bei denen deutsches Leben und Eigentum nicht gefährdet würde, insbesondere dürften Synagogenbrände nur stattfinden, wenn keine Brandgefahr für die Umgebung bestehe. Ferner seien in allen Bezirken soviele Juden, insbesondere wohlhabende, festzunehmen, als in den vorhandenen Hafträumen untergebracht werden könnten.

Die „spontanen" Aktionen zogen sich bis in die frühen Morgenstunden des 11. November hin. Am Ende waren die Synagoge in der Junkernstraße, die Betsäle in Hamborn und Ruhrort und die Leichenhalle auf dem jüdischen Friedhof ausgebrannt, die Inneneinrichtung des jüdischen Gemeindehauses und der jüdischen Schule zerstört, 25 Geschäfte und 40 Wohnungen demoliert. 60 z. T. verletzte Juden waren festgenommen worden oder hatten sich „freiwillig in Schutzhaft" begeben. Einer von ihnen starb an den Folgen der Mißhandlungen. Viele waren geflohen.

Den Exzessen folgten weitere Verschärfungen der gesetzlichen Bestimmungen, in dem Bestreben, den Juden vollends die wirtschaftlichen Existenzgrundlagen zu entziehen und sie dadurch zur Auswanderung zu zwingen. So erfolgte am 12. November das Verbot für Juden, Geschäfte und Einzelhandelsfirmen zu betreiben und als Firmenleiter tätig zu sein. In der Folge wurden in Duisburg 130 Einzelhandelsbetriebe, 30 Versand- und Bestellkontore und 29 Handwerksbetriebe geschlossen oder „arisiert", d.h. in nichtjüdischen Besitz überführt. 90% der noch verbliebenen Juden haben daraufhin Ausreiseanträge gestellt, ungeachtet der Schwierigkeit, Vermögenswerte ins Ausland zu bringen. Ziel waren meist die Niederlande. In der Zeit von 1933 bis Oktober 1938 war die Zahl der Duisburger Juden von 2.496 auf 1.314 gefallen, bis Oktober 1939 sank sie weiter auf 841.

Die Zurückgebliebenen fielen zunehmender Verarmung anheim. Größtenteils ihrer Berufsmöglichkeiten beraubt, wurden Juden 1938 aus der öffentlichen Fürsorge, 1939 aus der Arbeitslosenversicherung ausgegliedert und an die „jüdischen Gemeinde" verwiesen, die bald finanziell überfordert war, weil die wohlhabenderen Juden größtenteils ausgewandert waren und die Zahl der Hilfsbedürftigen im Verhältnis immer mehr zunahm.

Am 1. September 1941 wurde zur öffentlichen Kennzeichnung der Juden der Judenstern eingeführt, der außerhalb des Hauses ständig sichtbar an der Kleidung getragen werden mußte. In der Folge durften Träger des Sterns kein Theater, kein Konzert, kein Kino besuchen, keine Badeanstalt und keine öffentlichen Verkehrsmittel benutzen, keine Zeitung mehr kaufen. Jüdische Kinder wurden von den höheren Schulen verwiesen. Überall hieß es „Juden sind hier unerwünscht".

Am 23. Oktober 1941 erging ein Auswanderungsstopp, am 24. Oktober ging der erste Judentransport von Duisburg in das Ghetto von Lodz. Am 21. Oktober 1942 starb im KZ Theresienstadt Manass Neumark, der seit 1905 Rabbiner in Duisburg gewesen war. 1942 begann auch die systematische Massenvernichtung der Juden in den Vernichtungslagern unter der Bezeichnung „Endlösung der europäischen Judenfrage". In den letzten Kriegsjahren wurden auch die jüdischen Partner aus Mischehen und sogar deren Kinder erfaßt. Dem letzten Transport, der am 27. Oktober 1944 von Duisburg nach Theresienstadt ging, gehörte nur noch eine Person aus Duisburg an. Die vorliegenden Listen der solchermaßen Deportierten weisen 245 Personen aus. Da aber damit wohl nicht alle Transporte erfaßt sind, dürfte die Gesamtzahl noch höher liegen.

Über das Schicksal der Duisburger Zigeuner, die ähnlich den Juden als rassisch minderwertig galten, ist bisher wenig bekannt. Am 27. April 1940 erging ein Erlaß des Reichsführers SS, der die rassische Absonderung durch Zwangsumsiedlung nach Polen bezweckte. In der Folge wurden am 16. Mai 1940 108, Anfang 1941 noch einmal 28 Duisburger Zigeuner festgenommen, der Gestapo Köln überstellt und von dort in einem Sammeltransport nach Polen gebracht, mit der Auflage, nicht wieder ins Reichsgebiet zurückzukehren. Da die Ansiedlungsversuche mißlangen, wurde zum 1. März 1943 der sog. „Auschwitz-Erlaß" in Kraft gesetzt, nachdem alle Zigeuner in Konzentrationslager zu bringen waren. Wieviele Duisburger Zigeuner davon betroffen waren, ist ebensowenig bekannt wie die Zahl der Todesopfer. Im Oktober 1944 ist angesichts der näherrückenden Ostfront eine unbestimmte Zahl wieder nach Duisburg zurückgebracht worden. Sie wurden im Stahl- und Walzwerk Großenbaum (vormals Hahnsche Werke) beschäftigt und in einem Fremdarbeiterlager auf dem Werksgelände untergebracht.

IV Der Widerstand

Der Widerstand gegen den Nationalsozialismus erstreckte sich von Kommunisten über Sozialdemokraten und sozialistische Splittergruppen bis zu katholischen und evangelischen Christen und Ernsten Bibelforschern. Er ging jedoch überwiegend und in den ersten Jahren fast ausschließlich von den – allerdings in zwei gegnerische Lager gespaltenen – Arbeiterparteien aus.

Dabei waren es die Kommunisten, die als Hauptgegner die größte Zahl der Opfer der Verfolgungen stellten. Nachdem die große Verhaftungswelle nach dem Reichstagsbrand die Partei so weitgehend zerschlagen hatte, daß sie im Untergrund fast völlig neu aufgebaut werden mußte, kam es in Duisburg schon wenige Wochen später wieder zu Haussuchungen in den vorwiegend von Kommunisten bewohnten Siedlungen Bissingheim, Werthacker, „Goethe-Viertel" und „Fliegerkolonie". Die in großen Mengen aufgefundenen Druckschriften und Flugblätter deuten an, daß im April die Reorganisation der Partei schon wieder in vollem Gange war. Bis zum Juli wurden 176 Kommunisten in Haft genommen, mehrere bei unkontrollierten Einzelaktionen erschossen. Bis zum Ende des Jahres wurden in 20 Prozessen Duisburger Kommunisten wegen Vorbereitung zum Hochverrat verurteilt.

Dennoch gelang es mit Hilfe des im Herbst aus Prag eingeschleusten Instrukteurs Aehlig in kurzer Zeit, eine Untergrundorganisation der KPD in Duisburg aufzubauen, die in großen Mengen Flugblätter und kleinformatige Zeitungen verteilte und Verbindungen zu überregionalen Parteiorganisationen unterhielt. Anfang 1934 wurde die Organisation von der Gestapo entdeckt, über 100 Mitglieder kamen in Haft. Nach kurzer Zeit waren schon wieder über 100 neue Zellen entstanden, vor allem in Hamborn, aber auch in Hochfeld, Wanheimerort und Duissern. Sie stützten sich vorwiegend auf ehemalige Mitglieder der RGO. Im Herbst 1934 wurde auch diese Gruppe in mehreren Verhaftungswellen von der Gestapo aufgerollt.

Wenige Monate später gelang der Gestapo in Duisburg ein schwerer Schlag gegen ein überregionales System der Nachrichten- und Propagandaübermittlung, in dem der Duisburger Stützpunkt als Brückenkopf zum ganzen Ruhrgebiet eine entscheidende Rolle spielte. Der „Technik-Apparat" der illegalen KPD war für die Herstellung bzw. Beschaffung und die Verbreitung von illegalem Informations- und Propagandamaterial zuständig. Nachdem inländische Druckereien in Solingen und Köln aufgeflogen waren, mußte das Material aus dem Ausland, namentlich aus den Niederlanden eingeführt werden. Dabei erwies sich Duisburg durch seine Lage am Eingang des Ruhrgebietes als besonders geeignet, um als Leitungszentrum und Umschlagplatz für illegales Material zu dienen. Über die nahe Grenze bei Aachen, später über die Ruhrorter Häfen, über die der gesamte Binnenschiffsverkehr mit den Niederlanden abgewickelt wurde, kam eine Flut von kommu-

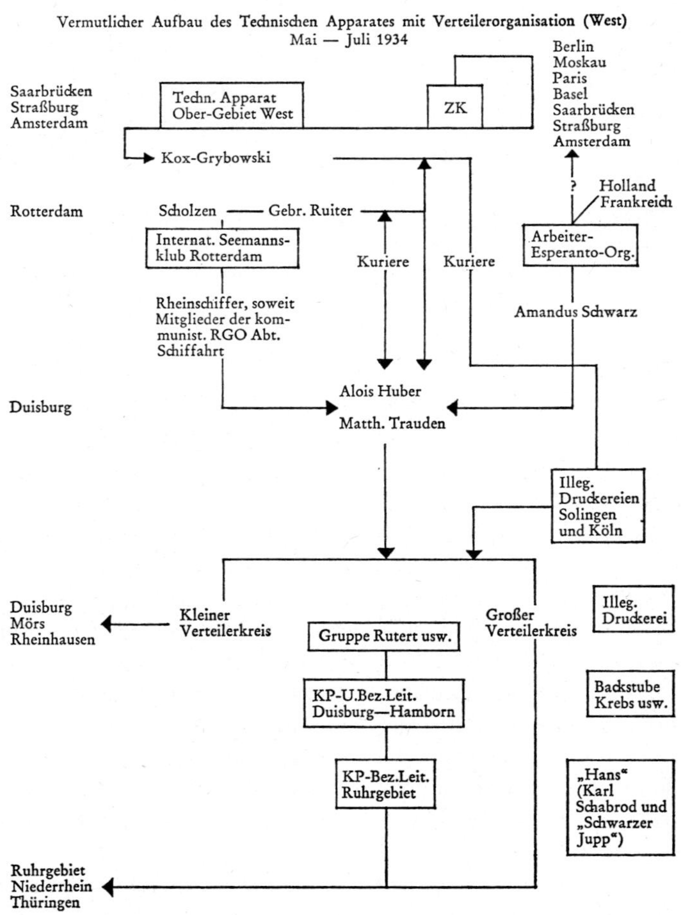

Vermutlicher Aufbau des Technischen Apparates der KPD

nistischen Informations- und Propagandaschriften nach Duisburg und wurde über zwei kompliziert aufgebaute Verteilerkreise ins Ruhrgebiet und z. T. bis nach Thüringen weitergeleitet. Das Zentrum eines dieser Verteilerkreise befand sich in der Backstube des Bäckers Georg Krebs in der Friedrich-Wilhelm-Straße. Als Tarnorganisation diente die gleichgeschaltete „Neue Deutsche Esperanto-Bewegung", die unterwandert und zu einer illegalen KP-Organisation umfunktioniert worden war. Im Februar 1935 wurde die Organisation von der Gestapo ausgehoben. Damit war eine der wichtigsten Verbindungsbrücken zu der für den Niederrhein zuständigen Auslandsleitung der KPD in Amsterdam vernichtet.

Noch im selben Jahr wurde eine Organisation zerschlagen, die vor allem in Hamborn versucht hatte, die DAF zu unterwandern. In wenigen Tagen wurden 95 Kommunisten verhaftet.

Mit diesen großen Verhaftungswellen des Jahres 1935 war die illegale KPD in Duisburg fast völlig zerschlagen. Auf Reichsebene standen die Dinge ähnlich. Der zentralistische und hierarchische Aufbau der Partei und die vielfältigen Verflechtungen der verschiedenen Apparate boten der Gestapo zu viel Angriffsfläche. Infolgedessen waren die Kader in erschreckendem Maße ausgeblutet und konnten auch nicht mehr wie bisher mit neuen Leuten aufgefüllt werden. Dies und die unerwartete Stabilität des NS-Regimes veranlaßte die KP-Führung zu einer Änderung der Strategie.

Bisher war man davon ausgegangen, daß der Nationalsozialismus den Kulminationspunkt und die entscheidende Krise des kapitalistischen Systems anzeige und eine revolutionäre Situation unmittelbar bevorstehe. Die Strategie richtete sich daher auf die Bildung einer gut ausgebauten Untergrundorganisation mit einer breiten Massenbasis in der Arbeiterschaft, die bei dem erwarteten Stimmungsumschwung und dem Zusammenbruch des Regimes als „Revolutionsarmee" hätte mobilisiert werden sollen, um ein Rätedeutschland durchzusetzen. Dem entsprach die Fortsetzung des schon vor 1933 verfolgten, gegen die SPD gerichteten Kurses, der in der Sozialdemokratie eine Hauptstütze der Bourgeoisie sah und bestrebt war, die sozialdemokratische Arbeiterschaft von ihren „sozialfaschistischen" Führern zu trennen und zu einer linken Einheitsfront mit den Kommunisten zusammenzuschließen.

Die Strategieänderung angesichts des Ausbleibens der Revolution, der Stabilität des Regimes und des immensen Blutzolls zielte auf eine dezentralisierte, mehr informelle und daher opfersparende Organisationsform. Ein Widerstand „auf kleiner Flamme" diente in erster Linie dem Erhalt der Organisation und der Rettung der geistigen und politischen Identität gegenüber dem allgegenwärtigen und derzeit sehr erfolgreichen NS-Staat und insbesondere gegenüber seinem Informationsmonopol – solange bis das Regime Schwachstellen zeigen würde, die erneute, erfolgversprechende Aktionen möglich machen würden.

Zugleich verband sich diese Strategie mit einem, wenngleich zögernden und letztlich erfolglosen Versuch der Öffnung gegenüber anderen Widerstandsgruppen, insbesondere gegenüber der Sozialdemokratie, mit dem Ziel einer gemeinsamen Volksfront gegen den Faschismus. Offiziell beschlossen wurde der neue Kurs auf der sog. Brüsseler Konferenz der KPD im Oktober 1935. Es kam zu ersten Kontakten zwischen der KP-Führung und dem Exilvorstand der SPD, der SOPADE.

In Duisburg war als Träger des neuen Kurses die letzte noch nicht zerschlagene kommunistische Organisation vorgesehen, der Kommunistische Jugendverband Deutschlands (KJVD). Er hatte sich schon vorher inoffiziell um Kontakte mit nichtkommunistischen Widerstandsorganisationen bemüht, u. a. mit der katholischen Jugend. Aber schon im Frühjahr 1936 wurde auch diese Organisation von der Gestapo entdeckt, 41 Duisburger Jungkommunisten verhaftet und zu Freiheitsstrafen bis zu 12 Jahren Zuchthaus verurteilt.

In den folgenden Jahren verlagerte sich der Schwerpunkt der Aktivitäten mehr auf Spionage für die Sowjetunion. Die eng mit Moskau verbundenen Leitungsstäbe waren angesichts der sich verdichtenden Kriegsatmosphäre vor allem an Informationen aus den kriegswichtigen Industriebetrieben interessiert. Der Kopf einer für das Gebiet Ruhr und Niederrhein eingerichteten Spionageabteilung, der Duisburger Polier Johann Dombrowski, wurde 1939 verhaftet, 1941 hingerichtet.

Der Hitler-Stalin-Pakt vom August 1939 brachte beträchtliche ideologische Verwirrung, die erst durch den Überfall auf die Sowjetunion 1941 aufgelöst wurde. Der Kriegszustand gab dem Widerstand einen neuen Impuls. Der Instrukteur Reinhold Mewes freilich, der, schon 1933 verhaftet und 1941 wieder freigelassen, anschließend von Essen aus versuchte, in Duisburg eine neue Organisation aufzubauen, arbeitete von vorn herein unter den Augen der Gestapo und wurde Anfang 1942 verhaftet, 1943 hingerichtet. Als nach den ersten militärischen Rückschlägen die Stimmung in Deutschland schlechter wurde, waren die Auslandsleitung und Moskau bemüht, den deutschen Widerstand zu Sabotageakten gegen Rüstungsbetriebe einzusetzen. Die Bereitschaft dazu war allerdings gering. Stattdessen zeichneten sich Tendenzen zu einer mehr national akzentuierten Orientierung bei den deutschen Kommunisten ab, die sich vom Moskauer Kommunismus zu distanzieren trachteten. Dies gilt insbesondere für Wilhelm Knöchel, der als alleinverantwortlicher KPD-Leiter West eine weitverzweigte Organisation aufbaute. Knöchel erwartete als Folge der totalen militärischen Niederlage die Zerstörung Deutschlands und sah nur in einem Sturz des Regimes von innen eine Chance für einen Frieden, der die Existenz Deutschlands bewahrte, wie auch für eine moralische Ehrenrettung des deutschen Volkes angesichts der nationalsozialistischen Verbrechen. Unter diesem Aspekt wurde ihm Widerstand zu einem moralischen Akt jenseits des politischen Kalküls und unabhängig vom Erfolg. Die Duisburger Gruppe der Organisation Knöchels – die letzte faßbare kommunistische Widerstandsgruppe in Duisburg – spielte bei der Verteilung der Flugblattserie „Der Friedenskämpfer" und der Flugschrift „Neuordnung Europas" eine zentrale Rolle. Knöchel wurde Anfang 1943 verhaftet und zum Tode verurteilt, zur gleichen Zeit wurde auch die Duisburger Gruppe ausgehoben, die Mehrzahl ihrer Mitglieder zum Tode verurteilt und hingerichtet.

Ähnlich den Kommunisten glaubten auch die Sozialdemokraten zunächst, daß sich das NS-Regime nicht lange würde halten können. Aber anders als diese erwarteten sie den Umsturz nicht von einer proletarischen Revolution, sondern von einem Putsch der Reichswehr, nach dem, eventuell über eine vorübergehende Militärdiktatur als Zwischenphase, wieder ein parlamentarisch-demokratischer Staat möglich würde. Ihr Bestreben ging – nachdem sich im Prager Exil in einer internen Krise die Reformisten gegenüber den Sozialrevolutionären durchgesetzt hatten – dahin, durch Aufklärung und konspirativen Zusammenhalt die Parteibasis im Untergrund zu erhalten, um nach dem Sturz Hitlers über eine Grundlage für den Neuaufbau eines demokratischen Staates verfügen zu können.

In Duisburg begann der Aufbau von sozialdemokratischen Untergrundorganisationen im Juni, als die Partei offiziell verboten wurde. Um diese Zeit setzte sich der Moerser Schlosser Hermann Runge, SPD-Parteisekretär und Mitglied des Reichsbanners, mit Genossen in Duisburg und Moers in Verbindung und baute eine kleine Verteilerorganisation auf, über die mit Hilfe der Internationalen Transportarbeiter-Föderation (ITF) Nachrichtenblätter der SOPADE an einen kleinen Abnehmerkreis im Duisburger Raum verteilt wurden.

Nach einer geheimen SOPADE-Konferenz im Mai 1934 in Brüssel, an der Runge teilgenommen hatte, entwarf er zusammen mit dem Duisburger Brotverkäufer und sozialdemokratischen Gewerkschaftssekretär Sebastian Dani und der Ruhrorter Lehrerin Johanna Niederhellmann den Plan, aus der Hamborner Brotfabrik „Germania" eine illegale sozialdemokratische Organisationszentrale zu machen. Der Inhaber der Firma, August Kordass, war wie Runge Sozialdemokrat und Reichsbannermitglied, die meisten Angestellten ebenfalls Sozialdemokraten. Runge und Dani wurden als Brotverkäufer eingestellt. Mit Lieferwagen verteilten sie neben dem Brot illegale Nachrichtenblätter der SOPADE bei Parteifreunden. Die rasch wachsende Organisation wurde zur Basis der illegalen SPD im Duisburger Raum. Über den Mülheimer Schlosser Wilhelm Molitor, der zur weitverzweigten illegalen Eisenbahner-Gewerkschaft gehörte, wurden Kontakte zur ITF unterhalten, über deren Netz der größte Teil des illegalen Materials eingeschleust wurde, um über ein ausgedehntes Verteilernetz im niederrheinischen Raum und im westlichen Ruhrgebiet verbreitet zu werden. Umgekehrt liefen wichtige Informationen aus dem Duisburger Raum zum Exilvorstand in Prag, die in die „Deutschland-Berichte" der SOPADE eingingen.

Bis zum Mai 1935 konnte sich die gut getarnte Organisation halten. Aber im Januar schon war die Gestapo aufmerksam geworden. Ende Mai und Anfang Juni rollten die Verhaftungswellen in Aachen, Duisburg, Moers, Mönchen-Gladbach, Kamp-Lintfort, Gelsenkirchen, Düsseldorf, Essen, Mülheim und Oberhausen. Runge wurde in die berüchtigte Dortmunder „Steinwache" eingeliefert, wo er nur dank der Hilfe eines Polizisten überlebte. Im Duisburger Polizeigefängnis starben die Moerser Bergmänner Alfred Hitz, Reinhold Büttner, Alexander Nöthen und Gustav Großmann. Die Gestapo sprach von Selbstmord. Aber als die Angehörigen des Alfred Hitz trotz Verbotes heimlich den Sarg öffneten, ergab sich, daß er an Folterungen gestorben war.

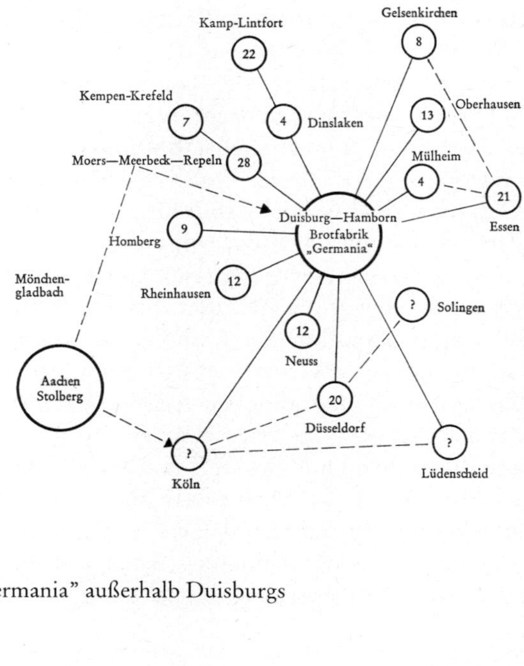

Abonnenten der „Germania" außerhalb Duisburgs

Damit war die Widerstandsorganisation der Sozialdemokraten zusammengebrochen. Dennoch versuchten einige Duisburger, die illegale Arbeit fortzusetzen. Hugo Bachmann und August Trocha arbeiteten in der mit Hilfe der ITF aufgebauten Organisation der Eisenbahnergewerkschaft mit, bis 1937 auch diese Gruppe aufgedeckt wurde.

Die kleine Sozialistische Arbeiterpartei (SAP) war 1931 als linke Abspaltung von der SPD entstanden und 1933 offiziell aufgelöst worden. Im Untergrund suchte sie sich zu konsolidieren und zu einer neuen proletarischen Einheitsfront beizutragen. Dem Duisburger Eberhard Brünen gelang es, in Duisburg und Hamborn eine Untergrundorganisation aufzubauen, die im Sommer 1934 etwa 100 Mitglieder umfaßte. Ähnlich wie bei der SPD und der KPD wurden Verbindungen angeknüpft, Agitationsschriften eingeführt und über ein Verteilernetz verbreitet, so ab Juni 1934 die SAP-Zeitung „Das Banner der sozialistischen Einheit". Dabei war eine zunehmende Annäherung an die SPD zu beobachten, bei gleichzeitiger Distanzierung von der KPD. Am 3. November 1934 wurde Brünen als einer der führenden Köpfe der SAP in Westdeutschland verhaftet und wie Runge in die Dortmunder Steinwache eingeliefert. Am 13. Juli 1935 wurden 35 Duisburger SAP-Mitglieder vom OLG Hamm wegen Vorbereitung zum Hochverrat zu Zuchthausstrafen verurteilt, Brünen zu 15 Jahren.

Eine kleine Gruppe von Mitgliedern der anarcho-syndikalistischen „Freien Arbeiterunion Deutschlands – Syndikalisten" (FAUD-S), die einen freien, dezentralen, staatenlosen Kommunismus anstrebten, wurde von dem Autoschlosser Julius Nolden geführt. Verbindungen nach den Niederlanden dienten zunächst als Fluchtweg für gefährdete Mitglieder, dann als Transportweg für die Einfuhr illegaler Schriften. Das Verteilersystem konnte sich zwei Jahre länger halten als der „Germania"-Kreis. Im Juni 1937 wurden insgesamt 88 Mitglieder der von Nolden aufgebauten Organisation inhaftiert, im Duisburger Gerichtsgefängnis waren 46, davon 22 Duisburger, 1938 wurden 40 von ihnen zu Zuchthausstrafen bis zu 6 Jahren, Nolden selbst zu 10 Jahren verurteilt.

Erste Anzeichen für eine oppositionelle Haltung in katholischen Kreisen waren schon im Sommer 1933 zu beobachten. Sie verschwanden allerdings nach Abschluß des Reichskonkordats im Juli 1933. Die Abgrenzung der Interessensphären zwischen NS-Staat und katholische Kirche ließ zunächst hoffen, daß – nach Zerschlagung des politischen Katholizismus – eine zwar eingeschränkte, innerhalb dieser abgesteckten Freiräume aber einigermaßen unabhängige Weiterexistenz kirchlichen Lebens möglich sein würde. Als sich dies als Illusion erwies, insbesondere als im Gefolge der Säuberungen anläßlich des Röhmputsches auch profilierte Katholiken ermordete wurden, verstärkten sich in Duisburg zwar Versuche zur Sammlung oppositioneller Katholiken, indessen waren diese mehr auf den Zusammenhalt in einer Art inneren Emigration als auf organisierten Widerstand ausgerichtet. Die Gestapo freilich – mit Gespür für das verdeckte Potential an Unbotmäßigkeit – beobachtete die katholische Szene sorgfältig.

Ansätze zu einer organisierten Gegenbewegung zeigten sich erst im Frühjahr 1935, als das Rhein-Ruhr-Gebiet Hauptziel der großangelegten „Frühjahrsoffensive" der HJ wurde. Die Katholiken intensivierten daraufhin die „Katholische Aktion", eine Laienbewegung, die auch für die katholische Gewerkschaftsbewegung von Bedeutung war. Die Basis verlagerte sich zunehmend in die katholischen Arbeitervereine, die im April eine sprunghafte Zunahme der Mitgliederzahlen verzeichneten. Vorposten in Duisburg war anscheinend der Zentrumsabgeordnete und Sekretär des Bezirksverbandes der katholischen Arbeitervereine, Gottfried Könzgen. Er wurde im März wegen eines Schriftstückes verhaftet, der als „vertraulicher Bericht eines Landjägers" in Duisburg kursierte. Der fingierte Bericht handelte von der politischen Schulung in einem Arbeitsdienstlager, die auf die angeblich bevorstehende völlige Ausmerzung der katholischen Kirche und ihren Ersatz durch nationalsozialistisches Gedankengut abhob. Könzgen mußte allerdings nach wenigen Tagen mangels Beweises freigelassen werden.

1944 wurde er wegen des unbegründeten Verdachts der Teilnahme am Hitlerattentat vom 20. Juli verhaftet und starb noch am 15. März 1945 im KZ Mauthausen.

Die Aktivitäten der Katholischen Aktion blieben zwar in den Anfängen stecken, ohne sich zu einer Widerstandsorganisation der katholischen Arbeiterschaft formieren zu können und ohne Kontakt zu den illegalen Linksparteien. Aber dennoch gingen von diesem Ansatz Impulse aus, deren Auswirkungen punktuell immer wieder sichtbar wurden.

Der erste Vorfall ereignete sich im Juli 1935, als eine Vortragsreihe des Eugenikers Muckermann bei den Duisburger Pfarreien verboten wurde und eine offene Protestaktion der katholischen Jugend in einer Schlägerei mit der HJ endete. 1936 wurden in großer Zahl Predigten und Hirtenbriefe des Münsteraner Bischofs Clemens Graf Galen verbreitet. Und im Dezember 1937 wurde anläßlich des goldenen Priesterjubiläums des Prälaten Cüppers ein Predigtzyklus abgehalten, der die nationalsozialistische Weltanschauung angriff und sogar zur Versöhnung mit den bisherigen Erzfeinden, den Kommunisten, aufrief. Als zum Abschluß am 12. Dezember auch Bischof Galen zur Jubiläumsfeier erschien, wurde er von einer Menschenmenge auf dem Dellplatz mit spontanen Rufen „Heil Bischof" begrüßt. Das Eingreifen eines Einsatzkommandos der Polizei führte zu tumultuarischen Szenen. Über 20 Personen wurden verhaftet.

In den folgenden Jahren kam es wiederholt zu Flugblattaktionen. Insbesondere wurden die Predigten Bischof Galens gegen Klösterschließungen, Euthanasie und Sterilisationen verbreitet. Die Verbreitung des Möldersbriefes, der Absage des berühmten Jagdfliegers an den nationalsozialistischen Krieg, war das letzte Zeichen der im Ganzen diffus und unpolitisch bleibenden katholischen Opposition in Duisburg.

Die evangelische Kirche stand von Anfang an in einem zwiespältigen Verhältnis zum Nationalsozialismus. Zwar war der Pastorenstand traditionell an nationalkonservativen, an der DNVP ausgerichteten politischen Vorstellungen orientiert und stand insofern der „nationalen Bewegung" nicht unbedingt fern. Konfliktpotential brachte indessen der Versuch der Nationalsozialisten, die Kirche zu politisieren, vollständig für die eigene Ideologie zu vereinnahmen und in den Staatsapparat einzubauen, wie er sich in der 1932 zustandegekommenen „Glaubensbewegung Deutscher Christen" ausdrückte, die eine an der nationalsozialistischen Volkstumsideologie und dem Führerprinzip orientierte, zentralistische Nationalkirche anstrebte. Als die Deutschen Christen bei den von der Reichsregierung beeinflußten Kirchenwahlen am 23. Juli 1933 den größten Teil der Führungspositionen besetzen konnten und sich ihr Programm auch in der Wahl des „Reichsbischofs" zu manifestieren schien, löste dies eine Gegenbewegung und eine theologische Neuorientierung aus. Sie konkretisierte sich erstmals, als im Herbst entsprechend dem veränderten Beamtenrecht der Arierparagraph in die Kirche eingeführt werden sollte. Martin Niemöller und Dietrich Bonhoeffer gründeten den Pfarrernotbund, und 1934 konsolidierte sich die Bekenntnisfront zur Bekennenden Kirche. Die Opposition trat um so deutlicher zutage, je nachdrücklicher der Staat seinen absoluten Anspruch durchzusetzen versuchte.

In Duisburg wurde bereits im Juli 1934 eine Versammlung der Hamborner Bekenntnisgemeinde polizeilich aufgelöst. In den folgenden Jahren haben vor allem die Predigten mehrerer Duisburger Pfarrer, die sich gegen die Entkonfessionalisierung Deutschlands richteten, die Aufmerksamkeit der Gestapo auf sich gezogen. Der führende Kopf der Duisburger Bekenntnisfront, Pfarrer Otto Vetter, wurde bereits 1935 angezeigt und polizeilich vernommen, dem Wedauer Pfarrer Friedrich Schindelin wurde Redeverbot angedroht, dann wurde ein – später eingestelltes – Strafverfahren wegen Verstoßes gegen das

Heimtückegesetz eingeleitet; der Hamborner Pastor Theodor Hesse wurde mehrfach festgenommen, schließlich wurde ihm vollständiges Rede- und Schreibverbot erteilt.

Im Oktober 1938 wurden zahlreiche Flugblätter verbreitet, die auf Vetter zurückgingen und die den Konflikt zwischen Deutschen Christen und der Bekennenden Kirche zurücktreten ließen hinter den grundsätzlichen Konflikt zwischen dem Nationalsozialismus und dem Christentum. Die Gestapo hielt „eine fühlbare Schutzhaft" für angebracht. Wenn es dazu nicht kam, dürfte dies wohl auf die Furcht vor einem Tumult zurückzuführen sein, den eine Verhaftung hätte auslösen und der womöglich auf katholische Kreise hätte übergreifen können. Zu öffentlichen Vorstößen ist es danach nicht mehr gekommen, zumal Vetter, Schindelin und Hesse ständig von Beobachtern verfolgt wurden. Die Arbeit im Untergrund ging indessen weiter.

Ähnlich dem Katholizismus beschränkte sich die evangelische Opposition auf eine Art verinnerlichten Widerstand, der sich immer nur kurzfristig in nach außen faßbarer Form artikulierte, ohne einen organisierten Widerstand auszubilden und ohne Kontakte zu katholischen Kreisen oder zu den politischen Widerstandsgruppen zu finden. Die untergründige Breitenwirkung ist daher schwer abzuschätzen.

Durch die völlige Kompromißlosigkeit ihrer Verweigerung hat sich die kleine Minderheit der Ernsten Bibelforscher (Zeugen Jehovas) ausgezeichnet. Von den 51 Verhafteten wurden die weitaus meisten ins KZ eingeliefert, acht von ihnen haben nicht überlebt.

V Der Zweite Weltkrieg

Wer dem Dritten Reich mit hinreichendem Mißtrauen gegenüberstand, konnte schon bald nach der Machtergreifung Anzeichen dafür erkennen, daß die Zeichen auf Krieg standen. Als 1933/34 der Flughafen Neuenkamp entgegen dem Verbot des Versailler Vertrages weiter ausgebaut wurde, konnte man dies allerdings auch als verkehrstechnische Notwendigkeit und als Arbeitsbeschaffungsmaßnahme interpretieren, ebenso wie den Bau der neuen Rheinbrücke und der Reichsautobahn. Daß dies alles auch strategischen Erfordernissen diente, mußte nicht jedem ohne weiteres einsichtig scheinen. Ein deutlicheres Zeichen stellte dagegen die große Verdunklungsübung dar, die am 22. September erstmals reichsweit durchgeführt wurde. Zwar war Luftschutz angesichts der Erfahrungen des Ersten Weltkrieges schon während der Weimarer Republik ein verbreitetes Thema gewesen, gewann aber jetzt durch reichsweite, regierungsamtliche Organisation und entsprechende propagandistische Begleitung eine neue Qualität. Schon am 12. August hatte der Preußische Minister für Wirtschaft und Arbeit Richtlinien für das Fach Staatsbürgerkunde an Berufsschulen erlassen, nach denen der Lehrplan um das Unterrichtsfach Luftschutz bereichert werden mußte. Und im Oktober sah man in den Straßen Lastwagen, auf denen eine Bombenattrappe montiert war und Schilder mit der Aufschrift „Luftschutz ist nationalistische Staatspflicht. Tretet dem Reichsluftschutzbund bei!". In den

Werbung für den Reichsluftschutzbund 1933

Zeitungen wurde mit penetranter Regelmäßigkeit auf die Notwendigkeit von Luftschutzmaßnahmen hingewiesen. Am 26. Juni 1935 wurde das Reichsluftschutzgesetz erlassen, das das ganze Volk der Luftschutzpflicht unterwarf. Der Reichsluftschutzbund wurde zur Zwangsorganisation, der sich kein Haushaltsvorstand entziehen konnte.

Am 10. März 1935 bereits hatte Göring die Existenz der nach dem Versailler Vertrag verbotenen deutschen Luftwaffe bekanntgegeben. Am 16. März hatte Hitler die allgemeine Wehrpflicht eingeführt und die Friedensstärke des Heeres auf 36 Divisionen festgelegt – etwa eine halbe Million Mann, fünfmal soviel wie der Vertrag erlaubte. Und am 7. März 1936 marschierten deutsche Truppen in die vertragsgemäß entmilitarisierte Rheinlandzone ein.

Natürlich konnte man dies alles auch als Sprengung der Fesseln des „Versailler Diktats" verstehen, als Befreiung von der „nationalen Schmach" und als Wiederaufstieg Deutschlands zur gleichberechtigten Nation. Und in der Tat wurde die „Rheinlandbefreiung" auch in Duisburg mit großem Aufwand gefeiert.

In Duisburg wurde die „Wiederwehrhaftmachung des deutschen Volkes" am 6. April 1937 augenfällig, als eine Flak-Garnison in der Stadt stationiert wurde. Es war dies die erste ständige Garnison in der neueren Geschichte der Stadt. Schon wenig später ergab sich für die Flak-Soldaten eine Gelegenheit zu praktischen Übungen mit scharfer Munition. Unter den Freiwilligenverbänden, die Deutschland nach Spanien entsandte, um General Franco gegen die spanische Republik zu unterstützen, waren auch vier Offiziere und neun Mann der Duisburger Flak-Truppe. Duisburger kämpften aber auch auf der andern Seite. Unter ihnen der bereits erwähnte Ruhrorter Künstler Heinz Kiwitz (vgl. S. 330). Er hatte sich in Spanien den Internationalen Brigaden angeschlossen und fiel 1938 am Ebro.

Im Februar 1938 gab Hitler eine Verstärkung der Wehrmacht bekannt. Am 13. März wurde Österreich an das Reich angeschlossen. Und in den folgenden Monaten verschärfte

Kundgebung zum Anschluß Österreichs 1938

sich die internationale Lage zusehends durch den Konflikt um das Sudetenland. Am 28. Mai gab Hitler den Bau des Westwalles bekannt, eines gigantischen Befestigungswerkes entlang der deutschen Westgrenze. Zeitweise haben bis zu 4.000 Duisburger Facharbeiter daran mitgearbeitet, und 16 Techniker des städtischen Bauamtes waren „auswärts eingesetzt".

Ende September 1938 schien es, daß ein militärischer Konflikt um das Sudetenland nicht mehr zu vermeiden war. Die Duisburger Flak-Garnison übte Nacht für Nacht im Licht starker Scheinwerfer die Abwehr feindlicher Flugzeuge. Am 28. September ging bei der Stadtverwaltung ein Geheimbefehl ein, nach dem die für den Mobilmachungsfall vorgesehenen Maßnahmen einzuleiten seien. Zur gleichen Zeit fand auf dem Burgplatz eine Kundgebung statt, bei der „Treue dem Führer und Treue den sudetendeutschen Volksgenossen" gelobt wurde. Tags darauf wurde im Münchner Abkommen das Sudetenland, als angeblich letzte Forderung Hitlers, Deutschland zugesprochen und der Friede noch einmal gerettet. Am 1. Oktober wurde das Sudetenland annektiert und zur Sicherung mit deutschen Polizeieinheiten besetzt, darunter auch eine Hundertschaft Duisburger Schutzpolizei.

In Duisburg wurden in zunehmendem Maße Luftschutzbauten errichtet, Keller in Schulen und anderen öffentlichen Gebäuden ausgebaut, betonierte Befehlsstellen für die wichtigsten Behörden eingerichtet. Obwohl der Hafen als Standort von Großmühlen bereits über eine Reihe großer Getreidespeicher verfügte, wurden noch fünf weitere dieser „Brotschränke des Ruhrgebiets" gebaut und darüber hinaus noch Turnhallen und Säle aller Art beschlagnahmt und mit Getreidevorräten angefüllt.

Am 15. März besetzten deutsche Truppen unter Bruch des Münchner Abkommens auch die Rest-Tschechoslowakei, ein Coup, der in Paris und London schlagartig offenbarte, daß es nicht um eine Revision des Versailler Vertrages und um die Selbstbestimmung der Nation ging, sondern um Hegemonie und Expansion. Am 23. August gelang es Hitler, mit dem deutsch-sowjetischen Nichtangriffspakt die entscheidende Voraussetzung zu schaffen, die ihn vor einer Zweifronten-Situation schützen sollte. Am 1. September fielen deutsche Truppen in Polen ein, am 3. September erklärten England und Frankreich Deutschland den Krieg.

Duisburg blieb jedoch zunächst von unmittelbaren Kriegseinwirkungen verschont, da der erwartete Entlastungsangriff der Westmächte zugunsten Polens ausblieb. Dennoch war Verdunkelung das Gebot der Stunde. Man war sich in Duisburg bewußt, daß für die Stadt besondere Luftgefahr bestand. Ihre Stellung als die am meisten nach Westen vorgelagerte Industriestadt des Ruhrgebietes, die ein Drittel der Eisen- und Stahlproduktion des Altreiches lieferte, ihre Bedeutung als Verkehrsknotenpunkt und Binnenhafen machten die Stadt zu einem besonders lohnenden Ziel für Luftangriffe. Daher mußten alle Fenster und Außentüren mit Verdunklungsvorrichtungen aus schwarzem Papier versehen werden, die Straßenbeleuchtung blieb ausgeschaltet, Autoscheinwerfer mußten bis auf einen schmalen Streifen abgedeckt werden.

Lebensmittel und Gebrauchsgüter wurden sofort rationiert. Die ersten Lebensmittelkarten wurden am 28. August ausgegeben. Die wichtigsten Nahrungsmittel waren fortan nur noch gegen den entsprechenden Abschnitt der Karte zu haben. Was auf diese Weise aufgerufen wurde, war zwar in der Regel auch in den Läden tatsächlich vorhanden, aber die Zuteilungen waren nicht eben üppig. Die Versorgung mit Kartoffeln geriet schon im ersten Kriegswinter in Schwierigkeiten, im Winter 1941/42 mußte wieder auf die schon im Ersten Weltkrieg zur Legende gewordene Steckrübe zurückgegriffen werden. Im allgemeinen konnte jedoch bis 1944 eine zwar knappe, aber doch ausreichende Ernährung sichergestellt werden.

Bei der ebenfalls der Zwangsbewirtschaftung unterworfenen Versorgung mit Gebrauchsgütern wurde vor allem die Knappheit bei Textilien bald fühlbar. Auch bei Heizmaterial gab es schon im ersten Kriegswinter, der sehr kalt war, einen empfindlichen Mangel. Die Kriegsindustrie beanspruchte den größten Teil dessen, was sonst für die Hausbrandversorgung vorgesehen war. In der kältesten Periode mußte der Schulunterricht ausgesetzt werden, da mit den zugeteilten Mengen annehmbare Temperaturen nicht zu erreichen waren.

Am radikalsten war die Einschränkung des Autoverkehrs. Die Versorgung mit Treibstoff war auch für die kämpfende Truppe eines der schwierigsten logistischen Probleme, dementsprechend wurde der zivile Verbrauch drastisch reduziert. Nur 15 % der Fahrzeuge durfte überhaupt noch benutzt werden, und nur für als „lebenswichtig" anerkannte Fahrten wurde am 20. September 1939 der begehrte Rote Winkel ausgestellt, der zum Bezug von Treibstoff berechtigte. Auch der Omnibus- und Eisenbahnbetrieb wurde reduziert.

Ein weiteres Problem, das sich sofort bei Kriegsbeginn bemerkbar machte, war der Mangel an Arbeitskräften als Folge der Einberufungen zur Wehrmacht. Im öffentlichen Dienst sank der Personalbestand bis auf 60 %. Bedienstete wurden beim Erreichen der Altersgrenze nicht in den Ruhestand versetzt, Bedienstete im Ruhestand mußten sich zur „Wiederverwendung" melden. In zunehmendem Maße wurden Frauen wieder ins Arbeitsleben eingegliedert. Schon im Oktober 1939 sah man die ersten Briefträgerinnen, im November die ersten Straßenbahnschaffnerinnen.

Eine der fragwürdigsten Methoden, dem Arbeitskräftemangel entgegenzuwirken, war der Einsatz von Fremdarbeitern. Schon 1940 wurden die ersten französischen Kriegsgefangenen in die Duisburger Kriegswirtschaft eingegliedert. Bald kamen zu den Kriegsgefangenen in großer Zahl Zivilisten aus den besetzten Ländern, die nur zum geringeren Teil auf freiwilliger Basis angeworben, größtenteils aber zwangsverschleppt wurden. Es waren neben Niederländern, Belgiern und Franzosen vor allem Polen und Ukrainer, die vorwiegend in Rüstungsbetrieben eingesetzt wurden. Sie waren zumeist in Lagern auf dem Gelände der jeweiligen Betriebe untergebracht. Für das Gebiet der heutigen Stadt Duisburg sind mindestens 55 solcher Fremdarbeiterlager nachweisbar. Daneben gab es noch eine Anzahl sog. Arbeitserziehungslager, in die auch Deutsche eingeliefert wurden. Die Gesamtzahl der Fremdarbeiter wird auf mindestens 30.000 geschätzt. Bei ihrer Behandlung wurde zwischen bevorzugten „eindeutschungsfähigen" Angehörigen „germanischer Völker" und Angehörigen der „Ostvölker" unterschieden, die unter entwürdigenden Umständen leben mußten. Von ihrem ohnehin reduzierten Lohn wurde eine zusätzliche Sondersteuer als „Ostarbeiterabgabe" erhoben, Unterbringung, Verpflegung und ärztliche Versorgung waren völlig unzureichend, der Krankenstand war hoch, sehr viele starben. In den Augen der Behörden und der Partei stellten sie eine ständige latente Gefahrenquelle dar. So fand im Juni 1944 eine „Übung zur Bekämpfung von Ausländerunruhen" statt. Tatsächlich ist es zu organisierten Aufstandsbewegungen nicht gekommen, erst gegen Ende des Krieges kam es angesichts der katastrophalen Versorgungslage vereinzelt zur Bildung von Banden.

Den Bedürfnissen der Kriegswirtschaft entsprachen zahllose Sammlungen von Flaschen, Altpapier, Metallen, Leder etc. Im März 1940 rief Göring zur „Metallspende des deutschen Volkes" auf. Jeder sollte alle entbehrlichen Gegenstände aus Kupfer, Bronze, Messing, Zinn, Blei und Nickel „in nationalsozialistischer Opferbereitschaft" zur Verfügung stellen. Vor allem Messing und Bronze wurden für die Herstellung von Granaten dringend gebraucht. Aus dem gleichen Grund mußten wenig später auch bronzene Denkmäler abgebrochen werden, „soweit nicht ihr künstlerischer, politischer, geschichtlicher oder heimatkundlicher Wert auch für kommende Geschlechter wichtig ist".

Schon kurz nach dem Ende des Polenfeldzuges wurden in größerem Umfang Truppen in Duisburg einquartiert. Bis zum März 1940 stieg ihre Zahl bis auf 20.000. Sie wurden nicht nur in Schulen und größeren Sälen, sondern zum großen Teil auch in Privatwohnungen untergebracht. Am Nachmittag des 9. Mai 1940 wurden sie in Alarmbereitschaft versetzt. Am 10. Mai brachen deutsche Truppen ohne Kriegserklärung in die neutralen Länder Niederlande, Belgien und Luxemburg ein, um von dort aus Frankreich anzugreifen. Vom Flugplatz Neuenkamp aus starteten „Stukas", Sturzkampfbomber, zu Angriffen auf niederländische Grenzstellungen.

Drei Tage später erlebte Duisburg seinen ersten Luftangriff. Die Kupferhütte wurde von 8 Bomben getroffen, die allerdings nur geringen Schaden anrichteten. Auch die Angriffe der folgenden Nächte, bei denen es die ersten Toten gab, nahm man gleichwohl nicht allzu tragisch. Der siegreiche Westfeldzug, die Kapitulation Frankreichs schon am 25. Juni ließ hoffen, daß auch England bald einlenken, der Krieg rasch vorüber sein werde.

Wenig später begannen die Vorbereitungen für die Offensive gegen England, bei denen Duisburg eine wichtige Rolle spielte. In Duisburger und Ruhrorter Werften wurden Rheinschiffe und Kanalkähne umgebaut, um sie für den Transport einer Invasionsarmee tauglich zu machen. Die Invasion wurde jedoch immer wieder verschoben und schließlich aufgegeben, weil die entscheidende Voraussetzung, die Luftherrschaft über dem Kanal, nicht erreicht wurde.

Truppen auf der Schwanenstraße, Winter 1939/40

Während der „Luftschlacht über England" nahm der Bombenkrieg an Härte zu. Bis Ende 1940 kamen 38 Duisburger ums Leben. Aber auch in England starben Zivilisten. Am 14. November 1940 wurde die englische Industriestadt Coventry, das „englische Essen", völlig vernichtet. In diesem Jahr fielen noch mehr als doppelt soviel Bomben auf England wie auf Deutschland. Im folgenden Jahr begann sich das Verhältnis umzukehren. Als am 22. Juni 1941 der Überfall auf die Sowjetunion begann, absorbierte die neu eröffnete Front einen Großteil der Luftwaffe, der nun der Abwehr im Westen fehlte. Zugleich nahm die Kriegshilfe der USA an England zu.

Angesichts dieser Veränderung der Lage ging man in den Städten des Niederrheins und des Industriegebietes an Rhein und Ruhr daran, in großer Zahl massive Bunkerbauten zu errichten. Ein Baubataillon einer Festungspioniergruppe wurde nach Duisburg abkommandiert und errichtete in wenigen Monaten 18 Bunkergroßbauten, zumeist als Hochbunker, wie sie z.T. noch heute in der Stadt zu sehen sind. Daneben wurden über 5.000 Keller ausgebaut. Bis Kriegsende kamen noch 22 solcher Bunker hinzu, ferner 8 Stollen, die mit bergmännischen Methoden in Schlackenhalden und auch in den Kaiserberg vorgetrieben wurden.

Als im Dezember desselben Jahres eine Woll- und Wintersachensammlung durchgeführt wurde, deutete sich darin eine weitere, entscheidende Wendung des Krieges an. Der Rußlandfeldzug war im überraschend früh hereingebrochenen Winter steckengeblieben und steuerte auf die Katastrophe von Stalingrad zu. Mit den gesammelten Pullovern und Handschuhen sollte die für den Winterkrieg völlig unzureichend ausgerüstete Truppe wenigstens notdürftig versorgt werden. Im selben Dezember traten die USA nach dem Angriff der Japaner in Pearl Harbour auch formell in den Krieg ein, der damit zum Weltkrieg wurde.

Das zerstörte Dachgeschoß des Rathauses (13. Mai 1943)

Zerstörungen im Bereich des Burgplatzes bei Kriegsende

Das Jahr 1942 brachte eine neue Phase im Luftkrieg. Die neue Strategie der Flächenbombardements richtete sich vor allem gegen Wohngebiete und führte zur Vernichtung ganzer Stadtviertel. Charakteristisch war dabei die massenhafte Verwendung von Brandbomben, die „die Selbstvernichtungskraft der alten Städte aktivieren" sollte. Im Juni traf auch Duisburg erstmals ein solcher Angriff im Bereich Altstadt-Innenhafen, dem die Liebfrauen- und Minoritenkirche zum Opfer fielen, die Roggenmühle von Rosiny und das Gebäude der Allgemeinen Speditionsgesellschaft. Im September wurde die Tonhalle vernichtet, im Dezember das Theater und die Stadtbibliothek. Sogar am Weihnachtsabend gab es einen Angriff. Die Zahl der Toten stieg in diesem Jahr auf 542.

1943 setzten sich die Alliierten zum Ziel, Deutschland „sturmreif" zu bomben. Beabsichtigt war „die fortschreitende Zerstörung und Zerstreuung des deutschen Militär-, Industrie- und Wirtschaftssystems und die Unterminierung der Moral des deutschen Volkes bis zu einem Punkt, wo die Fähigkeit zum bewaffneten Widerstand in tödlicher Weise geschwächt ist." Der Angriff von 27. April übertraf bereits alle vorangegangenen. An diesem Tag wurde auch das einzige Duisburger Konzentrationslager Ratingsee in Meiderich getroffen, das als Außenstelle der Lager Sachsenhausen, Neuengamme und Buchenwald fungierte. 50 Häftlinge kamen ums Leben, 49 wurden verletzt.

Die große Katastrophe kam am 13. Mai. Dieser Angriff war nach englischen Angaben der schwerste, der bis dahin gegen eine deutsche Stadt geflogen worden war. Besonders die Altstadt war schwer getroffen. Münz- und Kasinostraße völlig vernichtet, die Beeckstraße zu 90%, ähnlich die Umgebung des Burgplatzes mit der Salvatorkirche und zahlreichen anderen historischen Bauten.

Eine der Konsequenzen war die Forcierung der Evakuierungsbemühungen. Insbesondere wurden sämtliche allgemeinbildenden Schulen geschlossen und in die als weniger gefährdet geltenden süddeutschen Gebiete und nach Böhmen und Mähren verlagert. Auch das Theater, das bisher noch in Ausweichquartieren gespielt hatte, wurde in diesem Jahr nach Prag verlegt. Sicherheit bot die Evakuierung allerdings auch nicht immer. Neun Schüler des Steinbart-Gymnasiums, das nach Bad Mergentheim verlegt war, wurden von der SS aufgegriffen und zu Volkssturmmännern „befördert". Am 6. April 1945 sind sie im Kampf gegen die anrückenden Amerikaner gefallen. Der Jüngste zählte 14 Jahre.

Für die Zurückbleibenden wurden die Lebensmöglichkeiten immer mehr eingeschränkt. Dabei forderte die Kriegswirtschaft immer höhere Leistungen an der „Heimatfront". Goebbels als „Reichskommissar für den totalen Kriegseinsatz" erhöhte im August 1944 die wöchentliche Arbeitszeit auf 60 Stunden. Lohn- und Gehaltserhöhungen blieben verboten, ebenso wurde totale Urlaubssperre verhängt. Zugleich wurde die Versorgung mit Strom, Gas und Wasser, mit Lebensmitteln und Gebrauchsgütern immer schwieriger.

Den Anfang vom Ende brachten der 14. und 15. Oktober 1944. In weniger als 20 Stunden zogen drei Wellen von jeweils mehr als tausend Bombern über die Stadt hinweg und warfen 5.500 Tonnen Bomben – das Anderthalbfache dessen, was die Stadt seit Kriegsbeginn über sich hatte ergehen lassen müssen. Dies war nicht nur der schwerste Angriff auf Duisburg, sondern auch – nochmals – der schwerste, der bis dahin eine deutsche Stadt getroffen hatte. Es gab 2.541 Tote, 946 Verletzte und 335 Vermißte – das waren doppelt soviele Opfer wie bei allen vorangegangenen Angriffen zusammen. Die materiellen Schäden waren schier unübersehbar. Bisher war es bei allen Zerstörungen immer noch möglich gewesen, auf irgendwelche Reserven zurückzugreifen und mit provisorischen Maß-

Die Falkstraße nach dem Bombenangriff vom 13. Mai 1943

Bewohner des Schuirkamp suchen nach dem Bombenangriff vom 6. Juni 1942 Überreste ihres Besitzes

Bekanntmachung!

Infolge der äußerst zahlreichen und schweren Beschädigungen an Wohngebäuden wird die Bevölkerung zur **tatkräftigen Mitarbeit** bei der Beseitigung der Fliegerschäden aufgerufen. Wegen Mangel an Fachkräften und Material können in jeder Wohnung nur die Küche und ein Zimmer nach und nach instandgesetzt werden. Aus diesem Grunde muß jeder selbst mit zufassen, vor allen Dingen sich bei der Dichtmachung der Dächer betätigen. Die Stadtverwaltung wird so weit wie möglich mit Material helfen. **Fehlende Dachziegel müssen von den Totalschäden entnommen werden. Das Material muß schonendst behandelt werden.**

Strohpappe wird in den nächsten Tagen wieder in den Ausgabestellen der Stadtteile ausgegeben.

Duisburg, den 17. Oktober 1944

Der Oberbürgermeister
Freytag

Bekanntmachung des Oberbürgermeisters nach dem Dreifachangriff vom 14./15. Oktober 1944

nahmen dafür zu sorgen, daß das Leben weitergehen konnte. Jetzt war das Ausmaß der Zerstörung so groß, daß mit den wenigen zur Verfügung stehenden Mitteln selbst eine provisorische Wiederherrichtung wichtiger Versorgungseinrichtungen nicht mehr möglich war. So konnte bis Kriegsende kein Gas mehr geliefert werden, bis zum Ende des Jahres konnten nur noch Krankenhäuser und Bunker mit Strom vesorgt werden, die Wasserversorgung konnte erst nach Wochen wieder in sehr eingeschränktem Umfang wieder aufgenommen werden. Der öffentliche Nahverkehr war fast völlig lahmgelegt, der Bahnhof so schwer getroffen, daß kaum noch ein geregelter Verkehr möglich war. In den Häfen hatten Großbrände gewütet, 111 Schiffe waren gesunken und blockierten die Zufahrten. Nach einer ersten Übersicht mußten mindestens 56.000 Personen aus den zerstörten Häusern umquartiert werden.

Konsequenz dieser Lage war der große Exodus. Bis Jahresende haben von den 280.000 Einwohnern, die es im Oktober noch gab, angeblich 50.000 die Stadt verlassen. Am 17. Mai 1939 hatte es 434.646 Einwohner gegeben, am 12. April 1945 waren es noch 141.000.

Bis Kriegsende gab es noch weitere 57 Angriffe, die auch das notdürftig wieder Reparierte immer wieder zerstörten. Bis zum letzten Angriff am 26. März 1945 waren bei 299 Angriffen 30.587 Sprengbomben, 1.032 Luftminen und 766.546 Brandbomben gefallen.

Die katastrophale Ernährungs- und Versorgungslage nach den Oktoberangriffen war wohl auch die Ursache für die Bildung von Fremdarbeiterbanden, die, als Ende 1944 ihre Lebensmittelrationen einschneidend gekürzt wurden, versuchten, ihre Existenzmöglichkeiten durch Einbrüche und Überfälle aufzubessern. Im Februar 1945 wurde der Ostarbeiter Kowalenko, der im November bei einer Kontrolle einen Werkswächter erschossen hatte, mit 23 Mitgliedern seiner Bande ohne Gerichtsurteil hingerichtet. Ob dieser Bandenbildung weitergehende Intentionen zugrundelagen als die Verbesserung der elementaren Lebenschancen, ist nicht mit Sicherheit zu entscheiden. Hinweise darauf, daß es sich um politisch motivierte, partisanenähnliche Kampfmethoden gehandelt haben könnte, wie sie russische Kriegsgefangene und Fremdarbeiter in Zusammenarbeit mit deutschen kommunistischen Widerstandsgruppen gelegentlich in anderen Städten praktiziert haben, sind für Duisburg nicht bekannt.

Am 6. Juni 1944 waren die Alliierten in der Normandie gelandet, am 21. Oktober wurde Aachen eingenommen. Am 2. März 1945 wurden Neuß und Krefeld besetzt, am 4. März wurden sämtliche Duisburger Rheinbrücken gesprengt. Am 6. März erreichten alliierte Verbände Homberg und Rheinhausen. Bis zum 25. März war das gesamte linke Rheinufer in der Hand britischer und amerikanischer Einheiten unter Führung von Generalfeldmarschall Montgomery. Beabsichtigt war, am Niederrhein und im Frankfurter Raum Brückenköpfe zu gewinnen und das dichtbesiedelte „Industriedickicht" des Ruhrgebietes in einer weiträumigen Umfassungsbewegung zu umschließen, um anschließend möglichst schnell nach Norddeutschland vorzustoßen. Durch diese Konzeption ist es Duisburg erspart geblieben, wie Kleve, Goch und Wesel im Nahkampf vollends zerstört zu werden. Zwei südliche Rheinübergänge gelangen bei Remagen und Oppenheim mehr durch Zufall, der nördliche bei Wesel durch eine großangelegte militärische Operation, die am 24. März gestartet wurde. Am 27. März standen die ersten Panzerspitzen vor Hamborn. Am 1. April schloß sich die Zange bei Lippstadt. Im so entstandenen „Ruhrkessel" waren 350.000 Soldaten unter Generalfeldmarschall Model eingeschlossen, zusammen mit Millionen von Zivilisten. Um weiteres Blutvergießen zu vermeiden, befahl Model die „Selbstauflösung" seiner Heeresgruppe zum 17. April 1945. Er selbst erschoß sich am 21. April im Duisburger Wald nahe der Wedau.

Als die Amerikaner das jenseitige Rheinufer erreicht hatten, erwartete man in Duisburg täglich den großen, alles entscheidenden Angriff. Neben den fünf Rheinbrücken wurden

Zerstörung im Außenhafen

am 4. März noch 58 weitere Brücken im Stadtgebiet gesprengt. Panzersperren an den Einfallstraßen und Verschanzungen am Rheindeich wurden mit schlecht bewaffneten und schlecht ausgebildeten Volkssturmmännern besetzt. Vor allem fürchtete man einen letzten, vernichtenden Luftangriff, den 300. seit dem 13. Mai 1940. Stattdessen setzte ein systematischer, zermürbender Artilleriebeschuß ein, der noch fünf Wochen anhalten sollte und nicht nur vieles von dem zerstörte, was die Bomben bislang verschont hatten, sondern auch den Aufenthalt im Freien zu jeder Zeit lebensgefährlich machte. Die Zahl der Opfer stieg bis auf 20 pro Tag. Einen Räumungsbefehl vom 17. März haben dennoch angesichts fehlender Verkehrsmittel und höchst ungewisser Zukunftsaussichten nur wenige befolgt.

Am 21. März wurden auf Befehl des Polizeipräsidenten Bauer 30 Häftlinge des Polizeigefängnisses, überwiegend Fremdarbeiter, ohne Gerichtsurteil erschossen, am 9. April noch einmal acht weitere.

Am 27. März wurde Hamborn kampflos besetzt, am nächsten Tag Ruhrort und Laar, Meiderich einen Tag später. Für den Norden war der Krieg nun vorbei. Duisburg war für zwei Wochen zweigeteilt.

Am 29. März zogen die letzten Truppenreste aus Duisburg ab, ebenso die Reichsbank, die Feuerlöschpolizei und ein Teil der DVG. Der größte Teil der städtischen Verwaltung blieb jedoch, auf Anordnung des Oberbürgermeisters Freytag und entgegen einem ausdrücklichen Befehl des Stellvertretenden Gauleiters Schleßmann, in der Stadt.

Am 9. April wurde über Rundfunk bekannt, daß Essen genommen sei. Am 11. April wurde das Mülheimer Rathaus besetzt. Am gleichen Tag verließen Oberbürgermeister Freytag und Polizeipräsident Bauer die Stadt. Der Kreisleiter Loch hatte sich ebenfalls abgesetzt. Am 12. April fuhren die Amerikaner von Mülheim nach Duisburg. Ohne auf Widerstand zu stoßen, erreichten sie den Bunker an der Fuldastraße, wo zuletzt das Polizeipräsidium untergebracht war. Polizeioberst Krampe unterschrieb eine Art Übergabedokument. Am folgenden Tag wurde auch der Süden besetzt. Am Abend meldete Radio Luxemburg „die Eroberung von Duisburg".

Im zerstörten Wartesaal des Hauptbahnhofs Duisburg bei Kriegsende

Hartmut Pietsch

Nachkriegszeit und Gegenwart (ab 1945)

I Die Nachkriegsjahre

Die amerikanischen Kampftruppen, die in den März- und Apriltagen des Jahres 1945 das Gebiet der heutigen Stadt Duisburg besetzten, marschierten ein in eine Region, die von den Auswirkungen des Krieges furchtbar betroffen war. Die Bombenangriffe und der Artilleriebeschuß der letzten Kriegswochen hatten zahlreiche Opfer gefordert und die Wohn- und Fabrikviertel der Stadt weithin in Schutt und Asche gelegt. Riesige Trümmerberge, ausgebrannte Ruinen säumten die oft nur notdürftig geräumten Straßen. 42.000 Wohnungen, ein Drittel des Bestandes, waren in Duisburg völlig zerstört worden, ebenso viele waren stark beschädigt, kaum eine war unversehrt geblieben. Gewaltige Trümmermengen bedeckten das Stadtgebiet. Das Straßennetz wies schwere Schäden auf, die Kanalisation, die Wasser-, Gas- und Stromversorgung waren stark in Mitleidenschaft gezogen. Noch zu Beginn des Jahres 1947 war die Hälfte aller Duisburger Stadtteile ohne Gas, die Straßenbeleuchtung fiel fast ganz aus. 97 der 276 Duisburger Brücken waren zerstört worden, die meisten von deutscher Seite in den letzten Kriegswochen, darunter alle 5 Rheinbrücken und die wichtigen Ruhr- und Kanalbrücken. Katastrophal sah es im Duisburger Hafen aus. 313 untergegangene Schiffe blockierten die Hafenbecken, 9 waren zur Sperrung der Ruhrmündung versenkt worden. Auch am Duisburger und Homberger Rheinufer lagen zahlreiche Schiffe auf dem Grund des Stromes. Ebenso wie der Schiffsverkehr ruhte bei Kriegsende auch der Eisenbahnverkehr; nur mit großen Anstrengungen war er in den Nachkriegsmonaten wieder provisorisch in Gang zu bringen.

Schwer betroffen vom Krieg war die Duisburger Industrie, die Lebensgrundlage der Stadt. Von 40 Hochöfen in Duisburg waren im April 1945 nur noch 4 produktionsbereit. Die gesamten Kriegsschäden bei den Großbetrieben waren beträchtlich. 25% des Gesamtwertes betrugen sie nach den Nachkriegsschätzungen bei der August-Thyssen-Hütte (Bruckhausen), 80% bei der Hütte Phönix, 15% bei der Hütte Meiderich, 20% bei der Niederrheinischen Hütte, 40% bei der Hütte Vulkan. Ähnlich war es bei den übrigen Duisburger Großunternehmen. Nur die Mannesmann AG in Huckingen und Großenbaum und die Zechen im Duisburger Norden waren mit geringen Schäden davongekommen.

Duisburg war eines der Hauptangriffsziele im Bombenkrieg gewesen. Besser stand es um die Nachbargemeinden, die heute zu Duisburg gehören, doch waren auch hier beträchtliche Gebäude- und Industriezerstörungen zu beklagen.

Es waren chaotische Nachkriegswochen, die der Besetzung durch die Amerikaner folgten. Die näherrückende Front und die verschiedenen Evakuierungsbefehle in den Tagen vor dem Einmarsch hatten ja nicht nur zu einer Abwanderung der ohnehin schon redu-

Rheinbrücke zwischen Duisburg-Ruhrort und Homberg nach der Zerstörung

zierten Zivilbevölkerung geführt (in Rheinhausen zählte man nur noch 22.300 Bewohner bei einer Normalbevölkerung von 40.800, in Duisburg nur noch 141.000 bei einer Bevölkerung von 434.600), es waren auch die meisten Dienststellen geflohen und hatten allenfalls Notpersonal zurückgelassen. Die Polizei war abgerückt (die Militärregierung fand in Duisburg von 1.230 Beamten nur noch 147 vor), die Duisburger Hauptpost blieb ohne Aufsicht, die Reichsbankstelle war verlagert worden, die Feuerschutzpolizei hatte mit Fahrzeugen und Geräten die Stadt verlassen. Die Duisburger Stadtverwaltung hatte nur eine „Notbehörde" unter der Leitung des Stadtkämmerers am Ort belassen.

Die einrückenden amerikanischen Truppen waren zuerst und vor allem an der militärischen Sicherheit interessiert. Sie verbreiteten strenge Kontrollvorschriften mit Ausweispflicht, Sperrstunde und Verdunkelung; hohe Strafen waren bei Verstößen angedroht. Die eigentliche Kontrolle über die deutsche Zivilbevölkerung sollte nach dem Abflauen der Kampfhandlungen nicht den Truppen, sondern besonderen Militärregierungsstäben obliegen, die aus speziell vorbereiteten Fachoffizieren bestanden. In der Duisburger Innenstadt wurde diese Kommandantur, der in den Nachkriegsmonaten entscheidende Bedeutung für die Stadtangelegenheiten zukam, am 13. April 1945 im Hause Fuldastraße 28 eingerichtet.

Es ging der Militärregierung einmal um die Sicherheit und Versorgung der eigenen Truppen. Dann wurde aber auch der Versuch gemacht, bei den Deutschen einigermaßen geordnete Verhältnisse zu erreichen, Seuchen zu verhindern, die Grundlagen der Ernährung sicherzustellen, aber auch für die öffentliche Sicherheit zu sorgen, denn nicht nur Besatzungssoldaten nahmen „Requisitionen" auf eigene Faust und zu eigenem Nutzen vor, auch auf deutscher Seite kam es zu Plünderungen, und ein besonderes Problem stellten die in Lagern zusammengefaßten ausländischen Zwangsarbeiter dar: Zahlreiche

Diebstähle und eine Reihe schwerer Mordtaten sind auch im Duisburger Raum vorgekommen.

Die Militärregierung wollte ihre Aufgaben durch „indirect rule" erfüllen, d. h. deutsche Stellen sollten unter der Überwachung der alliierten Offiziere die Verwaltungsaufgaben durchführen. Diese Stellen, zunächst vor allem die Polizei und die Stadtverwaltung, mußten aber von Nazis gesäubert werden. Die Wiederherstellung und Überprüfung der deutschen Verwaltung war deshalb eine der ersten und wichtigsten Aufgaben der Militärregierung.

In Duisburg wurde der als Leiter der Stadtverwaltung amtierende Kämmerer, ein NSDAP-Mitglied, entlassen. Zum ersten Nachkriegsoberbürgermeister ernannte die Militärregierung einen 1933 von den Nationalsozialisten aus dem Amt entfernten Verwaltungsfachmann, den Rechtsanwalt Dr. Heinrich Weitz, bis 1933 Oberbürgermeister von Trier und vorher Dezernent der Duisburger Stadtverwaltung. Am 16. April 1945, dem Tage seiner Amtseinsetzung, wandte sich Weitz mit einem Aufruf an die Duisburger Bevölkerung. Darin hieß es:

„Die Alliierte Militärregierung hat auf Grund des Kriegsrechtes die bisherige Stadt- und Polizeiverwaltung aufgelöst; sie hat mich ... ersucht, die Leitung der neuen Verwaltung zu übernehmen. Im Bewußtsein, der Pflicht gegenüber Vaterland und Heimat hiermit zu gehorchen, habe ich dieser Aufforderung entsprochen ... Eine endgültige Stadtverwaltung wird später von einer frei gewählten Bürgervertretung bestellt. Mein Bestreben wird es sein, die Verwaltung auf der Grundlage von Treue und Redlichkeit, Einfachheit und Sparsamkeit zu führen."

Unter Weitz nahm die Duisburger Stadtverwaltung ihre Arbeit wieder auf. Die politische Überprüfung und teilweise Auswechslung des Verwaltungspersonals setzte die Militärregierung aber auch in den Folgemonaten fort.

Mit der Einsetzung des Duisburger Oberbürgermeisters war dessen Amtsgewalt über die ganze Stadt keineswegs gesichert. Denn die Amerikaner hatten im Zuge der nach und nach voranschreitenden Besetzung nicht nur in Duisburg-Mitte einen Bürgermeister eingesetzt, sondern auch in den Vororten, darunter vor allem in Hamborn. Dort war Anfang April Wilhelm Bambach, ein ehemaliges Zentrumsmitglied, zum Bürgermeister ernannt worden. Nicht ohne Rückhalt in der Bürgerschaft verfolgte er das Ziel, die 1929 eingemeindete, vorher selbständige Großstadt von Duisburg loszulösen. Zeitweise zeichnete er als „Oberbürgermeister für den Stadtkreis Hamborn", zu dem nicht nur das alte Stadtgebiet Hamborns, sondern auch die übrigen nördlichen Stadtteile Duisburgs wie Meiderich, Beeck, Laar und Ruhrort gehören sollten. Erst im Juni 1945 konnte Oberbürgermeister Weitz die Ablösung Bambachs und damit die Wiedervereinigung Duisburgs erreichen.

Weniger dramatisch als in Duisburg ist die Reorganisation der Stadtverwaltungen in den Nachbarstädten verlaufen. In Rheinhausen wurde der bisherige Kämmerer Dr. Wilhelm Weinstock zum Verwaltungsleiter (Bürgermeister) ernannt, in Homberg löste am 22. April 1945 Wilhelm Röpling den bisherigen Bürgermeister Fritz Sonnen ab, in Walsum wurde am 4. Mai der Wohnungsbezirksleiter Carl Lomb zum Bürgermeister berufen, nachdem zwischenzeitlich ein städtischer Verwaltungsangestellter das Amt kommissarisch verwaltet hatte.

Es waren nicht nur die Ortsbürgermeister, die in den ersten Nachkriegswochen der zentralen Stadtverwaltung Konkurrenz machten. In einigen Vororten bildeten sich Aktionsausschüsse aus Antifaschisten, Vertretern der im Dritten Reich unterdrückten und verfolgten Weimarer Parteien, die im Moment des Zusammenbruchs des Nationalsozialismus sich aufgerufen sahen, auf die öffentlichen Angelegenheiten Einfluß zu nehmen.

Diese Ausschüsse – sie sind tätig geworden in Hüttenheim und Wanheim, der Innenstadt, Neudorf und im Duisburger Norden – führten Ordnungsmaßnahmen durch, beriefen auch NSDAP-Mitglieder zu öffentlichen Schippaktionen, um Panzersperren und Trümmer zu räumen. Der Oberbürgermeister Weitz allerdings versuchte solche Handlungen, die ihm als Amtsanmaßung erschienen, zu unterbinden, nach einigen Wochen schließlich mit Erfolg.

Diese Aktionsausschüsse zeigen schon, daß mit dem Zusammenbruch des Nationalsozialismus dessen Gegner versuchten, auf den Aufbau und die Gestaltung eines neuen Deutschlands Einfluß zu gewinnen. In jenen ersten Nachkriegsmonaten sind auch die politischen Weichen gestellt worden, die die Entwicklung bis heute bestimmen.

Da waren einmal die Gewerkschafter. Unmittelbar bei Kriegsende kamen Vertreter der ehemaligen Freien Gewerkschaften miteinander in Verbindung. In den Betrieben wurden Betriebsräte eingesetzt. In einem ersten allgemeinen Rundschreiben, datiert auf den 14. Mai 1945, hieß es: „Die Nazipest ist beseitigt. Hitler und seine Trabanten sind zur Strecke gebracht. Noch aber ist die Hitlerbrut nicht vollständig vernichtet. Es muß deshalb die vornehmste Aufgabe der Arbeiterschaft sein, für die restlose Beseitigung aller Überreste des Nationalsozialismus Sorge zu tragen ... In fast allen Betrieben sind nun wieder Betriebsräte ins Leben gerufen worden und nun gilt es, eine machtvolle Organisation der Arbeiter ins Leben zu rufen ... Arbeitnehmerschaft von Duisburg! Unterstützt uns bei dem Aufbau einer neuen Einheitsgewerkschaft, des Instruments für die Abwehr der Unternehmerwillkür". Die Gewerkschafter waren damals in Duisburg der Auffassung, eine umfassende Einheitsorganisation der Arbeitnehmer, über alle früheren weltanschaulichen und politischen Grenzen hinweg, aufzubauen. Entsprechende Verhandlungen mit ehemaligen christlichen Gewerkschaftern führten zu deren Einbeziehung. Die offizielle Gründungsversammlung der „Einheitsgewerkschaft Deutscher Arbeitnehmer" fand am 26. Juli 1945 statt.

Den Plan, eine umfassende Einheitsgewerkschaft zu gründen, konnten die Deutschen in den Folgemonaten angesichts von Widerständen auf seiten der Militärregierung jedoch nicht verwirklichen. Von 1946 an wurden vielmehr Industriegewerkschaften ins Leben gerufen, wie wir sie als DGB-Einzelgewerkschaften heute kennen. Die erste Duisburger Gründung war hier der Industrieverband Metall, gegründet am 17. März 1946. Örtliche Zusammenschlüsse der Gewerkschaften (Ortsausschüsse) wurden erst danach eingerichtet, der in Duisburg am 26. September 1946.

Die Gewerkschaften verfolgten damals Vorstellungen von einer tiefgreifenden Umstellung der Wirtschaftsverfassung: Die Grundindustrien sollten sozialisiert, den Arbeitnehmern zumindest gleichberechtigter Einfluß in den Betrieben gesichert werden. Mit diesen Vorstellungen sind die Gewerkschaften ebenso wie die sie unterstützenden Parteien gescheitert, im wesentlichen durch den Einfluß der Militärregierung. Lediglich im Montanbereich konnte die gleichgewichtige Mitbestimmung der Arbeitnehmervertreter in den Aufsichtsräten der Unternehmen nach harten Kämpfen 1951 durchgesetzt werden.

Viele der Gewerkschafter engagierten sich im Jahre 1945 auch im politischen Bereich. Hier trat in den Nachkriegswochen zunächst eine „Antifaschistische Einheitsfront" auf, in der Sozialdemokraten und Kommunisten zusammenarbeiteten. Als politische Organisation verfestigte sich die „Antifa" jedoch nicht. Nachdem die überörtliche Entwicklung, vor allem in der Reichshauptstadt Berlin, vom Juni ab auf eine separate Gründung von SPD und KPD abzielte, wurden auch in Duisburg wieder getrennte Parteien ins Leben gerufen.

Die Gründungsversammlung der Duisburger SPD fand am 9. September 1945 im zum Teil zerstörten Duisburger Stadttheater und auf einer Parallelveranstaltung in Hamborn statt. Anknüpfend an traditionelles sozialdemokratisches Gedankengut hieß es damals in den programmatischen Grundsätzen der SPD: „Getreu unserer geschichtlichen Vergangenheit erkennen wir, daß das Chaos der Gegenwart seine Ursache in der wirtschaftlichen Entwicklung der bürgerlichen Welt hat, die zum Ausdruck kommt in den aufeinanderprallenden Interessen des Kapitalismus und seiner oft sinnlosen Produktion, die immer einen Wettlauf um die Rohstoffquellen und Absatzmärkte zur Folge hatte. Zweimal in kaum einem halben Jahrhundert wurde in diesen zwei Weltkriegen mehr an Werten zerstört, als die Arbeitenden der Welt im gleichen Zeitraum zu schaffen in der Lage wären. Darum bekennen wir uns auch als Gegner des kapitalistischen Machtstrebens und sehen das Ziel unserer Arbeit in der Abschaffung der kapitalistischen Wirtschaftsordnung ... Wir erstreben daher die Abschaffung des Privateigentums an Grund und Boden, an Rohstoffen und Verarbeitungswerkstätten und Überführung desselben in Gesellschaftseigentum. Und weiter die Abschaffung der kapitalistischen Profitwirtschaft, an deren Stelle eine planvolle Gemeinwirtschaft treten muß, damit die Arbeit aller Schaffenden zu einer Quelle des friedlichen Aufbaues und höchster Wohlfahrt des Menschen wird..."

Auch die Duisburger KPD wurde im September 1945 wiedergegründet. Diese Partei spielte in den Nachkriegsjahren auf der kommunalen Ebene im Duisburger Raum noch eine gewisse Rolle, erhielt bei den Kommunalwahlen 1946 in Duisburg 14% der Stimmen, bei der Landtagswahl 1947 sogar 23%. Mit der Konsolidierung der Bundesrepublik sank jedoch ihr Stimmenanteil stark ab und betrug schon vor dem Verbot der Partei im Jahr 1956 in den Gemeinden des Duisburger Raumes kaum über 5% der Stimmen.

Demgegenüber fand die Sozialdemokratische Partei seit den Nachkriegsjahren bei den Wählern weit größere Resonanz. Schon in den ersten Nachkriegswahlen wurde die SPD in Rheinhausen und Walsum die stärkste Partei. Anders war es zunächst in Duisburg und Homberg, wo die CDU in der ersten Kommunalwahl 1946 die meisten Stimmen gewann. Das änderte sich jedoch schon in den folgenden Wahlen. Seitdem besteht auch in diesen beiden Städten die kommunalpolitisch dominante Stellung der SPD.

Die Geschichte der Duisburger CDU (Christlich-Demokratische Union) geht gleichfalls bis ins Nachkriegsjahr 1945 zurück. Es waren führende Vertreter der Zentrumspartei aus der Weimarer Republik, die in intensiven Diskussionen im Rheinland und in Westfalen vom Mai bis Juli/August 1945 die Konzeption einer Sammelpartei auf christlicher Grundlage entwickelten, die sich im Gegensatz zur Zentrumspartei auch für den evangelischen Volksteil öffnen sollte. Diese Auffassung fand weithin Zustimmung, zumal in den Gründungszirkeln soziale Gedanken stark betont wurden. Zur Gründungsversammlung der Christlich-Demokratischen Partei für das Rheinland kam es am 2. September 1945 in Köln. Auch Duisburger Vertreter hatten an den Diskussionen teilgenommen. So wurde am 18. Oktober 1945 in Duisburg ein Ortsverband der Christlich-Demokratischen Partei (später CDU) ins Leben gerufen; dieser Partei schloß sich auch der Oberbürgermeister Weitz an. Allerdings hatte es schon vorher, am 3. September, eine unabhängige Gründung in Hamborn gegeben, die durchaus ihre Sonderstellung von Duisburg bewahren wollte. Erst als im Frühjahr 1946 die Militärregierung endgültig ihre Zustimmung zu dieser Sondergründung verweigerte, schloß man sich der Duisburger Kreispartei an.

Nicht alle ehemaligen Zentrumsmitglieder hatten für die neue Partei gewonnen werden können. In Westfalen war es am 14. Oktober 1945 zu einer Wiedergründung der Zentrumspartei gekommen, auch im Duisburger Raum konnte die traditionelle Partei wieder Anhänger gewinnen. Im Frühjahr 1946 bildete sich in Duisburg eine Kreisorganisation der Zentrumspartei, die bei den Nachkriegswahlen nicht unerhebliche Wählerstimmen gewinnen konnte, in Duisburg bei den Landtagswahlen 1947 sogar 10%. In Walsum war die Partei bei den ersten Wahlen nach dem Krieg sogar stärker als die CDU, während sie in den Gemeinden am linken Niederrhein nur eine geringe Anhängerschaft fand. Zu Beginn der fünfziger Jahre setzte dann aber ein rascher Niedergang ein, der die Partei bald bedeutungslos werden ließ.

Auch die Duisburger FDP (Freie Demokratische Partei) kann ihre Ortsparteigeschichte bis ins Jahr 1945 zurückführen. Im Sommer wurde in Duisburg-Hamborn eine „Partei der aktiven Volksdemokraten" gegründet; eine davon unabhängige Duisburger Kreisgruppe trat erst 1947 ins Leben. Den organisatorischen Anfangsschwierigkeiten entsprechend waren auch die ersten Wahlerfolge nicht groß, in Duisburg 5,3% der Stimmen bei der Kommunalwahl 1946, 6,6% bei der Landtagswahl 1947 und 7,5% bei der Kommunalwahl 1948, und auch in den Nachbargemeinden blieb der Erfolg zunächst begrenzt. Die anderen Parteien, die in den Nachkriegswahlen im Duisburger Raum auftraten, die Radikal-Soziale Freiheitspartei (RSF), die Rheinische Volkspartei (RVP) oder die Deutsche Reichspartei, sind ganz ohne Bedeutung geblieben.

Noch aber, im Jahr 1945, waren die deutschen politischen Gruppen keineswegs in der Lage, den politischen Kurs selbst zu bestimmen: noch regierte die Militärregierung. Nach den von militärischen Notwendigkeiten bestimmten Besatzungsmaßnahmen der ersten Nachkriegsmonate einigten sich die alliierten Siegermächte auf der Potsdamer Konferenz vom 17. Juli bis 2. August 1945 auf Grundsätze für die Behandlung des besiegten Deutschland. In Ausführung der Potsdamer Bestimmungen, jedoch durchaus mit eigenständigen Akzenten, setzten die Briten, zu deren Besatzungszone die Ruhrgebietsstädte ja gehörten, vom Herbst 1945 ab in ihrer Zone das Programm einer schrittweisen Demokratisierung von unten in Gang. Parteien, Gewerkschaften wurden nach und nach zugelassen, die Entnazifizierung wurde vorangetrieben, mit dem Aufbau der Presse begonnen, Schulen und Universitäten eröffneten wieder. In dieser Phase sollte den Deutschen unter der genauen Kontrolle der Militärregierung auch wieder schrittweise die politische Verantwortung zurückgegeben werden, wenn auch zunächst nur auf der lokalen und regionalen Ebene.

Erste Versuche, in Anknüpfung an die demokratische Tradition der Weimarer Republik auf der lokalen Ebene wieder Bürgervertreter an den politischen Entscheidungen zu beteiligen, hatte es schon in der Phase unmittelbar nach der Besetzung gegeben. Duisburg ist hier eine der ersten Städte gewesen. Bereits am 28. April 1945, etwas mehr als zwei Wochen nach der Besetzung, hatte der Oberbürgermeister Weitz der Militärregierung die Berufung einer Bürgervertretung als „Kontroll- und Beratungsorgan" der Stadtverwaltung vorgeschlagen. Dieses Gremium mit 30 ordentlichen Mitgliedern, Arbeitervertreter und Vertreter der Wirtschaftsstände, trat am 6. Juli 1945 erstmals zusammen. Ein ähnlicher „Vertrauensausschuß" tagte in Rheinhausen seit dem 3. August, in Homberg, genannt „Vertrauensrat", ab 31. Juli, in Walsum ab 30. August 1945.

Diese Ansätze der bürgerschaftlichen Mitbeteiligung nahmen die Briten bei ihrer Demokratisierungsinitiative im Herbst 1945 auf; hier wollten sie, in Anlehnung an britische Vorbilder, die Grundlagen für ein vom Volk umfassend kontrolliertes und damit friedliches politisches System schaffen. Als Prinzip wurde in der grundlegenden Reformdirektive formuliert: „Direkte Aufsicht der Regierung durch das Volk auf jeder Stufe". Für die kommunale Ebene bedeutete dies einmal die Schaffung von gewählten Gemeindeparlamenten, die für Gemeindeangelegenheiten umfassend zuständig waren. Zum anderen sollten nicht mehr wie in der Weimarer Zeit Berufsbeamte als Bürgermeister die Gemeinde führen, sondern die lokale Verwaltungsspitze wurde geteilt in einen ehrenamtlichen politischen Repräsentanten, den Bürgermeister/Oberbürgermeister, zugleich Vorsitzender des Gemeindeparlamentes, und einen als unpolitisch vorgestellten Spitzenbeamten, den Stadtdirektor/Oberstadtdirektor, ein erheblicher Eingriff in die deutsche kommunale Verfassungstradition.

Vom Herbst 1945 ab gestalteten die Briten nach dieser Konzeption die Gemeindeverfassungen um. Zunächst wurden ernannte Gemeindeparlamente gebildet. Meist wurden die Mitglieder der bestehenden Vertrauensausschüsse übernommen und zusätzliche Mitglieder berufen. Im September/Oktober 1946 wurden diese ernannten Gremien durch gewählte Gemeindeparlamente abgelöst. Die bisherigen Bürgermeister konnten sich entscheiden, ob sie auf den Posten des Oberstadtdirektors als Berufsbeamter überwechseln wollten oder aber ob sie die Aufgabe eines ehrenamtlichen Bürgermeisters übernehmen wollten. Der Duisburger Oberbürgermeister Weitz entschied sich für die Position des Oberbürgermeisters, die er bis zum 5. September 1947 innehatte, als er das Amt wegen seiner Ernennung zum Finanzminister in Nordrhein-Westfalen niederlegte. Zum ersten Duisburger Oberstadtdirektor wurde der Sozialdemokrat Dr. Gustav Klimpel ernannt. In Rheinhausen und Homberg wechselten die bisherigen Bürgermeister Dr. Weinstock (bis 31. März 1953) und Wilhelm Röpling (bis 1. Dezember 1958) auf den Stadtdirekto-

Heinrich Weitz (1890 – 1962), Beigeordneter der Stadt Duisburg 1920 – 1927, Duisburger Oberbürgermeister 1945 – 1947, Finanzminister NW 1947 – 1952

Leo Storm (1908 – 1982) Duisburger Oberbürgermeister 1947 – 1948, Bürgermeister 1948 – 1952, 1956 – 1961, 1963 – 1969

renposten. Rheinhausener Bürgermeister wurde der Bergmann Otto Schulenburg (SPD) (Bürgermeister 1946–1961), Homberger Bürgermeister der Rektor August Löckmann (CDU), dem nach der Kommunalwahl 1946 Friedrich Bellingkrodt (CDU, 1946–1948) folgte. In Walsum behielt der bisherige Bürgermeister Carl Lomb, der dem Zentrum nahestand, bis zur Kommunalwahl das Amt des Bürgermeisters, dann folgten ihm SPD-Bürgermeister: Josef Schmitz (4. Oktober 1946–19. Dezember 1946) und Johannes Faltinski (1947–1951, 1952–1956).

Mit der Durchführung der Gemeindeverfassungsreform der Briten im Jahre 1946, deren Grundzüge bis zur Gegenwart die kommunale Verfassung bestimmen, reduzierte sich der Einfluß der Besatzungsoffiziere auf der lokalen Ebene. Sie nahmen jetzt mehr die Aufgabe der Beratung und der Verbindung zur Besatzungsmacht wahr, bis der letzte „British Resident Officer" Captain C.A.G. Hutchison am 24. April 1952 aus Duisburg abberufen wurde.

Einem Gebiet galt allerdings über das Jahr 1946 hinaus die besondere Aufmerksamkeit der Briten: Der Frage der Entnazifizierung. Die Ausrottung des Nazismus und Militarismus war ja das erklärte Ziel der alliierten Siegermächte gewesen. Das sollte erreicht werden einmal durch das Verbot der nazistischen und militaristischen Organisationen und das Verbot der Verbreitung entsprechenden Gedankengutes, zum anderen durch die Ausschaltung der Vertreter des Nazismus, wobei Hauptschuldige einer gerichtlichen Bestrafung zugeführt werden sollten, aber auch alle die, die mehr als „nominelle" Nationalsozialisten waren, aus Einflußpositionen im öffentlichen und privaten Sektor entlassen werden sollten. Mit dem Einmarsch hatte die Militärregierung nach diesen Leitlinien gehandelt, hatte besonders Belastete verhaftet und sich an Hand der umständlichen Fragebogenprozedur – in diesen Fragebögen wurde nach allen nur denkbaren Lebensdaten gefragt, eine falsche Beantwortung war strafbar – an die Überprüfung der öffentlichen Verwaltungen gemacht, doch schritt das Verfahren nur schleppend voran. Deutsche Antifaschisten forderten ein beschleunigtes Vorgehen gegen die Nazis, wenn auch ohne großen Erfolg.

Seit Ende 1945 versuchte die britische Militärregierung, das Verfahren bei der Entnazifizierung zu vereinheitlichen. Sie berief deutsche Entnazifizierungsausschüsse, vorerst mit beratender Kompetenz. Es sollten die Angehörigen des öffentlichen Dienstes und die Inhaber gehobener Positionen in der Privatwirtschaft überprüft werden. Im April 1947 wurde das pauschale Einordnungsverfahren nach langem Hin und Her durch eine Einordnung in 5 Kategorien ersetzt (I. Kriegsverbrecher; II. Nazis (Übeltäter); III. Nazis (geringere Übeltäter); IV. Nazis (Anhänger); V. Unbelastete oder Entlastete. Die Betreffenden unterlagen abgestuften (für Kategorie IV nur sehr geringen) Strafen. In diesem Rahmen vollzog sich die Arbeit der Entnazifizierungsausschüsse auch nach dem Übergang der Entnazifizierung in die Verantwortlichkeit des Landes Nordrhein-Westfalen Ende 1947. Anfang 1949 war die Entnazifizierung zum größten Teil abgeschlossen; 1952 wurde die Prozedur in Nordrhein-Westfalen durch Gesetz beendet. Von den 817.819 Personen, die seit 1946 unter den etwa 12 Millionen Einwohnern des Landes überprüft worden waren, wurden 90 in die Kategorien I und II eingestuft, 33.531 in die Kategorie III, 159.630 in die Kategorie IV, die restlichen galten als unbelastet.

Verfahren und Praxis der Entnazifizierungsausschüsse haben scharfe Kritik gefunden. Allzu oft diente die Prozedur der Reinwaschung der Betroffenen. „Persilscheine", in denen oppositionelle Haltung im Dritten Reich bescheinigt wurde, waren begehrt. Eines ist sicher: Zu einer Bewältigung des Nazismus in Deutschland hat das Verfahren der Entnazifizierung selbst nur wenig beigetragen.

Das Gebiet, in dem die Politik der alliierten Siegermächte ähnlich einschneidende Auswirkungen auf das Leben der deutschen Bevölkerung hatte wie bei der Entnazifizierung, war das Gebiet der Wirtschaft. In den ersten Besatzungsmonaten hatte die Militärregierung nur wenigen Industriebetrieben eine Produktionserlaubnis erteilt. Allein der Kohlebergbau war die Ausnahme. Wegen der Bedeutung der Energieversorgung für die militärischen Operationen und die Wirtschaft Westeuropas hatte die Militärregierung hierfür einen besonderen Kontrollstab eingerichtet, der unmittelbar nach der Besetzung versuchte, die Produktion wieder in Gang zu bringen. Entsprechend nahmen die Rheinhausener Zechen „Diergardt" und „Wilhelmine Mevissen" schon im März 1945 die Produktion wieder auf, während noch die Kriegshandlungen im rechtsrheinischen Gebiet andauerten. Auch die anderen Zechen im Duisburger Raum gingen 1945 wieder in Betrieb. Die Förderung blieb in den Nachkriegsjahren trotz aller Sonderzuteilungen von Nahrungs- und Genußmitteln an die Bergarbeiter jedoch gering und erreichte z. B. in Duisburg (ohne die später einbezogenen Gebietsteile) mit 1,2 Millionen Tonnen im Jahr 1945 nur ein Fünftel der Vorkriegsproduktion und stieg auch in den Folgejahren nur langsam an: 1946 – 2 Millionen Tonnen; 1947 – 3,0 Millionen Tonnen, etwas mehr als die Hälfte der Vorkriegsförderung. Noch geringer blieb wegen der stärkeren Zerstörung die Erzeugung der Kokereien, die bis 1948 gerade die Hälfte des Vorkriegsstandes erreichte.

Bedrückender noch als im Kohlebergbau war die Lage in der Eisen- und Stahlindustrie, der Duisburger Hauptindustrie. Zwar konnten einzelne Werke schon 1945 die Produktion in beschränktem Umfang wieder aufnehmen, so die Mannesmann-Werke, die im Oktober 1945 den ersten Hochofen wieder anbliesen, oder die Hahnschen Werke in Großenbaum, die Hüttenwerke in Ruhrort/Meiderich und Krupp in Rheinhausen, doch blieb das Produktionsergebnis 1945/46 gering. Auch 1947 besserte sich die Lage kaum. Von den 29 Duisburger Hochöfen waren nur 7 in Betrieb, statt der 3,9 Millionen Tonnen Roheisen und 4,4 Millionen Tonnen Rohstahl im Jahr 1938 waren nur 441.000 Tonnen Roheisen bzw. 606.000 Tonnen Rohstahl in den Duisburger Werken hergestellt worden. Entsprechend gesunken war die Zahl der Beschäftigten in diesem Wirtschaftssektor: statt der 34.513 Personen vor dem Krieg fanden jetzt nur 20.495 Arbeit.

Der Grund für die niedrigen Produktionsquoten waren nicht die Kriegsschäden, so ausgedehnt diese auch waren, sondern die Wirtschaftspolitik der Alliierten, die noch jahrelang von Strafüberlegungen beeinflußt war. Die Grenzen der Besatzungszonen im geteilten Deutschland, die abgeschnittenen Außenhandelsverbindungen, die Meinungsverschiedenheiten zwischen den Besatzungsmächten machten eine schnelle Erholung der

August Thyssen-Hütte, Walzwerk Bruckhausen, Block und Fertigstraße 9 nach der Demontage

Wirtschaft unmöglich. Hinzu kamen die Auswirkungen der Demontagepolitik der Siegermächte: Deutschlands Kriegsindustrie sollte abgebaut, die Schwerindustrie auf einen Friedensstandard zurückgeschraubt werden, überzählige Industrieanlagen waren als Reparationen zum Ausgleich für die Kriegsschäden an die Siegermächte zu liefern. Als am 16. Oktober 1947 nach einigen vorangegangenen Maßnahmen die Demontageliste veröffentlicht wurde, waren auch zahlreiche Duisburger Werke genannt, darunter vor allem das Werk Bruckhausen der August Thyssen-Hütte AG mit Hochöfen, Stahl- und Walzwerken, Teile der Niederrheinischen Hütte, der Heinrich-Bierwes-Hütte (Mannesmann), des Eisenwerks Wanheim, der DEMAG sowie einige kleinere Anlagen. Allgemeine Proteste auf deutscher Seite waren die Folge. In einer Ratsentschließung vom 28. Oktober 1947 hieß es: „Die erfolgte Bekanntgabe der endgültigen Demontageliste hat in weiten Kreisen der Duisburger Bevölkerung stärkste Bestürzung und teilweise lähmendes Entsetzen hervorgerufen ... Die vorgesehenen Demontagen sind geeignet, die Wurzeln unseres wirtschaftlichen Lebens und die Voraussetzung des Wiederaufbaus auf weite Sicht zu zerstören."

In zähen Verhandlungen konnte von deutscher Seite eine Reduzierung des Demontagevolumens in den Westzonen erreicht werden. In der Hütte Bruckhausen wurde jedoch im August 1948 mit den Demontagemaßnahmen begonnen, trotz der Proteste der Bevölkerung; auch zu Sabotagemaßnahmen gegen die Demontagearbeiten ist es gekommen. Erst im sog. Petersberg-Abkommen vom 24. November 1949 konnte der Stopp weiterer Demontagen erreicht werden. Das galt auch für die Niederrheinische Hütte, deren Blechwalzwerk noch 1949 demontiert worden war.

Ein weiteres Ziel der Alliierten war die „Entflechtung", die Aufhebung übermäßiger industrieller Konzentrationen, um wirtschaftliche Monopole zu verhindern. Im Duisburger Raum waren vor allem die Anlagen der Vereinigten Stahlwerke betroffen. Als Nachfolgegesellschaften entstanden hier in einem Prozeß, der sich bis zum Beginn der fünfziger Jahre hinzog: die August Thyssen-Hütte AG (mit Werk Bruckhausen und Kokerei Friedrich Thyssen 3/7), die Hüttenwerke Ruhrort-Meiderich AG (mit Werken Ruhrort/Meiderich und Hochöfen Meiderich), die Niederrheinische Hütte AG (Hochfeld), im Verarbeitungsbereich die Rheinstahl-Union Maschinen- und Stahlbau AG, Düsseldorf (mit Eisenwerk Wanheim GmbH), im Bergbau-Bereich die Hamborner Bergbau-AG (mit Schachtanlagen Lohberg und Beeckerwerth) und die Friedrich-Thyssen Bergbau-AG (mit Schachtanlagen Friedrich Thyssen 2/5, Friedrich Thyssen 4/8 und Westende). Als weitere Werke im Duisburger Raum waren von der Entflechtung betroffen: Hüttenwerk Huckingen AG (Mannesmann), 1952 umbenannt in Mannesmann-Hüttenwerke AG, die Stahl- und Walzwerke Großenbaum AG (1951 umbenannt in Hahn'sche Werke AG), die Duisburger Kupferhütte sowie das Kruppsche Werk in Rheinhausen (Hüttenwerk Rheinhausen AG). Viele der von den Alliierten durchgesetzten Entflechtungsmaßnahmen wurden in den folgenden Jahrzehnten allerdings wieder rückgängig gemacht.

Die wirtschaftliche Depression der Nachkriegszeit hatte einen Mangel an Gütern jeder Art und Lebensmitteln zur Folge. Das Zwangsbewirtschaftungssystem der Kriegszeit blieb deshalb aufrechterhalten: Lebensmittel und Konsumgüter waren nur gegen die entsprechenden Lebensmittelkarten und Bezugsmarken zu beziehen, die Lohn- und Preiskontrollen blieben bestehen. Eine ausreichende Ernährung und Versorgung konnte damit aber gerade im Ruhrgebiet keineswegs gewährleistet werden.

In der zweiten Hälfte 1946 erhielt der „Normalverbraucher" in Duisburg nur noch eine Hungerration zwischen 1.150 und 1.300 Kalorien zugeteilt, Zusatzkalorien gab es für Kinder und Jugendliche, Schwerarbeiter, werdende und stillende Mütter. Am Ende des harten Winters 1946/47 sank die Kalorienzahl sogar unter diese Existenzgrenze. Im April/Mai 1947 konnten nur noch weniger als 900 Kalorien zugeteilt werden. Anfang April erfährt man in einem Zeitungsartikel, daß in Duisburg Fleisch überhaupt nicht mehr ausgegeben wurde, Kartoffeln nur zu 20%. Ein großer Hungerstreik der Duisburger Arbeiterschaft war die Folge. Am 1. April erklärte der Gewerkschaftsführer Gustav Sander vor 100.000 Demonstranten auf dem König-Heinrich-Platz: „Der deutsche Arbeitnehmer will nicht Objekt, sondern Mensch sein. Unsere Demonstration soll der Welt zeigen, daß die Arbeiterschaft gewillt ist, die Lasten des verlorenen Krieges auf sich zu nehmen, daß sie aber auch menschenwürdige Lebensbedingungen, die über das Niveau des chinesischen Kulis hinausgehen, fordert."

Im Sommer 1947 besserte sich die Ernährungslage um ein geringes, verschärfte sich aber wieder im Januar 1948. Die Fett-, Fleisch- und Kartoffelversorgung brach zusammen. Am 3. Januar 1948 streikte die Belegschaft von Mannesmann, andere Betriebe schlossen sich an. Am 16. Januar wurde in fast allen Duisburger Betrieben für 48 Stunden die Arbeit niedergelegt. Im Polizeibericht stehen Meldungen wie diese: „Am 19.2.1948, gegen 18.00 Uhr, wurde im Stadtteil Hamborn in der Baracke Mansfelderstraße 20 die Ehefrau Maria L., geb. am 7.7.1896, in einem allgemein stark herabgesetzten Körperzustande tot aufgefunden. Nach Angaben des hinzugezogenen Arztes ist der Tod infolge Verhungerns eingetreten. Die Schuld eines Dritten liegt nicht vor..." Erst seit dem Sommer 1948 hat sich die Ernährungssituation nachhaltig gebessert.

Ein ähnlicher Mangel wie bei den Lebensmitteln herrschte auch in allen anderen Bereichen. Die Zuteilung von Gebrauchsgütern war erschreckend gering. Im Mai 1946 konnten ganze 25 Herren-Straßenanzüge, 19 Straßenjacken und 25 Hosen für die 120.000 Duisburger Männer ausgegeben werden, dazu 534 Paar Socken. Für ganz Duisburg standen 23 Kleiderschränke, 11 Tische, 26 Öfen, 8 Gasherde und 235 Kochtöpfe bereit.

Für das ganze Jahr 1947 wurden in Duisburg 1.297 Öfen, 4.774 Kochtöpfe, 19 Kleiderschränke, 344 Fahrräder, 111 Radioapparate zugeteilt, um nur einige Beispiele zu nennen. Auch auf diesem Sektor besserte sich die Versorgung erst mit der Währungsreform im Juni 1948.

Hinzu kam für breite Bevölkerungskreise die Wohnungsnot, ständig verschärft durch die zurückkehrenden Evakuierten, die Kriegsheimkehrer und die Flüchtlinge. Ihrer wachsenden Zahl stand nur eine geringe Reparatur- und Neubautätigkeit an Wohnungen gegenüber. Nach einer Statistik vom 31. Dezember 1947 waren 46.435 Duisburger ganz unzureichend in Notunterkünften und Bunkern untergebracht, mehr als 12% der Duisburger Bevölkerung. Aber auch sonst konnte man vom normalen Wohnen nicht sprechen. Nur 7,4qm Wohnfläche entfielen im statistischen Durchschnitt auf eine Person (zum Vergleich: 1979 – 26,5qm); in größeren Wohnungen mußten die Hauptmieter zugunsten von Notfällen zusammenrücken, die vom städtischen Wohnungsamt eingewiesen wurden, eine Quelle ständigen Streits. Im Juni 1946 wurde in Duisburg eine Zuzugssperre für 6 Monate verhängt. Eine ähnlich unpopuläre Maßnahme war der Aufruf zur freiwilligen Evakuierung im Herbst 1945, da viele Wohnungen noch nicht winterfest gemacht waren. Unbeschreiblich war das Wohnungselend in den Notquartieren, wie der folgende Bericht des „Westdeutschen Volksechos" vom 30. Juli 1946 über die Situation im Hochbunker Bruckhausen zeigt:

„... 190 Personen, darunter allein 110 Kinder, wohnen schon seit Monaten, viele bereits seit einem Jahr, im Bunker... Der Kriegsinvalide Sp. lebt mit seiner sechsköpfigen Familie in einer Zelle, sie ist 6x2,5m groß. Die Haut der Kinder ist wachsbleich und durchsichtig. Hinter dem Bunker hat er sich aus Trümmermaterial einen besonderen Raum gebaut. „Wenn ich doch bloß einen Bezugsschein für einen kleinen Holzofen bekäme, dann könnten wir wenigstens tagsüber in einem Raum mit frischer Luft leben und brauchten nur nachts zum Schlafen in die Zelle. Hier draußen könnte ich mir sogar ein kleines Gärtchen anlegen", sagte er und wies mit der Hand auf den Platz um den Bunker, den gleichgültige Bunkerinsassen als Abfallstätte benutzen. Frau B. liegt mit Fieber auf der Pritsche. Der Arzt hat die Überführung ins Krankenhaus angeordnet, ihr Mann befindet sich noch in Gefangenschaft. „Ich habe meiner Mutter nach Dortmund geschrieben, daß sie nach hier kommen soll, um die fünf Kinder während meiner Abwesenheit zu betreuen. Eher gehe ich nicht ins Krankenhaus..." Der Bunkerwart erzählt. Ein alter Mann ist vor kurzem hier glatt verhungert. Keiner kümmerte sich um ihn. Er hatte nichts als seine 1.000 Kalorien. Eines Morgens lag er tot auf der Pritsche. Ein anderer, ein junger Mann noch, der im Krieg ein Bein verlor, hat keine Angehörigen und liegt den ganzen Tag kraftlos auf der Pritsche..."

Die Konsequenz des Zwangsbewirtschaftungssystems war der Schwarze Markt, eines der Kennzeichen der Nachkriegsjahre. Was offiziell in den Geschäften nicht zu bekommen war, der Schwarze Markt bot es an, allerdings zu einem Vielfachen des vorgeschriebenen Preises oder gegen begehrte Tauschware. Die Duisburger Statistik dieser Jahre überliefert neben den offiziellen Preisen auch die Schwarzmarktpreise. Im Dezember 1946 kostete ein Kilo Butter nach dem offiziellen Preis 3,52RM – wenn man es bekommen konnte. Auf dem Schwarzmarkt dagegen mußte man 320RM bezahlen. Das Kilo Speck hätte offiziell nur 2,20RM kosten dürfen, auf dem Schwarzmarkt war es für 300RM zu haben. Das Kilo Mehl kostete offiziell 44Pfennig, auf dem Schwarzmarkt jedoch 24RM. Und Zigaretten, die Ersatzwährung der Nachkriegsjahre und ohnehin fast nur auf dem Schwarzen Markt zu haben, kosteten, fein gestaffelt, 6RM das Stück für amerikanische, 5RM für englische und 2,50RM für deutsche Zigaretten.

Wie es auf dem Duisburger Schwarzmarkt zuging, darüber gibt ein Bericht der „Neuen Ruhr Zeitung" vom März 1947 ein anschauliches Bild:

„Die Polizei meldet: Auf Veranlassung der Duisburger Polizei fanden im Monat Februar auf dem Schwarzen Markt 124 Razzien statt. Unter anderem konnten folgende Waren beschlagnahmt und sichergestellt werden: 332.710 deutsche Zigaretten, 2.001 Stück alliierter Herkunft. 74kg Tabak, 778 Zigarren, 84Pfd. Speck, 22kg Fett, ein Herrenanzug und mehrere Anzugstoffe, sowie beträchtliche Mengen echter und gefälschter Lebens- und Genußmittelmarken. 514 Anzeigen wurden erstattet und 238 verdächtige Personen festgenommen. Die Gerichte haben 208 Personen verurteilt." Soweit der Polizeibericht...

Der Schwarze Markt am Marientor – in anderen Städten wird es nicht anders sein – ist eine „öffentliche Angelegenheit". Diebesgut und sonstige Güter werden gewissermaßen unter der Patronanz der gesamten Bevölkerung frei und offen angeboten und verkauft. Ein junger Bursche (er mag höchstens 19 Jahre alt sein) bietet mir Zigaretten an: „Deutsche – das Stück für 3 Mark". Ich versuche eine Unterhaltung anzuknüpfen. Er lächelt mich mißtrauisch an und verschwindet im Trubel. So geht es jedenfalls nicht – er hält mich für einen von der „Schmiere"...

Vor mir postiert sich ein alter Mann – eine erfahrene Händlerseele. Unter dem Arm trägt er eine Aktentasche: Geschäft ist Geschäft. Er stellt sich so, daß er nicht übersehen werden kann. Er bittet um Feuer. Von der Kälte kommen wir auf die Not und damit zu seinen Fleisch- und Buttermarken. Von der Konvention zum Handel. Butter notiert ja bloß 180 Mark – eine Kleinigkeit für Reiche und die es wurden. Ich muß höflich danken – er wendet sich von mir ab und einem neuen Opfer zu.

Eine verhärmte alte Frau – vielleicht eine Rentnerin? – bietet einer jüngeren Brotmarken an. Die sind bestimmt echt. Das Mütterchen muß wahrscheinlich die Miete zahlen...

An einer Ecke steht ein hübsches freundlich lächelndes Mädchen, höchstens 17 Jahre alt. Ich stelle mich in seine unmittelbare Nähe. Mit wippendem Gang kommt es näher, streift meinen Ärmel, das kurze fadenscheinige Röckchen flattert – die Kleine weiß, daß sie schöne Beine hat. Sie geht in eine Seitenstraße..., dreht sich ein paarmal um, wartet, geht weiter und verschwindet in einem Hausflur. Nach einer Weile kommt sie zurück und kokettiert mit einem anderen, einmal wird es schon klappen...

„Ich habe Camel", flüstert mir ein junger Mann zu. Er ist nicht so dreist wie der junge Bengel von vorhin, trägt Offiziersstiefel, Reithose, schnittige Joppe und einen schicken Hut auf lockigem Haar. Dandy, Tanzboy... Ich biete ihm eine Zigarette an und ersuche um Feuer. „Mich interessiert ihr Schicksal." „Was heißt da Schicksal? Ich kaufe und verkaufe, so lange es geht... einmal ist es aus... und was dann wird... ich weiß es nicht!" Einer kommt dazu und mustert mich forschend. Das Gespräch ist aus. Gesinnungsprüfer sind scheinbar unerwünscht... ich verschwinde.

Der Chef der Duisburger Kriminalpolizei... empfängt mich in seinem Büro: „Wir haben zweifelsohne gute Erfolge. Die Jugendkriminalität steigt... oft sind die Jungens nur vorgeschickt; die Nutznießer des Schwarzmarktes sitzen sicher und unerkannt... Viele politisch Belastete sind dabei... Sie müssen untertauchen, wenn sie nicht erwischt werden wollen. Schwarzhandel, Prostitution, Kuppelei und sonstige Verbrechen gehen Hand in Hand... es gibt Banden von Jugendlichen, die regelrecht auf Einbruch, Diebstahl und Raub ausgehen. Wir setzen alle unsere Kräfte ein – sogar die weibliche Polizei –, aber die Not... heute nehmen wir sie fest und morgen stehen andere und noch viel mehr da..."

Die Sorge um die tägliche Existenz stand obenan in jenen Nachkriegsjahren. An den Kohlezügen lauerten die Menschen auf herabfallenden Brennstoff, ähnlich an den Kartoffelzügen. Ein Zeitungsbericht vom Mai 1946 beschreibt, wie es dabei zugehen konnte. Am Abend warteten etwa 2.000 Personen am Bahndamm der Strecke Wanne-Eickel–Hohenbudberg auf Duisburger Gebiet. Als der Kartoffelzug erschien, wurde er durch das Umstellen des Fahrtsignals zum Halten gebracht und geplündert. Etwa 200 bis 300 Zentner Kartoffeln wurden gestohlen. Das alarmierte Überfallkommando nahm zahlreiche Personen fest, darunter 36 mit gestohlenen Kartoffeln. 22 Angeklagte wurden zu Gefängnisstrafen von drei bis neun Monaten verurteilt.

Typisch für jene Jahre sind auch die Fahrten der Hamsterer in den überfüllten Zügen aufs Land, um von den Bauern Lebensmittel einzutauschen, oft auf abenteuerlichen Wegen.

Wirtschaftliche Not, Wohnungselend und Lebensmittelmangel hatten Konsequenzen für den Gesundheitszustand der Bevölkerung. Eine Typhus-Epidemie 1945/46 forderte 53 Tote, die Tuberkulose breitete sich aus, die Säuglingssterblichkeit erhöhte sich in Duisburg von 8% im Jahre 1938 auf 18% im Jahre 1945.

Die Kinder hatten überhaupt mit am meisten unter den Nachkriegsverhältnissen zu leiden. Seit Ende 1944 waren die Duisburger Schulen wegen des verstärkten Bombenkrieges geschlossen worden; die Schulkinder wurden mit ihren Lehrern in weniger gefährdete Gebiete evakuiert. Nach oft abenteuerlichen Irrfahrten kamen die meisten der Evakuierten im Sommer und Herbst 1945 nach Duisburg zurück. Erst im August 1945 gab die Militärregierung die Erlaubnis, wieder mit dem Schulunterricht zu beginnen; der Unterricht fand allerdings unter erbärmlichen Umständen statt. 1946 standen nur 42% der Klassenräume von 1939 in Duisburg wieder zur Verfügung. Schulbücher, Hefte und Tafeln fehlten auch für den dringendsten Bedarf, es fehlte sogar an Sitzgelegenheiten. Die zugeteilten Heizmaterialien waren so gering, daß im strengen Winter 1946/47 der Unterricht z.T. ausfallen mußte, z.T. gekürzt wurde. Eine Übersicht aus Rheinhausen vom November 1946 zeigt das ganze Elend der Schulsituation: Von fünfeinhalbtausend Schülern kamen 893 nüchtern zur Schule, hatten 3.450 kein Frühstück mitgebracht, besaßen 1.694 keinen Wintermantel, hatten 3.133 kein festes Schuhwerk, konnten 1.728 die Schulspeisung nicht bezahlen, waren 877 unsauber infolge fehlender Waschmittel, hatten 2.511 kein warmes Unterzeug.

Hilfsmaßnahmen durch deutsche Stellen, aber auch durch ausländische Hilfsorganisationen versuchten, die ärgsten Übel einzuschränken. In den Schulen wurde die Schulspeisung eingeführt. Die „Schwedenspeisung", verbunden mit dem Namen des schwedischen Pfarrers Per Bolinder, verteilte Lebensmittel an Kinder, die „Schweizerspende" des Britischen Roten Kreuzes sorgte für die Drei- bis Sechsjährigen. Mit Hilfe der britischen Militärregierung wurden vom Mai 1946 bis zum Sommer 1948 Sommerzeltlager für Duisburger Jugendliche am Entenfang durchgeführt. Im harten Winter 1946/47 mußten besondere „Winterlager für Bunkerkinder" eingerichtet werden, „für jedes Kind ein eigenes Bett". Der Duisburger Verwaltungsbericht 1946/47 spricht von der „unbefriedigenden körperlichen Entwicklung" der meisten schulentlassenen Jugendlichen, ein Gesundheitsbericht vom März 1946 beurteilt den Allgemeinzustand der Schulkinder bei 20% mit „schlecht", bei 65% mit „mittel" und nur bei 15% mit „gut".

Inmitten der allgemeinen Not wurden dennoch, so gut es ging, in den Nachkriegsjahren die Wiederaufbaumaßnahmen eingeleitet. Große Anstrengungen erforderte die Trümmerräumung; an den Wochenenden von Oktober bis Dezember 1945 war dazu auch die Bevölkerung auf freiwilliger Basis aufgerufen worden. Bis Ende 1947 wurden rund 504.000cbm Schutt in Duisburg beseitigt.

Besonders kritisch war die Situation im Verkehr. In den Nachkriegsjahren konnte nur eine Rheinbrücke wiederhergestellt werden, die Eisenbahnbrücke bei Haus Knipp. Die von den Amerikanern 1945 erbaute Behelfseisenbahnbrücke zwischen Hochfeld und Rheinhausen erwies sich immer mehr als Hindernis für den Schiffsverkehr. Sie wurde im September 1946 gesperrt und in den folgenden Monaten abgebrochen. Die Verbindung zum anderen Rheinufer stellten Fähren her, die jedoch bei Eisgang ihren Betrieb einstellen mußten. Als erste Ruhrbrücke konnte am 27. März 1946 die Aakerfährbrücke wieder eröffnet werden. Es dauerte jedoch noch bis zum September 1947, bis nach der Wiederherstellung der Brücke über den Rhein-Herne-Kanal wieder die Straßenbahnverbindung nach Meiderich zustande kam. Am 1. April 1946 schließlich fuhr die D-Bahn wieder bis Kaiserswerth.

In den Häfen entwickelte sich der Verkehr nur langsam. Ende 1946 mußten von den 313 versenkten Schiffen noch 178 gehoben werden, im Jahre 1946 betrug der Gesamtgüterumschlag im Hafen nur 4,4 Millionen Tonnen, etwa 19% des Umschlages im Normaljahr 1937.

Die öffentlichen Versorgungsleitungen wurden Zug um Zug wiederhergestellt, die Wasserversorgung in Duisburg im wesentlichen schon 1945, das Kanalnetz, die Strom- und Gasversorgung jedoch mit größeren Verzögerungen. 1946 konnten etwa 50% des Vorkriegsstandes an elektrischer Energie den Abnehmern wieder zur Verfügung gestellt werden, aber noch 1947 waren gelegentliche Stromabschaltungen nötig. Ein besonderes Delikt der Nachkriegszeit war der Stromdiebstahl. 1948 vermerkt der städtische Verwaltungsbericht etwa, daß von einer besonderen Kontrollgruppe der Stadtwerke 154 Abnehmer des Stromdiebstahls überführt werden konnten.

Trotz aller Not versuchte die Bevölkerung in den Nachkriegsjahren an die gewohnten Lebensverhältnisse anzuknüpfen. Da war einmal der Sport. Unverwüstlich der Fußball. Bereits am 5. August 1945 kam es auf der Grunewaldkampfbahn vor 4.000 Zuschauern zu einer ersten Begegnung des letzten Niederrheinmeisters, der Spielgemeinschaft von Duisburg 48/99 und Duisburger SV, gegen Duisburg 08. Der Niederrheinmeister siegte 5:0.

Blick auf die Duisburger Innenstadt 1950 – Schwanentorbrücke im Wiederaufbau

Dabei waren auch die Sportanlagen von den Kriegsereignissen stark betroffen worden. Von 36 städtischen Turnhallen waren 12 ganz zerstört, nur 4 standen 1945 für den Sport zur Verfügung. Die Duisburger Stadien waren so stark zerbombt, daß sie nicht bespielt werden konnten, ebenso zahlreiche Sportplätze. Das Duisburger Stadtbad lag in Trümmern, in den Bädern Ruhrort und Hamborn konnte nur je ein Schwimmbecken benutzt werden. Dennoch wurde schon im August 1945 zur Neugründung der Sportvereine aufgerufen. Im September trat der Stadtverband für Leibesübungen nach dem Vorbild der Weimarer Zeit ins Leben. Die Nachkriegssituation verhinderte jedoch eine schnelle Normalisierung der Verhältnisse. Viele Sportplätze wurden in Eigenhilfe der Sportvereine wiederhergestellt. Der Turnunterricht an den Schulen wurde wieder aufgenommen, mußte aber aus Mangel an Lehrkräften gekürzt werden. Das Fehlen von Turnkleidung und von Turn- und Sportgeräten, vor allem aber die geringe Zahl der gebrauchsfähigen Turnhallen, behinderten ihn zusätzlich.

Eine weitere Einschränkung des Sportbetriebes ging von der Militärregierung aus, die das Stadion, die Wedau-Sportwiesen, die Fugmann-Kampfbahn und die Schwimmhallen zunächst beschlagnahmt hatte. Trotzdem blühte das Duisburger Sportleben allmählich wieder auf. Bis 1948 waren in Duisburg wieder 117 Vereine mit etwa 22.000 Mitgliedern zugelassen worden. Es standen 72 Sportplätze und 11 Turnhallen für den Sportbetrieb zur Verfügung. Auch waren die meisten Duisburger Sportanlagen jetzt von der Militärregierung freigegeben worden. Und große sportliche Erfolge waren 1948 wieder in Duisburg zu verzeichnen. In diesem Jahr wurden drei Duisburger Deutsche Meister; als erste große Sportveranstaltung nach dem Krieg hatten im August 1948 die Deutschen Rudermeisterschaften auf der Wedau-Regattabahn stattgefunden.

Auch im kulturellen Bereich regte sich das Leben schon ab 1945. Großer Beliebtheit erfreuten sich in der Nachkriegszeit die Kinos, oft die einzige Fluchtmöglichkeit aus einer trüben Wirklichkeit. In den 17 bis 1947 eröffneten Kinos in Duisburg zählte man 6 Millionen Besucher, 1948 noch 5,8 Millionen. Ein großes Echo fanden ebenso die wiederaufgenommenen Konzerte des städtischen Orchesters. Zum Generalmusikdirektor wurde ab 1. April 1946 Georg Ludwig Jochum berufen. 1946 konnten bereits wieder in behelfsmäßigen Räumen 82 Aufführungen stattfinden.

Länger ließ die Wiederbelebung des Schauspiels auf sich warten. Im zerstörten Stadttheater konnte man lediglich das Foyer wieder herrichten. Das erste Theaterereignis, eine Lesung aus Goethes „Iphigenie" am 14. September 1946, wurde vor Zuschauern aufgeführt, die in Mänteln und Wolldecken dasaßen. Trotz der Notlage der Nachkriegsjahre begann man mit dem Wiederaufbau des Duisburger Stadttheaters, der allerdings erst 1950 vollendet werden konnte. Zur Bildung eines städtischen Schauspielensembles ist es in der Nachkriegszeit jedoch nicht gekommen.

Vielmehr machten sich private Theaterunternehmen bemerkbar. Ein kurzlebiges „Kleines Theater" am Dellplatz trat in Duisburg und der wiederhergestellten Hamborner Stadthalle vor allem mit Operettenaufführungen hervor. Ein ähnliches Unternehmen war das „Theater des Volkes", das 1948 in Hamborn mit einer Reihe von Operettenaufführungen gastierte, sich nach der Währungsreform aber nicht mehr halten konnte. Ansonsten machten Gastspiele benachbarter Bühnen, vor allem der Bochumer, von sich reden.

Allmählich traten auch die traditionellen Kulturinstitute wieder ins Leben. Die Stadtbücherei begann schon im Oktober 1945 wieder mit dem Ausleihebetrieb, nach einer Durchsicht der Bestände auf Nazi-Schrifttum. Die Volkshochschule konnte am 1. Mai 1946 die Arbeit wieder aufnehmen, das städtische Konservatorium eröffnete am 1. Oktober 1947. Ein begrenzter Ausstellungsbetrieb der städtischen Kunstsammlung, die Sicherung der Bestände des Niederrheinischen Museums, mehr war in den Nachkriegsjahren nicht zu erreichen. Schließlich konnte auch der Duisburger Tierpark seine Bestände wieder präsentieren. Ab Ostern 1946 waren zunächst 45 Tierarten zu besichtigen.

Abschließend sei erwähnt, daß selbst der Karneval wieder auflebte. Allerdings: Sehr lustig kann es damals nicht zugegangen sein. So heißt es im Bericht der „Neuen Ruhr Zeitung" vom 22. Februar 1947:

„Ein Mensch rief „Helau", stellte sich auf seine kalten Füße, hob das Glas mit neuzeitlichem Dünnbier – hergestellt im Kaltverfahren und garantiert unschädlich –, machte ein paarmal zünftig „hick" und hielt eine Büttenrede nach Strich und Faden: So war es allenthalben in Duisburgs Karnevalsfestlichkeiten, die trotz Alkoholmangels keineswegs an Humorentzug litten. Im Prinz-Regent („Große Duisburger"), Café Wien (Duisburger Spielverein und Gesellschaft Blau-Weiß), Café Stewy, bei Tröschel in Meiderich („Große Meidericher" zum zehnjährigen Bestehen) und im Hamborner Tabarin zum Beispiel, wohin uns die Kanu-Vereinigung eingeladen hatte, überall wurde die Narrenkappe und das Tanzbein geschwungen! Für die Duisburger Volkshilfe kamen ansehnliche Beträge zusammen. Das war der Hauptzweck..."

Die Währungsreform des Jahres 1948 signalisierte das Ende der unmittelbaren Notzeit der Nachkriegsjahre. Als erste Maßnahme wurde am Sonntag, dem 20. Juni 1948, jedem Bewohner der 3 Westzonen ein Kopfbetrag von 40DM gegen Abgabe von 60 Reichsmark ausgezahlt; eine Restquote von 20DM je Person erhielt die Bevölkerung am 20. September 1948. Im übrigen wurden Geldwerte auf 10%, Spareinlagen zunächst auf 6,5% herabgesetzt.

Schon Tage vor dem 20. Juni hatten die Gerüchte dazu geführt, daß die Bevölkerung noch möglichst viele Waren zu kaufen suchte, während umgekehrt die Kaufleute Waren horteten oder sogar ihre Läden schlossen, was die Polizei zu unterbinden trachtete. Der Geldumtausch am 20. Juni verlief in den 499 Ausgabestellen der Stadt Duisburg im wesentlichen reibungslos. Die Folge der Währungsreform waren zunächst starke Preissteigerungen, da auch die Preisbewirtschaftung zahlreicher Waren aufgehoben wurde. Jetzt waren in den Läden zwar Konsumwaren zu sehen, die Kaufkraft aber fehlte. Gegen die enormen Preissteigerungen bei geringen Lohnerhöhungen protestierten die Gewerkschaften mit einer allgemeinen Arbeitsniederlegung am 12. November 1948. Allmählich besserten sich die Lebensverhältnisse, vor allem die Lebensmittelversorgung, das Leben normalisierte sich. Es sollte jedoch noch bis zum Frühjahr 1950 dauern, bis die letzten Zwangsbewirtschaftungsmaßnahmen aufgehoben werden konnten und die Erinnerung an die schweren Nachkriegsjahre allmählich zu verblassen begann.

II Bis zur Gegenwart

Die Geschichte der Stadt Duisburg in den letzten 30 Jahren bis zur Gegenwart zu beschreiben erfordert bei der Fülle der Geschehnisse die Beschränkung auf die Hauptlinien der Entwicklung; eine auch nur einigermaßen vollständige Darstellung kann im Rahmen einer „Kleinen Stadtgeschichte" nicht angestrebt werden.

Überblickt man den Ablauf der letzten 30 Jahre, so fällt vor allem auf, wie eng das Leben des Stadtorganismus mit der wirtschaftlichen Gesamtentwicklung verknüpft ist. Die gewaltigen, zunächst auf materielle Verbesserung abzielenden Wiederaufbauanstrengungen von 1950 bis 1960 haben zum Hintergrund die prosperierende Wirtschaft jener „Wirtschaftswunderjahre". Die punktuellen Projekte zu Beginn der sechziger Jahre, dann aber die gewaltigen Großprojekte der Stadtbahn, Innenstadtgestaltung, Sanierung, Freizeitparks, Universitäts-Neugründung, der kommunalen Neuordnung, die die Stadt als Lebensraum umgestalten wollten, gründen auf die zunächst auch von Konjunktureinbrüchen ungebrochene Wachstumsmentalität der sechziger und siebziger Jahre. Zu Beginn der achtziger Jahre ist man skeptischer geworden. Die seit Mitte der siebziger Jahre anhaltende Strukturkrise der Basisindustrie im Duisburger Raum, der Eisen- und Stahlindustrie, der dadurch bedingte geringere finanzielle Spielraum der Kommune haben zu Verzögerungen bei der Durchführung der Projekte, zur Reduzierung der Planungen, auch schon zur Zurücknahme gegenüber dem Erreichten geführt. Die Wirtschaftsdaten erweisen, daß dieses Umdenken anhalten wird.

In der langfristigen Betrachtung der Duisburger Stadtgeschichte wird die kommunale Neuordnung von 1975, die zur Einbeziehung von Walsum sowie der linksrheinischen Gebiete von Rumeln-Kaldenhausen, Rheinhausen, Homberg und Baerl führte, sicher einen herausragenden Platz einnehmen. Eine funktionsfähigere Gesamtstadt war erhofft, eine „Hambornisierung" der Vororte war befürchtet worden. Sind diese Entwicklungen eingetreten? Es ist nach acht Jahren sicher zu früh, hier ein Urteil zu fällen. Die Strukturprobleme des Industrieraumes Duisburg sind durch die Neuordnung nicht gelöst, manche Entwicklungslinien der Einzelgemeinden, die vielleicht auch zu groß dimensioniert waren, sind so nicht fortgeführt worden. Und dennoch: Haben die Stadt Duisburg und das Stadtleben insgesamt seitdem nicht ein großstädtischeres, ein urbaneres Gesicht bekommen? Aber erst zukünftige Stadthistoriker werden hier mit größerer Sicherheit ein Urteil fällen können.

1. *Bevölkerung und Wirtschaft*

Die Entwicklung der Stadt Duisburg und ebenso der 1975 in die Stadtgrenzen einbezogenen Nachbargemeinden ist seit der Währungsreform gekennzeichnet durch einen zunächst ungebrochenen Aufstieg in allen Lebensbereichen. Die fünfziger Jahre, die sogenannten Wirtschaftswunderjahre, sehen eine schnelle Wiederherstellung des Duisburger Industriepotentials, seit dem 19. Jahrhundert die Lebensgrundlage der Stadt. Kohle und Stahl waren der Motor des Wiederaufbaus. Entsprechend stiegen die Produktion und die Beschäftigtenzahlen in diesen Industrien und den davon abhängigen Zulieferindustrien, die den Duisburger Raum prägen. Fanden 1950 in den Alt-Duisburger Industriebetrieben 71.000 Beschäftigte Arbeit (Betriebe mit 10 und mehr Beschäftigten), so wuchs die Zahl bis 1958 auf 105.000; darunter waren 65.000 in der Metallerzeugung und Metallverarbeitung tätig. Hand in Hand damit sank die Zahl der Arbeitslosen, die nach der Währungsreform recht erheblich gewesen war. Ende 1957 wurden im Arbeitsamtsbezirk Duisburg nur noch weniger als 1.500 Arbeitslose gezählt.

Überdurchschnittlich hoch war damals die Wirtschaftskraft der Region. 7.330DM pro Einwohner betrug im Jahr 1957 das Bruttosozialprodukt, die Gesamtsumme der Wertschöpfung, in Duisburg und lag damit um 48% über dem Landesdurchschnitt, ein Wert, der seitdem nicht wieder erreicht worden ist.

Der Aufstieg der Wirtschaft konnte nicht mit den einheimischen Arbeitskräften allein bewältigt werden. Noch einmal kam es wie in der Zeit der Industrialisierung zu einem gewaltigen Zustrom von Menschen in den Duisburger Raum. In Duisburg wuchs die Bevölkerung von 410.783 im Jahre 1950 auf 502.933 im Jahre 1961 (Volkszählergebnisse), in Rheinhausen von 51.548 auf 68.126, in Homberg von 31.056 auf 35.081, in Walsum von 27.929 auf 44.686. Es war nur zum geringeren Teil der Geburtenüberschuß, der zu diesem Wachstum beitrug. Vielmehr fanden in diesen Jahren vor allem Heimatvertriebene und Flüchtlinge im Duisburger Raum eine neue Lebensgrundlage. 1950 wurden in Duisburg 24.539 Heimatvertriebene gezählt, 6% der Bevölkerung, 1958 waren es 71.488 Einwohner, nun 14,3% der Bevölkerung. Dazu kamen noch 27.993 Zugewanderte aus der sowjetischen Besatzungszone und Berlin. Sie alle fanden in den Duisburger Betrieben Brot und Arbeit. Der durchschnittliche Bruttoverdienst je Beschäftigtem in der Duisburger Industrie stieg von 3.642DM im Jahr 1950 auf 7.811DM im Jahr 1960; eine durchschnittliche Arbeitnehmerfamilie (4-Personen-Haushalt) konnte im Jahr 1950 monatlich 391DM für die Lebenshaltung ausgeben, im Jahr 1960 waren es 613DM, ein erheblicher Einkommenszuwachs selbst bei einer Preissteigerungsrate, die in diesen zehn Jahren 24% betragen hat. Eine allgemeine Erhöhung des Lebensstandards war die Folge.

Seit 1957 wurde der Duisburger Raum von einer ersten großen wirtschaftlichen Strukturkrise betroffen, der Kohlenkrise. Sinkende Nachfrage, das Vordringen der Konkurrenzenergien Öl und Gas führten zum großen Zechensterben an Rhein und Ruhr. Entsprechend stagnierte die Zahl der Duisburger Industriebeschäftigten, wenn sie auch, gestützt auf die zunächst noch gute Stahlkonjunktur, auf der erreichten Höhe blieb (Höchststand 1961: 108.000 Beschäftigte).

Maurer in den Nachkriegsjahren

Auch die Arbeitslosigkeit ist in diesen Jahren noch kein Problem: Zwar wurden im Arbeitsamtsbezirk Duisburg im Jahre 1959 im Jahresdurchschnitt 2.309 Arbeitslose gezählt, doch sank die Zahl dann wieder stark ab. Ende 1961 registrierte das Arbeitsamt nur 1.012 Arbeitssuchende. Demgegenüber standen aber 8.018 offene Stellen. Es sind dies die Jahre, in denen die Unternehmen mit allen Mitteln versuchten, im Ausland Arbeitskräfte anzuwerben. Zwar hatte es schon in den fünfziger Jahren einen ausländischen Bevölkerungsanteil in Duisburg gegeben. Eine Statistik von 1958 zählt 9.877 Ausländer in Alt-Duisburg, davon fast 40% Holländer. Seit 1957 suchte die Industrie Arbeitskräfte im Ausland. Zu Beginn der sechziger Jahre setzte eine wahre Völkerwanderung ein, zunächst aus Italien, dann aber auch aus Spanien, Griechenland, Jugoslawien und schließlich der Türkei. 1965 zählte man 20.497 Ausländer in Duisburg, eine Zahl, die zwar in der Wirtschaftsrezession 1966/67 absank, seit Ende der sechziger Jahre jedoch wiederum ansteigt; bereits 1967 stellten die Türken in Duisburg die stärkste Ausländergruppe.

Den ersten großen Konjunktureinbruch erlebte die Wirtschaft der Duisburger Region in den Jahren 1966/1967. Ende 1967 wurden in Duisburg 5.171 Arbeitslose gezählt, die Zahl der Industriebeschäftigten ging von 1966 auf 1967 von 98.700 auf 91.600 zurück. Zwar konnte in den Folgejahren die Arbeitslosigkeit wieder abgebaut werden, die Zahl der Industriearbeitsplätze wurde jedoch nicht wiederhergestellt; 1974 wurden in Alt-Duisburg nur noch 87.000 Industriearbeitsplätze nachgewiesen.

Seit Mitte der siebziger Jahre wurde auch die Stahlindustrie von einer anhaltenden Strukturkrise erfaßt, die zu verstärkten Rationalisierungsmaßnahmen geführt hat. Entsprechend sanken seitdem in diesem Sektor die Beschäftigtenzahlen. Dieser Trend hielt auch nach der Einbeziehung der Umlandgemeinden zum 1. Januar 1975 zur neuen Gesamtstadt Duisburg an; an der schwerindustriellen Grundstruktur hatte sich dadurch nichts geändert. 1977 wurden in (Neu-)Duisburg 106.346 Industriearbeitsplätze gezählt (jetzt: in Betrieben mit 20 und mehr Beschäftigten), das waren etwa die Hälfte der Duisburger Arbeitsplätze insgesamt, 1981 waren es nur noch 97.407. Seit Mitte der siebziger Jahre steigen die Arbeitslosenzahlen. Im Mai 1983 wurde die Höchstzahl von 30.469 Arbeitslosen (Arbeitslosenquote 14,5%) in Duisburg erreicht. Im Jahre 1979 wurde in Duisburg ein Bruttosozialprodukt erwirtschaftet, das pro Kopf der Bevölkerung nur noch um 8% über dem des Landes NRW insgesamt lag. Ohne Frage ist die Wirtschaftskrise, in der sich die Region zur Zeit der Drucklegung befindet, die tiefgreifendste seit der Nachkriegszeit.

Die seit den sechziger Jahren stagnierenden und dann schrumpfenden Bevölkerungszahlen im Duisburger Raum lassen sich einerseits mit der beschriebenen wirtschaftlichen Gesamtentwicklung, andererseits aber mit der Umwelt- und Wohnsituation im Duisburger Ballungsgebiet erklären. Gerade jüngere und wirtschaftlich mobilere Duisburger haben in großer Zahl in den letzten zwanzig Jahren der Stadt den Rücken gekehrt und sich im Umland angesiedelt, eine Schwächung der Wirtschaftskraft der Gesamtstadt. In Duisburg erreichte die Bevölkerungszahl im Jahre 1961 die Höchstgrenze von 504.199 Einwohnern. 1970 ergab die Volkszählung jedoch nur noch 454.839 Einwohner. Stabiler war die Bevölkerungsentwicklung in den Nachbargemeinden. Walsum verzeichnete gegenüber 1961 im Jahre 1970 sogar noch einen geringen Bevölkerungszuwachs auf 48.783 Einwohner, Homberg wies mit 35.002 Einwohnern im Jahr 1970 fast ebensoviele auf wie 10 Jahre vorher, in Rheinhausen zählte man 1970 69.430 Bewohner, 1.304 mehr als 1961. Die zum 1. Januar 1975 ins Leben gerufene neue Gesamtstadt Duisburg lag mit 615.388 Einwohnern deutlich über der Halbmillionengrenze, doch hat sich der Bevölkerungsrückgang wie in fast allen Großstädten seitdem fortgesetzt: Ende 1981 wurden in der Gesamtstadt nur noch 571.477 Einwohner gezählt. Der Bevölkerungsschwund hat sich in den letzten Jahren allerdings deutlich verringert.

Ohne den erheblichen Zuzug von Ausländern wäre der Bevölkerungsrückgang sogar noch ausgeprägter gewesen. Bei der kommunalen Neuordnung zählte Groß-Duisburg 61.582 Ausländer, 10% der Bevölkerung, darunter fast die Hälfte türkische Staatsangehörige, 11% Jugoslawen, 10% Italiener, je 5% Griechen und Spanier. Trotz der Zuzugsbeschränkungen ist die Zahl seitdem noch weiter gestiegen. Ende 1981 lebten 74.864 Ausländer in Duisburg, 13,1 % der Bevölkerung; die türkische Gruppe stellte davon 65 %, die Italiener 7%, die Jugoslawen 8%, während der Anteil der Griechen und Spanier unter 3% geschrumpft war.

Überblickt man die Entwicklung der Industriezweige und Einzelunternehmen im Duisburger Raum, so wird ihre Lage einerseits durch die allgemeine Konjunktursituation

Arbeit im Stahlwerk: Beim Abgießen der Blöcke in Kokillen (um 1960)

bestimmt, andererseits und in besonderem Maße aber durch die oben beschriebenen strukturellen Veränderungen. Den Aufstieg der Duisburger Großindustrie, der Eisen- und Stahlindustrie, bis in die Mitte der siebziger Jahre zeigen schon die Produktionszahlen. Wurden 1948 im Duisburger Raum (Bezirk der Niederrheinischen Industrie- und Handelskammer) 1,56 Millionen Tonnen Roheisen und 1,69 Millionen Tonnen Rohstahl hergestellt, so waren es 1960 schon 9,28 Millionen Tonnen Roheisen und 10,75 Millionen Tonnen Rohstahl und 1974 sogar 17,65 Millionen Tonnen Roheisen und 21,12 Millionen Tonnen Rohstahl. Damit wurden in der Region insgesamt 44% des Roheisens und 40% des Rohstahls in der Bundesrepublik produziert, ein deutliches Zeichen für die Bedeutung des Gebietes im Wirtschaftszusammenhang der Bundesrepublik. Seit dem Jahre 1974 hat die Krise der europäischen Stahlindustrie, bedingt durch Überkapazitäten und die Subventionspolitik einiger europäischer Regierungen, auch Auswirkungen auf den Duisburger Bereich. Trotz dauernder Modernisierung und Rationalisierung gingen die Produktionszahlen zurück. Das seit 1980 geltende Quotensystem in der Europäischen Gemeinschaft, nach dem den Stahlerzeugern bestimmte Höchstproduktionsmengen für Walzstahl vorgeschrieben werden, hat daran nichts geändert. Im Jahre 1980 betrug die Roheisenerzeugung in Duisburg 16,4 Millionen Tonnen, 48,3% der Erzeugung im Bundesgebiet, und die Rohstahlerzeugung 17,2 Millionen Tonnen, das waren 39% der Erzeugung in der Bundesrepublik.

Die Entwicklung der Einzelbetriebe ist gekennzeichnet durch einen Konzentrationsprozeß einerseits, der die Auswirkungen der Entflechtungsmaßnahmen der Siegermächte nach dem Zweiten Weltkrieg in kurzer Zeit wieder aufgehoben hat, andererseits durch stetige, mit einem erheblichen Investitionsvolumen vorgenommene Rationalisierungs- und Modernisierungsmaßnahmen in den Werken. Größtes Duisburger Unternehmen ist

Hochofenwerk und Kokerei Hamborn der Thyssen Stahl AG. Im Vordergrund: Ausbildungszentrum Hamborn

die *Thyssen Stahl AG.* Das Kernwerk in Bruckhausen, einst von den Demontagemaßnahmen betroffen, wurde seit Mitte der fünfziger Jahre zu einem der modernsten Hochofenwerke auf- und ausgebaut. Bis 1973 wurden insgesamt 10 Hochöfen angeblasen, darunter der Großhochofen am Werkshafen Schwelgern mit einem Gestelldurchmesser von 14 Metern, der auf eine Tagesleistung von 20.000 Tonnen ausgelegt ist. 1983 waren an diesem Standort 8 Hochöfen sowie die Kokerei verblieben. Das Oxygenstahlwerk in Bruckhausen ging Ende 1969 mit zwei 380-Tonnen-Konvertern in Betrieb. Angegliedert sind hier Walzstraßen für Flach- und Profilstahl. In Beeckerwerth wurde ab 1962 ein neues Oxygenstahlwerk errichtet. Auch hier sind Warm- und Kaltwalzwerke angeschlossen.

Zu Thyssen gehört seit dem 1. Oktober 1965 auch das Werk Ruhrort der Phönix-Rheinrohr-AG, das nach der Entflechtung zunächst „Hüttenwerke Ruhrort-Meiderich AG" geheißen hatte. Im Jahre 1981 produzierten hier 3 moderne Hochöfen. Weitere Einrichtungen an diesem Standort: Ein Oxygenstahlwerk mit vier 140-Tonnen-Konvertern und mehrere Walzstraßen.

Das gleichfalls zu Thyssen gehörige Hochofenwerk Hüttenbetrieb in Meiderich erzeugt in drei Hochöfen Spezialroheisen. Zu Thyssen rechnen auch die ehemalige Niederrheinische Hütte, die schon seit dem Oktober 1955 durch einen Interessengemeinschaftsvertrag an Thyssen gebunden war. Im Zuge der Konzentrationsbewegung im Stahlbereich legte das Werk bis 1967 die Hochöfen, das Stahlwerk und die Blockstraße still, so daß ein reines Walzwerk entstand. Seit 1970 ist das Werk mit der Hüttenwerk Oberhausen AG (HOAG) zur Thyssen Niederrhein AG vereinigt.

Im Zuge der Arbeitsteilung mit Mannesmann wurden am 22. Januar 1970 Teile der ehemaligen Hahn'schen Werke in Großenbaum (Breitflachstahlbereich) sowie Walzwerksanlagen in Hüttenheim-Serm der Thyssen-Gruppe zugeordnet („Betriebe Duisburg-Süd").

Zweitgrößter Stahlproduzent in Duisburg ist die *Krupp Stahl AG* in Rheinhausen. Das nach der Entflechtung zunächst selbständige Werk wurde nach verschiedenen Fusionen 1965 mit dem „Bochumer Verein für Gußstahlfabrikation AG, Bochum" zur „Friedr. Krupp Hüttenwerke AG" mit Sitz in Rheinhausen zusammengeschlossen, 1980 umbenannt in Krupp Stahl AG. Das Unternehmen hat seitdem die gesamte Roheisenerzeugung im Hüttenwerk Rheinhausen konzentriert, betreibt nach erheblichen Investitionen hier im Jahr 1981 vier Hochöfen, zwei moderne Sauerstoffaufblasstahlwerke sowie ein Elektrostahlwerk mit angeschlossenen Walzstraßen und stellt vor allem Massen- und Qualitätsstahl sowie Profilstahlprodukte her. Die anhaltende Stahlkrise hat zu Plänen geführt, den Konzern mit dem Branchenführer Thyssen zusammenzuschließen. Diese Pläne sind 1983 in ein konkretes Stadium getreten.

Der dritte große Stahlerzeuger in Duisburg ist die *Mannesmann AG*, deren Stahlbasis die Hüttenwerke im Süden der Stadt, in Huckingen, bilden. An der Entwicklung des Stranggußverfahrens, nach dem heute bereits mehr als 50% des in Duisburg erzeugten Stahls vergossen werden (bei Mannesmann seit Januar 1982 80%), ist Mannesmann maßgeblich beteiligt gewesen. Seit der Übergabe von Walzwerksanlagen an Thyssen im Zuge der Arbeitsteilung (1970) sind die Hüttenwerke auf die Produktion von Röhrenvormaterial spezialisiert. 1980 bestanden im Huckinger Werk 4 Hochöfen, zwei moderne Sauerstoff-Stahlwerke sowie ein Elektrostahlwerk, ein Profilwalzwerk und die Kokerei. Hauptabnehmer des Hüttenwerks sind die Eigenbetriebe des Konzerns, vor allem das 1956 in Betrieb gegangene Großrohrwerk in Mündelheim/Ehingen. Hier werden in erheblichem Umfang Leitungsrohre für Öl, Wasser und Gas hergestellt; seit 1963 werden hier auch die Rohre für die Gasleitungen produziert, die Erdgas aus der Sowjetunion in die Bundesrepublik transportieren, eine Geschäftsverbindung, die immer wieder politi-

Hochofen der Mannesmann-AG von der Rheinfront Friemersheim aus gesehen (1982)

schen Vorbehalten ausgesetzt ist. Seit dem 1. Januar 1981 ist die Betriebsführung der Hüttenwerke auf die Mannesmannröhren-Werke AG übertragen. Zu Mannesmann gehört heute noch eine Grobblechverarbeitung in Huckingen, während der südliche Teil der Hahn'schen Werke (seit 1958 wieder beim Mannesmann-Konzern) seit 1972 stillgelegt ist.

Noch ein vierter bedeutender Stahlkonzern ist in Duisburg beheimatet, die *Klöckner Werke AG*. Hier existieren allerdings am Ort keine Produktionsbetriebe, wohl aber die Hauptverwaltung des Konzerns, der Hüttenwerke, Stahlwerke und Kraftwerke betreibt. Klöckner hat im Jahre 1977 das neue Zentralverwaltungsgebäude in Neudorf in der Nähe des Hauptbahnhofs in Betrieb genommen, ein weithin sichtbares Kennzeichen der Stadt.

Seit jeher hat die Nähe der stahlerzeugenden Industrie im Duisburger Raum zur Ansiedlung von bedeutenden Verarbeitungsbetrieben geführt. Weltweit als Spezialist für Maschinenbau, Hütten- und Fördertechnik tätig ist die *Demag*, seit 1974 zum Mannesmann-Konzern gehörig. Ebenso bedeutend ist die Firma *Krupp Industrie- und Stahlbau Rheinhausen*, zu deren weitgefächertem Produktionsprogramm Hüttenwerke, Großbagger für den Braunkohlenbergbau, aber auch Brückenkonstruktionen in aller Welt gehören.

Seit dem Zusammenschluß zwischen Thyssen und dem Rheinstahl-Konzern 1974 zählt auch das ehemalige Eisenwerk Wanheim zu Thyssen, seit 1957 Rheinstahl Wanheim. Das Werk, heute unter dem Namen *Thyssen Industrie AG Schmiedetechnik/Bergbautechnik*, konzentiert sich seit der Schließung der Gießerei (1966) und des Stahlbaus (1974) auf Bahn- und Bergbaubedarf.

An dieser Stelle sind auch die traditionellen Duisburger Werftbetriebe zu nennen: die *Krupp Ruhrorter Schiffswerft*, die *Triton Werft* sowie vier weitere Werften, die ausschließlich Reparaturen durchführen. Die traditionsreiche *GHH-Rheinwerft Walsum* ist im Jahr 1982 von der Stillegung bedroht.

Früher als die Stahlindustrie hat eine tiefgreifende Strukturkrise die zweite traditionelle Duisburger Großindustrie betroffen, den Kohlebergbau. Als der Basisindustrie, von der der Wiederaufbau abhing, hatte dem Kohlebergbau in den Nachkriegsjahren und zu Beginn der fünfziger Jahre eine besondere Förderung gegolten. Der Rückgang der Kohlenachfrage begann 1957, bedingt durch das Vordringen der Konkurrenzenergien Öl und Erdgas, durch billige ausländische Kohle, aber auch durch Rationalisierungsmaßnahmen der Großabnehmer, der Stahlindustrie, der Stromerzeuger und der Bundesbahn. 1950 hatten die Zechen im damaligen Bereich der Industrie- und Handelskammer Duisburg-Wesel (neben den Duisburger Schachtanlagen noch die Zeche Lohberg) 8 Millionen Tonnen Steinkohle gefördert, 1957 erreichte die Produktion den Höchststand mit 9,6 Millionen Tonnen. Von den 9 Zechen, die zu diesem Zeitpunkt im Kammerbezirk förderten, überlebten die Kohlekrise nur 2, die Zeche Lohberg und im heutigen Duisburger Gebiet die Zeche *Walsum*; alle übrigen Zechen in Alt-Duisburg wie auch am linken Niederrhein, deren Fördertürme so lange das Stadtbild bestimmt hatten, mußten die Produktion einstellen. Waren im Kammerbezirk Duisburg-Wesel im Jahre 1958 noch 40.200 Beschäftigte auf den Zechen gezählt worden, so sank ihre Zahl bis 1974 auf 11.210, die Produktion ging auf 6,7 Millionen Tonnen zurück. Im Jahre 1979 förderte die einzige auf Duisburger Stadtgebiet verbleibende Großzeche, die Schachtanlage Walsum, mit 4.470 Beschäftigten 3 Millionen Tonnen Kohle.

Eng verbunden mit dem Bergbau und der Stahlindustrie war seit jeher die Kraftwirtschaft. Große Steinkohlenkraftwerke haben ihren Standort im Duisburger Raum; daneben wird zur Kraftwerksbefeuerung auch Erdgas und Gichtgas eingesetzt. In Betrieb sind das *Kraftwerk Huckingen* von Mannesmann und RWE mit 600 Megawatt Leistung (seit 1975), die *Werke Hochfeld* und *Wanheim* der Stadtwerke mit 490 Megawatt, die *Thyssen-Kraftwerke* in *Ruhrort* und *Hamborn* mit 390 bzw. 210 Megawatt und das *Steag-Kraftwerk Walsum* mit 370 Megawatt. Als bedeutendes Energieunternehmen ist die *Thyssengas GmbH* mit Sitz der Hauptverwaltung in Duisburg-Hamborn zu nennen. Das Unternehmen, 1921 von August Thyssen gegründet, hat sich von seinem ursprünglichen Arbeitsgebiet, der Verteilung von Koks-Kohle-Gas, zwischen 1965 und 1973 völlig gelöst und ist seitdem einer der größten deutschen Lieferanten von Erdgas aus niederländischen und norwegischen Feldern.

Eine technische Pionierleistung auf dem Sektor der Kraftwirtschaft im Duisburger Raum verdient besondere Erwähnung: der Ausbau der *Fernwärmeversorgung*. Seit 1959 beliefern die Stadtwerke Duisburg aus dem Hochfelder Heizkraftwerk das Fernwärmenetz in Duisburg-Mitte. In den sechziger Jahren kamen Versorgungsnetze in Duisburg-Süd und in Rheinhausen dazu. Auch Walsum wird schon seit den sechziger Jahren von Dinslaken aus mit Fernwärme bedient. In den letzten Jahren sind diese Versorgungsnetze stark ausgebaut worden. Neu ist die Nutzung industrieller Abwärme für die Fernwärmeversorgung. Seit 1980 wird das bislang abgefackelte Konvertergas des LD-Stahlwerks 2 von Krupp in Rheinhausen zur Fernwärmeversorgung genutzt. Ebenfalls in den Fernwärmeverbund einbezogen ist die Abwärme der Sachtleben Chemie GmbH in Duisburg-Homberg aus der Schwefelsäureproduktion sowie die Abwärme aus den Stoßöfenabgasen des Warmbandwalzwerkes von Thyssen in Beeckerwerth sowie des Hochofens Schwelgern. In der Fernwärmeschiene Niederrhein sind die verschiedenen Erzeuger- und

Abnahmestellen seit Oktober 1981 unter Überschreitung des Rheines verbunden. Angestrebt wird eine Versorgung des Duisburger Gebietes zu 21% bis zum Jahre 1990.

Gewinner der Krise des Kohlenbergbaus war zunächst die Erdölindustrie. Damals ist auch eine Großraffinerie auf Duisburger Stadtgebiet erstanden, die seit 1957 erbaute, 1960 in Produktion gegangene *Erdölraffinerie in Duisburg (ERD) GmbH*, zu 80% im Besitz der Deutschen Fina GmbH. Die Rohölversorgung erfolgt durch die Nordwest-Ölleitung zwischen Wilhelmshaven und dem westlichen Ruhrgebiet; die Rhein-Main-Rohrleitung, eine Fertigproduktenpipeline, verbindet Duisburg sowohl mit dem Ölhafen Rotterdam als auch mit dem süddeutschen Raum.

Die traditionelle *chemische Industrie* ist im Duisburger Raum neben einigen kleineren Werken weiterhin vertreten mit dem 1838 gegründeten Sodawerk *Matthes & Weber*, der seit 1892 betriebenen Lithoponefabrik *Sachtleben-Chemie* in Duisburg-Homberg – beide Werke haben heute ihre Produktpalette bedeutend erweitert – und dem Spezialisten für Kohlechemie, der *Rütgerswerke AG in Duisburg-Meiderich*, wie die 1905 gegründete „Gesellschaft für Teerverwertung" seit der Fusion 1964 heißt. Das *Chemiewerk „Curtius"* der Hamm Chemie GmbH in Wanheimerort, eine Schwefelsäurefabrik, in deren Namen der Name des Duisburger Industriepioniers fortlebte, mußte 1983 stillgelegt werden.

Eine weniger gefährdete Entwicklung als Kohlebergbau und Stahlindustrie nahm die auf den Nicht-Eisenmetallen aufbauende Industrie im Duisburger Raum, deren Bedeutung allerdings hinter der eisenschaffenden Industrie weit zurücktritt. Die AG. für Zinkindustrie, vormals Wilhelm Grillo in Hamborn, seit 1966 wieder umbenannt in den ursprünglichen Namen *Grillowerke AG*, hatte nach den Zerstörungen durch den Zweiten Weltkrieg zwar den Zinkhüttenbetrieb nicht wieder aufgenommen, wohl aber die Zinkverarbeitung. Die Firma gilt als der größte Zinkhalbzeughersteller der Bundesrepublik.

Die größte deutsche Zinkhütte ist die *Metallhütte „Berzelius"* in Duisburg-Wanheim. Bedeutend ist hier auch die Herstellung von Feinzink und Hüttenblei sowie Zinn – hier besteht die einzige Zinnhütte der Bundesrepublik. Daneben werden Kupfer, Cadmium, Silber und Gold gewonnen. Der in den Zinkerzen enthaltene Schwefel wird vor der Verhüttung entfernt und zu Schwefelsäure verarbeitet.

Anders als die beschriebenen Werke ist eines der ältesten Duisburger Unternehmen, die 1876 gegründete *Duisburger Kupferhütte*, durch Veränderungen ihrer Rohstoffbasis seit Beginn der siebziger Jahre in eine Existenzkrise geraten. Das traditionsreiche Werk,

Duisburger Rheinfront mit Blick auf die Kupferhütte (60er Jahre)

Der Einzugsbereich der *Milchhof Niederrhein GmbH*, deren Anfänge bis ins Kriegsjahr 1917 zurückgehen, hat sich heute weit über die Duisburger Stadtgrenzen hinaus erweitert. Als Großunternehmen der Konsumgüterbranche stellt die Firma *Haindl* in Walsum in großem Umfang Papier her. Das Werk wurde 1961/62 auf dem Gelände der ehemaligen Aschaffenburger Zellstoffwerke errichtet.

Im Bauhauptgewerbe zählte Duisburg im Jahr 1980 103 größere Betriebe mit mehr als 20 Beschäftigten; insgesamt waren hier 7.399 Mitarbeiter tätig. Bekanntere Unternehmen sind die 1897 gegründete Firma *Karl Hitzbleck*, die Firma *Rudolf Schulze* (seit 1919) sowie die in den letzten Jahren auch international sehr erfolgreiche *Ed. Züblin AG*, deren Zweigniederlassung in Duisburg seit 1910 besteht.

Schon vor der Industrialisierung war der Duisburger Raum wegen der günstigen Verkehrslage Sitz bedeutender Handelsunternehmen. Bis in diese Zeit geht die Geschichte der *Franz Haniel & Cie GmbH* zurück; das Unternehmen ist heute in zahlreichen Sparten tätig und gehört zu den führenden Handels- und Verkehrsunternehmen der Bundesrepublik. Das gilt auch für das Handelhaus *Klöckner & Co*, 1906 von Peter Klöckner in Duisburg gegründet und mit der Hauptverwaltung seit 1977 im Klöckner-Hochhaus in Neudorf beheimatet. Das Unternehmen unterhält weltweite Handelsverbindungen.

Die *Getreide Import Gesellschaft mbH Duisburg* wurde 1950 von 33 rheinischen und westfälischen Getreidehandelsfirmen ins Leben gerufen und wuchs rasch zu einem der größten Deutschlands im Bereich des Groß- und Außenhandels heran. Zu den großen Handelsunternehmen mit Anlagen in Duisburg zählen die Thyssen-Firmen *Thyssen Sonnenberg GmbH* (Schrotthandel), *Thyssen Brennstoff* (Brennstoffhandel und Transport) und *Haeger & Schmidt*, vor allem in der Binnenschiffahrt und im Straßentransport tätig. das in den Nachkriegsjahren ein weithin beachtetes Modell zur Beteiligung der Belegschaft am Jahresgewinn entwickelt hatte und über eine breite Produktpalette verfügte, die von der Spezialroheisenerzeugung über Kupfer und Kupfersalze, Zink, technisches Zinkoxid und andere Zinkverbindungen, Kobalt, Blei, Cadmium, Thallium und Indium bis zu Silber, Gold und Natriumsulfat reichte, mußte trotz der zunehmenden Verarbeitung von Recyclingrohstoffen und der Anlehnung an das multinationale britische Unternehmen Rio Tinto Ltd (1978) im Jahre 1983 mit Ausnahme der Roheisenerzeugung stillgelegt werden, ein Krisensymptom für die gesamte Duisburger Industrie.

Zur Duisburger NE-Metallindustrie zählen auch die Drahtwerke *Friedrich Kemper*, das *Kabelwerk A. Theisen*, das *Werk Duisburg der AEG-Telefunken-Kabelwerke AG, Rheydt* sowie das Duisburger Werk der *Vereinigten Deutschen Metallwerke AG (VDM)*, Spezialist bei der Herstellung von korrosions- und hochhitzebeständigen Rohren.

Ohne Vollständigkeit anzustreben, sollen auch aus den anderen Industriebereichen einige wichtige Entwicklungen skizziert werden. Im Bereich der Baustoffindustrie sind insbesondere die seit 1883 in Duisburg bestehenden *Didier-Werke* zu nennen, die hitze- und säurefeste Spezialsteine für die Hütten- und chemische Industrie herstellen. Im Hochofenzementmahlwerk der *Wülfrather Zement GmbH*, in Schwelgern in unmittelbarer Nähe der Thyssen-Hochöfen errichtet, können monatlich 60.000 Tonnen Hochofenzement aus Hochofenschlacke erzeugt werden. Eine ähnliche Anlage steht in Rheinhausen.

Im Bereich der Duisburger Konsumgüterindustrie/Nahrungsmittelindustrie ist die *König-Brauerei* in Duisburg-Beeck die größte Privatbrauerei im Bundesgebiet und Spitzenreiter für Biere Pilsener Brauart („König-Pilsener"). Der größte Mineralbrunnen Nordrhein-Westfalens steht in Walsum, wo die Marken „Rheinfels-Quelle" und „Rhein-Perle" abgefüllt werden. Mühlenanlagen betreibt die Firma *Küppers und Werner* in Duisburg-Homberg.

Als weiteres Handelsunternehmen ist die Firma *Lehnkering AG*, die 1972 ihr hundertjähriges Bestehen feierte, zu erwähnen (Binnen- und Küstenschiffahrt, Spedition, Baustofferzeugung). Von den zahlreichen anderen in Duisburg beheimateten Handelsfirmen seien nur die *Haniel Reederei*, *Raab Karcher* und die *Rhein-, Maas- und See-Schiffahrtskontor GmbH* genannt, zu deren Aufgabengebiet Binnenschiffahrtstransporte und weltweite Seetransporte gehören.

Nach der Handelszählung von 1979 verfügte der Großhandel in Duisburg über 9.598 Beschäftigte und einen Umsatz von 10,6 Milliarden DM (1978); davon entfielen allein 4 Milliarden DM auf feste Brennstoffe und Mineralölerzeugnisse und 1,7 Milliarden DM auf Erze, NE-Metalle und Halbzeug.

Demgegenüber beschäftigte der Duisburger Einzelhandel, ein weiterer gewichtiger Wirtschaftsfaktor der Stadt, 22.329 Mitarbeiter bei einem Umsatz von 3,7 Milliarden DM.

Es ist die außergewöhnliche Verkehrslage an Rhein und Ruhr, die zur Ansiedlung der bedeutenden Handelsfirmen in Duisburg geführt hat. Duisburg verfügt über den größten Binnenhafen der Welt, ist ein international bedeutender Verkehrsknotenpunkt im Schienen- und Straßenverkehr. Der traditionell bedeutsamste Faktor für Duisburg ist dabei die Schiffahrt.

Die Struktur des Rheinverkehrs hat sich seit Mitte der fünfziger Jahre erheblich geändert. So erhöhte sich der Erzverkehr zu Berg (Zählstelle ist Emmerich) von 1956 bis 1980 um 20 Millionen Tonnen auf 35 Millionen Tonnen. Stärker noch sind bis in die Mitte der

Hafenschubboot „Rheinhausen" vor dem Hüttenwerk Rheinhausen (1975). Das Schubboot bugsiert die mit Erz und Kohle beladenen Leichter, die mit Streckenschubbooten vom Umschlaghafen Europort in Rotterdam den Rhein hinauf bis zu den Hochöfen geschoben werden, in den Hafen des Hüttenwerks

siebziger Jahre die Mineralöltransporte zu Berg angewachsen, eine Folge der gesteigerten Motorisierung. Seit 1978 geht der Ölimport allerdings zurück. Umgekehrt steigt in den letzten Jahren gerade der Kohleverkehr zu Tal wieder, ebenfalls eine Folge der Ölkrise. Das Transportvolumen auf dem Rhein hat sich bis 1978 stark erhöht; es betrug 1956 58 Millionen Tonnen (Grenzdurchgang Emmerich), stieg bis 1978 auf 142 Millionen Tonnen und ist seitdem bis 1980 konjunkturbedingt auf 130 Millionen Tonnen zurückgegangen. Dem erhöhten Transportvolumen entspricht ein Ansteigen der Gesamttonnage der internationalen Rheinflotte von 2,9 Millionen Tonnen Tragfähigkeit (1956) auf 9,8 Millionen Tonnen (1981). Die neuerbauten Schiffe waren zunächst überwiegend Selbstfahrer. Ihr Anteil, der 1956 nur 27 Prozent der Rheinflotte ausgemacht hatte, erhöhte sich bis 1981 auf 77%; die alten Schleppkähne wurden weitgehend verdrängt. Seit 1957 bahnt sich jedoch eine Neuentwicklung an: die Schubschiffahrt. Am 21. Oktober 1957 lief das auf einer Mainzer Werft neuerbaute Schubboot „Wasserbüffel" mit seinen 4 Schubleichtern zum ersten Mal seinen Heimathafen Duisburg-Ruhrort an. Vor das 1260PS starke Schubboot wurden damals vier 64 Meter lange und 1.285 Tonnen große Schubboote gekoppelt. Wie sich in der Folgezeit herausstellte, bietet das Schubbootsystem große Kostenvorteile, vor allem für den Massengutverkehr am Niederrhein, wo Importerze und Exportkohle regelmäßig in großen Mengen anfallen. Hier hat sich der Schubverband aus einem Schubboot und 4 Leichtern mit einer Tragfähigkeit bis zu 11.000t als kostengünstigstes System durchgesetzt; im Jahre 1980 wurden schon 33% des gesamten Güterverkehrs am Niederrhein mit Schubbooten bewältigt, vor allem im Erzverkehr. Zu diesem Zeitpunkt entfielen 18% der Tonnage der Rheinschiffahrt auf Schubverbände. Der Trend geht zu Sechserverbänden, deren Einführung am Niederrhein aber vorerst durch schiffahrtstechnische Bedenken der Niederlande blockiert wird.

Die Güterumschlagszahlen der Häfen im Duisburger Raum spiegeln die allgemeine Entwicklung der Industrie. Bis in die 80er Jahre ist – trotz konjunkturbedingter Rückschläge – eine allgemeine Aufwärtsentwicklung zu bemerken. Bereits Mitte der fünfziger Jahre erreichte das Umschlagsergebnis im heutigen Duisburger Stadtgebiet wieder den Vorkriegsstand (1936 – 34,6 Millionen Tonnen, 1956 – 35,9 Millionen Tonnen). Die bisher höchste Umschlagsmenge wurde im Jahr 1979 mit 60,5 Millionen Tonnen erzielt. Dabei ist die Umschlagsmenge in den Duisburg-Ruhrorter Häfen, die von der im Besitz der öffentlichen Hand befindlichen Duisburg-Ruhrorter Häfen AG (Hafag) verwaltet werden, relativ wenig gewachsen (1956 – 14,9 Millionen Tonnen; 1980 – 21,3 Millionen Tonnen). Hier hat sich vor allem der Rückgang der Kohleproduktion ausgewirkt. Stark angewachsen sind jedoch die Umschlagszahlen der Werkshäfen, in denen 1980 36 Millionen Tonnen verladen wurden, davon allein 13,9 Millionen Tonnen im größten Privathafens Europas, dem Hafen Schwelgern der Thyssen AG.

Wie es der Struktur der Ruhrindustrie entspricht, haben Rohstoffe und Erzeugnisse der Eisen- und Stahlindustrie mit 62% den größten Anteil am Gesamtumschlag der Häfen, Kohle hat nur noch einen Anteil von 11%, Mineralölerzeugnisse von 7% (im Jahr 1980).

Die Hafenanlagen sind in den letzten 25 Jahren laufend modernisiert und um modernste Umschlagsanlagen erweitert worden. An größeren Umgestaltungsmaßnahmen sollen nur genannt werden: die Zuschüttung des alten Zollhafens, der 1968 dem Straßenbau weichen mußte, sowie der Neubau der Rhein-Herne-Kanal-Schleuse in Duisburg-Meiderich (1980 freigegeben), die auch größeren Schubleichterverbänden die Benutzung des Rhein-Herne-Kanals ermöglicht.

Eine technische Meisterleistung verdient besondere Erwähnung: die Tieferlegung der Häfen. Anfang der fünfziger Jahre war der Bestand der Duisburg-Ruhrort Häfen durch die Bodenerosion des Rheines bedroht, durch die das Rheinbett laufend tiefer wurde, von

Die Duisburg-Ruhrorter Häfen. Luftbild mit Blick auf Homberg (vorn) und Ruhrort. Im Hintergrund die Berliner Brücke, die die Häfen überspannt. Rechts die Autobahnbrücke über den Rhein bei Neuenkamp

1800 bis 1965 um ca. 2,5m. Dadurch drohte der Wasserstand in den Häfen zu niedrig zu werden; herkömmliche Baggermaßnahmen versprachen keine nachhaltige Besserung und erschienen zu teuer. Seit 1951 wurde deshalb die Kohle unter den Hafenanlagen und den beiden Schleusen an der Ruhr und am Rhein-Herne-Kanal von der Schachtanlage Westende aus mit dem Ziel einer Absenkung der Häfen abgebaut, eine Maßnahme, die mit Erfolg durchgeführt wurde und den Bestand der Häfen bis in die neunziger Jahre hinein sichert.

Wie in der Binnenschiffahrt ist Duisburg auch im Bereich des Zugverkehrs ein internationaler Knotenpunkt. Täglich halten über 500 Reisezüge in Duisburg, darunter die Intercity- und TEE-Züge. Im Güterverkehr haben die Verschiebebahnhöfe Hohenbudberg und Duisburg-Wedau internationale Bedeutung. Das Duisburger Streckennetz hat sich im Grunde seit der Zeit vor dem Ersten Weltkrieg nicht verändert. Die beiden Duisburger Eisenbahn-Rheinbrücken, die bei Haus Knipp und die Hochfelder Eisenbahnbrücke, konnten schon in den Nachkriegsjahren 1946 bzw. 1949 den Betrieb wiederaufnehmen. Zwischen 1957 und 1966 wurden die Duisburger Bundesbahnlinien elektrifiziert. Seit 1974 ist Duisburg in das S-Bahnnetz der Bundesbahn einbezogen. Eine Neuentwicklung des Eisenbahnverkehrs sind die Containerterminals (seit 1968/69 am Duisburger Hauptbahnhof, seit 1975 in Duisburg-Hochfeld), die wachsende Umschlagszahlen aufweisen. Zur Abwicklung des Werksverkehrs besteht in Duisburg die Thyssen zugehörige private Eisenbahngesellschaft „Gemeinschaftsbetrieb Eisenbahn und Häfen", die außer den Werkshäfen Schwelgern und Walsum-Süd etwa 800km Gleise im Duisburger Raum bis nach Bottrop und Dinslaken unterhält und die in diesem Bereich liegenden Hüttenwerke, Zechen und chemischen Werke bedient.

Im öffentlichen Personennahverkehr, der von der Duisburger Verkehrsgesellschaft betrieben wird, hat es seit den Nachkriegsjahren mannigfache Veränderungen gegeben. Bis 1958 hatte es gedauert, bis die unterschiedlichen Spurbreiten der Duisburger Straßenbahnen, die aus der Zeit vor den Eingemeindungen stammten, vereinheitlicht wurden. Seitdem sind viele Strecken stillgelegt und durch Buslinien ersetzt worden. Zur Einrichtung eines leistungsfähigeren Nahverkehrssystems werden seit 1969 die Baumaßnahmen an der Stadtbahn Rhein-Ruhr im Bauabschnitt Duisburg betrieben. Geplant ist ein weitgehend kreuzungsfreies, auf eigenem Bahnkörper in Hoch- oder Tieflage verkehrendes Schnellbahnsystem, das die wichtigen Stadtteile Duisburgs verbindet. Fertiggestellt sind bislang Teile der Verbindung Düsseldorf-Stadtmitte; ein „Vorlaufbetrieb" soll 1983 in Gang kommen, allerdings nicht auf der endgültigen Trasse, die in Tieflage von Wanheimerort über Hochfeld zur Stadtmitte führen soll, sondern wie die bisherige Straßenbahn entlang der Düsseldorfer Straße. Seit Jahren wird am gewaltigsten Bauwerk, dem Innenstadttunnel, der die gesamte Innenstadt unterquert, gearbeitet. Bis 1983 sind wesentliche Bauabschnitte im Rohbau fertiggestellt worden; mit einer Teilinbetriebnahme wird für 1987 gerechnet. Wenn die anderen geplanten Strecken, die Verbindung nach Mülheim, nach Walsum über Meiderich/Hamborn, nach Ruhrort/Hamborn bzw. Homberg, einmal fertiggestellt sind, wird man sicher von einem „Jahrhundertbauwerk" sprechen können.

Seit 1980 gehört das Stadtgebiet Duisburg zu dem größten europäischen Nahverkehrssystem, dem Verkehrsbund Rhein-Ruhr (VRR), in dem zwanzig kommunale Verkehrsunternehmen, die Bundesbahn und Bundespost zusammenarbeiten.

Die wichtigste Entwicklung im Straßenverkehr seit der Nachkriegszeit ist der Ausbau der Nord-Süd-Straße, die schon auf Planungen der Vorkriegszeit zurückgeht. Am 27. Mai 1957 wurde das erste Teilstück von der Koloniestraße bis zur Saarstraße dem Verkehr übergeben. Am 6. September 1963 war das schwierigste Teilstück, die 1.824m lange Ber-

Duisburger U-Bahn – Innenstadttunnel (Schnittzeichnung)

U-Bahn-Baustelle am Bahnhof. Blick auf das Klöckner Hochhaus

liner Brücke, die Ruhrschnellweg, Ruhr, Rhein-Herne-Kanal, das Hafenbecken C und den Stadtpark Meiderich überquert, fertiggestellt. Die Verlängerung nach Norden bis zur Warbruckstraße konnte am 7. Oktober 1969, die Verlängerung nach Süden bis Wanheimerort 1975, bis zur Sittardsberger Allee 1977 eröffnet werden. Geplant ist die Weiterführung nach Norden bis Wesel und nach Süden bis zur Düsseldorfer Stadtgrenze. Ebenso wichtig für den internationalen Verkehr wurde die Weiterführung des sog. Ruhrschnellweges über den Rhein hinweg nach Venlo, die Europastraße 3 (A2). Die dazu notwendige neue Rheinbrücke, die Rheinbrücke Neuenkamp, wurde am 16. Oktober 1970 dem Verkehr übergeben.

Als weitere wichtige Autobahnverbindung erreicht der sog. Emscherschnellweg Duisburger Gebiet. 1975 war die Verbindung zur Duisburger Stadtautobahn, 1980 die Verlängerung bis Beeck fertig. Der Baubeginn der geplanten neuen Autobahnbrücke zwischen Duisburg-Beeckerwerth und Duisburg-Baerl parallel zur vorhandenen Eisenbahnbrücke konnte jedoch wegen Einsprüchen gegen die geplante Streckenführung bisher nicht in Angriff genommen werden.

Im Überblick über die Duisburger Verkehrsentwicklung darf die Erwähnung eines eigenständigen Duisburger Flugverkehrs nicht fehlen. Von 1955 bis 1966 betrieb die belgische Fluggesellschaft SABENA eine Hubschrauber-Fluglinie nach Holland und Belgien. Der Duisburger Flughafen lag im östlichsten Stück der „Ruhrau" zwischen Ruhrschnellweg und Meidericher Straße. Wegen des zu geringen Passagieraufkommens mußte die Verbindung jedoch eingestellt und der Duisburger Flugplatz geschlossen werden.

Kehrseite der industriellen Grundstruktur des Duisburger Raumes sind die starken Umweltbelastungen, die seit jeher mit den industriellen Fertigungsprozessen verbunden sind, deren Auswirkungen aber in den letzten Jahrzehnten zunehmend kritischer betrachtet werden. Die Luftbelastung im Duisburger Raum ist durch die vorhandene Stahlindustrie geprägt. Hauptschadstoffe sind Feinstäube, Schwefeldioxid, Schwefelwasserstoff und die bei jedem Verbrennungsprozeß entstehenden Stickoxide. Dazu kommen Schwermetallemissionen der chemischen Werke, vor allem Blei, Cadmium und Thallium. Schon seit 1953 wurden in Duisburg Messungen der Luftbelastung durchgeführt, verstärkt seit Mitte der sechziger Jahre. Im letzten Jahrzehnt zeigen die Meßreihen eine allmähliche Besserung der Luftbelastung. Allerdings werden die Höchstwerte nach den gelten Umweltschutzbedingungen nach wie vor an einigen Stellen des Stadtgebietes überschritten.

Zu dieser Entlastung haben zahlreiche meist mit Mitteln der öffentlichen Hand geförderte Umweltschutzmaßnahmen bei den Duisburger Großunternehmen beigetragen. Ein wesentlicher Faktor war hier der Ersatz der alten Thomasstahlwerke durch moderne Sauerstoff-Blasstahlwerke, die in den letzten Jahren zunehmend mit Gießhallenentstaubungen ausgerüstet werden. Anfang 1982 ging bei Thyssen in Ruhrort die erste Sekundärentstaubungsanlage im Oxygenstahlwerk III in Betrieb; in dieser Pilotanlage werden die Sekundäremissionen eines Elektrostahlwerks erstmals mit Elektrofiltern zurückgehalten. Die neuerbauten Hochöfen sind heute mit Gießhallenentstaubungsanlagen ausgerüstet. Auch bei den Kokereien, ein wesentlicher Emissionsfaktor, bahnen sich durch technische Neuerungen Umweltverbesserungen an. Eine Neuentwicklung ist hier die Koks-Trokkenkühlung, wie sie die Thyssen AG in Zukunft einführen will.

Neben der Luftbelastung spielen im Duisburger Raum Abwasser- und Abfallbeseitigungsprobleme eine zentrale Rolle. Neue biologische Kläranlagen sind in den letzten Jahren mit großem Aufwand errichtet worden; zur Hausmüllbeseitigung nahm 1972 eine Müllverbrennungsanlage in Oberhausen den Betrieb auf.

Aus der eigenen Umweltsituation erklärt sich auch die starke Opposition der Duisburger gegenüber Industrie-Großansiedlungen in den Nachbarorten. Hier hat sich vor allem um eine Industrieansiedlung im Orsoyer Rheinbogen ein erbitterter Streit entwickelt. Ein von der VEBA (Vereinigte Elektrizitäts- und Bergbau-AG.) zu Anfang der siebziger Jahre geplantes petrochemisches Großwerk konnte damals verhindert werden; für das Gelände bestehen jedoch weiterhin Ansiedlungspläne für eine Kohle-/Schweröl-Verflüssigungsanlage; in Duisburg haben nicht nur Umweltschützer, sondern auch einhellig die Ratsfraktionen dagegen Stellung genommen.

Summiert man die Erfolge der Umweltschutzbemühungen im Duisburger Raum in den letzten Jahrzehnten, so sind, wie die Meßreihen zeigen, Fortschritte gemacht worden, Belastungen dauern jedoch fort. Dies ist sicher einer der Faktoren, die zu den Bevölkerungsverlusten der letzten Jahrzehnte beigetragen haben.

2. Kommunale Neuordnung

Der Überblick über die wirtschaftliche Entwicklung der Region zeigt schon die starke Verknüpfung zwischen der alten Stadt Duisburg und ihrem Umland, vor allem den linksrheinischen Gebieten. So war es kein Wunder, daß im Zuge der Diskussionen zur kommunalen Neuordnung in Nordrhein-Westfalen die seit den zwanziger Jahren ruhenden Überlegungen wiederaufgenommen wurden, die linksrheinischen Gebiete stärker mit Duisburg zu verbinden. Die Planungen kamen mit der Vorlage des Innenministers NRW vom 25. September 1972 zur Neugliederung des Ruhrgebietes in ein konkretes Stadium. Dieser Vorschlag sah neben dem nicht weiter verfolgten Modell eines Städteverbandes Duisburg, der neben den linksrheinischen Gebieten auch Mülheim und Oberhausen umfassen sollte, die Bildung einer neuen Gesamtstadt Duisburg unter Einschluß des südlichen Teiles des Kreises Moers mit den Städten und Gemeinden Moers, Homberg, Rheinhausen, Rumeln-Kaldenhausen, Kapellen, Neukirchen-Vluyn und Rheinkamp vor; auch Walsum sollte einbezogen werden, sofern nicht eine Zusammenlegung mit Dinslaken günstiger erschien. Der Innenminister hatte damit eine Lösung der Neuordnung favorisiert, wie sie zwar vom Rat der Stadt Duisburg, nicht aber von den betroffenen Einzelgemeinden angestrebt wurde; diese hatten sich vielmehr vehement gegen die Zusammenlegung gewehrt und wollten ihre kommunale Eigenständigkeit erhalten, waren allenfalls zu kleinen Grenzkorrekturen untereinander, keinesfalls aber zu einer Eingliederung nach Duisburg bereit. Als Variante wurde von Moers die Bildung einer kreisfreien „Südstadt" unter Zusammenlegung der linksrheinischen Gemeinden vorgeschlagen. Der Kampf um die kommunale Neuordnung wurde erbittert ausgefochten, zumal auch der 1973 vorgelegte Gesetzentwurf der Landesregierung NRW die oben beschriebene „große Lösung" der Eingemeindungsfrage vorsah. Jedoch konnte sich die hauptsächlich mit Argumenten der Landesplanung – Bildung eines leistungsfähigen Oberzentrums mit ausreichenden Wohnbaulandreserven, Vereinheitlichung der städtebaulichen Planungen im Gesamtraum – vertretene „große Lösung" bei den Verhandlungen der Fraktionen im Landtag schließlich doch nicht durchsetzen. Im sog. Ruhrgebiet-Gesetz vom 9. Juli 1974 wurden Duisburg, Homberg, Rheinhausen und Rumeln-Kaldenhausen sowie Walsum zur neuen Gesamtstadt Duisburg zusammengeschlossen; in diese Stadt eingegliedert wurden Teile der Gemeinde Rheinkamp(Baerl); außerdem nahm der Gesetzgeber kleinere Grenzkorrekturen vor. Die seit dem 1. Januar 1975 bestehende neue Stadt Duisburg – die von den einbezogenen Einzelstädten eingelegten Verfassungsklagen gegen dieses Gesetz wurden abschlägig beschieden – umfaßte bei ihrer Gründung eine Fläche von

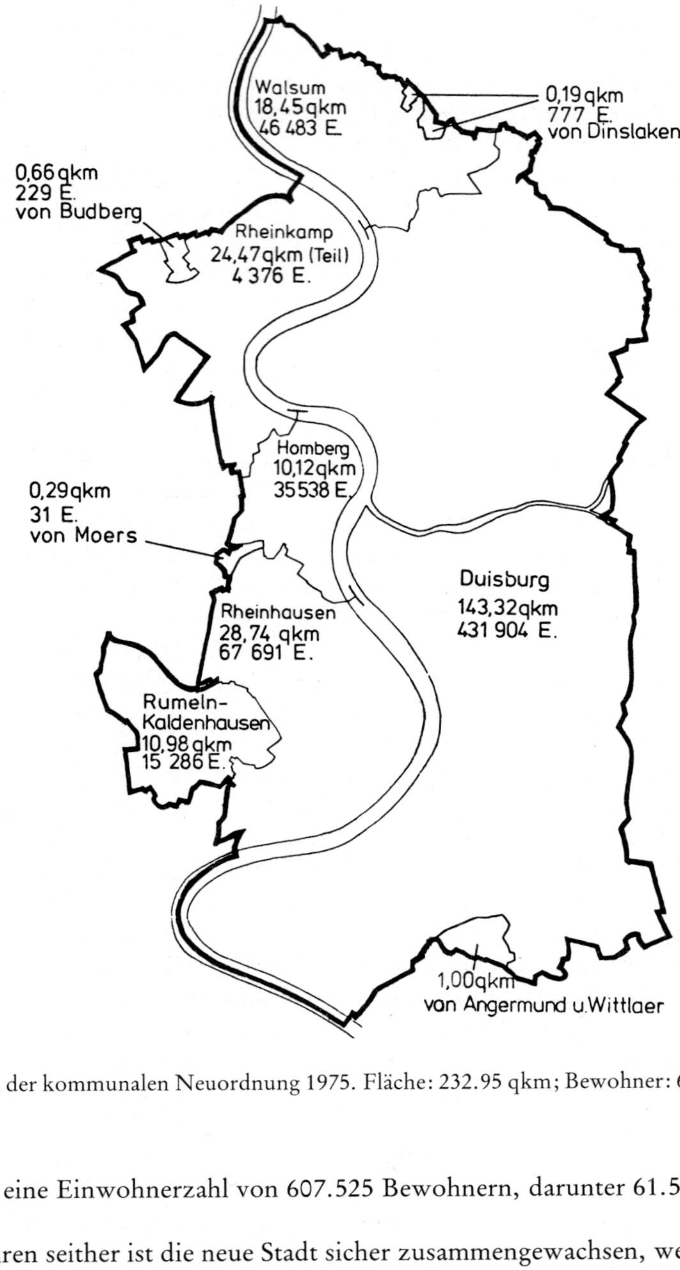

Stadtgebiet bei der kommunalen Neuordnung 1975. Fläche: 232.95 qkm; Bewohner: 607.525

232,95qkm, eine Einwohnerzahl von 607.525 Bewohnern, darunter 61.582 Nichtdeutsche.

In den Jahren seither ist die neue Stadt sicher zusammengewachsen, wenngleich auch keineswegs alle Wunden der Eingemeindung vernarbt sind: Nach einer Untersuchung von 1981 fühlen sich immer noch 76% der Walsumer eher mit ihrem Stadtteil verbunden und nicht als Duisburger; ähnlich ist es in Rheinhausen und Homberg. Demgegenüber fühlen sich aber 59% der Bewohner des Bezirks Innenstadt als Duisburger, nur 27% fühlen sich mehr mit ihrem Stadtteil verbunden.

Dazu, daß auch nach der kommunalen Neuordnung die ehemals selbständigen Gemeinden ihre Identität nicht verloren und ihre lokalen Interessen weiterhin vertreten konnten, hat sicherlich die neue Bezirksverfassung beigetragen, die durch die Änderung der Gemeindeordnung NW vom 29. Oktober 1974 eingeführt wurde. Anknüpfend an ältere Versuche, wie es sie auch in Duisburg gegeben hat, lokale Vertretungskörperschaften in Ergänzung zum zentralen Stadtrat zu schaffen, sieht die Gemeindeordnung die Einteilung der kreisfreien Städte in Stadtbezirke vor, die eigene Bezirksverwaltungsstellen, aber auch eigene Parlamente, die Bezirksvertretungen, haben und damit neben dem zentralen Stadtrat auch die lokalen Belange stärker wahrnehmen können. Seit 1979 werden auch die Mitglieder der Bezirksvertretungen von der Bürgerschaft bei den Kommunalwahlen gewählt. In Duisburg wurden 7 Stadtbezirke eingerichtet (Walsum; Hamborn; Meiderich/Beeck; Homberg/Ruhrort; Innenstadt; Rheinhausen; Süd), die seitdem ein lebhaftes Eigenleben entwickeln.

3. Stadtpolitik

Bei all den einschneidenden Umwälzungen im wirtschaftlichen und gesellschaftlichen Bereich seit den Nachkriegsjahren sind die politischen Kräfteverhältnisse in der Region in 30 Jahren erstaunlich stabil geblieben. Seit Beginn der fünfziger Jahre dominiert in Duisburg wie in den Nachbargemeinden die Sozialdemokratische Partei Deutschlands (SPD). In Duisburg ist die SPD mit zwei Ausnahmen bei allen Wahlen seit Beginn der fünfziger Jahre stärkste Partei. Erstmals bei der Kommunalwahl 1956 überschritt sie die 50%-Grenze (Stimmanteil 55,9%) und besitzt seitdem im Stadtparlament die absolute Mehrheit der Stimmen. Schlechter schnitt die Partei in den fünfziger Jahren bei Landtags- und Bundestagswahlen ab. Hier erreichte sie erstmals bei der Landtagswahl 1962 mehr als 50% der Stimmen (53,7%); das beste Wahlergebnis in der Zeit vor der Eingemeindung konnte die SPD bei der Bundestagswahl 1972 mit 63,9% der Stimmen verzeichnen. Die CDU ist seit den Nachkriegsjahren nach dem Stimmenanteil die zweitstärkste Duisburger Partei. Ihre besten Wahlergebnisse errang sie in den fünfziger Jahren. Bei den Bundestagswahlen 1953 (44,3%) und 1957 (50,1% der Stimmen) konnte sie sogar die SPD überflügeln. In den sechziger Jahren lag ihr Stimmenanteil zwischen 30% und 40%. Auch die FPD hat sich in Duisburg seit den Nachkriegsjahren mit Stimmanteilen zwischen 4% und 10% behaupten können und war auch mit einer Ausnahme (1964–1969) immer im Stadtparlament vertreten. Zu Beginn der fünfziger Jahre spielten in Duisburg auch noch das Zentrum (bis 1950) und die KPD (bis zum Verbot 1956) eine Rolle, die zahlreich kandidierenden Kleinparteien konnten jedoch nie merkbare Erfolge verbuchen.

Den Mehrheitsverhältnissen im Rat der Stadt entsprechend stellt die SPD seit 1948 den Oberbürgermeister. Während 21 Jahren, von 1948 bis 1969, bekleidete August Seeling dieses Amt, dem er ein weithin ausstrahlendes Profil gab. 1969 wählte ihn der Rat in Anerkennung seiner Verdienste zum Altoberbürgermeister, 1976 verlieh ihm der Rat das Ehrenbürgerrecht der Stadt Duisburg. 1969 wurde Arnold Masselter zum Oberbürgermeister gewählt, der sein Amt mit dem besonderen Akzent „Bürgernähe" bis 1974 führte.

Die leitenden Gemeindebeamten (Oberstadtdirektoren) seit den Nachkriegsjahren waren Gustav Klimpel (1946–1956), Fritz Seydaack (1956–1960), Gerhard Bothur (1960–1967), Ernst Caumanns (1967–1978) und Herbert Krämer (seit 1978).

Stärker noch als in Duisburg war die Resonanz, die die SPD im benachbarten Rheinhausen fand. Hier war die SPD bei allen Wahlen seit den fünfziger Jahren stärkste Partei; 1952 überstieg ihr Stimmenanteil bei Gemeindewahlen erstmals die 50%. Die CDU erreichte ihr bestes Nachkriegsergebnis bei der Bundestagswahl 1957 mit 44%, die FDP blieb auf einen Stimmanteil unter 10% beschränkt, andere Parteien spielten seit Mitte der fünfziger Jahre keine Rolle mehr. Die Rheinhausener Bürgermeister waren bis zur kommunalen Neuordnung 1975 Otto Schulenburg (SPD, 1946–1961), Johannes Asch (SPD,

August Seeling
Duisburger Oberbürgermeister 1948 – 1969

Arnold Masselter
Duisburger Oberbürgermeister 1969 – 1974

Josef Krings
Duisburger Oberbürgermeister seit 1974

1961–1974), die Hauptgemeindebeamten Wilhelm Weinstock (1946–1953), Hans Schatter (1953), Ludwig Gottschalg (1955–1967) und Helmut Kenn (1967–1974).

Auch in Homberg war die SPD seit der Gemeinderatswahl von 1948 die stärkste Partei. Von 1948 bis 1952 stellte jedoch die CDU, gestützt auf die FDP, mit Wilhelm Kerkhoff den Bürgermeister. Seit 1952 amtieren aber auch hier SPD-Bürgermeister: Martin Kreymann (1952–1956), Ernst Hoff (1956–1961) und Gottfried Bongartz (1961–1974). Stadtdirektoren waren Wilhelm Röpling (1946–1958) und Hans Dringenberg (1958–1974). In Walsum ist die SPD gleichfalls seit Beginn der fünfziger Jahre die stärkste Partei. Bemerkenswert ist hier die Rolle des Zentrums, das Anfang der fünfziger Jahre mit Carl Lomb sogar den Bürgermeister stellen konnte (1951/52). Ansonsten benannte die SPD die Bürgermeister: Es amtierten: Johannes Faltinski (bis 1956), Johannes Peters (1956), Gustav Stapp (1956–1963), Herwarth Dietrich (1963–1964), Georg Matthae (1964–1967), Ernst Lapp (1967–1973) und Paul Degen (1973–1974). Hauptgemeindebeamte waren Carl Weimer (ab 1947) und Günter Schubert (1957–1974).

Auch nach der Errichtung der neuen Gesamtstadt Duisburg nach der kommunalen Neuordnung von 1975 blieb die führende Stellung der SPD unangefochten. Sie führte bei allen Wahlen mit Stimmenanteilen zwischen 57% und 62% vor der CDU (28%–36%) und der FPD. Andere Parteien konnten nur geringe Stimmenzahlen erringen. Oberbürgermeister der neuen Gesamtstadt seit 1975 ist Josef Krings.

So stabil, wie die Wahlergebnisse suggerieren, ist die politische Entwicklung in Duisburg in den vergangenen 30 Jahren allerdings nicht gewesen. Das gilt einmal für die Parteien selbst. Seit Beginn der siebziger Jahre machen sich in der SPD die Jungsozialisten bemerkbar, die einen gegenüber der Mutterpartei durchaus eigenständigen Kurs favorisieren. In der CDU kam es in den siebziger Jahren zu Auseinandersetzungen über die Führungspositionen in der Partei, zugleich Auseinandersetzungen über den vor allem kommunalpolitisch einzuschlagenden politischen Kurs. Sie erreichten einen Höhepunkt bei der Aufstellung des Spitzenkandidaten zu den Kommunalwahlen 1979; hier setzte sich Irmgard Karwatzki vom Arbeitnehmerflügel ihrer Partei durch. Auch in der FPD machen sich in den letzten Jahren Gegensätze zwischen den Parteiflügeln bemerkbar, 1982 führten sie zum Austritt einiger Vertreter des „linken Flügels" aus der Partei. Merkbarer als die Richtungsunterschiede in den Parteien, wie es sie ja auch in den fünfziger und sechziger Jahren gegeben hat, sind andere Änderungen in der politischen Szene, die seit Ende der sechziger Jahre auch in Duisburg sichtbar werden. Seit 1967 sind Schüler- und Studentendemonstrationen nichts Ungewöhnliches mehr. Radikalere Formen nahm der Jugendprotest 1980/81 an, als auch in Duisburg Häuser besetzt wurden, um gegen unnötigen Abbruch und Wohnungsleerstand bei Wohnungsmangel zu protestieren. Aufmerksamkeit über Duisburg hinaus fand die Besetzung des Neumühler Bahnhofs (1981). Die neuen politischen Aktionsformen sind nicht auf die Jugend beschränkt. Seit den sechziger Jahren treten auch in Duisburg Bürgerinitiativen auf. Das exemplarische Beispiel ist hier die Bürgerinitiative für den Erhalt der Rheinpreußensiedlung in Duisburg-Homberg.

Etwa 500 Wohnungen der alten Zechenhaussiedlung der Zeche Rheinpreußen waren übriggeblieben, nachdem die Baufirma Kun, die 1.700 weitere Wohnungen in wenigen Jahren abgerissen und an deren Stelle die Hochhaussiedlung mit bis zu 20 Geschossen erbaut hatte, 1973 in Konkurs gegangen war. Aus der Konkursmasse der Baufirma gingen die Zechenhäuser an die Banken über, die die Häuser abreißen wollten, um hier Reihenbungalows zu errichten. Dagegen wehrten sich die Siedler mit Hausbesetzungen, Mahnwachen und Hungerstreiks. Einen Höhepunkt erreichten die Auseinandersetzungen im Januar 1979, als die Siedler 18 Tage vor dem Rathaus Duisburg in den Hungerstreik traten, um die Erhaltung ihrer Siedlung mit Mitteln der öffentlichen Hand zu erzwingen.

Mit einem Zuschuß des Landes konnte die Stadt Duisburg schließlich 222 Wohnhäuser kaufen und den Erhalt der Siedlung, die modernisiert werden soll, sicherstellen.

Auch im Bereich der Neumühl-Sanierung konnten zunächst zum Abbruch bestimmte Häuser durch die Tätigkeit von Bürgerinitiativen erhalten und mit Landesmitteln modernisiert werden.

Seit Ende der sechziger Jahre nehmen auch die Auseinandersetzungen im Arbeitsbereich an Schärfe zu. Arbeitskämpfe, auch wilde Streiks, hat es in den fünfziger und sechziger Jahren durchaus im Duisburger Raum gegeben. Die Streiks blieben jedoch kurzfristig und begrenzt und wurden meist im Ritual der Tarifauseinandersetzungen eingesetzt. Im September 1969 kam es im Ruhrgebiet zu ausgedehnten „wilden" Streiks in der Metallindustrie, in denen Lohnerhöhungen über den Tarifabschluß hinaus gefordert wurden. Besonders heftig waren die Auseinandersetzungen bei Mannesmann in Huckingen. Ein wilder Streik in diesem Werk, der Streik der Profilwalzwerksarbeiter im März 1973, fand wegen des scharfen Vorgehens der Unternehmensleitung, die Streikende entließ, bundesweite Aufmerksamkeit. Unter den Arbeitskämpfen der siebziger Jahre ist besonders hervorzuheben der große Streik in der Eisen- und Stahlindustrie im Winter 1978/79. Mit diesem Streik versuchte die Industriegewerkschaft Metall Lohnerhöhungen, aber auch eine kürzere Wochenarbeitszeit durchzusetzen. Duisburg war mit Mannesmann und den Thyssen-Betrieben ein Zentrum des Streiks; die Unternehmerseite reagierte mit Aussperrung. Dieser längste Streik im Duisburger Raum in der Nachkriegsgeschichte dauerte vom 28. November 1978 bis zum 11. Januar 1979 und brachte der Gewerkschaft nur begrenzte Erfolge.

Abschließend erwähnt seien die Auseinandersetzungen um die Montanmitbestimmung bei Mannesmann. Diese traditionelle Errungenschaft der Montanindustrie, in den Nachkriegsjahren mit großem gewerkschaftlichen Einsatz erfochten, sollte 1980 wegen der zurückgehenden Bedeutung des Montanbereichs im Mannesmann-Konzern durch eine Unternehmens-Umorganisation ausgeschaltet werden. Nicht nur die Gewerkschaften machten gegen diese Pläne mobil, auch die SPD-Bundestagsfraktion, die einen Gesetzentwurf zur Sicherung der Montanmitbestimmung im Bundestag einbrachte. Im Streit mit dem Regierungskoalitionspartner FDP wurde schließlich die Montanmitbestimmung bei Mannesmann auf Zeit gesichert.

4. Städtebauliche Entwicklung

Ein Hauptziel der Kommunalpolitik in den vergangenen drei Jahrzehnten ist die städtebauliche Entwicklung des Großraums Duisburg gewesen. Die Stadtregion, entstanden aus den mittelalterlichen Stadtkernen von Duisburg und Ruhrort, aus den im Zuge der Industrialisierung ungeordnet wuchernden Industrievierteln wies im Auge der Stadtplaner erhebliche Defizite auf: unzureichende Verkehrsführung, zu große Nähe der Wohnviertel zur Industrie, fehlende städtebauliche Schwerpunktsetzung, geringe Erholungs- und Freizeitbereiche, unzureichende Wohnqualität in den älteren Stadtteilen. Nach der Phase der Rekonstruktion in den fünfziger Jahren, wo Wiederaufbau und die Erschließung neuer Wohnviertel in den Außenbezirken im Vordergrund standen, hat sich deshalb die Stadtplanung seit den sechziger Jahren großen Stadterneuerungsvorhaben zugewandt: Der Umgestaltung der Duisburger City, den großen Sanierungsprojekten in Neumühl, Hochfeld und Homberg. Jedoch erweist sich: Auch heute ist Stadtentwicklung eine Aufgabe für Generationen. Nur schrittweise kommen die Großvorhaben nach den sich verändernden Konzepten voran, auch heute ist Städtebau ein Wachstumsprozeß, der sich in vielen Schichten vollzieht; und viele der mit Eifer betriebenen Projekte sind schon nach wenigen Jahren im Mittelpunkt der Kritik.

Der Ausbau der Duisburger City stand seit jeher Blickpunkt des Interesses der Stadtplanung. In den fünfziger und sechziger Jahren galt der Behebung der Kriegszerstörungen, dann aber auch der verbesserten Straßenplanung die besondere Aufmerksamkeit. Hier sind zu nennen die Verbreiterung der Friedrich-Wilhelm-Straße (geplant seit 1961), die Sanierung des Bereiches zwischen Untermauer-, Marientor-, Unter- und Münzstraße (seit 1961), der Durchbruch Kuhtor-Schwanentor über die Schwanenstraße (1962). Die Fußgängeruntertunnelung an der Schwanenstraße wurde 1964 fertiggestellt. Städtebauliche Akzente im Innenstadtbereich setzten die Großbauten der Kaufhäuser (Karstadt 1948, Horten 1965), der Banken an der Nordseite der Königstraße: Commerzbank (1951), Sparkasse (1959/61), Dresdner Bank (1974) und Deutsche Bank, die Hochhäuser („Kalderonihaus" 1961, Hochhaus am Hauptbahnhof 1971) sowie insbesondere die Mercatorhalle (1962), als Ersatz für die im Krieg zerstörte Tonhalle gebaut, und das Lehmbruck-Museum (1964).

Für den Einzelhandel besonders bedeutsam wurde die Einrichtung der Fußgänger- und Basarstraßen Sonnenwall (ab 1967) und Münzstraße.

Seit Anfang der siebziger Jahre wird an einer umfassenden Planung für den Innenstadtbereich gearbeitet, deren Kern die Fußläufigkeit der Königstraße ist und die zum Ziel die Umgestaltung des Fußgängerbereichs Innenstadt zu einem zusammenhängenden Raum von Fußgängerstraßen und -plätzen hat. Seit 1981 liegt eine Entwurfsplanung für die Kö-

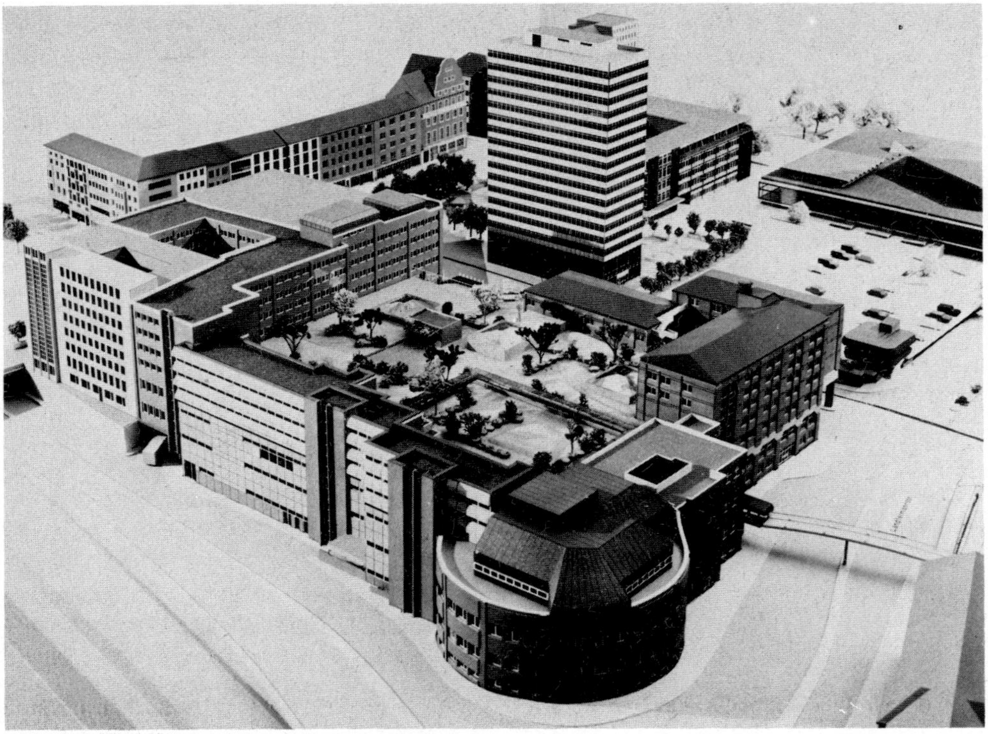

Geschäftszentrum auf dem Averdunk-Gelände (Modell)

nigstraße vor, die als wichtigstes gestalterisches Element eine Doppelallee aus Silberlinden vorsieht, an den Kreuzungen der Königstraße mit den Querstraßen unterbrochen durch künstlerisch gestaltete Brunnenanlagen, im übrigen aufwendig „möbliert" und mit besonderen Pflasterungen ausgestattet. An der Durchführung wird seit 1981 gearbeitet, jedoch mit einem Handikap: Noch auf Jahre hinaus wird die Stadtbahn oberirdisch verkehren und dadurch den endgültigen Ausbau empfindlich behindern.

Zwei Großprojekte sollen im Zusammenhang mit dieser Baumaßnahme die Attraktivität der Innenstadt weiter vergrößern: das Averdunk-Projekt und die Wohnbebauung am Innenhafen. Nach langen Vorplanungen wächst seit 1982 auf dem Gelände zwischen Averdunkstraße und Stadtautobahn ein umfangreicher Baukomplex, der ein Großkaufhaus, zahlreiche Läden, Hotel und Restaurant, Büroflächen sowie Wohnungen enthalten soll. Mit der Fertigstellung wird 1984 gerechnet. Die Innenhafenplanung beabsichtigt, unter langfristiger Auslagerung der an der Südseite des Innenhafens bestehenden Gewerbebetriebe diese Zone für Wohnen und Erholung zu benutzen. Ein erster Bauabschnitt zwischen dem Alten Markt und dem Hafen befindet sich seit 1981 in der konkreten Planung.

Ähnlich langwierig wie die Innenstadtgestaltung entwickelt sich die Sanierung des alten Duisburger Industriestadtteils Hochfeld. Unzureichende Bausubstanz der Wohnbebauung, die unmittelbare Nähe zur Industrie waren die Motive, die seit 1962 zu den Sanierungsplanungen führten. Die Planung für Hochfeld, die seit 1974 vorliegt, sieht eine Entflechtung zwischen Wohngebiet und Großindustrie durch die Bildung einer Pufferzone östlich der Wörth-/Werthauserstraße vor, die aus Umgehungsstraße, Grünstreifen und Gewerbegebiet bestehen soll; hier werden die Wohnungen abgebrochen. Im verbleibenden Hochfelder Wohngebiet sollen Gewerbebetriebe ausgelagert und durch attraktive Wohnungen ersetzt werden. Die Aufsichtsbehörde verweigerte zunächst die Genehmigung zu den städtischen Planungen. Erst seit 1980 konnte mit der Planung und dem Bau der Ersatzwohnungen begonnen werden, die Abräummaßnahmen werden jedoch seit 1974 betrieben, so daß hier unansehnliche Großbrachflächen entstanden sind. Im Jahre 1983 sind im Zuge der allgemeinen Finanzkrise weitere Verzögerungen durch spärlicher fließende Landesmittel abzusehen.

Der *Duisburger Süden* ist im Nachkriegsjahrzehnt ein Hauptexpansionsgebiet für den Wohnungsbau gewesen, wie schon der Anstieg der Bevölkerungszahlen zeigt. Die Bevölkerung wuchs von 49.360 im Jahre 1950 auf 73.270 im Jahre 1960 und 84.150 im Jahre 1971, ein Bevölkerungsanstieg weit über dem Stadtdurchschnitt. Seitdem stagnieren die Bevölkerungszahlen jedoch. In den zwanzig Nachkriegsjahren entwickelten sich im Anschluß an die bestehenden Werkskolonien die für den Süden kennzeichnende Ein- und Zweifamilienhausbebauung sowie eine niedrige Mehrfamilienhausbebauung; es waren vor allem die Betriebsangehörigen der im Süden gelegenen Werke und der Bundesbahn, die sich hier ansiedelten. Im Süden liegt auch das größte künftige Neubaugebiet auf Alt-Duisburger Gebiet, der Angerbogen. Ende der sechziger Jahre plante die Stadtverwaltung hier eine neue Siedlung für etwa 20.000 Menschen. Die Planungen sind mittlerweile stark zurückgenommen worden und sehen nun eine aufgelockerte Ein- bis Zweifamilienhausbebauung und Mehrfamilienhäuser vor. Baumaßnahmen sind aber bis 1982 noch nicht begonnen worden.

Anders als der Duisburger Süden ist der *Norden* durch eine starke Gemengelage zwischen Industrie- und Wohnbezirken gekennzeichnet. Nach der Wiederaufbauphase setzte hier schon zu Beginn der sechziger Jahre eine starke Abwanderung der Bevölkerung ein, umso ausgeprägter, je stärker der Wohnplatz durch die Industrie beeinträchtigt war. Das Extrembeispiel gibt der Ortsteil Bruckhausen, in unmittelbarer Nähe der Thyssen-

Produktionsanlagen gelegen. Nachdem hier schon in den fünfziger Jahren die Bevölkerung abnahm, sank sie zwischen 1960 (13.758) und 1980 (8.893) um 35%. Noch stärker war die Abnahme der deutschen Bevölkerung. Ausländer rückten nach, Erhaltungsinvestitionen an Wohngebäuden wurden unterlassen, der Ort drohte zum Slum zu werden, zeitweilig schien es, als würde Bruckhausen vom gleichen Schicksal betroffen wie der Nachbarort Alsum, der nach dem Krieg nicht wiedererstand und dessen Gebiet zur Industriefläche wurde. Die kommunale Politik hat sich in den letzten Jahren bemüht, diesem Prozeß entgegenzusteuern.

Umgekehrt können auch im Norden die industrieferneren Ortsteile wie Fahrn, Röttgersbach und Obermeiderich ihren Bevölkerungsanteil halten oder haben in der Vergangenheit nur geringe Einbußen hinnehmen müssen.

Einige große Stadtentwicklungsprojekte aus dem Duisburger Norden sollen hier gesondert erwähnt werden. Die in den sechziger Jahren durchgeführte Sanierung in Ruhrort hat zwar die Verkehrssituation verbessert und den Althausbestand modernisiert, hat jedoch viel von dem gewachsenen Städtegrundriß Ruhrorts zerstört, den ein behutsameres Vorgehen vielleicht hätte retten können. Einer ähnlichen Kritik ist das größte Duisburger Sanierungsvorhaben ausgesetzt gewesen, die Neumühl-Sanierung. Nach der Stillegung der Zeche Neumühl im Jahre 1962 drohte ein Niedergang des Stadtteils. Um dies zu verhindern, wurde eine großangelegte Flächensanierung geplant. Einerseits sollten auf dem ehemaligen Zechengelände neue Betriebe angesiedelt werden, andererseits wollte man die überalterten Wohnviertel abtragen und durch eine Neubebauung ersetzen. Auch sollte die Infrastruktur verbessert werden. Bis 1982 konnten im neuen Gewerbegebiet 84 Firmen heimisch gemacht werden, 5.000 neue Wohnungen wurden anstelle der 3.700 alten errichtet (einschließlich Hagenshof). In den nächsten Jahren sollen noch 2.500 Wohneinheiten dazukommen. Das zunächst verfolgte Ziel der Flächensanierung – Abriß der alten Wohnungen, Hochhaus-Neubau – fand seit Beginn der siebziger Jahre jedoch starke Kritik, die zur Erhaltung der noch nicht abgerissenen Bergmannshäuser im Bereich Bergmannsplatz und Felix-Dahn-Straße mit ca. 1.000 Wohnungen führte. Diese sind seitdem instandgesetzt und z. T. mit öffentlichen Mitteln modernisiert worden.

Die Siedlungsgeschichte *Walsums* ist gekennzeichnet durch den außerordentlichen Bevölkerungsanstieg in den Nachkriegsjahren bis zur Mitte der sechziger Jahre. Von 27.243 im Jahre 1950 wuchs die Einwohnerzahl auf 49.641 im Jahr 1966 und ist seitdem nur wenig gesunken. Das hat seine Ursache in der Ansiedlung der Belegschaft der ortsansässigen Werke sowie der Thyssen AG; in großem Umfang bestimmen die flachgeschossigen Werkskolonien, in den fünfziger und sechziger Jahren erbaut, bis heute das Siedlungsbild. Städtebaulich wichtige Entwicklungen waren die Herausbildung eines Zentrums mit Citycharakter (Konzentration von Geschäften) in Aldenrade, die Erbauung des Schulzentrums mit Gymnasium (1963) sowie die Errichtung eines Hallenbades und einer Stadthalle noch vor der Zusammenlegung mit Duisburg.

Die linksrheinischen Gebiete haben seit den Nachkriegsjahren eine ungleichmäßige Entwicklung genommen. Die Stadt *Rheinhausen* ist mit Duisburg vergleichbar. In den fünfziger Jahren starker Bevölkerungszuwachs (1950–1960: 51.548 – 68.126) und erhebliche Wohnungsbauleistungen, seit Mitte der sechziger Jahre Stagnation und allmählicher Rückgang der Bevölkerungszahl, wenn auch nicht so dramatisch wie in Duisburg. Bedeutsame städtebauliche Veränderungen waren hier die Herausbildung des Geschäftszentrums in Hochemmerich sowie des – für eine größere Bevölkerungszahl angelegten – Zentrums in Schwarzenberg mit Verwaltungsgebäude, Post, Bücherei, Stadthalle, Hallenbad, Schulen, Stadttheater und Sporthalle. Im Gegensatz zu Rheinhausen zeigt *Rumeln-Kaldenhausen* über all die Jahre seit 1950 hinweg eine positive Bevölkerungsbilanz

Stadthalle Rheinhausen

(1950: 3.925; 1980: 17.142). Das liegt daran, daß sich an diesem bevorzugten Wohnplatz viele der Stadtflüchtlinge vom rechten Niederrhein angesiedelt haben. Entsprechend sind über 80% des Wohnungsbestandes nach 1949 gebaut, 3/4 der Wohnungen bestehen aus Ein- und Zweifamilienhäusern. Auch in Zukunft ist hier mit einer Vermehrung der Bevölkerung zu rechnen.

Die Bevölkerung von *Homberg* stieg in den fünfziger Jahren im Gegensatz zu den Nachbarstädten weniger an, von 30.786 im Jahre 1950 auf 36.121 im Jahre 1962; sie blieb aber seitdem relativ stabil. Das hat seine Ursache in einem erheblichen Wohnungsneubau, der seit 1967 auf dem Gebiet der alten Rheinpreußensiedlung im geographischen Mittelpunkt der Stadt nach Abbruch vieler Zechenhäuser durchgeführt wurde; stattdessen entstanden hier ca. 1.200 Wohnungen, meist in Hochhausbauweise. Die Problematik dieser Form der Sanierung wurde indessen rasch deutlich. Nach dem Konkurs der Bauträgergesellschaft im Jahre 1973 blieben weitere Zechenhäuser erhalten, ca. 410 Wohneinheiten wurden 1979 von der Stadt Duisburg gekauft, seither werden Modernisierungsmaßnahmen vorbereitet. Auch über diesen Bereich hinaus hat es in den sechziger Jahren eine rege Wohnungsbautätigkeit in Homberg gegeben. An öffentlichen Investitionen sind besonders zu nennen der Bau der Mehrzweckhalle „Glückauf-Halle" (1959) sowie des Hallenbades (1973).

Als weitere linksrheinische Gebiete waren 1975 Teile der Gemeinde Rheinkamp mit den Wohnplätzen Baerl, Lohmannsheide, Niederhalen, Baerler Busch, Binsheim und Gerdt (heute Stadtteil *Baerl*) zu Duisburg gekommen. Bis heute hat sich an dem noch dörflich ausgerichteten Charakter dieser Ortsteile wenig geändert. Die steigende Bevölkerungszahl (1961: 3.606; 1980: 4.638) deutet darauf hin, daß sich in diesem attraktiven Wohngebiet zunehmend auch Bürger aus der Kernstadt ansiedeln.

5. *Sport und Freizeit*

Ein weiteres wichtiges Ziel der Kommunalpolitik in den letzten 30 Jahren ist in der stark von der Industrie belasteten Region der Ausbau von Grüngürteln und Naherholungszonen gewesen. Neben der Pflege der traditionellen Erholungsgebiete, des Stadtwaldes, der Parks und Waldfriedhöfe, wurden neue Großanlagen geschaffen. Aufwendigstes Projekt im Duisburger Raum ist die Sechs-Seen-Platte im Süden. Seit 1912 war hier eine Reihe von Baggerseen entstanden. 1962 erwarb die Stadt Duisburg das umfangreiche Gelände, das seitdem durch planmäßige weitere Auskiesung und Rekultivierung in ein Erholungszentrum mit Freibad (eröffnet 1972) und Aussichtsberg umgewandelt worden ist, mittlerweile ein Zentrum des Segel- und Angelsports. Weitere Großprojekte im Duisburger Süden waren der Ausbau des Erholungsparkes Biegerhof (seit 1960) – hier wurde auf altem Landwirtschaftsgelände ein Großpark angelegt – sowie der Ausbau der Rheinpromenade Wanheim (seit 1966).

Auch die linksrheinischen Gemeinden haben sich um die Ausgestaltung ihrer Grünanlagen intensiv bemüht, Rheinhausen insbesondere um den Volkspark, den Rheinuferpark und das Gelände am Toeppersee, ebenfalls ein ehemaliger Baggersee. Die Stadt Homberg machte beim Fehlen natürlicher Grünzonen besondere Anstrengungen. Zwischen 1958 und 1974 erweiterte sie die Grünflächen von 66ha auf 101ha; ein durchgehender Grünzug wurde vom Hakenfeld über den 1959 neugestalteten alten Friedhof bis zum Uettelsheimer See geführt. Als besondere Erholungsgebiete wurden der Essenberger See (1970–1974) und der Uettelsheimer See (seit 1969) ausgebaut. In Baerl schließlich ist die Ausgestaltung des Baerler Busches und des angrenzenden Loheidesees hervorzuheben.

Blick von der Höhe des Waldfriedhofes in den Duisburger Süden (Ortsteile Wedau und Bissingheim) mit Regattabahn, Wedau-Sportpark und Sechs-Seen-Platte

Im Duisburger Norden wurde entsprechend der neuen Konzeption der Freizeitparks der Mattlerbusch mit erheblichem Aufwand zu einer modernen Freizeitanlage, dem Revierpark Mattlerbusch (seit 1979), umgestaltet.

Eine besondere Rolle unter den Freizeitanlagen nimmt der Duisburger Zoo ein, ein Wahrzeichen der Stadt. 1934 begründet, nach dem Krieg aus kleinen Anfängen wiederaufgebaut, ziehen seine Attraktionen wie das Äquatorium (1962) und die Delphinschau (seit 1965) jedes Jahr hunderttausende Besucher an. Veränderten Freizeitgewohnheiten zufolge hat allerdings die Zahl der Besucher, die in den sechziger und zu Beginn der siebziger Jahre über der Millionengrenze lag, heute nachgelassen (1979: 850.000 Besucher); ein erhöhter städtischer Zuschuß und Einsparungsüberlegungen zu Beginn der achtziger Jahre waren die Folge.

Eng verknüpft mit dem Freizeitsektor ist der Bereich des Sports. Seit den Nachkriegsjahren hat sich ein reiches Sportleben entfaltet. Das zeigt sich schon an den Mitgliederzahlen der Sportvereine. 1956 waren in 152 (Alt-)Duisburger Vereinen 32.270 Mitglieder organisiert, 1974 waren es 200 Vereine mit 55.378 Mitgliedern. Mit der kommunalen Neuordnung wuchs die Zahl der Vereine in Groß-Duisburg auf 283 Vereine mit 83.158 Mitgliedern; die Statistik des Stadtsportbundes für 1982 wies nun sogar 430 Vereine mit 97.015 Mitgliedern, davon 32.190 Frauen, auf. Damit waren in diesem Jahr 17,3% der Duisburger Bevölkerung Vereinsmitglieder. Aber natürlich wird über den Bereich des Vereinssports hinaus in Duisburg in großem Umfang Sport getrieben.

Dazu sind in den letzten 30 Jahren die Duisburger Sportstätten erheblich erweitert worden. Im Wedau-Sportpark wurde das Stadion ausgebaut, erhielt 1964 eine überdachte Tribüne und 1973 zu den Leichtathletik-Europameisterschaften der Junioren eine rekordträchtige Kunststofflaubahn. 1971 ging die benachbarte Eissporthalle in Betrieb, damals die erste moderne Eissporthalle des Ruhrgebietes, seitdem Mittelpunkt des Duisburger Eissports. Die nahegelegene Regattabahn, Schauplatz vieler internationaler Wettbewerbe, wurde modernisiert und erhielt eine neue Zieltribüne. Die angrenzende Sportschule des Westdeutschen Fußballverbandes, die in der Weimarer Zeit gegründet wurde, erweiterte man 1955 durch ein Tagungshaus mit Aula und Sporthallen; 1981 konnte im Zuge einer weiteren Ausbaustufe ein sechsgeschossiger Wohnturm, ein neues Wahrzeichen, eingeweiht werden.

Von gesamtstädtischer Bedeutung ist die Rhein-Ruhr-Halle in Duisburg-Hamborn, fertiggestellt 1975, eine Mehrzweckhalle, die auch zur Durchführung von Sportgroßveranstaltungen geeignet ist.

Über die gesamtstädtischen Sportzentren hinaus förderte die Stadt den Bau von bezirklichen Sporteinrichtungen, den Bezirkssportanlagen, die mehrere Plätze umfaßten und neben den Schulen den Vereinen zur Verfügung gestellt wurden. Manche Vereinsanlage, die von den Vereinen nicht mehr unterhalten werden konnte, ist auf diese Weise von der Stadt übernommen und umgestaltet worden. Bis 1974 besaß Alt-Duisburg 19 Bezirkssportanlagen; 1982 bestanden im neuen Duisburg 42 Bezirkssportanlagen. Daneben gab es nur noch 43 Vereinsanlagen.

Die Sportstatistik des Jahres 1982 weist eine weitergehende Übersicht über die Duisburger Sportanlagen auf. Danach gab es in Duisburg 181 Schulsporthallen, 16 weitere städtische Sporthallen und 6 Vereinshallen. 17 Hallenbäder und das Schwimmstadion standen zur Verfügung, auf insgesamt 8 städtische Freibäder und 3 Vereinsbäder konnte zurückgegriffen werden.

Das breite Duisburger Sportleben hat immer wieder zu sportlichen Spitzenleistungen geführt; die Duisburger Sportchronik verzeichnet neben Deutschen Meistern eine Reihe von Europa- und Weltmeistern sowie Olympiasiegern in den unterschiedlichsten Sportarten. Auf eine Sportart sei besonders verwiesen: den Fußball. Dies ist in den vergangenen Jahrzehnten sicher die Sportart mit der größten Publikumsresonanz in Duisburg gewesen. Unter den zahlreichen Duisburger Vereinen ist aus den letzten Jahrzehnten der Meidericher Spielverein hervorzuheben. 1963 gelang ihm der Aufstieg in die Fußball-Bundesliga, wo er sich als MSV Duisburg bis 1982 hat behaupten können.

6. *Bildung*

Die Entwicklung im Schulbereich in den fünfziger Jahren ist gekennzeichnet durch große Wiederaufbauanstrengungen. Es galt, die Kriegsfolgen zu überwinden und materiell erträgliche Schulverhältnisse wiederherzustellen. Dennoch konnte erst zu Beginn der sechziger Jahre der Schichtunterricht an den Schulen aufgegeben werden.

Der Schulpolitik der Nachkriegsjahre entsprechend hatte man an das Schulsystem der Weimarer Zeit angeknüpft und wieder Höhere Schulen, Mittelschulen, Volksschulen sowie Hilfsschulen eingerichtet. Zu Beginn der fünfziger Jahre (1952) bestanden in Duisburg 42 katholische und 34 evangelische Volksschulen sowie 5 Gemeinschafts-Volksschulen, 4 Realschulen, 9 höhere Schulen, davon 5 für Jungen, 3 für Mädchen, und das Abendgymnasium. Nur 9% der 55.470 Schüler besuchten zu diesem Zeitpunkt eine Höhere Schule – Schulgeld und Aufnahmeprüfung waren damals selbstverständlich –, nur 8% eine Realschule. Die Übergänge zu den weiterführenden Schulen erhöhten sich in den fünfziger und sechziger Jahren. 1960 besuchten 14% der Duisburger Schüler ein Gymnasium, 9% eine Realschule, 1974 waren es 19% (Gymnasium) und 9% (Realschule). Dementsprechend kam es in den fünfziger und sechziger Jahren zu einem Ausbau des weiterführenden Schulwesens: neue Gymnasien und Realschulen wurden eingerichtet, das Reinhard-und Max-Mannesmann-Gymnasium im Süden (1965), das Clauberg-Gymnasium in Hamborn (1966), beides Ganztagsschulen, das Theodor-Heuss-Gymnasium in Meiderich (1960) und das Gymnasium Neudorf (1966), ebenfalls ein Ganztags-Gymnasium. Schon vorher waren zwei katholische Privatschulen für Mädchen (St. Hildegardis-Gymnasium und Abtei-Gymnasium, 1954) gegründet worden, die an die Tradition der 1938 geschlossenen katholischen Oberschulen anknüpften. Auch in den Nachbarorten wurden neue Gymnasien eingerichtet, in Rheinhausen das Heinrich-Heine-Gymnasium (1957), in Rumeln-Kaldenhausen das Albert-Einstein-Gymnasium (1970) und in Walsum das Kopernikus-Gymnasium (1963).

Zurückgehende Schülerzahlen im Innenstadtbereich führten 1974 zur Zusammenlegung des Frau-Rat-Goethe-Gymnasiums und des Johanna-Sebus-Gymnasiums zum Gymnasium Stadtmitte, heute August-Seeling-Gymnasium.

Eine neuere Entwicklung im Schulsystem, die auch den gymnasialen Bereich berührt, ist die Einführung von Gesamtschulen. Die erste Duisburger Gesamtschule, die Gesamtschule Süd, nahm mit dem Schuljahr 1976/77 den Lehrbetrieb als Versuchsschule auf. Im Gegensatz zum herkömmlichen Schulsystem besuchen hier die Kinder in den Klassen 5 bis 10 eine gemeinsame Schule; durch unterschiedliche Kurs- und Fächerwahlen können sich die Schüler ihrem Begabungsprofil entsprechend ohne vorzeitige Festlegung entwikkeln und in Klasse 10 unterschiedliche Abschlüsse erreichen. Ein Teil der Schüler setzt die Schullaufbahn in den Klassen 11 bis 13 in der zur Gesamtschule gehörigen gymnasialen Oberstufe fort. Die Gesamtschule Süd, die als Ganztagsschule geführt wird, bezog 1977 einen Neubau in Großenbaum. Zwischen 1981 und 1983 sind in Duisburg drei weitere Gesamtschulen eingerichtet worden, jetzt in den Gebäuden bestehender Gymnasien (Leibniz-Gymnasium, Hamborn, Heinrich-Heine-Gymnasium, Rheinhausen, Gymnasium Neudorf). Die Aufgabe der Gymnasien zugunsten der neuen Gesamtschulen war nicht ohne schulpolitische Auseinandersetzungen abgegangen.

Im Volksschulbereich ist besonders die Auflösung der alten Volksschule und die Einrichtung der Grundschulen und Hauptschulen zu erwähnen. In Duisburg wurden die ersten Hauptschulen 1966 unter dem Schuldezernenten Holthoff, dem späteren Kultusminister, eingeführt, zwei Jahre, bevor der Landtag 1968 die Hauptschule als durchgängige Schulform einrichtete. Die Hauptschule ist allgemeinbildende Pflichtschule für alle Schüler, die kein anderes Schulsystem besuchen. Da die Hauptschulen in der Regel Gemeinschaftsschulen sein sollten, ist es in Duisburg nur zur Gründung einer konfessionellen Hauptschule gekommen (Gartenstraße); auch im Grundschulbereich überwiegen mittlerweile die Gemeinschaftsgrundschulen: unter 94 Grundschulen waren 1979 noch 1 evangelische und 16 katholische Bekenntnisschulen. Besondere Probleme bei den Grund- und Hauptschulen sind in den letzten Jahren durch die hohe Zahl der ausländischen Schüler entstanden. 1981 betrug der Ausländeranteil bei Grundschülern im Durchschnitt 35%, lag an einzelnen Schulen aber weit darüber; ähnlich war die Situation im Hauptschulbereich.

Gerade in den letzten Jahren hat der Bereich des berufsbildenden Schulwesens eine besondere Ausgestaltung erfahren. An den heute bestehenden 8 berufsbildenden Duisburger Schulen mit unterschiedlichen Schwerpunkten und der Schifferberufsschule können neben der ausbildungsbegleitenden Berufsschule zahlreiche andere Ausbildungsgänge (Berufsfachschule, Fachoberschule, Fachschule) absolviert werden. Eine neue Entwicklung in diesem Sektor ist die Einrichtung der Kollegschule. Ab 1. August 1979 wurde an der Berufsbildenden Schule für Technik Duisburg-Nord mit dem Kollegschulversuch ein neuartiger Ausbildungsgang eingerichtet: zusammen mit der Facharbeiterprüfung „Hüttenfacharbeiter" können hier Jugendliche allgemeinbildende Abschlüsse bis hin zur Fachhochschulreife erwerben. Zum 1. August 1980 wurde an der Berufsbildenden Schule für Ernährung und Hauswirtschaft und Sozialpädagogik Duisburg-Nord ein ähnlicher Ausbildungsgang eingeleitet, der im Bereich Sozialpädagogik neben dem Abschluß „Erzieher" die Fachhochschulreife vermittelt.

An weiteren Schulen, Fortbildungs- und Forschungsanstalten besonderer Art mit z. T. weitzurückgehender Tradition sollen hier nur die Verwaltungs- und Wirtschaftsakademie sowie die auf der Klöcknerstraße (Oststraße) beheimatete Versuchsanstalt für Binnenschiffbau genannt werden.

Eine besondere Erwähnung verdient die Volkshochschule, als Institut der Erwachsenenbildung bereits 1946 wieder ins Leben gerufen. Das zunächst noch begrenzte Angebot wurde in den sechziger und siebziger Jahren stark erweitert, hauptamtliche Mitarbeiter wurden angestellt. 1963 bezog die VHS ein eigenes Gebäude an der Königstraße („forum"). Kursangebote und Hörerzahlen stiegen in den sechziger und siebziger Jahren nahezu stetig, zumal man nun auch die Veranstaltungen in den Stadtteilen erhöhte und das Programm um berufsqualifizierende Lehrgänge verstärkte. Das Angebot wurde nach 1974 mit der Aufnahme der beachtenswerten Volkshochschultraditionen der benachbarten Gemeinden zunächst noch stark erweitert; seit 1979 ist jedoch im Zuge der allgemeinen Einschränkungen eine Reduzierung auch in diesem Bereich zu vermerken.

Die bedeutsamste Entwicklung im Bildungssektor seit der Nachkriegszeit ist sicherlich die Gründung einer Duisburger Gesamthochschule gewesen. Die Duisburger Universitätstradition war 1818 mit der Auflösung der alten Universität abgebrochen. Nach dem Krieg lebte der Gedanke universitätsbezogener Bildung in den „Duisburger Universitätswochen" fort. Von 1949 bis 1969 fanden jeweils im Zeitraum einer Woche Vortragsveranstaltungen statt, die sich auf ein Leitthema bezogen. Bedeutsam für die spätere Hoch-

Gesamtansicht der Universität Duisburg

schulgründung wurde die Verlagerung der Pädagogischen Akademie Kettwig nach Duisburg, die Ende 1960 von der Landesregierung beschlossen wurde. 1965 erfolgte die Grundsteinlegung eines Lehrgebäudes an der Lotharstraße in der Nähe der Frauen- und Kinderklinik, deren Gebäude später in Anspruch genommen werden sollten. 1968 war der Umzug der „Pädagogischen Hochschule Ruhr, Abteilung Duisburg" abgeschlossen. Zweiter Grundstein für die Errichtung einer Gesamthochschule war die seit 1891 in Duisburg beheimatete „Hüttenschule", seit 1938 Staatliche Ingenieurschule. 1971 wurde die Ingenieurschule zur Fachhochschule; neu eingerichtet wurde der Fachbereich Wirtschaft. Seit 1971 stand fest, daß Duisburg eine der 5 neu in Nordrhein-Westfalen geplanten Gesamthochschulen erhalten würde. Im Juli 1972 ernannte der Wissenschaftsminister den ersten Gründungsrektor, Professor Helmut Schrey, am 7. August 1972 wurde die Gesamthochschule Duisburg unter Eingliederung der PH Ruhr, Abteilung Duisburg, und der Fachhochschule Duisburg eröffnet. Etwa 3.400 Studenten waren zu dieser Zeit an den beiden Vorgängerhochschulen eingeschrieben. Schwerpunkte im Studienangebot der neuen Gesamthochschule sollten sein: Naturwissenschaften, Ingenieurwissenschaften, Sozial- und Wirtschaftswissenschaften und Erziehungswissenschaften. Der Ausbau der Duisburger Gesamthochschule ist seitdem nicht ohne Rückschläge und Verzögerungen vorangegangen. Als Gesamthochschule konzipiert, dem Regionalisierungsprinzip der nordrhein-westfälischen Hochschulpolitik entsprechend, in den integrierten Studiengängen auf starken Praxisbezug hin ausgerichtet, hat die Universität Duisburg – Gesamthochschule, so der Name seit 1980, in 10 Jahren durchaus mit etwa 10.000 Studenten ein eigenes Profil entwickelt. Als Forschungsschwerpunkte erwähnt eine Bilanz des er-

Bibliotheksgebäude der Universität Duisburg

sten Gründungsrektors Prof. Schrey Geschichte und Religion des Judentums / „Wasser-Luft-Lärm" / Optimierung molekular-chemischer Prozesse und Recycling / Erziehungs- und Schulschwierigkeiten; intensive Forschung wird auch geleistet in den Feldern Didaktik der Philosophie / Schulgeschichte / Archiv schulisches Wandbild. Zwei Forschungsinstitute bestehen bislang an der Gesamthochschule: das Institut für Schulbuchforschung sowie das „Rhein-Ruhr-Institut für Sozialforschung und Politikberatung". Maßgeblich arbeitet die Duisburger Universität auch am Bund-Länder-Modellversuch „Innovationsförderungs- und Technologietransferzentrum der Hochschulen des Ruhrgebietes" (ITZ) mit. Die Fraunhofer Gesellschaft wird in Duisburg das Institut für Mikroelektronik errichten, das eng mit der Universität zusammenarbeitet.

7. Kulturleben

Inmitten der beschriebenen Verhältnisse hat sich in den vergangenen 30 Jahren in Duisburg und den Nachbargemeinden ein breites Bürgerleben entfaltet. Das rege Vereinswesen, das kirchliche Leben, aber auch das sogenannte Alltagsleben entziehen sich aus der kurzen zeitlichen Entfernung der gerafften Darstellung. Dem Kulturbereich soll jedoch in diesem abschließenden Kapitel die besondere Aufmerksamkeit gelten. In den vergangenen 30 Jahren hat sich aus den bescheidenen Anfängen der Nachkriegsjahre ein breites und aufgefächertes Kulturleben entfaltet. Was in den fünfziger Jahren eher noch Rekonstruktion in oft traditionellen Bahnen war, entwickelte sich in den sechziger, vor allem

König-Heinrich-Platz mit Blick auf das Stadttheater mit der Ladera-Plastik

aber in den siebziger Jahren zu einer umfassenden Palette in den Bereichen Musik, Theater, Kunst, Literatur und Film; vor allem aber scheint in einer reicher gewordenen Gesellschaft auch in einer industriebezogenen Stadt wie Duisburg die Kulturszene weiter nach außen zu wirken, ein größeres Publikum anzusprechen, als dies ehedem der Fall war.

Mittelpunkt des Duisburger Musiklebens sind die Duisburger Sinfoniker, die 1977 auf eine 100jährige Geschichte zurückblicken konnten. Unter bedeutenden Dirigenten wie Georg Ludwig Jochum (1946 – 1970), Miltiades Caridis (1975 – 1981) und Lawrence Foster (seit Januar 1982) haben sie über 30 Jahre hinweg einen über die Region hinausreichenden Ruf gewonnen. Seit 1955 besteht für das Musiktheater die „Deutsche Oper am Rhein", eine Theatergemeinschaft der Städte Duisburg und Düsseldorf für Musik- und Tanztheater. Unter den Intendanten Hermann Juch und Grischa Barfuß erfreut sich diese Theaterehe eines internationalen Rufes und hat – trotz mancher Schwierigkeiten – über die Jahrzehnte gehalten.

Von den zahlreichen Duisburger Chören, die oft auf eine lange Tradition zurücksehen können, sei hier nur der Duisburger Gesangverein (gegründet 1852) erwähnt, in den Nachkriegsjahren als Konzertchor wiederaufgebaut. 1974 wurde er in Konzertchor Duisburg e. V., später in Städtischer Konzertchor Duisburg umbenannt. Seit den zwanziger Jahren besteht der Orchesterverein Duisburg 1924, ein Liebhaber-Sinfonieorchester, das immer wieder mit beachtenswerten Aufführungen hervortritt. Erwähnt seien auch das Duisburger Studio-Orchester und das Mannesmann-Werksorchester.

Der Musikausbildung dient das Duisburger Konservatorium (seit 1903). 1961 wurde das Konservatorium zur öffentlichen Lehranstalt, den Hochschulstatus erlangte das Institut 1971. Seit 1972 konzentriert sich die Hochschule, heute unter dem Namen „Staatliche Hochschule für Musik Ruhr – Institut Duisburg", auf die Hochschulaufgaben, während die musikalische Breitenarbeit seit 1972 von der Niederrheinischen Musikschule übernommen wurde; in diesem Institut ging auch die 1958 gegründete städtische Singschule auf. 1980 fand die Musikschule eine neue Heimat in der Ruhrorter Schifferbörse.

Schließlich sei erwähnt, daß Duisburg seit einigen Jahren auch eine beachtenswerte Folk- und Rockmusikszene aufweisen kann.

Wie im Bereich des Musiktheaters, so besteht auch im Bereich des Schauspiels seit Mitte der fünfziger Jahre eine enge Verbindung zu Düsseldorf. Daneben sind vor allem Aufführungen des Bochumer Hauses übernommen worden. 1970 bis 1973 versuchte ein eigenes Ensemble im „Studio M" Theaterkultur der Avantgarde zu pflegen, die Resonanz beim Publikum blieb aber begrenzt. Gerade in den letzten Jahren hat sich jedoch eine breite Theaterszene entwickelt. Neben dem an die Volkshochschule angegliederten „forum"-Theater, neben dem „Reibekuchentheater" für Kinder, neben einer Truppe mit einer langen Tradition wie der „bühne 47" in Rheinhausen haben andere Gruppen, z. T. in Anlehnung an die Universität, aber auch zahlreiche Schultheater in den letzten Jahren eine Reihe sehr beachtenswerter Aufführungen vorgestellt. Das gleiche gilt für viele Amateurtanzgruppen.

Zentrale Bedeutung für die Pflege der bildenden Kunst in Duisburg hat das Lehmbruck-Museum, ein Institut von inzwischen internationalem Ruf. Seit das Duisburger Kunstmuseum 1964 den Neubau im Kant-Park bezog, haben die eigenen Sammlungen – im Mittelpunkt das Werk Wilhelm Lehmbrucks –, aber auch die Ausstellungstätigkeit breite Aufmerksamkeit gefunden. Besonders die Skulpturen-Sammlung wirkt weit über Duisburg hinaus. 1966 stiftete die Stadt Duisburg den internationalen Wilhelm-Lehmbruck-Preis, einen mit 20.000 DM dotierten Bildhauerpreis. Die Preisträger bisher: Eduardo Chillida, Norbert Kricke, Jean Tinguely und Claes Oldenburg. Seit 1966 verleiht die Stadt Duisburg auch einen Förderpreis, der 1976 in das Wilhelm-Lehmbruck-Stipendium

Lehmbruck-Museum – Südansicht mit Plastik-Hof

Innenraum des Museums: Lehmbruck-Sammlung

umgewandelt wurde. Jeweils 4 junge Maler oder Bildhauer können für 2 Jahre kostenlos im historischen Duisburger „Dreigiebelhaus" wohnen und arbeiten, daneben wird für zwei Stipendiaten ein Unterhaltszuschuß zur Verfügung gestellt. 1981 erinnerte die Stadt mit einem Lehmbruck-Jahr an den 100. Geburtstag des Bildhauers.

Schon in den ersten Nachkriegsjahren präsentierten sich die in Duisburg tätigen Künstler wieder mit einer eigenen Ausstellung: 1949 kam es zu einer vom „Bund Duisburger Künstler" veranstalteten Weihnachtsausstellung im Duisburger Kunstmuseum. Vom Duisburger Künstlerbund spaltete sich 1957 die „Duisburger Sezession" ab. In der Folge standen die Künstlergruppen in einem gewissen Konkurrenzverhältnis. Seit 1975 gibt es eine „Interessengemeinschaft Duisburger Künstler", zu der sich „Duisburger Sezession", „Duisburger Künstlerbund", der später gegründete „Berufsverband bildender Künstler" und weitere Gruppierungen und nicht organisierte Künstler zusammengeschlossen haben mit dem Ziel einer Interessenvertretung gegenüber der Stadt und der Organisation eigener Ausstellungen.

Welche Ausweitung die Kunstszene in Duisburg in den letzten Jahren erfahren hat, wird an den seit 1978 mit dem „Fest in der City" verbundenen jährlichen Kunstmärkten in der Mercatorhalle deutlich, die auch vielen sogenannten Hobby-Künstlern Gelegenheit zur Ausstellung geben, sowie am Kunstmarkt in Meiderich, gleichfalls seit 1978 von der „Kulturwerkstatt Meiderich" privat unter großem Zuspruch veranstaltet. Über das neue Interesse an Kunst geben auch die mittlerweile mehr als 20 Galerien in allen Teilen der Stadt Auskunft.

Zwei Maßnahmen zur Förderung der bildenden Kunst in Duisburg seien besonders genannt: Seit 1979 hat die Stadt Duisburg im denkmalgeschützten Haus Goldstraße 15 ein

„Künstlerhaus" eingerichtet, mit Werkstätten, Ateliers und Clubräumen. Eine ähnliche Zielrichtung verfolgt das Künstlerhaus in Baerl, wo in einer alten Schule Ateliers entstanden sind.

Schließlich sind zwei Initiativen der letzten Jahre hervorzuheben: Die Sammlung „Junge Kunst" der König-Brauerei sowie die 1981 eingerichtete „Stiftung Duisburger Kunstbesitz". Sie will unter Beteiligung der Duisburger Wirtschaft besonders den Aufbau einer Duisburger Gemäldegalerie fördern.

Der Duisburger Literaturbetrieb, lange Zeit auf relativ wenige Namen beschränkt, hat in den letzten Jahren eine Ausdehnung erfahren; zahlreiche junge Literaten haben sich zu Wort gemeldet, darunter auch mit bemerkenswerten Beiträgen zur Lyrik. Seit 1978 besteht eine „Arbeitsgemeinschaft Literatur" in Duisburg, seit 1980 eine „Interessengemeinschaft Duisburger Autoren". Diese Interessengemeinschaft gibt auch literarische Beiträge aus der Duisburger Szene heraus.

Das Leseinteresse zu fördern hat sich besonders die Stadtbücherei zur Aufgabe gemacht, eines der renommiertesten Institute dieser Art in der Bundesrepublik. Die Zentralbücherei, seit 1952 in einem Neubau im Kant-Park beheimatet (1955: Erweiterungsbau für die Kinder- und Jugendbücherei), zog 1966 in das „Europa-Haus" an der Düsseldorfer Straße um, wo seitdem in mehreren Etagen die umfangreichen Bestände zur Freihandausleihe zur Verfügung stehen. Über den Bereich der bibliothekarischen Dienste hinaus entwickelte die Stadtbücherei eine rege Ausstellungs- und Vortragstätigkeit, nicht nur in der Zentralstelle, sondern auch in den zahlreichen Zweigstellen in den Stadtteilen.

Ein Beispiel für die neuen Formen der Büchereiarbeit bietet die Internationale Kinder- und Jugendbuch-Ausstellung (IKiBu), die seit 1971 alle 2 Jahre von der Stadtbibliothek durchgeführt wird. Zunächst eine Bücherschau von Jugendliteratur, bemüht sie sich heute, die Kinder in allen Erlebnisbereichen anzusprechen. Das Rahmenprogramm umfaßt Autorenlesungen, Puppenspiel, Spiel- und Malaktionen, Rollenspiel, selbstinszeniertes Theater, Singen und Werkstattveranstaltungen, Töpfern, Siebdruck usw. Die hier entwickelten Arbeitsformen haben sich seitdem unter dem Namen „Spielkorb" zu einem über das ganze Jahr dauernden Kinderkulturprogramm ausgeweitet.

Auch die Duisburger Museumslandschaft ist in den letzten Jahren bereichert worden. Das seit 1902 bestehende Duisburger Heimatmuseum konnte in der Nachkriegszeit seine Sammlungen sichern, aber nur unzureichend ausstellen. Erst seit dem Umzug in das ehemalige Gebäude der Stadtbücherei im Kantpark (1967) erreicht das „Niederrheinische Museum" eine breitere Öffentlichkeit. Schwerpunkte der Sammlungen sind „Vor- und Frühgeschichte des Niederrheins", „Provinzialrömische Archäologie", „Duisburg zur Zeit Mercators" und „Niederrheinische Bauernkeramik". Die Dauerausstellungen werden durch eine Wechselausstellungstätigkeit ergänzt. Einige der selbsterarbeiteten Ausstellungen haben bundesweite Aufmerksamkeit gefunden. Das Museum betreut auch die archäologische Ausgrabungstätigkeit im Duisburger Raum, in den letzten Jahren vor allem im Römerlager „Asciburgium" an der Stadtgrenze zu Moers und am Alten Markt am Duisburger Rathaus, wo Zeugnisse aus der frühen Stadtgeschichte Duisburgs freigelegt wurden.

Die Bemühungen zur Schaffung eines Schiffahrtsmuseums reichen bis ins Jahr 1925 zurück. Eine „Niederrheinische Schiffahrtsausstellung Duisburg" im Jahre 1927 bot den Anlaß für das damalige Heimatmuseum, eine Sammlung von Materialien zur Geschichte der Rheinschiffahrt anzulegen, die in den Folgejahren ausgebaut wurde, jedoch den Kriegsereignissen zum Opfer fielen. Ansatzpunkt für die neuen Pläne zur Einrichtung eines Schiffahrtsmuseums wurde die Übernahme des letzten Radschleppdampfers auf dem Rhein, der „Oscar Huber", durch die Stadt Duisburg und der Ausbau zu einem Museumsschiff, das seit 1974 der Öffentlichkeit am Ruhrorter Hafenmund zugänglich ist. 1977 erfolgte durch Ratsbeschluß die Gründung des „Museums der Deutschen Binnenschiffahrt Duisburg-Ruhrort", das seine Heimat im ehemaligen Ruhrorter Rathaus fand.

Das Duisburger Stadtarchiv, das 1982 ein eigenes Gebäude in einem am Innenhafen gelegenen ehemaligen Getreidespeicher bezogen hat, bewahrt die Zeugnisse zur Geschichte der Stadt Duisburg seit dem Mittelalter und die Akten der städtischen Verwaltungsstellen auf und hält sie zur wissenschaftlichen und heimatkundlichen Benutzung bereit. Die Archivalien der mit Duisburg zusammengeschlossenen Gemeinden haben hier gleichfalls ihren Platz gefunden. Das Archiv ist auch mit einer beachtlichen wissenschaftlichen Schriftenreihe hervorgetreten.

Eine Reihe von weiteren Museen und Sammlungen im Duisburger Stadtgebiet sind zu nennen. Das Museum Haus Königsberg, gegründet im Hinblick auf die 1952 übernommene Patenschaft der Stadt Duisburg über Königsberg, sammelt Zeugnisse aus der Königsberger Geschichte. Das Julius-Weismann-Archiv, heute in der Stadtbibliothek, hat sich seit 1954 die Verwaltung und wissenschaftliche Erforschung des Nachlasses des Komponisten Julius Weismann (1879 – 1950) zur Aufgabe gemacht. Private Museen sind das Haniel-Firmen-Museum in Duisburg-Ruhrort mit seinen Sammlungen zur Geschichte der Rheinschiffahrt, das Studio der Heimat in Wedau, eine umfangreiche naturkundliche Sammlung, sowie das „Haus der Naturfreunde" in Wanheimerort mit einer naturkundlichen und frühgeschichtlichen Ausstellung.

Schließlich ein Hinweis auf die Duisburger Filmszene: Im großen Kinosterben im Gefolge der Ausbreitung des Fernsehens hat sich auch ein kommerzielles Filmkunstkino, wie es das „Filmstudio" an der Düsseldorfer Straße sein wollte, nicht behaupten können. Seit 1967 wurden daher im Rahmen der Volkshochschularbeit regelmäßig Filme vorgeführt; die Gründung des „filmforums" der Volkshochschule im Jahre 1970 stand unter dem Anspruch, ein kommunales Filmkunsttheater in Ergänzung zum kommerziellen Angebot zu entwickeln. In den „Filminformationstagen" des „filmforums" (1971 – 1976), in Zusammenarbeit mit dem Kultusministerium NW durchgeführt, konzentrierte man sich auf die Präsentation ausgewählter westdeutscher Filmproduktionen. In erweitertem Rahmen werden diese Bemühungen seit 1977 in der „Duisburger Filmwoche" fortgesetzt. Seit dem 30. Oktober 1981 hat das „filmforum" im Gebäude der ehemaligen „Union-Lichtspiele" am Dellplatz ein eigenes Haus.

An dieser Stelle sei abschließend an die Städtepartnerschaften erinnert, die Duisburg zu den Städten Portsmouth (seit 1950), Calais (seit 1964), der togolesischen Hauptstadt Lomé (seit 1973) und Wuhan in der Volksrepublik China (seit 1982) unterhält; in diesem Rahmen hat ein lebhafter auch kultureller Austausch stattgefunden.

Überblickt man die Duisburger Kulturszene der letzten Jahre, so treten drei Entwicklungen hervor: Einmal die Dezentralisierung des Kulturangebots. Nicht nur in der Innenstadt, sondern im gesamten Stadtraum stehen heute vielfältige Kulturangebote zur Verfügung. Dazu beigetragen hat das von der städtischen Kulturpolitik unter dem Namen „RuKuDu" (Rundum-Kultur in Duisburg) verfolgte Konzept der stadtteilbezogenen Kulturarbeit und Förderung der Amateurgruppen ebenso wie die Einrichtung dezentraler Kultur- und Freizeitzentren wie etwa im Ratskeller Hamborn.

Zum anderen ist die Etablierung der „Duisburger Akzente" zu nennen. Ursprünglich im wesentlichen Theatertreffen, entwickelten sich die Akzente seit 1977 zu einem unter einem Leitthema stehenden umfassenden Kulturfestival mit breiter Beteiligung der Duisburger, das zum Teil bundesweite Aufmerksamkeit gefunden hat. Die Themenfolge – Shakespeare (1977), Goethe & Co (1978), Kleiner Mann, was tun? (1979), Rußlands große Realisten (1980), Zurück zur Narrtur (1981), Eine Taube macht noch keinen Frieden

(1982) und Das Erbe, 1933–1983, 50 Jahre danach (1983) – zeigt die Vielfalt der angesprochenen Bereiche. Zum Dritten ist die Entstehung und Festigung einer Kulturszene außerhalb des öffentlich subventionierten Sektors zu erwähnen, wie sie sich in den Kulturkneipen, in privaten Unternehmungen wie der „Fabrik" in Neudorf oder der Meidericher Kulturwerkstatt und anderswo zeigt. Hier gewinnt Duisburg mittlerweile ein Profil, wie es in der Vergangenheit gelegentlich wohl vermißt worden ist.

Dieses Buch, das die bisherigen Stadtgeschichten ergänzt und das unter der Perspektive des neuen größeren Duisburg geschrieben wurde, erscheint rechtzeitig zum 1100jährigen Jubiläum der Stadt.

Blick in die neugestaltete Königstraße

Sparkasse
Mülheim

Die Autoren

Dr. Ludger Heid, geb. 1945, kaufm. Berufsausbildung, Abitur Städt. Abendgymnasium, Studium Universität Duisburg: Politikwissenschaft, Geschichte und Judaistik. Lehrer in Duisburg. Veröffentlichungen zur Geschichte der deutschen und Duisburger Arbeiterbewegung.

Dr. Hans-Georg Kraume, geb. 1948, Studium der Geschichte und Klassischen Philologie in Freiburg und Wien. Promotion 1978. Seither im höheren Archivdienst. Seit 1980 am Stadtarchiv Duisburg. Veröffentlichungen zur Außenpolitik und Nachkriegsgeschichte.

Karl W. Lerch, geb. 1949, von 1968 bis 1977 Studium der Geschichtswissenschaft, Germanistik und der Sozialwissenschaften sowie wissenschaftliche Tätigkeit an der Ruhr-Universität Bochum. Danach Referendarausbildung für das Lehramt. Seit 1978 Studienrat am Leibniz-Gymnasium in Duisburg-Hamborn.

Dr. Joseph Milz, geb. 1934, Studium der Geschichte, lateinischen Philologie und Kunstgeschichte in Köln, Staatsexamen für das Lehramt an Höheren Schulen. 1968 Promotion, Staatsprüfung für den höheren Archivdienst. Direktor des Stadtarchivs Duisburg. Veröffentlichungen vorwiegend zur mittelalterlichen Rechts-, Verfassungs- und Wirtschaftsgeschichte.

Dr. Hartmut Pietsch, geb. 1946, Studium der Geschichte, Germanistik und Sozialwissenschaften in Bonn und Bochum. Seit 1974 Lehrer in Duisburg. Veröffentlichungen zur Politik, Soziologie und Industriegeschichte der Nachkriegszeit.

Dr. Gernot Tromnau, geb. 1939, Studium der Vor- und Frühgeschichte, Erziehungswissenschaft, Geologie und Ethnologie in Hamburg. 1972 Promotion in Hamburg. Lehrer in Hamburg. Kustos und Stellvertretender Direktor des Hamburgischen Museums für Vor- und Frühgeschichte. Ab 1977 Direktor der kulturgeschichtlichen Museen in Duisburg. Veröffentlichungen zur Vor- und Frühgeschichte Nord- und Westdeutschlands.

Dipl. Päd. Klaus-Dieter Vinschen, geb. 1950, Studium der Germanistik und Geschichte an der Universität Duisburg. Lehrerexamen 1975. Zweitstudium Pädagogik. Zur Zeit Lehrer. Arbeitet derzeit an einer Dissertation zur Duisburger Arbeiterbewegung.

Literaturverzeichnis

Allgemeines

Averdunk, Heinrich: Geschichte der Stadt Duisburg bis zur endgültigen Vereinigung mit dem Hause Hohenzollern 1666, Duisburg 1894

Averdunk, Heinrich u. *Ring,* Walter: Geschichte der Stadt Duisburg, neu bearb. von Walter Ring, Ratingen 1949

Duisburger Forschungen. Schriftenreihe für Geschichte und Heimatkunde Duisburgs, hrsg. vom Stadtarchiv Duisburg in Verbindung mit der Mercator-Gesellschaft, Hauptbände und Beihefte, Duisburg 1957 ff.

Duisburger Geschichtsquellen. Hrsg. vom Stadtarchiv Duisburg, 1960 ff.

Duisburger Journal, 1977 ff.

Kelter, Ernst: Chronik der Gemeinde Rheinkamp. Geschichte einer niederrheinischen Gemeinde, Duisburg 1960

Meyer, Friedrich Albert: Geschichte der Stadt Rheinhausen.
Bd. 1: Rheinhausen am Niederrhein im geschichtlichen Werden, Rheinhausen 1956
Bd. 2: Die Landnahme der Industrie im Rheinhauser Raum, Rheinhausen 1965
Bd. 3: Von der Ruhr über den Rhein. Rheinhausens Schwerindustrie, Rheinhausen 1966

Milz, Joseph: Duisburg. Bilder erzählen Geschichte, Duisburg 1983

– (Bearb.): Duisburg. Rheinischer Städteatlas (IV.21, 1978), Köln; Bonn 1978

– Geschichtliche Erzählungen aus Duisburg. Dokumentationen und Erzählungen aus der Vergangenheit unserer Stadt. Mit zwei Beiträgen von Rita Vogedes, Duisburg 1980

Mohr, Theodor: Geschichte der Stadt Homberg, Homberg 1967 (Maschinoskript im Stadtarchiv Duisburg)

Niederrheinisches Museum der Stadt Duisburg, 1970 ff.

Rheinische Geschichte.
Bd. 1: Altertum und Mittelalter
Tlbd. 1: Altertum, Düsseldorf 1978
Tlbd. 2: Frühes Mittelalter, Düsseldorf 1980
Bd. 2: Neuzeit, Düsseldorf 1976
Bd. 3: Wirtschaft und Kultur im 19. und 20. Jahrhundert, Düsseldorf 1979

Roden, Günter von: Geschichte der Stadt Duisburg.
Bd. 1: Das alte Duisburg von den Anfängen bis 1905, Duisburg 1970
Bd. 2: Die Ortsteile von den Anfängen. Die Gesamtstadt seit 1905, Duisburg 1974

Stampfuß, Rudolf: Walsum. Vom Dorf zur Industriegemeinde, Walsum 1955

Spezielle Darstellungen

Adolphs, Lotte: Erziehung und Bildung im 19. Jahrhundert: Kinderarbeit im 19. Jahrhundert. Lehrerverhalten im 19. Jahrhundert. Schulrevision im 19. Jahrhundert, Duisburg 1979

Arnst, Paul: August Thyssen und sein Werk, Leipzig 1925

Ausgrabungen am Niederrhein (Quellenschriften zur westdeutschen Vor- und Frühgeschichte 9, 1974)

Ausgrabungen im Rheinland, 1976 ff.

Averdunk, Heinrich: Führer durch die Duisburger Altertumssammlung, Duisburg 1902

Bande, Erika: Die Radikalisierung des politischen Lebens im Raum Duisburg in den Jahren 1929 bis 1933, Duisburg 1966 (Maschinoskript im Stadtarchiv Duisburg)

Bechert, Tilmann: Ausgrabungen in Asciburgium. Vorbericht über die Grabungen 1975 bis 1977, in: Bonner Jahrbücher 179, 1979, S. 475 – 498

Becker, Hans-Peter u.a.: Schule im Nationalsozialismus. Eine Untersuchung über die Umsetzung nationalsozialistischen Gedankenguts, nationalsozialistischer Zielvorstellungen und Erziehungsanschauungen in der Praxis des Volksschulunterrichts am Beispiel Duisburger Volksschulen, Duisburg 1970 (Maschinoskript im Stadtarchiv Duisburg)

– Untersuchungen zur Frühgeschichte der NSDAP in Duisburg, Duisburg 1971 (Maschinoskript im Stadtarchiv Duisburg)

Bense, Paul: Niederrheinisches Geistesleben im Spiegel Klevischer Zeitschriften des 18. Jahrhunderts (Studien zur Rheinischen Geschichte 1, 1921)

Bentrop, Wilhelm: Die industrielle Entwicklung der Stadt Hamborn am Rhein bis Ende des Jahres 1922, Würzburg 1923 (Maschinoskript im Stadtarchiv Duisburg)

Binding, Günter u.a.: Archäologische Untersuchungen in der Christuskirche zu Rheinhausen-Hochemmerich, in: Rheinische Ausgrabungen 9, 1971, S. 111 – 133

Binding, Günther u. Elisabeth: Archäologisch-historische Untersuchungen zur Frühgeschichte Duisburgs (Duisburger Forschungen, Beiheft 12, 1968)

Bludau, Kuno: Widerstand und Verfolgung in Duisburg 1933 bis 1945 (Duisburger Forschungen 16, 1973)

Böhnke, Wilfried: Die NSDAP im Ruhrgebiet 1920 bis 1933, Bonn 1974

Bosinski, Gerhard u.a.: Das Eiszeitalter im Ruhrland, Köln 1982

Brauksiepe, Werner: Geschichte des Duisburger Zeitungswesen von 1727 bis 1870, Würzburg 1937

Buchloh, Ingrid: Die nationalsozialistische Machtergreifung in Duisburg (Duisburger Forschungen 29, 1980)

Burkhard, Wolfgang: Abriß einer Wirtschaftsgeschichte des Niederrheins. Strukturelle Wandlungen in Handel und Industrie in Duisburg und in den Kreisen Wesel und Kleve (Duisburger Hochschulbeiträge 7, 1977)

Carstanjen, Robert von: Geschichte der Duisburger Familie Carstanjen, Köln 1934

Dösseler, Emil: Kleve-Mark am Ende des Dreißigjährigen Krieges, in: Düsseldorfer Jahrbuch 47, 1955, S. 254 – 296

Düwell, Kurt: Die Rheingebiete in der Judenpolitik des Nationalsozialismus vor 1942. Beitrag zu einer vergleichenden zeitgeschichtlichen Landeskunde (Rheinisches Archiv 65, 1968)

Duisburg und die Wikinger, Duisburg 1983

Duisburger im Dritten Reich: Augenzeugen berichten, hrsg. vom Progressiven Eltern- und Erzieherverband Stadtverband Duisburg, Duisburg 1983

Ellmers, Detlev: Zur Geschichte der Stadt Duisburg, in: Führer zu vor- und frühgeschichtlichen Denkmälern 15, 1969, S. 114 – 123

Eynern, Gert von: Die Unternehmungen der Familie vom Rath, Bonn 1930

Faber, Karl-Georg: Die kommunale Selbstverwaltung in der Rheinprovinz im 19. Jahrhundert, in: Rheinische Vierteljahresblätter Jg. 30, 1965, S. 132 – 151

Fischer-Eckert, Li: Die wirtschaftliche und soziale Lage der Frauen in dem modernen Industrieort Hamborn im Rheinland, Hagen 1913

Genthe, Hermann: Duisburger Altertümer, Duisburg 1881

„Gleichschaltung" der Gewerkschaften, Die: Die Ereignisse um den 2. Mai 1933 in Duisburg; Berichte und Dokumente, hrsg. v. DGB Duisburg, Duisburg 1983

Grossarth, Sabine: Zur Entwicklung des kommunalen Arbeitersiedlungsbaus in Duisburg während der Weimarer Zeit, Duisburg 1979 (Maschinoskript im Stadtarchiv Duisburg)

Heid, Ludger: Von der Zunft zur Arbeiterpartei. Die Social-Demokratie in Duisburg 1848 bis 1878 (Duisburger Forschungen 32, 1983)

Hermann, Johann: Entstehung und Organisation der Hitlerjugend in Duisburg, Duisburg 1971 (Maschinoskript im Stadtarchiv Duisburg)

Hövelmann, Gregor (Hrsg.): Niederrheinische Kirchengeschichte, Kevelaer 1965

Jackson, James H. jr.: Wanderungen in Duisburg während der Industrialisierung 1850 bis 1910, in: Moderne Stadtgeschichte, Stuttgart 1979, S. 217 – 237

Julku, Kyösti: Die revolutionäre Bewegung im Rheinland am Ende des 18. Jahrhunderts.
Bd. 1: Die Anfänge der revolutionären Bewegung von etwa 1770 bis zum Beginn der Revolutionskriege, Helsinki 1965
Bd. 2: Die Revolution im Rheinland während der Franzosenherrschaft 1792 bis 1801, Helsinki 1969

Kautz, Heinrich: Um die Seele des Industriekindes, Donauwörth (1918)
Klein, Adolf u. *Bockemühl,* Justus (Hrsg.): Weltgeschichte am Rhein erlebt: 1770 bis 1815. Erinnerungen des Rheinländers Christoph Wilhelm Heinrich Sethe aus der Zeit des europäischen Umbruchs, Köln 1973
Klein, Marianne: Die Entwicklung der Vereine in Duisburg und ihre Leistungen für die Stadt und den Spitzensport. Beitrag zu einer Chronik des Sports der Stadt Duisburg, Duisburg 1974 (Maschinoskript im Stadtarchiv Duisburg)
Knoll, Joachim H.: Johann Gottfried Christian Nonne. Ein Beitrag zur niederrheinischen Schulgeschichte am Beginn des 19. Jahrhunderts (Duisburger Forschungen, Beiheft 14, 1971)
Koszyk, Kurt: Das abenteuerliche Leben des sozialrevolutionären Agitators Carl Minster: 1873 bis 1942, in: Archiv für Sozialgeschichte 5, 1965, S. 193 – 225
Kraume, Hans-Georg: Duisburg im Krieg: 1939 bis 1945, Düsseldorf 1982
Krause, Günter: Mit dem Spaten in die Vergangenheit des Duisburger Südens, Duisburg 1979
Kreis Moers im Abwehrkampf, Der: Hrsg. von den politischen Parteien und Wirtschaftsverbänden des Kreises Moers, Moers (1929)
Lehmann, Herbert: Duisburgs Großhandel und Spedition vom Ende des 18. Jahrhunderts bis 1905 (Duisburger Forschungen, Beiheft 1, 1958)
Lehmann, Herbert: Ruhrort im 18. Jahrhundert (Duisburger Forschungen, Beiheft 8, 1966)
Lippe, Marga von der: Das Ende des Zweiten Weltkrieges im Duisburger Raum, Duisburg 1969 (Maschinoskript im Stadtarchiv Duisburg)
Lucas, Erhard: Arbeiterradikalismus. Zwei Formen von Radikalismus in der deutschen Arbeiterbewegung, Frankfurt 1976
Mast, Paul: Die Herren von Baerl zu Baerl und die Kirchengemeinde, in: Heimatkalender für den Kreis Moers Jg. 18, 1961, S. 99 – 104
Mennenöh, Peter Jürgen: Duisburg in der Geschichte des niederrheinischen Buchdrucks bis zum Ende der alten Universität Duisburg 1818 (Duisburger Forschungen, Beiheft 13, 1970)
Metzmacher, Helmut: Der Novemberumsturz 1918 in der Rheinprovinz, in: Annalen des historischen Vereins für den Niederrhein 168/169, 1967, S. 135 – 265
Mihm, Arend: Die Chronik des Johann Wassenberch. Aufzeichnungen eines Duisburger Geistlichen über lokale und weltweite Ereignisse vor 500 Jahren, Duisburg 1981
Naunin, Helmut: Die Besetzung der Stadt Duisburg durch belgische und französische Truppen nach dem Weltkriege, Berlin 1930
Niederrheinische Industrie- und Handelskammer Duisburg-Wesel zu Duisburg: Bericht über das Jahr 1955 ff.
Niederrhein Kammer: Zeitschrift der Niederrheinischen Industrie- und Handelskammer Duisburg-Wesel-Kleve zu Duisburg, 1979 ff.
Peukert, Detlev: Die KPD im Widerstand. Verfolgung und Untergrundarbeit an Rhein und Ruhr (Düsseldorfer Schriften zur neueren Landesgeschichte und zur Geschichte Nordrhein-Westfalens 2, 1980)
– Ruhrarbeiter gegen den Faschismus. Dokumentation über den Widerstand im Ruhrgebiet 1933 bis 1945, Frankfurt 1976
Pietsch, Hartmut: Industrialisierung und soziale Frage in Duisburg (Quellen und Materialien zur Geschichte der Stadt Duisburg 1, 1982)
– Militärregierung, Bürokratie und Sozialisierung. Zur Entwicklung des politischen Systems in den Städten des Ruhrgebietes 1945 bis 1948 (Duisburger Forschungen 26, 1978)
Ring, Walter: Geschichte der Duisburger Familie Böninger, Duisburg 1930
Roden, Günter von: Duisburg im Jahre 1566. Der Stadtplan des Johannes Corputius (Duisburger Forschungen, Beiheft 6, 1964)
Salzmann, Siegfried: Im Namen des Volkes. Das „gesunde Volksempfinden" als Kunstmaßstab, in: Duisburger Journal. 7, 1979
– Das Wilhelm-Lehmbruck-Museum Duisburg, Recklinghausen 1981
Schaffner, Hans u. *Redottée,* Hartmut: Duisburger Theatergeschichte, I. Teil, 1348 bis 1921 (Duisburger Forschungen 7, 1963)
Schilling, Konrad (Hrsg.): Monumenta Judaica: 2000 Jahre Geschichte und Kultur der Juden am Rhein, Köln 1964

Schmidt, Klaus: Das Duisburger Textilgewerbe bis zum Anfang des 19. Jahrhunderts (Duisburger Forschungen, Beiheft 5, 1964)
Scholten, Wilfried: Rheinhausen, Industrie- und Bergbaustadt am linken Niederrhein. Eine siedlungs- und wirtschaftsgeographische Untersuchung (Marburger geographische Studien 38, 1969)
Schrey, Helmut: Die Universität Duisburg. Geschichte und Gegenwart, Duisburg 1982
Schulz, Fritz: Die Siedlungsentwicklung der Gemeinde Rumeln-Kaldenhausen, in: Heimatkalender für den Kreis Moers Jg. 29, 1972, S. 113 – 120
Schulz, Manfred: Die Entwicklung Duisburgs und der mit ihm vereinten Gemeinden bis zum Jahre 1962 (Duisburger Forschungen 24/25, 1977)
Steffens, Wilhelm: Die linksrheinischen Provinzen Preußens unter französischer Herrschaft 1794 bis 1802, in: Rheinische Vierteljahresblätter Jg. 19, 1954, S. 402 – 469
Stüttgen, Ulrich: Die Entwicklung des Krankenhauswesens der Stadt Duisburg vom 14. bis zum 19. Jahrhundert. Vom Gasthaus-Hospital zum ersten Städtischen Krankenhaus (Studien zur Geschichte des Krankenhauswesens 1, 1976)
Tack, Alois: Die nationalsozialistische Machtergreifung im Kreis Moers, Köln 1967 (Hausarb. z. Fachpr. f. d. Lehramt an Höheren Schulen)
Tischler, Fritz: Handwerk und Kunst am Niederrhein von der Vorzeit bis ins Mittelalter, Duisburg 1943
Universität Duisburg – Gesamthochschule: Universitätsreport 1982/1983
Verheyen, Egon: Bau- und Kunstdenkmäler in Duisburg (Duisburger Forschungen, Beiheft 7, 1966)
– Die Minoritenkirche zu Duisburg. Neue Untersuchungen zu ihrer Geschichte (Duisburger Forschungen, Beiheft 3, 1959)
Voigtländer, Lutz: Der Industriearbeiter als Hauseigentümer: 1865 bis 1910. Eine Untersuchung am Beispiel Duisburgs (Duisburger Studien 5, 1982)
Vor- und Frühgeschichte des unteren Niederrheins (Quellenschriften zur westdeutschen Vor- und Frühgeschichte 10, 1982)
Wagenknecht, Manfred: 150 Jahre berufsbildende Schulen in Duisburg: 1832 bis 1892 (Duisburger Forschungen 31, 1981)
Werner, Georg: Ein Kumpel. Erzählung aus dem Leben der Bergarbeiter, Berlin 1929
Wieber, Franz: Der Arbeiterschutz in der gesundheitsschädlichen und schweren Industrie nebst statistischen Erhebungen über Lohn, Arbeitszeit und hygienische Verhältnisse in den Hüttenwerken, Duisburg 1909
Wilms, Moritz: Altertümer der Umgebung von Duisburg, in: Bonner Jahrbücher 52, 1872, S. 1 – 38
Wirtschaft am Niederrhein: Strukturen und Entwicklungen (Schriftenreihe der Niederrheinischen Industrie- und Handelskammer Duisburg-Wesel zu Duisburg 47, 1973)
Zimmermann, Harriet: Untersuchungen zur Geschichte der Duisburger Judengemeinde 1933 bis 1945, Duisburg 1969 (Maschinoskript im Stadtarchiv Duisburg)
Zunkel, Friedrich: Der rheinisch-westfälische Unternehmer 1834 bis 1879. Ein Beitrag zur Geschichte des deutschen Bürgertums im 19. Jahrhundert (Dortmunder Schriften zur Sozialforschung 19, 1962)

Zeittafel

1000000– 8000	Ältere Steinzeit
8000– 4000	Mittlere Steinzeit
4000– 1800	Jüngere Steinzeit
1800– 1200	Ältere Bronzezeit
1200– 800	Jüngere Bronzezeit
800– Zeitenwende	Vorrömische Eisenzeit
Zeitenwende– 400	Römische Kaiserzeit
400– 500	Völkerwanderungszeit
500– 750	Merowingerzeit

um 740	Vermutlich Anlage des Königshofes Duisburg
883/84	Die Normannen überfallen Duisburg und setzen sich den Winter über dort fest
893	Früheste Erwähnung von Hochemmerich
10. Jh.	Der Königshof Duisburg wird zur Pfalz ausgebaut
947	Früheste Erwähnung von Mündelheim
1052	Früheste Erwähnung von Wanheim und Angerhausen
1072	Früheste Erwähnung von Serm und Rheinheim
um 1120	Bau einer Stadtbefestigung
vor 1136	Gründung des Stiftes Hamborn
1144	Früheste Erwähnung von Walsum
1145	König Konrad III. genehmigt den bereits erfolgten Bau von Bürgerhäusern um die Pfalz und oberhalb des Marktes
um 1150	Die Johanniter gründen in Duisburg ihre erste Niederlassung auf deutschem Boden
1187	Die Marienkirche der Johanniter erhält einen eigenen Pfarrbezirk
um 1200	Der Rhein verlagert sich von Duisburg weg
1229	Früheste Erwähnung von Huckingen
1234	Gründung des Klosters Duissern Erstes überliefertes Stadtsiegel Früheste Erwähnung von Baerl
1254	Der Deutsche Orden übernimmt das Patronat der Salvatorkirche
vor 1265	Die Minoriten kommen nach Duisburg
1274/75	Einführung der Ratsverfassung mit zwei Bürgermeistern

1276	Erwähnung der Schuhmacherzunft
1280	Früheste Erwähnung von Laar
1281	Mechtild von Holten schenkt die Kirche in Walsum den Johannitern zur Gründung einer Niederlassung
1290	Duisburg wird an den Grafen von Kleve verpfändet
vor 1318	Gründung des Duisburger Gasthauses (Hospital)
1350	Judenpogrom in Duisburg
1361	Früheste Erwähnung des Rathauses (domus consulum)
1366	Bovo von Friemersheim verkauft seine Herrschaft an Johann von Moers
1371	Kaiser Karl IV. gestattet die Einrichtung einer Zollstation auf dem Homberger Werth, der Anfang Ruhrorts
1374	Auf dem Burgplatz findet ein Turnier statt
1407	Duisburg wird wieder in die Hanse aufgenommen
1445	Vergeblicher Versuch des Kölner Erzbischofs Dietrich von Moers, die Stadt Duisburg zu erobern (Verlörkesbrücke)
1512	Bau eines steinernen Schulgebäudes am Salvatorkirchhof
1513	Erhebung der Handwerkergilden gegen die Ratsfamilien
1532	Erstes Wohnhaus „An dem großen Baum"
1543	Die Reformation setzt sich in Duisburg durch
1552	Gerhard Mercator kommt nach Duisburg
1555	Die Salvatorstatue wird aus der Kirche entfernt
1555–64	Herzog Wilhelm V. von Jülich-Kleve-Berg bemüht sich um die Errichtung einer Universität in Duisburg
1558	Der aus den Niederlanden eingewanderte Verleger Adrian Bethsinnius veröffentlicht das erste Buch in Duisburg
1559	Das akademische Gymnasium in Duisburg nimmt unter Leitung des Humanisten Heinrich Castritius den Lehrbetrieb auf (bis 1563)
1560	In der Grafschaft Moers wird eine evangelische Kirchenordnung eingeführt
1563	Erster Bericht über die Verladung märkischer Kohle in Ruhrort
1566	Johannes Corputius stellt den ersten Duisburger Stadtplan fertig
1569	Gerhard Mercator veröffentlicht eine Weltkarte in dem von ihm entwikkelten und später nach ihm benannten Projektionsverfahren
1592	Bildersturm in der Duisburger Marienkirche
1610	Die erste Generalsynode der reformierten Kirche der Herzogtümer Jülich, Kleve und Berg tagt in Duisburg
1613	Nach einem Blitzschlag in den Turm der Salvatorkirche kommt es zu einem zweiten Bildersturm
1614	Nach dem Aussterben des alten Herrscherhauses (1609) kommt im Vertrag von Xanten das Herzogtum Kleve an Kurbrandenburg, das Herzogtum Berg an Pfalz-Neuburg
1654	Kurfürst Friedrich Wilhelm von Brandenburg gründet die Universität Duisburg (feierliche Eröffnung 1655)

1658	Aufstand der Duisburger Bürgerschaft gegen den Rat wegen Mißständen in der Stadtverwaltung
1674	Kurfürst Friedrich Wilhelm untersagt der Stadt Duisburg, sich weiterhin als Reichsstadt zu bezeichnen
1674	Beginn einer regelmäßigen Schiffsverbindung zwischen Duisburg und Nimwegen („Börtschiffahrt")
1693	Der Duisburger Rat erteilt dem Kaufmann und Weber Heinrich Wintgens die erste Genehmigung zur Errichtung einer Manufaktur
1702	Die Grafschaft Moers fällt durch Erbschaft an Brandenburg-Preußen
1713	Der preußische König Friedrich Wilhelm I. untersagt die Wahl von Ratsherren und Bürgermeistern in den klevischen Städten
1715	König Friedrich Wilhelm I. reformiert die Finanzverwaltung der Städte und stellt sie unter die Aufsicht der Steuerräte; die städtische Akzise wird in eine staatliche Steuer umgewandelt
1715	In Ruhrort wird das erste Hafenbecken gebaut
1727	Das „Duisburger Intelligenzblatt" erscheint zum ersten Male (bis 1805)
1746	Mehrere Tuchfabrikanten und Tuchhändler sowie Webermeister aus Lennep lassen sich in Duisburg nieder
1763	Johann Gerhard Böninger gründet die erste Tabakfabrik in Duisburg
1766	Streik der Duisburger Tuchbereitergesellen, den der Rat unter Einsatz der Bürgerwehr beendet
1770	König Friedrich II. von Preußen läßt die Kolonie Neudorf anlegen
1770	Die Ruhrorter Firma „Elsbruch & Comp." erhält auf zwanzig Jahre das Monopol für den Transport und Absatz märkischer Kohle
1774–80	Ausbau der Ruhr zur Schiffahrtsstraße durch den preußischen Staat
1776	Der Baumwollunternehmer Peter Merrem richtet die erste Betriebskrankenkasse in Duisburg ein
1794	Französische Revolutionstruppen besetzen das linke Rheinufer, das 1801 im Frieden von Lunéville an Frankreich abgetreten wird; die französische Verwaltungsorganisation und französische Gesetze werden eingeführt
1795	Der zum Herzogtum Berg gehörende Süden des heutigen Stadtgebietes wird von den Franzosen besetzt
1805	Preußen tritt auch den rechtsrheinischen Teil des Herzogtums Kleve an Frankreich ab
1806	Napoleon bildet das Großherzogtum Berg
1806	Die Abtei Hamborn wird aufgehoben
1814	Johann Arnold Momm stellt in seiner Duisburger Baumwollspinnerei die erste Dampfmaschine in einer rheinischen Textilfabrik auf
1815	Nach dem Sturz Napoleons kommt das Rheinland an Preußen
1818	König Friedrich Wilhelm III. hebt die Universität Duisburg auf
1820	Das erste Haus vor der mittelalterlichen Stadtmauer wird gebaut
1820–25	In Ruhrort werden auf Anregung des Oberpräsidenten von Westfalen, Ludwig von Vincke, neue Hafenanlagen erbaut

1824	Friedrich Wilhelm Curtius begründet auf dem Kaßlerfeld eine Schwefelsäurefabrik
1828 – 1832	Bau des Rheinkanals
1830	Auf der Ruhrorter Werft von Jacobi, Haniel u. Huyssen läuft der erste Rheindampfer vom Stapel
1844	Die Borussiahütte als erstes Duisburger Eisenwerk entsteht
1846	Die Köln-Mindener Eisenbahn erreicht Duisburg
1848	Erster Duisburger Turnverein gegründet
1848 – 1851	Zweigverein der „Association der Zigarrenarbeiter Deutschland" unter Führung von Martin Adolph Arronge
1854	Hütte „Phönix" in Ruhrort/Laar nimmt den Betrieb auf
1858 – 1866	Friedrich Albert Lange, Philosoph, Pädagoge, Publizist und Sozialreformer, wirkt in Duisburg
1864 Mai 1	Duisburger Gemeinde des „Allgemeinen Deutschen Arbeiter-Vereins" durch Caspar Bergrath gegründet
1869 Februar 25	Wilhelm Hasenclever als 3. sozialdemokratischer Abgeordneter in den Reichstag des Norddeutschen Bundes gewählt
1871	In Hamborn wird der 1. Schacht abgeteuft
1875	Das Realgymnasium als selbständige Schule eingerichtet
1881	Wilhelm Lehmbruck in Meiderich geboren
1887	Die Städtische Tonhalle wird eröffnet
1891	Grundsteinlegung für die Werke der „Gewerkschaft Deutscher Kaiser" (Thyssen) in Bruckhausen
1895/97	Friedrich-Alfred-Hütte, Rheinhausen, eingerichtet
1902	Meidericher Spielverein 02 (heute MSV Duisburg) gegründet
1905	Zusammenschluß von Ruhrort und Meiderich mit Duisburg
1905	Die Duisburger Judengemeinde erhält in Manass Neumark (1875 – 1942) ihren ersten und einzigen Rabbiner
1910 September 23	Hamborn hat 100.000 Einwohner
1911 April 1	Hamborn erhält Stadtrechte
1912 November 7	Das Duisburger Stadttheater wird eröffnet
1914 August 1	Ausbruch des Ersten Weltkrieges
1915 Dezember 13	August Schoch zieht als erster Sozialdemokrat in die Duisburger Stadtverordnetenversammlung ein
1918 November 8. – 10.	In Duisburg und den umliegenden Städten bilden sich Arbeiter- und Soldatenräte
1918 Dezember 8. – 16.	Besetzung der linksrheinischen Ortschaften Homberg, Hochemmerich, Friemersheim und Baerl durch belgische und französische Truppen
1919 Februar 23	Erste Stadtverordnetenwahl nach dem allgemeinen Wahlrecht
1923 Januar 9	Besetzung des Ruhrgebietes durch französische und belgische Truppen
1923 November 15	Höhepunkt der Inflation – der Dollarkurs steht bei 4,2 Billionen Reichsmark
1924	20% der deutschen Roheisenproduktion kommen aus Duisburg

1925 März 29	Oberbürgermeister Karl Jarres erreicht im ersten Wahlgang zur Reichspräsidentenwahl als Kandidat der Rechtsparteien knapp 39% der Stimmen
1926 Januar 1	Hochwasser überflutet große Teile der Ortschaften Rheinhausen, Homberg und Baerl
1926 Januar 14	Gründung der „Vereinigten Stahlwerke AG" (der Konzern nimmt am 1. April die Arbeit auf)
1926 Juli 25	Das Sportgelände in der Wedau wird offiziell eingeweiht
1928 Okt. – Dez.	Arbeitskampf in der rheinisch-westfälischen Eisenindustrie; 213.000 Arbeiter werden ausgesperrt
1929 Januar/Februar	Der Rhein ist zugefroren
1929 Juli	In allen Kommunalparlamenten des Großraumes Duisburg gibt es bereits nationalsozialistische Abgeordnete
1929 August 1	Die Städte Duisburg und Hamborn und Teile der Bürgermeisterei Angermund werden zur Großstadt Duisburg-Hamborn zusammengeschlossen
1933 Januar/Februar	In Duisburg gibt es 95.847 Arbeitslose und 147.934 Wohlfahrtsempfänger; 43,6% der Bevölkerung erhalten Unterstützung aus öffentlichen Mitteln
1933 Januar 30	Adolf Hitler wird Reichskanzler
1933 Februar 28	Reichstagsbrand-Notverordnung
1933 März 5	Reichstagswahlen
1933 März 12	Kommunalwahlen, die NSDAP erhält in Duisburg 36,4%
1933 März 23	Ermächtigungsgesetz
1933 April 1	Boykott jüdischer Geschäfte
1933 Mai 2	Zerschlagung der Gewerkschaften Ermordung von vier Gewerkschaftssekretären in Duisburg
1933 Mai 6	Rücktritt von Oberbürgermeister Jarres
1933 Juli 14	Verbot aller Parteien außer der NSDAP
1933 August 10	Selbstausschaltung der Stadtverordnetenversammlung
1933 September 29	Verdunklungsübung
1934 April 20	Wiedereröffnung der Hütte Ruhrort-Meiderich
1935 Februar	Zerschlagung des Technik-Apparates der KPD
1935 Mai/Juni	Zerschlagung des „Germania"-Kreises
1935 Juli 13	Großer SAP-Prozeß
1937 Dezember 12	Tumult beim Besuch des Bischofs Clemens August von Galen
1938 November 9./11.	Reichskristallnacht, Brand der Duisburger Synagoge
1939 September 1	Angriff auf Polen, Beginn des Zweiten Weltkrieges
1940 Mai 13	Erster Luftangriff auf Duisburg
1941 Oktober 24	Erster Judentransport nach Lodz
1942 Juni 6	Brandkatastrophe in der Innenstadt nach Luftangriff
1944 Oktober 14./15.	Schwerster Luftangriff auf Duisburg
1945 März 6	Besetzung Rheinhausens und Hombergs

1945 März 27	Besetzung Hamborns
1945 April 12	Besetzung der Innenstadt
1945 April 13	Besetzung des Südens durch amerikanische Truppen
1946 Oktober 13	Erste demokratische Kommunalwahl nach dem Krieg
1946 Oktober 16	Bekanntgabe der Demontageliste: ATH, Niederrheinische Hütte u.a. sollen demontiert werden
1948 Juni 20	Die Währungsreform leitet das Ende der Nachkriegszeit ein
1950 Juli 3	Die Duisburg-Rheinhausener Rheinbrücke dem Verkehr übergeben
1950 Oktober 1	Das Stadttheater wieder eröffnet
1954 Dezember 18	Die Ruhrort-Homberger Rheinbrücke dem Verkehr übergeben
1955 Juni 4	Die WFV-Sportschule in der Wedau eröffnet
1957 Mai 27	Das erste Teilstück der Nord-Süd-Straße wird in Benutzung genommen
1957 November 3	Beginn der Schubschiffahrt auf dem Rhein
1962 November	Stadt Duisburg kauft Gelände in der Huckinger Mark zur Anlage der Sechs-Seen-Platte
1962 Dezember 7	Letzte Förderung auf der Zeche Neumühl
1963 Juli 14	Der Rat der Stadt Duisburg beschließt Ankauf des Zechengeländes Neumühl; Beginn des Großsanierungs-Vorhabens
1964 Juni 5	Der Neubau des Wilhelm-Lehmbruck-Museums wird eröffnet
1969 Mai 30	Das Autobahnkreuz Duisburg-Kaiserberg ist fertiggestellt
1970 Oktober 16	Die Rheinbrücke Neuenkamp wird dem Verkehr übergeben
1971 Januar 28	Die Eissporthalle in der Wedau eröffnet
1971 Nov./Dez.	1. Internationale Kinderbuchausstellung
1972 August 7	Die Gesamthochschule Duisburg wird durch den Zusammenschluß der Pädagogischen Hochschule und der Hüttenschule gegründet
1974 Mai 19	Eröffnung Schiffahrtsmuseum auf der „Oscar Huber"
1975 Januar 1	Kommunale Neuordnung: Duisburg, Homberg, Rheinhausen, Rumeln-Kaldenhausen, Baerl, Walsum werden zur neuen Gesamtstadt Duisburg zusammengeschlossen
1975 Januar 13	Beginn des Stadtbahnbaus in der Duisburger City
1975 Oktober 31	Offizielle Eröffnung der Rhein-Ruhr-Halle (Hamborn)
1977 Mai 6./22.	Erste Duisburger Akzente „Shakespeare 1977"
1977 November 25	Eröffnung der Rheinhausenhalle
1978 November 28	Beginn des Arbeitskampfes in der Eisen- und Stahlindustrie (bis 10. Januar 1979)
1979 Mai 25	Eröffnung des Museums der Deutschen Binnenschiffahrt in Duisburg-Ruhrort
1979 Juni 9	Eröffnung des Revierparks Mattlerbusch in Hamborn
1981 Juli 7	Beginn der Arbeiten am Averdunk-Projekt (Grundsteinlegung 26. Mai 1982)
1981/82	Béla Bartók Festjahr
1983	1100-Jahrfeier Duisburgs

Register

Das Register bezieht sich auf den reinen Textteil. Vorwort, Bildunterschriften, Autorenviten und Zeittafel blieben unberücksichtigt.

Verzeichnis der wichtigsten Abkürzungen:

bzw.	= beziehungsweise
CDU	= Christlich-Demokratische Union
DAF	= Deutsche Arbeiterfront
Dbg.	= Duisburg
DNVP	= Deutschnationale Volkspartei
Duisb.	= Duisburger, Duisburgs
f., ff.	= folgende (Seite, Seiten)
Jh.	= Jahrhundert
KPD	= Kommunistische Partei Deutschlands
MA	= Mittelalter
NN	= Name im Text nicht erwähnt und anderweitig nicht festgestellt
NS	= Nationalsozialistisch
NSBO	= Nationalsozialistische Betriebszellen-Organisation
NSDAP	= Nationalsozialistische Deutsche Arbeiterpartei
RRZ	= Rhein- und Ruhrzeitung
s. (a.)	= siehe (auch)
SPD	= Sozialdemokratische Partei Deutschlands
*	= geboren
†	= gestorben

A

B

E

F

G

H

I J

K

L

M

N

O

P Q

R

S

T

X Y Z

Bildnachweis

Stadt Duisburg/Archiv: 41, 57, 58, 68, 69, 72, 74, 83, 87, 89, 94, 98, 110, 112, 118, 119, 124 (oben), 125, 129, 137, 140, 142, 144, 147, 148, 149, 152, 154, 155, 156, 158, 160, 162, 163, 171, 172, 186, 192, 193, 194, 198, 199, 204, 205, 208, 211, 212, 214, 217, 223, 224, 226, 227, 228, 231, 235, 242, 243, 244, 248, 251, 252, 254, 258, 265, 270, 274, 276, 277, 278, 281, 283, 285, 286, 287, 288, 292, 295, 300, 301, 305, 312, 314, 315, 316, 320, 322, 329, 331, 343, 336, 339, 344, 347, 348, 349, 350, 351, 353, 354, 358, 359, 367, 371
Stadt Duisburg/Niederrheinisches Museum: Vorsatz, 13, 14, 16, 17, 18, 19, 20, 21, 22, 24, 25, 26, 28, 29, 32, 33, 34, 36, 150, 151
Stadt Duisburg/Presse- und Informationsamt: 23, 361, 378, 380, 382, 384, 386, 392, 395, 398, 399, 405
Alte Synagoge, Essen: 311
Hans Peter Arens, Duisburg: 30
Eckhardt Braun, Duisburg: 126, 406
Franz Haniel, Duisburg-Ruhrort: 121
Hassenburs, Duisburg: 332
IG-Metall, Verwaltungsstelle Duisburg: 318
Bernd Kirtz, Duisburg: 31, 407, 411
Hauke Krüger, Duisburg: 404
Dr. Joseph Milz, Duisburg: 44, 45, 47, 59, 65, 80, 88, 91, 97, 101, 105, 108, 124 (unten), 131, 294, 387
Museum der deutschen Binnenschiffahrt, Duisburg: 35
Stadtbibliothek Trier: 38
Dr. Gernot Tromnau, Duisburg: 27

Thermo-Inspekt GmbH, Hünxe (freigeg. Reg.-Präs. D'dorf 33 P 203): 403
Walter Moog, Kettwig (freigeg. Reg.-Präs. D'dorf 19/E 217): 2
Stadt Duisburg/Presse- und Informationsamt (freigeg. Reg.-Präs. D'dorf 19/E 219): 384
Stadt Duisburg/Presse- und Informationsamt (freigeg. Reg.-Präs. Stgt. 9/55446): 399

Abbildungen aus Veröffentlichungen:

H. Lehmann, Ruhrort im 18. Jahrhundert, Duisburg 1966 (Duisburger Forschungen, Beiheft 8) S. 13: 120
Handbuch der dt. Wirtschafts- und Sozialgeschichte, Hrsg. M. Aubin u. W. Zorn, Bd. I (Stgt. 1971) S. 399/509/524: 115, 116
H. Romberg, Die Verwaltung der Stadt Duisburg in napoleonischer Zeit, in: Duisburger Forschungen 14 (1970) S. 106, 108: 134
Fragen an die dt. Geschichte. Ausstellungskatalog II, 37, Staatsbibliothek Preußischer Kulturbesitz, Bildarchiv Bln: 169
Weltgeschichte am Rhein erlebt. S. 258 – 260 u. 287–88: 176/7, 182/3
Zeiten und Menschen, Bd. 3, S. 74 (Schöningh/Schroedel): 179

Umschlagfotos (von links nach rechts)
1, 2, 3, 5, 6: Bernd Kirtz, Duisburg
4: Stadt Duisburg/Presse- und Informationsamt

Vorsatz: Stadt Duisburg/Archiv

VERISS.EXACTISSQ.TOPOGRAP
VETER.FRANCOR.REGIÆ:ATQ.ET IĀ·IPSISS
Omen inest Sceptris,
Tot quondā gnatis
monstrant et fata Leonū
sceptra futura tuis.
Peruigil his oculis par-
Hinc coelos, illinc
ILLVSTRISS.
POTENTISSIMOQVE
PRINCIPI·GVILIELMO
DVCI·CLIVIÆ·IVLIÆ
ET·MONTIS;COMITI
MARCHIÆ·RAVENS
BVRGI·ETC.DOMINO
IN·RAVENSTEIN·ETC.
CLEMENTISS.DO.SVO
ITEM
AMPLISS.AN
TIQVISS.Q.SENATVI
POPVLOQ.TEVTOBVR
GENSI D.D.
J.De Corput Brædan
ANNO·M·D·LXVI
DI VS
BV RG